국민건강보험공단

NCS＋법률
봉투모의고사

/

1회

제1회 모의고사

NCS 직업기초능력 60문항/60분	의사소통 · 수리 · 문제해결 각 20문항	80문항/80분
직무시험(법률) 20문항/20분	국민건강보험법(행정직 · 건강직 · 전산직 · 기술직)	
	노인장기요양보험법(요양직)	

NCS 직업기초능력   01 ~ 60번

[01 ~ 02] 다음 보도자료를 보고 이어지는 물음에 답하시오.

국민건강보험공단–세계은행(World Bank) 연구결과 공동 발표

국민건강보험공단 건강보험연구원은 세계은행(World Bank)과 공동으로 수행한 흡연으로 인한 건강보험 지출규모 연구결과를 최근 국제학술지(The Lancet Regional Health – Western Pacific)에 발표하였다. 이번 연구는 세계질병부담(Global Burden of Disease) 연구방법론을 적용해 직 · 간접 흡연으로 인한 건강보험 의료비 지출규모를 추정한 것으로, 분석결과 2014년부터 2024년까지 11년간 누적금액이 약 40조 7천억 원(298억 6천만 달러)에 달하는 것으로 나타났다. 2024년 한 해 동안의 흡연 관련 의료비는 약 4조 6천억 원으로 추정되었으며, 이 중 약 82.5%는 건강보험 재정에서 부담한 것으로 분석되어 흡연으로 인한 폐해가 개인의 건강문제를 넘어 건강보험 재정에도 상당한 부담으로 작용하고 있음을 보여주었다.

직접흡연과 간접흡연 모두 건강보험 재정에 중대한 부담을 주는 것으로 분석되었는데, 특히 여성의 경우 흡연 관련 의료비 중 약 48%가 간접흡연에 기인한 것으로 나타나 흡연으로 인한 피해가 흡연자 본인은 물론 주변 비흡연자에게까지 확산되는 것으로 확인되었다.

연령대별로는 흡연 관련 의료비의 약 80.7%가 50~79세에서 발생하여 과거의 흡연 노출이 장기간에 걸쳐 건강보험 재정에 영향을 미치는 것으로 나타났다.

흡연으로 인한 의료비를 질병군별로 살펴보면, 암 관련 의료비가 약 14조 원(105억 2천만 달러)으로 전체의 35.2%를 차지했으며, 이 중 폐암이 약 7조 9천억 원(58억 달러)으로 가장 큰 비중을 차지하는 것으로 분석되었다. 특히, 폐암 관련 의료비가 2014년 약 4,357억 원(3억 2천만 달러)에서 2024년 약 9,985억 원(7억 3천만 달러)으로 2배 이상 급증하였는데, 이는 장기간의 치료와 고비용 항암치료가 반복되는 질환 특성이 반영된 결과로 해석된다.

장성인 건강보험연구원장은 "이번 연구는 직 · 간접 흡연이 장기간 지속적으로 건강보험 재정에 상당한 영향을 미쳐왔음을 확인한 연구"로서, "흡연으로 인한 의료비가 폐암 등과 같은 중증질환에 집중되고 있다는 점을 구체적으로 보여 준다"라고 밝혔다. 이어 "오는 2026년 1월 15일 담배소송 항소심 선고를 앞둔 시점에서 흡연으로 인한 건강보험의 피해규모를 세계은행과 공동으로 입증함으로써 향후 판결에도 중요한 과학적 근거자료로 활용될 수 있을 것으로 기대한다"고 강조하였다.

※ 출처 : 국민건강보험공단 보도자료

---

01 위 보도자료의 내용과 일치하는 것은?

① 2024년 기준 최근 5년간 흡연으로 인한 건강보험 의료비 누적 지출액은 40조 원 이상이다.

② 연령대별 흡연 관련 의료비를 보면, 과거의 흡연 노출이 장기적으로 건강보험 재정에 영향을 미침을 알 수 있다.

③ 흡연으로 인한 의료비 중 폐암 관련 비용은 전체의 30% 이상을 차지한다.

④ 폐암 관련 의료비가 2014년에 비해 2024년에 2배 가까이 증가한 것은 흡연인구 증가로 인한 환자 수 증가 때문이다.

02 위 보도자료를 통해 확인할 수 있는 정보를 〈보기〉에서 모두 고르면?

> 보기
>
> ㉠ 2024년 한 해 동안의 건강보험 의료비 지출규모
> ㉡ 여성의 흡연 관련 의료비 중 간접흡연이 차지하는 비중
> ㉢ 담배소송 항소심 선고 결과에 따른 건강보험료 조정 계획
> ㉣ 흡연 관련 질병군 중 암 분야에서 폐암 의료비가 차지하는 금액

① ㉠, ㉡, ㉢

② ㉠, ㉡, ㉣

③ ㉠, ㉢

④ ㉡, ㉣

03 다음 글의 내용과 일치하는 것을 〈보기〉에서 모두 고르면?

측우기는 1441년(세종 23년)에 당시 세자였던 문종의 아이디어와 장영실의 기술로 처음 제작되었다. 그 이전에는 땅에 스며든 빗물의 양을 쟀는데, 그러다 보니 땅의 상태에 따라 측정치가 달라져 정확한 강우량을 알기가 어려웠다. 하지만 새롭게 제작된 측우기는 주철이나 청동으로 용기를 만들고, 거기에 빗물이 고이면 눈금이 새겨진 주척이라는 자로 비의 양을 재기 때문에 정확한 강우량을 측정할 수 있었다. 이처럼 자연현상을 객관적인 수치로 나타내려고 했다는 데 측우기의 과학성이 있다. 세종은 이렇게 동일하게 제작된 측우기를 각 지방 관아에 보내 측정 결과를 보고하게 했다. 그 결과 각 지방의 강우량을 보고하는 시스템이 갖추어졌다.

현존하는 실제 측우기는 3단 분리형 구조이다. 전체를 조립했을 때 전체의 깊이는 31.4cm로, 상단 10.6cm, 중단 10.5cm, 하단 10.3cm의 깊이로 되어 있다. 안지름 14cm, 바깥지름은 15cm 정도이다. 그러면 왜 하필 3단으로 나누었을까? 우선, 각 단의 경계가 자의 눈금 역할을 하게 되어 주척을 쓰지 않아도 측우기 안의 물의 양을 대강 가늠할 수 있었기 때문이다. 또 다른 이유로는 측정의 편리성을 들 수 있다. 3단으로 나눔으로써 강우량이 1단 또는 2단의 용기를 넘지 않을 경우, 원통을 분리하면 주척으로 강우량을 재기가 쉬워지기 때문이다.

정조는 측우기의 수심을 보고할 때는 하루에 세 번 정해진 시각에 측정하도록 하였다. 이렇게 측정된 자료는 정확한 기록으로 남아있는데, 특히 1770년부터 1907년까지의 서울 지역의 강우 기록은 세계에서 가장 오래된 강우량 자료로 인정받고 있다. 또한 연중 측정된 강우량 중 홍수기의 관측 자료는 〈조선왕조실록〉에 수록된 홍수 피해 내용과 일치하고 있다. 이렇게 측우기에 의한 강우량 측정은 현대적 기상장비가 도입되기 전까지 지속되었다.

측우기에 의하여 측정된 강우량은 단순히 기록으로만 남겨진 것이 아니고 실제로 이용되기 위해서 관측된 것이다. 〈정조실록〉 23년(1799년) 5월 22일에는, 정조가 8년간의 강우량 통계치를 비교하면서 금년도의 강우량과 비교하여 농사 걱정을 하는 기록이 있다. 특히 호서 지방과 영남 지방의 지역별 강우량까지 비교하고 있다. 이처럼 정조는 과거의 연 강우량 통계치를 가지고 가뭄의 심한 정도를 판단하였으며, 월별·지역별로 예전의 자료와 비교하여 농사에 이용했다. 이러한 비교 방법은 과거 통계치를 이용하여 현재의 상황과 지역적 분석을 하는 현대적인 강우 측정 방법과 크게 다르지 않다.

┌ 보기 ┐
ㄱ. 1770~1907년 서울 지역의 강우 기록은 세계에서 두 번째로 오래된 자료이다.
ㄴ. 측우기가 제작되기 전에 강우량을 재던 방식은 그 정확성이 측우기에 비해 떨어졌다.
ㄷ. 측우기가 3단 분리형 구조로 만들어진 것은 홍수에 대비해 최대한 많은 물을 담기 위해서이다.
ㄹ. 지방 관아에서 측우기로 각 지방의 강우량을 보고하는 시스템은 세종 시기에 확립되었다.

① ㄱ, ㄴ   ② ㄴ, ㄷ
③ ㄴ, ㄹ   ④ ㄷ, ㄹ

[04 ~ 05] 다음 보도자료를 보고 이어지는 물음에 답하시오.

보건복지부는 2026년 2월 6일부터 3월 18일까지 「응급의료에 관한 법률(이하 '응급의료법')」 시행규칙 일부개정령 안과 「구급차의 기준 및 응급환자이송업의 시설 등 기준에 관한 규칙」 일부개정령안을 입법 예고한다고 밝혔다. 이번 하위법령 개정은 구급차를 통한 안전한 환자 이송을 위해 관리·감독을 강화하고 이송처치료를 조정하는 등 제도를 보완하는 한편 구급차 기준에 관한 「응급의료법」 개정안(2027. 4. 2. 시행)의 내용을 반영하기 위함이다. 개정안의 주요 내용은 다음과 같다.

응급의료법 시행규칙 개정안

첫째, 비응급환자를 포함한 모든 환자를 이송하거나 이송하기 위하여 출동하는 때에는 응급구조사 1인 이상이 포함된 2인의 인원이 항상 탑승하도록 한다(응급의료법 시행규칙 제39조).
둘째, 출동 및 처치기록, 운행기록대장을 전산으로 작성·관리하도록 하고 구급차 운행 기록을 구급차기록관리시스템(AiR)으로 실시간 전송하도록 의무화한다(응급의료법 시행규칙 제40조 제4항 및 제5항, 별표 16의 2).
셋째, 이송처치료를 조정하여 기본요금과 추가요금을 인상한다. 야간할증 적용을 확대하고 휴일할증도 신설한다. 대기요금을 신설하여 의료기관 도착 후 30분 경과 시부터 부과하도록 한다(응급의료법 시행규칙 별표 3).
넷째, 의료기관에 환자 인계 시 응급의료종사자도 인수자 서명을 할 수 있도록 하고, 응급환자 이송업 허가 시 인력 기준 확인을 위한 서류 제출 의무를 부과한다(응급의료법 시행규칙 제40조 제2항 및 제41조 제1항).
다섯째, 구급차 등에 갖추어야 하는 구급의약품에 아나필락시스 쇼크* 시 에피네프린을 투여할 자동주입펜을 추가한다(응급의료법 시행규칙 별표 16).
* 음식, 약물 등 특정 원인물질에 의해 발생하는 중증 전신 과민 반응

구급차의 기준 및 응급환자이송업의 시설 등 기준에 관한 규칙 개정안

첫째, 운전석 칸막이에서 간이침대 사이에 70센티미터 이상 공간을 확보하도록 응급의료법이 개정됨에 따라 구급차 환자실 길이를 290센티미터 이상으로 조정한다(구급차의 기준 및 응급환자이송업의 시설 등 기준에 관한 규칙 제40조 제2항 및 제41조 제1항).
둘째, 응급환자이송업 인력 기준을 조정하여 보유하고 있는 특수구급차 1대당 운전자 2명, 응급구조사 2명을 두도록 한다(구급차의 기준 및 응급환자이송업의 시설 등 기준에 관한 규칙 별표3).
보건복지부는 입법예고 기간 중 국민의 의견을 폭넓게 수렴한 후 개정안을 확정할 예정이며, 관련 의견은 2026년 3월 18일(수)까지 보건복지부 재난의료정책과 또는 국민참여입법센터로 제출하면 된다.

[참고] 「응급의료에 관한 법률 시행규칙」 일부개정령(안) 주요내용
가. 환자 이송 시 응급구조사 탑승 의무 강화(안 제39조)
　　1) 이송 중 환자의 응급도·중증도가 변화할 수 있으므로 응급환자가 아니더라도 환자를 이송하거나 이송하기 위하여 출동하는 경우 구급차 등에 응급구조사 1인 이상이 포함된 2인 이상의 인원이 항상 탑승하도록 함
나. 출동 및 처치기록과 운행기록대장의 전자적 작성·관리(안 제40조 제4항 및 5항)
　　1) 출동 및 처치 기록의 효율적 관리를 위해 출동 및 처치 기록을 전자문서로 제출하도록 의무화
　　2) 운행기록대장을 전자적 처리가 가능한 방법으로 작성·관리토록 함
다. 영업의 승계 신고 시 제출 서류 간소화(안 제44조 제1항 나목)
라. 이송처치료의 기준 조정(안 별표 3)
　　1) 인건비 등 이송에 따른 비용을 고려하여 기본요금, 추가요금 조정
　　2) 일반구급차에 의사, 간호사 또는 응급구조사가 탑승한 경우 부과하는 부가요금 폐지
　　3) 야간할증 적용 시간을 18시부터 다음날 09시까지로 확대
　　4) 토요일·공휴일할증을 신설하고 야간할증과 동일하게 기본 및 추가요금에 각각 20% 가산
　　5) 의료기관 도착 후 환자 인수인계까지의 소요 시간을 고려하여 병원 도착 후 30분 경과 시부터 10분 단위로 부과하는 대기요금 도입

■ 이송처치료의 기준(제11조 관련)

구분	요금의 종류	구급차의 운용자	
		법 제44조 제1항 제1호부터 제4호까지에 따른 의료기관 등	법 제44조 제1항 제5호에 따른 비영리법인
일반 구급차	기본요금 (이송거리 10km 이내)	40,000원	26,600원
	추가요금 (이송거리 10km 초과)	1,500원/1km	1,000원/1km
특수 구급차	기본요금 (이송거리 10km 이내)	95,500원	63,600원
	추가요금 (이송거리 10km 초과)	2,300원/1km	1,500원/1km
공통	할증요금 (평일 18:00~09:00, 토요일, 공휴일)	기본 및 추가요금에 각각 20% 가산	
	대기요금 (병원 도착 후 30분 경과)	6,000원/10분	

비고 : (1) "이송거리"는 환자가 구급차에 실제로 탑승한 거리임
　　　(2) "공휴일"은 「관공서의 공휴일에 관한 규정」 제2조와 제3조를 따름
　　　(3) "대기요금"은 의료기관에 도착하여 환자를 인계하기 전까지 대기하는 시간에 대하여 부과되는 요금임. 출동 및 처지 기록지의 "기관도착 연월일"로부터 "이송종료 연월일"까지의 시간을 토대로 산정하며 병원 도착 후 30분 경과 이후부터 10분 단위로 책정
　　　(4) 선박을 통해 응급환자를 이송하는 경우 해당 구간은 이송거리가 아닌 이송시간에 따라 10분마다 6,000원 부과. 다만, 도선료, 숙박비 등은 실제 발생한 비용의 범위 내에서 별도 청구 가능

※ 출처: 보건복지부 보도자료

04 위 자료의 내용과 일치하는 것은?

① 특수구급차 1대당 최소 4명의 인력을 확보해야 하며, 비응급환자 이송 시에도 응급구조사 자격을 가진 인원이 최소 1명은 탑승 인원에 포함되어야 한다.
② 일반구급차로 평일 20시에 15km를 이송할 경우, 기본요금과 추가요금을 합산한 총액에 20%의 할증 요금이 가산된다.
③ 선박을 통해 응급환자를 이송할 때는 실제 발생한 도선료와 숙박비를 포함하여 10분당 6,000원의 요금을 산정하여 청구한다.
④ 구급차 환자실 내부 공간 확보를 위해 운전석 칸막이부터 간이침대 사이의 거리를 최소 290cm 이상으로 유지해야 한다.

05 〈보기〉는 위 자료를 보고 나눈 구급차 운용 기관 직원들의 대화이다. 이때, 을의 마지막 말로 가장 적절한 것은?

> **보기**
>
> 갑 : 이번에 개정된 시행규칙을 보니 우리 구급차에 비치해야 할 의약품 목록에 변화가 생겼더라고요. 특히 특정 원인물질에 의한 전신 과민 반응에 대비한 약물이 추가되었던데, 맞나요?
>
> 을 : 네, 맞습니다. 아나필락시스 쇼크 시 사용할 수 있는 에피네프린 자동주입펜을 반드시 갖추어야 합니다.
>
> 갑 : 그렇군요. 그리고 행정적인 절차도 까다로워진 것 같아요. 운행기록대장을 전산으로 관리하는 것 외에 별도의 의무가 더 생겼나요?
>
> 을 : ____________________

① 행정 부담을 줄이기 위해 기존의 종이 기록지 보관 의무를 유지하되, 관할 지자체의 요청이 있을 때만 월 단위로 운행기록대장을 전산화하여 사후 제출할 의무가 신설되었습니다.

② 이번 시행규칙 개정안이 확정되면, 구급차 환자실 길이를 290cm 이상으로 조정하는 기준을 2027년 4월 2일부터 적용하여 준수해야 합니다.

③ 구급차기록관리시스템(AiR)과의 실시간 연동 체계를 구축하여, 출동 및 처치 기록이 생성과 동시에 전송되도록 관리해야 합니다.

④ 의료기관 도착 후 환자를 인계할 때, 행정 절차 간소화를 위해 응급의료종사자의 인수자 서명 대신 구급차 운행 기록의 실시간 전송으로 증빙을 대체할 수 있습니다.

[06 ~ 07] 다음 글을 읽고 이어지는 물음에 답하시오.

암 치료에 사용되는 항암제는 세포 독성 항암제와 표적 항암제로 나뉜다. 파클리탁셀과 같은 세포 독성 항암제는 세포 분열을 방해하여 세포가 증식하지 못하고 사멸에 이르게 한다. 그러므로 세포 독성 항암제는 암세포뿐 아니라 정상 세포 중 빈번하게 세포 분열하는 종류의 세포도 손상시킨다. 이러한 세포 독성 항암제의 부작용은 이 약제의 사용을 꺼리게 하는 주된 이유이다. 반면에 표적 항암제는 암세포에 선택적으로 작용하도록 고안된 것이다.

암세포에서는 변형된 유전자가 만들어 낸 비정상적인 단백질이 세포 분열을 위한 신호 전달 과정을 왜곡하여 과다한 세포 증식을 일으킨다. 암세포가 종양으로 자라려면 종양 속으로 연결되는 새로운 혈관의 생성이 필수적이다. 표적 항암제는 암세포가 증식하고 종양이 자라는 과정에서 어느 단계에 개입하느냐에 따라 신호 전달 억제제와 신생 혈관 억제제로 나뉜다.

신호 전달 억제제는 암세포의 증식을 유도하는 신호 전달 과정 중 특정 단계의 진행을 방해한다. 신호 전달 경로는 암의 종류에 따라 다르므로 신호 전달 억제제는 특정한 암에만 치료 효과를 나타낸다. 만성골수성백혈병(CML)의 치료제인 이마티닙이 그 예이다. 만성골수성백혈병은 골수의 조혈모세포가 혈구로 분화하는 과정에서 발생하는 혈액암이다. 만성 골수성백혈병 환자의 95% 정도는 조혈모세포의 염색체에서 돌연변이 유전자가 형성되어 변형된 형태의 효소인 Bcr-Abl 단백질을 만들어 낸다. 이 효소는 암세포 증식을 유도하는 신호 전달 경로를 활성화하여 암세포를 증식시킨다. 이러한 원리에 착안하여 Bcr-Abl 단백질에 달라붙어 그것의 작용을 방해하는 이마티닙이 개발되었다.

신생 혈관 억제제는 암세포가 새로운 혈관을 생성하는 것을 방해한다. 암세포가 증식하여 종양이 되고 그 종양이 자라려면 산소와 양분이 계속 공급되어야 한다. 종양이 계속 자라려면 종양에 인접한 정상 조직과 종양이 혈관으로 연결되고, 종양 속으로 혈관이 뻗어 들어와야 한다. 대부분의 암세포들은 혈관내피성장인자(VEGF)를 분비하여 암세포 주변의 조직에서 혈관내피세포를 증식시킴으로써 새로운 혈관을 형성한다. 이러한 원리에 착안하여 종양의 혈관 생성을 저지할 수 있는 약제인 베바시주맙이 개발되었다. 이 약제는 인공적인 항체로서 혈관내피성장인자를 항원으로 인식하여 결합함으로써 혈관 생성을 방해한다. 베바시주맙은 대장암의 치료제로 개발되었지만 다른 여러 종류의 암에도 효과가 있다.

06 윗글의 내용과 일치하지 않는 것은?

① 신호 전달 억제제는 특정한 암에만 치료 효과를 나타낸다.
② 표적 항암제는 신호 전달 억제제와 신생 혈관 억제제로 나뉜다.
③ 세포 독성 항암제는 정상 세포를 손상시키는 부작용을 유발한다.
④ 비정상적인 단백질이 세포 분열을 위한 신호 전달 과정을 왜곡하여 암세포가 만들어진다.

07 다음 중 베바시주맙과 이마티닙에 대한 설명으로 적절하지 않은 것은?

① 이마티닙은 만성골수성백혈병에만 치료 효과를 나타낸다.
② 이마티닙은 돌연변이 유전자를 정상 유전자로 복원시킨다.
③ 베바시주맙은 대장암뿐 아니라 다른 종류의 암에도 효과가 있다.
④ 베바시주맙은 암세포에 산소·양분이 공급되는 것을 막는 약제이다.

[08～09] 다음 글을 읽고 이어지는 물음에 답하시오.

인간은 노화 과정을 거치면서 신체적 기능과 인지적 기능을 비롯한 전반적 기능이 현저하게 떨어진다. 여기서 말하는 전반적 기능에는 뇌 기능 역시 당연히 포함되는데, 나이가 들수록 두뇌 회전율이 떨어지고 반응이 더디게 나타나는 것 또한 노화의 증상 중 하나로 이해할 수 있다. 특히 나이가 들수록 머리가 빨리 돌아가지 않는 이유로는 좌우 뇌 사이의 의사소통 속도가 떨어지는 것도 한몫한다고 볼 수 있다.

인간의 뇌에는 좌우 대뇌반구가 만나는 지점인 뇌량이 존재하는데, 뇌량에서는 우뇌와 좌뇌 사이의 활발한 정보 교환이 일어난다. 인간의 뇌는 좌우 반구로 구성되며, 좌뇌와 우뇌는 몇 개의 신경다발로 연결되어 있다. 뇌가 좌우로 구별되는 만큼 좌뇌와 우뇌의 기능 또한 구별되는데, 1861년 프랑스의 신경해부학자인 폴 브로카(Paul Broca)와 독일의 카를 베르니케(Karl Wernicke)는 언어의 이해와 생성을 담당하는 부위가 좌뇌에 위치한다는 것을 발견한 바 있다. 노벨 의학상 수상자인 로저 스페리(Roger Sperry) 역시 제자 마이클 가자니가(Michael Gazzaniga)와 함께 오른쪽 시야에 비친 영상은 왼쪽 뇌로 해석되고, 왼쪽에 보인 영상은 오른쪽 뇌로 해석된다는 사실을 알아내며 동일한 시각 자극에 대해 좌우 뇌가 각기 다른 방식으로 정보를 처리한다는 사실을 밝혀낸 바 있다. 이는 좌우 뇌가 독자적인 의식을 갖고 있다고 해도 무방한 수준으로 그 기능이 분리되어 있다는 사실을 증명하는 것이다. 흥미로운 점은 일반인의 경우 좌뇌가 우뇌의 기능을 압도하기 때문에 이러한 사실을 인지하지 못한다는 것이다.

뇌의 다양한 기능 중에서도 특히 언어 기능과 밀접한 관계를 맺는 부분은 좌뇌로, 공간적 부분과 관련이 깊은 부분은 우뇌로 구분된다. 좌뇌와 우뇌는 각각의 주력 분야에 대한 정보 교환을 뇌량을 통해 이루는데, 나이가 들수록 뇌량을 통한 좌뇌와 우뇌 간의 소통도 늦어진다. 연령에 따른 뇌량의 좌·우뇌 소통 차이를 알아보기 위해 미국 미시간대학교 연구팀은 65～70세 노인과 20～25세 젊은이들을 대상으로 컴퓨터 게임을 통한 반응 속도를 측정하였으며, 이를 기능성 자기공명영상(fMRI)으로 뇌 활동을 촬영해 비교 분석하였다. 연구 결과 노인들이 젊은이들에 비해 컴퓨터 게임을 할 때의 반응 속도가 늦은 것으로 드러났다. 보통 왼쪽에 있는 뇌는 오른쪽 몸의 움직임에 관여하고, 오른쪽 뇌는 왼쪽 몸의 운동을 제어하지만 전신을 움직이기 위해서는 뇌량을 통한 좌우 뇌의 원활한 의사소통이 반드시 필요하다. 노화에 따라 좌우 뇌 사이의 정보교환 능력이 쇠퇴하게 되면 자연히 외부 자극에 대한 반응 속도가 떨어질 수밖에 없다는 것이다.

연구팀은 연령별로 다르게 나타나는 뇌의 혈류량 변화도 함께 촬영해 살펴보았는데, 그 결과 나이가 들수록 좌우 뇌를 연결해 주는 뇌량 부위에서의 활동도 더딘 것으로 나타났다. 단순한 개별적인 좌우 뇌의 기능적 쇠퇴뿐만 아니라, 좌우 뇌가 소통이 잘 이루어지지 않을 때도 건강한 뇌 활동을 기대하기 어렵다는 것이다.

08 정 대리, 윤 대리, 강 대리가 윗글을 보고 나눈 대화가 〈보기〉와 같을 때, 밑줄 친 ㉠～㉣ 중 글의 내용과 부합하지 않는 발언은?

> ┌ 보기 ┌
> 정 대리 : ㉠ <u>인간의 뇌가 크게 두 부분으로 나뉜다는 사실은 알고 있었지만, 그 기능이 확연하게 차이가 난다는 사실은 잘 알지 못했기 때문에 글이 참 흥미롭게 느껴졌어.</u>
> 윤 대리 : 그렇지. 특히 정 대리 같이 언어적인 능력이 뛰어난 사람들은 좌뇌가 발달한 좌뇌형 인간으로 보는 게 맞겠지?
> 강 대리 : 아무래도 그렇겠지? 윤 대리는 건축을 전공해서 ㉡ <u>언어적인 부분보다 공간 감각이 발달되어서 우뇌형 인간으로 보는 게 더 맞는 것처럼 말이지.</u>
> 정 대리 : ㉢ <u>일반적인 사람들의 경우에는 언어적인 부분보다는 공간적인 부분이 더 발달되어 있어서 좌우 뇌 사이의 차이를 인지하기 어렵다는 점도 인상적이야.</u>
> 윤 대리 : 특히 시야상으로는 오른쪽으로 본 영상이 좌뇌에서 해석되고, 왼쪽으로 본 영상이 우뇌에서 해석된다는 것도 특이하지.
> 강 대리 : 맞아. ㉣ <u>똑같은 시각적 자극을 맞게 될 때도 좌뇌와 우뇌가 이를 다르게 처리한다는 게 뇌 기능 분리를 증명하는 부분이야.</u>

① ㉠   ② ㉡

③ ㉢   ④ ㉣

09 윗글에서는 인간이 노화할수록 두뇌 회전율도 떨어진다고 밝히고 있다. 이러한 사실에 대한 근거로 가장 타당한 것은?

① 인간이 노화하면 뇌 기능이 정상적으로 작용해도 신체 각 부분에서 뇌의 명령을 신속하게 전달받지 못하게 된다.

② 일반적으로 좌뇌는 오른쪽 몸의 움직임에, 우뇌는 왼쪽 몸의 움직임에 관여하나 노화에 따른 신체 기능 저하로 뇌 기능 또한 함께 떨어진다.

③ 노화와 함께 좌우 대뇌반구가 만나는 뇌량의 활동이 더뎌져 좌우 뇌의 소통 속도가 늦어지게 된다.

④ 뇌량의 활동이 성장기와 비슷하더라도 노화로 인해 좌우 뇌의 활동성이 떨어지면 좌우 뇌의 의사소통능력도 저하된다.

[10~11] 다음 보도자료를 보고 이어지는 물음에 답하시오.

보건복지부는 2026년 21년 차에 들어선 노인일자리를 역대 최대인 115만 2천 개 제공한다고 밝혔다. 이는 2025년 109.8만 개에 비해 5만 4천 개가 증가*한 것으로, 2026년에는 노인역량활용형(기존 사회서비스형)을 가장 큰 폭으로(67%, 3만 7천 개) 늘려 건강·소득·교육 수준이 상대적으로 높은 1차 베이비붐 세대(1955~1963년생)의 경험과 역량을 활용하는 일자리를 중점적으로 확대하였다.
* 2026년 공익활동형 1만 7천 개, 역량활용형 3만 7천 개, 공동체사업단 1천 개 증가

2025년 12월부터 전국 65세 이상(일부 60세) 노인을 대상으로, 2026년 ① 공익활동형, ② 역량활용형 ③ 공동체사업단* 97만 개 일자리 참여자를 모집하여 2026년 2월 1일 현재까지 총 88만 명(약 91%)이 선발되었으며, 지속적으로 추가 선발할 예정이다.
* 2025년부터 명칭변경(공익형 → 공익활동형, 사회서비스형 → 역량활용형, 시장형 → 공동체사업단)

2026년 공익활동형, 역량활용형, 공동체사업단 개요

유형	주요 사업	사업량		평균 급여
		25년	26년	
공익활동형	지역사회 공익 증진을 위한 사회참여 활동(老老케어·보육시설 봉사, 공공의료 복지시설 등)	692	709 (+17)	월 29만 원(11개월)
역량활용형	경력과 역량 활용하여 사회적으로 필요한 영역에 서비스 제공(교육 시설 학습 보조 지원, 공공행정 업무지원 등)	156	197 (+36)	월 76.1만 원(10개월)
공동체사업단	외부자원(인적·물적)을 활용한 사회서비스 분야 신노년세대 맞춤형 일자리	64	65 (+1)	참여노인 1인당 연 267만원 내외 지원

한 달이 넘는 집중모집 기간(11.28.~12.26., 29일간)에는 일자리 수를 크게 상회하는 122만 명이 노인일자리를 신청하여 현장의 뜨거운 열기를 확인할 수 있었다.(경쟁률 1:1.24) 선발된 노인일자리 참여자들은 안전·소양·직무 교육을 1월 중 수료하고 거주지·경력·개인의사 등을 반영하여 근무할 분야·장소가 결정된다. 또한 혹한기 운영안내에 따라 2월까지는 대설·한파 기상특보 발효 시 외부 활동을 중단하고 실내에서 안전교육 등 대체활동을 진행한다.

공익활동형은 2025년에 비해 1만 7천 개 늘어난 70만 9천 개, 공동체사업단은 1,000개 늘어난 6만 5천 개를 제공하여 저소득 노인의 소득 보충과 신노년세대 일자리 기회 제공을 지속적으로 확대할 계획이다. 신노년세대 맞춤형 일자리라고 볼 수 있는 노인역량활용형 19만 7천 개는 취약계층의 수요가 많은 돌봄·안전·환경 분야에 중점 배치된다. 2026년 신설 분야로는 통합돌봄 재택서비스에 배치되는 통합돌봄 도우미(1,602명), 푸드뱅크의 그냥드림 관리자(680명), 안심귀가 도우미(951명) 등이 있다.

특히, 노인역량활용형 중 "유아돌봄 특화형 시범사업"은 교육부, 전국 교육청과 협업하여 "유치원 시니어 돌봄사" 500명을 유치원 아침·저녁 돌봄에 투입한다. 30시간의 유아돌봄 특화교육을 받은 "유치원 시니어 돌봄사"는 기존 노인역량활용형보다 높은 월 90만 원의 급여를 받는다.

실버카페, 도시락 제조 등으로 대표되는 공동체사업단은 2026년 지자체·수행기관을 대상으로 한 초기투자비 및 인프라지원 공모 지원을 확대하며, 창업 이후 사업 안정화 및 매출 견인을 위한 사업단 성장지원 컨설팅 지원도 2025년 130개에서 2026년 156개로 대폭 확대하여 생산성을 높인다.

최근 60~69세의 신노년세대가 노인역량활용형(19만 7천 개)과 취업·창업형(24만 6천 개)*에 대부분(약 78%) 참여하고 있는 만큼, 향후 노인일자리는 참여자의 역량과 경험을 기반으로 선별·운영되는 일자리로 전환·확대될 예정이다.
* 공동체사업단, 민간기업에의 취업 알선, 숙련기술자 인턴십, 고령자 친화기업 등

노인일자리 115만 2천 개 중 『취업·창업형』 일자리 24만 6천 개는 연중 선발을 계속하며, 방문신청은 시니어클럽, 노인복지관, 대한노인회 등 가까운 노인일자리사업 수행기관, 온라인 신청(시니어인턴십)은 '노인일자리 여기'(www.seniorro.or.kr)를 통해 가능하다.

※ 출처 : 보건복지부 보도자료

10 위 자료의 내용과 일치하는 것을 〈보기〉에서 모두 고르면?

보기

㉠ 2026년 '공익활동형' 노인일자리는 전년 대비 약 5% 증가하였으며, 이는 2026년 전체 노인일자리 목표치인 115만 2천 개의 절반을 넘는 수치이다.

㉡ '역량활용형'의 월평균 급여는 76.1만 원으로 '공익 활동형'보다 2.5배 이상 많고, 2026년 올해 신설된 '유치원 시니어 돌봄사'는 이보다 더 많은 90만 원을 받는다.

㉢ 60~69세 신노년세대가 주로 참여하는 '역량활용형'과 '취업·창업형'의 일자리 합계는 전체 노인일자리 목표치의 약 38% 수준이다.

㉣ '노인역량활용형'은 신노년세대의 역량을 활용하기 위해 기존 '사회서비스형'에서 명칭이 변경된 것이며, '안심귀가 도우미'와 '통합돌봄 도우미' 등이 이에 속한다.

① ㉠, ㉡, ㉢ 　　　　② ㉡, ㉢, ㉣
③ ㉠, ㉣ 　　　　④ ㉠, ㉢

11 위 자료에서 제시된 노인일자리 사업 운영 및 사후 지원에 대한 설명으로 틀린 것은?

① '역량 활용형' 참여자는 거주지와 경력 등을 고려하여 배치되며, 2월까지는 기상 상황에 따라 실내 안전교육 등의 대체 활동으로 전환 운영될 수 있다.

② '공동체사업단'의 자생력을 높이기 위한 성장지원 컨설팅 대상은 2025년 대비 20% 확대되었으며, 이는 창업 이후의 매출 견인과 생산성 향상을 목적으로 한다.

③ '취업·창업형' 일자리 24만 6천 개에 참여하고자 하는 노인은 시니어클럽 등 수행기관을 직접 방문하거나, '노인일자리 여기' 홈페이지를 통해 온라인으로 상시 신청이 가능하다.

④ 2026년 노인일자리 신청자 수는 총 122만 명으로 일자리 공급 수를 상회하였으며, 선발되지 못한 인원 중 1차 베이비붐 세대는 교육부와의 협업을 통해 '유치원 시니어 돌봄사'로 우선 전환 배치된다.

[12~13] 다음 보도자료를 보고 이어지는 물음에 답하시오.

보건복지부는 지방 중소도시를 중심으로 소아·응급·분만 등 필수의료 공백을 줄이기 위해 2026년 2월 10일부터 지방협업형 필수의료체계 구축 시범사업에 참여할 시·도 2곳을 공모한다. 이번 시범사업은 지역 내 의료기관이 역할을 나누되, 거점병원(2차)이 필요 시 야간·휴일에도 진료를 지속하고, 중등증 환자 입원까지 책임질 수 있게 인력과 운영 기반을 지원하는 데 초점을 뒀다.

보건복지부는 거점병원과 동네의원(1차)이 협력체계를 구성해 역할을 분담하고, 의뢰·회송 및 진료정보 교류체계를 정비해 환자가 지역 내에서 적시에 적정 진료를 받을 수 있도록 할 계획이다. 선정된 지역에는 협력체계 참여 의료기관에 시설·장비비, 인건비, 운영비를 지원하고, 지자체에는 홍보·운영비를 지원한다. 시·도별 지원규모는 국비·지방비 포함 12억 8,300만 원 수준이다. 세부적으로는 시설·장비비 3억 원, 인건비 8억 8,000만 원, 협력체계 운영비 4,300만 원, 지자체 홍보 등 운영비 6,000만 원을 지원한다.

본 사업의 추진체계는 다음과 같다.

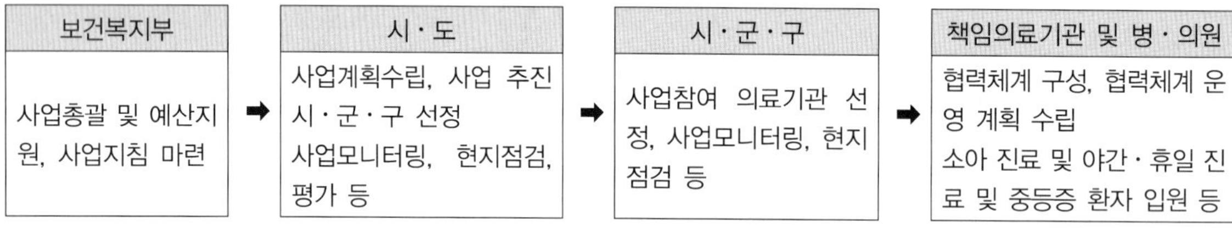

공모 신청은 시·도 단위로 받으며, 신청을 원하는 시·도는 사전에 참여할 중진료권(여러 시·군·구를 묶은 단위)을 정하고, 거점병원 − 협력의원 협력체계를 구성하여 신청해야 한다. 신청 자격은 상급종합병원이 없는 중진료권이면서, 거점의료기관 소재지가 인구감소지역(관심지역 포함) 또는 의료취약지(소아, 분만, 응급)에 해당하는 지역이다.

또한 거점의료기관은 종합병원급 이상으로서 소아 입원 및 응급 대응이 가능하고 응급·산부인과 등 진료과와 협진체계를 갖추는 등 요건을 충족해야 한다. 공모는 2월 10일부터 2월 26일 18시까지 진행된다.

보건복지부는 2026년 3월 중 1차 서면평가와 2차 대면평가를 거쳐 선정지역을 확정·통보할 예정이며, 선정 지역은 준비 절차를 거쳐 4월부터 시범사업을 본격 추진한다.

※ 출처 : 보건복지부 보도자료

12 위 자료의 내용으로 미루어 추론한 내용으로 적절하지 않은 것은?

① 지방의 필수의료 공백을 줄이기 위해서는 보건복지부의 예산지원 외에도 거점병원이 야간과 휴일에도 진료할 수 있도록 하는 인력 및 운영 지원이 더 필요할 것이다.

② 시·도별 지원금 중 인건비와 시설·장비비의 합계는 전체 예산의 90%를 상회하며, 이는 인적·물적 인프라 확충에 예산이 집중되어 있음을 보여준다.

③ 시·군·구가 관내 의료기관을 대상으로 사업 참여자를 선정하고 현지 점검을 하므로, 선정된 책임의료기관은 해당 기초지자체 내에서 응급 및 진료 서비스를 제공한다.

④ 지자체 홍보 등 운영비는 의료기관 간의 협력체계 운영비보다 약 1,000만 원 이상 많은 예산이 편성되어 있다.

13 위 자료에 제시된 시범사업의 '공모 및 선정 과정'에 대한 설명으로 옳지 않은 것은?

① 시·도 단위로 공모를 신청할 때는 사전에 참여할 중진료권을 정하고, 거점병원 - 협력의원 간의 협력체계를 구축하여 신청해야 한다.

② 해당 중진료권 내에 소아·분만·응급 중 하나 이상의 의료취약지가 포함되어 있다면, 거점의료기관 소재지의 상급종합병원 존재 여부와 관계없이 공모 신청 요건을 충족한다.

③ 공모는 2월 10일부터 2월 26일 18시까지 진행되며, 3월 중 서면평가와 대면평가를 거쳐 선정 지역을 확정한 후 4월부터 본격적으로 추진된다.

④ 거점의료기관은 응급 대응 역량을 갖추고, 산부인과 등 필수 진료과와 협진 체계를 구축한 종합병원급 이상의 기관이어야 한다.

[14~16] 다음 보도자료를 보고 이어지는 물음에 답하시오.

보건복지부와 국민건강보험공단은 건강생활실천지원금제 시범사업을 보다 개선해 고혈압·당뇨병 환자와 건강위험요인을 가진 사람의 건강관리를 강화하겠다고 밝혔다. 건강생활실천지원금은 고혈압·당뇨병 환자 중 일차의료 만성질환관리 사업 참여 환자*(관리형) 또는 일반건강검진 수검자 중 건강위험군**에 포함되는 사람(예방형)을 대상으로 걷기, 교육 등 건강생활을 실천하는 경우 금전적 유인책(포인트 적립 후 사용)을 제공하는 사업이다.

* 동네의원 중심으로 고혈압·당뇨병 환자에게 지속적인 질환 관리 서비스를 제공(포괄평가 및 케어플랜 수립, 교육·상담, 주기적 환자관리, 점검 및 평가)

** 체질량지수(BMI) 25kg/m² 이상이면서 ▲수축기 혈압 120mmHg 이상(또는 이완기 혈압80mmHg 이상) 또는 ▲공복혈당 100mg/dL 이상

□ **포인트 적립표**
○ 예방형

구분	항목	적립 기준		적립 한도 (연간 적립 한도)
참여 포인트	참여 신청	참여 신청 시	일시 적립	5,000
실천 포인트	걸음 수	5,000보 이상 ~ 6,000보 미만	일당 50	70,000 (연 35,000)
		6,000보 이상 ~ 7,000보 미만	일당 60	
		7,000보 이상 ~ 8,000보 미만	일당 70	
		8,000보 이상 ~ 9,000보 미만	일당 80	
		9,000보 이상 ~ 10,000보 미만	일당 90	
		10,000보 이상	일당 100	
	건강관리 프로그램	주 1회만 인정	대면 · 회당 1,000	30,000 (연 15,000)
			비대면 · 회당 500	
개선 포인트	① BMI 또는 체중 ② 혈압 ③ 공복혈당	①, ②, ③ 중 어느 한 항목*이 1단계** 이상 개선	일시 적립	15,000
총 적립 포인트				120,000(2년)
포인트 사용		포인트 적립 즉시 사용		

* ①, ②, ③ 중 참여 당시 주의 또는 위험범위에 해당한 항목
** 개선 포인트 적립 기준의 1단계 개선: 위험 → 주의, 주의 → 안전), 2단계 개선: 위험 → 안전
※ 출석 포인트: 일당 10점(적립 한도액과 별도)

○ 관리형

구분	항목	적립 기준	적립 한도	
참여 포인트	참여 신청	참여 신청 시	일시 적립	5,000
실천 포인트	케어플랜	수립 시	일시 적립	5,000
	걸음 수	케어플랜의 목표 걸음 수 이상	일당 100	20,000
	자가측정 (혈압 또는 혈당)	주 1~2회(1일 1회만 인정)	회당 250	20,000
	교육·상담	연간 1~5회	회당 4,000	20,000
점검 평가 포인트	점검 및 평가	연간 1~2회	회당 5,000	10,000
총 적립 포인트				80,000(1년)
포인트 사용		포인트 적립 즉시 사용		

※ 출석 포인트: 일당 10점(적립 한도액과 별도)

우선, 일차의료 만성질환관리 사업 참여 환자가 이용하는 관리형은 2025년 12월 15일 14시부터 참여의원에서 진료비를 결제하는 경우 보유 포인트 범위 내에서 자동적으로 차감하여 결제할 수 있도록 편의성을 개선하였다. 그간, 관리형 참여자 중 고령층의 경우 포인트 사용을 위해 건강실천카드를 발급받아야 하는 등 사용 절차가 복잡하여 참여하기 어렵다는 현장 의견이 있었다. 이번 개선을 통해 건강실천카드 발급을 하지 않더라도 일차의료 만성질환관리 사업 참여의원에서 진료를 받은 후에 본인이 보유한 포인트 범위 내에서 진료비를 결제할 수 있도록 시스템을 구축하였다.

아울러, 건강위험군이 참여하는 예방형의 경우 시범사업 지역을 2025년 12월 15일부터 기존 15개에서 50개로 확대한다. 시범사업 실시(2021. 7.) 이후 지속적인 지역 확대 요구가 있어 예방형 대상 지역을 전국 50개 지역으로 확대하여 참여 기회를 폭넓게 제공하기로 하였다. 확대 지역의 참여 대상자는 국민건강보험공단에서 발송하는 개별 알림톡을 확인하여 온라인으로 신청이 가능하다. 이번 건강생활실천지원금제 시범사업 관리형 포인트 차감시스템 도입과 예방형 지역 확대를 통해 고혈압·당뇨병 환자와 건강위험요인을 가진 사람이 걷기 등 자기관리를 통해 생활습관을 더 건강하게 바꾸는 데 도움이 될 것으로 기대하고 있다.

※ 출처 : 국민건강보험공단 보도자료

14 위 자료에 제시된 건강생활실천지원금제 시범사업 참여에 대한 정보가 잘못된 것은?

① BMI 26kg/m², 수축기 혈압 115mmHg, 공복혈당 95mg/dL인 A씨는 BMI 기준은 충족하나 나머지 위험요인을 모두 미달하여 참여가 불가능하다.

② '예방형' 참여자가 혈압을 '위험'에서 '안전'으로 개선하여 받는 포인트는, 100일간 매일 10,000보 이상 걷기와 출석 포인트를 빠짐없이 적립한 합산 점수보다 높다.

③ 예방형 시범사업을 전국 50개 지역으로 확대하여 시행함에 따라, 해당 지역 내 건강위험군 판정 대상자는 2025년 12월 15일부터 온라인 채널을 통해 본 사업의 참여를 개시할 수 있다.

④ '관리형'은 동네의원 중심의 케어플랜 수립이 전제되어야 하므로, 케어플랜 수립을 한 다음 실천 포인트 적립을 할 수 있다.

15 위 자료를 통해 '관리형' 참여자의 포인트 운영 및 적립에 대해 분석한 것으로 적절하지 않은 것은?

① 관리형 참여자가 연간 5회의 교육·상담을 모두 이수하여 받을 수 있는 포인트는, 동일 기간 내에 점검 및 평가를 2회 완료하여 얻는 포인트의 2배에 해당한다.

② 2025년 12월 15일 14시 이후부터는 관리형 참여자가 진료비를 결제할 때 별도의 실물 카드를 지참하지 않아도 시스템상에서 본인의 포인트를 실시간으로 확인하여 결제할 수 있다.

③ 참여자가 보유한 포인트를 진료비 자동 차감 방식으로 사용하려면, 해당 의원이 '일차의료 만성질환관리 사업'에 참여 중인 곳이어야 하며 약국에서의 약제비 결제는 포함되지 않는다.

④ 관리형 참여자가 주 2회 자가측정을 연간 성실히 수행하여 얻는 포인트 최댓값은, 점검 및 평가 2회 완료 시 획득 포인트의 2.6배와 동일하다.

16 〈보기〉는 위 자료를 보고 나눈 시범사업 신규 확대 지역(A시) 보건소 직원들의 대화이다. 이때, 을의 마지막 답변으로 가장 적절한 것은?

보기

갑 : 이번에 우리 시가 예방형 시범사업 지역으로 선정되었네요! 오늘이 2025년 12월 15일이니 마침 확대 시행 당일이기도 하고요.

을 : 맞아요. 우리 시의 건강위험군 대상자분들도 오늘부터 온라인으로 신청할 수 있게 되어 다행입니다. 다만, 공단에서 발송하는 개별 알림톡을 확인한 분들만 신청이 가능하니 안내가 필요하겠어요.

갑 : 그렇군요. 그런데 참여자 한 분이 문의를 주셨는데, 본인이 1년 내내 매일 8,000보씩 걷기를 실천하면 1년에 총 몇 포인트를 받을 수 있는지 궁금해 하시네요.

을 : 그분은 예방형 참여자시니, 걸음 수 실천 포인트와 매일 지급되는 출석 포인트를 합산해야 하는데요.

---

① 걸음 수로 받는 포인트가 연간 한도인 35,000점에 도달하므로, 출석 포인트를 포함하여 연간 총 35,000점을 적립하시게 됩니다.

② 걸음 수 포인트는 연간 한도에 걸리지 않는 29,200점이 적립되지만, 출석 포인트 3,650점이 더해지면 연간 실천 포인트 한도를 정확히 채우게 됩니다.

③ 걸음 수로 29,200점을 얻고 출석 포인트 3,650점도 여기에 포함되므로, 총 29,200점을 적립하시게 됩니다.

④ 걷기 실천으로 29,200점을 얻으시고, 여기에 한도액과 별도로 적립되는 출석 포인트 3,650점을 더해 총 32,850점을 획득하시게 됩니다.

[17~18] 다음 글을 읽고 이어지는 물음에 답하시오.

소비자의 권익을 위하여 국가가 집행하는 정책으로 경쟁 정책과 소비자 정책을 들 수 있다. 경쟁 정책은 본래 독점이나 담합 등과 같은 반경쟁적 행위를 국가가 규제함으로써 시장에서 경쟁이 활발하게 이루어지도록 하는 데 중점을 둔다. 이러한 경쟁 정책은 결과적으로 소비자에게 이익이 되므로, 소비자 권익을 보호하는 데 유효한 정책으로 인정된다. 경쟁 정책이 소비자 권익에 기여하는 모습은 생산적 효율과 배분적 효율의 두 측면에서 살펴볼 수 있다. 먼저, 생산적 효율은 주어진 자원으로 낭비 없이 더 많은 생산을 하는 것으로, 같은 비용이면 더 많이 생산할수록, 같은 생산량이면 비용이 적을수록 생산적 효율이 높아진다. 시장이 경쟁적이면 개별 기업은 생존을 위해 비용 절감과 같은 생산적 효율을 추구하게 되고, 거기서 창출된 여력은 소비자의 선택을 받고자 품질을 향상시키거나 가격을 인하하는 데 활용될 것이다. 그리하여 경쟁 정책이 유발한 생산적 효율은 소비자 권익에 기여하게 된다. 물론 비용 절감의 측면에서는 독점 기업이 더 성과를 낼 수도 있겠지만, 꼭 이것이 가격 인하와 같은 소비자의 이익으로 이어지지는 않는다. (㉠) 독점에 대한 감시와 규제는 지속적으로 필요하다.

다음으로, 배분적 효율은 사람들의 만족이 더 커지도록 자원이 배분되는 것을 말한다. 시장이 독점 상태에 놓이면 영리 극대화를 추구하는 독점 기업은 생산을 충분히 하지 않은 채 가격을 올림으로써 배분적 비효율을 발생시킬 수 있다. (㉡) 경쟁이 활발해지면 생산량 증가와 가격 인하가 수반되어 소비자의 만족이 더 커지는 배분적 효율이 발생한다. 그러므로 경쟁 정책이 시장의 경쟁을 통하여 유발한 배분적 효율도 소비자의 권익에 기여하게 된다. 경쟁 정책은 이처럼 소비자 권익을 위해 중요한 역할을 수행해 왔지만, 이것만으로 소비자 권익이 충분히 실현되지는 않는다. 시장을 아무리 경쟁 상태로 유지하더라도 여전히 남는 문제가 있기 때문이다. 우선, 전체 소비자를 기준으로 볼 때 경쟁 정책이 소비자 이익을 증진하더라도, 일부 소비자에게는 불이익이 되는 경우도 있다. (㉢) 경쟁 때문에 시장에서 퇴출된 기업의 제품은 사후 관리가 되지 않아 일부 소비자가 피해를 보는 일이 있다. 그렇다고 해서 경쟁 정책 자체를 포기하면 전체 소비자에게 불리한 결과가 되므로, 국가는 경쟁 정책을 유지할 수밖에 없는 것이다. 다음으로, 소비자가 기업에 대한 교섭력이 약하고, 상품에 대한 정보도 적으며, 충동구매나 유해 상품에도 쉽게 노출되기 때문에 발생하는 문제가 있다. 이를 해결하기 위해 상품의 원산지 공개나 유해 상품 회수 등의 조치를 생각해 볼 수 있겠지만 이는 경쟁 정책에서 직접 다루는 사안은 아니다.

이런 문제들 때문에 소비자의 지위를 기업과 대등하게 하고 기업으로부터 입은 피해를 구제하여 소비자를 보호할 수 있는 별도의 정책이 요구되었고, 이 요구에 따라 수립된 것이 소비자 정책이다. 소비자 정책은 주로 기업들이 지켜야 할 소비자 안전 기준의 마련, 상품 정보 공개의 의무화 등의 조치와 같이 소비자 보호와 직접 관련 있는 사안을 대상으로 한다. 또한 충동구매나 유해 상품 구매 등으로 발생하는 소비자 피해를 구제하고, 소비자 교육을 실시하며, 기업과 소비자 간의 분쟁을 직접 해결해 준다는 점에서도 경쟁 정책이 갖는 한계를 보완할 수 있다.

17 윗글의 내용과 일치하지 않는 것은?

① 국가가 경쟁 정책을 펴는 궁극적인 목적은 소비자의 이익이다.

② 국가는 경쟁 정책으로 인해 발생할 수 있는 문제점을 또 다른 정책적 지원으로 해소하려고 한다.

③ 국가는 경쟁 정책을 통해 소비자들의 교섭력을 높여 소비자가 피해를 보는 일이 없도록 하려 한다.

④ 소비자 정책은 소비자와 기업의 지위를 대등하게 하여 소비자의 피해를 최소화하려는 정책이다.

18 윗글의 빈칸 ㉠, ㉡, ㉢에 들어갈 접속어가 바르게 나열된 것은?

	㉠	㉡	㉢
①	또한	또한	그러나
②	따라서	또한	예를 들어
③	또한	반면에	그러나
④	따라서	반면에	예를 들어

[19～20] 다음 보도자료를 보고 이어지는 물음에 답하시오.

국립정신건강센터는 국가정신건강현황(국가승인통계 제920023호)의 최근 5년간(2019년～2023년) 변화를 분석한 국가 정신건강현황 동향 보고서를 발간했다고 밝혔다. 본 보고서는 국가정신건강현황의 국가통계포털(KOSIS) 48개 통계표를 중심으로, ▲정신건강 예방 및 조기개입, ▲정신질환 치료, ▲정신건강 지원체계 등 3개 영역으로 분류하여 주요 분석 결과와 정책적 시사점을 제시하고 통계지표 개선 방향을 제언하였다. 영역별 주요 분석 결과는 다음과 같다.

정신건강 예방 및 조기개입에서는 지역사회 정신건강증진 교육 수혜율이 2019년 4.9%에서 2020년 1.9%로 감소했으나, 2023년 4.0%까지 회복했다. 2023년 기준 교육 수혜자는 약 207만 명으로 집계되었다. 지역사회 정신건강증진 사업 등록자는 2019년 87,075명에서 2023년 93,513명으로 7.4% 증가하였다.

정신질환 치료 영역에서는 정신질환 치료 수진자 수(실인원)가 2019년 약 205만 명에서 2023년 약 268만 명으로 약 63만 명 증가하였다. 특히, 외래환자는 2019년 약 198만 명에서 2023년 약 262만 명으로 약 64만 명 증가한 반면, 입원환자는 2019년 약 14만 명에서 2023년 약 12만 명으로 약 2만 명 감소하였다. 또한, 정신질환 환자의 퇴원 후 1개월 이내 외래방문율은 2019년 67.7%에서 2023년 66.1%로 1.6%p 감소하였으며, 퇴원 후 1개월 이내 동일병원 재입원율은 2019년 18.6%에서 2023년 16.1%로 2.5%p 줄었다.

정신건강 지원체계에서는 정신건강 관련 기관이 2019년 2,562개소에서 2023년 2,949개소로 15.1% 증가하였으며, 인구 1인당 지역사회 정신건강 예산은 2019년 5,389원에서 2023년 8,710원으로 61.6% 증가하였다.

정신건강 관련 종사자 수도 꾸준히 늘어 인구 10만 명당 상근인력은 2019년 45.2명에서 2023년 60.4명으로 15.2명 증가했고, 인구 10만 명당 전문인력(정신건강의학과전문의 및 정신건강전문요원)은 2019년 17.6명에서 2023년 20.3명으로 2.7명 늘었다. 특히, 사례관리자 1인당 등록자 수는 2019년 34.2명에서 2023년 23.3명으로 감소하여 서비스의 질적 향상이 이루어졌음을 보여준다.

국립정신건강센터 측은 "2025년은 제3차 정신건강복지기본계획 수립의 중요한 시기이다"라며, "이번 보고서가 우리나라 정신건강 정책의 발전과 국제적 협력의 기반이 되기를 기대한다"라고 밝혔다.

※ 출처 : 보건복지부 보도자료

19 위 자료의 내용과 일치하지 않는 것을 〈보기〉에서 모두 고르면?

보기

㉠ 2019년부터 2023년까지 지역사회 정신건강증진 교육 수혜율은 매년 지속적으로 증가하였다.

㉡ 2019년 대비 2023년 정신질환 전체 수진자 수의 증가 폭보다, 같은 기간 외래환자 수의 증가 폭이 더 크게 나타났다.

㉢ 인구 1인당 지역사회 정신건강 예산의 증가율(2019년 대비 2023년)은 정신건강 관련 기관 수의 증가율보다 4배 이상 높았다.

㉣ 사례관리자 1인당 등록자 수의 감소는 정신질환 치료 수진자 수의 감소와 결합하여 정신건강 서비스의 질적 향상을 이끈 주요 요인으로 분석된다.

① ㉠, ㉣   ② ㉠, ㉢

③ ㉡, ㉣   ④ ㉡, ㉢

20 위 자료를 보고 보일 수 있는 반응으로 가장 적절하지 <u>않은</u> 것은?

① 입원환자는 줄고 외래환자는 크게 늘어난 것을 보니, 정신질환 치료의 패러다임이 장기 입원 중심에서 지역사회 외래 치료 중심으로 점진적으로 변화하고 있다고 볼 수 있겠네.

② 퇴원 후 1개월 이내 외래방문율과 재입원율이 모두 감소한 것을 보니, 퇴원 환자에 대한 사후 관리 체계가 강화되어 환자들이 병원 밖에서도 안정적으로 적응하고 있다고 볼 수 있겠군.

③ 인구 10만 명당 상근인력의 증가 폭이 전문인력의 증가 폭보다 훨씬 큰 것을 보니, 정신건강 서비스의 양적 확대를 위해 전문자격 소지자 외에도 다양한 현장인력이 폭넓게 확충되었음을 알 수 있겠군.

④ 사례관리자 1인당 등록자 수가 10명 이상 줄어든 것을 보니, 종사자들의 업무 부담이 완화되어 이전보다 대상자들에게 더욱 밀도 있고 질 높은 사례관리 서비스를 제공할 수 있을 것 같네.

[21~22] 다음은 2022~2024년 의료기기 10대 수출품목의 수출액에 관한 자료이다. 이를 보고 이어지는 물음에 답하시오.

의료기기 10대 수출품목의 수출액 비중과 품목별 세계수출시장 점유율(금액 기준)

(단위 : %)

구분 품목＼연도	전체 수출액에서 차지하는 비중			품목별 세계수출시장에서의 점유율		
	2022	2023	2024	2022	2023	2024
주사기 및 주사침류	13.0	12.0	11.0	2.0	2.5	3.0
임상화학 검사기기	14.0	14.0	13.0	10.0	20.0	25.0
치과처치용 재료	10.0	10.0	15.0	30.0	33.0	34.0
면역 검사기기	16.0	15.0	13.0	17.0	16.0	13.0
시력보정용 렌즈	8.0	7.0	8.0	2.0	2.0	2.3
생체현상 측정기기	6.0	6.0	5.0	0.8	0.7	0.8
체내삽입용 의료용품	3.0	4.0	6.0	5.0	6.0	7.0
체외용 의료용품	5.0	4.0	3.0	1.0	1.0	1.0
의료처치용 기계기구	1.0	2.0	3.0	0.1	0.1	0.1
인체조직 또는 기능 대치품	7.0	8.0	9.0	2.0	1.8	1.7
계	83.0	82.0	86.0	—	—	—

※ 2022~2024년 전체 의료기기 수출액은 매년 변동 없음

주사기 및 주사침류의 세부 품목별 수출액 비중

(단위 : %)

연도 세부 품목	2022	2023	2024
주사침/천자침	13.0	10.0	8.0
주사기	18.0	18.0	18.0
의료용 취관/체액 유도관	17.0	12.0	11.0
채혈/수혈/생체검사용기구	22.0	26.0	28.0
의약품 주입기	23.0	25.0	26.0
침/구용기구	7.0	9.0	9.0
계	100.0	100.0	100.0

21 위 자료에 대한 설명으로 옳은 것을 〈보기〉에서 모두 고르면?

┌ 보기 ┐
- ㉠ 2022년과 2024년 체외용 의료용품의 세계수출시장 규모는 동일하다.
- ㉡ 2023년과 2024년 전체 수출액에서 주사기가 차지하는 비중은 전년 대비 모두 감소했다.
- ㉢ 2023년과 2024년 10대 수출품목 모두 품목별 세계수출시장에서의 점유율은 전년 대비 매년 증가했다.
- ㉣ 2024년 의료처치용 기계기구 세계수출시장 규모는 전체 수출액의 15배 이상이다.

① ㉠, ㉡   ② ㉠, ㉢
③ ㉡, ㉢   ④ ㉡, ㉣

22 전체 의료기기 수출액이 35억 달러라고 할 경우 2023년 주사기 수출액과 2024년 의약품 주입기 수출액의 합으로 옳은 것은?

① 1억 6,940만 달러　　　　　② 1억 7,570만 달러

③ 1억 8,210만 달러　　　　　④ 1억 8,520만 달러

[23～24] 다음은 2025년 인천광역시 및 경기도 치매안심센터에 관한 자료이다. 이를 보고 이어지는 물음에 답하시오.

담당면적별 인천광역시 및 경기도 치매안심센터 수

(단위: 개소)

담당면적 \ 구분	인천광역시	경기도
100km² 미만	5	100
100km² 이상 200km² 미만	8	27
200km² 이상 300km² 미만	9	18
300km² 이상 400km² 미만	6	8
400km² 이상 500km² 미만	9	10
500km² 이상 600km² 미만	8	5
600km² 이상 700km² 미만	12	3
700km² 이상	19	9
계	76	180

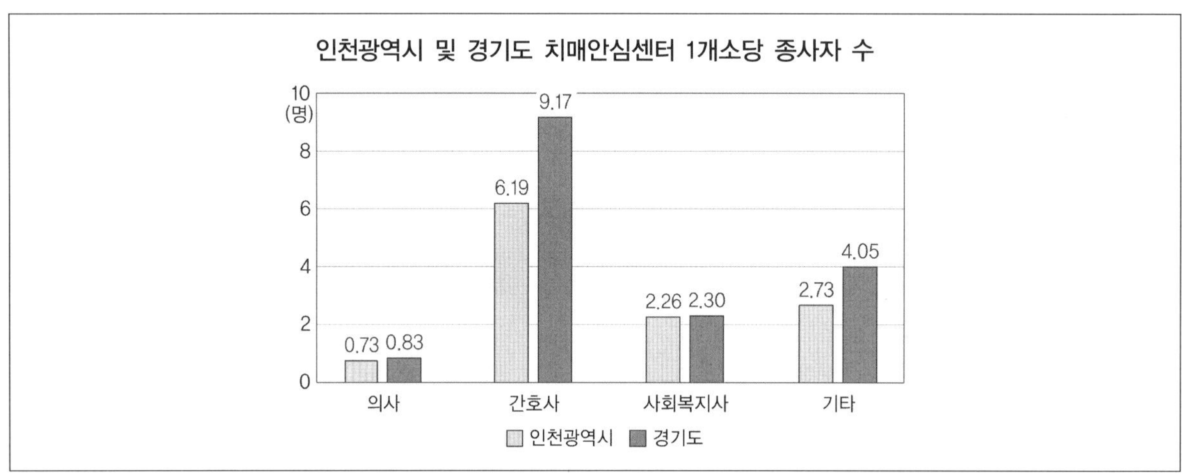

23 위 자료에 대한 설명으로 옳은 것은?

① 인천광역시 치매안심센터 중 담당면적이 400km² 이상인 센터의 비중은 경기도 치매안심센터 중 담당면적이 100km² 미만인 센터의 비중보다 크다.

② 종사자 수 변동 없이 인천광역시 치매안심센터만 9개소 추가되면, 인천광역시 치매안심센터 1개소당 사회복지사는 2명 미만이 된다.

③ 치매안심센터에 종사하는 간호사 수는 경기도가 인천광역시의 4배 이상이다.

④ 경기도 치매안심센터 전체 종사자 수는 2,843명이다.

24 2026년 인천광역시와 경기도 치매안심센터는 담당면적이 100km^2 이상 200km^2 미만인 센터를 각각 12개소, 13개소 더 늘리기로 하였다. 이때 인천광역시와 경기도 전체 담당면적에서 100km^2 이상 200km^2 미만인 센터가 차지하는 비중을 옳게 짝지은 것은? (단, 소수점 둘째 자리에서 반올림하여 계산한다.)

① 21.7%, 20.7%　　　　　　　　② 22.7%, 21.7%

③ 22.7%, 20.7%　　　　　　　　④ 21.7%, 21.7%

[25~26] 다음은 2021~2025년 환경분쟁 조정중재 결과에 관한 자료이다. 이를 보고 이어지는 물음에 답하시오.

2021~2025년 환경분쟁 조정중재 현황

(단위 : 건)

연도 \ 구분	조정중재 종료	조정								중재	조정중재 성립
		합의	결정			부조정	취하	각하			
			소계	성립	불성립						
2021	1,636	848	342	180	162	210	224	12	0	( )
2022	1,624	825	358	157	201	200	226	15	0	982
2023	1,546	860	331	( )	178	155	191	9	0	1,013
2024	1,364	872	238	( )	123	103	143	6	2	989
2025	1,461	905	256	96	160	120	170	9	1	( )
계	7,631	4,310	1,525	701	824	788	954	51	3	5,019

※ 1) 조정중재종료 = 조정 + 중재
2) 조정중재성립 = 합의 + 성립 + 중재
3) 조정중재성립률(%) = $\dfrac{조정중재성립}{조정중재종료 - 각하} \times 100$

2021~2025년 주요 피해유형별 조정중재성립 건수 및 건당 성립금액

(단위 : 건, 천 원/건)

연도	구분	대기오염	수질오염	토양오염	소음·진동
2021	건수	205	214	248	173
	건당 성립금액	13,588	11,569	7,765	5,070
2022	건수	221	224	243	153
	건당 성립금액	17,204	16,014	9,788	7,152
2023	건수	217	180	258	160
	건당 성립금액	11,467	18,328	9,716	6,007
2024	건수	164	143	266	206
	건당 성립금액	14,070	11,371	8,259	5,701
2025	건수	180	213	247	210
	건당 성립금액	15,697	11,659	9,673	10,215

※ 건당 성립금액 = $\dfrac{전체\ 성립금액}{조정중재성립\ 건수}$

25　위 자료에 대한 설명으로 옳지 않은 것은?

① 조정중재성립 건수가 가장 많은 연도는 2021년이다.
② 조정중재성립률은 2022년에 가장 높다.
③ 매년 조정중재성립 건수가 가장 많은 피해유형은 '토양오염'이다.
④ '대기오염'과 '소음·진동'은 건당 성립금액의 전년 대비 증감방향이 매년 같지 않다.

26 위 자료를 바탕으로 만든 그래프로 옳지 않은 것은?

① 2025년 조정 건수 구성비

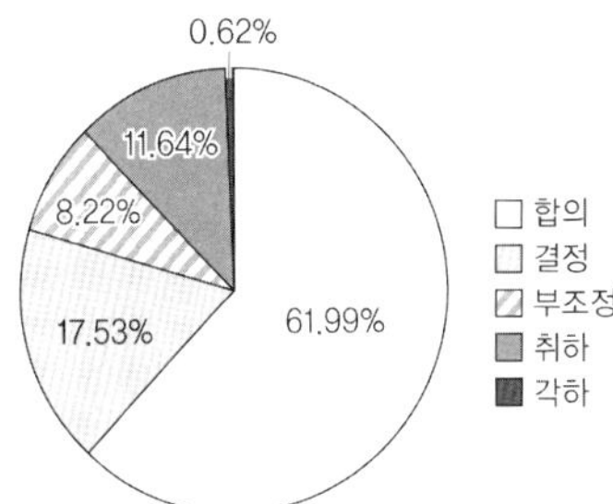

② 연도별 조정 건수 중 합의 건수의 비중

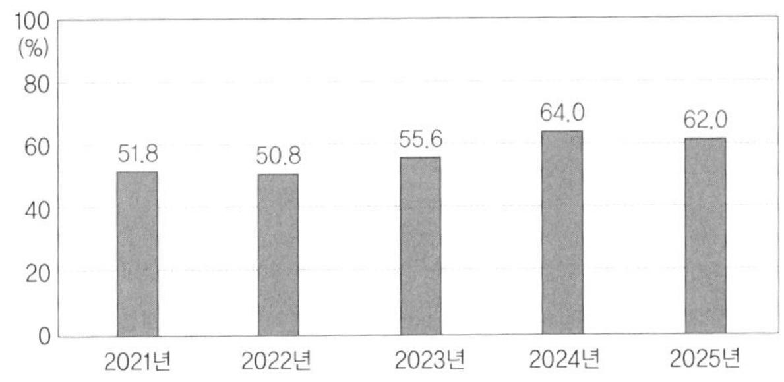

③ 2024년 4개 주요 피해유형별 조정중재 전체 성립금액

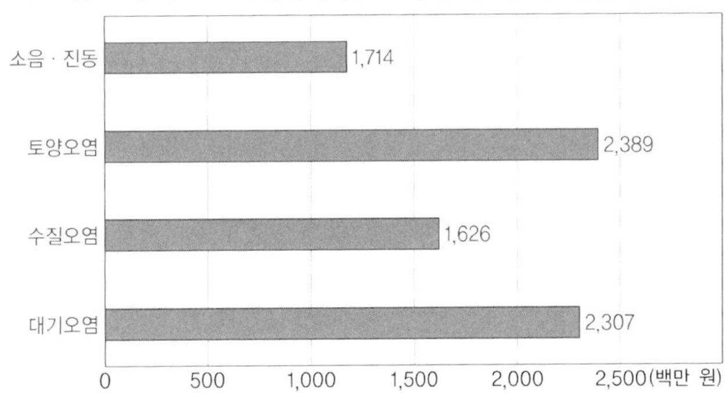

④ 수질오염의 전년 대비 건당 성립금액의 증가율

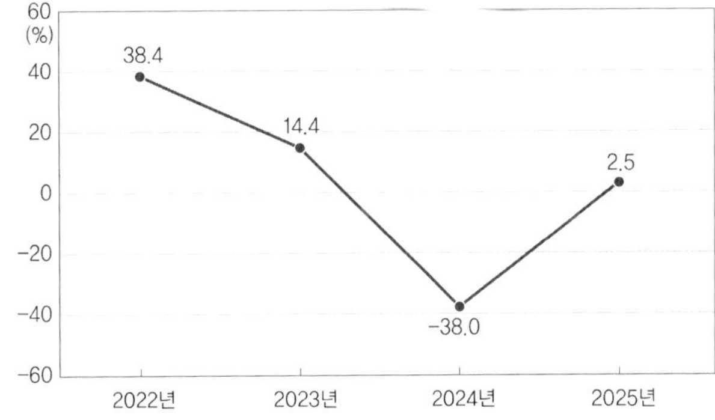

[27～28] 다음은 국내 주요 도시와 세계 주요 도시의 연평균 미세먼지 농도를 나타낸 자료이다. 이를 보고 이어지는 물음에 답하시오.

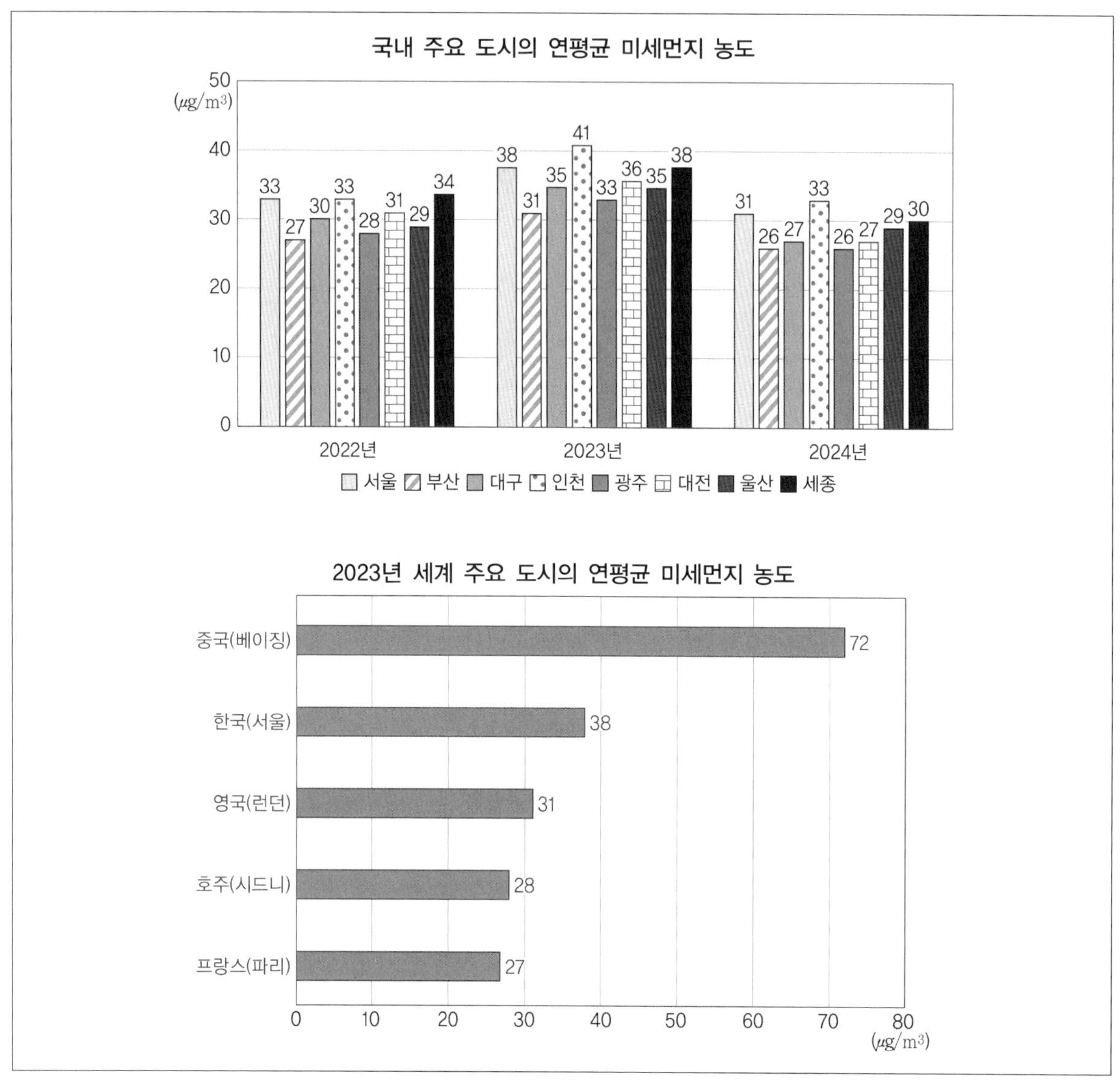

27

위 자료에 대한 설명으로 옳지 않은 것은?

① 2022년 대전의 평균 미세먼지 농도와 2023년 런던의 평균 미세먼지 농도는 같다.
② 2023년 대비 2024년 평균 미세먼지 농도가 가장 낮아진 도시는 대전이다.
③ 울산의 연평균 미세먼지 농도는 대구보다 항상 높다.
④ 2023년 베이징의 평균 미세먼지 농도는 국내 주요 도시들보다 높다.

28 2022년과 2024년 서울의 미세먼지 농도의 차이는 얼마인가?

① $2\mu\mathrm{g/m^3}$ ② $3\mu\mathrm{g/m^3}$

③ $4\mu\mathrm{g/m^3}$ ④ $5\mu\mathrm{g/m^3}$

[29~30] 다음은 2025년 1~6월 마스크 생산량 및 가격에 관한 자료이다. 이를 보고 이어지는 물음에 답하시오.

마스크 생산량

(단위 : 만 개)

월 \ 품목	보건용	비말차단용	수술용
1	10,653	1,369	351
2	9,369	8,181	519
3	15,169	10,229	1,970
4	19,490	5,274	1,590
5	13,279	3,079	1,023
6	10,566	2,530	950

※ T국의 마스크 품목은 보건용, 비말차단용, 수술용으로만 구분됨

마스크 가격

(단위 : 원/개)

월 \ 구분	보건용		비말차단용	
	오프라인	온라인	오프라인	온라인
1	1,685	2,170	1,085	1,037
2	1,758	1,540	725	856
3	1,645	1,306	712	675
4	1,561	1,027	714	608
5	1,476	871	696	572
6	1,454	798	686	546

29 위 자료에 대한 설명으로 옳은 것을 〈보기〉에서 모두 고르면? (단, 소수점 둘째 자리에서 반올림하여 계산한다.)

보기
- ㉠ 보건용 마스크와 비말차단용 마스크는 오프라인과 온라인 모두 매월 가격이 감소하고 있다.
- ㉡ 1월 대비 3월의 보건용 마스크의 오프라인 가격과 온라인 가격의 감소율 차이는 37.4%p이다.
- ㉢ 4월 대비 6월의 비말차단용 마스크의 생산량 감소율은 수술용 마스크의 감소율보다 10%p 이상 높다.
- ㉣ 5월 대비 6월에 마스크 생산량의 감소율이 가장 큰 품목은 보건용 마스크이다.

① ㉠, ㉡, ㉢   ② ㉠, ㉡, ㉣
③ ㉠, ㉢, ㉣   ④ ㉡, ㉢, ㉣

30 1월부터 6월의 모든 마스크 품목 생산량 합이 세 번째로 큰 달과, 같은 기간 보건용 마스크와 비말차단용 마스크의 오프라인 가격 차이가 가장 적은 달을 순서대로 바르게 나열한 것은?

① 5월, 5월   ② 5월, 4월
③ 2월, 1월   ④ 2월, 4월

[31 ~ 32] 다음은 2025년 3월 우리나라 건강보험의 월보험료 부담 대비 급여비 현황을 나타낸 자료이다. 이를 보고 이어지는 물음에 답하시오.

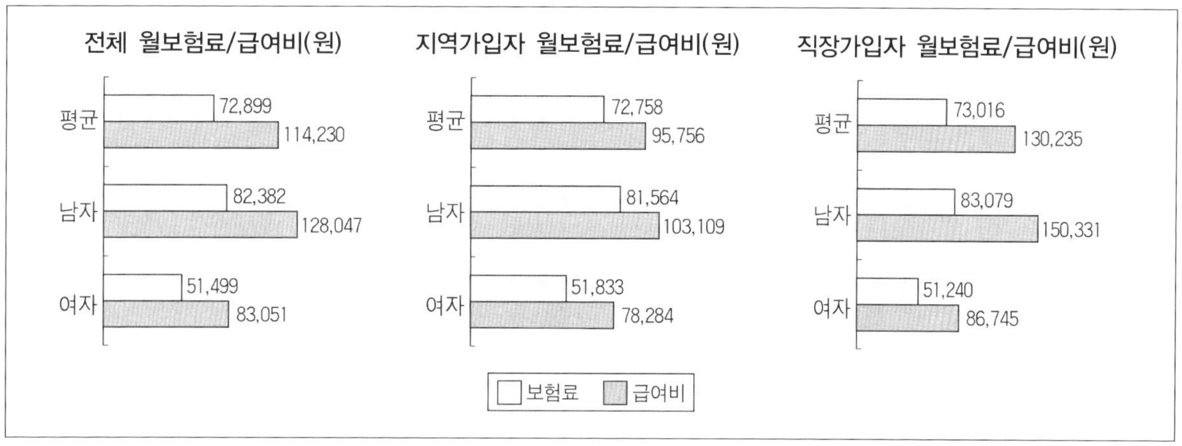

31 전체 평균 월보험료 대비 급여비가 다음 달에도 같은 수준으로 유지될 때, 전체 평균 월보험료가 8,000원 증가한다면 급여비 증가분은 얼마인가? (단, 원 단위 미만은 버림하여 계산한다.)

① 12,535원
② 12,784원
③ 12,819원
④ 12,905원

32 위 자료에 대한 설명으로 옳지 않은 것은?

① 남자 직장가입자의 급여비는 월보험료의 약 1.8배이다.
② 여자의 월평균 보험료는 51,499원이고 월평균 급여비는 83,051원이다.
③ 여자 직장가입자의 월보험료는 남자 직장가입자 월보험료의 약 73%이다.
④ 지역, 직장가입자의 월보험료와 급여비 모두 남자가 여자보다 높다.

[33 ~ 34] 다음은 2025년 상반기에 조사한 보훈대상자 의료지원 실적에 관한 자료이다. 이를 보고 이어지는 물음에 답하시오.

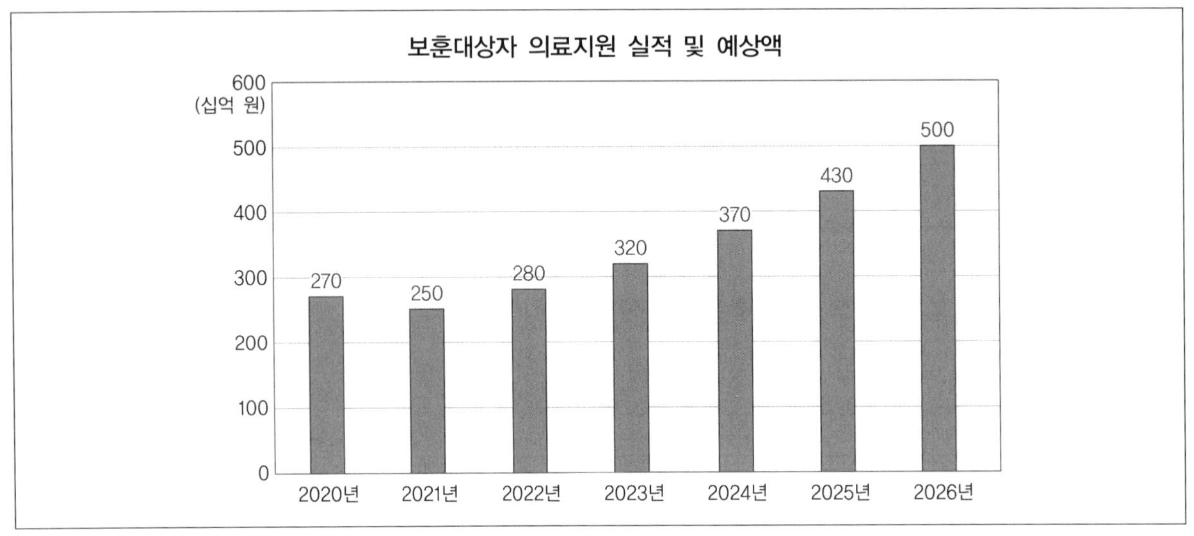

진료유형별 보훈대상자 의료지원 실적

(단위 : 십억 원)

구분	2020년	2021년
보훈병원 국비진료	257	234
보훈병원 감면진료	12	14
위탁병원 진료	1	2
계	270	250

보훈대상자 의료지원 실적 중 각 진료분야별 실적

(단위 : 십억 원)

분야	2020년	2021년
이비인후과	150	125
피부과	80	70
치과	31	25
한의과	4	22
정형외과	4	6
호흡기내과	1	2
계	270	250

33 위 자료에 대한 설명으로 옳은 것은?

① 2021년부터 2026년까지 보훈대상자 의료지원 실적은 매년 동일한 폭으로 증가하였다.

② 2022년 보훈대상자 의료지원 실적 규모는 3,000억 원을 넘어섰고, 2026년에는 5,000억 원 규모로 성장할 전망이다.

③ 2021년 보훈대상자 의료지원 실적은 2,500억 원으로 나타났으며, 이는 2020년과 비교하여 7% 이상 감소한 것이다.

④ 2021년 피부과가 보훈대상자 의료지원 실적에서 차지하는 비율은 25% 이상이다.

34 2021년 피부과의 실적이 보훈대상자 의료지원 실적에서 차지하는 비율을 매년 유지하고 이비인후과의 실적은 2021년부터 매년 50억 원씩 감소할 때, 피부과의 실적이 이비인후과의 실적보다 처음으로 커지는 해는?

① 2022년　　　　　　　　　　　② 2023년

③ 2024년　　　　　　　　　　　④ 2025년

[35～36] 다음은 2015～2024년 출생아수 및 조출생률에 대한 자료이다. 이를 보고 이어지는 물음에 답하시오.

2015～2024년 출생아수

(단위 : 명)

구분	출생아수	남자	여자
2015	438,420	224,906	213,514
2016	406,243	198,179	208,064
2017	357,771	173,463	184,308
2018	326,822	167,686	159,136
2019	302,676	155,416	147,260
2020	272,337	132,975	139,362
2021	260,562	133,516	127,046
2022	249,186	121,732	127,454
2023	230,028	112,166	117,862
2024	238,317	116,270	122,047

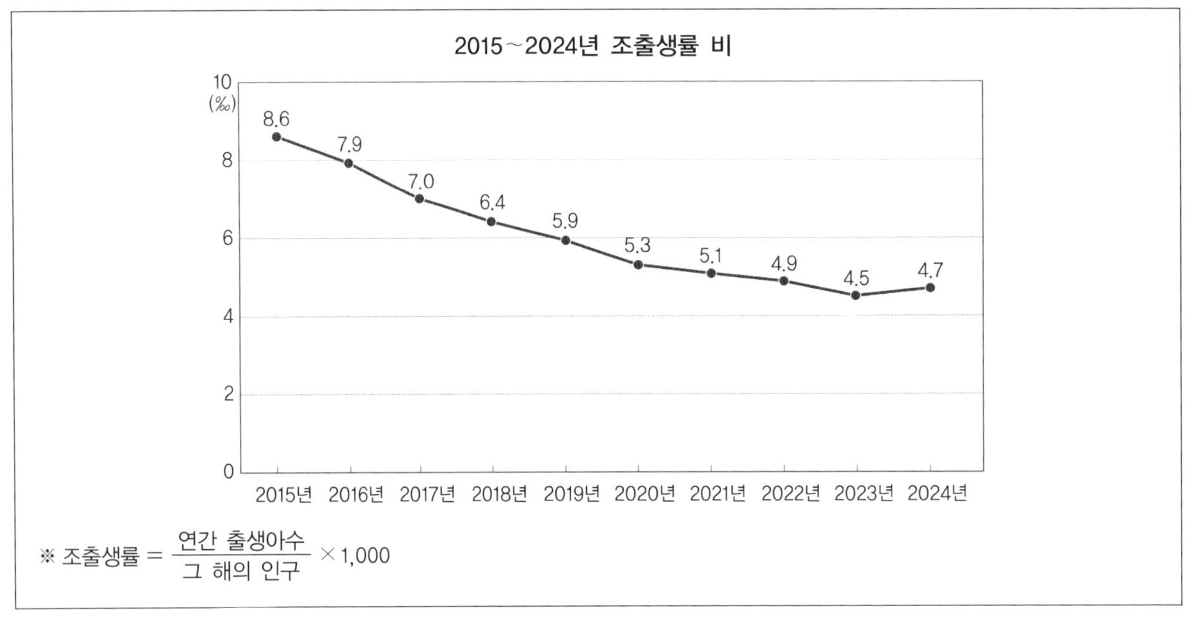

$$※ 조출생률 = \frac{연간\ 출생아수}{그\ 해의\ 인구} \times 1,000$$

35 여자 출생아수보다 남자 출생아수가 더 많은 연도 중에서 남녀 출생아수의 차이가 가장 큰 연도는?

① 2015년 ② 2018년
③ 2019년 ④ 2021년

36 위 자료에 대한 설명으로 옳지 않은 것은?

① 2016년 전체 인구수는 5,000만 명 이상이다.
② 여자 출생아수는 2023년, 남자 출생아수는 2024년에 가장 적다.
③ 2021년 여자 한 명이 태어날 때 남자는 약 1.05명 태어난다.
④ 2022년 전체 인구수는 2024년 인구수보다 약 14만 명 더 많다.

[37 ~ 38] 다음은 2025년 평균 사망연령이 높은 상위 10개 국가의 남녀 평균 사망연령과 한국인의 평균 사망연령을 나타낸 자료이다. 이를 보고 이어지는 물음에 답하시오.

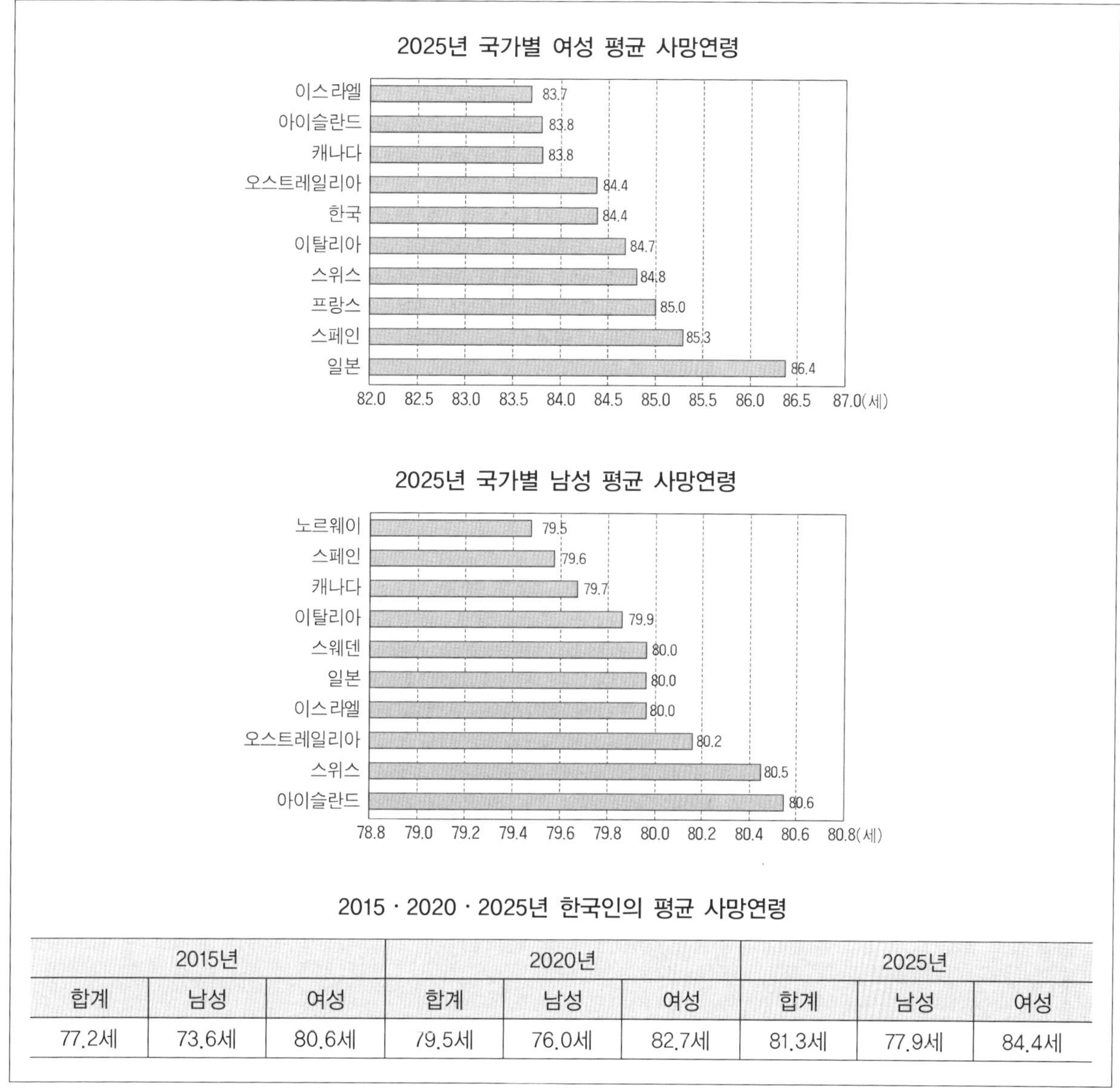

2015 · 2020 · 2025년 한국인의 평균 사망연령

2015년			2020년			2025년		
합계	남성	여성	합계	남성	여성	합계	남성	여성
77.2세	73.6세	80.6세	79.5세	76.0세	82.7세	81.3세	77.9세	84.4세

37 위 자료에 대한 설명으로 옳지 않은 것은?

① 2020년 대비 2025년 한국인 평균 사망연령은 한국 여성의 평균 사망연령보다 많이 증가하였다.

② 2025년 한국 여성의 평균 사망연령은 10년 전보다 5% 이상 증가하였다.

③ 2025년 평균 사망연령이 높은 10개 국가의 사망연령 평균은 여성이 남성보다 4세 이상 높다.

④ 2025년 남녀 평균 사망연령의 합은 이탈리아와 오스트레일리아가 같다.

38 다음 국가 중 남녀 평균 사망연령이 두 번째로 높은 국가는 어디인가? (단, 모든 국가의 남녀 비율은 1 : 1이라고 가정한다.)

① 스페인　　　　　　　　　② 이스라엘

③ 캐나다　　　　　　　　　④ 아이슬란드

[39~40] 다음은 보험급여비 관련 자료이다. 이를 보고 이어지는 물음에 답하시오.

연도별 현물 및 현급급여 현황

(단위 : 억 원, %)

구분	2020년	2021년	2022년	2023년	2024년	2025년
보험급여비(현물⊕현금)	546,249	616,696	687,286	693,515	746,066	815,260
현물급여비	533,217	601,411	668,308	671,034	719,924	787,094
− 요양급여비	518,225	585,836	651,674	654,742	701,654	767,250
(본인부담상한액 초과 사전급여)	(2,540)	(2,834)	(2,596)	(1,728)	(1,564)	(1,691)
− 건강검진비	14,992	15,575	16,634	16,292	18,270	19,844
현금급여비	13,032	15,285	18,978	22,482	26,142	28,166
− 요양비	768	1,004	1,459	1,838	2,137	2,546
− 장애인 보조기기	1,065	1,192	1,105	852	886	919
− 본인부담상한액 초과 사후환급금 (본인부담액 보상금 포함)	9,331	11,201	14,440	17,801	21,583	21,352
− 임신·출산 진료비	1,868	1,888	1,973	1,990	1,537	3,349

요양기관 종별 급여비 현황

(단위 : 억 원, %)

구분	2024년		2025년		전년 대비	
	급여비	점유율(%)	급여비	점유율(%)	증감	증감률(%)
계(c=a+b+c+d+e)	701,654	100.0	767,250	100.0	65,596	(A)
종합병원급(a)	255,532	36.4	263,310	34.3	7,778	3.0
상급종합	134,284	19.1	136,262	17.8	1,978	1.5
종합병원	121,248	17.3	127,048	16.6	5,800	4.8
병원급(b)	113,645	16.2	120,008	(B)	6,363	5.6
병원	60,175	8.6	65,439	8.5	5,264	8.7
요양병원	44,388	6.3	43,365	5.7	−1,023	−2.3
정신병원	3,319	0.5	5,095	0.7	(C)	53.5
치과병원	2,061	0.3	2,077	0.3	16	0.8
한방병원	3,702	0.5	4,032	0.5	330	8.9
의원급(c)	194,650	27.7	230,070	30.0	35,420	18.2
의원	140,801	20.1	174,678	22.8	33,877	24.1
치과의원	34,644	4.9	35,936	4.7	1,292	3.7
한의원	19,205	2.7	19,457	2.5	252	1.3
보건기관 등(d)	925	0.1	908	0.1	−17	−1.8
약국(e)	136,902	19.5	152,953	19.9	16,051	11.7

※ 지급기준, 반올림 계산하여 실제 값과 차이가 있을 수 있음

39 위 자료에 대한 설명으로 옳은 것을 〈보기〉에서 모두 고르면? (단, 소수점 둘째 자리에서 반올림하여 계산한다.)

> ┌ 보기 ┐
>
> ㉠ 2025년 보험급여비는 전년 대비 약 9.3% 증가하였는데, 이 중 현금급여비는 전년 대비 약 7.7% 증가하였다.
> ㉡ 2025년 요양급여비는 3년 전과 비교해 약 15.7% 증가하였다.
> ㉢ 2025년 현물급여비 중 건강검진비가 차지하는 비중은 2021년 대비 1%p 이상 증가하였다.
> ㉣ 임신·출산 진료비는 2024년 줄어든 것을 제외하면 계속 증가하는 추세이며, 2025년에는 5년 전 대비 70% 이상 증가하였다.

① ㉠, ㉢
② ㉠, ㉣
③ ㉢, ㉣
④ ㉠, ㉢, ㉣

40 위 자료 두 번째 표의 빈칸 (A), (B), (C)에 들어갈 수치로 알맞은 것은? (단, 소수점 둘째 자리에서 반올림하여 계산한다.)

	(A)	(B)	(C)
①	8.3	15.6	1,586
②	9.3	13.6	1,776
③	9.3	15.6	1,776
④	8.3	13.6	1,586

[41~42] ○○시에서는 해당 시에 위치한 4개의 도서관 A~D를 대상으로 보조금을 지급하기 위해 세 가지 선정 방식을 논의 중이다. ○○시의 도서관 현황 및 관련 자료를 보고 이어지는 물음에 답하시오.

○○시 도서관 현황

도서관	설립연도(년)	보유 도서 수(권)	월 이용자 수(명)
A	1994	61,457	421
B	2007	32,050	523
C	2013	24,354	425
D	2010	18,621	389

〈방식 1〉
항목별 점수를 합산하여 고득점 순으로 500만 원, 300만 원, 100만 원, 50만 원을 지급하되, 60점 미만인 도서관에는 지급하지 않는다. (단, 동일 순위일 경우, 월 이용자 수가 많은 곳이 선순위이다.)

평가항목			
설립연도	2000년 이전	2000~2009년	2010년 이후
	20점	15점	10점
보유 도서 수	30,000권 미만	30,000~49,999권	50,000권 이상
	10점	15점	30점
월 이용자 수	300명 미만	300~499명	500명 이상
	30점	40점	50점

〈방식 2〉
아래의 기준에 따라 최종 등급을 계산하여 1등급에는 1,000만 원, 2등급에는 500만 원, 3등급에는 300만 원을 지급한다. 조건 하나라도 3등급 이상을 충족하지 못하는 도서관은 등급미달 처리되어 보조금을 지급받지 못하며, 설립연도, 보유 도서 수, 월 이용자 수의 등급을 평균한 값이 최종 등급이다. (단, 소수점 아래 첫째 자리에서 반올림하여 계산한다.)

구분	설립연도	보유 도서 수	월 이용자 수
1등급	2000년 이전	50,000권 이상	500명 이상
2등급	2005년 이전	30,000권 이상 50,000권 미만	300명 이상 500명 미만
3등급	2006년 이후	20,000권 이상 30,000권 미만	200명 이상 300명 미만

〈방식 3〉
보유 도서 수가 많은 순위에 따라 300만 원, 200만 원, 100만 원, 50만 원을 각 도서관에 지급한다.

41 ○○시가 도서관 A~D에 방식 1을 적용하여 보조금을 지급하려고 한다. 다음 중 보조금을 많이 지급받는 순서로 옳은 것은?

① A − B − C − D

② B − A − D − C

③ A − B − D − C

④ B − D − C − A

42 위 자료에 대한 설명으로 옳은 것은?

① A도서관과 B도서관은 방식 1 또는 방식 2를 적용하면 보조금을 지급받지 못한다.

② C도서관은 방식 2를 적용하면 보조금을 지급받지 못한다.

③ A도서관은 방식 2를 적용할 때 가장 많은 보조금을 지급받는다.

④ ○○시는 방식 1, 방식 2, 방식 3 순으로 보조금을 많이 지출한다.

[43 ~ 45] 다음은 2026년 장기요양 재택의료센터 시범사업에 대한 안내이다. 이를 보고 이어지는 물음에 답하시오.

◎ **사업개요**

1. 사업기간: 2026. 1. ~ 12.(1년)
2. 참여기관: 의원급 의료기관 등 보건복지부 지정 344개소(25. 12. 22. 기준)

   ※ 의료기관((한)의원·병원), 보건의료기관(공공의료원·보건소·보건의료원·보건지소) 포함

장기요양 재택의료센터 종류

구분	전담형(310개소)	협업형(34개소)
운영형태	의료기관, 보건의료기관 단독 운영	의료기관 – 보건소 협업 운영
제공인력	전담형 재택의료센터 소속 (한)의사, 간호사, 사회복지사 각 1인 이상 다학제 팀 구성	의료기관((한)의사), 보건소(간호사, 사회복지사) 각 1인 이상 다학제 팀 구성

3. 이용대상: 거동이 불편한 장기요양 재가 수급자(1~2등급자 우선)이면서 재택의료가 필요한 사람으로 (한)의사가 판단한 자
4. 서비스 내용: 수급자 가정을 다학제팀이 방문하여 포괄평가·케어플랜 작성 후 정기적 방문의료, 지역사회 자원 연계 등 통합 사례관리 제공

   ※ (한)의사는 월 1회 이상, 간호사는 월 2회 이상 방문의료서비스 제공, 사회복지사는 주기적 상담을 통한 요양·돌봄 수요 발굴 및 서비스 연계

◎ **급여비용 및 본인부담**

건강보험 + 장기요양보험 통합 급여

장기요양 재택의료센터 수가(의원급 기준)

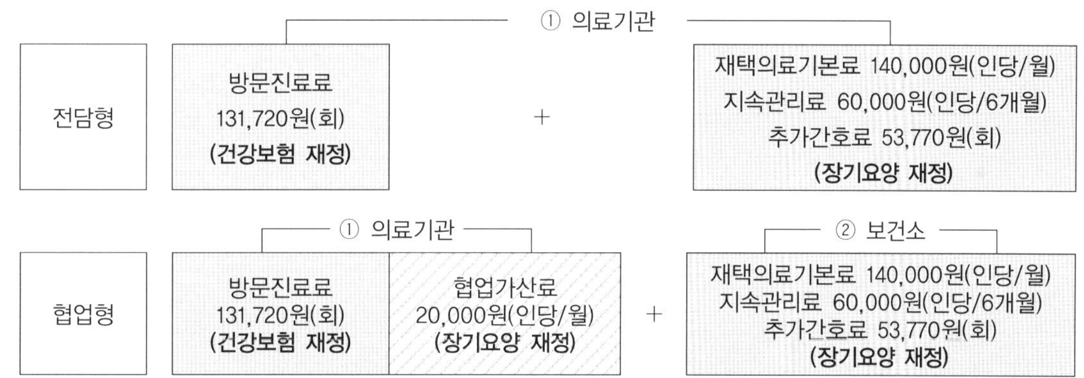

1. 재택의료급여

의료·요양 연계한 통합 돌봄 서비스 제공

*'26. 2월 기준

구분	금액	본인부담	기준(수급자당 적용)
재택의료기본료	14만 원	없음	수급자당 월 1회, 아래 요건 충족 시 산정 •(팀 업무) 포괄평가, 케어플랜 등 사례관리 •((한)의사) 월 1회 방문진료, (간호사) 월 2회 방문간호 •(사회복지사) 주기적 상담, 지역사회 자원연계
	7만 원	없음	수급자 사망으로 인한 종결 시 50% 산정
지속관리료	6만 원	없음	6개월 연속 재택의료기본료(100%) 지급 시 산정(연 2회)
추가간호료	53,770원(1회당)	0~15%	기본간호(월 2회)를 초과하여 추가간호 제공 시 산정(월 최대 3회 산정 가능)
협업가산료	2만 원	없음	재택의료기본료(100%) 산정기준 충족한 경우 산정

※ 추가간호료 본임부담은 감경대상·의료급여·기초수급 대상 등에 따라 차등 적용

2. 방문진료료
방문진료 서비스 제공(건강보험심사평가원 운영)

*'26년 기준 (단위: 원)

구분	급여비용(간호사 동행)		본인부담	기준(수급자 1회당 적용)
	의원급	병원급		
방문진료료 I	131,720 (165,240)	140,600 (169,990)	5~30%	의료행위·약제 및 치료재료 비용 등 모두 포함(별도 행위료 없음)
방문진료료 II	91,630 (125,160)	97,080 (126,470)		추가적인 의료행위·약제 및 치료재료비 미포함(별도 행위료 있음)
한의방문진료료	108,260	해당없음		한의사 방문진료 시(별도 행위료 없음)

※ 장기요양 1·2등급(와상) 및 요양비(산소치료·인공호흡기)급여 대상은 방문진료료의 15% 부담
※ 방문진료 관련 세부사항은 '일차의료 (한의)방문진료 수가 시범사업 지침'에 따름

◎ 이용절차

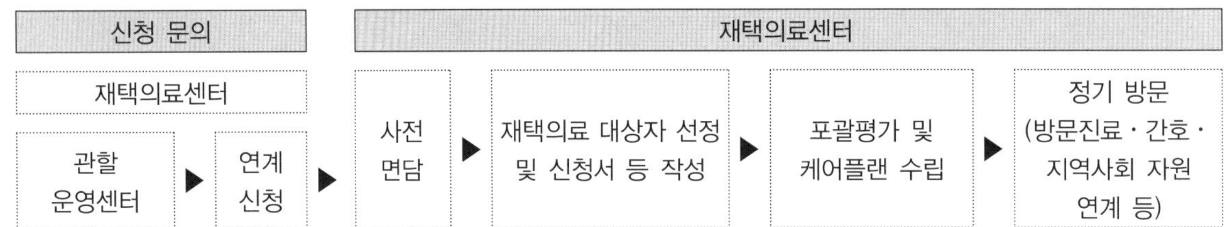

◎ 중복이용 제한
해당 사업과 재택의료센터 방문(직종)이 중복되는 경우 제한
1. 일자 중복: 건강보험가정간호(간호사), 일차의료 만성질환관리사업·장애인 건강주치의 시범사업(의사·간호사)*, 장기요양방문간호(간호사), 시설급여, 단기보호
   * 같은 일자에 재택의료센터 의사, 간호사 中 1명이라도 방문하는 경우 제한
2. 시간 중복: 장기요양방문요양 급여관리 업무(사회복지사), 방문목욕, 주야간보호

43 위 자료의 시범사업과 관련된 내용이 잘못된 것은?

① 보건복지부 지정 300개 이상의 기관이 참여하며, 여기에는 한의원, 보건소 등도 포함된다.
② 재택의료센터는 운영형태에 따라 두 가지 형태로 구분되며, 센터에서 일하는 인력은 의사 또는 한의사, 간호사, 사회복지사로 구성된 다학제 팀이다.
③ 거동이 불편한 1~2등급 재가 수급자가 우선 이용대상이며, 이에 대한 판단은 의사 또는 한의사가 한다.
④ 재택의료센터의 다학제 팀이 수급자 가정을 방문하여 서비스를 제공하며, 이때 의사 또는 한의사와 간호사는 월 2회 이상 방문하여 의료서비스를 제공한다.

44 장기요양 재택의료센터 수가와 관련된 설명으로 옳은 것을 〈보기〉에서 모두 고르면?

> 보기
>
> ㉠ 수급자가 의사 월 1회 방문진료와 간호사 월 2회의 방문간호를 받고, 사회복지사와 따로 상담을 받지 않는 경우에도 재택의료기본료 14만 원이 산정된다.
> ㉡ 추가간호는 기본간호 외에 3회를 더 받을 수 있고, 최대한 많이 받을 경우 추가간호료는 161,310원이다.
> ㉢ 협업가산료는 협업형 재택의료센터 이용 시에만 산정된다.
> ㉣ 협업형과 전담형 재택의료센터의 재택의료기본료와 방문진료료는 동일하며, 이는 모두 건강보험 재정으로 지출된다.

① ㉠, ㉣
② ㉡, ㉢
③ ㉠, ㉡, ㉢
④ ㉡, ㉢, ㉣

45 다음은 재택의료센터 시범사업과 관련해 이용자들의 이해를 돕기 위해 작성한 Q&A 내용이다. 이때, 위 자료의 내용과 어긋나는 것은?

① Q : 재택의료센터를 1년 이상 장기적으로 이용할 수 있나요?
　A : 사업기간은 2026년 1월부터 12월까지 1년간이니 참고하시기 바랍니다. 이후 사업일정은 사업 결과를 검토한 후 공지할 예정입니다.

② Q : 재택의료센터를 이용하고 싶은데, 신청 절차가 어떻게 되나요?
　A : 관할 운영센터에 문의하신 후, 재택의료센터에 연계 신청을 하시면 됩니다. 센터와 사전 면담 후 대상자 선정 및 신청서 작성 과정을 거치고, 포괄평가 및 케어플랜을 수립한 후 정기 방문 등 서비스를 받으실 수 있습니다.

③ Q : 장애인 건강주치의 시범사업의 서비스를 받고 있는 수급자입니다. 재택의료센터 이용을 제한받나요?
　A : 같은 일자에 재택의료센터 의사, 간호사 중 1명이라도 방문하는 경우 중복이용이 제한됩니다.

④ Q : 장기요양등급이 3등급인 수급자입니다. 방문진료료의 본인부담금이 얼마나 될까요?
　A : 방문진료료 15%를 본인이 부담합니다.

[46~47] 다음은 당뇨병환자 관리기기 지원과 관련된 자료이다. 이를 보고 이어지는 물음에 답하시오.

1. 당뇨병환자 관리기기 지원이란?
건강보험 가입자 또는 피부양자가 제1형 당뇨환자로 공단에 등록되어 있고 의사처방전에 따라 연속혈당측정기, 인슐린자동주입기를 구매했을 경우 일부 금액을 현금으로 지원하는 제도이다.

2. 대상
제1형 당뇨병환자가 의사의 처방전에 따라 연속혈당측정기, 인슐린자동주입기를 구매한 자

3. 세부내용
당뇨병 관리기기는 기준금액과 구입금액 중 낮은 금액의 70%(10원 미만 단수는 절사), 다만, 만 19세 미만은 기준금액과 구입금액 중 낮은 금액의 90%(10원 미만 단수는 절사)를 지급
※ 차상위 본인부담경감 대상자 : 희귀난치성질환자(차상위 1종, C), 희귀난치성질환 외의 질환으로 6개월 이상 치료를 받고 있거나 6개월 이상 치료가 필요한 사람 또는 18세 미만의 아동(차상위 2종, E, F)의 경우 기준금액과 실구입금액 중 낮은 금액의 100%에 해당하는 금액 지급

당뇨병 관리기기(연속혈당측정기, 인슐린자동주입기)의 기준금액

지원대상자			기준금액		연속혈당 측정기
			인슐린자동주입기		
제1형 당뇨병환자	19세 미만	기본형	1,700,000원/개/60개월		210,000원/3개월
		센서연동형	2,500,000원/개/60개월		
		복합폐쇄회로형	4,500,000원/개/60개월		
	19세 이상	전체	1,700,000원/개/60개월		

※ 인슐린자동주입기는 60개월(5년) 주기로 1개, 연속혈당 측정기는 3개월 주기로 1개 지원
※ 소멸시효 : 소모성재료 구입일로부터 3년
※ 비고 : (기본형) 인슐린 주입만 가능한 기기, (센서연동형) 저혈당 예측 시 인슐린 주입 중단 및 주입 재개 가능한 기기, (복합폐쇄회로형) 혈당측정값에 따라 주입하는 인슐린 용량 자동조절 가능한 기기

4. 급여대상자 등록절차 및 신청방법
(1) 대상자 확진 : 제1형 당뇨병환자 진단기준과 동일
(2) 급여대상자(환자) 등록 신청 방법
 • 신청접수 : 국민건강보험공단 지사 및 출장소
 • 신청방법 : 방문 또는 우편을 통해 원본 제출
 • 제출서류 : 건강보험 당뇨병환자 급여대상자 등록 신청서
 • 등록적용일 : 담당의사의 사실 확인일로부터 90일 이내에 공단에 접수(신청)한 경우 등록일을 사실확인일로 소급. 90일 경과 후 접수 시 아래와 같이 등록
  ㉮ 방문접수의 경우 : 공단에 방문 신청한 날
  ㉯ 우편접수의 경우 : 우편소인 날짜
  ㉰ 팩스접수의 경우 : 팩스 접수된 날짜

5. 유의사항
 • 청구 소멸시효는 구입일로부터 3년까지 가능
 • 공단에 급여대상자로 등록된 이후에 처방전을 받아 구입한 경우에만 요양비가 지원됨

46 위 자료의 내용과 부합하지 않는 것은?

① 급여대상자 신청은 담당의사의 사실확인일로부터 90일 이내에 신청해야 등록이 가능하다.

② 18세 미만의 차상위 2종인 대상자는 당뇨병 관리기기를 기준금액으로 구매 시 구매 금액 전액을 현금으로 지원받는다.

③ 공단에 급여대상자로 등록되기 전에 의사의 처방전을 받아 연속혈당 측정기를 구매한 경우에는 요양비 지원을 받을 수 없다.

④ 인슐린자동구입기를 구매한 지 3년이 지난 후에는 지원금을 청구할 수 없다.

47 위 자료의 내용을 바탕으로 할 때, 당뇨병환자 관리기기 지원금액에 관한 설명으로 옳지 않은 것을 〈보기〉에서 모두 고르면?

┌ 보기 ┌

㉠ 15세의 제1형 당뇨병환자인 갑이 25만 원인 연속혈당 측정기와, 235만 원인 센서연동형 인슐린자동주입기를 구매한 경우, 234만 원을 지원받는다.

㉡ 40세의 제1형 당뇨병환자인 을은 차상위 본인부담경감 대상자에 해당한다. 을은 320만 원인 센서연동형 인슐린자동주입기를 구매하고 224만 원을 지원받는다.

㉢ 제1형 당뇨병환자인 병이 2020년 3월에 인슐린자동주입기를 구매한 뒤 2026년 1월에 인슐린자동주입기를 또 구매한다면, 2026년에 구매한 기기에 대한 지원금을 받을 수 있다.

㉣ 22세의 제1형 당뇨병 환자인 정이 복합폐쇄회로형 인슐린자동주입기를 422만 원에, 연속혈당 측정기를 185,000원에 구입했다면, 400만 원 이상을 지원받는다.

① ㉠, ㉢   ② ㉡, ㉢

③ ㉠, ㉡, ㉣   ④ ㉡, ㉢, ㉣

[48~49] 다음 자료는 ○○휴양림 요금규정에 관한 내용이다. 이를 보고 이어지는 물음에 답하시오.

휴양림 요금규정

○ 휴양림 입장료

구분	요금(원)	입장료 면제
어른	2,000	• 동절기(12월~3월)
청소년	1,000	• 다자녀 가정
어린이	500	• 숙박시설 이용 고객(야영시설은 제외)

※ 다자녀 가정 : 만 19세 미만의 자녀가 3인 이상 있는 가족

※ 청소년 : 만 13세 이상 ~ 만 19세 미만, 어린이 : 만 13세 미만

※ 입장료는 입장할 때 1번만 냄

○ 숙박시설 이용료(시설당 1박 기준)

구분		요금(원)	
		성수기(7~8월)	비수기(그 외)
야영시설 (10인 이하 가능)	황토데크(개)	60,000	50,000
	캐빈(동)	100,000	75,000
숲속의 집	3인용(동)	120,000	110,000
	5인용(동)	155,000	100,000

※ 일행 중 '장애인'이 있거나 '다자녀 가정'인 경우 비수기에 한해 숙박시설 요금의 20%를 할인

48 ○○휴양림 직원 M이 위 내용을 토대로 문의에 응답할 때, 그 답변 내용으로 옳지 않은 것은?

① Q : 입장료가 면제되는 경우도 되나요?

　 A : 네. 동절기에 입장하시거나 다자녀 가정이시거나 숙박시설을 이용하시면 입장료는 내지 않으셔도 됩니다.

② Q : 야영시설 요금은 어떻게 되나요?

　 A : 황토데크는 성수기에 60,000원, 비수기에 50,000원이고 캐빈은 성수기에 100,000원, 비수기에 75,000원입니다. 10명까지 머무실 수 있습니다.

③ Q : 8월 중순에 숲속의 집을 이용하려고 합니다. 총 2박 이용하려 하고 인원은 5명입니다. 그리고 일행 중 장애인이 1명 있습니다. 요금이 어떻게 될까요?

　 A : 8월이면 성수기에 해당됩니다. 성수기 숲속의 집 5인용 시설은 요금은 1박에 155,000원이고 2박 숙박하시면 31만 원입니다. 숙박시설 요금 할인은 비수기에 한해 적용되므로 별도의 할인은 적용되지 않음을 알려드립니다.

④ Q : 10월에 저희 부부와 초등학생, 중학생 자녀 3명이 휴양림에 방문하고 1박을 숙박하려고 합니다. 야영은 피하고 싶은데, 어떤 시설을 이용하는 것이 좋을까요? 그리고 이용료가 얼마나 될까요?

　 A : 우선, 숙박시설을 이용하실 경우 휴양림 입장료는 면제됩니다. 그리고 5명이시니 황토데크를 이용해 보시는 게 좋을 것 같습니다. 다자녀 가정에 해당되시므로 요금도 20% 할인되어 4만 원에 이용하실 수 있습니다.

49 다음 중 1박 기준 가장 많은 금액을 내는 경우는?

① 어른 2명, 청소년 2명, 어린이 1명의 다자녀 가정이 7월 숲속의 집 5인실 1동을 이용하는 경우
② 어른 12명이 8월 황토데크 2개 동을 이용하는 경우
③ 장애인 2명을 포함한 성인 10명이 4월 숲속의 집 5인실 2개 동을 이용하는 경우
④ 어른 3명과 청소년 3명이 10월 캐빈 1개 동을 이용하는 경우

[50~51] 다음은 방송사 신규채널 설립 및 운영에 관한 규정 중 일부이다. 이를 보고 이어지는 물음에 답하시오.

제○조(신규채널 설립 기준 등) ① 신규채널을 설립하고자 하는 자(이하 "설립주체"라 한다)는 다음 각 호의 기준을 갖추어 문화체육관광부 장관에게 신규채널의 인가를 신청하여야 한다.
  1. 제2항에 따른 방송녹화 장비 및 제4항에 따른 방송녹화 부지를 확보할 것
  2. 제5항에 따른 방송인(방송예술진흥법 제57조 제7항에 따른 방송인을 말한다. 이하 같다)의 3분의 1 이상을 확보할 것. 이 경우 나머지 방송인은 방송 프로그램 수에 따라 순차적으로 확보하되, 인가 5년 이내에 모두 확보하여야 한다.
② 방송녹화 장비는 카메라, 오디오, 라디오, 부속시설을 말하며 각종 장비의 확보기준은 다음 각 호와 같다.
  1. 카메라: 채널에 편성되어 있는 프로그램 수의 5배 이상으로 할 것
  2. 오디오: 제3항에 따라 확보한 오디오 수에 따라 갖출 것
  3. 라디오: 방송예술진흥법 제4조에 따른 방송 헌장에 따른다.
③ 오디오 수는 [별표 2]에 의한 방송인 수 1인당 필요 장비 수에 장르별 방송인 수를 곱하여 합산한 장비 수 이상으로 한다. (단, 각 장르당 오디오는 최대 200개로 한다.)
④ 설립주체는 [별표 3]에 따라 적절한 방송녹화 부지를 확보하여야 한다. 다만 다음 각 호의 경우는 녹화 부지를 갖춘 것으로 본다.
  1. 녹화 방송이 없는 경우
  2. 라디오 방송이 없는 경우
⑤ 설립주체는 인가년도를 기준으로 한 장르별 스태프 정원을 [별표 4]에 따른 방송인 1인당 필요 스태프 수를 곱한 수 만큼 확보하여야 한다. (단, 어느 장르든 최소 10명의 방송인이 존재한다.)

[별표 1] 방송인 증원에 따른 추가 방송녹화 장비 수

방송인 증원 범위	추가 방송녹화 장비 수
30명 이내	5 ~ 12개
60명 이내	13 ~ 23개
100명 이내	24 ~ 32개

[별표 2] 필요 오디오 장비 수(제3항 관련)

장르별	예능	드라마	영화	애니메이션	교육
방송인 수 1인당 필요 장비 수	15개	4개	24개	7개	2개

[별표 3] 녹화 부지 기준 면적(제4항 관련)

방송인 정원	100명 이하	100명 초과 200명 이하	200명 초과 300명 이하	300명 초과 400명 이하	400명 초과
면적	500m²	800m²	900m²	1,000m²	1,200m²

[별표 4] 스태프 정원 기준(제5항 관련)

장르별	예능	드라마	영화	애니메이션	교육
방송인 1인당 필요 스태프 수	10명	6명	9명	4명	5명

50 P방송사 사장은 〈보기〉와 같이 신규채널을 설립하려고 한다. 위 규정을 바탕으로 필요한 오디오 장비 수와 스태프 정원 기준 수의 합을 구하면?

> **보기**
>
> 신규채널에는 각 장르별로 예능 장르는 14명, 드라마 장르는 11명, 영화 장르는 10명, 애니메이션 장르는 12명, 교육 장르는 47명의 방송인이 종사한다.

① 1,201
② 1,251
③ 1,301
④ 1,351

51 위 규정을 바탕으로 했을 때 다음 설명 중 옳지 않은 것은?

① 드라마 장르와 예능 장르에 27명의 방송인이 종사하고 있을 때 가능한 최대 스태프 수와 최소 스태프 수의 차이는 28명이다.
② 교육 장르에 10명의 방송인이 종사하고 있고, 예능 장르에 10명, 애니메이션 장르에 10명이 종사하고 있다면 필요 오디오의 수는 240개다.
③ 영화 장르에 10명의 방송인이 종사하고 있다면 오디오 장비는 200개가 필요하다.
④ 설립주체는 반드시 적절한 수준의 방송녹화 부지를 갖추어야 한다.

[52~53] ○○공단에서 근무하는 M은 재활설비 업체를 선정하는 업무를 맡았다. 아래 공고를 바탕으로 이어지는 물음에 답하시오.

입찰공고

1. 공고내용
- 입찰건명: 2026년 재활설비 설치
- 계약기간: 계약체결일부터 2026년 12월 31일까지
- 사업예산: 2,000만 원(VAT 등 모든 비용 포함)
- 납품장소: 공단이 지정하는 장소
- 입찰방법: 기술평가(상세한 평가기준은 아래 참고)

2. 평가기준
- 기술평가 점수가 가장 높은 업체가 우선협상 대상자가 된다.
- 기술평가 항목은 가격, 성능, 2025년 실적 건수이고 각각의 비중은 아래와 같다.

3. 기술평가
- 평가항목과 배점 비율

평가항목	가격	성능	2017년 실적 건수
배점 비율	30%	40%	30%

- 가격

가격(만 원)	1,100 미만	1,100 이상 1,300 미만	1,300 이상 1,500 미만	1,500 이상 1,700 미만	1,700 이상 2,000 미만	2,000 이상
점수	100	90	80	70	60	50

- 2025년 실적 건수

건수(건)	18 이상	16 ~ 17	13 ~ 15	10 ~ 12	7 ~ 9	6 이하
점수	100	90	80	70	60	50

※ 평가항목 각각의 점수는 100점 만점으로 한다.

---

52 입찰 공고 결과 A ~D 4개 업체가 지원하였다. 업체 평가업체 정보와 기술평가 점수가 다음과 같을 때, M이 우선 협상하게 될 업체는?

업체	가격(만 원)	성능(점)	2025년 실적 건수(건)
A사	1,450	100	15
B사	1,340	80	17
C사	1,285	90	16
D사	1,145	80	18

① A   ② B
③ C   ④ D

53 경영진의 요구로 평가항목 비율을 조정하여 가격 점수의 비율을 10%로 낮추고, 실적 건수 점수의 비율을 50%로 높였다. 위 문제에 제시된 A~D 업체를 재평가할 때, M이 우선 협상 대상자로 선정할 업체는?

① A   ② B
③ C   ④ D

[54~55] H사는 작업복 제작을 위한 협력업체를 선정하려고 한다. H사의 가을용 작업복 주문 계획서를 보고 이어지는 물음에 답하시오.

H사 가을용 작업복 주문 계획서

◎ 주문 제품 정보

- 종류 : 가을용 작업복
- 제작수량 : 800개
- 제품 원단 : 개당 고어텍스 $2m^2$

◎ 원단의 종류 및 단가

세부 원단 종류	땀 흡수 정도	고어텍스 $1m^2$당 단가(원)
A	상	13,500
B	중	12,700
C	하	13,300
D	상	14,200

◎ 협력업체 정보

협력업체	최대 제작수량(개/1일)	휴무일
갑	65	매주 토·일요일
을	75	매주 토·일요일 및 매월 2번째 주 금요일
병	60	매주 일요일
정	46	없음

※ 단, 병 업체는 공장의 생산라인 문제로 인해 매주 토요일 최대 제작수량이 다른 날의 50%이며, 정 업체는 매월 10일의 최대 제작수량이 다른 날의 1.5배이다.

54 H사는 〈조건〉을 고려해 원단을 결정하려고 한다. H사가 선택할 수 있는 원단의 종류는?

> **조건**
> - 땀 흡수 정도가 '하' 수준인 원단은 제외한다.
> - 제품 1개 생산 시 단가가 27,000원 이하인 원단을 선택한다.

① A, B
② A, D
③ B, D
④ A, B, D

55 H사는 2026년 9월 1일부터 작업을 시작하여 가장 빠르게 800개의 작업복을 제작할 업체를 협력업체로 선정하려고 한다. 다음 9월 달력을 참고할 때, H사가 선택할 협력업체는?

9월 달력

일	월	화	수	목	금	토
		1	2	3	4	5
6	7	8	9	10	11	12
13	14	15	16	17	18	19
20	21	22	23	24	25	26
27	28	29	30			

① 갑
② 을
③ 병
④ 정

[56~57] 나 대리는 여러 지부를 방문해 처리하는 업무를 하고 있다. 나 대리가 방문해야 할 지부는 강서지부, 마포지부, 용산지부, 성북지부, 성동지부, 서초지부이다. 다음 표를 보고 이어지는 물음에 답하시오.

각 지부별 이동거리

(단위 : km)

	강서	마포	용산	성북	성동	서초
강서	—	3	6	7	—	—
마포	1	—	3	—	9	11
용산	6	4	—	2	—	6
성북	7	—	2	—	5	12
성동	—	7	3	4	—	8
서초	13	9	—	7	5	—

※ 이동거리가 표시되어 있지 않은 구간은 경로가 없는 구간임

각 지부별 이동소요시간

(단위 : 1km를 이동하는 데 소요되는 시간(분))

	강서	마포	용산	성북	성동	서초
강서	—	2	1	4	—	—
마포	1	—	2	—	5	3
용산	3	4	—	1	—	3
성북	2	—	1	—	2	5
성동	—	3	4	2	—	1
서초	3	2	—	5	4	—

56 나 대리가 강서지부에서 출발하여 서초지부를 마지막으로 하여 이동하는 경로 중 두 번째로 적은 시간이 걸리는 경로에서의 소요 시간은 얼마인가? (단, 모든 지부를 방문하여야 하며 출발은 강서지부에서 한다.)

① 72분
② 68분
③ 54분
④ 47분

57 나 대리는 앞서 구한 시간이 두 번째로 적게 걸리는 이동 경로를 통해 오늘 이동하려고 한다. 출발시간은 11시이고, 11시 30분엔 반드시 점심을 먹어야 하며 점심식사에 30분이 소요된다. 또한 각 지부에서 업무를 하는 데 3분이 소요된다. 모든 지부를 방문하고 업무를 마쳤을 때의 시각으로 적절한 것은? (단, 만일 지부와 지부 간 이동 간에 점심시간이 포함된다면 점심시간까지 기다리고 점심식사를 완료한 후 다음 지부로 이동한다.)

① 12시 37분
② 12시 51분
③ 13시 00분
④ 13시 11분

58 다음 여성권익사업 보조금 지급 기준과 여성폭력피해자 보호시설 현황에 따를 때, 지급받을 수 있는 보조금의 총액이 가장 많은 시설은 어디인가? (단, 각 보호시설의 종사자에는 각 1명씩의 시설의 장이 포함되어 있으며, 보조금 지급 기준 종사자 수는 시설장을 포함한 종사자 수를 의미한다.)

여성권익사업 보조금 지급 기준

1. 여성폭력피해자 보호시설 운영비

종사자 1 ~ 2인 시설	종사자 3 ~ 4인 시설	종사자 5인 이상 시설
250백만 원	330백만 원	420백만 원

(단, 평가등급이 1등급인 보호시설에는 해당 지급액의 100%를 지급하지만, 2등급인 보호시설에는 80%, 3등급인 보호시설에는 60%를 지급한다.)

2. 여성폭력피해자 보호시설 사업비
   - 종사자 1 ~ 3인 시설: 65백만 원
   - 종사자 4인 이상 시설: 85백만 원
3. 여성폭력피해자 보호시설 종사자 장려수당: 종사자 1인당 50백만 원

   (단, 종사자가 5인 이상인 보호시설의 경우 시설장에게는 장려수당을 지급하지 않는다.)
4. 여성폭력피해자 보호시설 입소자 간식비: 입소자 1인당 1백만 원

여성폭력피해자 보호시설 현황

보호시설	시설장을 제외한 종사자 수(명)	입소자 수(명)	평가등급
갑	4	6	3
을	3	7	2
병	4	13	3
정	2	10	1

① 갑
② 을
③ 병
④ 정

[59~60] ○○공단 이사장 취임식 및 신입사원 환영회를 담당하는 총무팀 직원 A과장은 만찬이 예정된 S호텔로부터 다음과 같은 견적서가 첨부되어 있는 이메일을 받았다. 이를 보고 이어지는 물음에 답하시오.

수신 : ○○공단 총무팀
발신 : S호텔 예약부

○○공단 총무팀 A과장님께
안녕하세요? S호텔 예약부 매니저 K입니다. 요청하신 견적서는 아래와 같습니다.

1. 행사명 : ○○공단 이사장 취임식 및 신입사원 환영회
2. 일시 : 2026년 5월 22일(금) 18:00
3. 수용인원 : 300명
4. 행사 형식 : 뷔페 B코스
5. 장소 : 20F그랜드볼룸홀

구분	항목		단가(원)	수량	견적가	비고
장소	B1F		1,500,000	–		
	10F		3,000,000	–		
	20F		5,000,000	1	5,000,000	
식사형식	뷔페	A	45,000			
		B	30,000	300	9,000,000	
		C	25,000			
	한정식	A	25,000			
		B	20,000			
	소 계				9,000,000	
장식	현수막		500,000	2	1,000,000	
	꽃(생화) 장식		2,000,000	2	4,000,000	
	풍선		1,000,000	3	3,000,000	
	얼음 장식		100,000	10	1,000,000	
	소 계				9,000,000	
합계					23,000,000	

위 행사의 견적은 총 23,000,000원입니다. 감사합니다.

59 A과장이 견적서를 팀장에게 보고한 결과 아래 〈보기〉와 같이 지시하였다. 팀장이 지시한 내용을 토대로 예약사항을 변경하려고 할 때, 다음 중 위 견적서에서 달라지지 않는 항목은?

보기

이번 행사 준비한다고 고생이 많았습니다. 그런데, 견적서를 확인해보니 지출이 과한 과한 느낌입니다. 예산이 2천만 원으로 책정되어 있으니 확인하고 처리해줘요. 행사 인원은 250명으로 축소하고, 식사 형식을 한정식으로 하면 좋겠습니다. 내가 보기에 풍선 장식은 꼭 필요하지 않은 것 같으니 풍선 장식 대신에 현수막을 하나 더 추가하는 방향으로 가는 것이 좋을 것 같고, 꽃 장식도 너무 비싼 것 같으니 1개만 하는 게 좋겠어요. 말한 내용대로 조정한 뒤 예산을 초과하지 않으면 식사는 기존과 동일하게 진행하도록 하죠.

① 풍선 장식   ② 식사 인원
③ 꽃 장식   ④ 장소 견적가

60 위 문제에서 변경된 사항을 모두 적용한다면 얼마의 예산이 필요한가?

① 1,450만 원 ② 1,600만 원

③ 1,700만 원 ④ 1,900만 원

※ 직무시험은 자신이 선택한 직렬이 행정직 · 건강직 · 전산직 · 기술직이면 국민건강보험법을, 요양직이면 노인장기요양보험법을 풀기 바랍니다.

국민건강보험법

61

2025 기출

다음 국민건강보험 가입자 또는 피부양자와 관련된 설명으로 옳은 것을 모두 고르면?

> ㉠ 직장가입자 갑의 미성년 손자는 갑의 피부양자가 될 수 있다.
> ㉡ 직장가입자 을의 시아버지는 을의 피부양자가 될 수 없다.
> ㉢ 의료급여법에 따라 의료급여를 받는 병은 가입자가 될 수 없다.
> ㉣ 직장가입자인 정의 며느리는 정의 피부양자가 될 수 있다.
> ㉤ 건강보험을 적용받고 있던 병은 국가유공자로 인정돼 의료보호대상자가 되어 자동으로 건강보험 가입자에서 제외되었다.

① ㉠, ㉡, ㉣

② ㉠, ㉢, ㉣

③ ㉡, ㉢, ㉤

④ ㉡, ㉢, ㉣, ㉤

62

보험료의 납부에 대한 설명으로 옳은 것을 모두 고르면?

> ㉠ 보험료의 해당 월 보험료 납부일은 그 다음 달 15일까지이나, 직장가입자의 보수 외 소득월액보험료 및 지역가입자의 보험료는 보건복지부령으로 정하는 바에 따라 분기별로 납부가 가능하다.
> ㉡ 보험료 납입 고지의 송달 지연 등 보건복지부령으로 정하는 사유가 있는 경우 납부의무자의 신청에 따라 3개월의 범위에서 보험료 납부기한을 연장할 수 있다.
> ㉢ 보험료 납부기한 연장을 신청하는 방법, 절차 등에 필요한 사항은 보건복지부령으로 정한다.
> ㉣ 사업장의 사용자가 대통령령으로 정하는 사유에 해당되어 직장가입자가 될 수 없는 자를 거짓으로 보험자에게 직장가입자로 신고한 경우, 공단은 사용자에게 가산금을 부과하여 징수한다.

① ㉠, ㉡, ㉣

② ㉡, ㉢, ㉣

③ ㉠, ㉡

④ ㉢, ㉣

63

2025 기출

다음 직장인 갑과 을의 월 건강보험료 본인부담금의 합을 구하면? (단, 2026년도 직장가입자의 건강보험료율 7.19%로 계산하고, 원 단위 미만은 절사한다.)

> • 갑은 직장인이고 연봉은 5,400만 원이다. 보수 외 소득은 따로 없다.
> • 을은 직장인이고 연봉은 4,500만 원이다. 또한, 보수 외 소득이 연 2,600만 원이다.

① 332,537원

② 321,714원

③ 301,204원

④ 296,587원

64

2025 기출

다음 사례 중 외국인 등에 대한 특례와 관련된 설명으로 옳은 것을 모두 고르면?

> ㉠ 경기도 성남 소재 IT기업에 직원으로 재직 중인 미국인 A씨와 부인 B씨는 「출입국관리법」 제31조에 따라 외국인등록을 하였고, 보건복지부령으로 정하는 기간보다 적은 기간 국내에 거주했다. 이때, B씨는 A씨의 피부양자가 될 수 있다.
> ㉡ 일본인 D씨는 「출입국관리법」 제31조에 따라 외국인등록을 한 사람으로서 보건복지부령으로 정하는 체류자격이 있다. 그는 몇 달 전 다니던 회사를 관두고 뚜렷한 직업 없이 국내에 거주하고 있는 중이다. 이때 D씨는 지역가입자가 된다.
> ㉢ 만 22세인 태국인 C씨는 서울에서 회사에 재직 중인 아버지를 따라 서울에서 함께 살고 있다. C씨는 보건복지부령으로 정하는 기간보다 적은 기간 국내에 거주하였고, 해당 기간 국내에 지속적으로 거주할 것으로 예상되는 보건복지부령으로 정하는 사유에 해당되지는 않은 상태이다. 이때 C씨는 아버지의 피부양자가 될 수 있다.

① ㉠, ㉡

② ㉡, ㉢

③ ㉠, ㉢

④ ㉡

65

2025 기출

다음 두 사례에서 갑, 을이 받을 수 있는 최대 벌금액의 합은?

> • 갑은 심가평가원 직원이다. 업무를 수행하며 알게 된 정보를 지인에게 누설한 것이 드러나 벌금형을 받게 됐다.
> • 을은 대행청구단체 종사자로, 업무를 하면서 알게 된 가입자의 개인정보를 직무상 목적 외의 용도로 제3자에게 제공한 것이 드러나 벌금형을 받게 됐다.

① 4천만 원

② 6천만 원

③ 8천만 원

④ 1억 원 원

66

보험료 납부에 관한 다음 설명 중 옳지 않은 것은?

① 피부양자였던 갑이 직장가입자 자격을 7월 20일에 얻었다면, 공단은 8월부터 갑의 건강보험료를 징수한다.

② 피부양자였던 을이 5월 31일에 지역가입자 자격을 얻었다면, 6월부터 건강보험료가 징수된다.

③ 병이 4월 1일 자로 직장가입자 자격을 잃고 피부양자가 되었다면, 병은 건강보험료를 3월분까지 납부하면 된다.

④ 직장가입자였던 정이 2월 1일 자로 지역가입자로 자격이 변동됐다면, 2월 보험료는 직장가입자 기준으로 납부하면 된다.

67 신용카드등으로 하는 보험료등의 납부에 대한 설명으로 옳은 것을 모두 고르면?

> ㉠ 신용카드, 직불카드로 국민건강보험공단이 납입 고지한 보험료등을 납부할 수 있다.
> ㉡ 신용카드로 보험료등을 납부하는 경우 납부일은 보험료등납부대행기관의 승인일이다.
> ㉢ 보험료등의 납부를 대행하는 보험료등납부대행기관은 납부자로부터 별도의 수수료를 받을 수 없다.
> ㉣ 보험료등납부대행기관의 지정 및 운영, 수수료 등에 필요한 사항은 대통령령으로 정한다..

① ㉠, ㉢　　　　　　　　　　　　　　　　② ㉡, ㉢
③ ㉠, ㉡, ㉣　　　　　　　　　　　　　　④ ㉠, ㉢, ㉣

68

2025
기출

요양비등수급계좌에 대한 설명으로 옳지 않은 것은?

① 공단이 대통령령으로 정하는 불가피한 사유로 요양비등수급계좌로 요양비등을 이체할 수 없는 경우에는 직접 현금으로 지급해야 한다.
② 요양비등수급계좌가 개설된 금융기관은 요양비등수급계좌에 요양비등만이 입금되도록 관리해야 한다.
③ 공단은 요양비등을 받는 수급자의 신청이 있는 경우 이를 수급자 명의의 지정된 계좌에 입금해야 한다.
④ 요양비등수급계좌의 신청 방법 및 절차와 관리에 필요한 사항은 대통령령으로 정한다.

69

2025
기출

보험재정에 대한 정부지원과 관련한 설명으로 옳지 않은 것을 모두 고르면?

> ㉠ 공단은 「국민건강증진법」에서 정하는 바에 따라 국민건강증진기금에서 자금을 지원받을 수 있다.
> ㉡ 국가는 매년 예산 범위에서 해당 연도 보험료 예상 수입액의 100분의 12에 상당하는 금액을 국고에서 공단에 지원한다.
> ㉢ 공단은 국민건강증진기금에서 지원받은 자금을 가입자와 피부양자 중 65세 이상 노인에 대한 보험급여 등에 사용한다.
> ㉣ 공단은 국고에서 지원받은 금액을 건강검진 등 건강증진에 관한 사업 등으로 사용한다.

① ㉠, ㉡　　　　　　　　　　　　　　　　② ㉠, ㉣
③ ㉡, ㉢　　　　　　　　　　　　　　　　④ ㉡, ㉣

70 요양급여 관련 서류의 보존과 관련된 설명으로 옳은 것은?

① 요양기관이 요양급여비용 청구에 관련된 서류를 보존해야 하는 기간은 요양급여가 끝난 날부터 3년이다.

② 약국은 처방전을 요양급여비용 청구기간으로부터 5년간 보존해야 한다.

③ 준요양기관은 요양비를 지급받은 날부터 3년간 요양비 청구 관련 서류를 보존해야 한다.

④ 보조기기에 대한 보험급여를 청구한 사람은 보험급여를 청구한 날부터 3년간 보험급여 청구 관련 서류를 보존해야 한다.

71 공단의 체납 또는 결손처분 자료의 제공에 대한 설명으로 옳지 않은 것은?

① 체납된 보험료와 관련해 행정소송이 계류 중인 경우에는 자료를 제공할 수 없다.

② 보험료 징수나 공익목적을 위해 필요한 경우에 자료를 제공할 수 있다.

③ 체납등의 자료를 제공받은 자는 이를 업무 외의 목적으로 이용해서는 안 된다.

④ 납부기한의 다음 날부터 6개월이 지난 보험료 및 연체금과 체납처분비 총액이 500만 원 이상인 경우 자료를 제공할 수 있다.

72 건강보험 가입자의 자격 취득 및 변동 시기에 대한 설명이 잘못된 경우를 모두 고르면?

2025 기출

> ㉠ 직장가입자인 아들의 피부양자였던 갑은 3월 31일에 그 자격을 잃었고, 3월 31일에 지역가입자 자격을 얻었다.
> ㉡ 4월 30일에 보험자에게 건강보험의 적용을 신청한 국가유공자인 을은 5월 1일에 지역가입자 자격을 얻었다.
> ㉢ 2월 1일에 다니던 회사를 퇴사하고 병은 2월 1일에 지역가입자 자격을 얻었다.
> ㉣ 지역가입자였던 정은 3월 31일에 P기업의 사용자가 되었고, 4월 1일에 직장가입자 자격을 얻었다.

① ㉠, ㉢, ㉣

② ㉡, ㉢, ㉣

③ ㉠, ㉢

④ ㉡, ㉢

73 건강보험심사평가원의 진료심사평가위원회에 대한 설명으로 틀린 것은 모두 몇 개인가?

> ㉠ 건강보험심사평가원 원장은 진료심사평가위원회의 심사위원을 임명·위촉하고 해임·해촉할 수 있다.
> ㉡ 심사평가원 원장은 A를 진료심사평가위원회 상근 심사위원으로 임명하려 했으나 A가 보건복지부령에서 정하는 자격에 맞지 않는 경우에는 비상근 심사위원으로 임명할 수 있다.
> ㉢ 진료심사평가위원회의 심사위원 수는 상근과 비상근을 합해 천 명을 넘을 수 있다.
> ㉣ 진료심사평가위원회의 심사위원 B가 사적인 술자리에서 소란을 피워 사회적 물의를 빚은 경우 해임이 가능하다.

① 없음
② 1개
③ 2개
④ 3개

74 공단 재정운영위원회에 관한 설명으로 틀린 것을 모두 고르면?

> ㉠ 위원회의 위원은 보건복지부장관의 제청으로 대통령이 임명한다.
> ㉡ 위원회 위원의 임기는 2년이며, 새로 위촉된 위원 임기는 전임위원 임기의 남은 기간이다.
> ㉢ 위원회 운영 등에 필요한 사항은 보건복지부령으로 정한다.
> ㉣ 위원회 위원은 직장가입자를 대표하는 5명, 지역가입자를 대표하는 5명, 공익을 대표하는 10명으로 구성된다.

① ㉠, ㉡
② ㉠, ㉣
③ ㉠, ㉢, ㉣
④ ㉡, ㉢, ㉣

75 다음 중 3년 동안 행사하지 않을 경우 소멸시효가 완성되는 권리에 해당하지 않는 것은?
① 보험급여를 받을 권리
② 보험료, 연체금 및 가산금으로 과오납부한 금액을 환급받을 권리
③ 보험료, 연체금 및 가산금을 징수할 권리
④ 휴직자등의 보수월액보험료를 징수할 권리

76 다음 중 요양기관에 대한 설명으로 옳지 않은 것은?

① 보건복지부장관은 공익이나 국가정책에 비추어 요양기관으로 적합하지 아니한 보건복지부령으로 정하는 의료기관 등은 요양기관에서 제외할 수 있다.

② 전문요양기관이 인정기준에 미달하게 된 경우, 보건복지부장관은 그 인정을 취소한다.

③ 보건복지부장관이 요양기관을 전문요양기관으로 인정할 경우 해당 기관에 인정서를 발급해야 한다.

④ 전문요양기관은 시설, 장비, 인력 및 진료과목 등 보건복지부령으로 정하는 기준에 부합하여야 한다.

77 실업자에 대한 특례 관련 설명으로 옳지 않은 것은?

2025
기출

① 임의계속가입자의 보험료는 보건복지부장관이 정하여 고시하는 바에 따라 그 일부를 경감할 수 있다.

② 1년 이상의 사용관계가 끝난 직장가입자는 지역가입자 보험료를 고지받은 날부터 그 납부기한에서 3개월이 지나기 이전까지 직장가입자로서의 자격을 유지할 것을 공단에 신청할 수 있다.

③ 임의계속가입자의 보수월액은 보수월액보험료가 산정된 최근 12개월간의 보수월액을 평균한 금액이다.

④ 임의계속가입자의 신청 방법·절차 등에 필요한 사항은 보건복지부령으로 정한다.

78 건강보험심사평가원의 임원에 대한 설명으로 옳은 것을 모두 고르면?

> ㉠ 이사 중 4명은 원장이, 11명은 보건복지부장관이 임명한다.
> ㉡ 원장은 임원추천위원회가 단독으로 추천한 사람을 보건복지부장관이 제청하여 대통령이 임명한다.
> ㉢ 감사는 임원추천위원회가 복수로 추천한 사람 중에서 재정경제부장관의 제청으로 대통령이 임명한다.
> ㉣ 비상임이사는 보건복지부장관이 임명하며, 이 중에는 공무원이 반드시 포함된다.
> ㉤ 원장의 임기와 감사의 임기는 2년으로 동일하다.

① ㉠, ㉢, ㉣　　　　　　　　　　② ㉠, ㉡, ㉤

③ ㉠, ㉣　　　　　　　　　　　　④ ㉢, ㉤

79 다음의 경우에 갑이 공단 처분에 대해 이의신청을 할 수 있는 기간은 언제까지인가? (단, 날짜는 초일 불산입하여 계산한다.)

건강보험 가입자인 갑은 보험급여에 대한 국민건강보험공단의 처분에 이의가 있어 2026년 3월 15일에 공단에 이의신청을 하였다. 이에 대한 공단의 처분이 같은 해 3월 31일에 있었고, 갑은 공단의 처분을 5월 31일에 알게 되었다.

① 2026년 6월 13일　　　　　　　　② 2026년 7월 30일
③ 2026년 8월 29일　　　　　　　　④ 2026년 9월 28일

80 공단의 징수 또는 반환 금액에 대한 설명으로 옳은 것을 모두 고르면?

㉠ 공단은 가입자에게 지급해야 하는 금액이 1건당 2천 원 미만인 경우에 이를 지급해야 한다.
㉡ 보험료등에 관한 비용이 10원일 때는 이를 계산해야 한다.
㉢ 공단은 징수해야 할 금액이 1건당 2천 원 미만인 경우에는 징수하지 않을 수 있다.
㉣ 보험급여에 관한 비용을 계산할 때 10원 미만의 끝수가 있는 경우 그 끝수는 계산하지 않는다.

① ㉠, ㉡, ㉣　　　　　　　　② ㉠, ㉢, ㉣
③ ㉡, ㉢, ㉣　　　　　　　　④ ㉡, ㉣

노인장기요양보험법

61

2025 기출

장기요양보험료에 대한 설명으로 옳지 않은 것을 모두 고르면?

> ㉠ 국민건강보험공단은 장기요양보험료와 건강보험료를 통합하여 관리하여야 한다.
> ㉡ 국민건강보험공단은 장기요양보험료와 건강보험료를 통합하여 징수하며, 이때 이를 구분하여 고지하여야 한다.
> ㉢ 장기요양보험료율은 장기요양위원회의 심의를 거쳐 보건복지부령으로 정한다.
> ㉣ 장애인이 장기요양보험가입자인 경우 보건복지부령으로 정하는 바에 따라 장기요양보험료의 전부 또는 일부를 감면할 수 있다.

① ㉠, ㉢
② ㉠, ㉣
③ ㉡, ㉢
④ ㉡, ㉣

62

2025 기출

장기요양위원회에 대한 설명으로 옳지 않은 것은?

① 위원회는 위원장과 부위원장을 포함해 16명의 위원으로 구성하는 것이 가능하다.
② 위원장은 보건복지부차관이 되고, 부위원장은 위원 중에서 위원장이 지명한다.
③ 관계 중앙행정기관의 고위공무원단 소속 공무원은 위원에 반드시 포함되어야 한다.
④ 위원회가 가능한 최대인원으로 구성될 때, 회의에 11명이 출석한다면 개의할 수 있다.

63

2025 기출

특별현금급여수급계좌 및 수급권 보호와 관련된 설명으로 옳지 않은 것은?

① 공단은 특별현금급여를 받는 수급자의 신청이 있는 경우에 특별현금급여를 수급자 명의의 지정된 계좌로 입금하여야 한다.
② 보건복지부령으로 정하는 불가피한 사유로 특별현금급여수급계좌로 이체할 수 없을 때에는 현금으로 특별현금급여를 지급할 수 있다.
③ 특별현금급여수급계좌의 예금에 관한 채권은 압류할 수 없다.
④ 장기요양급여를 받을 권리는 양도하거나 압류할 수 없다.

64

2025
기출

장기요양급여 제공의 기본원칙으로 적절하지 않은 것을 모두 고르면?

> ㉠ 노인등의 심신상태나 건강 등이 악화되지 아니하도록 의료서비스와 연계하여 제공하여야 한다.
> ㉡ 노인등에게 장기요양기관의 교육훈련에 해당하는 '시설급여'를 우선적으로 제공하여야 한다.
> ㉢ 노인등이 자신의 의사와 능력에 따라 최대한 자립적으로 일상생활을 수행할 수 있도록 제공하여야
> 한다.
> ㉣ 노인등의 심신상태·생활환경 및 노인의 욕구와 선택을 종합적으로 고려해야 하며, 그 가족의 욕구나
> 선택은 상관없다.

① ㉠, ㉡　　　　　　　　　　　　　② ㉠, ㉢
③ ㉡, ㉢　　　　　　　　　　　　　④ ㉡, ㉣

65

다음은 장기요양기관 지정의 유효기간 및 갱신에 관한 내용이다. 빈칸 ㉠, ㉡에 들어갈 날짜를 바르게 나열한 것은?

> • 2023년 10월 1일에 지정을 받은 장기요양기관의 유효기간은 (　㉠　)까지이다.
> • 2026년 12월 1일에 지정의 유효기간이 끝나는 장기요양기관의 장이 그 지정을 유지하기 위해서는 소재
> 지 군수에게 (　㉡　)까지 지정 갱신을 신청해야 한다.

	㉠	㉡
①	2029년 9월 30일	2026년 10월 2일
②	2028년 9월 30일	2026년 10월 2일
③	2029년 9월 30일	2026년 9월 2일
④	2028년 9월 30일	2026년 9월 2일

66

다음 중 장기요양요원지원센터의 업무에 해당하지 않는 것은?

① 장기요양요원의 역량강화를 위한 교육지원
② 장기요양요원에 대한 건강검진 등 건강관리를 위한 사업
③ 장기요양요원의 처우 개선 및 복지 증진 사업
④ 장기요양요원의 권리 침해에 관한 상담 및 지원

67

2025
기출

위반사실 등의 공표와 관련하여 다음 빈칸 ㉠, ㉡에 들어가기에 적절한 것을 고르면?

> 보건복지부장관 또는 특별자치시장·특별자치도지사·시장·군수·구청장은 장기요양기관이 거짓으로 재가·시설 급여비용을 청구하였다는 이유로 제37조 또는 제37조의2에 따른 처분이 확정된 경우로서 거짓으로 청구한 금액이 (㉠) 이상인 경우, 거짓으로 청구한 금액이 장기요양급여비용 총액의 (㉡) 이상인 경우에는 위반사실, 처분내용, 장기요양기관의 명칭·주소, 장기요양기관의 장의 성명, 그 밖에 다른 장기요양기관과의 구별에 필요한 사항으로서 대통령령으로 정하는 사항을 공표하여야 한다.

	㉠	㉡
①	1천만 원	100분의 20
②	2천만 원	100분의 10
③	2천만 원	100분의 20
④	1천만 원	100분의 10

68 장기요양사업에 대한 국가 및 지방자치단체의 책무 등에 대한 설명으로 옳지 않은 것을 모두 고르면?

> ㉠ 국가 및 지방자치단체는 장기요양급여가 원활히 제공될 수 있도록 공단에 필요한 행정적 또는 재정적 지원을 하여야 한다.
> ㉡ 국가는 노인성질환예방사업을 수행하는 지방자치단체 또는 「국민건강보험법」에 따른 국민건강보험공단에 대하여 이에 소요되는 비용을 지원하여야 한다.
> ㉢ 국가 및 지방자치단체는 지역의 특성에 맞는 장기요양사업의 표준을 개발·보급할 수 있다.
> ㉣ 국가 및 지방자치단체는 노인인구 및 지역특성 등을 고려하여 장기요양급여가 원활하게 제공될 수 있도록 적정한 수의 장기요양기관을 확충하고 장기요양기관의 설립을 지원하여야 한다.
> ㉤ 국가 및 지방자치단체는 장기요양요원의 처우를 개선하고 복지를 증진하며 지위를 향상시키기 위하여 적극적으로 노력하여야 한다.

① ㉠, ㉡

② ㉡, ㉤

③ ㉠, ㉢, ㉣

④ ㉡, ㉣, ㉤

69 다음 중 장기요양급여 수급자나 급여를 받고자 하는 자가 장기요양인정 신청을 할 수 없을 때, 이를 대리할 수 있는 사람을 모두 고르면?

> ㉠ 수급자의 손자
> ㉡ 「노인복지법」에 따른 치매안심센터의 장
> ㉢ 특별자치시장이 지정하는 자
> ㉣ 「사회보장급여의 이용·제공 및 수급권자 발굴에 관한 법률」에 따른 사회복지전담공무원

① ㉠, ㉡

② ㉢, ㉣

③ ㉡, ㉢, ㉣

④ ㉠, ㉢, ㉣

70 다음 ㉠~㉢의 사례에 해당하는 벌금 또는 과태료의 최대금액 총액으로 옳은 것은?

> ㉠ A보험회사는 노인장기요양보험과 유사한 용어를 사용한 보험상품을 출시·판매하였다.
> ㉡ B장기요양기관은 수급자로부터 장기요양급여신청을 받았으나, 정당한 사유 없이 장기요양급여 제공을 거부하였다.
> ㉢ C장기요양기관은 장기요양급여 제공내용 확인에 대해 국민건강보험공단의 자료 제출 요구를 받았는데, 자료를 조작하여 제출한 것이 발각되었다.

① 1,000만 원   ② 2,000만 원
③ 3,000만 원   ④ 5,000만 원

71 다음 중 보건복지부장관이 실시하는 장기요양사업의 실태조사와 관련된 설명으로 옳지 않은 것은?

① 보건복지부장관은 3년마다 정기적으로 조사를 실시하고 결과를 공표해야 한다.
② 실태조사에는 장기요양인정에 관한 사항 및 장기요양급여 수급자의 규모와 관련된 내용이 포함된다.
③ 실태조사에는 장기요양요원의 근로조건 및 규모, 경력에 관한 사항이 포함된다.
④ 실태조사의 방법과 내용 등에 필요한 사항은 보건복지부령으로 정한다.

72 장기요양인정 신청에 대한 설명으로 틀린 것을 모두 고르면?

> ㉠ 장기요양보험가입자의 피부양자인 노인은 장기요양인정을 신청할 수 있다.
> ㉡ 의료급여수급권자인 노인은 장기요양인정을 신청할 수 없다.
> ㉢ 장기요양인정 신청 시 장기요양인정신청서는 반드시 제출해여야 한다.
> ㉣ 장기요양인정 신청인은 공단에 보건복지부령으로 정하는 바에 따라 장기요양인정신청서를 제출해야 하며, 이때 한의사가 발급하는 소견서를 제출할 수 있다.
> ㉤ 장기요양인정 신청 시 제출하는 의사소견서는 반드시 신청서와 함께 제출해야 한다.

① ㉠, ㉡, ㉣   ② ㉡, ㉢, ㉤
③ ㉡, ㉤   ④ ㉢, ㉤

73 다음 사례에서 A요양기관이 받을 수 있는 조치로 적절한 것은?

> A요양기관에 근무하는 장기요양요원 갑은 기관의 수급자들에게 상습적으로 폭언을 하고, 몇몇 수급자들의 금품을 갈취한 혐의로 경찰 조사를 받았다. 수사 결과 이는 사실로 드러났고, 요양기관의 장인 병이 평소에 장기요양요원에 대한 교육과 감독에 소홀했다는 점도 밝혀졌다.

① 장기요양급여 제공의 제한 ② 1년간의 업무정지
③ 기관 지정의 취소 ④ 1억 원의 과징금 부과

74 장기요양기본계획에 대한 설명으로 옳지 않은 것은?

① 보건복지부장관은 노인등에 대한 장기요양급여를 원활하게 제공하기 위하여 5년 단위로 장기요양기본계획을 수립·시행하여야 한다.
② 장기요양기본계획에는 연도별 장기요양기관 및 장기요양전문인력 관리 방안이 포함된다.
③ 장기요양기본계획에는 연도별 장기요양급여 대상인원 및 재원조달 계획이 포함된다.
④ 국민건강보험공단은 장기요양기본계획에 따라 세부시행계획을 수립·시행하여야 한다.

75 다음 장기요양급여 중 성격이 다른 하나는?

① 주변에 장기요양기관이 없고, 육지와의 정기여객선이 하루에 1번뿐인 남해의 섬 지역에 사는 수급자에게 지급되는 장기요양급여
② 「의료법」에서 정하는 요양병원에 입원한 수급자에게 지급되는 장기요양급여
③ 천재지변으로 인해 도로가 무너져 장기요양기관까지 갈 수 없는 수급자에게 지급되는 장기요양급여
④ 폭력성을 동반한 조현병으로 인해 동생과 같은 집에 살며 계속 보살핌을 받아야 하는 수급자에게 지급되는 장기요양급여

76 장기요양기관의 운영자가 폐쇄회로 텔레비전을 설치·관리할 때 준수해야 할 사항으로 잘못된 것은?

① 수급자와 종사자의 사생활 침해를 최소화하는 방향으로 영상정보를 처리한다.

② 폐쇄회로 텔레비전에 기록된 영상정보를 30일 이상 보관해야 한다.

③ 기관의 보안을 위하여 최소한의 영상정보만을 적법하게 수집하고, 목적 외의 용도로 활용하지 않도록 한다.

④ 보건복지부령에 따라 폐쇄회로 텔레비전을 설치·관리한다.

77 다음 중 장기요양기관과 관련하여 공단이 운영하는 인터넷 홈페이지에 게시되어야 하는 내용이 아닌 것은?

① 장기요양기관별 급여 내용

② 장기요양기관별 인력 현황

③ 장기요양기관별 시설 현황

④ 장기요양기관별 수급자 만족도

78 다음 중 장기요양기관에 대한 행정제재처분의 효과가 승계되지 않는 경우는?

① 장기요양기관을 양도한 경우 양수인

② 법인이 합병된 경우 합병으로 신설된 법인

③ 행정제재처분을 받은 자 중 장기요양기관 폐업 후 다른 장소에서 장기요양기관을 운영하는 자

④ 장기요양기관 폐업 후 같은 장소에서 장기요양기관을 운영하는 자 중 종전에 행정제재처분을 받은 자의 배우자

79 장기요양등급판정위원회에 대한 설명으로 옳은 것은 모두 몇 개인가?

> ㉠ 등급판정위원회 위원은 의료인, 사회복지사, 공무원 등으로 구성되며, 위원회 위원장이 위촉한다.
> ㉡ 등급판정위원회는 위원장과 14인의 위원으로 구성된다.
> ㉢ 한 개의 도시에 3개의 등급판정위원회가 있는 것은 불가능하다.
> ㉣ 공무원이 아닌 등급판정위원회 위원은 최대 6년까지 재임할 수 있다.
> ㉤ 위원 중에 의사나 한의사가 2명 이상 포함될 수 없다.

① 없음
② 1개
③ 2개
④ 3개

80 장기요양기관의 의무에 관한 설명으로 틀린 것은?

① 장기요양기관의 장은 장기요양급여를 제공한 수급자에게 장기요양급여비용에 대한 명세서를 교부할 수 있다.
② 장기요양기관은 장기요양급여의 제공 기준·절차 및 방법 등에 따라 장기요양급여를 제공하여야 한다.
③ 장기요양기관은 입소정원에 여유가 없는 경우 등 정당한 사유가 있는 경우 수급자가 요청한 장기요양급여의 제공을 거부할 수 있다.
④ 장기요양기관의 장은 장기요양급여 제공에 관한 자료를 기록·관리해야 하며, 이를 거짓으로 작성해서는 안 된다.

국민건강보험공단

NCS＋법률

박문각

국민건강보험공단

NCS＋법률
봉투모의고사

/

2회

제2회 모의고사

NCS 직업기초능력 60문항/60분	의사소통 · 수리 · 문제해결 각 20문항	
직무시험(법률) 20문항/20분	국민건강보험법(행정직 · 건강직 · 전산직 · 기술직)	80문항/80분
	노인장기요양보험법(요양직)	

[01 ~ 02] 다음 보도자료를 보고 이어지는 물음에 답하시오.

보건복지부는 2026년 1월 22일부터 모바일 장애인등록증을 발급한다고 밝혔다. 모바일 장애인등록증은 스마트폰 앱 안에 저장했다가 필요할 때에 앱을 실행하여 장애인임을 확인받을 수 있는 신분증이다.

모바일 장애인등록증은 플라스틱 재질의 장애인등록증을 발급받은 장애인이 추가로 신청할 수 있으며, 발급 비용은 무료다. 모바일 장애인등록증을 발급받고자 하는 장애인은 신분증과 본인 명의의 스마트폰을 가지고 가까운 행정복지센터에 방문하면 된다. 발급 방식은 두 가지다. 첫 번째는 지자체 담당자가 출력하는 QR코드를 촬영하여 신청 당일에 발급을 마칠 수 있는 방식으로, 빠르고 간편하다. 두 번째는 먼저 IC칩이 내장된 장애인등록증(이하 'IC등록증')을 새로 신청하고 IC등록증을 수령한 이후에 IC등록증을 스마트폰에 접촉(태깅)하여 발급받는 방식이다. 모바일 장애인등록증을 발급받은 후에는 스마트폰만 가지고 다니면서 필요할 때 언제든지 장애인등록증을 제시할 수 있고, 온라인 서비스를 이용할 때도 편리하게 장애인자격 확인 및 신원확인이 가능하다. 다만 장애인이 본인의 스마트폰을 다른 사람에게 맡겨서 관리하는 경우에는 명의도용 등으로 인한 피해를 입을 수 있으므로 주의해야 한다. 14세 미만의 장애인의 경우는 모바일 장애인등록증 신청이 제한되며, 14세 이상의 미성년자 또는 지적 · 자폐성 · 정신 장애인이 모바일 장애인등록증을 신청하는 때에는 법정대리인 또는 보호자의 동의가 필요하다. 모바일 장애인등록증 발급 시스템은 행정안전부가 운영하는 모바일 신분증 플랫폼에 기반한 것으로, 보건복지부는 행정안전부와 한국조폐공사, 한국사회보장정보원, 한국장애인개발원과 긴밀한 협력체계를 유지하면서 장애인이 사용하기 편리하고 안전한 모바일 장애인등록증 시스템을 구축하였다. 금융위원회는 모바일 장애인등록증을 금융거래 실명확인증표로 인정하였으며, 이에 따라 금융결제원은 2026년 2월부터 일부 금융기관에서 금융거래 시에 본인확인 신분증으로 사용 가능하도록 하고, 2026년 말에 모든 금융기관으로 확대할 수 있도록 지원할 예정이다. 앞으로도 계속해서 관계기관, 민간사업자와의 지속적인 협력과 소통을 통해 모바일 장애인등록증의 활용처를 확대해 나갈 예정이다.

모바일 장애인등록증 발급에 대해 궁금한 사항은 가까운 행정복지센터 또는 모바일 신분증 콜센터(1688-0990)에 문의하여 도움 받을 수 있다. 또한 유튜브에서 '모바일 장애인등록증'을 검색하면 최국화 아나운서(KBS 제6기 장애인앵커)가 행정복지센터 방문부터 모바일 장애인등록증 발급까지의 과정을 시연한 알기 쉬운 영상 자료를 볼 수 있다.

※ 출처: 보건복지부 보도자료

01 위 자료의 내용과 일치하지 않는 것은?

① 보건복지부는 모바일 장애인등록증 시스템의 보안성과 편의성을 확보하기 위해 한국조폐공사, 한국사회보장정보원 및 한국장애인개발원과 긴밀한 협력체계를 유지하고 있다.

② 행정안전부는 장애인 전용 모바일 신분증 플랫폼을 별도로 신규 구축하였으며, 이를 통해 금융거래 시 실명확인을 위한 법적 근거인 금융위원회와의 협의를 주도하였다.

③ 유튜브에 공개된 안내 영상은 정보 접근성을 고려하여 제작되었으며, 전문 아나운서가 행정복지센터를 방문하여 신청하는 과정부터 발급 완료까지의 전 과정을 직접 시연하였다.

④ 모바일 장애인등록증 발급에 관한 사항은 행정복지센터 및 콜센터를 통해 문의할 수 있다.

02 모바일 장애인등록증 발급 서비스의 절차와 그에 대한 설명이 잘못된 것을 고르면?

① 신청 대상 확인 – 실물 장애인등록증을 발급받은 장애인이라면 추가 비용 없이 신청이 가능하지만, 14세 미만은 신청 대상에서 제외되며 14세 이상이라도 특정 장애 유형의 경우 보호자 동의를 필수로 한다.

② 발급 장소 방문 – 본인 확인을 위해 신분증과 본인 명의의 스마트폰을 지참하여 행정복지센터를 방문해야 하며, 본인 명의가 아닌 가족 명의의 스마트폰을 사용하는 경우에는 대리인 동의 여부와 관계없이 발급이 제한된다.

③ 발급 방식 선택 – 행정복지센터에서 QR코드를 촬영하여 당일 즉시 발급받는 방법 외에도, IC등록증을 새로 발급받아 스마트폰에 접촉(태깅)하는 방식을 통해서도 모바일 등록증을 취득할 수 있다.

④ 발급 이후 활용 – 모바일 장애인등록증으로 온·오프라인에서 신원 및 자격 확인이 가능하지만, 타인에게 스마트폰을 맡겨 관리할 경우 발생할 수 있는 명의도용 등의 피해는 사용자가 주의해야 한다.

03 다음은 분노조절장애에 대한 글이다. 내용과 다른 사실은?

분노의 감정이란 인간이 자신을 보호하고 방어하기 위한 일종의 방어기제라고 볼 수 있다. 즉 누군가가 분노를 한다는 것은 어떠한 위험으로부터 자신을 방어하기 위해 분노라는 시스템을 가동시켜 분노가 겉으로 표출된 것이라 할 수 있는 것이다. 따라서 분노는 우리가 살아가는 데 있어서 필요에 의해 만들어진 시스템인 것이며 분노를 억누르려고만 하는 태도보다는 스스로 분노를 인정하고 조절하려는 자세가 필요하다. 분노조절장애란, 이러한 분노를 자신의 의지로 통제할 수 없어 과격하게 표출되는 증상을 의미한다. 분노조절장애가 있는 사람은 일반적인 사람의 경우 분노를 느끼지 않는 작은 일에도 분노를 느끼고 표출하려고 한다. 이렇게 되면 대인관계에 악영향을 미치거나 사회적으로 적응하기가 어려워 행복감이나 만족감을 얻기 어렵다.

분노조절장애의 발병요인은 신경학·생물학적 원인과 유전적 원인, 환경적 원인 등으로 나눌 수 있다. 신경학·생물학적 분노조절장애의 원인은 뇌 손상, 알코올 독성에 의한 뇌 장애, 변연계의 이상이 주된 요인이며, 높은 안드로겐 수치와 같은 호르몬적 요인이 뇌에 영향을 끼쳐 다소 공격적인 성향을 나타나게 한다. 유전적인 원인에 의한 분노조절장애는 공격성이 강한 유전성을 부모로부터 물려받은 경우, 스트레스에 대한 통제력이 선천적으로 약하고 쉽게 스트레스를 받는 경우에 공격적인 성향이 나타날 수 있고 분노를 쉽게 조절할 수 없는 경우가 발생한다. 환경적인 원인으로는 성장환경에서 큰 분노나 슬픔 등 감당할 수 없는 정신적인 스트레스를 받은 사건이 일어날 경우, 예를 들어 부모의 이혼, 성장기 학대, 생명의 위협과 같은 사건이 발생할 때 분노조절장애가 발생할 수 있다.

분노조절장애를 가진 사람은 분노 조절 훈련을 하면서 정서적인 안정을 찾는 것이 매우 중요하다. 특히 자신이 화난 것을 이야기하고 자신이 바라는 것을 주장하는 문제 해결식 분노 표현을 훈련받는 것이 필요하다. 분노조절장애는 심리적인 안정을 유지하는 것이 앞서야 하기 때문에 긍정적인 생각과 명상 등이 치료법이 될 수 있다. 하지만 분노조절장애가 심할 경우 정신과 전문의와 지속적인 상담과 약물적인 치료를 병행해야 한다.

일상생활에서 분노를 조절하기 위해서는 어떠한 방법을 써야 하는가? 가장 먼저 분노조절 장애를 가진 사람이 갖춰야 할 태도로는 스스로 분노를 하고 있다는 것에 대하여 인정하는 것이다. 이것이 변화를 위한 첫 번째 단추를 끼우는 것이다. 분노의 감정에 대해서도 분노를 숨기거나 억누르지 말고 진솔하게 표현하는 것이 좋다. 부작용이 없진 않겠지만 적절한 감정수위와 표현수위를 스스로 지키면서 감정을 상대방에게 털어놓는다면 상대방은 의외로 수용적인 태도로 나올 수 있다. 말로 하기 그렇다면 글이나 다른 방법으로 표현할 수도 있을 것이다. 그것도 힘들다면 가족에게 자연스럽게 털어놓는 것도 좋은 방법이 될 수 있다.

① 선천적으로 스트레스에 취약한 사람일 경우 일반적인 경우보다 분노조절장애를 쉽게 겪을 수 있다.

② 분노조절장애를 치료하기 위해서는 분노를 강제로 억누르기보다는 조금씩 표출하고 털어놓아야 한다.

③ 분노조절장애의 발병요인은 선천적인 특성보다는 신경학적·생물학적 원인이 주된 요인이다.

④ 훈련을 통해 분노조절장애를 극복할 수 있다.

[04 ~ 05] 다음 보도자료를 보고 이어지는 물음에 답하시오.

보건복지부는 건강보험심사평가원과 함께 '2026년 병원·의원·약국 자율점검 추진계획'을 수립하고, 2026년 1월 부터 '일상생활동작검사 인정횟수 초과청구' 등 총 7개 항목에 대해 순차적으로 건강보험(의료급여 포함) 비용에 대한 자율점검을 실시한다고 밝혔다. 자율점검제도는 착오 등 부당청구 개연성이 높은 항목에 대해 사전에 건강보험심사평가원이 병원·의원·약국에 그 내용을 통보하고, 병원·의원·약국이 자발적으로 부당청구 내용을 시정하여 청구 행태를 개선할 수 있도록 하는 제도이다. 자율점검을 성실히 이행한 병원·의원·약국에 대하여 부당이득금은 환수하고, 자율점검을 실시한 항목에 대한 현지조사 및 행정처분은 면제한다. 2026년 시행할 자율점검 대상 항목은 의약계가 참여한 '자율점검운영협의체*' 논의를 통해 '일상생활동작검사 인정횟수 초과청구' 등 총 7개 항목을 선정하였다.

* 보건복지부, 대한의사협회, 대한병원협회, 대한개원의협의회, 대한치과의사협회, 대한약사회, 대한한의사협회, 보험심사간호사회, 건강보험심사평가원, 국민건강보험공단으로 구성

2026년 자율점검 대상 항목·시행시기와 추진 절차는 다음과 같다.

연번	대상 항목	구분	시행시기
1	일상생활동작검사 인정횟수 초과청구	신규	상반기
2	조영제 주사제 구입·청구 불일치	재점검	
3	국소마취제 주사제 구입·청구 불일치	재점검	
4	야간 조제료 등 야간가산 착오청구	신규	
5	정맥내 일시주사 착오청구	신규	하반기
6	한방 급여약제 구입·청구 불일치	재점검	
7	틀니 진료단계별 중복청구	재점검	

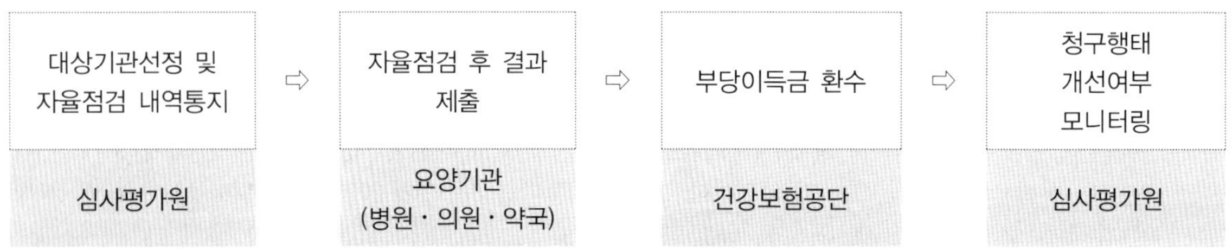

우선, 2026년 1월부터 '일상생활동작검사 인정횟수 초과청구(120여 개소)' 항목과 '조영제 주사제 구입·청구 불일치(130여 개소)', '국소마취제 주사제 구입·청구 불일치(170여 개소)' 항목에 대하여 부당청구 개연성이 높은 병원·의원·약국을 자율점검 대상기관으로 통보할 계획이다.

또한, 자율점검 통보대상 기관이 아니더라도 건강보험심사평가원 업무포털 사이트로 부당청구 자진신고가 가능하며, 이 경우 현지조사 및 행정처분을 면제한다.

※ 출처 : 보건복지부 보도자료

04 위 자료를 보고 보일 수 있는 반응으로 적절하지 않은 것은?

① A사무관 : 신규 항목인 '야간 조제료' 등은 건강보험공단이 대상 기관에 점검 내역을 통보하는 시점부터 밀착 관리해야 합니다.

② B의원 : 자율점검 통보를 받지 못한 기관이라도 심사평가원 업무포털에 자발적으로 신고만 하면, 별도의 확인 절차 없이 현지조사를 받지 않을 수 있구나.

③ C원장 : 하반기 점검 항목인 '틀니 진료단계별 중복청구'는 과거에도 시행된 적이 있는 재점검 항목이므로 더욱 꼼꼼히 살펴야겠어.

④ D약국 : 자율점검 대상 항목에서 단순 착오가 아닌 부당청구 개연성이 확인되더라도, 성실히 이행하여 이득금을 반납한다면 행정처분을 면제받을 수 있겠군.

05 위 자료의 내용과 일치하는 것을 〈보기〉에서 모두 고르면?

┌ 보기 ┐
㉠ 2026년 상반기 내에 자율점검 통보를 받게 될 의료기관의 총합은 420개소 이상이다.
㉡ '조영제 주사제 구입·청구 불일치' 항목은 과거 자율점검 결과가 미흡하여 이번에 재점검 항목으로 선정되었다.
㉢ 보건복지부는 전문적인 자율점검 항목 선정을 위해 심사평가원의 내부 심의를 거쳐 '2026년 병원·의원·약국 자율점검 추진계획'을 수립하였다.
㉣ '정맥내 일시주사 착오청구'로 인해 발생한 부당이득금은 자율점검을 통해 자진 신고하더라도 전액 환수 대상이다.

① ㉠, ㉡   ② ㉢, ㉣
③ ㉡, ㉢   ④ ㉠, ㉣

[06~07] 다음 보도자료를 보고 이어지는 물음에 답하시오.

보건복지부와 국민건강보험공단은 장기요양 수급자들이 가정에서 신기술을 활용한 복지용구를 사용할 수 있는 기반을 마련하고자 2026년 1월 29일부터 「복지용구 예비급여 3차 시범사업」을 시작한다고 밝혔다. 복지용구는 장기요양 재가급여*의 한 종류로 재가수급자의 일상생활 및 신체활동을 지원하거나 인지기능의 유지·향상에 필요한 용구를 의미한다. 재가 수급자는 누구나 연 한도액인 160만 원 내에서 복지용구를 구입 또는 대여할 수 있다.
* 재가급여 : 가정에서 생활하는 수급자가 일상생활이나 신체활동을 원활하게 수행할 수 있도록 지원하는 서비스로 방문요양, 방문목욕, 기타재가급여(복지용구) 등이 있음

복지용구 현황은 2025년 12월 말 기준 23개 품목, 721개 제품이다. 복지용구 예비급여 시범사업은 효과성 등의 검증이 필요한 신기술 활용 품목을 대상으로 한시적으로(1~2년) 급여 적용 후 사용 효과와 급여 적정성을 평가하는 제도이다. 어르신들이 AI(인공지능), IoT(사물인터넷) 등 신기술 활용 품목을 이용하여 더 나은 돌봄을 받을 수 있는 기반을 조성하고자 추진되었다.
이번 3차 시범사업은 3개 품목(AI기반 낙상보호 에어백, 디지털 복약알림기, 활동감지시스템)을 대상으로 전국 12개 지역*에서 실시될 예정이다. 참여를 희망하는 장기요양 재가 수급자**는 12개월간(2026. 1월~12월) 시범사업 참여 복지용구사업소에서 해당 품목을 구입할 수 있다. 3차 시범사업 종료 후 예비급여 전문가 협의회에서 급여 적정성 등을 평가하고 정식 등재 여부를 결정할 계획이다.
* 서울 노원구, 부산 부산진구, 대구 달서구, 인천 서구, 광주 광산구, 대전 서구, 경기 의정부, 강원 원주, 충북 충주, 전북 전주(완산구), 경북 경산, 경남 김해
** 실거주지 주소가 시범사업 지역으로 등록되어 있는 장기요양 재가 수급자

복지용구 예비급여 3차 시범사업 품목별 특징

품목명	사용 목적	주요 기능
AI기반 낙상보호 에어백	낙상사고 충격완화 및 골절 예방	• AI알고리즘 및 센서를 통한 낙상감지 및 에어백 팽창 • 연동된 모바일 앱을 통해 사고 및 구조신호 알림
디지털 복약알림기	규칙적 복약 습관 형성 도움 및 보호자 실시간 모니터링	• 복약시간이 되면 약통에서 불빛과 소리를 통해 알람을 보냄 • 연동된 모바일 앱에 기록 및 보호자 확인 가능
활동감지시스템	수급자의 침대생활 및 생체정보 실시간 모니터링	수급자의 침대 위 자세 및 생체 정보 측정, 연동된 모바일 앱을 통한 실시간 모니터링

복지용구 예비급여 시범사업은 2023년 7월에 처음 시행되었으며, 그간 두 차례의 시범사업을 통해 효과성을 인정받은 신기술 품목은 관련 절차를 거쳐 정식 급여로 등재되었다. 1차 시범사업(2023. 7월~2024. 6월) 품목인 기저귀 센서와 구강세척기는 2025. 5월 본 급여 품목으로 등재되었으며, 2차 시범사업(2024. 9월~2025. 8월) 품목인 AI 돌봄로봇과 낙상알림시스템 역시 2026. 2월 본 급여 등재를 앞두고 있다.

※ 출처 : 보건복지부 보도자료

06 위 자료를 바탕으로 복지용구 예비급여 시범사업을 분석한 것으로 옳은 것을 〈보기〉에서 모두 고르면?

> ┌ 보기 ┌
> ㉠ 2026년 1월 29일 현재, 장기요양 재가 수급자가 이용할 수 있는 복지용구 품목은 시범사업 품목을 포함하여 총 26개이다.
> ㉡ 3차 시범사업 대상인 3개 제품은 시범 운영 기간(1~2년)이 종료되면 별도의 평가 없이 자동으로 정식 급여 품목으로 등재된다.
> ㉢ 이번 시범사업에 참여하여 AI 기반 낙상보호 에어백을 구입하려는 수급자는 본인의 실거주지가 지정된 12개 시군구 중 한 곳이어야 한다.
> ㉣ 재가 수급자라면 누구나 연간 160만 원 한도 내에서 복지용구를 자유롭게 이용할 수 있으나, 이번 시범사업 품목은 해당 한도액 계산에서 제외된다.

① ㉠, ㉢
② ㉠, ㉣
③ ㉡, ㉢
④ ㉠, ㉡, ㉣

07 다음은 위 자료를 본 보호자들의 반응이다. 자료의 내용에 비추어 볼 때 적절하지 않은 추론을 한 사람은?

① 철수: 우리 아버님은 혼자 사셔서 걱정인데, 디지털 복약알림기를 설치해드리면 약을 안 드셨을 때 제 스마트폰으로 즉시 확인하고 연락드릴 수 있겠네요.

② 영희: 활동감지시스템은 생체정보를 실시간으로 체크한다니, 아버님이 주무실 때 생체 신호에 이상이 생기면 앱을 통해 실시간으로 모니터링하기 좋겠어요.

③ 민수: AI 기반 낙상보호 에어백은 사고 상황을 감지하면 기기 자체에 장착된 디스플레이를 통해 즉시 구조신호를 보내 보호자가 상황을 빨리 파악할 수 있게 해주겠군요.

④ 지혜: 1차 시범사업이었던 기저귀센서가 이미 본 급여 품목이 된 것처럼, 이번 3차 제품들도 효과성이 입증되면 내년쯤엔 전국 어디서나 혜택을 받을 수 있겠네요.

[08～10] 다음 보도자료를 보고 이어지는 물음에 답하시오.

보건복지부는 외상으로 사망한 환자 사례를 조사한 결과, 2023년도 '예방 가능한 외상사망률'이 9.1%로 나타나 이전 조사결과(2021년 13.9%)보다 4.8%p 개선되었다고 발표하였다. 이는 2015년 첫 조사에서 30.5%를 나타낸 이후 처음으로 한 자릿수로 집계된 수치이기도 하다.

□ 조사개요

예방 가능한 외상 사망률은 외상으로 사망한 환자 중 적절한 시간 내에 적절한 치료가 제공되었다면 생존 가능성이 있었을 것으로 판단되는 사망자의 비율로, 외상진료체계의 접근성·적시성·전문성을 종합적으로 평가하는 핵심 지표다. 보건복지부는 2015년도부터 2년 주기로 전국 단위 조사연구를 실시하고 있으며, 이번이 다섯 번째 조사이다. 이번 조사연구는 국가응급진료정보망(NEDIS)에 등록된 2023년 외상 사망 통계에 대한 데이터 분석과 305개 병원* 1,294건의 외상 사망 사례 표본을 대상으로 한 전문가 패널 기반 의무기록 조사를 병행하여 실시하였다.
*권역외상센터, 권역응급의료센터, 지역응급의료센터, 지역응급의료기관

또한, 이번 연구에서는 예방 가능한 외상 사망률 감소를 경제성 관점에서 평가한 연구결과도 함께 제시하였다. 권역외상센터 설립·운영에 투입된 비용과 외상 사망 감소로 얻는 편익을 화폐가치로 환산해 비교하는 비용－편익 분석 방식으로 수행하였다.

□ 예방 가능한 외상 사망률 조사결과

조사 결과, 예방 가능한 외상 사망률은 2015년도부터 지속적인 감소 추세*를 보여, 권역외상센터 설치·운영** 등 중증외상 진료체계 구축을 위한 정책적 노력이 효과를 내고 있는 것으로 나타났다.
* 예방 가능 외상 사망률 : 30.5%(2015) → 19.9%(2017) → 15.7%(2019) → 13.9%(2021) → 9.1%(2023)
** 권역외상센터 수 : 8개소(2015) → 10개소(2017) → 14개소(2019) → 15개소(2021) → 17개소(2023)

전국을 5개 권역*으로 나누어 분석한 결과 경기·인천이 6.4%로 전국에서 가장 낮은 수치를 보였으며, 대전·충청·강원·세종 권역은 2021년 16.0%에서 2023년 7.9%로 8.1%p 낮아져 가장 큰 개선을 보였다.
* 2015년 조사연구부터 전국을 ① 서울 ② 인천·경기 ③ 대전·충청·강원·세종 ④ 광주·전라·제주 ⑤ 부산·대구·울산·경상 5개 권역으로 구분하여 분석 실시

광주·전라·제주 권역도 2021년 21.3%에서 2023년 14.3%로 7.0%p 개선을 보였으며, 서울 4.2%p(12.0% → 7.8%), 부산·대구·울산·경상 2.1%p(13.5% → 11.4%) 등 모든 권역에서 예방 가능한 외상 사망률이 개선되었다.

5개 권역별 예방 가능 외상 사망률 추이

(단위 : %, %p)

권역	2015	2017	2019	2021	2023
전국	30.5	19.9 (△10.6)	15.7 (△4.2)	13.9 (△1.8)	9.1 (△4.8)
서울	30.8	30.2 (△0.6)	20.4 (△9.8)	12.0 (△8.4)	7.8 (△4.2)
경기/인천	27.4	16.7 (△10.7)	13.1 (△3.6)	10.0 (△3.1)	6.4 (△3.6)
대전/충청/강원/세종	26.0	15.0 (△11.0)	14.7 (△0.3)	16.0 (△-1.3)	7.9 (△8.1)
광주/전라/제주	40.7	25.9 (△14.8)	17.1 (△8.8)	21.3 (△-4.2)	14.3 (△7.0)
부산/대구/울신/경상	29.4	16.0 (△13.4)	15.5 (△0.5)	13.5 (△2.0)	11.4 (△2.1)

다만, 지역별 일부 의료기관으로부터 조사연구에 필요한 자료를 제출받지 못하여, 제출률*이 낮은 지역의 경우에는 예방 가능한 외상 사망률이 실제보다 낮게 평가되었을 가능성을 배제하기 어렵다.
* 지역별 자료제출률 : 광주 57.1%, 부산 60.9%, 서울 73.8%, 대구 75.0%, 전남 75.0% 등

책임연구원 아주대병원 정경원 권역외상센터장은 "과거 연구에서도 예방 가능한 사망사례가 많이 발생하는 기관이 자료 제출에 소극적인 경우가 많아, 이번 조사에서 자료 제출률이 낮은 지역의 조사 결과가 과소추계되었을 가능성이 있다"라고 설명했다. 보건복지부는 추후 예방 가능한 외상 사망률 평가 시 더욱 정확한 결과 산출을 위해 의료기관의 자료 제출률을 높일 수 있는 방안을 마련할 예정이다.

※ 출처: 보건복지부 보도자료

08 위 자료의 내용과 일치하지 않는 것은?

① 예방 가능한 외상 사망률은 2015년 첫 조사 이후 지속적으로 감소하여, 2023년 조사에서는 처음으로 한 자릿수인 9.1%를 기록했다.
② 이번 조사는 2년 주기로 실시되는 전국 단위 조사의 다섯 번째 결과물이며, 305개 병원의 외상 사망 사례 표본 1,294건을 대상으로 하였다.
③ 권역외상센터의 수를 확충한 것은 중증외상 진료체계 구축을 위한 정책적 노력의 결과로 평가된다.
④ 제시된 연구결과에는 권역외상센터 운영과 외상 사망 예방 사이에는 경제적 연관성이 없다는 내용이 포함되어 있다.

09 위 자료의 수치 및 통계 분석 내용 중 잘못된 것은?

① 2023년 기준, 경기·인천 권역의 예방 가능한 외상 사망률은 6.4%로 전국 5개 권역 중 가장 낮은 수치를 기록하였다.
② 2021년 대비 2023년 외상 사망률 개선 폭이 가장 큰 권역은 대전·충청·강원·세종 권역으로, 이전 조사 대비 8.1%p가 감소하였다.
③ 전국 평균 예방 가능한 외상 사망률의 연도별 개선 폭을 비교해 보면, 2015년 → 2017년 구간의 개선 폭이 2021년 → 2023년 구간보다 크다.
④ 광주·전라·제주 권역과 부산·대구·울산·경상 권역 외상 사망률은 2021년 조사에서 두 권역 모두 처음으로 10%대에 진입하였다.

10 위 보도자료의 외상 사망률 조사 결과와 관련한 설명으로 틀린 것을 〈보기〉에서 모두 고르면?

> 보기
>
> ㉠ 광주·전라·제주 권역의 2023년 외상 사망률은 전국에서 가장 높게 나타났는데, 광주 지역의 자료 제출률이 57.1%로 매우 낮은 편임을 고려하면, 실제 외상 사망률은 이보다 더 높을 가능성이 있다.
> ㉡ 2021년 대비 2023년에 가장 큰 폭의 개선을 보인 곳은 대전·충청·강원·세종 권역이다. 이는 해당 권역의 의료기관들이 타 지역에 비해 자료 제출에 매우 적극적이었음을 입증하는 객관적인 증거라고 볼 수 있다.
> ㉢ 자료 제출률이 낮은 지역이 포함된 경우, 해당 권역 전체의 예방 가능한 외상 사망률 통계가 현장의 실제 상황보다 더 낙관적으로 보일 위험이 있다.
> ㉣ 서울 권역은 2015년 조사 이후 단 한 번의 예외 없이 매 조사마다 사망률이 지속적으로 감소해 왔다. 이는 서울의 자료 제출률이 주석에 명시된 모든 지역 중 가장 높기 때문에 데이터의 신뢰도가 완벽하기 때문이다.

① ㉠, ㉢   ② ㉡, ㉣
③ ㉠, ㉡   ④ ㉢, ㉣

[11 ~ 12] 다음 글을 읽고 이어지는 물음에 답하시오.

우리나라에서 뇌졸중은 매년 새로 걸리는 환자가 10만 명에 이르는 흔한 질환이다. 단일 질환 가운데는 환자 수가 가장 많은 질환에 속한다. 뇌졸중은 크게 두 가지로 나뉘는데, 혈관이 막혀서 뇌세포가 죽는 '허혈성 뇌졸중(뇌경색)'과 막히거나 좁아진 혈관이 압력을 이기지 못하고 터지는 '출혈성 뇌졸중(지주막하출혈, 뇌내출혈)'이 그것이다. 일반적으로 허혈성 뇌졸중 환자가 전체 환자의 70% 정도이다. 뇌졸중 환자의 생존률은 70~80%인데, 생존하더라도 신체적·정신적으로 장애를 입는 경우가 많아 삶의 질에 치명적인 영향을 미친다.

뇌졸중은 무엇보다 전조증상을 빨리 발견하는 것이 중요하다. 대표적인 전조증상은 뇌세포가 죽으면서 언어 중추에 문제가 생겨 말이 나오지 않는 것이다. 팔다리에 힘이 빠지고 눈이 보이지 않기도 한다. 모두 뇌세포에 영양분을 공급하는 혈액이 제시간에 도착하지 못했기 때문에 나타나는 증상이다. 그러나 뇌 혈관 내부가 70% 이상 막히면 전조증상을 발견하기도 전에 사망할 수 있다. 또한, 뇌 혈관이 파열되면 머리에 극심한 통증을 느끼고 음식물을 토하기도 한다. 혈액이 많이 빠져나가면 뒷목이 뻣뻣해지면서 정신을 잃게 된다.

뇌혈관이 터지거나 막히면 적어도 3시간 안에 혈류가 제대로 흐르도록 복구해야 한다. 3시간의 '골든타임'을 놓치게 되면 생존한다 하더라도 영구적인 장애가 남을 수 있다. 병원에 도착하는 시간이 늦어지면 늦어질수록 소생한 환자의 예후는 나쁠 수밖에 없다.

뇌졸중의 전조증상이 나타나면 곧바로 병원을 찾아야 한다. 욕실이나 화장실, 시끄러운 장소 등에서 쓰러진 환자는 머리 부위를 움직이지 않도록 고정해 주는 것이 좋다. 흡인성 폐렴이 생길 수 있기 때문에 절대로 음식물이나 약을 먹여서는 안 된다. 환자가 누워 있으면 벨트와 단추를 풀고 입속에 토한 것이 있으면 조심스럽게 꺼낸 뒤 편안한 자세를 취하도록 도와줘야 한다.

뇌졸중은 주로 고혈압, 흡연, 음주 등 나쁜 생활습관이나 질병에 의해 발생한다. 수축기 혈압이 140 이상, 이완기 혈압이 90 이상의 고혈압일 경우 뇌졸중이 생길 위험이 크게 높아진다. 흡연, 특히 하루에 담배 한 갑 이상의 흡연을 하는 사람은 혈류 순환이 원활하지 않고 혈관의 탄력이 떨어지기 때문에 뇌졸중에 걸릴 위험이 높아진다. 술을 장기간 마시는 경우에도 동맥경화가 촉진돼 뇌졸중이 생길 수 있다. 이 때문에 뇌졸중 발병 위험이 가장 높은 65세 이상의 노인은 하루 소주 1~3잔, 맥주 1~3컵 이하로 주량을 조절해야 한다. 이밖에 당뇨병과 고지혈증, 심혈관질환도 뇌졸중을 일으키는 원인이 된다. 당뇨 환자는 꾸준히 당뇨약을 복용하면서 혈당치를 조절해야 한다. 대표적인 심혈관질환인 심방세동도 뇌졸중과 연관성이 높으므로 혈전을 녹이거나 심장기능을 높이는 약을 복용하는 것이 좋다.

뇌졸중은 치료가 끝난 뒤에도 철저하게 건강을 관리하지 않으면 재발할 수 있다. 뇌졸중 예방에 가장 중요한 것은 식단 조절이다. 소금이 많이 들어간 음식은 혈압을 높일 수 있으므로 멀리해야 한다. 지방이 많이 포함된 육류는 가능하면 피하고 채소 위주의 식단을 유지해야 한다. 뇌졸중 치료를 받은 경우에는 의사가 처방한 약을 꾸준히 복용하고 식단관리와 운동을 지속해야 재발을 막을 수 있다.

11   윗글의 내용과 일치하지 않는 것을 〈보기〉에서 모두 고르면?

┌ 보기 ┐

ⓐ 뇌졸중 환자의 삶의 질이 떨어지는 것은 생존 시 신체적·정신적 장애를 입는 경우가 전체 뇌졸중 환자의 70%를 넘기 때문이다.

ⓑ 뇌졸중은 전조증상을 빨리 발견하는 것이 중요한데, 이러한 전조증상은 뇌세포에 혈액이 제시간에 도착하지 못했기 때문에 생긴다.

ⓒ 고혈압은 뇌졸중을 유발하는 가장 큰 원인이며, 흡연과 음주도 뇌졸중의 주요 원인이다

ⓓ 뇌졸중 예방을 위해서는 채소 위주, 염분을 피하는 식단을 하는 것이 가장 중요하다.

① ㉠, ㉡   ② ㉠, ㉢

③ ㉡, ㉣   ④ ㉢, ㉣

12 다음 중 뇌졸중의 전조 증상으로 적절하지 않은 것은?

① 말이 제대로 나오지 않는다.
② 소화불량 등 소화장애가 나타난다.
③ 팔다리에 힘이 들어가지 않고 눈이 보이지 않는다.
④ 심한 두통이 느껴지고 토하는 증상이 나타난다.

[13 ~ 14] 다음 글을 읽고 이어지는 물음에 답하시오.

2023년 여름 전 세계 곳곳이 이례적인 폭염에 시달렸다. 세계기상기구(WMO)는 2023년 7월의 지구 표면 평균 기온은 16.95도로, 1940년 관측과 기록이 시작된 이후 역대 가장 높은 기온을 기록했다고 밝혔다. EU의 코페르니쿠스 기후변화서비스(C3S) 보고서를 분석한 자료에서는 1991년부터 2020년까지의 평균기온과 비교하면 0.72도 높고, 이전 역대 최고 기록이었던 2019년 7월의 기온보다는 0.33도 높다고 설명했다. 특히 WMO는 2023년 7월이 국제 사회가 기후변화의 마지노선으로 꼽는 '산업화 이전 대비 1.5도 상승'과 유사한 수준이라 덧붙였다. 여기다 해수면 온도도 역대 최고 기록을 경신했는데, 전 세계 평균 해수면 온도는 2023년 4월부터 계속 상승세를 이어가다 7월에는 20.95도에 달했다. 이는 1991년부터 2020년까지의 평균 해수면 온도보다 0.51도 높은 것으로, WMO는 이에 대해 해양 폭염과 엘니뇨 현상이 계속 발달한 결과라고 분석했다.

폭염은 일사병·열사병 등의 온열질환을 일으켜 건강상 위협으로 작용하는 것은 물론 전 지구적 식량난과 인간의 노동 능력에까지 영향을 미친다. 특히 폭염은 홍수나 태풍과 달리 그 피해가 가시화되기 어렵고 취약계층에 주로 발생해 '소리 없는 살인자'로까지 불린다. 무엇보다 문제는 (　　　　　　가　　　　　　)

미국 뉴욕타임스(NYT)는 2023년 7월 미국을 덮친 기록적인 폭염으로 경제 활동이 급격하게 위축되면서 막대한 규모의 생산성 손실이 발생하고 있다고 보도했다. 학술지 <란셋>의 통계에 따르면 지난 2021년 더위 노출로 인해 미국 농업·건설업·제조업·서비스업 부문에서 25억 시간 이상의 노동력이 손실됐다고 NYT는 전했다. 또 영국 '데이터 속 세계' 연구소는 옥스퍼드대와 분석한 자료를 통해 2016~2020년 기상재해로 전 세계가 입은 피해액의 규모가 연평균 1,629억 2,157만 달러에 달한다는 결과를 내놓기도 했다. 여기다 국제노동기구(ILO)는 2030년에는 폭염으로 3,000조 원 이상의 경제적 손실이 전 세계에 닥칠 것이라고 예측했으며, 국제 신용평가사 무디스는 폭염으로 인한 만성적 신체위험이 세계적으로 국내총생산(GDP)을 2100년까지 최대 17.6% 위축시킬 수 있다고 추정했다.

무엇보다 폭염으로 인해 가장 직접적인 영향을 받는 것은 식량 분야이다. 잦은 홍수와 가뭄은 전 지구적 식량난을 일으킬 수 있는데, 이에 극한 폭염이 식품 물가를 끌어올린다는 뜻의 '히트플레이션'이라는 용어가 등장하기도 했다. 농업의 경우 기후변화에 따라 수급구조 불안과 가격 상승이 지속될 것으로 전망된다.

폭염과 폭우 등 극한 기상이 일상으로 자리 잡을 것이라는 전망이 계속되면서 2015년 파리기후변화협약을 통해 전 세계가 목표로 했던 산업화 대비 1.5도 이하로 제한하기 위한 노력이 급박해졌다. 세계기상기구(WMO)는 향후 5년 내에 지구 평균 기온이 산업화 이전(1850~1900년) 시기보다 1.5도 이상 높아질 확률이 66%에 달할 것이라고 관측하고 있다. 이러한 상황에서 2023년 11월 개최된 제28차 유엔기후변화협약 당사국총회(COP28)는 2015년 파리협약 이후 가장 중요한 회의가 될 것이라는 전망이 나오면서 관심을 받았으나, '화석연료에서 멀어지는 전환'이라는 모호한 결론만을 남긴 채 폐막했다.

13　윗글을 보고 추론할 수 없는 내용은?

① 폭염이 경제활동에 미치는 손실은 더위 노출로 인한 노동력 상실과 더위로 인한 신체적 위험으로 인해 발생한다.

② 2019년 7월의 지구 표면 평균 기온은 당시 관측 이래 최고치를 기록했으며, 1991년부터 2020년까지의 평균 기온보다 0.72도 높았다.

③ 폭염은 그 피해가 홍수나 태풍보다 쉽게 눈에 띄지 않으며 주로 취약계층에게 발생한다는 점에서 위협적이다.

④ 세계기상기구는 향후 5년 이내에 지구 평균 기온이 산업화 이전과 비슷한 수준으로 유지되기는 어렵다고 예측하고 있다.

14 윗글의 (가)에 들어갈 내용으로 가장 적절한 것은?

① 이러한 폭염이 전 지구적인 노력으로 해소될 수 있다는 점이다.

② 이러한 폭염의 위험성이 널리 알려져 있지 않다는 것이다.

③ 이러한 폭염이 앞으로 일상이 될 가능성이 높다는 점이다.

④ 이러한 폭염의 체감이 국가별로 다르게 나타난다는 점이다.

[15∼16] 다음 보도자료를 보고 이어지는 물음에 답하시오.

국민건강보험공단은 지역가입 세대의 2025년 11월분 보험료부터 2024년도 귀속분 소득(국세청)과 2025년도 재산 과표(지방자치단체)를 신규 반영하여 보험료를 산정한다고 밝혔다. 이에 따라 새로운 소득·재산 자료 반영을 통해 산정된 보험료는 2025. 11월부터 2026. 10월까지 1년간 적용한다.

> ※ (근거) 「국민건강보험법」 제69조, 제71조 및 제72조, 시행령 제41조 및 제42조, 시행규칙 제44조 및 제45조
> (소득) 사업자가 국세청에 신고한 2024년 귀속분 소득금액이 10월 중 공단에 통보되어 11월 보험료부터 적용
> (재산) 각 지자체에서 2025년 6월 1일 소유 기준으로 확정한 재산세 과세표준 금액이 10월 중 공단에 통보되어 11월 보험료부터 적용

2025년 11월 평균보험료는 92,148원으로 전년 대비 4,849원(5.6%) 증가하였으나, 최근 4년 평균(93,090원)에 비해 소폭 낮은 수준이다. 이번 2025년 11월 부과자료 반영 결과, 재산만 변동된 세대는 358만, 소득만 변동된 세대는 145만 세대로 집계되었다. 또한, 보험료가 인상된 세대의 월평균 인상액은 46,171원인 반면, 감소된 세대의 월평균 감소액은 48,550원으로 나타났다.

구분	'21년 11월	'22년 11월	'23년 11월	'24년 11월	'25년 11월
평균 보험료	105,141	88,906	91,012	87,299	92,148 (4,849원↑, 5.6%↑)*

* 전년 동기 대비 증감액(률)

이는 보험료 부과 대상인 금융소득과 사업소득 등이 전년 대비 증가한 것과 2025년 공시가격 상승에 따른 재산세 과세표준액 증가 등의 영향으로, 총 923만 지역가입 세대 중 전월 대비 보험료 ▲무변동은 416만 세대(45.1%), ▲증가는 303만 세대(32.8%), ▲감소는 204만 세대(22.1%)로 확인되었다.

이번 보험료 변동에도 불구하고 현재 ▲휴·폐업 등으로 소득 활동이 중단되었거나 소득 수준이 변경(증가·감소)된 경우 ▲재산 매각 또는 전·월세금이 변경된 경우에는 증빙서류 구비*를 통해 보험료 조정·정산 신청**이 가능하다.

* 단, 휴·폐업 또는 프리랜서의 사업소득 감소, 확정일자 부여된 전·월세금 등의 경우 증빙서류 생략 가능
** 누리집, 모바일앱(The건강보험), 우편, 팩스, 방문 등 통해 가능

국민건강보험공단은 "2025. 11월분 보험료는 12월 10일까지 납부해야 하며, 앞으로도 소득 중심 부과체계 개편을 통해 보험료 부담의 공정성과 형평성을 지속 제고해 나가겠다"고 밝혔다.

신규 적용 부과자료 내용

구분	종류	귀속년도 등	세부내용
소득	종합소득	2024년 귀속분 (2025년 5월 신고분)	이자, 배당, 사업, 근로, 기타소득, 분리과세소득(금융·주택임대)
재산	건물, 주택, 토지, 선박, 항공기	2025.6.1. 소유 기준	재산세 과세표준금액

※ 출처 : 국민건강보험공단 보도자료

15 위 자료의 내용과 일치하지 않는 것은?

① 공단은 사업자가 신고한 2024년 귀속분 소득 자료의 변동 사항을 매년 10월 국세청에 요청하여 11월분 보험료 산정에 반영한다.

② 지자체는 6월 1일 소유 기준의 재산세 과세표준 금액을 10월 중 공단에 통보하며, 공단은 이를 11월부터 1년간 보험료에 신규 반영한다.

③ 2025년 11월 평균보험료는 전년 대비 약 5.6% 증가하였으나, 이는 해당 통계표에 제시된 직전 4개년도의 각 11월 수치들과 비교할 때 두 번째로 높은 수준이다.

④ 2025년 11월분 보험료가 전월 대비 인상된 세대와 감소한 세대를 합산한 세대수는 전체 지역가입 세대의 과반을 차지한다.

16 위 자료를 보고 추론할 수 있는 것을 〈보기〉에서 모두 고르면?

> 보기
>
> ㉠ 프리랜서로 일하는 갑의 2024년 사업소득이 감소하고 이자소득이 증가한 경우, 2025년 11월에 부과되는 보험료가 인상될 수 있고, 이때 갑은 별도의 증빙서류 없이 보험료 조정, 정산 신청을 할 수 있다.
> ㉡ 부과자료 반영 결과, 재산만 변동되어 보험료가 변동된 세대가 전체 지역가입 세대에서 차지하는 비중은 소득만 변동되거나 소득과 재산이 모두 변동된 세대 비중의 합보다 작다.
> ㉢ 휴업이나 폐업으로 소득 활동이 현재 없는 경우에는 보험료 조정 신청이 가능하나, 전세금·월세금이 변경된 경우에는 조정 신청이 불가능하다.
> ㉣ 소득이나 재산의 변동으로 인해 보험료가 변동된 세대의 월평균 변동액을 비교하면, 보험료가 감소된 세대의 감소폭이 인상된 세대의 인상폭보다 수치상 더 크다.

① ㉠, ㉡   ② ㉡, ㉢

③ ㉠, ㉢, ㉣   ④ ㉠, ㉣

[17~18] 다음 보도자료를 보고 이어지는 물음에 답하시오.

국민건강보험공단은 장기요양기관에 대한 체계적인 품질관리를 위해 '2026년 재가급여 장기요양기관 정기평가'를 2026년 2월부터 12월까지 11개월간 실시한다고 밝혔다. 평가대상기관은 2024년 12월 31일까지 지정 또는 설치된 재가급여 장기요양기관 중 기관기호 끝자리가 짝수인 총 12,081개소(급여종별 기준)이며, 평가대상기관과 방법 등 구체적인 계획은 노인장기요양보험 누리집에서 확인할 수 있다. 2026년 정기평가에서는 평가부담 완화 및 객관성 확보를 위하여 지표 축소·통합 등 지표 간소화를 실시하였으며, 수급자 개별욕구를 반영한 맞춤형 지표를 마련하고 인권·안전 관련 지표를 고도화였다.

- 평가영역: 급여종류별 [기존] 5개 → [개선] 3~4개
- 평가지표: [기존] 총 224개 → [개선] 총 136개

2026년 재가급여 장기요양기관 정기평가 개요

1. 목적
- 장기요양기관의 서비스 질 향상 유도로 수급자 삶의 질 향상에 기여
- 기관 평가결과 공개로 수급자의 알권리 충족 및 기관 선택권 보장

2. 주기 및 기간
- 주기: 3년 ※('24년)재가(홀수) → ('25년)시설 → ('26년) 재가(짝수)
- 기간: 2026. 2. 1. ~ 2026. 12. 31. ※ 총 11개월간

3. 대상 기관
2024. 12. 31.까지 지정 또는 설치된 재가급여 장기요양기관 중 기관 기호 끝자리가 짝수인 기관 총 12,081개소

계	방문요양	방문목욕	방문간호	주야간보호	단기보호	복지용구
12,081개소	7,136개소	1,192개소	270개소	2,638개소	28개소	817개소

4. 등급결정 및 등급조정
- 급여종별 등급 구분

요양·목욕·간호·주야간보호·단기보호		복지용구	
등급	분류 기준	등급	분류 기준
A(최우수)	평가점수 90점 이상	우수	평가점수 80점 이상
B(우수)	평가점수 80점 이상	우수	평가점수 80점 이상
C(양호)	평가점수 70점 이상	보통	평가점수 60점 이상
D(보통)	평가점수 60점 이상	보통	평가점수 60점 이상
E(미흡)	D등급 기준 미충족 기관	미흡	'보통' 기준 미충족 기관

- 평가등급 조정사유*가 발생한 기관은 조정된 등급으로 결정
  * 행정처분, 부당청구, 노인학대사례판정 등

5. 결과공표
- 경로: 노인장기요양보험 누리집, The건강보험(앱) 등
- 내용: 등급(A~E), 총점, 규모·영역별 평균점수 등 실시구분에 따른 정보. 거부·방해·기피, 자료제출 거부 기관은 '평가거부' 표기
- 지자체 통보: 관할 특별자치시·도 및 시·군·구에 평가결과 통보
  ※ 일부 지표의 경우, 결과통보서에 세부내용 표기

> - (방문요양, 목욕, 간호, 복지용구) 지표 '노인인권보호' 0점인 경우
> - (주야간보호, 단기보호) 지표 '노인인권보호', '인력기준', '감염관리' 0점인 경우

※ 출처: 국민건강보험공단 보도자료

17 위 자료의 내용과 일치하지 않는 것은?

① 2026년 평가는 2024년 말까지 설치된 짝수 기관을 대상으로 하며, 방문요양·목욕·간호, 주야간·단기보호 및 복지용구 기관 총 12,081개소에 대해 약 11개월간 실시한다.

② 이번 정기평가에서는 '인권·안전 관련 지표'를 고도화함에 따라, '노인인권보호' 및 '감염관리' 부분에서 0점 취득 시 결과통보서에 그 세부 내용이 표기된다.

③ 2206년 평가에서는 평가부담 완화 및 객관성 확보를 위해 기존과 비교하여 지표를 약 90개 줄였으며, 수급자 맞춤형 지표 도입 및 인권·안전 지표를 고도화하였다.

④ 평가 점수가 85점인 기관의 경우, 해당 기관이 '방문요양' 서비스를 제공한다면 'B(우수)' 등급을 받고, '복지용구' 서비스를 제공한다면 '우수' 등급을 받게 된다.

18 위 자료에 제시된 '2026 재가급여 장기요양기관 정기평가'에 대한 이해가 바른 것을 〈보기〉에서 모두 고르면?

> **보기**
>
> ㉠ 2026년 정기평가는 3년 주기로 실시되며, 2026년에는 기관 기호 끝자리가 짝수인 재가급여 기관을 대상으로 실시된다.
> ㉡ 평가 결과는 노인장기요양보험 누리집뿐만 아니라 'The건강보험' 앱을 통해서도 일반에 공개되어 수급자의 기관 선택권을 보장한다.
> ㉢ 정기평가 대상인 12,081개소(급여종별 기준) 중 방문요양 서비스 제공 기관은 7,136개소로, 이는 전체 대상 기관의 70%를 넘는다.
> ㉣ 평가를 거부·방해·기피하고, 자료제출을 거부한 기관에 대해서는 결과 공표 시 해당 사유를 명시하고 '평가거부'를 표기한다.

① ㉡, ㉢   ② ㉠, ㉢, ㉣

③ ㉠, ㉡, ㉣   ④ ㉠, ㉡

19 다음 글을 읽고 논리적 순서에 따라 이어질 단락을 올바르게 배열한 것은?

> 조선 초기의 조세제도 중 가장 먼저 문제가 된 것은 공납의 폐단이었으며, 이후 있었던 여러 폐단 가운데서도 가장 거대한 것이었다. 공납이란 지방의 특산물을 부담하는 제도인데, 16세기부터 현지에서 생산되지 않는 물품을 공납으로 부과하는 경우가 많았다. 이로 인해 지방에서 납부할 공물을 중간에서 관리들이 대신 납부하고 농민에게 대가를 받는 방납이 성행하였는데 방납업자들이 농민들에게 지나치게 높은 대가를 요구하여 농민의 부담이 늘어난 반면 국가의 수입은 감소되었다. 이를 '방납의 폐단'이라고 한다.
>
> (A) 대동법의 진정한 의미는 공물 부과 기준과 수취 수단이 법으로 규정됨으로써, 공납 운영의 원칙인 양입위출(量入爲出)의 객관적 기준이 마련되었다는 점에 있다. 이는 국가가 백성에게 거둘 수 있는 재정 규모를 미리 예측하고 그에 맞춰 지출을 짜는 방식을 말한다. 거둔 세금이 부족하다고 해서 백성에게 추가로 세금을 더 거두는 첩징(疊徵)과 가징(加徵)을 원칙적으로 금지한 것이다.
>
> (B) 방납의 폐단이 심화되자 조선 정부에서는 이를 해결하기 위한 여러 가지 대안을 내놓았는데 그중에 가장 주목할 만한 것은 광해군 − 숙종 시기에 지방의 특산물로 바치던 공물을 쌀로 통일하여 바치게 한 세금 제도인 대동법이다. 대동법의 핵심 내용으로, 공물을 부과하는 기준이 호(戶)에서 토지[田結]로 바뀐 것과, 수취 수단이 현물에서 미(米)·포(布)로 바뀐 것을 드는 경우가 많다. 하지만 양자는 이미 대동법 시행 전부터 각 지방에서 광범위하게 시행되고 있었기 때문에 이를 대동법의 본질적 요소라고 볼 수는 없다.
>
> (C) 대동법의 전국적인 실시는 기득권층의 저항에 의해 100여 년의 시간이 걸렸지만, 덕분에 국가의 수입이 증대되었고, 공납을 호구 수가 아닌 토지를 기준으로 부과하였기 때문에 농민의 부담이 크게 줄었다. 또한 전에는 물품을 직접 부담하던 것을 공인이 대동미를 사용하여 구매하는 과정에서 상업이 활발해지고 자본이 발달하는 등 상업의 발달에 좋은 영향을 미쳤다.
>
> (D) 이렇듯 대동법의 긍정적인 효과에도 불구하고 공납의 폐해가 완전히 없어진 것은 아니었다. 대동법에서 규정된 것은 정기적으로 내는 상공에 대해서만 적용이 되었고, 비정기적으로 내는 별공과 진상은 여전히 현물납부가 지속이 되었다. 공납이 완전히 폐지되는 것은 갑오개혁 이후의 이야기이다.

① (A) − (B) − (C) − (D)　　　② (A) − (B) − (D) − (C)
③ (B) − (C) − (A) − (D)　　　④ (B) − (A) − (C) − (D)

20 다음 글의 내용과 일치하지 않는 것은?

> CSR은 Corporate Social Responsibility, 즉 기업의 사회책임이라는 영문의 약자로, 기업이 경제적 책임이나 법적 책임 외에도 폭넓은 사회적 책임을 적극 수행해야 한다는 것을 의미한다. 이는 기업 경영방침의 윤리적 적정, 환경 파괴, 인권 유린 등과 같은 비윤리적 행위의 여부와 국가와 지역사회에 대한 공헌 정도, 생산물의 결함에 대한 잘못의 인정과 보상 등을 구체적인 내용으로 하고 있다. CSR의 일환 중 가장 대표적인 것은 기업 사회공헌과 연결된 자원봉사 활동이다. 요즘에는 대기업은 물론이고 중소기업들도 기업의 사회적 책임을 다하기 위해 자원봉사 활동을 활발하게 진행한다.
>
> 기업 자원봉사 활동은 일반적인 자원봉사 활동과 커다란 차이를 보이지 않는다. 구체적으로 표현하자면 전사 차원에서 정책적으로 임직원 봉사활동을 유도하여 임직원 개인의 시간과 재능, 기술을 지역사회에 제공하도록 활동을 공식적으로 지원하는 행위를 말한다. 기업에서 대규모로 시행하는 나무 심기, 우물 파기, 벽화 그림 그리기, 독거노인에게 식료품 전달하기 등이 이에 해당한다.
>
> 기업의 봉사활동은 총 6단계의 과정을 통해 진행된다. 우선, 봉사활동을 진행할 기업의 봉사활동 환경을 파악하는 일이 선행되어야 한다. 봉사활동 환경 파악이란 별다른 것이 아니다. CEO나 고위직 직원들의 관심분야가 무엇인지 파악하며 활동 희망일, 참여 인원 등을 파악하는 것을 봉사활동 환경 파악이다. 봉사활동 환경이 파악된 후에는 자원봉사센터에 봉사활동 일감에 대해서 문의를 해야 한다. 기업이 위치한 지역에서 가까이에 위치해 있는 자원봉사센터로 연락하여, 기업의 목적과 기업이 원하는 내용에 맞는 활동을 소개받아야 한다. 그 이후는 구체적인 봉사활동 내용을 선택해야 한다. 선택을 한 후에는 활동에 대한 본격적인 준비 작업에 들어가야 한다. 연탄을 나르고 싶다면 연탄을 준비하고, 벽화 그리기를 하고 싶다면 물감을 준비하고 나무를 심고 싶다면 나무를 준비하는 것이다. 이외에도 자원봉사에 대한 기본적인 지식의 습득을 위한 교육을 받는 것, 활동에 소요될 예산을 준비하는 것, 협력 기관과 미팅하고 현장답사를 실시하는 것 등 또한 준비 과정에 포함된다. 활동일에는 무엇보다도 즐겁고 적극적으로 참여하는 것, 책임감을 가지고 봉사에 임하는 자세가 중요하다. 오랜 시간 동안 애써온 이전 단계들은 제대로 된 활동이 이루어지지 않으면 수포로 돌아가기 때문이다. 활동이 끝난다고 해서 기업 봉사활동의 전 과정이 끝난 것이 아니다. 활동 단계가 끝난 이후에는 평가 과정이 시작된다. 직원들 간에 봉사활동 소감을 공유하고 활동이 종료된 후에 간단한 설명을 받는 것이 평가 과정의 내용이다. 협력 기관과 상호 간의 피드백을 주고받아서 다음 활동 진행 시 반영하는 것 또한 평가의 일환이다.

① 기업 자원봉사 활동은 CSR의 대표적인 예이다.

② 기업 자원봉사 활동은 우선 CEO나 고위직 직원들의 관심분야가 무엇인지 파악하는 것으로 시작된다.

③ 기업 자원봉사 활동을 시작하기 이전에 활동에 소요될 예산을 준비하는 과정이 필요하다.

④ 기업 자원봉사 활동은 봉사활동 환경 파악 – 활동 선택– 자원봉사센터 문의 – 준비 – 활동– 평가의 순으로 이루어진다.

[21~22] 다음은 9~17세 아동의 저체중 및 비만율에 대한 자료이다. 이를 보고 이어지는 물음에 답하시오.

9~17세 아동의 저체중 및 비만율

구분		9~17세				
		응답자수 (명)	저체중 (%)	정상 (%)	과체중 (%)	비만 (%)
전체	소계	3,334	5.6	74.1	8.6	11.6
아동성별	남자	1,735	4.7	70.4	10.1	14.7
	여자	1,599	6.6	78.2	7.0	8.2
아동연령별	9~11세	1,034	6.4	72.0	9.7	11.9
	12~17세	2,300	5.3	75.1	8.2	11.5
표본별	일반	3,195	5.6	74.5	8.5	11.4
	수급	139	5.6	65.6	12.0	16.8
소득수준별	중위소득 50% 미만	367	9.8	64.2	14.7	11.4
	중위소득 50~100% 미만	989	6.8	74.0	7.1	12.0
	중위소득 100~150% 미만	1,047	5.3	71.8	9.1	13.8
	중위소득 150% 이상	925	3.2	80.7	7.4	8.8
	무응답	6	0.0	100.0	0.0	0.0
지역별	대도시	1,548	6.9	74.0	9.2	9.9
	중소도시	1,581	4.4	74.6	8.0	13.1
	농어촌	205	5.9	71.8	9.4	12.8
가구유형별	양부모	2,907	5.7	74.7	8.1	11.5
	한부모,조손	427	5.1	70.7	12.1	12.2
맞벌이여부별	맞벌이	1,710	4.4	75.2	8.2	12.2
	외벌이	1,499	7.0	73.6	9.0	10.4
	기타	125	6.5	65.6	10.7	17.2

체질량지수표

구분	체질량지수(BMI) 기준
저체중	18.5 미만
정상	18.5~24.9
과체중	25.0~29.9
경도비만	30.0~34.9
고도비만	35.0 이상

※ 체질량지수 $= \dfrac{\text{몸무게(kg)}}{\text{신장(m)} \times \text{신장(m)}}$

21 체질량지수표에 따르면 신장이 168cm이고, 체중이 48kg인 여성의 비만 정도로 옳은 것은?

① 저체중   ② 정상
③ 과체중   ④ 경도비만

22 위 자료에 대한 설명으로 옳은 것은?

① 대도시에서 과체중 아동과 비만 아동의 차이는 약 13명이다.
② 소득수준이 높아질수록 비만 아동은 증가한다.
③ 남자 아동이 여자 아동보다 정상체중이 더 많다.
④ 9~11세보다 12~17세에 저체중인 아동이 더 많다.

[23~24] 다음은 학년별, 학교급별, 지역별 위장염 의사 진단율에 대한 자료이다. 이를 보고 이어지는 물음에 답하시오.

학년별·학교급별 위장염 의사 진단율

(단위 : 명, %)

구분		분석 대상자 수	진단율
전체	소계	60,040	24.6
학년별	중1	9,847	20.0
	중2	10,092	23.8
	중3	10,290	24.9
	고1	9,260	25.9
학교급별	중학교	30,229	23.0
	고등학교	29,811	26.1

12개 지역별 위장염 의사 진단율

(단위 : 명, %)

구분	분석 대상자 수	진단율
서울	8,771	25.6
광주	2,441	24.7
㉠	3,818	22.0
대구	3,066	23.7
㉡	3,398	23.4
울산	1,943	23.1
세종	944	26.8
경기	12,798	25.7
㉢	2,273	23.9
충북	2,367	24.3
전북	2,485	25.3
㉣	2,262	23.5

23 〈보기〉의 조건으로 보아, 위 자료에서 ㉠~㉣에 해당하는 지역이 바르게 짝지어진 것은?

┌ 보기 ┐

ⓐ 위장염 분석 대상자 수가 경기지역의 25% 미만인 지역은 광주, 충북, 전북, 대구, 울산, 대전, 강원, 세종이다.

ⓑ 위장염으로 진단을 받은 인원수가 전북보다 많은 지역은 서울, 대구, 부산, 경기, 인천이다.

ⓒ 진단율이 울산지역과 0.5%p 이하로 차이가 나는 지역은 강원, 대구, 인천이다.

	㉠	㉡	㉢	㉣
①	인천	부산	대전	강원
②	부산	인천	대전	강원
③	부산	강원	대전	인천
④	인천	부산	강원	대전

24 위 자료에 대한 설명으로 옳지 않은 것을 〈보기〉에서 모두 고르면?

┌ 보기 ┐
ㄱ 중학교와 고등학교에서 위장염으로 진단을 받은 인원수의 합은 15,000명을 넘지 않는다.
ㄴ 위장염 분석 대상자 수가 가장 많은 지역과 가장 적은 지역의 진단율의 차이는 1.3%p이다.
ㄷ 중학교에서 위장염으로 진단을 받은 인원수가 가장 많은 학년은 2학년이다.
ㄹ 충북과 전북지역의 위장염으로 진단을 받은 인원수의 차이는 60명 이상이다.

① ㄱ
② ㄴ, ㄷ
③ ㄱ, ㄴ, ㄹ
④ ㄴ, ㄷ, ㄹ

[25 ～ 26] 다음은 '뇌경색' 환자의 연령대별 · 성별 진료실 인원 현황을 나타낸 자료이다. 이를 보고 이어지는 물음에 답하시오.

(단위 : 명)

구분		2021년	2022년	2023년	2024년	2025년
계	계	484,411	500,617	494,630	508,399	521,011
	남성	267,735	279,185	279,987	290,284	300,157
	여성	216,676	221,432	214,643	218,115	220,854
19세 이하	계	485	472	462	507	520
	남성	272	272	259	280	294
	여성	213	200	203	227	226
20대	계	895	1,000	994	1,074	1,056
	남성	475	560	528	600	580
	여성	420	440	466	474	476
30대	계	3,815	3,963	3,878	4,059	3,945
	남성	2,506	2,648	2,508	2,628	2,623
	여성	1,309	1,315	1,370	1,431	1,322
40대	계	17,058	17,206	16,552	16,794	16,790
	남성	12,008	12,020	11,688	11,765	11,828
	여성	5,050	5,186	4,864	5,029	4,962
50대	계	61,297	61,602	58,285	58,110	57,862
	남성	42,849	43,141	41,337	41,436	41,385
	여성	18,448	18,461	16,948	16,674	16,477
60대	계	116,815	121,748	122,423	128,580	130,751
	남성	75,529	79,426	81,318	86,610	88,717
	여성	41,286	42,322	41,105	41,970	42,034
70대	계	162,677	163,436	158,491	157,214	156,729
	남성	86,345	88,516	87,849	88,462	90,355
	여성	76,332	74,920	70,642	68,752	66,374
80세 이상	계	121,369	131,190	133,545	142,061	153,358
	남성	47,751	52,602	54,500	58,503	64,375
	여성	73,618	78,588	79,045	83,558	88,983

1) 수진기준(실제 진료받은 일자기준), 주상병 기준(부상병 제외), 한의분류 및 약국 제외
2) 건강보험 급여실적(의료급여 제외)이며, 비급여는 제외
3) 진단명이 확정되지 않은 상태에서의 호소, 증세 등에 따라 1차 진단명을 부여하고 청구한 내역 중 주진단명 기준으로 발췌한 것이므로 최종 확정된 질병과는 다를 수 있음

25 위 자료에 대한 설명으로 옳은 것은?

① 2025년 뇌경색 환자 수는 4년 전에 비해 9% 이상 증가하였다.

② 2025년 남성 뇌경색 환자 수는 4년 전에 비해 12% 이상 증가하였다.

③ 2021년과 2022년 60대 뇌경색 환자 중 여성 환자 수는 같은 연령대 남성 환자 수의 50%에 미치지 못한다.

④ 2025년 전체 뇌경색 환자 중 40대 이하가 차지하는 비율은 3% 미만이다.

26 80세 이상에서 전년 대비 뇌경색 환자 수 증가율이 가장 높은 해는 언제인가?

① 2022년 ② 2023년
③ 2024년 ④ 2025년

[27~28] 다음은 2021~2025년 20대와 30대 직장인의 알코올 섭취율에 관한 자료이다. 이를 보고 이어지는 물음에 답하시오.

2021~2024년 직장인 알코올 섭취율

(단위 : %)

연도 \ 나이·성별	전체		20대		30대	
	남자	여자	남자	여자	남자	여자
2021	20.6	20.8	24.4	24.8	17.4	17.2
2022	20.2	20.4	24.0	23.6	16.6	17.4
2023	19.0	18.0	21.8	21.0	16.2	15.0
2024	18.2	17.6	21.8	20.2	14.6	14.8

2025년 성별, 나이 및 직급별 알코올 섭취율

(단위 : 명, %)

성별	나이	직급별	조사대상자 수	알코올 섭취율
남자	20대	소계	13,840	20.5
		사원	4,632	21.2
		주임	4,623	21.0
		대리	4,585	19.2
	30대	소계	11,883	14.1
		사원	4,122	14.8
		주임	4,059	14.0
		대리	3,702	13.6
여자	20대	소계	13,504	19.1
		사원	4,378	19.6
		주임	4,509	19.4
		대리	4,617	18.4
	30대	소계	11,287	14.6
		사원	4,113	15.4
		주임	3,707	14.4
		대리	3,467	13.8

※ 1) 알코올 섭취율(%) $= \dfrac{\text{알코올 섭취자 수}}{\text{조사대상자 수}} \times 100$

  2) 알코올 섭취자는 조사대상자 중 설문조사일 기준 최근 일주일 동안 1일 1회 이상 알코올을 섭취했다고 응답한 사람임

27 위 자료에 대한 설명으로 옳은 것은?

① 2022년 이후 20대 남자와 20대 여자의 알코올 섭취율 차이는 매년 증가하였다.

② 2021년과 2025년의 20대 여자 알코올 섭취자 수가 같다면, 2021년 20대 여자 조사대상자 수는 10,000명 이하이다.

③ 2025년 알코올 섭취율은 20대 남자, 30대 남자, 20대 여자, 30대 여자 모두 2024년보다 감소하였다.

④ 2025년 알코올 섭취자 수는 사원 직급의 20대 여자가 사원 직급의 30대 남자의 1.5배 이상이다.

28 2025년 대리 직급인 알코올 섭취자 수를 나타낸 그래프로 옳은 것은? (단, 소수점 이하는 절사한다.)

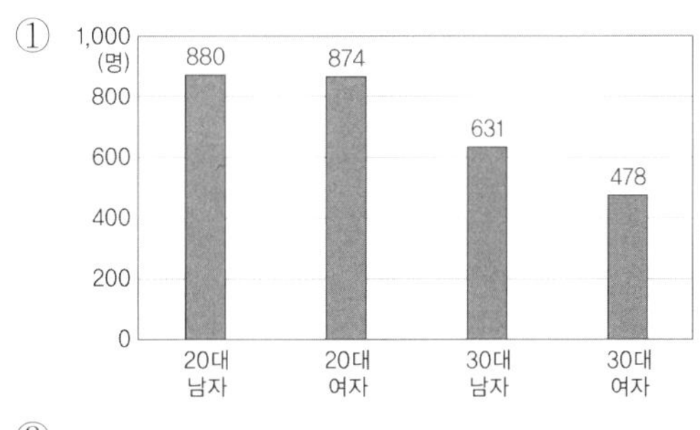

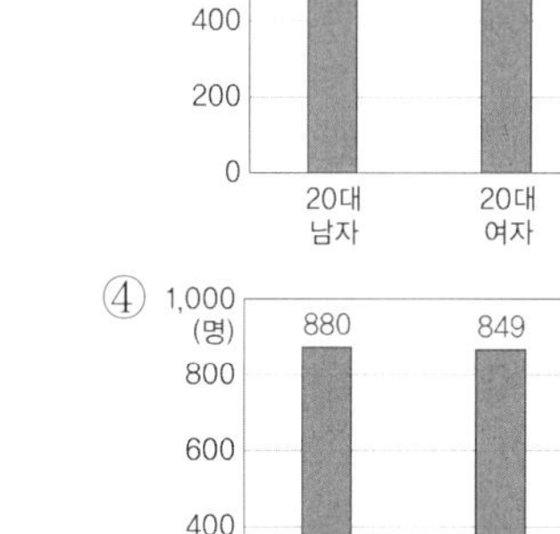

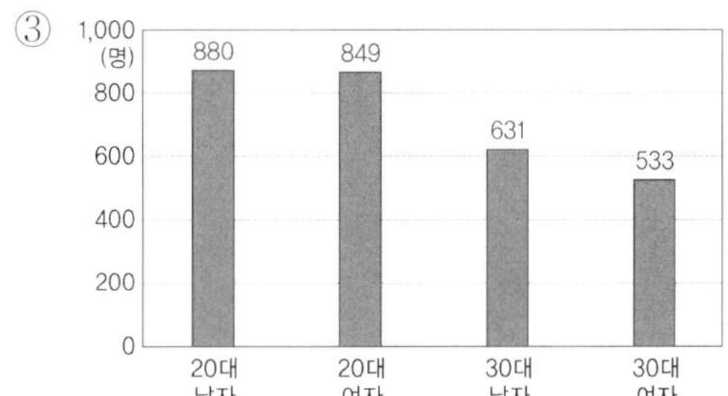

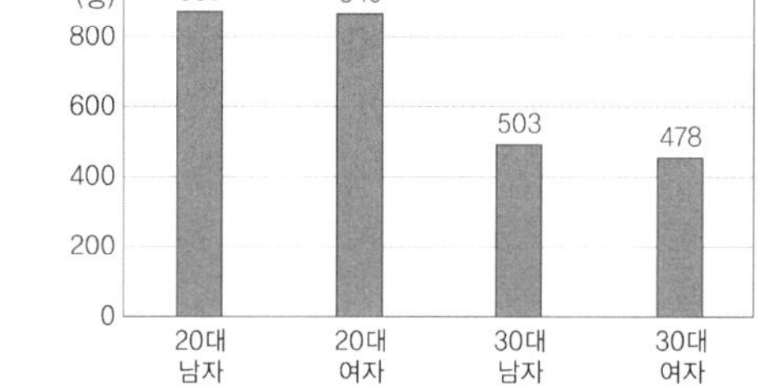

[29~30] 다음은 A~E 도시의 유소년부양비, 유소년인구 구성비, 총인구를 나타낸 자료이다. 이를 보고 이어지는 물음에 답하시오.

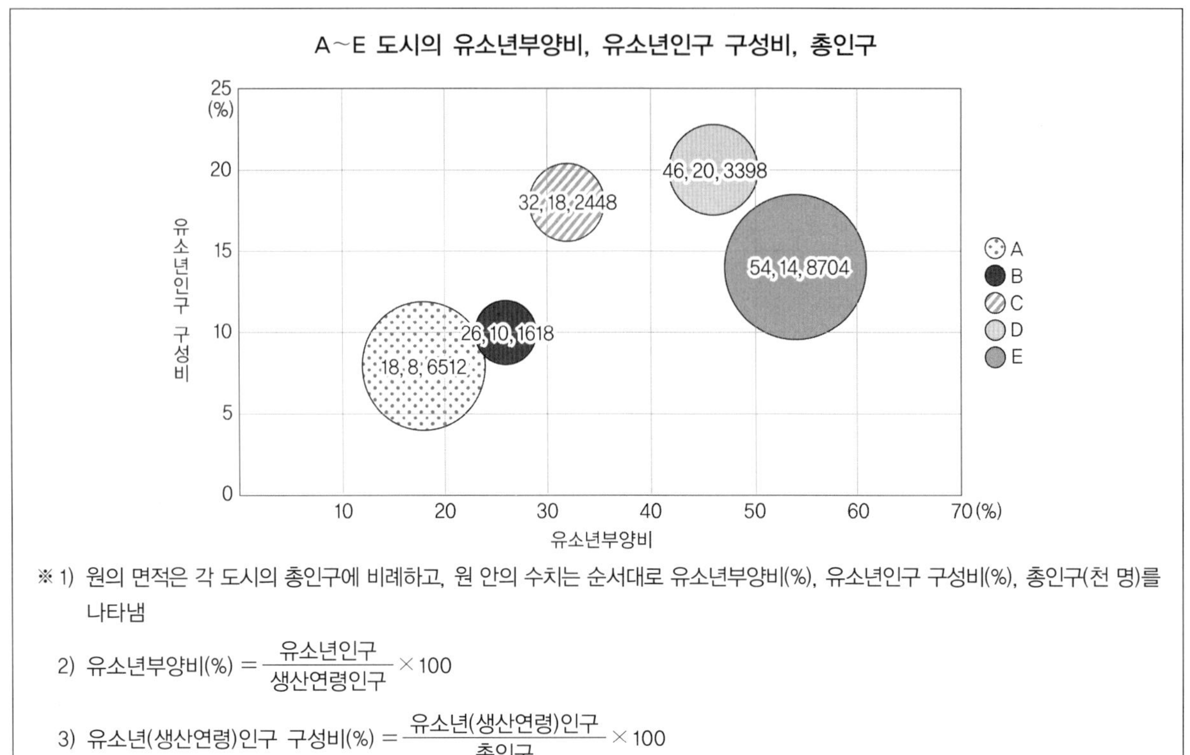

※ 1) 원의 면적은 각 도시의 총인구에 비례하고, 원 안의 수치는 순서대로 유소년부양비(%), 유소년인구 구성비(%), 총인구(천 명)를 나타냄

2) 유소년부양비(%) $= \dfrac{\text{유소년인구}}{\text{생산연령인구}} \times 100$

3) 유소년(생산연령)인구 구성비(%) $= \dfrac{\text{유소년(생산연령)인구}}{\text{총인구}} \times 100$

29 위 자료에 대한 설명으로 옳지 않은 것은?

① 생산연령인구 구성비가 가장 낮은 도시는 B이다.
② A도시와 D도시가 하나의 도시로 통합되면, 통합 도시의 유소년인구 구성비는 15% 이하가 된다.
③ C도시의 생산연령인구는 D도시의 생산연령인구보다 적다.
④ E도시를 제외하고 유소년인구 구성비가 높은 도시일수록 유소년부양비도 높다.

30 C도시의 총인구가 3,000명 더 증가할 경우 A도시와 C도시 중 생산연령인구가 더 많은 지역과 두 도시의 생산연령인구수 차이를 바르게 짝지은 것은? (단, 유소년인구 구성비와 유소년부양비는 변하지 않으며, 소수점 이하는 절사한다.)

① A도시, 185명
② C도시, 185명
③ A도시, 158명
④ C도시, 158명

[31~32] 다음은 2024년 경기도 10개 시의 학대행위자별 아동학대 발생건수 현황에 대한 자료이다. 이를 보고 이어지는 물음에 답하시오.

경기도 10개 시의 학대행위자별 아동학대 발생건수 현황

(단위 : 건)

학대행위자 도시	대리양육자	부모	친인척	타인
고양시	160	350	110	70
용인시	640	360	160	40
파주시	140	280	90	120
수원시	140	240	80	20
안성시	130	420	130	0
양주시	110	190	90	0
성남시	360	170	30	30
여주시	240	320	110	30
화성시	140	260	90	0
남양주시	180	340	110	40
합계	2,240	2,930	1,000	350

※ 학대행위자는 대리양육자, 부모, 친인척, 타인으로만 구성됨

31 위 자료에 대한 설명으로 옳은 것은?

① '타인'에 의해 아동학대가 발생한 시는 6개이다.

② '부모'에 의한 아동학대 발생건수가 300건 이상인 시에서는 '친인척'에 의한 아동학대 발생건수가 모두 150건 이상 발생했다.

③ 파주시 아동학대 발생건수 합은 전체 아동학대 발생건수의 10% 이하이다.

④ '대리양육자'에 의한 아동학대 발생건수의 도시 순위는 '친인척'과 동일하다.

32 경기도 10개 시 중 경기도 전체 아동학대 발생건수에서 두 번째로 높은 비중을 차지하는 시와 세 번째로 낮은 비중을 차지하는 시의 비중은 몇 %p 차이 나는가? (단, 소수점 둘째 자리에서 반올림한다.)

① 2.9%p ② 3.0%p
③ 3.1%p ④ 3.2%p

[33~35] 다음은 A병원에서 말기 암 판정을 받은 환자의 생존 기간과 전국 암 환자에 대한 자료이다. 이를 보고 이어지는 물음에 답하시오.

말기 암 판정을 받은 환자의 성별 및 생존기간

생존기간	남성		여성	
	환자 수(명)	비율(%)	환자 수(명)	비율(%)
2주 미만	31	2.7	35	3.8
2주 이상~1개월 미만	308	26.5	249	27.4
1개월 이상~2개월 미만	97	8.3	78	8.6
2개월 이상~3개월 미만	135	(가)	102	(나)
3개월 이상~4개월 미만	166	14.3	114	12.5
4개월 이상~5개월 미만	272	23.4	219	24.1
5개월 이상	153	13.2	113	12.4
전체	1,162	100	910	100

2025년 전국 암 환자의 병기 진행별 환자 수 및 생존율

병기 진행	환자 수(명)	생존율(%)
0기	6,356	95
1기	124,956	75
2기	379,209	30
3기	149,760	15
4기	32,560	5
5기	3,977	0
전체	696,818	34.1

※ 3기부터 말기라고 한다.

※ 생존율 $= \dfrac{\text{5년간 생존한 환자 수}}{\text{전국 환자 수}}$ (단, 5년 이상 생존한 경우만을 고려한다.)

33 위 자료의 (가)와 (나)의 합을 구하면? (단, 소수점 둘째 자리에서 반올림하여 계산한다.)

① 22.6 ② 22.7
③ 22.8 ④ 22.9

34 위 자료에 대한 설명으로 옳지 않은 것은?

① A병원에서 말기 암 판정을 받은 환자 중 생존기간이 2주 미만인 환자는 남성보다는 여성의 비율이 더 높다.
② A병원에서 말기 암 판정을 받은 환자 중 5개월 이상 생존한 환자는 여성이 더 적다.
③ A병원에서 말기 암 판정을 받은 환자 중 생존기간 4개월 이상~5개월 미만인 경우는 여성의 비율이 더 높다.
④ 전국의 말기 암 환자는 남성이 더 많다.

35 위 자료에 대한 설명으로 옳은 것은?

① 1기에서 생존한 환자의 수는 2기에서 생존한 환자 수보다 더 많다.

② 0~2기 판정을 받은 환자의 수는 말기 판정 받은 환자의 수의 약 2.3배이다.

③ A병원의 말기 암 환자 중 5개월 이상 생존한 환자의 수는 생존기간이 3개월 이상~4개월 미만인 환자의 수보다 더 많다.

④ 암 환자 중에 3분의 1 이상은 생존한다.

[36~38] 다음은 2025년 우리나라 행정구역별 예방백신 접종률과 관련된 자료이다. 이를 보고 이어지는 물음에 답하시오.

행정구역별	접종률(%)											
	결핵(BCG)			B형간염(HepB)			홍역, 유행성이하선염, 풍진(MMR)			일본뇌염(JE)		
	합계	남성	여성	합계	남성	여성	합계	남성	여성	합계	남성	여성
전국	97.8	97.9	97.7	97.3	97.4	97.3	97.8	97.9	97.8	92.7	92.7	92.6
경기도	97.6	97.7	97.5	97.3	97.3	97.3	97.9	97.9	97.8	93.1	93.2	93.1
인천광역시	97.9	98.0	97.8	97.5	97.4	97.5	98.1	98.1	98.1	93.5	93.5	93.5
서울특별시	96.3	96.5	96.2	95.7	95.8	95.5	96.5	96.7	96.4	91.9	92.0	91.8
부산광역시	97.7	97.8	97.6	97.1	97.2	96.9	97.3	97.4	97.2	91.2	91.2	91.1
대구광역시	97.7	97.8	97.6	97.6	97.6	97.5	98.0	98.0	98.0	92.0	92.1	91.9
광주광역시	99.0	99.0	98.9	98.2	98.3	98.1	98.5	98.6	98.4	91.2	91.2	91.1
대전광역시	98.4	98.4	98.5	97.8	97.7	98.0	98.1	98.0	98.2	93.4	93.3	93.5
울산광역시	98.7	98.8	98.6	98.5	98.6	98.4	98.9	99.0	98.9	93.6	93.8	93.5
세종특별자치시	98.2	98.3	98.2	97.7	97.9	97.6	98.5	98.4	98.6	93.6	93.8	93.4
강원도	98.6	98.5	98.7	98.0	97.9	98.1	98.2	98.2	98.2	93.9	93.9	93.9
충청북도	98.6	98.7	98.5	98.2	98.3	98.1	98.5	98.5	98.5	94.0	94.0	94.0
충청남도	98.6	98.7	98.5	98.0	98.1	97.9	98.4	98.5	98.2	94.1	94.3	94.0
전라북도	98.3	98.6	98.0	97.6	97.8	97.4	98.2	98.4	98.0	92.9	92.9	92.9
전라남도	98.8	98.9	98.7	98.1	98.2	98.0	98.2	98.2	98.2	92.1	92.2	91.9
경상북도	98.3	98.5	98.2	98.0	98.0	97.9	98.3	98.4	98.2	92.5	92.3	92.7
경상남도	98.5	98.5	98.5	98.2	98.3	98.1	98.3	98.4	98.2	92.1	92.0	92.2
제주특별자치도	98.0	98.1	98.0	97.6	97.7	97.6	97.5	97.7	97.3	91.4	91.0	91.8

36 세종특별자치시는 일본뇌염 예방백신 접종률을 결핵 예방백신 접종률만큼 올리기 위해 무료 예방백신 접종 계획을 세우려고 한다. 1인당 일본뇌염 예방백신 접종비용이 20,000원일 때, 해당 계획을 실행하기 위해 필요한 최소한의 비용은 얼마인가? (단, 세종특별자치시의 인구는 총 20만 명이다.)

① 1억 6천 5백만 원 ② 1억 7천 8백만 원
③ 1억 8천 4백만 원 ④ 1억 9천 1백만 원

37 위 자료에 대한 설명으로 옳은 것은?

① 제주특별자치도의 일본뇌염 예방백신 미접종률은 대구광역시의 홍역 및 유행성이하선염, 풍진의 예방백신 미접종률의 3배를 넘는다.
② 세종특별자치시 여성의 결핵 예방백신 미접종률은 전국의 결핵 예방백신 미접종률보다 높다.
③ 강원도의 B형간염 예방백신 접종자수는 대전광역시의 B형간염 예방백신 접종자수보다 적다.
④ 전라북도의 결핵 예방백신 미접종자 수는 일본뇌염 예방백신 미접종자수보다 많다.

38 위 자료를 바탕으로 만든 그래프로 옳지 않은 것은?

① 인천광역시의 백신별 접종률

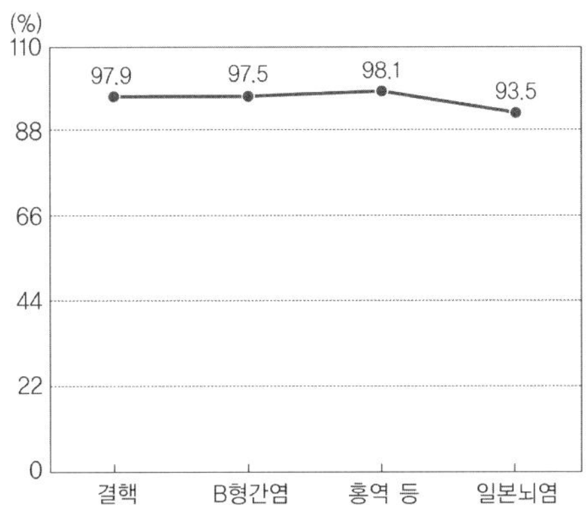

② 세종특별자치시의 백신별 접종률

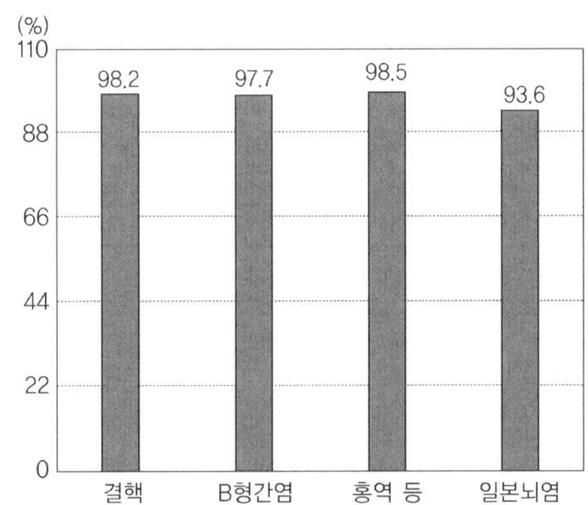

③ 경상남도 남성의 백신별 접종률

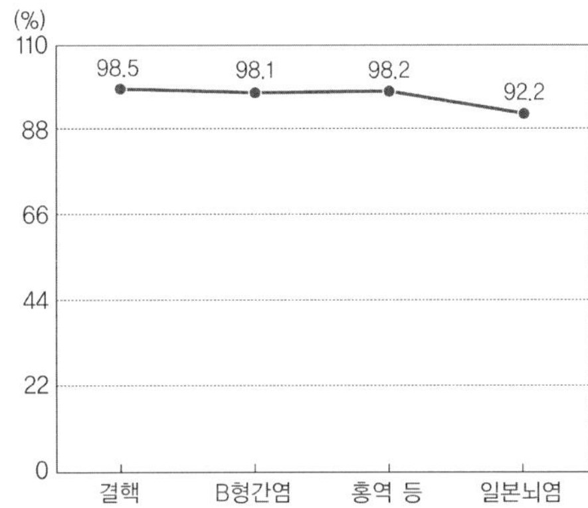

④ 부산광역시 여성의 백신별 접종률

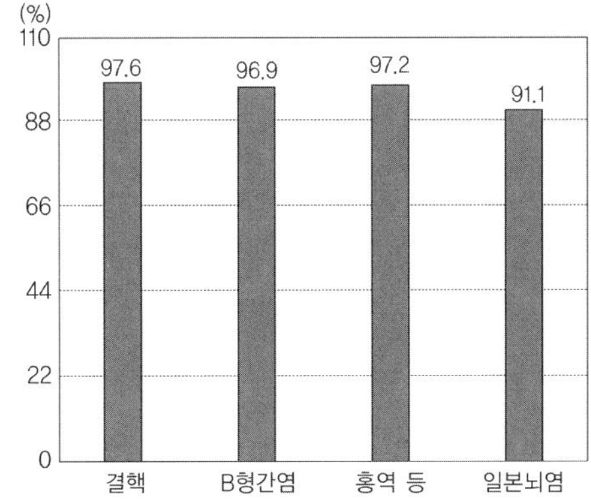

[39～40] 다음은 아동복지시설의 입·퇴소자 및 입·퇴소사유에 대한 자료이다. 이를 보고 이어지는 물음에 답하시오.

연도별 아동복지시설 입·퇴소자 수

(단위 : 개소, 명)

구분	2020년	2021년	2022년	2023년	2024년	2025년
시설 수	41	41	41	42	42	43
연중 입소자 수	722	689	615	568	647	581
연중 퇴소자 수	793	680	740	691	641	715
연도 말 입소자 수	2,083	2,078	1,829	1,803	1,835	1,673

연도별 아동복지시설 입·퇴소사유

(단위 : 세대)

구분		2020년	2021년	2022년	2023년	2024년	2025년
입소사유	이혼	202	185	156	148	173	643
	조손가정	34	19	18	13	15	58
	학대	46	55	54	55	65	233
	기타	4	10	16	6	9	35
퇴소사유	취업	258	114	6	13	3	135
	가정 복귀	9	14	26	4	17	19
	기타	55	130	266	258	239	123

39 위 자료에 대한 설명으로 옳은 것은?

① 2025년을 제외하고 아동복지시설 입소사유가 이혼과 학대인 세대 수의 차이가 가장 큰 해는 2021년이다.

② 아동복지시설의 연중 입소자 수와 연중 퇴소자 수의 차이가 가장 작은 해에 아동복지시설 퇴소사유가 가정 복귀인 세대 수는 4세대이다.

③ 아동복지시설 퇴소사유가 취업인 세대 수가 가장 많은 해는 가장 적은 해의 86배이다.

④ 아동복지시설 수 대비 연도말 입소자 수의 비율이 가장 높은 해는 2025년이다.

40 A씨는 매해 초에 직전 연도의 아동복지시설 변동 인원수를 계산한다. 직전 연도의 연중 입소자 수, 연중 퇴소자 수, 연도 말 입소자 수만을 고려하여 변동 인원수를 계산할 때, 변동 인원수가 가장 많은 연도와 가장 적은 연도를 바르게 나열한 것은?

① 2020년, 2024년

② 2020년, 2025년

③ 2021년, 2023년

④ 2021년, 2025년

[41～43] 다음은 ○○군에서 지급하는 장애인의료비 안내 규정이다. 이를 보고 이어지는 물음에 답하시오.

◎ 장애인의료비 목적
생활이 어려운 저소득 장애인에게 의료비를 지원하여 생활안정 및 의료보장 도모

◎ 근거법령
• 장애인복지법 제36조, 시행규칙 제20조, 제21조
• 의료급여법 제3조, 제10조, 동법시행령 제3조, 제13조
• 의료급여수가의 기준 및 일반기준(보건복지부 고시에 의함)

◎ 지원대상
• 의료급여법에 의한 의료급여 2종 수급권자인 등록장애인
  − 국민기초생활보장법에 의한 수급자 중 근로능력세대의 등록장애인
  − 장애인 의료비는 장애인에게만 지원되므로 당해 장애인과 세대를 같이하는 비장애인인 가족원은 지원대상이
    아님
• 건강보험의 차상위 본인부담 경감대상자인 등록장애인(만성질환자 및 18세 미만 등록장애인)

◎ 지원내용

구분	의료급여기관		구분	본인부담금	지원금액
외래	제1차 의료급여기관 (의원, 보건의료원)		원내 직접 조제	1,500원	750원
			그 이외의 경우	1,000원	750원
	제2차 의료급여기관	제17조 만성질환자	원내 직접 조제	1,500원	전액
			그 이외의 경우	1,000원	전액
			특수장비촬영 (CT, MRI, PET)	특수장비총액의 15%(차상위 14%) (등록 암환자 5%)	전액
		만성질환자 외	의료(요양)급여비용총액의 15% (차상위 14%)		전액
	제3차 의료급여기관		의료급여비용총액의 10% (차상위 14%, 중증 환자 5%)		전액
입원	제1·2·3차 의료급여기관		의료급여비용총액의 10% (차상위 14%, 중증 환자 5%)		전액
			본인부담 식대		없음
약국	약국에서 의약품을 조제하는 경우		처방 조제	500원	없음
			직접 조제	900원	없음

◎ 장애인 보장구

장애인 보장구 중에서 의료급여 대상인 다음 품목의 구입 시 보장구의 유형별 기준액 범위 내에서 의료급여 본인부담금(15%) 전액 (차상위 대상 포함)

분류	보장구유형		전문과목
의지, 보조기	팔의지, 다리의지, 팔보조기, 척추보조기, 골반보조기, 다리보조기		재활의학과, 정형외과, 신경외과, 신경과, 외과
기타 보조기	저시력보조안경, 콘택트렌즈, 돋보기, 망원경, 의안		안과
	보청기, 체외용 인공후두		이비인후과
	수동휠체어, 정형외과용구두		재활의학과, 정형외과, 신경외과, 신경과, 외과
	전동휠체어, 전동스쿠터	지체·뇌병변장애	재활의학과, 정형외과, 신경외과, 신경과, 외과
		심장장애	재활의학과, 내과(순환기분과), 흉부외과
		호흡기장애	재활의학과, 내과(호흡기분과, 알레르기분과), 흉부외과, 결핵과
소모품	전동휠체어 및 전동스쿠터용 전지(2개 1세트)		상동

◎ 지원절차
- 의료비 지원대상자인 장애인이 의료급여법에 의한 의료급여기관에서 외래, 입원진료 및 장애인용 보장구 급여를 받을 때에는 「장애인 등록증」과 「의료급여증」을 제시하여야 한다.
- 의료급여기관에서는 해당 장애인이 의료비 지원대상자임을 확인하여 진료를 행하여야 하며, 해당 장애인의 지원대상 의료비를 본인에게 부담시켜서는 아니 된다.
- 장애인 본인부담 진료비는 의료급여기금이 아닌 장애인복지예산에서 별도로 지원되는 것이므로 의료급여기관은 장애인 본인부담 진료비에 대하여 의료급여법에 의한 대불신청을 하지 않아야 한다.

41 위 자료에 대한 설명으로 옳지 않은 것을 〈보기〉에서 모두 고르면?

> 보기
>
> ㉠ 장애인의료비 지원은 장애인복지법, 의료급여법 등을 근거로 하며, 제1차·2차·3차 의료급여기관의 외래 및 입원 시 의료비를 지원한다.
> ㉡ 약국에서 직접 조제한 의약품과 처방 조제한 의약품의 본인부담금은 동일하며, 이때 장애인의료비 지원은 없다.
> ㉢ 의료급여법에 의한 의료급여 2종 수급권자인 등록장애인이 만성질환으로 제2차 의료급여기관에서 CT촬영을 할 경우 특수장비총액의 5~15%를 본인이 부담해야 한다.
> ㉣ 장애인과 같은 세대인 가족원이 비장애인인 경우에도 지원대상이 된다.

① ㉠, ㉢　　　　　　　　　　② ㉠, ㉣
③ ㉡, ㉣　　　　　　　　　　④ ㉢, ㉣

42 장애인의료비 지원과 관련하여 장애인 보장구에 대한 설명이 바르지 않은 것은?

① 심장장애와 관련된 보장구는 전동휠체어, 전동스쿠터만 해당된다.
② 보청기는 지원 받을 수 있는 품목이나, 콘택트렌즈는 지원 품목이 아니다.
③ 호흡기장애와 관련된 보장구에 수동휠체어는 해당하지 않는다.
④ 전동휠체어 및 전동스쿠터용 전지는 지원품목에 해당된다.

43 위 자료를 바르게 이해한 사람을 〈보기〉에서 모두 고르면?

보기

갑 : 장애인의료비는 ○○군의 장애인복지예산에서 지원되는 것이네.

을 : 장애인의료비 지원대상자를 확인하는 것은 의료급여기관에서 해야 해.

병 : 저소득 장애인이 대상이므로, 생활이 어렵지 않은 장애인은 지원에서 제외되는군.

정 : 제1차~제3차 의료급여기관 어디든 입원하는 경우에 식대를 포함한 전액을 지원받을 수 있어.

---

① 갑, 을, 병   ② 갑, 병, 정

③ 을, 병   ④ 병, 정

[44~45] 다음은 발달장애인부모 상담지원사업 관련 자료이다. 이를 보고 이어지는 물음에 답하시오.

---

1. 사업 목적

과중한 돌봄 부담을 가지고 있는 발달장애인 부모에게 집중적인 심리 정서적 상담 서비스 제공(우울감 등 부정적 심리상태를 완화시켜 궁극적으로 발달장애인 가족의 기능 향상을 도모)

2. 서비스 대상
- 등록기준: 발달장애인(「장애인복지법」상 지적·자폐성 장애인) 자녀의 부모 및 보호자
- 욕구기준: 서비스 이용자의 심리·정서 수준을 검사하고, 그 결과 우울증이 의심되는 등 전문적인 심리 상담이 필요하다고 판단되는 경우
- 제외대상: 다른 법령(또는 국가 예산)에 따라 발달장애인 부모상담지원 사업과 유사한 서비스를 받고 있는 자

3. 서비스 내용

발달장애인 부모 및 보호자에게 개별/집단 상담 제공(개별 상담: 회당 50분, 월 4회 이상 / 집단 상담: 회당 100분 내외, 월 3~4회)
- 부부가 각자 개별 상담 중 필요에 의한 부부상담을 시행한 경우는 둘 중 한 사람에 대해서만 서비스를 제공한 것으로 간주
- 부부가 집단 상담으로 함께 부부상담을 시행하는 경우 집단 상담(2인 기준)으로 단가를 적용

4. 대상적격 재판정
- 이용기간은 12개월이 원칙
- 소득기준, 욕구상태, 심리정서검사 결과 등을 확인하여 지속 지원 필요성이 높은 경우 12개월(1회) 연장 가능

5. 서비스 가격

(1) 바우처 지원액 및 본인부담금
- 1인당 월 20만 원 이하로 제공
- 정부 바우처 지원액 16만 원, 정부지원을 초과하는 금액은 본인부담

판정기준	총 구매력		바우처 지원액		본인부담금
자격확인	월 최대 20만 원	=	월 16만 원	+	4천 원~4만 원

(2) 본인부담금 납부
- 이용자가 매회 서비스이용 전 제공기관에 사전 납부
- 카드결제, 계좌입금을 원칙으로 하되 현금 납부 시 영수증 관리 필요

6. 서비스 신청

(1) 신청권자: 본인, 부모 또는 가구원, 대리인, 복지담당공무원이 직권으로 신청 가능
(2) 신청서 제출 장소: 서비스 대상자의 주민등록상 주소지 읍·면·동 주민센터[온라인 신청은 복지로(www.bokjiro.go.kr)]
(3) 신청기간: 연중 신청 가능
  ※ 단, 매월 27일 18:00까지 시·군·구에서 한국사회보장정보원으로 대상자 선정 결과가 전송된 경우에 한해, 익월 바우처 생성
(4) 제출서류
- 사회보장급여(사회서비스비용권) 신청(변경)서
- 사회서비스 전용 국민행복카드 발급(재발급) 신청서
- 국민행복카드 상담전화를 위한 개인정보 제공동의서
- 개인정부 수집·이용 및 제3자 제공동의서
- 발달장애인의 부모 및 보호자 확인이 가능한 서류

> 7. 서비스 이용
>
> ⑴ 서비스 제공기관
> - 복지관, 사설치료실 등 시·군·구의 지정을 받은 제공기관
> - 상담에 필요한 시설·장비 및 인력을 갖추고 전문적인 심리상담 수행능력과 경험이 있는 기관으로 시·군·구에 등록된 기관
>
> ⑵ 서비스 제공인력
> - 서비스 제공인력의 전문역량을 갖추고 서비스 품질관리를 위해 인력기준(자격증, 실무경력, 학력 등) 요건을 충족한 자
> - 서비스 제공인력은 연 1회 이상 국가에서 시행하는 교육에 의무 참석(교육 참석 시에만 서비스 제공인력 유지 가능)

44 위 자료의 발달장애인부모 상담서비스의 내용과 부합하는 것은?

① 서비스 대상은 발달장애인을 자녀로 둔 부모로 제한된다.

② 본인부담으로 상담시설에서 상담을 받고 있는 경우에는 서비스 대상에서 제외된다.

③ 개별 상담과 부부상담을 모두 받을 수 있으며, 두 상담의 단가가 다른 경우도 있다.

④ 1년간 서비스를 제공하며, 이후 대상자가 원하는 경우 1회 연장이 가능하다.

45 발달장애인부모 상담지원사업 담당자인 박 주임은 홈페이지에 등록된 관련 질문에 대해 답변하고 있다. 위 자료의 내용을 참고하여 질문에 답변한 내용으로 적절하지 않은 것은?

① Q : 발달장애인을 자녀로 둔 부부입니다. 상담은 구체적으로 어디서, 어떻게 시행되는 건가요?

　 A : 개별 상담과 집단 상담을 모두 제공하는데, 개별상담은 회당 50분으로 월 4회 이상, 집단 상담은 회당 100분 내외로 월 3~4회 제공합니다. 상담 서비스는 복지관, 시·군·구의 지정을 받은 사설치료실 등에서 시행됩니다.

② Q : 서비스가 무료로 제공되는 건가요? 비용이 궁금합니다.

　 A : 상담서비스는 1인당 월 20만 원 이하의 범위에서 제공되는데, 이 중 정부 바우처 지원액이 16만 원입니다. 정부 바우처 지원액을 초과하는 금액은 본인이 부담하셔야 하고, 이 금액은 서비스를 받은 후 월말에 제공기관에 일괄 납부하시면 됩니다.

③ Q : 지원 대상자 본인만 신청이 가능한가요? 그리고 온라인으로 신청이 가능한지 궁금해요.

　 A : 본인, 부모 또는 가구원, 대리인, 복지담당공무원이 직권으로 신청 가능합니다. 또한 온라인 신청도 가능합니다. '복지로'로 신청하시면 됩니다.

④ Q : 서비스 신청 기간이 따로 있나요?

　 A : 서비스 신청은 연중 언제나 가능합니다. 단, 매월 27일 오후 6시까지 시·군·구에서 한국사회보장정보원으로 대상자 선정 결과가 전송된 경우에 한해, 익월 바우처가 생성되어 서비스를 이용하실 수 있으니 참고 바랍니다.

[46~47] 다음은 P기업의 팀별 기본급여 및 성과급여 지급 기준이다. 이를 보고 이어지는 물음에 답하시오.

등급별 성과급 지급 기준

구분	A등급	B등급	C등급	D등급	E등급
지급비율	150%	125%	100%	75%	50%
평가점수	90 이상	80 이상 90 미만	70 이상 80 미만	60 이상 70 미만	60 미만

1. 성과급 지급은 팀별 기본급의 평균을 기준으로 하며, 아래 기준에 따라 계산된 성과급은 팀별로 모든 팀원이 같은 금액을 받는다.
2. 평가점수는 다음 항목과 괄호 안의 가중치를 이용해 계산한다.
   업무이해도(0.2), 업무숙련도(0.4), 지난 분기 평가점수(0.2), 근무태도(0.1), 조직 적응도(0.1)
3. 바로 이전 분기의 실적등급이 D 또는 E등급이었다가 해당 분기 실적등급에서 A등급을 받은 경우에는 계산된 성과급에서 10%를 추가로 가산하여 지급하며, B등급을 받은 경우에는 5%를 추가로 가산하여 지급한다.
4. 성과급 지급 시 천원 미만은 절사하여 지급한다.

각 팀별 해당 분기 평가결과(평가항목별)

구분	기본급 평균	업무이해도	업무숙련도	근무태도	조직적응도	지난 분기 평가점수
영업팀	330만 원	80	85	80	95	80
개발팀	295만 원	85	95	75	80	65
회계팀	350만 원	90	90	85	90	90
법무팀	310만 원	95	95	95	90	75
인사팀	340만 원	80	75	100	100	80

46 P기업은 분기별 1회씩 성과급을 지급하고, 타 기업과 달리 업무의 특성상 팀 단위로 성과를 매겨 성과급을 지급한다고 할 때, 이에 대한 설명으로 옳지 않은 것은?

① 개발팀은 다섯 개의 팀 중에서 가장 적은 성과급을 지급받는다.
② 인사팀은 회계팀보다 많은 성과급을 지급받지는 않는다.
③ 회계팀은 다섯 개의 팀 중에서 가장 많은 성과금액을 지급받는다.
④ 이번 분기 실적 평가에서 법무팀과 같은 등급을 받은 팀은 없다.

47 한 분기가 지나 다시 성과급 지급 시기가 되었다. 이번 분기는 지난 분기보다 매출이 대폭 상승해 팀 성과등급과 함께 개인에 대한 성과등급 역시 같이 측정해 성과급을 추가로 지급하기로 결정됐다. 다음의 영업팀 팀 단위 성과등급과 개인 성과등급을 확인했을 때, 가장 적은 성과급을 받는 직원의 기본급과 성과급의 합을 구하면?

등급별 개인 성과급 지급 기준

구분	A등급	B등급	C등급	D등급	E등급
지급비율	100%	80%	60%	40%	20%
평가점수	90 이상	80 이상 90 미만	70 이상 80 미만	60 이상 70 미만	60 미만

1. 개인 성과급 지급비율은 기본급을 기준으로 한다.
2. 평가점수는 다음 항목과 괄호 안의 가중치를 이용해 계산한다.
   업무이해도(0.2), 업무숙련도(0.4), 근무태도(0.2), 조직적응도(0.2)
3. 성과급 지급 시 천원 미만은 절사하여 지급한다.

영업팀 해당분기 평가 결과

구분	기본급 평균	업무이해도	업무숙련도	근무태도	조직적응도	지난분기 평가점수
영업팀	330만 원	85	90	93	100	?

영업팀 개인별 성과 평가결과

이름 / 직급	기본급	업무이해도	업무숙련도	근무태도	조직적응도
C / 팀장	430만 원	90	100	90	100
B / 과장	330만 원	80	95	85	100
V / 대리	285만 원	95	85	95	100
M / 사원	245만 원	75	80	100	100

① 927.5만 원 　② 907.5만 원
③ 853.5만 원 　④ 824.5만 원

[48 ~ 49] ○○공사에서 일하고 있는 A과장은 영국 런던에서 열리는 해외 세미나에 참석하려 한다. 세미나 프로그램 중 Session 1과 Session 4에는 반드시 참석하려고 한다. 다음 세미나 관련 정보를 보고 이어지는 물음에 답하시오.

세미나 관련 정보

1. 중요 일정
- 연차총회 : 9월 18일
- 세미나 : 9월 19일 ~ 21일

2. 세미나 프로그램

구분	9/18	9/19	9/20	9/21
오전(9:00 ~ 12:00)	연차 총회 1	개회식	Session 2	Session 4
점심(12:00 ~ 13:30)	점심			
오후(13:30 ~ 18:00)	연차 총회 2	Session 1	Session 3	폐회식
저녁(18:00 ~ 20:30)	연회	환영회	만찬	

3. 교통 관련 정보
세미나 장소와 런던 히드로공항은 1시간 거리에 있다.

---

48 A과장은 세미나 참석 차 출국 시 시간이 적게 소요되면서 가격도 저렴한 항공편을 선택하려 한다. 인천에서 런던까지의 비행스케줄이 다음과 같을 때, A과장이 선택할 수 있는 항공권은? (단, A과장은 소요시간이 1시간 줄어들 때마다 비행기 티켓 값으로 12만 원을 더 쓸 용의가 있다.)

출국편 항공

항공편	출발지	출발시간	도착지	도착시간	소요시간	가격	비고
0152	인천	9/18 09:05	런던	9/18 16:25	15시간 20분	1,001,500원	1회 경유
0420	인천	9/18 14:30	런던	9/18 18:50	12시간 20분	1,281,000원	직항
0589	인천	9/18 10:20	런던	9/18 17:10	15시간 20분	908,000원	1회 경유
0233	인천	9/18 09:25	런던	9/18 17:45	16시간 20분	875,000원	1회 경유

입국편 항공

항공편	출발지	출발시간	도착지	도착시간	소요시간	가격	비고
0581	런던	9/21 19:35	인천	9/22 14:35	11시간	1,031,300원	직항
1212	런던	9/21 11:25	인천	9/22 08:20	12시간 55분	700,700원	1회 경유
1611	런던	9/21 17:10	인천	9/22 14:50	13시간	808,400원	1회 경유

	출국편	입국편
①	0589	0581
②	0589	1611
③	0233	0581
④	0233	1611
⑤	0420	1611

49 A과장은 이번 세미나에 함께 참석하기로 한 U부장에게 출장계획서를 제출했다. 이때 〈보기〉의 U부장의 지시사항에 따라 A과장이 효율적으로 스케줄을 바꾸는 방안은 무엇인가?

> **보기**
>
> **U부장의 지시사항 :** 나는 다른 일정이 생겨 이번 세미나에 참석할 수 없게 됐어요. 나 대신 저녁에 열리는 연회에는 꼭 자리했으면 합니다. 아, 그리고 22일 오후 4시 서울 본사에서 미팅이 잡혔으니, 귀국 후 미팅에 늦지 않도록 하세요. 공항에서 회사까지 택시로 50분 정도 걸리니 일정에 차질이 없도록 진행하세요.

① 출국 항공편을 0233편으로 변경한다.
② 출국 항공편을 0152편으로 변경한다.
③ 귀국 항공편을 1212편으로 변경한다.
④ 귀국 항공편을 1611편으로 변경한다.

[50~51] 다음은 신입사원들을 대상으로 OJT 교육을 실시한 결과 및 부서별 결원 현황이다. 이를 보고 이어지는 물음에 답하시오.

부서별 결원 현황

부서	결원 수	부서	결원 수
경영관리팀	1명	토목관리팀	1명
전력관리팀	1명	전산관리팀	2명
성장사업팀	2명	홍보영업팀	2명

신입사원 시험 평가점수 및 희망부서

구분	1차 시험	2차 시험	3차 시험	입사 시 희망부서
A	8	7	6	전력관리팀
B	8	6	7	홍보영업팀
C	7	9	4	전산관리팀
D	9	6	6	홍보영업팀
E	4	10	5	전산관리팀
F	6	8	6	전력관리팀
G	9	8	4	경영관리팀

50 신입사원 중 한 명을 〈보기〉의 기준에 따라 우수 신입사원으로 선정해 상금을 주려고 할 때, 우수 신입사원으로 선정되는 사람은?

> **보기**
> • 4점 이하의 점수를 받은 적이 있는 신입사원은 선정 대상에서 제외한다.
> • 각 시험 점수의 비중을 1차 20%, 2차 30%, 3차 50%로 하여 총 100%로 한다.
> • 점수의 합이 가장 높은 신입사원을 선정한다.

① A   ② B
③ D   ④ F

51 신입사원 시험 평가점수를 합산하여 점수가 높은 사람부터 희망하는 부서에 배치하려고 한다. 자신이 희망하는 부서에 배치되지 못하는 신입사원은 누구인가?

① A   ② B
③ F   ④ G

[52 ~ 53] 박 대리는 이번 여름휴가 때 이탈리아 여행을 계획 중이다. 밀라노 국제공항에 오전 10시에 도착하여 관광지 A, B, C, D를 모두 들른 후 호텔로 가려 한다. 각 관광지별 체류 시간은 1시간이고, 제시된 각 이동수단은 일정한 속도로 이동한다. 다음에 주어진 지점당 연결망 지도, 지점 간의 거리를 나타낸 자료를 보고 이어지는 물음에 답하시오. (단, 같은 곳은 한 번만 지날 수 있다.)

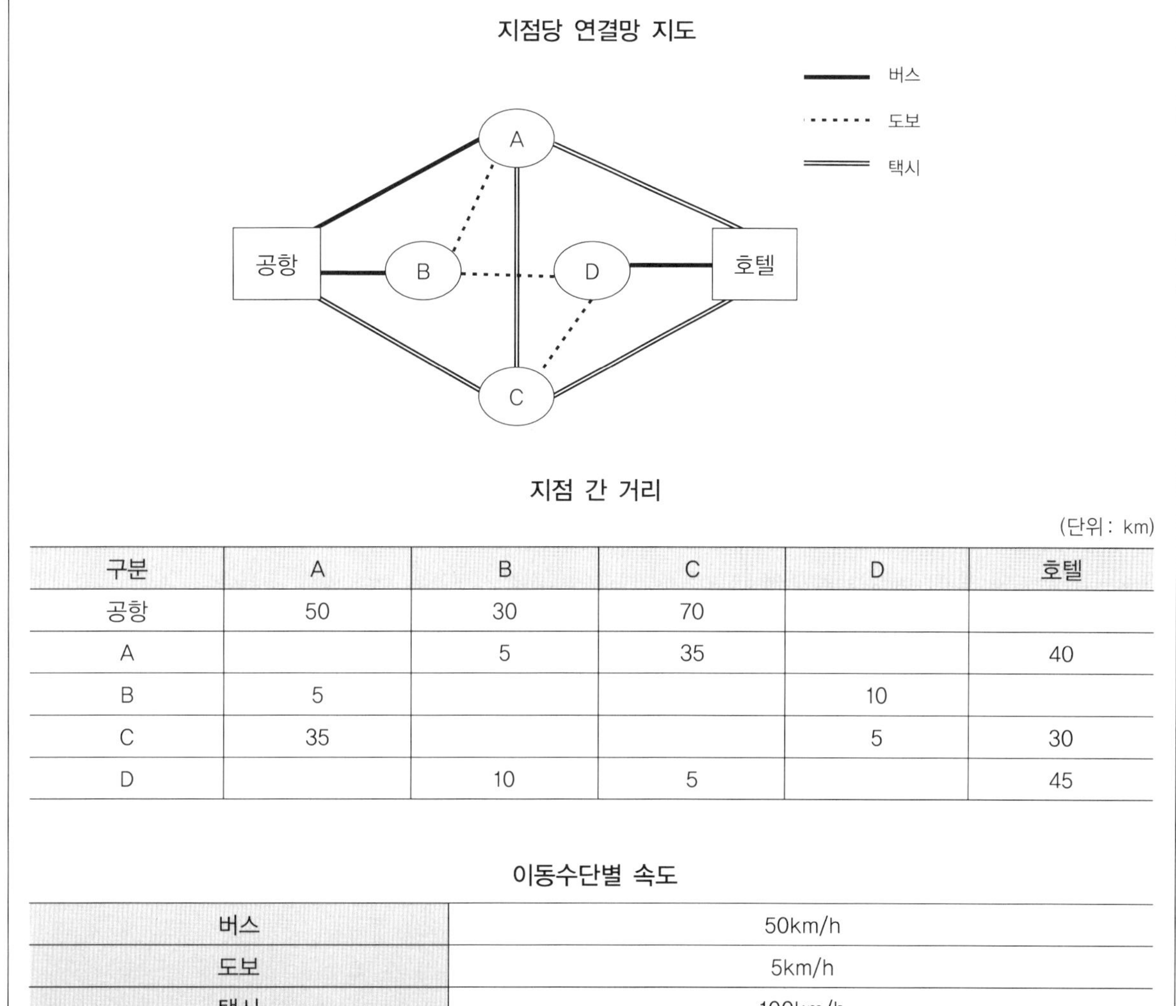

지점 간 거리

(단위 : km)

구분	A	B	C	D	호텔
공항	50	30	70		
A		5	35		40
B	5			10	
C	35			5	30
D		10	5		45

이동수단별 속도

버스	50km/h
도보	5km/h
택시	100km/h

52 박 대리가 공항에서 관광지 A~D에 모두 들른 뒤 호텔에 도착하는 동안 이동한 최단 거리는 얼마인가?

① 90km   ② 100km
③ 110km   ④ 120km

53 박 대리가 관광지 중 C를 먼저 관광하고 그곳에서 점심을 먹은 후 다른 세 관광지를 방문한 뒤 최단 시간으로 호텔로 이동한다고 할 때의 도착 시간을 고르면? (단, 식사 시간은 30분이며 식사, 이동, 관광지에서의 체류 시간만 고려한다.)

① 오후 7시 15분   ② 오후 7시 21분
③ 오후 7시 25분   ④ 오후 7시 27분

[54~55] 패션기업인 ○○회사에서는 여름 시즌을 앞두고 새로운 협력업체를 선정하여 1,500개의 샌들을 제작하려 한다. 다음 자료를 보고 이어지는 물음에 답하시오.

여성 샌들용 스트랩 정보

스트랩	1줄당 단가(원)	선호도	내구도	색상
A	10,000	상	하	4가지
B	9,000	중	중	3가지
C	8,000	하	상	5가지

협력업체 정보

협력업체	공임비(원/개)	제작 수량(일/개)	휴무일
가 업체	16,000	60	매주 월요일
나 업체	14,000	55	1, 3번째 일요일
다 업체	12,000	65	매주 토요일
라 업체	14,000	70	매주 수, 금요일

54 〈보기〉의 대화를 보고 ○○회사에서 선택할 스트랩을 고르면?

> 보기
>
> 디자인 부서: 판매를 위해 선호도가 가장 높은 제품을 선택하는 것이 좋을 듯합니다.
> CS 부서   : 저번에는 샌들이 너무 빨리 해진다는 말이 많았어요. 예쁜 것도 중요하지만 스트랩이 너무 약하면 소비자들의 불만이 커질 수 있으니, 가장 약한 스트랩은 제외해 주세요. 색상도 가장 인기 있는 두 가지로만 구성하기로 했어요.
> 총무 부서   : 이번 여성 샌들은 특별기획으로 소량 제작되는 상품이니 크게 수익을 보기 어려워요. 단가가 3,000원 이상 차이나는 경우 저렴한 스트랩을 써야 예산을 아낄 수 있어요.
> 디자인 부서: 그럼 단가가 3,000원 이상 차이 나지 않는 선에서 선호도가 높은 제품으로 선택하겠습니다.

① A
② B
③ C
④ A, B

55 다음 〈보기〉는 협력업체를 선택하기 위한 ○○회사의 조건이다. 이를 참고했을 때, ○○회사가 선택할 협력업체는? (단, 3월 1일은 일요일이고, 2일은 대체공휴일로 휴무이다.)

> 보기
>
> • 제작할 샌들 개수는 1,500개이다.
> • 3월 1일부터 제작에 들어가, 3월 30일까지 제작 완료가 가능한 업체를 선택한다.
> • 제작 일정을 맞출 수 있는 업체 중 공임비가 가장 저렴한 곳을 선택한다.

① 가
② 나
③ 다
④ 라

56 ○○공단에서는 (가)~(라)의 4개 기획안 중 〈보기〉의 평가기준에 따라 최종적으로 하나의 기획안을 선택하려고 한다. ○○공단에서 최종적으로 선택하게 될 기획안은?

┌ 보기 ┐

1. 개편 예산 : 59,000,000원
2. 평가기준
   - 각 기획안별로 다음 항목과 가중치를 적용, 기댓값이 가장 높은 기획안을 선정한다.
   - 기댓값 평가 항목 가중치 : 재정 안정성(20), 기대 이익(30), 시뮬레이션 평가(30), 기획 타당성(20)
   - 기대이익은 금액에 따라 차등으로 점수를 매긴다.
     (1위 : 100, 2위 : 95, 3위 : 90, 4위 : 80)

※ 단, 제시된 기획안의 최종 점수가 모두 80점 미만일 경우, 기획안 선정 사업을 보류한 뒤 전면 재검토한다.

	기획안	재정 안정성	기대 이익(원)	시뮬레이션 평가	기획 타당성
①	(가)	85	130,000,000	83	84
②	(나)	96	87,000,000	81	85
③	(다)	87	67,000,000	78	87
④	(라)	83	86,000,000	86	89

[57~58] 갑은 여수로 여행을 다녀오려고 한다. 갑이 세운 여행 계획과 가입을 고려 중인 카드 정보를 보고 이어지는 물음에 답하시오.

여행 계획

구분	항목	비용
1일 차	항공료(김포공항 → 여수공항 편도)	81,300원
	렌터카 비용(전체 일정 기준)	65,000원
	카페	12,000원
	저녁 식사	30,000원
	주유소	27,000원
	호텔비	60,000원
2일 차	아침 식사	10,000원
	카페	7,000원
	점심 식사	22,000원
	수목원 입장료	18,000원
	저녁 식사	24,000원
	호텔비	70,000원
3일 차	아침 식사	9,000원
	점심 식사	15,000원
	놀이공원 입장료	12,000원
	카페	5,500원
	주유소	36,000원
	저녁 식사	43,000원
	호텔비	95,000원
4일 차	카페	20,000원
	점심 식사	53,000원
	항공료(여수공항 → 김포공항 편도)	105,000원

카드 A~C 정보

구분	A카드	B카드	C카드
혜택	• 카페 25% 할인 • 렌터카 1% 할인	• 주유소 10% 할인 • 카페 10% 할인	• 항공료 5% 할인 • 주유소 5% 할인

57 위의 자료를 보고, 갑이 여행 시 사용할 때 할인액이 가장 큰 카드와 가장 작은 카드를 고르면?

	가장 큰 카드	가장 작은 카드
①	A	B
②	A	C
③	C	A
④	C	B

58 갑은 카드 A~C 외에 D~F의 가입도 고려해보기로 하였다. 다음 카드 D~F의 혜택을 볼 때, 카드 A~F 중 여행 시 할인액이 가장 큰 카드와 가장 작은 카드를 고르면?

카드 D~F 정보

구분	D카드	E카드	F카드
혜택	식사비(점심, 저녁) 7% 할인	전체 여행 경비 1.5% 할인	숙박비 5% 할인

	<u>가장 큰 카드</u>	<u>가장 작은 카드</u>
①	C	B
②	D	B
③	D	F
④	C	F

[59~60] ○○공사의 A주임은 사내 연말행사를 준비 중이다. 다음은 행사에 필요한 항목과 항목별 비용을 정리한 표이다. 이를 보고 이어지는 물음에 답하시오.

항목	가격
현수막	개당 15만 원
배너	개당 5만 원
식사(뷔페)	인당 4만 원
행사 진행자	40만 원
체험 프로그램	개당 20만 원
기념품	개당 1만 원
행사 일정표 인쇄	장당 200원
행사장 대관료	기본 3시간 200만 원 + 추가요금 시간당 50만 원

59 연말행사에 관한 사항이 〈보기〉와 같을 때, A주임은 예산을 얼마로 편성해야 하는가?

┌ 보기 ┌
- 행사 날짜 : 2026년 12월 17일 목요일
- 행사 시간 : 오후 4시~8시
- 참여 인원 : 80명(부장급 이상 16명 포함)
- 행사 진행자 : 1명(외부 초청)
- 준비사항 : 현수막 1개, 배너 2개, 식사 100인분, 체험 프로그램 3개, 기념품 90개, 행사 일정표 100장

① 823만 원　　　　　　　　② 867만 원
③ 917만 원　　　　　　　　④ 946만 원

60 다음 〈보기〉는 A주임의 보고를 받은 후 상사가 내린 지시사항이다. 이에 따라 A주임이 추가로 편성해야 할 예산은 얼마인가?

┌ 보기 ┌
행사 기록을 남겨야 하니 사진사 1명을 추가로 불러 주세요. 그리고 부장급 이상에게는 별도의 기념품을 더 드리는 게 좋을 것 같아요. 참, 식사와 별개로 간식이랑 마실 것도 준비해 주세요.

- 사진사 출장비용 : 50만 원
- 추가 기념품 비용 : 개당 5만 원
- 과자 및 음료 비용 : 30만 원

① 120만 원　　　　　　　　② 140만 원
③ 160만 원　　　　　　　　④ 180만 원

직무시험(법률) | 61 ~ 80번

※ 직무시험은 자신이 선택한 직렬이 행정직 · 건강직 · 전산직 · 기술직이면 국민건강보험법을, 요양직이면 노인장기요양보험법을 풀기 바랍니다.

국민건강보험법

61
2025
기출

다음 중 공단이 체신관서, 금융기관 등에 위탁할 수 있는 업무에 해당하지 않는 것은?

① 보험료의 수납에 관한 업무
② 보험료 납부 확인에 관한 업무
③ 보험급여비용의 지급에 관한 업무
④ 징수위탁보험료의 징수에 관한 업무

62 다음은 보건복지부장관 또는 보건복지부령으로 정하는 사항에 관한 내용이다. 이 중 옳지 않은 것을 모두 고르면?

> ㉠ 국민건강보험 피부양자 자격의 인정 기준, 취득 · 상실시기는 보건복지부령으로 정한다.
> ㉡ 공단의 이사장은 임원추천위원회의 추천으로 보건복지부장관이 임명한다.
> ㉢ 요양기관의 선별급여의 실시 조건, 자료의 제출, 선별급여의 실시 제한 등에 필요한 사항은 보건복지부령으로 정한다.
> ㉣ 지역가입자의 소득월액은 보건복지부령으로 정하는 바에 따라 평가하여 산정한다.
> ㉤ 요양급여비용은 공단의 이사장과 보건복지부령으로 정하는 의약계를 대표하는 사람들의 계약으로 정한다.

① ㉠, ㉡　　　　　　　　　　　　② ㉠, ㉢
③ ㉡, ㉤　　　　　　　　　　　　④ ㉡, ㉣, ㉤

63 보험료 부담에 관한 설명 중 옳은 것을 모두 고르면?

> ㉠ 근로자인 직장가입자의 보수월액보험료액은 직장가입자가 100분의 50, 사업주가 100분의 50을 각각 부담한다.
> ㉡ 사립학교 교원인 직장가입자의 보수월액보험료액은 직장가입자가 100분의 50, 사용자가 100분의 40, 국가가 100분의 10을 각각 부담한다.
> ㉢ 교직원인 직장가입자의 보험료 중 사용자 부담액을 사용자가 전부 부담할 수 없는 경우 그 부족액은 학교에 속하는 회계에서 부담하게 할 수 있다.
> ㉣ 직장가입자의 보수 외 소득월액보험료는 직장가입자와 사용자가 함께 부담한다.
> ㉤ 지역가입자의 보험료는 가입자가 속한 세대의 지역가입자 전원이 함께 부담한다.

① ㉠, ㉡　　　　　　　　　　　　② ㉡, ㉤
③ ㉠, ㉢, ㉤　　　　　　　　　　④ ㉢, ㉣, ㉤

64

2025
기출

선별급여에 대한 설명으로 옳은 것을 모두 고르면?

> ㉠ 대통령령으로 정하는 경우에 지정하여 실시하는 예비적인 요양급여를 말한다.
> ㉡ 가입자와 피부양자의 건강회복에 잠재적 이득이 있는 경우라도 경제성이 낮으면 선별급여로 지정할 수 없다.
> ㉢ 선별급여에 대한 평가는 보건복지부장관이 한다.
> ㉣ 선별급여에 대하여는 보건복지부령으로 정하는 절차와 방법에 따라 주기적으로 요양급여의 적합성을 평가해 요양급여 여부를 다시 결정한다.

① ㉠, ㉡, ㉢
② ㉠, ㉡, ㉣
③ ㉠, ㉢
④ ㉡, ㉣

65

2025
기출

다음 중 공단 임원의 퇴임 및 해임 사유에 해당하는 경우를 모두 고르면?

> ㉠ 미국 시민권을 획득한 경우
> ㉡ 업무상 실수로 공단에 손실을 입힌 경우
> ㉢ 음주 상태에서 소란을 피운 사건이 일간지에 실린 경우
> ㉣ 업무 중 신체장애를 입은 경우

① ㉠, ㉡, ㉢
② ㉡, ㉢, ㉣
③ ㉠, ㉣
④ ㉡, ㉢

66

다음 중 인적사항 등을 공개할 수 있는 경우에 해당하는 것은 모두 몇 개인가? (단, 기준일은 2026년 4월 1일이다.)

> ㉠ 납부기한이 2025년 9월 30일인 보험료 총액이 1,000만 원인 갑은 이를 납부할 능력이 없음을 입증하기 위한 서류를 제출했다.
> ㉡ 을은 보험료 상습 체납을 이유로 인적사항 공개대상자임을 2025년 8월에 통지받았고, 이후에도 보험료를 납부하지 않고 있다.
> ㉢ 병은 1,500만 원의 보험료 미납으로 인적사항 공개대상자임을 서면으로 통지받았고, 소명 기회를 부여받았으나 이를 거절하였다.
> ㉣ 납부기한이 2026년 1월 31일이고, 미납 보험료 총액이 2,000만 원인 정은 미납 보험료와 관련하여 행정소송이 계류 중이다.

① 없음
② 1개
③ 2개
④ 3개

67 다음 빈칸 ㉠, ㉡, ㉢에 들어갈 금액의 합을 구하면?

2025
기출

- 대행청구단체의 종사자인 갑은 서류를 거짓으로 꾸며 요양급여비용을 청구한 것이 적발되었다. 이때 갑은 최대 (㉠)의 벌금에 처할 수 있다.
- 자동차 접촉사고로 경미한 부상을 입은 을은 진단서를 조작해 전치 10주의 중상을 입은 것처럼 꾸며 보험급여를 받은 것이 적발되었다. 이때 을은 최대 (㉡)의 벌금에 처할 수 있다.
- 지인에게 연예인의 병원 입원이력을 알려준 건강보험심사평가원 직원 병의 경우 최대 (㉢)의 벌금에 처할 수 있다.

① 1억 2천만 원
② 1억 원
③ 9천만 원
④ 7천만 원

68 건강보험정책심의위원회에 관한 설명으로 옳은 것을 모두 고르면?

2025
기출

㉠ 건강보험정책심의위원회는 위원장 1명과 부위원장 1명을 포함해 25명의 위원으로 구성하며, 위원장은 보건복지부차관, 부위원장은 위원들 중 보건복지부장관이 지명하는 사람이 된다.
㉡ 심의위원회의 위원은 보건복지부장관이 임명 또는 위촉하며, 여기에는 중앙행정기관 소속 공무원 2명이 포함된다.
㉢ 위원들의 임기는 모두 3년이며, 위원의 사임 등으로 새로 위촉된 경우에는 전임위원 임기의 남은 기간으로 한다.
㉣ 위원회 위원장은 심의위원회가 심의한 사항을 국회에 보고하여야 한다.
㉤ 심의위원회의 위원 중 국민건강보험공단의 이사장 및 건강보험심사평가원의 원장이 추천하는 사람은 각각 1명씩 포함된다.

① ㉠, ㉢
② ㉡, ㉣
③ ㉡, ㉤
④ ㉢, ㉤

69 장애인 보조기기에 지급하는 보험급여에 관한 설명으로 옳지 않은 것은?

① 「장애인·노인 등을 위한 보조기기 지원 및 활용촉진에 관한 법률」 제3조 제2호에 따른 보조기기에 한해 보험급여를 할 수 있다.
② 보조기기 판매업자가 장애인인 가입자에게 보조기기를 판매한 경우, 공단에 보험급여를 직접 청구해야 한다.
③ 보조기기에 대한 보험급여의 범위와 그 방법 및 절차에 관한 사항은 보건복지부령으로 정한다.
④ 장애인인 가입자뿐 아니라 피부양자에 대하여도 보조기기에 대한 보험급여를 할 수 있다.

70 서울에 있는 회사에 다니는 갑의 연봉은 3,300만 원이고, 이자소득이 연 1,200만 원이다. 이때 갑의 월 건강보험료 본인부담금을 구하면? (단, 2026년도 직장가입자의 건강보험료율 7.19%로 계산하며, 원 단위 미만은 절사한다.)

① 98,862원　　　　　　　　　　② 102,254원
③ 120,054원　　　　　　　　　　④ 130,525원

71 요양기관에 대한 과징금과 관련한 설명 중 옳지 않은 것은?

① 요양기관이 업무정지 처분을 받아야 하는 경우, 보건복지부 장관은 이 처분이 해당 요양기관 이용자들에게 심한 불편을 줄 경우에는 이를 갈음하여 과징금을 부과·징수할 수 있다.
② 보건복지부장관은 요양기관에 대한 업무정지 처분을 갈음하여 과징금을 부과할 때 12개월 범위에서 분할납부를 하게 할 수 있다.
③ 요양기관이 과징금을 납부기한까지 내지 않는 경우, 업무정지 처분을 하거나 국세 체납처분의 예에 따라 이를 징수할 수 있다.
④ 요양기관에게 부과한 과징금 금액 및 납부에 필요한 사항은 보건복지부령으로 정한다.

72 요양비와 관련된 설명으로 옳은 것을 모두 고르면?

> ㉠ 업무정지기간 중인 요양기관은 보건복지부령으로 정하는 준요양기관에 해당하지 않는다.
> ㉡ 준요양기관에서 출산한 건강보험 가입자는 요양급여에 상당하는 금액을 지급받을 수 있다.
> ㉢ 준요양기관은 요양을 받은 가입자나 피부양자가 별도로 위임하지 않아도 공단에 요양비의 지급을 직접 청구할 수 있다.
> ㉣ 준요양기관의 요양비 지급 청구, 공단의 적정성 심사 등에 필요한 사항은 보건복지부령으로 정한다.

① ㉠, ㉢, ㉣　　　　　　　　　　② ㉠, ㉡, ㉣
③ ㉠, ㉢　　　　　　　　　　　　④ ㉡, ㉣

73   요양급여비용 산정에 관한 설명 중 옳은 것은?

① 요양급여비용의 계약은 공단 이사장 및 의약계를 대표하는 사람들과 각 요양기관 사이에 체결된 것으로 간주한다.

② 요양급여비용의 계약이 직전 계약기간 만료일이 속하는 해의 6월 30일까지 체결되지 않은 경우, 보건복지부장관이 요양급여비용을 임의로 정한다.

③ 요양급여비용이 정해지면 보건복지부장관은 공단에 이를 통보하고, 공단은 요양급여비용의 명세를 지체 없이 고시하여야 한다.

④ 공단 이사장이 요양급여비용 계약을 체결하면서 건강보험심사평가원에 계약 체결에 필요한 자료를 요청한 경우, 심사평가원은 요청에 성실히 따라야 한다.

74   건강보험증에 대한 설명으로 옳은 것은 모두 몇 개인가?

2025
기출

> ㉠ 국민건강보험공단은 가입자가 아닌 피부양자가 신청하는 경우에도 건강보험증을 발급하여야 한다.
> ㉡ 가입자나 피부양자는 건강보험증을 다른 사람에게 양도하여 보험급여를 받게 해서는 안 된다.
> ㉢ 건강보험증의 신청 절차와 방법, 서식과 그 교부 및 사용 등에 필요한 사항은 대통령령으로 정한다.
> ㉣ 가입자나 피부양자가 요양급여를 받을 때 건강보험증을 제출하는 대신 모바일 주민등록증으로 요양기관이 그 자격을 확인하게 할 수 없다.

① 없음   ② 1개
③ 2개   ④ 3개

75   보험 가입자의 신고 및 소득 축소 · 탈루 자료 송부에 관한 설명으로 옳은 것을 모두 고르면?

2025
기출

> ㉠ 공단은 사용자, 직장가입자 및 세대주에게 가입자의 보수 · 소득 관계 서류를 제출하게 할 수 있다.
> ㉡ 공단은 사용자가 제출한 보수 · 소득 관계 서류에 대하여 사실 여부를 확인할 필요가 있을 경우 소속 직원이 이에 관해 조사하게 할 수 있다.
> ㉢ 공단은 사용자가 신고한 보수 또는 소득 등에 축소가 있다고 인정하는 경우에 이에 관한 문서를 보건복지부장관을 거쳐 국세청장에게 송부할 수 있다.
> ㉣ 공단이 송부한 가입자의 소득 축소 또는 탈루에 관한 문서를 받은 국세청장은, 이 사항에 대한 관련 법률에 따른 세무조사 결과 전체를 공단에 송부해야 한다.

① ㉠, ㉡, ㉢   ② ㉡, ㉢, ㉣
③ ㉡, ㉢   ④ ㉡, ㉣

76 국민건강보험공단의 보험료등의 독촉 및 체납처분에 대한 설명으로 옳지 않은 것은?

① 공단이 보험료를 독촉하는 경우 독촉장은 15일 이상의 납부기한을 정하여 발부해야 한다.

② 공단이 국세 체납처분의 예에 따라 압류한 재산을 공매하는 경우, 직접 공매하지 않고 한국자산관리공사에 공매를 대행하게 할 수 있다.

③ 공단은 독촉을 받은 후에도 보험료를 납부하지 않은 가입자에 대해 체납처분을 할 수 있으며, 체납처분을 하기 전에 체납 내역 등을 포함한 통보서를 발송해야 한다.

④ 공단의 보험료 독촉을 받은 가입자가 그 납부기한까지 보험료를 내지 않은 경우 보건복지부 장관의 승인을 받아 국세 체납처분의 예에 따라 보험료를 징수할 수 있다.

77 다음 중 건강보험심사평가원이 관장하는 업무에 해당하지 않는 것은?

① 요양급여비용의 심사

② 요양급여의 적정성 평가

③ 건강보험과 관련하여 보건복지부장관이 필요하다고 인정한 업무

④ 보험급여 비용의 심사와 보험급여의 적정성 평가와 관련하여 보건복지부령으로 정하는 업무

78 국민건강보험공단의 회계 관련 내용 중 옳은 것은?

① 공단은 예산안을 편성하거나 예산을 변경할 때 이사회의 의결을 거친 후 보건복지부장관의 승인을 받아야 한다.

② 공단이 지출할 현금이 부족하여 3년 이상 장기로 차입하는 경우 보건복지부장관의 승인을 받아야 한다.

③ 공단은 당해 회계연도가 지나기 전까지 결산보고서와 사업보고서를 보건복지부장관에게 보고해야 한다.

④ 공단이 적립하는 준비금은 지출할 현금이 부족할 때 사용할 수 있고, 이 경우 해당 회계연도의 다음해 1월 말일까지 이를 보전해야 한다.

79 다음 중 건강보험 가입자의 자격 상실 시기가 잘못 연결된 것을 모두 고르면?

> ㉠ 2026년 4월 1일 사망한 정 – 2026년 4월 1일
> ㉡ 2026년 4월 1일 직장가입자인 남편의 피부양자가 된 을 – 2026년 4월 2일
> ㉢ 2026년 3월 30일 대한민국 국적을 잃은 병 – 2026년 3월 30일
> ㉣ 2026년 3월 30일 수급권자가 된 갑 – 2026년 3월 30일

① ㉠, ㉡, ㉢   ② ㉡, ㉢, ㉣
③ ㉠, ㉣   ④ ㉡, ㉢

80 건강보험분쟁조정위원회에 대한 설명으로 틀린 것은 모두 몇 개인가?

> ㉠ 분쟁조정위원회 위원은 60명을 넘을 수 없다.
> ㉡ 분쟁조정위원회 위원 중 공무원인 위원이 전체의 절반을 넘지 않도록 해야 한다.
> ㉢ 분쟁조정위원회 및 사무국의 구성 및 운영 등에 필요한 사항은 보건복지부령으로 정한다.
> ㉣ 분쟁조정위원회 회의는 총 9명이 출석하고, 5명 이상이 찬성해야 의결할 수 있다.

① 1개   ② 2개
③ 3개   ④ 4개

61

2025
기출

다음 중 청문을 해야 하는 경우가 아닌 것은?

① 제37조 제1항에 따른 장기요양기관 지정취소 또는 업무정지명령
② 제37조의3에 따른 위반사실 등의 공표
③ 제37조의2에 따른 과징금의 부과
④ 제37조의5 제1항에 따른 장기요양급여 제공의 제한 처분

62

2025
기출

다음 빈칸 ㉠, ㉡, ㉢에 들어갈 숫자의 합을 구하면?

> 장기요양위원회는 위원장 1인, 부위원장 (㉠)인을 포함해 (㉡)인 이하의 위원으로 구성된다. 위원회 위원의 임기는 (㉢)년이며, 다만 공무원인 위원의 임기는 재임기간이다.

① 24 ② 25
③ 26 ④ 27

63

장기요양급여 관련 보고 및 검사에 대한 설명으로 옳은 것을 모두 고르면?

> ㉠ 보건복지부장관은 장기요양보험가입자, 피부양자, 의료급여수급권자에게 보수·소득 관련 자료의 제출을 명할 수 있다.
> ㉡ 시장·군수·구청장은 장기요양보험가입자에 대한 자료제출 명령 시 필요한 경우에 공단에 행정응원을 요청할 수 있으며, 공단은 특별한 사유가 없으면 이에 따라야 한다.
> ㉢ 공단은 장기요양기관에 대해 장기요양급여의 제공 명세 관련 자료의 제출을 명하거나 관련 서류를 소속 직원으로 하여금 검사하게 할 수 있다.
> ㉣ 시장·군수·구청장이 소속 공무원으로 하여금 장기요양급여 관련 서류를 검사하게 할 때, 이 검사의 절차나 방법 등에 대해서는 대통령령에서 정하는 바에 따른다.

① ㉠, ㉡ ② ㉠, ㉢
③ ㉡, ㉢ ④ ㉢, ㉣

64 다음 중 장기요양기관으로 지정받을 수 있는 사람을 모두 고르면?

2025
기출

> ㉠ 한정후견인
> ㉡ 미성년자
> ㉢ 파산선고를 받고 복권되지 않은 사람
> ㉣ 정신질환을 갖고 있으나 전문의가 장기요양기관 설립·운영 업무에 종사하는 것이 적합하다고 인정한 사람
> ㉤ 3년의 실형을 선고받고 그 집행이 종료된 지 1년이 된 사람

① ㉠, ㉣
② ㉡, ㉤
③ ㉠, ㉢, ㉣
④ ㉡, ㉣, ㉤

65 다음 빈칸 ㉠, ㉡, ㉢에 들어갈 숫자의 합을 구하면?

> • 거짓이나 그 밖의 부정한 방법으로 장기요양급여비용을 청구한 자는 (㉠)년 이하의 징역에 처한다.
> • 제35조 제6항을 위반하여 수급자를 소개, 알선 또는 유인하는 행위를 하거나 이를 조장한 자는 (㉡) 천만 원 이하의 벌금에 처한다.
> • 제62조를 위반하여 업무수행 중 알게 된 비밀을 누설한 자는 최대 (㉢)년의 징역에 처할 수 있다.

① 6
② 7
③ 8
④ 9

66 장기요양기관은 수급자 안전과 보안을 위해 「개인정보 보호법」 및 관련 법령에 따른 폐쇄회로 텔레비전을 설치, 관리하도록 되어 있다. 이때, 폐쇄회로 텔레비전 설치 의무 기관이 아닌 곳은?

> • A기관을 운영하는 갑은 폐쇄회로 텔레비전을 설치하려 했으나 수급자와 보호자, 종사자들이 모두 이를 반대하자, 이에 대한 동의서를 받아 공단에 텔레비전을 설치하지 않기로 신고하였다.
> • B기관을 운영하는 을은 수급자와 그 보호자, 기관에서 일하는 모든 종사자들의 동의를 받아 「개인정보 보호법」 등에 따른 네트워크 카메라를 설치하였다.
> • C기관을 운영하는 병은 수급자인 노인과 보호자들 전원의 동의를 받아, 폐쇄회로 텔레비전을 설치하지 않기로 결정했다.
> • D기관을 운영하는 정은 모든 수급자에게 하루 중 일정 시간만 신체활동 지원 및 교육, 훈련을 제공하고 있다.

① A기관, B기관
② A기관, D기관
③ B기관, C기관
④ B기관, D기관

67 다음 중 공단이 장기요양인정서를 작성할 경우 장기요양급여의 종류 및 내용을 정할 때 고려해야 할 사항이 아닌 것은?

① 수급자의 생활환경
② 수급자와 그 가족의 욕구 및 선택
③ 수급자의 건강보험 납부내역
④ 시설급여를 제공하는 경우 장기요양기관이 운영하는 시설 현황

68 장기요양인정서에 대한 설명으로 옳지 않은 것은?

2025
기출

① 공단은 장기요양인정 및 등급판정의 심의를 완료하면 장기요양인정서를 작성하여 지체 없이 수급자에게 송부해야 한다.
② 장기요양인정서에는 장기요양등급과 장기요양급여의 종류 및 내용, 그 밖에 장기요양급여에 관한 사항으로서 보건복지부령으로 정하는 사항이 포함된다.
③ 공단은 장기요양인정서와 함께 개인별장기요양이용계획서를 송부할 수 있다.
④ 공단은 등급판정위원회가 장기요양인정 및 등급판정의 심의를 완료한 경우 수급자로 판정받지 못한 신청인에게 그 내용 및 사유를 통보해야 한다.

69 다음 중 장기요양급여가 제한되는 경우에 대한 설명으로 옳은 것을 모두 고르면?

> ㉠ 공단은 장기요양급여를 받고 있는 갑이 장기요양기관이 서류를 조작해 장기요양급여비용을 받는 데에 가담한 사실을 적발했다. 공단은 갑에 대해 2년간 장기요양급여의 횟수를 제한하였다.
> ㉡ 장기요양급여 수급자인 을이 고의로 사고를 내 장기요양인정을 받았다는 제보를 받은 공단에서 을의 장기요양등급 판정에 대한 조사에 나섰으나 을은 자신의 결백을 주장하며 조사받기를 거절하였다. 이에 공단은 보건복지부령에 따라 을에 대한 장기요양급여 제한을 결정하였다.
> ㉢ 장기요양급여 수급자인 병은 거짓으로 서류를 꾸며 장기요양인정을 받았다는 의심을 받아 공단으로부터 조사 요구를 받았으나 이를 계속 회피해 왔다. 이에 공단은 장기요양급여를 1년간 제공하지 않기로 했다.
> ㉣ 장기요양기관인 정 기관은 장기요양급여 제공 내용을 확인할 목적으로 공단이 자료 제출을 요구하자 이를 거절하였다. 이로 인해 정 기관은 공단으로부터 장기요양급여의 일부를 받지 못하게 됐다.

① ㉠, ㉣
② ㉡, ㉢
③ ㉡, ㉢, ㉣
④ ㉠, ㉢, ㉣

70 장기요양인정 신청의 조사에 대한 설명으로 옳은 것을 모두 고르면?

2025
기출

> ㉠ 공단은 장기요양인정 신청서를 접수하면 보건복지부령으로 정하는 바에 따라 외부 직원이 조사하도록 하여야 한다.
> ㉡ 공단의 장기요양인정 신청의 조사 내용에는 신청인의 심신상태, 신청인에게 필요한 장기요양급여의 종류 및 내용 등이 포함된다.
> ㉢ 장기요양인정 신청인을 조사하는 자는 조사 담당자의 인적사항을 신청인에게 미리 통보하여야 한다.
> ㉣ 공단이 장기요양인정 신청 조사를 해당 시에 의뢰한 경우, 해당 시는 조사를 마치고 공단에 조사결과서를 송부해야 한다.

① ㉠, ㉡, ㉣   ② ㉡, ㉢, ㉣
③ ㉠, ㉢   ④ ㉢, ㉣

71 장기요양요원 보호에 대한 내용으로 틀린 것을 모두 고르면?

> ㉠ 수급자가 장기요양요원에게 폭언·폭행을 하는 경우 장기요양기관의 장은 업무전환 등 대통령령으로 정하는 바에 따른 적절한 조치를 할 수 있다.
> ㉡ 장기요양기관의 장은 장기요양요원에게 수급자가 부담하여야 할 본인부담금의 전부 또는 일부를 부담하도록 요구하는 행위를 해서는 안 된다.
> ㉢ 공단은 장기요양기관이 전문인 배상책임보험에 가입하지 않은 경우 대통령령의 기준에 따라 해당 장기요양기관에 지급하는 장기요양급여비용의 일부를 감액할 수 있다.
> ㉣ 장기요양기관은 종사자가 장기요양급여를 제공하는 과정에서 발생할 수 있는 수급자의 상해 등 법률상 손해를 배상하는 전문인 배상책임보험에 가입할 수 있다.

① ㉠, ㉡   ② ㉠, ㉢
③ ㉡, ㉣   ④ ㉢, ㉣

72 장기요양인정의 유효기간 및 갱신에 대한 설명으로 옳은 것을 모두 고르면?

> ㉠ 2025년 5월 1일 장기요양인정을 받았다면, 2026년 2월 19일 현재 그 장기요양인정은 유효하다.
> ㉡ 2026년 1월 31일에 장기요양인정의 유효기간이 만료되는 수급자가 장기요양급여를 계속하여 받고자 하는 경우에는 늦어도 2026년 1월 1일까지 공단에 장기요양인정의 갱신을 신청하여야 한다.
> ㉢ 장기요양급여를 받고 있는 수급자가 유효기간 만료 이후에도 급여를 계속 받기 위해서는 공단에 갱신 신청을 해야 한다.
> ㉣ 장기요양인정의 유효기간 산정방법은 보건복지부령으로 정한다.

① ㉠, ㉡, ㉢, ㉣   ② ㉠, ㉡, ㉢
③ ㉡, ㉢, ㉣   ④ ㉢, ㉣

73 장기요양보험료에 대한 국가 부담과 관련된 설명으로 옳은 것을 모두 고르면?

> ㉠ 국가는 매년 예산의 범위 안에서 해당 연도 장기요양보험료 예상수입액의 100분의 50에 상당하는 금액을 공단에 지원한다.
> ㉡ 국가와 지방자치단체는 대통령령으로 정하는 바에 따라 의료급여수급권자의 장기요양급여비용, 의사소견서 발급비용, 방문간호지시서 발급비용 중 공단이 부담하여야 할 비용 및 관리운영비의 전부를 부담한다.
> ㉢ 지방자치단체가 부담하는 금액은 보건복지부령으로 정하는 바에 따라 특별시·광역시·특별자치시·도·특별자치도와 시·군·구가 분담한다.
> ㉣ 지방자치단체의 부담액 부과, 징수 및 재원관리, 그 밖에 필요한 사항은 보건복지부령으로 정한다.

① ㉠, ㉢   ② ㉠, ㉣
③ ㉡, ㉢   ④ ㉡, ㉣

74 장기요양기관 지정에 관한 설명으로 옳은 것을 모두 고르면?

> ㉠ 장기요양기관을 운영하려는 자는 공단으로부터 지정을 받아야 한다.
> ㉡ 장기요양기관을 지정 시 해당 지역의 시장은 공단에 관련 자료의 제출을 요청하거나 그 의견을 들을 수 있다.
> ㉢ 특별자치시장·특별자치도지사·시장·군수·구청장은 장기요양기관을 지정한 때 지체 없이 지정 명세를 공단에 통보하여야 한다.
> ㉣ 재가급여를 제공하는 장기요양기관 중 의료기관이 아닌 자가 설치·운영하는 장기요양기관은 방문간호를 제공하는 것이 불가하다.

① ㉠, ㉡, ㉢   ② ㉠, ㉢, ㉣
③ ㉠, ㉢   ④ ㉡, ㉢

75 재가 및 시설 급여비용의 청구 및 지급 등에 관한 설명으로 옳지 않은 것은?

① 공단은 장기요양급여비용을 심사하고 이 결과를 장기요양기관에 통보해야 하며, 장기요양에 사용된 비용 중 공단부담금을 해당 장기요양기관에 지급해야 한다.

② 공단은 수급자에게 지급하여야 하는 금액을 그 수급자가 납부하여야 하는 장기요양보험료등과 상계할 수 있다.

③ 공단은 장기요양급여비용 심사 결과 수급자가 이미 낸 본인부담금이 장기요양기관에 통보한 본인부담금보다 더 많으면 두 금액 간의 차액을 장기요양기관에 지급할 금액에서 공제하여 수급자에게 지급하여야 한다.

④ 장기요양기관은 지급받은 장기요양급여비용 중 보건복지부장관이 정하여 고시하는 비율에 따라 그 일부를 장기요양요원에 대한 인건비로 지출할 수 있다.

76 본인부담금에 대한 설명으로 옳지 않은 것을 모두 고르면?

> ㉠ 법의 규정에 따른 급여의 범위 및 대상에 포함되지 아니하는 장기요양급여는 수급자 본인이 전부 부담한다.
> ㉡ 「의료급여법」 제3조 제1항 제2호부터 제9호까지의 규정에 따른 수급권자의 경우 본인부담금의 100분의 50의 범위에서 보건복지부장관이 정하는 바에 따라 차등하여 감경할 수 있다.
> ㉢ 제28조에 따른 장기요양급여의 월 한도액을 초과하는 장기요양급여는 수급자 본인이 전부 부담한다.
> ㉣ 본인부담금의 산정방법, 감경절차 및 감경방법 등에 관하여 필요한 사항은 대통령령으로 정한다.

① ㉠, ㉡, ㉢ 　　　　　　　　　② ㉡, ㉢, ㉣
③ ㉠, ㉢ 　　　　　　　　　　　④ ㉡, ㉣

77 부당이득의 징수에 대한 설명으로 틀린 것은?

① 공단은 거짓 진단에 따라 장기요양급여가 제공되었을 때, 거짓의 행위에 관여한 자에 대하여 장기요양급여를 받은 자와 연대하여 징수금을 납부하게 할 수 있다.
② 공단은 부정한 방법으로 장기요양급여를 제공받은 경우, 장기요양급여를 받은 자를 부양하는 자에 대하여 장기요양급여를 받은 자와 연대해 징수금을 납부하게 할 수 있다.
③ 수급자가 월 한도액 범위를 초과하여 장기요양급여를 받은 경우 공단은 장기요양급여 또는 장기요양급여비용에 상당하는 금액을 징수한다.
④ 공단은 장기요양기관이 수급자로부터 부정한 방법을 사용해 장기요양급여비용을 받은 때 해당 장기요양기관이 지체 없이 이를 수급자에게 지급하도록 해야 한다.

78 다음은 「노인장기요양보험법」상 벌칙에 해당하는 경우이다. 이에 대한 설명이 옳지 않은 것을 모두 고르면?

> ㉠ 지정받지 않고 장기요양기관을 1년간 운영한 경우 최대 2천만 원의 벌금형을 받을 수 있다.
> ㉡ 장기요양급여 관련 자료를 거짓으로 제출한 장기요양기관은 2천만 원의 벌금형을 받을 수 있다.
> ㉢ 부정한 방법으로 장기요양급여비용을 청구한 자는 3천만 원의 벌금형을 받을 수 있다.
> ㉣ 장기요양기관 종사자가 폐쇄회로 텔레비전을 환자를 관찰하기 위한 단순한 개인적 목적으로 조작하여 사용한 경우, 5년의 징역형을 받을 수 있다.

① ㉠, ㉣ 　　　　　　　　　　　② ㉡, ㉣
③ ㉠, ㉢, ㉣ 　　　　　　　　　④ ㉡, ㉢, ㉣

79 다음은 장기요양 등급판정위원회의 장기요양 수급자 판정 과정을 순서대로 나열한 것이다. 이 중 과정에 대한 설명이 잘못된 것을 모두 고르면?

> ㉠ 공단은 조사결과서, 신청서 등 심의에 필요한 자료를 등급판정위원회에 제출해야 한다.
> ㉡ 등급판정위원회는 신청인이 3개월 이상 동안 혼자서 일상생활을 수행하기 어렵다고 인정하는 경우, 대통령령으로 정하는 등급판정기준에 따라 수급자로 판정한다.
> ㉢ 등급판정위원회는 심의와 판정 시 신청인과 그 가족, 소견서를 발급한 의사 등 관계인의 의견을 들어야 한다.
> ㉣ 공단은 거짓으로 장기요양인정을 받거나, 위법행위에 기인해 장기요양인정을 받으려고 의심되는 경우에는 이를 조사하여 등급판정위원회에 제출한다.
> ㉤ 등급판정위원회는 ㉣의 조사 결과를 토대로 수급자 여부를 판정한다.

① ㉠, ㉣

② ㉡, ㉢

③ ㉠, ㉡, ㉣

④ ㉡, ㉣, ㉤

80 장기요양기관 지정의 취소 등에 대한 설명이 잘못된 것은 모두 몇 개인가?

> ㉠ 장기요양기관 지정이 취소된 경우 특별자치시장·특별자치도지사·시장·군수·구청장은 해당 장기요양기관을 이용하는 수급자가 다른 장기요양기관을 이용할 수 있도록 조치해야 한다.
> ㉡ 특별자치시장·특별자치도지사·시장·군수·구청장은 장기요양기관 지정을 취소한 경우 그 내용을 공단과 보건복지부장관에게 지체 없이 바로 통보해야 한다.
> ㉢ 장기요양기관 지정이 취소된 경우 특별자치시장·특별자치도지사·시장·군수·구청장은 이를 우편 또는 정보통신망 이용 등의 방법으로 수급자 또는 그 보호자에게 통보해야 한다.
> ㉣ 장기요양기관 지정취소를 받은 후 3년이 지나지 않은 경우 장기요양기관으로 지정받을 수 없다.

① 없음

② 1개

③ 2개

④ 3개

국민건강보험공단

NCS＋법률

박문각

국민건강보험공단

NCS＋법률

봉투모의고사

3회

제3회 모의고사

NCS 직업기초능력 60문항/60분	의사소통 · 수리 · 문제해결 각 20문항	
	국민건강보험법(행정직 · 건강직 · 전산직 · 기술직)	80문항/80분
직무시험(법률) 20문항/20분	노인장기요양보험법(요양직)	

[01 ~ 02] 다음 보도자료를 보고 이어지는 물음에 답하시오.

재난의료지원팀(DMAT) 활동수당 2배로 인상, 재난의료 대응 역량 향상 기대

보건복지부는 재난 현장에서 고도의 전문성과 위험을 수반하는 임무를 수행하는 재난의료지원팀(DMAT)*의 활동수당을 인상한다고 밝혔다. 이번 조치는 지난 2014년 수당 도입 이후 12년간 동결되었던 보상 수준을 현실화하여, DMAT 인력의 사기를 진작하고 재난 발생 시 적극적인 활동을 독려하기 위해 마련되었다.

* DMAT(Disaster Medical Assistance Team) : 재난 시 응급실 인력(의사 1, 간호사/응급구조사 2, 행정 1)을 현장에 파견하여 재난 응급의료 업무(중증도 분류, 응급처치, 이송 등)를 수행하는 조직

DMAT은 재난 현장에서 응급환자의 생명을 구하는 핵심 인력이지만, 그간 지급된 수당은 동일 전문 자격자의 유사 공공활동 보상 수준* 대비 낮은 실정이었다. 특히, 최근 3년간 DMAT 현장 활동 시간은 2023년 69분에서 2025년 213분으로 약 3배 증가**하는 등 업무 부하가 지속적으로 커지고 있어 보상 체계 개선이 필요하다는 의견이 제기되어 왔다.

* (지방자치인재개발원, 2026.1.기준) ▲의사 등 250천 원/1시간, ▲전문자격 등 150천 원/1시간, ▲실무경력자 등 100천 원/1시간
** DMAT 평균 현장활동 소요시간 : (2023) 69분 → (2024) 188분 → (2025) 213분

이에 복지부는 유사 공공활동 보상 수준을 고려하여 직종별 활동수당을 현행 대비 100% 인상한다.

DMAT 활동수당 인상

(단위 : 천 원, 8시간 이내 활동 기준)

구분	현행	개정	인상(률)
의사	200	400	+200 (+100%)
간호사 · 응급구조사	150	300	+150 (+100%)
행정 · 운전	100	200	+100 (+100%)

* 최근 3년간 DMAT 활동 평균 소요시간(약 2시간)을 고려하여 수당 산정

구체적으로는 '재난대응 현장응급의료 지원인력 수당지급 지침'을 개정하여, 인상된 수당을 즉시 현장에 적용할 방침이다.

※ 출처 : 보건복지부 보도자료

"

01 위 자료의 내용과 일치하지 않는 것은?

① 이번 수당 인상은 DMAT 도입 이후 12년 만에 처음으로 이루어지는 조치로, 의사뿐만 아니라 행정·운전 인력의 수당도 기존 대비 100% 인상되었다.

② 2023년 대비 2025년의 DMAT 평균 현장활동 소요시간은 약 3배 증가하였으며, 개정된 수당 산정의 기준이 되는 시간(8시간 이내)은 최근 3년간의 평균 소요시간보다 길다.

③ 개정 전 DMAT 의사의 활동수당은 2026년 1월 기준 지방자치인재개발원의 의사 대상 유사 공공활동 1시간당 보상 수준보다 낮은 금액이었다.

④ 이번 지침 개정에 따라 DMAT의 의사 1인, 간호사 2인, 행정 1인이 한 팀으로 출동하여 3시간 동안 활동할 경우, 이 팀에 지급되는 활동수당의 총합은 개정 전보다 80만 원 증가한다.

02 2026년 DMAT 활동수당 인상과 관련하여 옳은 설명을 〈보기〉에서 모두 고르면?

┌ 보기 ┌

㉠ 이번 수당 인상은 지급 지침 개정을 통해 이루어졌으며, 인상 후에도 행정·운전 인력의 수당은 개정 전 의사 수당의 수준에 도달하지 못한다.

㉡ 최근 3년간 DMAT의 평균 현장 활동 시간(약 2시간)을 기준으로 볼 때, 개정 후 의사의 시간당 기대 보상액은 약 20만 원이다.

㉢ 최근 3년간 DMAT의 연간 평균 현장 활동 소요 시간은 매년 전년 대비 100분 이상씩 일정하게 증가해 왔다.

㉣ '재난대응 현장응급의료 지원인력 수당지급 지침' 개정에 따른 인상된 수당은 별도의 유예 기간 없이 현장에 즉시 적용된다.

㉤ 개정 전 DMAT 한 팀이 1시간 동안 활동했을 때 지급되는 수당 총액은 지방자치인재개발원의 의사 1인당 1시간 보상 수준의 2배보다 크다.

① ㉠, ㉡, ㉣, ㉤

② ㉡, ㉣, ㉤

③ ㉠, ㉢, ㉣

④ ㉡, ㉢, ㉤

[03~04] 다음 글을 읽고 이어지는 물음에 답하시오.

- **성조숙증이란**

여자아이의 사춘기는 유방이 발달하는 10세 무렵이고 남자아이의 사춘기는 고환이 커지기 시작하는 12세 무렵이다. 사춘기 현상은 유방 발달, 음모 발달, 고환 크기 증가 등으로 나타나는데, 이런 현상이 여자아이는 8세 이전, 남자아이는 9세 이전에 나타나는 경우를 '성조숙증'이라고 한다. 성조숙증은 여자아이가 남자아이에 비해 5배 이상 많이 나타나고 이차성징의 조기 발현과 함께 빠른 골 성숙으로 최종 성인 키 감소, 사회적·심리적 문제 등이 동반될 수 있다.

- **성조숙증의 원인**

여자아이의 경우에는 대부분 원인 질환이 없는 특발성 성조숙증이다. 반면 남자아이는 50%의 확률로 원인질환이 발견된다. 뇌종양, 선천성 뇌 기형, 뇌염, 수두증, 갑상선 저하, 난소 및 고환 질환, 성호르몬이나 스테로이드 과다 복용 등이 성조숙증의 원인이 된다. 최근 현대사회의 여러 환경 호르몬이 사춘기를 앞당길 수 있다는 가설이 나오고는 있으나 아직 인과관계가 규명되지는 않은 상태이다. 특히 특정 식품에 여성호르몬과 유사한 식물성 에스트로겐이 많이 함유되어 있다는 얘기가 나오는데 이러한 물질이 사춘기 시작에 영향을 주는지에 대해서는 과학적으로 증명된 바가 없다.

따라서 식이요법으로 성조숙증이 예방되지 않으며 특정 식품에 대한 회피나 염려는 오히려 해가 될 수 있다. 또한 고도비만인 아이의 경우 사춘기 진행이 빠른 경향을 보이고는 있으나 비만이라고 해서 모두 사춘기가 빠른 것은 아니며 비만이 아닌 아이가 성조숙증인 경우도 있다.

- **성조숙증의 진단**

이차성징 시기, 원인 질환, 진행속도, 성호르몬 노출 유무 등을 확인한다. 또한 신체 성장과 성 성숙의 진행도를 평가하며 방사선 촬영으로 골연령 측정, 호르몬 검사도 진행하는 것이 좋다. 이외에도 뇌 MRI, 복부·골반·고환 초음파 검사를 병행하기도 한다. 처음 검사할 때는 치료를 요하지 않을 정도일 수 있지만, 수개월 만에 치료를 요하는 단계로 빠르게 진행할 수 있으므로 정기적인 검사가 필요하다.

03　윗글의 내용과 일치하지 않는 것은?

① 뇌종양, 선천성 뇌 기형, 수두증 등이 성조숙증을 일으킬 수 있다.
② 성조숙증을 진단하기 위해서 방사선 촬영을 할 수 있다.
③ 성조숙증은 여자아이에게서만 나타난다.
④ 식이요법만으로 성조숙증이 예방되지는 않는다.

04　윗글의 바로 다음에 올 내용의 주제로 가장 적절한 것은?

① 성조숙증의 치료와 부작용
② 성조숙증에 걸린 아이들의 인터뷰
③ 성조숙증의 증상
④ 성조숙증의 어원적 유래

[05~07] 다음 보도자료를 보고 이어지는 물음에 답하시오.

2026년 1월부터 장애인연금 월 최대 43만 9,700원 지급
− 소비자물가변동률(2.1%) 반영하여 기초급여액 전년 대비 7,190원 인상 −
− 선정기준액도 단독가구 기준 전년(138만 원) 대비 2만 원 인상한 140만 원 −

☐ 장애인연금 급여액

2026년 1월부터 저소득 중증장애인의 소득보장을 위한 장애인연금 급여액이 물가상승에 따른 기초급여액 인상을 반영하여 월 최대 43만 9,700원 지급된다. 장애인연금 급여는 근로 능력의 상실·감소로 줄어드는 소득을 보전하기 위한 성격의 기초급여와 장애로 인하여 추가로 드는 비용을 보전하기 위한 성격의 부가급여로 구분되는데, 기초급여의 경우 「장애인연금법」 제6조에 따라 전년도 전국소비자물가변동률을 반영하여 매년 일정 금액씩 인상되고 있다. 이에 따라 2026년 장애인연금 기초급여액은 국가데이터처에서 발표한 2025년 전국소비자물가변동률 2.1%를 반영하여 전년도 기초급여액(34만 2,510원) 대비 7,190원 인상된 34만 9,700원으로 결정되었다. 이번 기초급여액 인상으로 장애인연금을 받는 중증장애인은 1월 급여지급일(1월 20일)부터 기초급여액 34만 9,700원과 부가급여 9만 원*을 합산한 월 최대 43만 9,700원을 받게 된다.
* 장애인연금 부가급여액 : 중증장애인의 소득계층에 따라 30,000~90,000원 지급(전년동)

☐ 장애인연금 선정기준액

한편, 장애인연금은 18세 이상 중증장애인 중 본인과 배우자의 소득인정액이 선정기준액 이하인 자에게 지급되는데, 2026년 선정기준액*은 단독가구 기준 140만 원, 부부가구 기준 224만 원으로 결정되었다. 이는 전년도 선정기준액(단독가구 138만 원, 부부가구 220.8만 원) 대비 단독가구는 2만 원, 부부가구는 3만 2천 원 인상된 금액이다.
* 선정기준액 결정 : 「장애인연금법」 제4조에 따라 중증장애인 중 소득 하위 70%가 장애인연금을 받을 수 있도록 매년 중증장애인 소득·재산 수준 변동 등 반영하여 결정

☐ 장애인연금 신청 안내

장애인연금을 신규로 신청하고자 하는 중증장애인은 주민등록상 주소지와 관계없이 전국 읍·면·동 주민센터에 방문하여 신청하거나 복지로(www.bokjiro.go.kr)를 통해 온라인으로 신청할 수 있다. 대상자 기준, 신청방법 등 장애인연금에 대한 자세한 문의는 읍·면·동 주민센터나 보건복지상담센터(국번 없이 129)로 문의하면 된다. 보건복지부는 장애인연금 외에도 18세 이상 경증장애인 중 기초생활 수급자 및 차상위계층 대상으로는 월 6만 원의 장애수당을 지급하고 있으며, 18세 미만 중증·경증 장애아동 중 기초생활 수급자 및 차상위계층 대상으로는 월 최대 22만 원*의 장애아동수당을 지급하고 있다.
* 장애아동수당 급여액 : 장애아동의 장애 정도 및 소득계층에 따라 30,000~220,000원 지급(전년동)

차전경 장애인정책국장은 "이번 장애인연금 급여액 인상이 중증장애인분들의 생활에 도움이 되기를 기대한다"라며, "새정부 국정과제에 장애인연금 지급 대상을 현행 중증장애인(종전 장애등급 기준 1·2급 및 3급 중복 장애인*)에서 확대하여 종전 장애등급 기준 3급 단일 장애인 분**들에게도 신규로 지급하는 과제가 포함되어 있는데, 해당 과제도 차질 없이 추진할 수 있도록 준비해나가겠다"라고 밝혔다.
* 3급 중복 장애인 : 종전 장애등급 3급에 해당하는 장애와 이 외 중복 장애가 있는 자
** 3급 단일 장애인 : 종전 장애등급 3급에 해당하는 장애만 있는 자

※ 출처 : 보건복지부 보도자료

---

05 위 자료의 내용과 일치하는 것은?

① 2026년 1월부터 지급되는 장애인연금 기초급여액은 전년도 소비자물가변동률 2.1%를 반영하여 43만 9,700원으로 확정되었다.

② 장애인연금 선정기준액은 매년 소득 하위 70%를 유지하기 위해 조정되며, 2026년 부부가구의 전년도 선정기준액 인상액은 단독가구 인상액의 1.6배이다.

③ 장애인연금 신규 신청은 주민등록상 주소지의 읍·면·동 주민센터를 직접 방문하거나 온라인 복지로 사이트를 통해서만 가능하다.

④ 현재 정부는 장애인연금 지급 대상을 확대하여 종전 장애등급 기준 3급 중복 장애인에게도 급여를 신규로 지급하는 과제를 추진 중이다.

06 〈보기〉는 위 자료의 장애인연금 및 장애수당 제도에 해당하는 사례이다. 갑～정의 사례와 관련된 설명으로 옳은 것은?

> 보기
> - 갑: 19세 단독가구 중증장애인으로 소득인정액은 135만 원이며, 부가급여는 5만 원으로 책정되었다.
> - 을: 부부가구 중증장애인으로 배우자와의 합산 소득인정액이 223만 원이다.
> - 병: 17세 중증장애아동으로 기초생활 수급자이며, 현재 해당 등급의 최대 급여액을 받고 있다.
> - 정: 20세 경증장애인으로 차상위계층에 속하며, 장애수당을 신청하려고 한다.

① 〈보기〉의 갑, 을, 병, 정 중 장애인연금을 수급할 수 있는 인원은 총 3명이다.

② 갑이 2026년 1월 20일에 받게 될 장애인연금 총액은 399,700원이다.

③ 을은 2025년에는 부부가구 선정기준액보다 소득이 높아 탈락 대상이었으나, 2026년 기준액이 전년 대비 2만 원 인상됨에 따라 2026년부터 수급이 가능해졌다.

④ 병이 매달 받는 장애아동수당 최대액은 정이 받는 장애수당보다 14만 원 더 많다.

07 위 자료의 장애인연금 및 장애수당 제도에 대해 잘못 이해한 사람을 〈보기〉에서 모두 고르면?

> 보기
> A: 기초급여액이 물가상승률을 반영해 매년 인상되는 것은 실질적인 소득 보전을 위해 합리적인 방식이라고 생각해. 2026년에도 2025년 물가변동률인 2.1%가 정확히 반영되었더라고.
> B: 장애인연금은 주소지와 관계없이 전국 어디서나 신청할 수 있으니, 대구에 거주하는 중증장애인이 서울에 있는 주민센터에 방문해서 신청하는 것도 가능하겠네.
> C: 선정기준액을 결정할 때 중증장애인의 소득뿐만 아니라 재산 수준 변동까지 반영하는 것은, 단순히 수입만 적은 사람이 아니라 실제로 생활이 어려운 하위 70%를 가려내기 위한 조치로 보여.
> D: 단독가구 중증장애인인 '갑'이 수술 후 요양을 위해 일을 쉬면서 소득인정액이 139만 원이 되었다면, 2026년 1월 20일에 기초급여 349,700원과 부가급여 90,000원을 합친 439,700원을 반드시 받게 되겠군.

① A   ② B, C

③ D   ④ A, B

[08~09] 다음 보도자료를 보고 이어지는 물음에 답하시오.

국민건강보험공단은 2025년 10월 31일 연세대학교 보건대학원에서 개최된 한국보건경제·정책학회 추계학술대회에서 '건강보험 빅데이터 기반 급여적정성 분석 및 정책적 함의'를 주제로 연구 결과를 발표하였다.

이번 발표는 전국민 건강보험 빅데이터를 활용하여 건강보험 급여 적정성 제고를 위한 과학적 근거 마련을 목적으로 진행되었다. 세션은 세 가지 주제발표와 지정토론으로 구성되었으며 ▲첫 번째 발표는 사회경제적 수준에 따른 주의력결핍·과잉행동장애(ADHD) 치료제인 메틸페니데이트 사용 차이 분석 ▲두 번째 발표는 소화기관용 의약품 주목적 외 사용 패턴 분석 ▲세 번째 발표는 비중격만곡증 수술 의료이용 행태 및 건강보험 재정영향 분석이다.

노연숙 빅데이터융합연구부장은 "메틸페니데이트는 주의력결핍·과잉행동장애(ADHD)의 주된 치료제로 공단이 보유한 사회경제적 수준 정보를 활용하여 소득수준과 거주 지역에 따른 사용 격차가 크다"는 분석결과를 제시하였다. "특히 소아청소년뿐 아니라 최근 성인의 메틸페니데이트 사용이 크게 증가하고 있으며, 성인 환자의 경우 다른 정신과 공존질환 여부를 고려한 약제사용이 중요하다"고 강조하였다.

고태화 부연구위원은 "2024년 한 해 동안 국민 84%가 소화기관용 의약품을 처방받은 경험이 있으며, 1인당 연평균 165정을 처방 받고 있어 과다복용으로 인한 환자 안전 문제와 관행적 처방으로 인한 재정 부담 우려가 높은 약제이다"라고 설명하였다. 또한 "전체 소화기관용 의약품 처방 중 호흡기계 및 근골격계 질환으로 인한 처방 비율이 소화기계 질환의 비율보다 크게 높았고, 특히 단순 감기인 급성 상기도 감염 환자의 75.7%(처방전 기준 63.6%)에서 소화기관용 의약품이 처방되고 있어 주의가 필요하다"고 제안하였다.

하성준 부연구위원은 마지막 발표에서 "비중격 만곡증 수술은 2015년에 비해 크게 증가하였으며, 성·연령별로는 20대 여성, 진료과목은 성형외과에서의 수술이 현저히 증가하는 추세를 보이는 점이 주목된다"고 밝혔다. 이는 "실손보험이 건강보험 급여의 본인부담금을 보장해주는 제도로 인해 비중격 만곡증 수술과 미용성형을 동시에 시행하도록 유인하여 건강보험 재정이 추가로 지출되는 사례"라고 발표하였다.

주제발표에 대해 장선미 가천대학교 교수, 유승찬 연세대학교 교수, 장정현 일산병원 교수가 토론에 참여하였으며, 토론자들은 "임상현장에서 경험으로 짐작했던 상황을 전 국민 건강보험 빅데이터 분석을 통해 확인했다는 점이 매우 의미 있다"라는 공통된 의견을 밝혔다. 또한 "데이터 기반 근거가 임상현장에서 적정급여 유도로 이어질 수 있도록 전문가 그룹과의 활발한 의견교환 노력이 필요하다"고 제안하였다.

세션의 좌장인 김재용 국민건강보험공단 빅데이터연구개발실장은 "건강보험 빅데이터는 전 국민의 사회경제적 수준, 의료이용, 건강검진결과, 장기요양이용 등 생애주기별 정보를 포괄하고 있는 패널데이터로서 잠재가치가 풍부한 국가적 자산이라며, 빅데이터연구개발실이 건강보험 빅데이터를 가장 효과적으로 활용하는 빅데이터 연구의 메카가 되도록 노력하겠다"라며, "공단은 보험자로서 건강보험 빅데이터 기반 근거 생산을 통해 의료기관의 적정 진료를 유도하고 국민이 합리적으로 의료를 이용할 수 있도록 모니터링을 강화해 가겠다"고 강조했다.

※ 출처 : 국민건강보험 보도자료

08 **위 자료의 연구 결과 발표 내용과 내용과 일치하는 것은?**

① 메틸페니데이트의 성인 사용자가 최근 급증함에 따라, 성인 환자에게는 정신과 공존질환 유무와 관계없는 보편적인 약제 처방이 권고된다.

② 2024년 기준 국민 1인당 연평균 165정의 소화기관용 의약품을 처방받았으며, 분석 결과 소화기계 질환으로 인한 처방 비율이 호흡기계 및 근골격계 질환으로 인한 처방 비율보다 높은 것으로 나타났다.

③ 비중격 만곡증 수술이 크게 증가한 것은 실손보험이 급여 본인부담금을 보장하는 구조로 인해 미용성형과 병행되는 사례가 늘어났기 때문이다.

④ 건강보험 빅데이터는 전 국민의 의료이용과 건강검진 결과를 포함하고 있으나, 사회경제적 수준이나 장기요양 이용 정보는 포함하지 않는 생애주기별 패널데이터이다.

09 위 자료를 통해 추론한 내용으로 적절하지 않은 것은?

① 메틸페니데이트의 지역·소득별 사용 격차는 사회경제적 여건이 의료 접근성에 영향을 줄 수 있음을 시사한다.

② 소화기약이 호흡기 질환 등에 더 많이 처방된 것은 주질환 치료 시 부수적인 목적으로 사용되었을 가능성을 보여준다.

③ 성형외과에서의 비중격 만곡증 수술 급증은 건강보험 재정이 목적에 맞게 엄격히 관리되고 있음을 증명하는 사례이다.

④ 건강보험 빅데이터가 패널 데이터로서 가치 있는 이유는 개인의 의료 행태와 사회적 변화를 장기적으로 추적할 수 있기 때문이다.

[10～11] 다음 보도자료를 보고 이어지는 물음에 답하시오.

2026년 4월 24일부터 연초 또는 니코틴 담배제품의 소매인과 제조·수입판매업자는 담배 자동판매기, 광고, 건강경고, 가향물질 표시 금지 등 의무사항을 지켜야 하며, 금연구역에서는 모든 담배제품을 사용할 수 없게 된다. 보건복지부는 최근 「담배사업법」 개정의 후속조치로서 「국민건강증진법」상 담배에 관한 규정을 안내하면서, 담배 제조업자 및 수입판매업자, 소매인, 흡연자들이 이를 준수하여 줄 것을 당부하였다.

「국민건강증진법」상 담배에 대한 규제는 「담배사업법」에서 정의한 담배가 대상이다. 개정 전 「담배사업법」 제2조 제1호에서는, "연초의 잎을 원료의 전부 또는 일부로 하여 피우거나, 빨거나, 증기로 흡입하거나, 씹거나, 냄새 맡기에 적합한 상태로 제조한 것"을 담배로 정의해 왔다. 따라서 연초의 잎이 아닌 부분 또는 합성니코틴을 원료로 한 담배제품은 「국민건강증진법」에 규정해 놓았던 담배에 관한 조항들을 적용받지 않았다. 그러나 2026년 4월 24일 「담배사업법」 개정안 시행 이후부터는, 그 원료를 '연초나 니코틴'으로 하는 것까지 담배에 포함된다. 개정안 시행과 함께 '연초의 잎'에서 유래하지 않은 제품들 역시 연초의 잎 소재 담배와 동일하게 「국민건강증진법」상 규정이 적용된다.

1988년 「담배사업법」이 제정된 이후 37년 만에 담배의 정의를 확대하는 이번 법 개정을 통해, 정부는 그동안 규제의 사각지대에 놓여 있었던 신종담배까지 빠짐없이 관리할 수 있게 되었다. 그동안 합성니코틴 소재 액상형 전자담배는 제한 없이 광고를 할 수 있었으며 온라인·오프라인을 통해 무분별하게 판매되는 등 특히 청소년의 건강을 위협하는 요인들 중 하나로 지적되어 왔다. 이번 담배 정의 확대를 통해 합성니코틴 담배제품에 대해 포괄적으로 관리할 수 있게 되어, 담배의 위해로부터 국민의 건강을 보다 폭넓게 보호할 수 있게 되었다.

정부는 담배 정의 개정에 따라 새로이 적용되는 규정들을 널리 알리기 위해, 「담배사업법」 개정안 국회 본회의 통과 후 보도자료를 배포(2025년 12월 2일, 관계부처 합동)하고 언론사를 대상으로 적극 홍보하고 있다. 또한 2026년 제도 변경 안내서(2026년부터 이렇게 달라집니다)를 통해서도 담배 정의 확대를 소개하였다(2025년 12월 31일, 관계부처 합동). 최근에는 담배 제조업자 및 관련 협회를 대상으로 "담배 유해성 관리 정책설명회"(2026년 1월 15일, 보건복지부·식품의약품안전처)를 개최하여 개정안 내용을 설명한 바 있다.

이번 「담배사업법」 개정으로 새롭게 담배에 포함되는 제품들이 적용받는 「국민건강증진법」상 규제는 다음과 같다. 먼저, 담배 제조업자 및 수입판매업자는 담뱃갑포장지와 담배에 관한 광고에 건강경고(경고그림, 경고문구) 내용*을 표기해야 한다(법 제9조의2). 또한 담배에 관한 광고는 잡지 등 정기간행물에 게재(품종군별로 연 10회 이내, 1회당 2쪽 이내)**, 행사 후원(제품 광고 금지)**, 소매점 내부와 국제항공기·국제여객선 내에만 제한적으로 허용된다.

* 담뱃갑 건강경고 관련 자세한 내용은 "제5기 담뱃갑 경고그림 및 경고문구 표기 매뉴얼" 참고 [한국건강증진개발원 누리집
  (https://www.khepi.or.kr) → 자료실 → 지침/교육자료]
** 여성·청소년을 대상으로 하는 경우 잡지 등 정기간행물 광고 및 행사 후원 금지

광고에는 담배의 품명·종류·특징을 알리는 것 외의 내용, 흡연을 권장·유도하거나 여성·청소년을 묘사하는 내용, 경고문구에 반하는 내용, 국민 건강과 관련하여 검증되지 않은 내용을 포함할 수 없다(법 제9조의4). 그리고 담배에 가향물질을 포함하는 경우, 이를 표시하는 문구·그림·사진을 제품의 포장이나 광고에 사용할 수 없다(법 제9조의3). 건강경고 또는 광고에 대한 규제를 위반할 경우 1년 이하의 징역 또는 1천만 원 이하의 벌금이 부과될 수 있으며(법 제31조의2), 가향물질 표시 금지에 대한 규제를 위반할 경우 500만 원 이하의 과태료가 부과될 수 있다(법 제34조). 또한, 담배 자동판매기는 「담배사업법」에 따라 설치장소·거리기준 등 요건을 갖추어 소매인 지정을 받은 자만 설치할 수 있다. 담배 자동판매기는 19세 미만 출입금지 장소, 소매점 내부, 흡연실(19세 미만인 자가 담배 자동판매기를 이용할 수 없는 경우로 한정) 외 다른 장소에는 설치할 수 없으며, 성인인증장치를 부착해야 한다(법 제9조).

그리고 담배에 대한 광고물은 소매점 외부에 광고내용이 보이게 전시 또는 부착할 수 없다(법 제9조의4). 담배 자동판매기에 대한 규제를 위반할 경우 500만 원(설치기준 위반) 또는 300만 원(성인인증장치 미부착) 이하의 과태료가 부과될 수 있으며(법 제34조), 광고에 대한 규제를 위반할 경우 1년 이하의 징역 또는 1천만 원 이하의 벌금이 부과될 수 있다(법 제31조의2). 한편, 흡연자는 금연구역에서 모든 담배제품(궐련, 궐련형 전자담배, 액상형 전자담배 등)을 사용할 수 없다(법 제9조). 금연구역에서 담배제품을 사용할 경우 10만 원 이하의 과태료가 부과될 수 있다(법 제34조).

또한 「담배사업법」 개정안이 시행되는 2026년 4월 말부터 담배 소매점, 제조업자·수입판매업자 등을 대상으로 의무 이행 여부를 점검하고, 지방자치단체를 비롯한 관계기관과 협력하여 금연구역 단속도 실시하는 등 확대된 담배의 정의가 현장에 조속히 정착될 수 있도록 할 계획이다.

※ 출처: 보건복지부 보도자료

10 위 자료의 내용을 바탕으로 〈보기〉의 (가), (나), (다), (라)의 상황을 분석한 것 중 적절하지 않은 것은?

┌─ 보기 ┌
(가) A사는 신제품 포장에 소비자 유인을 위해 '천연 딸기향 첨가'라는 문구와 이미지를 인쇄하여 유통하였다.
(나) B사는 2026년 5월, 합성니코틴 액상형 전자담배를 출시하며 패션지에 해당 제품 광고를 2쪽 분량으로 게재하였다.
(다) C씨는 2026년 6월, 금연구역 내에서 합성니코틴 소재의 전자담배를 사용하다 단속반에 적발되었다.
(라) D사는 2026년 4월 새로운 합성니코틴 소재 액상형 전자담배 제품 출시를 앞두고 대대적인 광고를 기획 중이다.

① (가)의 행위는 「국민건강증진법」상 가향물질 표시 금지 규정 위반에 해당하며, 이에 따라 500만 원 이하의 과태료가 부과될 수 있다.
② (나)의 합성니코틴 제품은 개정법 시행에 따라 담배로 의제되므로, 패션지에 해당 제품의 광고를 게재하는 행위는 동법에 따른 담배 광고 금지 규정의 적용 대상이자 처벌 대상이다.
③ (다)의 C씨는 해당 제품이 연초의 잎에서 유래하지 않았음을 근거로 규제 제외를 주장할 수 없으며, 단속 시 10만 원 이하의 과태료 처분을 받는다.
④ (라)의 합성니코틴 소재 액상형 전자담배는 개정안 시행 전에는 제한 없이 광고할 수 있었으나, 개정안이 시행되는 2026년 4월 말부터는 이러한 규제의 사각지대가 해소된다.

11 위 자료에 명시된 법령 위반 시 과태료 규정을 바탕으로, 〈보기〉의 ㉠, ㉡, ㉢ 상황에서 부과될 수 있는 과태료의 최댓값의 총합을 구하면?

┌─ 보기 ┌
2026년 5월, 담배 소매인 甲은 운영 중인 매장 내에서 다음과 같은 행정 지도를 받았다.
㉠ 매장 내 흡연실에 성인인증장치가 부착되지 않은 담배 자동판매기를 설치하여 운영함
㉡ 신제품 담뱃갑 포장에 가향물질(포도향)을 나타내는 문구와 이미지를 표기하여 진열함
㉢ 매장 내 금연구역에서 액상형 전자담배를 사용하다가 단속반에 적발됨

① 510만 원   ② 800만 원
③ 810만 원   ④ 1,510만 원

[12~13] 다음 보도자료를 보고 이어지는 물음에 답하시오.

◆ (신경차단술) 통증을 유발시키는 신경과 주위조직에 국소마취제와 스테로이드 등 치료 약물을 주입하여 통증신호를 보내는 신경 전달 통로를 차단하는 방법으로, 통증을 줄이고 신경 주변의 염증, 부종을 개선하는 치료 방법이다.

◆ (부작용 및 후유증) 감염, 출혈, 시술 부위의 일시적인 통증 증가, 혈관 천자, 추간판 천자, 약물의 혈관 내 주입, 신경 손상, 이상 감각, 효과 없음 등의 부작용이 드물게 발생할 수 있으며 각 부작용에 따라 약물투여, 추가적인 시술이나 수술, 입원 등이 필요할 수 있다.

(출처 : 서울대학교병원 의학정보)

※ 신경차단술은 진료비 증가율이 높은 항목으로 심평원에서 관리하는 선별집중검사 대상항목(2023년~)

국민건강보험공단은 2020년부터 2024년까지 최근 5년간 요양기관에서 시행된 신경차단술 현황을 분석한 결과, 동일 기간의 건강보험 총 진료비의 증가경향보다 크게 증가하였다고 밝혔다. 2024년 신경차단술을 받은 수진자는 965만 명으로 총 6,504만 건의 시술을 받았고, 그에 따른 진료비는 3조 2,960억 원이 지출되어 2020년 1조 6,267억 원에 비해 5년간 2.03배 증가하였다. 이러한 증가 수준은 건강보험 총 진료비가 2020년 86.7조 원에서 2024년 116.2조 원으로 5년간 1.34배 증가한 것보다 훨씬 더 큰 폭으로 증가한 것이다.

[표 1] 신경차단술 현황

(단위 : 억 원)

연도	총 진료비	전년대비 증감률	신경차단술 진료비	전년대비 증감률
2020	867,139	0.70%	16,267	15.21%
2021	954,376	10.06%	19,583	20.38%
2022	1,058,586	10.92%	23,414	19.56%
2023	1,108,029	4.67%	28,124	20.12%
2024 ('20년 대비)	1,162,375 (1.34배)	4.90%	32,960 (2.03배)	17.19%

요양기관 종별로 최근 5년간 신경차단술 진료비 증가를 확인한 결과, 상급종합병원을 제외한 모든 요양기관 종별에서 증가하였고, 특히 의원급은 5년간 216.6%(2.16배)로 가장 크게 증가하였으며, 점유율의 경우 모두 종별에서 감소한 반면, 의원급은 2020년 83.6%에서 2024년 89.4%로 5.8%p 증가하였다.

[표 2] 요양기관 종별 신경차단술 진료비 및 점유율

(단위 : 억 원, %, %p)

구분	종별	2020(a)	2021	2022	2023	2024(b)	증가(b/a)
진료비	합계	16,267	19,583	23,414	28,124	32,960	202.6%
	상급종합병원	269	298	300	311	275	102.1%
	종합병원	550	579	600	642	720	131.0%
	병원급	1,843	1,992	2,057	2,214	2,500	135.7%
	의원급	13,606	16,715	20,457	24,956	29,465	216.6%
점유율	합계	100%	100%	100%	100%	100%	(증감)
	상급종합병원	1.7%	1.5%	1.3%	1.1%	0.8%	−0.8%p
	종합병원	3.4%	3.0%	2.6%	2.3%	2.2%	−1.2%p
	병원급	11.3%	10.2%	8.8%	7.9%	7.6%	−3.7%p
	의원급	83.6%	85.4%	87.4%	88.7%	89.4%	5.8%p

현재 건강보험 급여가 적용되는 8종 신경차단술별 시행건수를 분석한 결과, 2024년 전체 신경차단술 시행건수는 6,504만 건이며 2020년 3,820만 건 대비 1.70배 증가한 것을 확인하였다. 2024년에 가장 많이 시행한 신경차단술은 '척수신경총, 신경근 및 신경절차단술(분류번호 바25)'로 3,060만 건이 시행되었으며, 이는 2020년 1,390만 건 대비 5년간 2.20배 증가한 것이며, 최근 5년간(2020~2024년) 증가가 가장 큰 신경차단술은 '뇌신경 및 뇌신경말초지차단술(분류번호 바23)'로 2020년 11만 건에서 2024년 25만 건으로 2.34배 증가하였다.

[표 3] 신경차단술 분류별 시행건수

(단위 : 만 건)

분류번호	명칭	2020(a)	2021	2022	2023	2024(b)	증가(b/a)
	합계	3,820	4,390	5,015	5,810	6,504	170.3%
바21	지주막하 신경차단술	0.04	0.07	0.03	0.01	0.02	41.3%
바22	경막외 신경차단술	788	810	838	852	883	112.1%
바23	뇌신경 및 뇌신경말초지차단술	11	12	17	21	25	234.1%
바24	척수신경말초지차단술	1,614	1,824	2,018	2,277	2,515	155.8%
바25	척수신경총, 신경근 및 신경절차단술	1,390	1,726	2,123	2,638	3,060	220.2%
바26	교감신경총 및 신경절차단술	10	10	11	12	12	123.3%
바27	지속적 말초신경 및 신경총 통증(자가)조절법	7	9	8	9	8	119.8%
버51	전척추블록	0.01	0.00	0.00	0.01	0.00	32.2%

※ 출처 : 국민건강보험공단 보도자료

12 위 자료의 내용과 일치하는 것은?

① 2024년 건강보험 총 진료비 중 신경차단술 진료비가 차지하는 비중은 2020년 비중과 비교했을 때 약 2.03배 증가하였다.

② 신경차단술은 국소마취제와 스테로이드 등을 활용해 통증 전달 통로를 차단하는 방식으로, 진료비 증가율이 높아 2023년부터 심평원의 '선별집중점검 대상항목'으로 관리되고 있다.

③ 신경차단술 진료비의 전년 대비 증감률은 2021년 이후 2024년까지 3년 연속으로 하락하는 추세를 보이고 있다.

④ 신경차단술은 시술 후 감염, 출혈 등의 부작용 시 약물 투여나 추가 시술이 권장되며, 특히 효과가 없는 경우에는 증상 개선을 위해 국소마취제의 투여량을 늘려야 한다.

13 위 자료에 제시된 최근 5년간 신경차단술 진료 현황에 대한 이해가 바른 것을 〈보기〉에서 모두 고르면?

보기

㉠ 건강보험 급여가 적용되는 8종 신경차단술 중 2021년과 2024년 시행건수가 두 번째로 많은 시술은 '척수신경총, 신경근 및 신경절차단술'로 동일하다.

㉡ 2024년 기준 '의원급'의 신경차단술 진료비는 약 2.9조 원으로, 이는 같은 해 전체 신경차단술 진료비의 85% 이상이며, 이는 2020년 점유율에 비해 5.8%p 상승한 것이다.

㉢ 최근 5년간 8종의 신경차단술 중 시행건수의 증가율이 가장 큰 항목은 '뇌신경 및 뇌신경말초지차단술'이며, 2024년 단일 항목으로 가장 많이 시행된 항목은 '척수신경총, 신경근 및 신경절차단술'이다.

㉣ 병원급 요양기관의 신경차단술 진료비는 2020년 대비 2024년 1,000억 원 이상 늘어났다.

---

① ㉠, ㉡ 　　　　　　　　② ㉡, ㉣

③ ㉠, ㉢ 　　　　　　　　④ ㉡, ㉢

[14 ~ 15] 다음 글을 읽고 이어지는 물음에 답하시오.

고려 때 번성했던 상감청자의 뒤를 이어 고려 말에 등장한 분청사기는 조선 중기 이전까지 약 200년 동안 널리 쓰였다. 우리나라 도자기 중에서 가장 순박하고 서민적인 도자기였고, 일상에서 사용한 용기라고 보기 힘들 정도로 예술적 조형미도 매우 빼어났다. 고려 말 퇴락해 가던 상감청자에서 탄생해 실용적 목적으로 사용되었던 분청사기는 어떻게 해서 상감청자와 같은 예술성을 얻게 되었을까? 분청사기의 역사적 형성 과정을 살펴보면 해답의 실마리를 찾을 수 있다. 고려 말까지는 국가에서 도자의 생산과 유통을 주관하였다. 서남해안 일부 지역에 설치되었던 관요(官窯)에서는 국가의 강력한 보호와 규제 속에 상감청자 등을 만들고 있었다. 이 도자들은 왕실과 사원, 귀족층을 위한 제품으로 규제 덕분에 품질이 일정했다. 국가의 철저한 감독 아래 도공들은 독점적 생산자로서 지위를 가질 수 있었지만, 동시에 신분의 구속과 강력한 규제를 받아야만 했다.

14세기 후반 고려 왕조가 쇠락해지자 도공들은 정치적 혼란과 왜구의 침입을 피해 살 길을 찾아 전국 각지로 흩어지게 되었다. 이 과정에서 전국적으로 민간 가마터인 민요(民窯)가 만들어졌다. 민요의 등장은 상감청자가 근본적으로 쇠퇴하는 계기가 되었다. 또한 도자기 수요가 서민층으로까지 확대되기 시작하면서 저렴한 생활 용기들을 제작하는 환경으로 바뀌었다.

환경은 바뀌었지만 당시의 상황에서는 새로운 기술을 도입하고 개발할 수가 없는 데다가 이전에 사용하던 재료들을 구하기 쉽지 않았기 때문에 제품의 질이 일정하지 못하고 전반적으로 나빠지는 문제가 발생하였다. 하지만 도공들은 숙련된 제조 기술로 지역 특성에 맞는 질 좋은 제품들을 만들어 냈으며, 차츰 전통적인 도자 기술에서 벗어나 새로운 방식의 분장 기법들을 시도하기 시작했다. 이렇게 새로 만들어진 제품들은 상감청자의 전통을 이어나가기는 했지만, 더 이상 상감청자와는 같지 않았다. 분청사기라는 새로운 전통 도자기 양식이 탄생한 것이다.

각 지방에서 유명한 분청사기들은 왕실이나 관에서 사용되기도 했다. 뛰어난 제품들은 공물로 중앙으로 보내지기도 했다. 그런데 대다수가 품질이 떨어지거나 중간에서 착복해서 사라지는 일이 발생하게 되자, 세종 3년부터 진상하는 분청사기 제품의 밑면에 장명(匠名)을 쓰게 했다. 이 조치로 인해 다시금 도자기 생산의 품질 관리가 가능하게 되었고, 도공들은 숙련된 전통의 경험 위에 그들 나름대로의 독특한 장인 정신을 펼칠 수 있었다. 이 과정에서 분청사기는 기능적이면서도 심미적인 조형미를 갖춘 예술 형식으로 발전해 갔다.

14 윗글의 분청사기에 관한 설명 중 적절하지 않은 것은?

① 각 지방의 민간 가마터에서 생산되었다.
② 고려 말에 등장하여 조선 중기 전까지 많이 만들어졌다.
③ 고려의 상감청자를 계승하였다.
④ 특정 계층을 위해 주로 생산하였다.

15 윗글의 제목으로 가장 적절한 것은?

① 분청사기의 탄생과 발전과정
② 분청사기의 특징
③ 전통 도자 양식의 종류
④ 분청사기와 상감청자의 공통점

[16~17] 다음 보도자료를 보고 이어지는 물음에 답하시오.

2026년 1월부터 국민연금, 기초연금 수급자는 2.1% 인상된 급여액을 받을 예정이다. 보건복지부는 2026년 1월 9일, 국민연금공단 강남 사옥에서 2026년 제1차 국민연금심의위원회를 개최하여 국민연금 급여액 인상, 2026년 기준소득월액 상·하한액 조정 등을 의결하였다. 이 날 위원회에서 결정된 사항은 다음과 같다.

□ 국민연금 급여액 인상 및 재평가율 산정
2026년 국민연금 기본연금액 및 부양가족연금액을 전년도 소비자물가상승률(2.1%, 국가데이터처 발표)을 반영하여 인상하였다. 이에 따라 2026년 1월 현재 국민연금을 받고 있는 수급자 약 752만 명(2025. 9월 기준)이 1월부터 2.1% 오른 연금액을 지급받는다. 또한, 2026년 국민연금 신규 수급자의 급여액 산정을 위해 필요한 '재평가율'을 결정하였다. '재평가율'은 수급자의 과거 가입기간 중 소득을 연금 수급개시 시점의 현재가치로 환산하는 지수*로, 매년 관련 법령에 따라 위원회 심의를 거쳐 보건복지부장관이 재조정하여 고시하고 있다.
* (예) 1988년도 재평가율은 8.528로, 1988년 소득이 100만 원이었다면 8.528을 곱하여 2025년 현재가치로 재평가하여 852만 8천 원을 기준으로 2026년 연금액 산정

□ 2026년 기준소득월액 상·하한액 조정
연금보험료와 연금액을 산정하는 기준이 되는 기준소득월액의 상·하한액을 조정하였다. 기준소득월액 상·하한액은 연금보험료와 연금액을 산정하는 기준이 되는 최고·최저소득*으로, "국민연금 전체 가입자의 최근 3년간 평균소득(A값) 변동률"을 반영하여 매년 결정된다.
* (예) 기준소득월액 상한액 659만 원인 경우 → 월 소득이 700만 원인 가입자도 최대 659만 원을 기준으로 결정되는 보험료 납부

국민연금 전체 가입자의 최근 3년간 평균소득(A값)이 2025년 대비 3.4% 증가함에 따라, 2026년도 기준소득월액 상한액은 637만 원에서 659만 원으로, 하한액은 40만 원에서 41만 원으로 각각 변경된다. 다만, 해당 소득 구간에 속하지 않는 대부분의 가입자(전체 가입자의 86%)는 상·하한액 조정에 따른 영향을 받지 않는다.

□ 사업장가입자 기준소득월액 결정 특례 제도 연장
전년 대비 소득변화가 큰 근로자에 대해 연도 중에 기준소득을 변경하여 현재 소득에 맞는 보험료를 납부할 수 있도록 하는 기준소득월액 결정 특례 제도*를 3년 연장(고시 존속기간 연장)하여 운영할 계획이다.
* 전년 대비 당해 소득이 20% 이상 변경되는 경우, 기준소득을 당해연도 소득으로 변경 신청 가능하도록 하는 제도

보건복지부는 위원회 결정 내용을 반영하여 관련 고시를 개정하고, 재평가율 및 연금액 인상은 2026년 1월에 지급되는 연금부터, 기준소득월액 상·하한액 조정은 7월부터, 기준소득월액 결정 특례 제도 연장은 발령한 날부터 각각 적용할 계획이다. 한편, 기초연금 기준연금액 역시 기초연금법에 따라 전년도 소비자물가상승률 2.1%를 반영하여, 2025년 34만 2,510원에서 2026년 34만 9,700원으로 늘어난다. 2026년 기초연금을 받는 약 779만 명의 어르신들은 2026년 1월부터 인상된 기초연금액을 지급받게 되며, 기초연금 기준연금액의 인상을 위해 관련 고시를 1월 중 개정할 계획이다.

기초연금 기준연금액

구분(가구)	'25년	'26년	증가액(증가율)
노인 단독	34만 2,510원	34만 9,700원	7,190원(2.1%)
노인 부부	54만 8,000원	55만 9,520원	1만 1,520원(2.1%)

※ 출처 : 보건복지부 보도자료

16 위 자료의 '국민연금·기초연금 급여 및 기준액 조정'에 대한 설명으로 옳은 것을 〈보기〉에서 모두 고르면?

> **보기**
> ㉠ 2026년 1월부터 국민연금과 기초연금 수급자 중 평균소득 하위 가구에 한하여, 최근 3년간 평균소득 변동률이 반영된 최대 3.4%의 인상된 급여액이 지급된다.
> ㉡ 재평가율은 가입자의 과거 소득을 수급 개시 시점의 가치로 환산하는 지수로, 1988년 소득이 100만 원인 경우 2026년 연금액 산정 시 약 852만 8천 원을 기준으로 한다.
> ㉢ 2026년 국민연금 기준소득월액 상한액과 하한액은 전년 대비 각각 22만 원, 1만 원 인상되며, 이는 전체 가입자의 최근 3년간 평균소득 변동률이 반영된 수치이다.
> ㉣ 보건복지부는 국민연금심의위원회 결정에 따라 재평가율 및 연금액 인상, 기준소득월액 상·하한액 조정, 기초연금 기준연금액 인상을 모두 2026년 1월부터 적용한다.

① ㉠, ㉡　　　　　　　　　　② ㉠, ㉢
③ ㉡, ㉢　　　　　　　　　　④ ㉢, ㉣

17 위 자료를 바탕으로 분석한 내용 중 옳은 것은?

① 기준소득월액 결정 특례 제도는 전년 대비 당해 연도 소득 변화가 20% 이상 발생한 경우에 한하여 현행 고시상의 존속 기한 내에서 신청이 가능하다.
② 2026년 기준소득월액 상한액이 조정되면, 월 소득이 700만 원인 가입자의 경우 기존보다 41만 원 높은 기준소득월액에 대해 보험료를 추가 납부한다.
③ 전년 대비 2026년 기초연금 기준연금액 증가율은 노인 부부 가구가 노인 단독 가구보다 높다.
④ 기준소득월액 상·하한액이 조정되어도 대부분의 가입자는 이에 대한 영향을 받지 않으며, 다만 이 조정으로 인해 기준소득월액 결정 특례 제도가 연장되었다.

[18~19] 다음 글을 읽고 이어지는 물음에 답하시오.

대한민국 범죄 역사상 가장 유명한 미제사건으로 꼽히던 '화성연쇄살인사건'의 용의자는 사건이 발생한 지 33년 만에 특정되었다. 용의자 특정에 가장 혁혁한 공을 세운 것은 다름 아닌 그동안 보관되고 있었던 과거의 증거품이 었다. 사건 당시에는 지금과 같이 DNA 기술이 발전하지 않아 증거품을 통해 용의자를 특정하는 것이 매우 어려운 상황이었으나, 오래된 증거품에서 발견한 DNA를 통해 용의자를 특정한 사례를 통해 현대의 과학 기술에 대한 기 대로 경찰이 다시 국립과학수사연구원에 사건 현장에서 수집한 증거품에 대한 재감식을 맡긴 것이다.

재감식을 통해 국과수는 전체 화성 사건 중 5, 7, 9차 사건의 증거품에서 동일인의 DNA를 얻는 데 성공했다. 나아 가 국과수는 채취된 DNA 정보가 현재 복역 중인 한 수감자의 유전정보와 일치한다는 사실도 추가로 알아냈다. 대한민국 검찰은 살인·성폭력 등 재범 위험성이 높은 11개 범죄군의 형 확정자를 포함한 범죄자 16만 9,180명의 DNA 정보를 보유하고 있는데, 이를 새롭게 채취한 DNA 정보와 대조한 것이다.

DNA가 가장 확실한 증거로 활용되는 이유는 사람마다 각기 고유한 염기서열 부위를 가져 구분이 가능하기 때문인 데, 1984년 영국의 유전학자인 알렉 제프리스에 의해 염기서열이 반복되는 부위를 포함하는 DNA의 부위가 발견되 었다. 인류 최초로 '유전자 지문'이라는 표현을 사용하기도 한 알렉 제프리스는 사람마다 염기서열이 반복되는 숫자 가 다르다는 사실을 확인하기도 했다. 이후 인위적으로 유전자를 증폭하는 중합효소연쇄반응(PCR) 기술까지 개발 되면서 작은 DNA 증거만으로도 이를 수만 배 이상 불려 특정 DNA와 비교할 수 있게 되자 유전자분석은 더욱 꽃을 피우게 되었다. 범죄수사 활용을 위한 DNA 채취를 위해서는 사건 현장에서 육안 관찰이 끝난 증거물에 묻어 있는 흔적이 실제로 혈흔, 정액 등인지의 여부를 판단하기 위해 예비실험을 거치게 되며, 이후 증거물을 알맞은 크기로 절단하고 DNA를 분리한 다음 PCR를 통해 유전자를 증폭하고 전기영동을 거쳐 감정물의 유전자형을 결정 하는 등의 다양한 유전자분석 단계를 거친다.

초기 범죄 수사에서 사용되던 DNA 분석 방식은 시료의 양이 적거나 부패되면 분석이 거의 불가능했지만, 범죄 수사에서 중합효소연쇄반응 기술인 PCR 기법이 적극적으로 활용되면서 DNA 분석 범위도 확대되었다. ㉠ <u>PCR 기법</u>을 통해 유전자를 증폭시키고, 2~5개 짧은 염기서열이 반복적으로 나타나는 부위에 대한 짧은 반복서열(Short tendem repeat · STR)이 범죄 수사에서 적극적으로 활용되기 시작하면서 기존의 방법으로는 불가능했던 부위까 지 분석이 가능해졌다. 짧은 반복서열의 반복되는 수가 각 개인마다 서로 다르게 나타나 개인 식별에 용이할 뿐만 아니라 분석 부위가 짧고 반복되는 염기가 2~4개로 매우 적어 분석이 용이하고 자동화하는 데 매우 유리하다는 장점이 있다.

경우에 따라 범죄수사에서 미토콘드리아 DNA 분석법을 활용하기도 하는데, 미토콘드리아 DNA 분석에서는 STR 분석과는 달리 핵 외에 존재하는 미토콘드리아상의 DNA를 분석한다. 약 1.65kb 정도로 매우 작은 원형의 DNA인 미토콘드리아 DNA는 사람마다 변이가 심한 초변이 영역으로 불리는 HV1 및 HV2 부위로 구성되며, 핵 DNA와는 달리 모계 유전되는 유전자이기 때문에 DNA를 대조할 부모가 없이 형제자매만 있는 경우에도 신원을 확인할 수 있다. 또한 세포 하나에 많은 복제수를 가지고 있고, 작은 원형의 유전자이기 때문에 STR 분석이 어려운 치아나 뼈와 같은 시료의 분석에도 효과적으로 활용된다.

18　윗글의 중심 내용으로 가장 적절한 것은?

① 장기 미제사건 해결에 혁혁한 공을 세운 DNA 기술
② 범죄수사에서 적극적으로 활용되는 DNA 분석 기술
③ 범죄수사를 위한 DNA 채취·분리 세부 과정
④ 대한민국 검찰의 검거율 향상을 위한 범죄자 DNA 수집

19 윗글의 밑줄 친 ㉠에 대한 설명으로 옳은 것은?

① 인위적으로 유전자를 증폭시킬 수 있게 되면서 작은 DNA 증거만으로도 DNA 분석이 가능해졌다.

② 모계로 유전되는 DNA의 특성상 채취된 DNA와 비교할 대상의 범위가 다소 좁아지더라도 DNA 대조가 가능하다.

③ 분석대상이 되는 짧고 반복되는 염기가 2~4개로 매우 적어 분석이 용이하고 자동화하는 데 유리하다.

④ 시료의 양이 적을 경우 분석이 거의 불가능하다.

20 다음 외용약 사용법의 내용에 해당하지 않는 것은?

외용약 사용법

☐ **점이제 사용법**
- 사용할 약이 현탁액일 경우 먼저 충분히 흔들어 준다.
- 머리를 옆으로 기울여, 약을 넣는 쪽으로 귀가 위로 향하게 한다.
- 지시하는 양만큼 귀 내부로 떨어뜨린다.
※ 주의사항 : 약 2~3분간 손으로 쥐어 약액을 체온과 가까운 상태로 하는 것이 좋다.

☐ **안약/안연고 사용법**
- 사용 전에 반드시 손을 깨끗이 씻는다.
- 눈을 위로 향하게 하고 아래쪽 눈꺼풀을 살며시 밑으로 잡아당긴다.
- 안약을 지시된 양만큼 넣는다.
※ 주의사항 : 2종류 이상의 안약을 사용할 경우에는 약효가 충분히 발휘될 수 있도록 5분 간격을 두고 투여한다.

☐ **흡입약 사용법**
- 뚜껑을 벗기고 용기를 세게 흔들어 약물이 잘 섞이게 한다.
- 천천히 그리고 충분히 숨을 쉰다.
- 흡입구를 입안에 넣고 약이 새어나가지 않도록 입에 꼭 문다.

☐ **항문, 질좌약 사용법**
- 사용 전에 손을 깨끗이 씻는다.
- 좌약의 뾰족한 부분이 앞쪽으로 가도록 한 후, 항문 또는 질 내에 깊이 삽입한다.
- 좌약이 몸의 바깥으로 나오지 않도록 약 20분간 같은 자세를 유지한다.

---

① 약은 반드시 지시된 양만큼만 투여해야 한다.
② 2종류 이상의 안약을 투여할 때는 시간 차를 두고 사용한다.
③ 좌약을 삽입할 시 좌약의 모양에 유의해야 한다.
④ 점이제는 온도가 높을수록 약효가 좋다.

[21~22] 다음은 2025년 A~E 도시의 가습기살균제 노출시간별 호흡기 질환 발병률에 관한 자료이다. 이를 보고 이어지는 물음에 답하시오.

2025년 A~E 도시의 가습기살균제 노출시간에 따른 성별 호흡기 질환 발병률

(단위 : %)

가습기살균제 노출시간 / 성별 / 도시	1시간		2시간		3시간		4시간	
	남성	여성	남성	여성	남성	여성	남성	여성
A	3.80	2.30	4.60	3.00	5.90	3.60	8.80	6.00
B	2.70	2.40	3.00	3.80	3.70	5.40	4.30	7.40
C	4.40	2.90	5.90	4.90	6.80	5.40	7.40	5.80
D	4.00	1.20	4.80	1.80	6.20	2.20	7.60	2.50
E	2.40	3.70	3.20	4.60	5.50	7.50	6.30	8.80

21 위 자료에 대한 〈보기〉의 설명 중 옳지 않은 것을 모두 고르면?

> **보기**
> ㉠ A도시의 남성 평균 호흡기 질환 발병률은 D도시의 남성 평균 호흡기 질환 발병률보다 낮다.
> ㉡ C도시의 남성과 여성의 호흡기 질환 발병률 차이는 가습기살균제 노출시간이 1시간일 때가 2시간일 때의 1.5배 이상 2배 미만이다.
> ㉢ E도시의 호흡기 질환 발병률은 남성과 여성 모두 가습기살균제 노출시간이 4시간일 때가 2시간일 때의 2배 이상이다.
> ㉣ B도시의 가습기살균제 노출시간이 1시간 증가할 때, 호흡기 질환 발병률의 증감폭은 남성이 여성보다 크다.

① ㉠, ㉢
② ㉡
③ ㉡, ㉣
④ ㉠, ㉢, ㉣

22 가습기살균제에 5시간 노출되었을 때, A, C 도시의 호흡기 질환 발병률은 4시간 노출 대비 남성과 여성 모두 0.9%p 증가하였고, B, D, E 도시는 남성과 여성 모두 1.3%p 증가하였다. 이때, 가습기살균제에 5시간 노출된 B, D, E 도시 남성의 호흡기 질환 발병률의 합은 A, C 도시 여성의 호흡기 질환 발병률의 합의 몇 배인가? (단, 소수점 둘째 자리에서 반올림하여 계산한다.)

① 1.4배
② 1.5배
③ 1.6배
④ 1.7배

[23~24] 다음은 2021~2025년 노인장기요양보험 청구 현황 및 기관별 노인장기요양보험 청구 진료일수에 관한 자료이다. 이를 보고 이어지는 물음에 답하시오.

2021~2025년 노인장기요양보험 청구 현황

항목 \ 구분 (연도)		2021	2022	2023	2024	2025
청구건수 (천 건)	입원	17,566	17,057	17,034	17,310	18,200
	외래	1,512,947	1,536,438	1,351,127	1,335,904	1,509,041
진료일수 (천 일)	입원	(㉠)	147,658	140,186	138,070	136,781
	외래	(㉡)	1,534,876	1,349,522	1,333,417	1,507,148
진료인원 (천 명)	입원	8,473	8,545	7,836	8,925	8,981
	외래	57,270	57,486	56,655	56,717	58,236
요양급여비용 (억 원)	입원	383,170	411,989	419,458	(㉢)	439,968
	외래	579,018	628,762	629,606	(㉣)	771,615

2021~2025년 기관별 노인장기요양보험 청구 진료일수

(단위 : 천 일)

기관 (연도)	2021	2022	2023	2024	2025
상급종합병원	11,479	9,568	5,545	8,475	9,458
종합병원	23,669	17,579	9,143	13,913	26,271
병원	93,507	94,526	81,415	90,423	98,929
요양병원	70,060	70,102	70,051	70,201	70,962
정신병원	7,501	8,047	6,328	6,055	8,346
의원	638,375	648,168	575,094	565,848	648,630
치과병원	5,227	5,526	5,344	5,460	5,315
치과의원	78,703	82,906	80,973	83,986	84,135
한방병원	7,385	7,743	7,731	8,185	8,270
한의원	96,937	110,805	90,465	98,402	96,115
보건기관 등	20,952	20,412	8,542	6,244	6,166
약국	604,362	607,152	549,077	514,295	581,332
전체	1,658,157	1,682,534	1,489,708	1,471,487	1,643,929

※ 1) 인당 진료일수 $= \dfrac{진료일수}{진료인원}$

2) 일당 진료비 $= \dfrac{요양급여비용}{진료일수}$

23 2021~2025년 노인장기요양보험 인당 진료일수와 일당 진료비는 다음과 같다. 이때, 위 자료의 빈칸 ㉠~㉣에 들어갈 값을 알맞게 짝지은 것은? (단, 소수점 첫째 자리에서 반올림하여 계산한다.)

항목 \ 연도 구분		2021	2022	2023	2024	2025
인당 진료일수 (일/명)	입원	18.61	17.28	17.89	15.47	15.23
	외래	26.20	26.70	23.82	23.51	25.88
일당 진료비 (원/일)	입원	243,000	279,016	299,215	317,072	321,659
	외래	38,589	40,965	46,654	50,923	51,197

	㉠	㉡	㉢	㉣
①	157,683	1,500,447	437,781	679,061
②	157,683	1,500,474	437,781	679,016
③	157,638	1,500,474	437,718	679,061
④	157,638	1,500,447	437,718	679,016

24 위 자료를 바탕으로 만든 그래프 중 옳은 것은?

① 연도별 상급종합병원 진료일수의 전년 대비 증가율

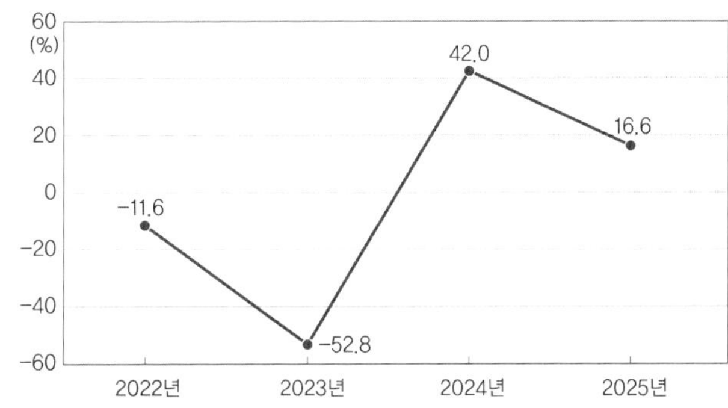

② 2023~2025년 전체 진료일 수 대비 의원, 약국의 비중

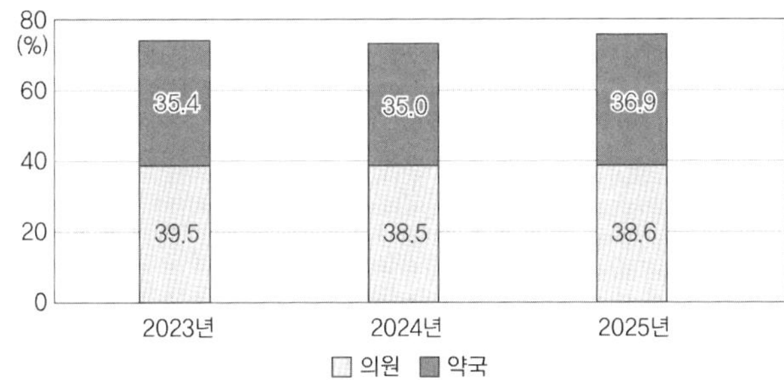

③ 2024년 요양급여비용 중 입원과 외래의 비중

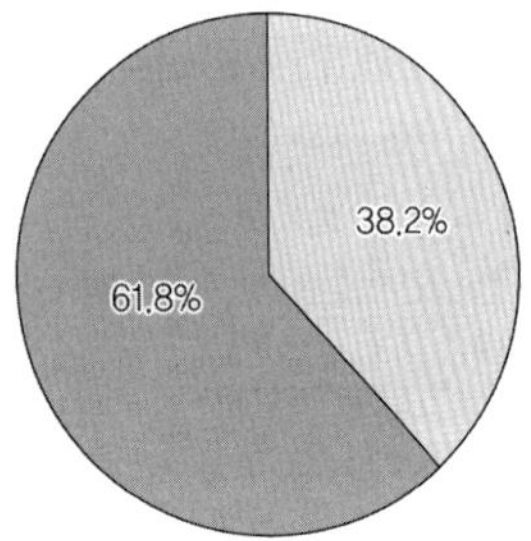

④ 연도별 외래 진료일수의 전년 대비 증가율

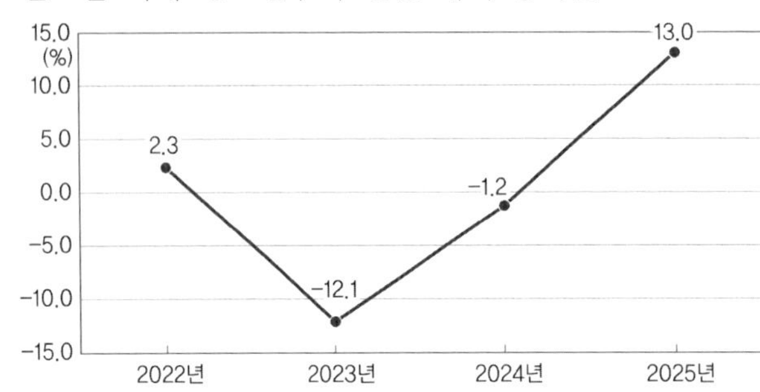

[25 ~ 26] 다음은 2025년 남녀 위염 환자 수를 나타낸 자료이다. 이를 보고 이어지는 물음에 답하시오.

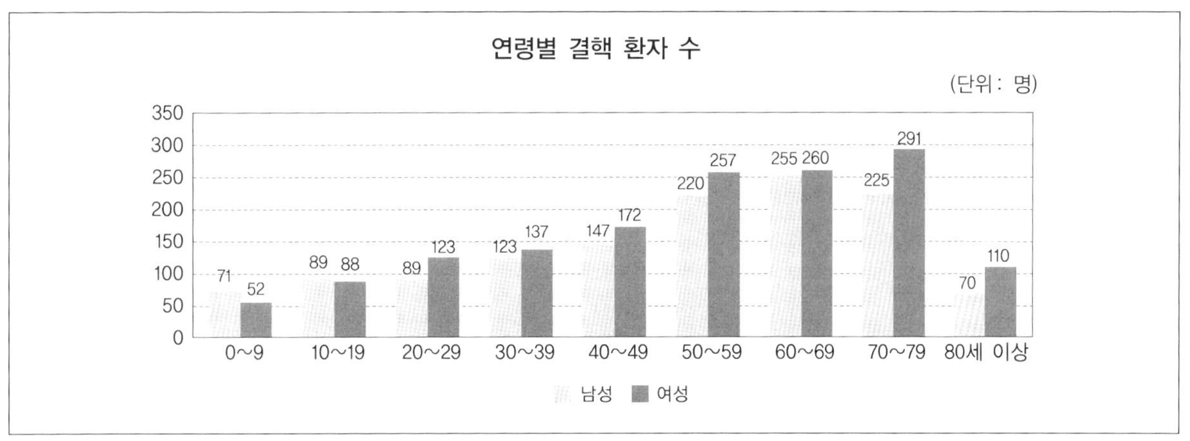

25 전체 남성 결핵 환자 중 70세 이상 환자가 차지하는 비율은 몇 %인가? (단, 소수점 둘째 자리에서 반올림하여 계산한다.)

① 22.0% ② 22.9%
③ 23.8% ④ 24.8%

26 위 자료에 대한 설명으로 옳은 것은?

① 전 연령대에서 여성 환자의 수가 남성 환자의 수보다 많다.
② 남성과 여성 환자 수의 차이가 가장 큰 연령대는 70~79세이다.
③ 남성 환자와 여성 환자의 수는 모두 60~69세 이후부터 줄어들고 있다.
④ 60~69세 남성 환자 수는 80세 이상 남성 환자 수의 4배 이상이다.

[27 ~ 28] 다음은 2024년과 2025년 A시의 국민건강보험공단 민원건수에 관한 자료이다. 이를 보고 이어지는 물음에 답하시오.

2024년과 2025년 국민건강보험공단 월별 민원건수

(단위 : 건)

월 \ 연도	2024	2025
1	11,548	10,743
2	10,072	10,494
3	10,373	13,034
4	10,848	12,326
5	11,788	13,274
6	11,496	13,331
7	12,073	14,870
8	12,095	15,190
9	12,131	14,292
10	12,425	13,790
11	12,233	12,890
12	10,782	12,680

2025년 7~8월 분야별 민원건수

(단위 : 건)

구분		7월	8월
건강보험 자격	지역가입자	1,852	1,925
	직장가입자	3,018	4,277
	피부양자	562	(A)
	사업장	394	400
서비스 유형	신고/신청	227	306
	발급	(B)	934
	조회	56	61
	바로가기	17	10
분야	자격	487	430
	보험료	1,290	1,300
	납부	(C)	1,189
	환급금	48	51
	현금급여	16	18
	현물급여	4	2
	의료비지원	360	340
	본인부담 완화	104	100
	요양비	396	408
대상 유형	임출산	1,078	(D)
	장애인	836	323
	아동/청소년	626	260
	만 65세 이상	1,460	1,215

27 다음 주어진 〈조건〉을 근거로 위 자료의 A~D에 해당하는 값을 바르게 연결한 것은? (단, 소수점 첫째 자리에서 반올림하여 계산한다.)

> **조건**
> - 2025년 8월 '피부양자' 민원건수는 7월 대비 −2.7% 감소하였다.
> - 2025년 7월 '발급' 민원건수는 전체 민원건수의 6.5%를 차지하였다.
> - 2025년 7월 '납부' 민원건수는 8월보다 117건 더 적다.
> - 2025년 8월 '임출산' 민원건수의 비율은 7월 '임출산' 민원건수가 전체 민원건수에서 차지하는 비율과 같다.

	A	B	C	D
①	547	967	1,072	1,094
②	547	967	1,062	1,096
③	542	976	1,072	1,094
④	542	976	1,062	1,096

28 위 자료에 대한 〈보고서〉의 설명 중 옳지 않은 것은?

> **보고서**
> ㉠ 2025년 전체 민원건수는 156,914건으로 전년 137,864건 대비 10% 이상 증가하였다. 2025년 월별 민원건수는 8월에 가장 많았고, 1월을 제외하고 매월 전년 동월 대비 증가하였다. ㉡ 2025년 7~8월은 '직장가입자' 민원건수가 가장 많았고, 다음으로 '지역가입자', '만 65세 이상' 순으로 많았다. 특히, ㉢ 2025년 8월은 민원건수 상위 3개 분야가 전체 민원건수의 50% 이상을 차지하였다. ㉣ 2025년 분기별로는 3분기의 민원건수가 44,352건으로 전체 민원건수의 25% 이상을 차지하며 가장 많았다.

① ㉠, ㉡
③ ㉡, ㉢
② ㉠, ㉢, ㉣
④ ㉡, ㉢, ㉣

[29~31] 다음은 건강보험 적용인구 관련 자료이다. 이를 보고 이어지는 물음에 답하시오.

연도별 · 연령별 건강보험 적용인구 현황

(단위 : 천 명)

구분	2019년	2020년	2021년	2022년	2023년	2024년	2025년
계	50,763	50,941	51,072	51,391	51,345	51,412	51,410
9세 이하	4,519	4,397	4,274	4,149	3,960	3,757	3,537
10대	5,279	5,127	4,973	4,824	4,670	4,606	4,619
20대	6,845	6,893	6,905	6,937	6,899	6,822	6,626
30대	7,675	7,534	7,454	7,332	7,136	7,002	6,923
40대	8,696	8,629	8,441	8,408	8,330	8,238	8,177
50대	8,249	8,327	8,474	8,590	8,575	8,608	8,619
60대	5,185	5,471	5,763	6,137	6,557	6,984	7,247
70대	2,994	3,134	3,251	3,349	3,445	3,490	3,609
80세 이상	1,322	1,429	1,536	1,667	1,773	1,905	2,053

※ 연도말 기준

연도별 재외국민 및 외국인 건강보험 적용인구 현황

(단위 : 명)

구분	2019년	2020년	2021년	2022년	2023년	2024년	2025년
계(c＝a＋b)	883,774	913,150	971,199	1,239,539	1,209,409	1,264,427	1,343,172
－직장	635,295	642,734	664,529	714,323	704,287	689,692	725,843
－지역	248,479	270,416	306,670	525,216	505,122	574,735	617,329
재외국민(a)	20,680	23,259	24,454	27,064	27,068	27,152	27,698
－직장	14,973	16,843	17,472	17,089	16,852	17,182	17,270
－지역	5,707	6,416	6,982	9,975	10,216	9,970	10,428
외국인(b)	863,094	889,891	946,745	1,212,475	1,182,341	1,237,275	1,315,474
－직장	620,322	625,891	647,057	697,234	687,435	672,510	708,573
－지역	242,772	264,000	299,688	515,241	494,906	564,765	606,901

※ 연도말 기준
※ 재외국민 : 해외 영주권 취득 등으로 「해외이주법」상 해외이주를 신고하여 국내에 거주하지 않음이 확인된 사람(「국민건강보험법」
　상 재외국민을 의미하며, 「재외국민법」상 재외국민이 아님)

29　위 자료에 대한 설명으로 옳은 것은?

① 2025년 건강보험 직장가입자 중 외국인의 비율은 7%를 넘는다.
② 2025년 건강보험 재외국민 가입자는 전년 대비 3% 이상 증가하였다.
③ 2021년 건강보험 외국인 지역가입자의 전년 대비 증가율은 2020년의 전년 대비 증가율보다 4%p 이상 높다.
④ 2023년 대비 2025년 기준 건강보험을 적용받는 80세 이상 인구는 약 15.8%, 70대 인구는 약 6.8% 늘어났다.

30 2025년 기준 건강보험 적용인구를 연령대별로 구분했을 때, 전년 대비 감소율이 가장 큰 연령대와 증가율이 두 번째로 큰 연령대를 순서대로 바르게 나열한 것은?

① 20대, 80세 이상　　　　　　　　② 9세 이하, 60대
③ 9세 이하, 70대　　　　　　　　　④ 30대, 60대

31 위 자료로 보아, 〈보기〉의 수치가 큰 순서를 바르게 나타낸 것은?

> **보기**
>
> (A) 2023년 전년 대비 50~60대 건강보험 적용인구 증가율
> (B) 2024년 전년 대비 재외국민 및 외국인 건강보험 적용인구 증가율
> (C) 2020년 전년 대비 재외국민 건강보험 적용인구 증가율

① (A) > (B) > (C)　　　　　　　　② (A) > (C) > (B)
③ (C) > (B) > (A)　　　　　　　　④ (B) > (A) > (C)

[32~33] 다음은 지역별 군병원 외래환자 현황에 대한 자료이다. 이를 보고 이어지는 물음에 답하시오.

2015년 지역별 군병원 외래환자 현황

(단위 : 명)

구분	서울/경기	강원도	충청도	전라도	경상도	합계
현역군인	8	8	15	13	17	61
군무원	11	5	2	7	6	31
사관생도	18	15	14	11	15	73
국가유공자	13	10	7	8	7	45
기타	9	6	3	4	6	28
합계	59	44	41	43	51	238

2025년 지역별 군병원 외래환자 현황

(단위 : 명)

구분	서울/경기	강원도	충청도	전라도	경상도	합계
현역군인	10	8	9	12	13	52
군무원	13	12	10	9	9	53
사관생도	7	7	5	6	16	41
국가유공자	8	9	7	10	9	43
기타	15	11	14	16	13	69
합계	53	47	45	53	60	258

32 위 자료를 보고 A~D가 분석한 내용으로 옳지 않은 것은?

① A : 2015년과 2025년을 비교했을 때 사관생도 수는 경상도만 늘어났군.

② B : 2015년과 2025년을 비교했을 때 군병원 외래환자 중 국가유공자가 차지하고 있는 비중은 2015년 이 더 크다.

③ C : 2015년과 2025년 모두 군병원 외래환자 현황을 봤을 때 충청도가 가장 적군.

④ D : 2015년과 2025년 외래환자 현황에서 현역군인과 군무원은 동일한 증감 추이를 보이고 있군.

33 2015년과 2025년에서 직업별 증감 추이를 볼 때, 다른 증감 추이를 보이는 것은?

① 현역군인 － 국가유공자 　② 군무원 － 기타

③ 사관생도 － 국가유공자 　④ 군무원 － 사관생도

[34~35] 다음은 甲, 乙 지역의 2025년 6~10월 말라리아 발병 현황에 관한 자료이다. 이를 보고 이어지는 물음에 답하시오.

甲지역의 말라리아 발병 현황

(단위 : 명, %, ‰)

구분＼월	6	7	8	9	10	전체
발병	(A)	(B)	1,600	2,400	3,000	(C)
사망	20	20	100	80	180	400
사망률	10.0	2.5	6.3	3.3	6.0	(D)
발병률	1.0	(E)	(F)	(G)	15.0	(H)

乙지역의 말라리아 발병 현황

(단위 : 명, %, ‰)

구분＼월	6	7	8	9	10	전체
발병	600	800	2,400	1,400	600	5,800
사망	(㉠)	50	(㉡)	20	40	(㉢)
사망률	5.0	6.3	2.5	1.4	6.7	(㉣)
발병률	6.0	(㉤)	(㉥)	(㉦)	6.0	(㉧)

※ 1) (해당 월) 사망률(%) $= \dfrac{(\text{해당 월}) \text{ 사망 수}}{(\text{해당 월}) \text{ 발병 수}} \times 100$

2) (해당 월) 발병률(‰) $= \dfrac{(\text{해당 월}) \text{ 발병 수}}{\text{인구수}} \times 1,000$

3) 사람 수는 2025년 6월 기준임

34 위 자료의 A~H의 합과 ㉠~㉧의 합의 차이로 옳은 것은? (단, 소수점 둘째 자리에서 반올림한다.)

① 8,631.6 　　　　② 8,659.6

③ 8,671.6 　　　　④ 8,729.6

35 위 자료에 대한 설명으로 옳은 것은?

① 甲지역의 인구수보다 乙지역의 인구수가 더 많다.

② 2025년 6월 이후 甲지역의 말라리아 발병률은 매월 증가하고 있다.

③ 乙지역의 8월 발병 수는 7월 대비 150% 증가하였다.

④ 전월 대비 11월의 발병 수는 변화 없이 사망 수가 甲지역은 50%, 乙지역은 80% 증가했다면, 甲지역의 11월 사망률은 乙지역의 11월 사망률보다 크다.

[36~38] 다음은 아토피 피부염 환자 진료인원과 진료비에 대한 자료이다. 이를 보고 이어지는 물음에 답하시오.

2025년 아토피 피부염 환자 연령대별 · 성별 진료인원

(단위 : 명)

구분	전체	9세 이하	10대	20대	30대	40대	50대	60대	70대	80세 이상
계	971,116	271,613	150,837	161,711	114,474	91,829	68,219	57,779	34,734	19,920
남성	440,738	142,357	76,351	72,493	42,848	31,080	24,746	24,714	17,158	8,991
여성	530,378	129,256	74,486	89,218	71,626	60,749	43,473	33,065	17,576	10,929

2021년~2025년 아토피 피부염 환자 성별 진료비

(단위 : 백만 원)

구분	2021년	2022년	2023년	2024년	2025년
계	82,329	87,505	96,087	145,592	176,520
남성	44,300	47,054	51,872	85,937	108,226
여성	38,029	40,451	44,215	59,656	68,293

2022년 아토피 피부염 환자 연령대별 · 성별 진료비

(단위 : 백만 원)

구분	전체	9세 이하	10대	20대	30대	40대	50대	60대	70대	80세 이상
계	176,520	19,613	20,645	60,166	33,327	20,836	9,686	6,299	3,815	2,132
남성	108,226	10,673	12,872	40,312	20,462	11,687	5,099	3,587	2,363	1,170
여성	68,293	8,940	7,773	19,854	12,865	9,149	4,587	2,713	1,452	961

36 위 자료에 대한 설명으로 옳은 것을 〈보기〉에서 모두 고르면? (단, 소수점 둘째 자리에서 반올림하여 계산한다.)

> 보기
> ㉠ 2025년 아토피 피부염 여성 환자 중 9세 이하의 비중은 20대와 7%p 이상 차이 난다.
> ㉡ 2025년 남성 아토피 환자의 절반 이상이 10대 이하이다.
> ㉢ 남성 환자와 여성 환자의 2023년 대비 2025년 아토피 피부염 진료비 증가율은 50%p 이상 차이가 난다.
> ㉣ 2025년 20~30대 여성 아토피 환자의 진료비는 같은 연령대 남성 아토피 환자 진료비의 60%에 미치지 못한다.

① ㉠, ㉡, ㉢
② ㉠, ㉢, ㉣
③ ㉠, ㉢
④ ㉡, ㉣

37 2025년 남성과 여성 아토피 환자의 1인당 진료비는 얼마나 차이 나는가? (단, 계산 시 10원 미만은 절사한다.)

① 140,512원
② 132,500원
③ 121,380원
④ 116,790원

38 〈보기〉는 위 자료를 바탕으로 아토피 피부염 환자의 진료비를 분석한 내용이다. 이때, (A), (B)에 들어
갈 수치는 각각 얼마인가? (단, 소수점 둘째 자리에서 반올림하여 계산한다.)

> 보기
>
> 2025년 아토피 피부염 환자의 진료비는 2021년 대비 (　A　)% 증가하였고, 연평균 증가율은 21.0%로 나
> 타났다. 2025년 기준 성별 아토피 피부염 환자의 진료비 구성비를 연령대별로 살펴보면, 20대가 (　B　)%
> 로 가장 많았다. 남성과 여성 모두 20대가 각각 약 403억 원, 약 199억 원으로 가장 많았다.

	(A)	(B)
①	114.2	33.8
②	114.4	34.1
③	114.8	34.6
④	115.1	35.0

[39~40] 다음은 국내 의약품의 상품군별 판매액에 대한 자료이다. 이를 보고 이어지는 물음에 답하시오.

국내 의약품 상품군별 판매금액

(단위: 십억 원)

구분	2022년	2023년	2024년	2025년
합계	440,288	465,004	473,177	475,199
필수의약품	111,056	116,383	117,952	131,358
감염병 관리 의약품	45,864	48,878	49,590	58,423
응급의료 의약품	22,418	25,117	24,905	29,505
보건의료 필수의약품	21,417	20,160	19,845	19,300
재난대응 의약품	7,137	7,547	8,225	10,176
기타 필수의약품	14,218	14,679	15,386	13,952
향정신성의약품	98,164	104,956	105,710	93,301
수면제	58,654	60,917	59,990	49,827
항불안제	14,058	15,407	16,312	12,267
식욕억제제	9,592	10,789	11,277	12,862
기타 향정신성의약품	15,860	17,843	18,129	18,345
생물의약품	231,067	243,664	249,515	250,539
바이오시밀러	105,348	109,543	111,422	121,397
바이오베터	19,762	20,443	21,670	22,972
유전자 재조합 의약품	25,745	29,839	34,670	28,472
세포치료제	6,856	7,252	6,778	6,807
유전자치료제	46,022	49,820	48,424	43,865
기타 생물의약품	27,330	26,765	26,547	27,024

39 위 자료에 대한 설명으로 옳은 것은?

① 조사 기간 중 전년 대비 판매액 합계의 증가율이 가장 큰 해는 2024년이다.
② 2025년에 바이오시밀러 판매액은 수면제, 항불안제의 판매액 합의 2배 이상이다.
③ 기타 상품을 제외한 생물의약품 중 조사 기간 동안 판매액이 지속적으로 증가한 상품군은 3개이다.
④ 2022년에 필수의약품 판매액은 전체 판매액의 25% 이상을 차지한다.

40 감염병 관리 의약품을 제외한 상품군별 판매액 총합이 가장 큰 해와 이때의 판매액을 바르게 연결한 것은?

① 2023년, 약 416조 원   ② 2024년, 약 423조 원
③ 2024년, 약 435조 원   ④ 2025년, 약 417조 원

[41~42] 다음은 일상돌봄 서비스 안내문의 일부이다. 이를 보고 이어지는 물음에 답하시오.

1. 일상돌봄 서비스란

돌봄이 필요한 청·중장년(질병, 부상, 고립 등), 가족돌봄청년과 같이 일상생활에 도움이 필요한 대상에게 재가 돌봄·가사, 식사·영양관리, 심리지원 등 서비스를 통합적으로 제공하여 일상생활의 어려움을 해소하는 서비스이다. 2023년 8월부터 서비스 사업을 도입하여 운영 중이다.

2. 서비스 대상

⑴ 돌봄 필요 청·중장년

　① 일상생활에 돌봄이 필요한 청·중장년(19~64세)

　② 질병, 부상 등으로 일상생활에 어려움이 있는 자(진단서·소견서·장기요양인정서·근로능력판정결과서 등 또는 공공·민간기관의 추천서 필요)

　③ 돌봄을 수행할 가족 등이 없는 자(주민등록상 1인 가구 또는 2인 가구이나 경제활동·장기 부재 등의 사유로 가구원 돌봄이 불가한 자)

　※ 위 세 가지 조건 모두 충족 필요

⑵ 가족돌봄청년

　① 가족을 돌보는 청년(9~39세)

　② 동거하는 가족의 질병, 부상 등으로 돌봄 필요성이 있는 자(진단서·소견서·장기요양인정서·근로능력판정결과서 등 또는 공공·민간기관의 추천서 필요)

　③ 동거 가족을 직접 돌보거나 가족 부양을 위해 경제활동을 하는 자(돌봄 대상 가족과 주민등록상 동거 또는 공공·민간기관 추천서 또는 경제활동을 증명할 재직증명서 등)

　※ 위 세 가지 조건 모두 충족 필요

3. 서비스 내용

⑴ 기본서비스

기본서비스는 가정을 방문하여 제공하는 돌봄·가사 서비스로, 서비스 제공인력이 이용자 가정을 방문해 일정 시간 내에서 재가 돌봄·가사 및 일상 지원 서비스를 탄력적으로 제공하는 서비스이다.

재가 돌봄	세면 등 신체청결, 옷 갈아입히기 등 몸단장 지원, 식사도움, 체위변경, 안전관리 등 신체 수발 지원 및 건강지원 등
가사 지원	청소, 세탁, 식사 준비 등 가정 내 일상생활을 위한 가정환경 마련 ※ 청소 : 청소(가구내 방, 거실, 및 주방, 화장실 한정), 쓰레기 배출, 주거공간 내부정리 ※ 세탁 : 세탁 및 세탁물 수거(다림질 제외) ※ 식사준비 : 식재료 준비와 설거지, 밥하기와 기본 국반찬하기(장보기 제외)
일상 지원	장보기, 은행 방문 등 일상생활을 위한 외출 시 동행하여 이동 지원 및 업무보조 등 제공

⑵ 특화서비스

특화 서비스는 서비스 이용자가 필요로 하는 심리지원, 운동, 교류 증진 등 일상의 부담을 경감하고 회복하기 위한 서비스로, 이용자는 아래 서비스 중 원하는 서비스를 선택하여 이용할 수 있다. (지역별로 제공하는 특화 서비스의 종류가 다르므로 신청 시 확인 필요)

돌봄필요 청·중장년, 가족돌봄청년 대상 특화서비스	
식사·영양관리 서비스	질환 등으로 스스로 식사준비가 어려운 대상에게 맞춤형 식사 지원 및 영양관리
병원 동행 서비스	거동이 불편한 이용자에게 이동 및 동행 보조, 병원 접수·수납 등 지원
심리 지원 서비스	전문가에 의한 맞춤형 심리지원 실시
휴식 지원 서비스	단기 시설보호 지원
소셜 다이닝 서비스	생활에 필요한 요리를 배우고 함께 식사하는 기회를 통해 교류 및 사회참여 증진
돌봄필요 중장년 대상 특화서비스	
교류증진 지원 서비스	지역주민과의 일상적 소통 및 교류 증진
건강생활 지원 서비스	중장년의 일상생활 건강 상담 및 생활운동 프로그램 지원
돌봄필요 청년과 가족돌봄청년 대상 특화서비스	
신체건강 증진 서비스	청년의 근력향상, 체력증진 등 개인 맞춤형 운동 지원
간병 교육 서비스	간병·돌봄 등에 대한 교육 제공
독립생활 지원 서비스	청년 자립기반 조성을 위한 교육 프로그램 제공

4. 서비스 제공 시간

- 기본서비스는 월 12시간~72시간을 이용할 수 있으며, 특화서비스는 이용유형에 따라 최대 2개를 이용할 수 있다.
- 기본서비스는 A형(월 36시간), B-1형(월 12시간), B-2형(월 24시간), C형(월 72시간) 중 선택하여 이용하실 수 있다.

구분		기본 서비스	특화 서비스
돌봄+가사	A형(기본돌봄형)	월 36시간	1개 이용
	C형(추가돌봄형)	월 72시간	−
가사만	B-1형(기본가사형)	월 12시간	2개 이용
	B-2형(추가가사형)	월 24시간	2개 이용
특화만	D형(특화형)	−	2개 이용

※ 이용유형은 최대 이용한도를 의미하므로, 이용자가 특정 서비스를 이용하지 않고자 하는 경우 이용하지 않을 수 있다. 대상자가 본인 부담을 100%로 내고 특화 서비스를 추가로 이용하고자 하는 경우 추가 이용도 가능하다.

5. 서비스 가격

- 기본서비스 가격은 월 216,000원~1,296,000원으로 이용시간에 따라 다르며, 특화서비스 가격은 월 12만~25만 원으로 서비스 종류에 따라 다르다.
- 소득 수준에 따른 대상자 제한은 없으나, 건강보험료 기준 중위소득 구간에 따라 본인부담 차등 부과된다.

일상돌봄 서비스의 본인부담 비율

기준 중위소득	기본 서비스	특화 서비스
기초수급자, 차상위	면제	5%
120% 이하	10%	20%
120% 초과 160% 이하	20%	30%
160% 초과	100%	100%

41 위 자료에 대한 설명으로 옳은 것은?

① 일상돌봄 서비스는 기본서비스와 특화서비스를 제공하며, 기준 중위소득을 기준으로 소득 수준에 따라 이용할 수 있는 서비스에 차이가 있다.

② 간병 교육 서비스, 독립생활 지원 서비스는 청년을 대상으로 지원되는 특화서비스이다.

③ 일상돌봄 서비스에는 기본적으로 거동이 어려운 대상자와 병원 진료 시 동행하여 이동을 지원하고 접수와 수납 업무를 대신해 주는 것도 포함된다.

④ 매주 2번 3시간씩 가사 지원 서비스를 이용하고 특화서비스는 이용하지 않는다면, B-1형을 선택하는 것이 좋다.

42 위 자료를 바탕으로 할 때, 일상돌봄 서비스와 관련된 〈보기〉의 사례 중 옳은 것을 모두 고르면?

┌ 보기 ┐
㉠ 뇌질환으로 거동이 어려운 아버지를 돌보는 19세 갑은 아버지의 간호를 위해 아르바이트를 그만둔 뒤 경제활동을 하지 못하고 있다. 갑은 가족돌봄청년으로, 일상돌봄 서비스 대상이다.

㉡ 교통사고 후유증으로 일상생활에서 누군가의 보조가 항상 필요한 30세 을은 부모와 함께 살며 돌봄을 받고 있다. 을은 일상돌봄 서비스의 대상자가 되지 못한다.

㉢ 기초수급자이면서 일상돌봄 서비스를 받고 있는 병은 월 325,000원의 기본서비스와, 월 150,000원의 특화서비스를 받았다. 이때 을의 본인부담금은 23,750원이다.

㉣ 기준 중위소득이 120% 이하이며 일상돌봄 서비스를 받고 있는 정은 월 110만 원의 기본서비스와, 월 20만 원의 특화서비스를 받았다. 이때 정의 본인부담금은 13만 원이다.

① ㉠, ㉡, ㉣　　　　　　　　② ㉡, ㉢, ㉣
③ ㉠, ㉢　　　　　　　　　　④ ㉡, ㉣

[43~44] 다음은 ○○공단의 명예퇴직 및 희망퇴직에 관한 규정의 일부와 퇴직수당 관련 자료이다. 이를 보고 이어지는 물음에 답하시오.

제3조(적용 대상) ① 명예퇴직 심사대상자는 본 공단에서 20년 이상 근속한 직원 중 정년퇴직일이 명예퇴직 예정일로부터 1년 이상 남아있는 자 중에서 자진하여 퇴직을 원하는 자로 한다.

② 희망퇴직 심사대상자는 본 공단에서 직원으로 10년 이상 20년 미만 근속한 직원 중 정년퇴직일이 희망퇴직 예정일로부터 1년 이상 남아있는 자 중에서 자진하여 퇴직을 원하는 자로 한다.

제4조(대상자 제한) ① 다음 각 호에 해당하는 자는 대상자에서 제외된다.
  1. 명예퇴직 및 희망퇴직 신청 개시일 현재 징계요구 중인 자
  2. 명예퇴직 및 희망퇴직 예정일 현재 징계처분으로 인하여 징계 중인 자
  3. 형사사건으로 기소 중이거나 형이 확정되지 아니한 자
  4. 질병 또는 부상으로 폐질 상태가 되어 자진 퇴직하는 자
  5. 연구년제 혜택를 받은 자로서 '인사규정'에서 정한 연구년이 종료된 후 연구년의 2배수에 해당하는 기간을 재직하지 아니한 자

② 명예퇴직 및 희망퇴직 예정자로 결정된 후에라도 제1항에 해당하는 징계처분을 받은 경우 퇴직 결정 효력은 상실된다.

제5조(신청절차 및 퇴직일) ① 명예퇴직 및 희망퇴직을 하고자 하는 직원은 소정의 퇴직 및 퇴직수당 지급신청서를 사무처에서 공고하는 시기에 맞추어 사무처에 제출하여야 한다.

② 전 항의 퇴직일은 매 분기 말일로 한다.

명예 및 희망퇴직수당 지급액 산정기준

잔여기간별		산정기준
명예퇴직	5년 이내분	봉급액 60%×정년 잔여월수
	5년 초과 10년 이내분	봉급액 40%×정년 잔여월수
	10년 초과분	10년을 초과하는 정년 잔여기간에 대하여는 수당을 지급하지 아니한다.
희망퇴직	－	퇴직 당시 봉급액의 25개월분

※ 정년 잔여월수란 퇴직 신청 시점에서 정년까지 남은 개월수를 뜻한다.
※ 잔여기간별로 나누어 산정하지 않고 해당되는 정년 잔여기간의 기준에 맞춰 산정한다.

직급별 봉급

직급	봉급
2급	4,800,000원
3급(갑)	4,200,000원
3급(을)	3,900,000원
4급(갑)	3,500,000원
4급(을)	3,200,000원
5급(갑)	2,900,000원
5급(을)	2,600,000원

43 권 씨는 2004년 6월에 입사하여 2025년 12월 현재 현재 4급(을)이며 정년퇴직일은 2033년 6월이다. 권 씨가 2025년 12월에 명예퇴직 또는 희망퇴직을 신청한다고 할 때, 지급받게 될 금액은?

① 106,420,000원

② 115,200,000원

③ 126,000,000원

④ 130,560,000원

44 한 씨는 2008년 11월에 입사하여 2025년 9월 현재 3급(갑)이며, 정년퇴직일은 2027년 11월이다. 한 씨가 2025년 9월에 명예퇴직 또는 희망퇴직을 신청한다고 할 때, 지급받게 될 수당 종류와 금액은?

	수당 종류	금액
①	희망퇴직수당	10,500만 원
②	희망퇴직수당	11,500만 원
③	명예퇴직수당	10,500만 원
④	명예퇴직수당	11,500만 원

[45~46] 다음은 2026년 기준 한부모가족 자녀양육 지원 안내문의 일부 내용이다. 이를 보고 이어지는 물음에 답하시오.

◎ **개요**
저소득 한부모가족의 아동양육비, 아동교육지원비, 생활보조금 등의 지원을 통해 아동의 건강한 성장과 가정의 생활안정 도모

◎ **지원대상**
사별, 이혼 등에 의한 한부모가족으로 다음 조건을 모두 충족하는 자

1. 한부모가족증명서 발급대상
• 세대주인 모 또는 부가 18세 미만(취학 시 22세 미만)의 자녀를 양육하는 경우
  * 부모로부터 부양을 받지 못하는 18세 미만(취학 시 22세 미만) 손자녀를 (외)조부 또는 (외)조모가 양육하는 조손가족 포함
• 가구 소득인정액 기준 중위소득 65% 이하인 경우

2. 한부모가족 복지급여 지급대상
• 세대주인 모 또는 부가 18세 미만의 자녀를 양육하는 경우
  * 단, 고등학교 재학(고3 12월까지) 중인 경우 22세 미만 자녀까지 지원
  ** 부모로부터 부양을 받지 못하는 18세 미만 손자녀를 (외)조부 또는 (외)조모가 양육하는 조손가족 포함
• 가구 소득인정액 기준 중위소득 65% 이하인 경우

한부모가족 지원 지급기준

가구규모	2026년 중위소득	아동양육비 등 복지급여 지원, 한부모가족증명서 발급(기준중위소득 65%)
2인 가구	4,199,292원	2,729,540원
3인 가구	5,359,036원	3,483,373원
4인 가구	6,494,738원	4,221,580원
5인 가구	7,556,719원	4,911,867원
6인 가구	8,555,952원	5,561,369원

◎ **지원내용**
한부모가족증명서 발급 및 복지급여 지급(기준 중위소득 65% 이하)

복지급여 지급기준 ('26.1월~)

지원종류	지원대상	지원금액
아동양육비	• 소득인정액이 기준 중위소득 65% 이하인 가족의 18세 미만 자녀 * 단, 고등학교 재학(고3 12월까지) 중인 경우 22세 미만 자녀	월 23만 원
추가 아동양육비	• 소득인정액이 기준 중위소득 65% 이하인 조손 및 35세 이상 미혼 한부모가족의 5세 이하 아동	자녀 1인당 월 10만 원
	• 소득인정액이 기준 중위소득 65% 이하인 25세 이상 34세 이하 청년 한부모가족의 18세 미만 아동 * 단, 고등학교 재학(고3 12월까지) 중인 경우 22세 미만 자녀	자녀 1인당 월 10만 원
아동교육지원비 (학용품비)	• 소득인정액이 기준 중위소득 65% 이하인 가족의 초등학생 · 중학생 · 고등학생 자녀	자녀 1인당 연 10만 원
생계비 (생활보조금)	• 한부모가족복지시설에 입소한 가족 중 소득인정액이 기준 중위소득 65% 이하인 가족	가구당 월 10만 원

◎ **신청절차 및 방법**
- 복지로 누리집(www.bokjiro.go.kr), 주민등록 소재지 관할 읍·면·동 행정복지센터/주민센터를 통해 온·오프라인 연중 신청 가능
- 시·군·구청에서 지원 여부 결정 및 지원
* 신청서식, 구비서류 등 자세한 사항은 읍·면·동 행정복지센터/주민센터에 문의

45 위 자료의 내용을 잘못 이해한 것은?

① 부모로부터 부양을 받지 못하는 18세 미만 손자녀를 조부와 조모가 함께 양육하는 조손가족의 경우 지원을 받을 수 없다.
② 한부모가족 자녀양육 지원을 받기 위한 신청은 온라인과 오프라인에서 가능하며, 시·군·구청에서 지원 여부를 결정한다.
③ 고등학교에 재학 중인 22세인 자녀가 있는 한부모가족의 경우 지원을 받을 수 없다.
④ 한부모가족이 받을 수 있는 최대 지원금액은 연 600만 원 이상이다.

46 〈보기〉와 같은 조건의 갑, 을, 병이 한부모가족 자녀양육 지원을 받을 때, 이에 대한 설명으로 옳지 않은 것은?

> 보기
>
> - 갑은 이혼 후 중학교와 초등학교에 다니고 있는 만 13세와 11세인 두 딸을 키우고 있는 만 41세의 아빠이다. 갑의 가족은 갑과 딸 두 명이고 갑은 한 달에 3,450,000원의 수입이 있다.
> - 을은 만 1세의 딸을 키우고 있는 만 18세의 엄마이다. 을은 아이를 낳기 위해 고등학교를 중퇴하여 고등학교 졸업장이 없다. 현재 을은 한부모가족복지시설에서 딸과 둘이 거주하고 있으며, 한 달 소득은 아르바이트로 버는 약 150만 원이다.
> - 병은 만 17세의 손녀를 키우는 만 61세의 할머니이다. 병은 한 달에 1,000,000원을 벌고 있고 병의 손녀는 아르바이트로 한 달에 1,600,000원을 벌고 있다. 병의 가족은 병과 손녀 둘뿐이고, 병의 손녀는 현재 고등학교를 자퇴한 상태이다.

① 갑, 을, 병 중 2명이 1년에 300만 원 이상을 지원받는다.
② 1년간 지원받는 금액은 병이 가장 적다.
③ 병은 아동교육지원비를 받지 못한다.
④ 갑과 병이 1년간 지원받을 수 있는 금액 차이는 20만 원 이상이다.

[47~48] 다음은 P정형외과에서 하는 통증관리 프로그램 관련 내용이다. 이를 보고 이어지는 물음에 답하시오.

구분	고주파 치료	수기 마사지	초음파 치료
치료 효과	통증 경감, 염증 감소	통증 경감, 관절 유연성 증가	통증 경감
치료비용(1회당)	7,000원	25,000원	3,000원
통증 경감 지수	7	2	4

• 통증 경감 지수는 1~10까지 매겨져 있으며, 지수가 클수록 통증 경감의 정도는 다음과 같다.

통증 경감 지수	통증 경감 정도
1	3%
2	5%
3	7%
4	10%
5	15%
6	19%
7	30%
8	35%
9	42%
10	50%

• 치료 이후 통증 수치 계산 방법 = 치료 전 통증 수치 − (치료 전 통증 수치 × 통증 경감 지수에 따른 경감 정도)
• P정형외과에서는 10회, 20회씩 치료비용을 미리 결제할 때마다 각각 5%, 10%의 금액 할인을 해준다.
• 미리 결제한 치료 횟수는 결제한 이후 5년 내에 언제나 사용할 수 있다.
• 각 개인의 통증은 1~1000까지의 수치로 표현할 수 있으며, 통증의 정도는 다음과 같다.

통증 수치	통증의 정도
1~99	통증이 거의 느껴지지 않는다.
100~399	미미한 정도의 통증이 계속된다.
400~799	일상생활은 가능하나 통증이 심각하다.
800~1000	매우 극심한 통증이 계속된다.

47 갑은 교통사고를 당하여 목과 허리에 충격을 받아 통증을 느끼고 있다. 이러한 통증을 줄이기 위해서 갑은 P정형외과에서 통증관리 프로그램을 알아보았다. 현재 느끼는 통증 수치는 750 정도이며, 이러한 통증이 거의 느껴지지 않게 될 정도까지 치료를 받는다고 할 때, 비용을 최소로 할 수 있는 방안은?

① 고주파 치료 5회
② 고주파 치료 6회
③ 고주파 치료 5회와 초음파 치료 2회 병행
④ 초음파 치료 20회

48 을은 무릎 수술 이후 재활을 위해 통증관리 프로그램을 활용하려고 한다. 현재 B사원의 통증 수치는 850이며, 통증이 거의 느껴지지 않으면서도 무릎관절 유연성을 늘릴 수 있도록 프로그램을 짜려고 한다. 현재 치료를 위한 예산이 20만 원이라고 할 때, 다음 중 비용을 최소로 할 수 있는 방안은? (단, 무릎관절 유연성을 늘리기 위해서는 최소 4회 이상 관련된 치료를 받아야 한다.)

① 수기 마사지 4회와 고주파 치료 5회 병행
② 수기 마사지 4회와 고주파 치료 6회 병행
③ 수기 마사지 4회와 고주파 치료 5회, 초음파 치료 2회 병행
④ 수기 마사지 5회와 고주파 치료 5회 병행

[49∼51] 다음은 '가'호선과 '나'호선의 지하철 노선도의 일부이다. 이를 보고 이어지는 물음에 답하시오.

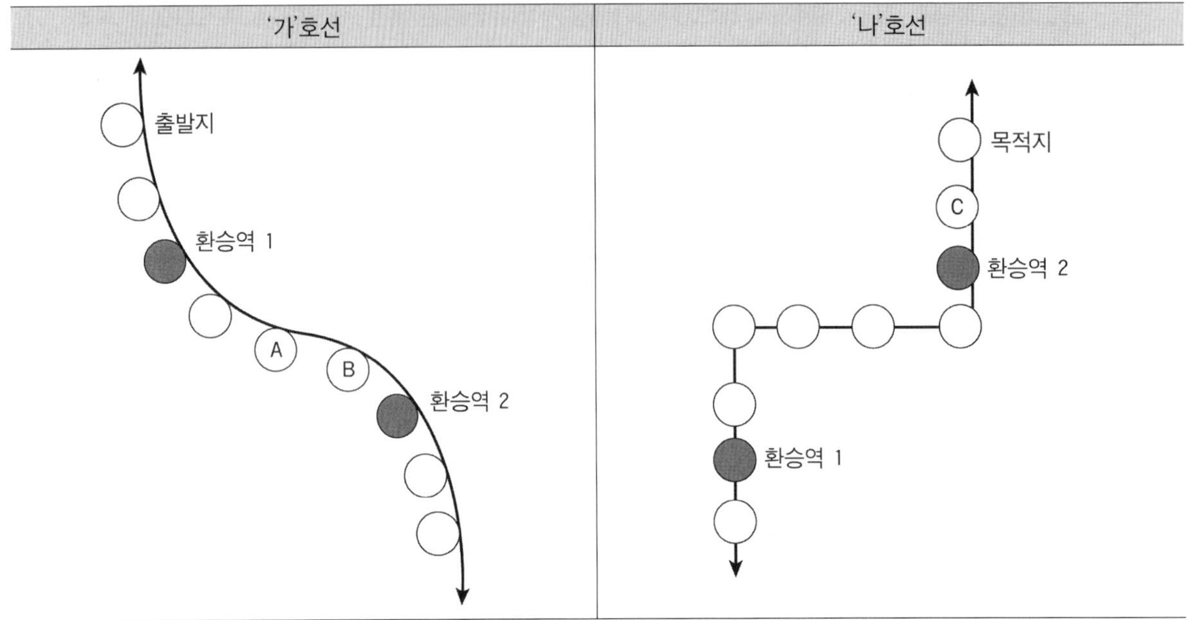

49 '가'호선과 '나'호선의 역과 역 사이의 운행 소요시간이 모두 3분이라고 할 때, 이에 대한 설명으로 옳지 않은 것은? (단, 지하철 환승에 소요되는 시간은 5분이다.)

① '환승역 1'에서 '나'호선으로 환승할 경우 목적지에 도착하는 데까지 소요되는 시간은 35분이다.

② '환승역 2'에서 '나'호선으로 환승하여 목적지에 도착하는 데까지 소요되는 시간은 29분이다.

③ 만약 '환승역 2'가 최종 목적지였다면, 목적지에 다다르기 위해 환승을 할 필요는 없다.

④ 만약 '환승역 1'이 출발지였다면, 목적지에 도착하는 데까지 소요되는 시간은 29분이다.

50 '가'호선과 '나'호선의 역과 역 사이의 운행 소요시간이 각각 5분과 4분이라고 할 때, 이에 대한 설명으로 옳지 않은 것은? (단, 지하철 환승에 소요되는 시간은 5분이다.)

① '환승역 1'에서 '나'호선으로 환승하여 목적지에 도착하는 데까지 소요되는 시간은 42분이다.

② '환승역 2'에서 '나'호선으로 환승하여 목적지에 도착하는 데까지 소요되는 시간은 43분이다.

③ 만약 '환승역 2'가 최종 목적지였다면, 목적지에 다다르기 위해 환승을 할 필요는 없다.

④ 만약 '환승역 1'이 출발지였다면, 목적지에 도착하는 데까지 소요되는 시간은 32분이다.

51 `가`호선과 `나`호선의 지하철 노선 중 일부 역에 정차하는 시내버스 신규 노선이 개설되었다. 다음 시내버스 구간별 예상 소요시간을 나타낸 표를 참고할 때, 목적지까지 최단 시간으로 도착하기 위해 시내버스에서 하차하여 지하철로 환승해야 하는 역은? (단, `가`호선과 `나`호선의 역과 역 사이의 운행 소요시간 및 지하철 환승 소요시간은 위 문제의 조건과 동일하며 시내버스에서 지하철로 갈아타는 데 소요되는 시간은 고려하지 않는다.)

시내버스 구간별 예상 소요시간	
출발지 → 환승역 1	10분
환승역 1 → A역	11분
A역 → B역	5분
B역 → 환승역 2	5분
환승역 2 → C역	6분

① 환승역 1 ② A역
③ B역 ④ 환승역 2

[52~54] 중소기업 여신을 담당하고 있는 X은행 甲계장은 대출상담을 받으러 온 고객들이 대출 조건에 대해서 한눈에 파악할 수 있도록 자료를 만들었다. 이를 보고 이어지는 물음에 답하시오.

대출종류별 금리

대출종류 \ 보증비율별 금리	80% 미만	80% 이상 85% 미만	85% 이상 90% 미만	90% 이상
기업운영 안정자금	4%	3.8%	3.6%	3.4%
신규시설 설립자금	4.5%	4.2%	4.0%	3.9%
R&D 보조자금	4.3%	4.1%	3.5%	3.0%
창업기업 지원자금	3.7%	3.5%	3.3%	3.1%
신성장 기반자금	3.0%	2.8%	2.6%	2.4%

※ 신성장 기반자금은 혁신형 중소기업만 대출 가능
※ 이자는 연 단위로 책정하며, 월 단위로 납부한다.

$$※ 보증비율 = \frac{보증물건}{대출예정금액} \times 100$$

기업별 우대금리 기준표

직원 수 \ 매출액	10억 원 미만 100억 원 미만	100억 원 이상 500억 원 미만	500억 원 이상 1,000억 원 미만	1,000억 원 이상
10명 미만	−	0.15%	0.25%	0.35%
10명 이상 50명 미만	0.1%	0.2%	0.3%	0.4%
50명 이상 100명 미만	0.15%	0.25%	0.35%	0.45%
100명 이상	−	0.1%	0.25%	0.5%

기업유형별 우대금리

구분	우대금리
장애인기업 * 장애인고용 비율 5% 이상인 기업	0.3%
녹색성장산업 영위기업, 혁신형 중소기업	0.2%
여성기업	0.25%
청년창업 스타트업	0.35%
고용창출 우수기업 * 전년 대비 정규직 신규채용 10% 이상 증가기업	0.3%

※ 모든 우대금리는 중복 적용이 가능하다.

52 중소기업 사장 A씨는 R&D 보조자금 대출을 받고자 한다. 〈보기〉의 회사 관련 자료에 근거할 때, A씨가 받을 수 있는 최종금리와 월 이자로 옳은 것을 고르면? (단, 소수점 이하 및 원 단위 이하는 버림한다.)

```
┌─ 보기 ──────────────────────────────────────────────────────┐
  □ 매출액 : 500억 원
  □ 기업분류 : 혁신형 중소기업
  □ 현재 직원 수 : 30명(신규채용 미반영)
  □ 대출예정금액 : 100억 원
  □ 정규직 신규채용 : 총 15명(장애인 3명 포함)
    * 전년도 정규직 신규채용 : 13명
  □ 보증물건 : 자산가치 87억 원 부동산
└─────────────────────────────────────────────────────────────┘
```

	최종금리	월 이자 납입액
①	2.5%	20,833,333원
②	2.5%	24,166,666원
③	2.4%	20,833,333원
④	2.4%	20,000,000원

53 甲계장은 인터넷 뱅킹으로 대출을 신청한 업체 정보를 엑셀파일로 정리하여 관리하던 중 데이터가 누락되어 있는 것을 발견했다. 누락된 데이터를 올바르게 짝지은 것은?

정보＼회사명	대출 종류	대출 신청액	보증 비율	직원 수	매출액	기업 유형	우대 금리	최종 금리	연 이자
B정공	기업운영 안정자금	100억 원	75%	5명	7억 원	㉠	0.25%	3.75%	375백만 원
C정공	신규시설 설립자금	150억 원	81%	120명	600억 원	고용창출 우수기업	0.55%	㉡	547.5백만 원
D가공	창업기업 지원자금	㉢	85%	52명	1,020억 원	청년창업 스타트업	0.80%	2.50%	500백만 원
E지질	신성장 기반자금	250억 원	97%	㉣	340억 원	혁신형 중소기업	0.40%	2.00%	500백만 원

	㉠	㉡	㉢	㉣
①	여성기업	3.65%	200억 원	10명 이상 50명 미만
③	여성기업	2.55%	220억 원	50명 이상 100명 미만
④	장애인기업	2.55%	220억 원	100명 이상
⑤	장애인기업	3.65%	200억 원	100명 이상

54 甲계장은 누락된 데이터를 완성했는데, 본사에서 신규 대출규정을 〈보기〉와 같이 추가했다. 신규 대출규정을 적용했을 때 변경되는 내용으로 옳은 것은?

> **보기**
>
> 지침 1. 매출액이 대출 신청액보다 낮은 회사의 대출 신청은 승인하지 않는다.
> 지침 2. 정부 일자리위원회 권고사항에 따라, 고용창출 우수기업은 보증물건의 가치와 관계없이 보증비율을 90% 이상으로 격상한다.
> 지침 3. 신성장 기반자금의 경우 혁신형 중소기업에만 대출하는 규정을 폐지하고 전체 기업을 대상으로 대출할 수 있다. (단, 이 경우 다른 우대금리는 적용이 불가하다.)

① B정공은 대출을 받을 수 없게 된다.
② 지침 2에 따라 C정공은 최종금리에서 0.1%의 혜택을 받을 수 있다.
③ 지침 1, 2, 3만 적용하면 최종금리가 가장 낮은 기업은 D가공이다.
④ 지침 3만 적용하면 변동금리 증감폭이 가장 큰 기업은 E지질이다.

55 A회사에는 5개의 마케팅팀이 존재한다. A사는 최근 경쟁사인 E사에 밀려 새로운 상품 개발 및 홍보를 진행하려 한다. 이에 따라 5개의 마케팅팀에서는 각 상품에 맞는 마케팅 계획을 수립했다. 이 계획을 보고 배정된 예산과 소요 일정에 맞추어 사업계획을 수립하고자 할 때, 이에 대한 설명으로 옳지 않은 것은?

마케팅팀별 사업 소요기간

W팀 : 5년, 매년 2억의 예산이 필요
R팀 : 3년, 매년 3억의 예산이 필요
T팀 : 1년, 4억의 예산이 필요
C팀 : 2년, 매년 2억의 예산이 필요
H팀 : 4년, 매년 1억의 예산이 필요

※ 예산에 맞추어 사업을 진행하여야 한다.
※ 시작한 사업은 중단 없이 진행된다.

연도별 배정 예산

1년차	2년차	3년차	4년차	5년차
3억 원	6억 원	8억 원	8억 원	10억 원

---

① 4년차에 끝나는 사업은 3개 있다.
② 1년차에는 W팀, H팀의 계획이 시행된다.
③ 가장 많은 사업이 진행되는 시기는 2년 동안 이어진다.
④ 총 33억 원 이상의 예산이 필요하다.

[56~58] 다음은 ○○구 체육센터 회원 모집 공고문이다. 이를 바탕으로 이어지는 물음에 답하시오.

2026년 ○○구 체육센터 회원 모집 공고

- 수강기간 : 2026. 3. 3.(화) ~ 2026. 5. 22.(금)
- 접수기간 : 2026. 2. 3.(화) ~ 2026. 2. 27.(금)
- 접수장소 : ○○구 체육센터 1층 안내데스크
- 접수방법 : 신분증 지참 후 본인 직접 방문 [선착순 마감, 접수 시 수강료 납부]
- 수강료 : 3개월 기준(도구비용 별도)

구분	요일	강의시간	수강료(원)	장소	모집인원(명)
댄스스포츠	화 · 금	14:10 ~ 15:00	45,000	다목적체육관	30
라틴댄스	화 · 목	12:00 ~ 12:50	40,000	다목적체육관	30
수영 초급 I	목	10:00 ~ 11:50	30,000	수영장	20
임산부요가	수	14:10 ~ 16:00	무료	다목적체육관	수시접수
필라테스	월 · 목	15:10 ~ 16:00	50,000	다목적체육관	30
수영 중급 I	화	10:00 ~ 11:50	50,000	수영장	15
어린이 수영	목	13:00 ~ 14:50	40,000	수영장	20
아쿠아로빅	수	10:00 ~ 11:50	45,000	수영장	15
수영 고급 I	화	13:00 ~ 14:50	40,000	수영장	15
탁구	수	14:00 ~ 16:50	60,000	소체육관	12
테니스	목	10:00 ~ 12:50	60,000	소체육관	12
수영 초급 II	월 · 수	13:30 ~ 15:20	60,000	수영장	20
수영 중급 II	월 · 목	㉠	60,000	수영장	20
밸리댄스	화 · 목	10:00 ~ 11:50	55,000	공연연습실	20
줌바댄스	수 · 금	13:00 ~ 14:50	55,000	공연연습실	20
유아발레	월	14:00 ~ 15:50	50,000	생활체육관	20
국선도	화 · 금	10:00 ~ 11:50	60,000	다목적체육관	25
타바타 운동	월	10:00 ~ 11:50	45,000	생활체육관	24
수영 고급 II	토	10:00 ~ 11:50	35,000	수영장	20
요가	월	10:00 ~ 12:50	60,000	다목적체육관	20
성인발레	금	14:00 ~ 15:50	45,000	생활체육관	20

※ 수강료 면제 대상 : 「국민기초생활보장법」에 따른 생계급여 · 의료급여 수급자, 한부모가정, 장애인(1 ~ 2급), 국가보훈대상자
  (단, 1인당 신청한 강의 중 수강료가 가장 비싼 강의 1개의 수강료만 면제)
※ 임산부요가의 경우, 임신 19주 이상된 임산부만 신청 가능

56

○○구 체육센터 회원 A~D의 신청내역이 다음과 같을 때, 가장 많은 수강료를 지불한 사람은 누구인가?

회원	신청강의	비고
A	임산부요가, 국선도, 아쿠아로빅	임신 22주
B	타바타 운동, 줌바댄스	–
C	수영 중급 II, 필라테스, 요가	한부모가정
D	수영 고급 I , 테니스, 탁구	국가보훈대상자

① A ② B
③ C ④ D

57 다음은 2026년 ○○구 체육센터 회원 모집 공고와 관련한 질문과 답변 내용이다. 위 공고문의 내용과 일치하지 않는 것은?

① Q : 수강료는 언제 내면 되나요?

   A : 강의 접수 시에 같이 내시면 됩니다.

② Q : 수강료는 어떻게 되나요?

   A : 강의마다 다릅니다. 수강료는 3개월 기준이니 참고해주시기 바랍니다.

③ Q : 접수는 어디서 해야 하나요?

   A : 2월 3일부터 2월 27일까지 ○○구 체육센터 1층 안내데스크로 신분증 지참 후 방문하시어 접수하시면 됩니다.

④ Q : 수강료 면제 대상이면 얼마나 면제가 되나요?

   A : 수강료 면제 대상이시면 본인이 신청한 모든 강의의 수강료가 면제됩니다.

58 수영 중급Ⅱ는 월요일, 목요일에 1시간 50분간 ○○구 체육센터 수영장에서 진행된다. ㉠에 들어갈 수영 중급Ⅱ 강의시간으로 알맞은 것을 고르면? (단, 수영장에서는 같은 시간에 2개 이상의 강의가 진행될 수 없다.)

① 13 : 30 ~ 15 : 20　　　　　　② 14 : 00 ~ 15 : 50

③ 15 : 00 ~ 16 : 50　　　　　　④ 15 : 30 ~ 17 : 20

[59~60] A~D 지역으로부터 화물트럭 차고지의 현 위치가 비효율적인 관계로 차고지의 위치를 대구 또는 대전으로 이전하기로 했다. 다음의 자료를 보고 이어지는 물음에 답하시오.

〈표 1〉 현 위치

구분	거리	13톤(대)	8톤(대)	5톤(대)	3.5톤(대)
A지역	150km			8	5
B지역	280km		10		10
C지역	530km	15		16	
D지역	720km	21	15		
연비(1L당 km)		3	5	8	10
유류대(1L당 가격)		1,100원			

〈표 2〉 차고지 후보 대구 지역

구분	거리	13톤(대)	8톤(대)	5톤(대)	3.5톤(대)
A지역	120km			8	5
B지역	200km		10		10
C지역	350km	15		16	
D지역	550km	21	15		
연비(1L당 km)		3	5	8	10
유류대(1L당 가격)		1,100원			

〈표 3〉 차고지 후보 대전 지역

구분	거리	13톤(대)	8톤(대)	5톤(대)	3.5톤(대)
A지역	140km			8	5
B지역	210km		5		10
C지역	360km	15		16	
D지역	480km	21	10		
연비(1L당 km)		3	5	8	10
유류대(1L당 가격)		1,100원			

59 현재 화물트럭 차고지까지 차를 운행하기 위해 사용되는 유류비는 얼마인가?

① 13,015,000원   ② 13,172,500원
③ 14,225,000원   ④ 14,756,500원

60 유류비를 감소시킬 수 있는 최적의 장소와 감소된 비용에 대한 기대효과가 바르게 짝지어진 것은?

	장소	기대효과
①	대구	유류비 약 356만 원 절약
②	대구	유류비 약 415만 원 절약
③	대전	유류비 약 380만 원 절약
④	대전	유류비 약 495만 원 절약

※ 직무시험은 자신이 선택한 직렬이 행정직·건강직·전산직·기술직이면 국민건강보험법을, 요양직이면 노인장기요양보험법을 풀기 바랍니다.

국민건강보험법

61

2025
기출

국민건강보험공단의 보험료등의 납입 고지와 관련된 설명으로 옳은 것을 모두 고르면?

> ㉠ 건강보험 지역가입자인 갑은 보험료 납입 고지서를 제때 확인하지 못하였다. 이때 갑의 남편이 이를 확인하였다면, 갑은 보험료 납입 고지를 받았다고 볼 수 있다.
> ㉡ 을은 건강보험공단에서 보험료 납입 고지를 받았다. 고지서를 통해 을은 납부해야 할 금액과 납부기한을 확인하였으나, 여기에 납부 장소는 적혀 있지 않았다.
> ㉢ 건강상의 이유로 1년간 회사에 휴직계를 낸 병은 휴직이 끝날 때까지 건강보험료 납입 고지를 유예할 수 있다는 안내를 받았다.
> ㉣ 건강보험 지역가입자인 정은 보험료 납입 고지서의 송달 지연으로 고지서를 늦게 받게 되었다. 이에 공단에 보험료 납부기한 연장을 신청하였고, 공단으로부터 납부기한부터 3개월의 범위에서 납부기한을 연장할 수 있다는 답변을 받았다.

① ㉠, ㉢　　　　　　　　　　　　　② ㉡, ㉢
③ ㉡, ㉣　　　　　　　　　　　　　④ ㉢, ㉣

62

2025
기출

약제에 대한 요양급여비용 상한금액의 감액과 관련된 내용으로 틀린 것을 모두 고르면?

> ㉠ 상한금액이 감액된 약제가 5년 내에 대통령령으로 정하는 기간 내에 다시 감액 대상이 된 경우에 요양급여비용 상한금액의 감액범위는 100분의 20 이내이다.
> ㉡ 약제에 대한 요양급여비용 상한금액의 감액 범위는 100분의 20 이내이다.
> ㉢ 보건복지장관은 약제에 대한 요양급여비용 상한금액을 일부 감액하거나, 1년의 범위에서 기간을 정하여 요양급여의 적용을 정지할 수 있다.
> ㉣ 요양급여비용 상한금액의 감액과 관련된 사항은 보건복지부령으로 정한다.

① ㉠, ㉡　　　　　　　　　　　　　② ㉡, ㉢
③ ㉠, ㉣　　　　　　　　　　　　　④ ㉡, ㉣

63

국민건강보험종합계획에 포함되는 내용을 모두 고르면?

> ㉠ 보험료 부과체계에 관한 사항
> ㉡ 건강보험정책의 기본목표 및 추진방향
> ㉢ 건강보험의 단기 재정 전망 및 운영
> ㉣ 요양급여비용에 관한 사항
> ㉤ 취약계층 지원에 관한 사항

① ㉠, ㉢, ㉣, ㉤　　　　　　　　　② ㉠, ㉡, ㉣, ㉤
③ ㉠, ㉢, ㉣　　　　　　　　　　　④ ㉢, ㉣, ㉤

64 다음 중 건강보험 직장가입자에서 제외되는 경우를 모두 고르면?

2025
기출

> ㉠ 공무원으로 임용된 지 1개월 미만인 갑
> ㉡ 사립학교 교직원인 을
> ㉢ 선거에 당선되어 공무원으로 취임하였으나 매월 보수를 받지 아니하는 병
> ㉣ 현역병으로 입대해 복무 중인 정
> ㉤ 고용 기간이 2개월인 공기업의 일용근로자 무

① ㉢, ㉣
② ㉢, ㉤
③ ㉠, ㉢, ㉣
④ ㉡, ㉢, ㉤

65 국민건강보험공단의 회계, 예산, 차입금에 대한 설명으로 옳은 것은 모두 몇 개인가?

> ㉠ 공단은 직장가입자와 지역가입자의 재정을 통합해 운영한다.
> ㉡ 공단은 건강보험사업 및 징수위탁근거법의 위탁에 따른 국민연금사업·고용보험사업·산업재해보상
>   보험사업·임금채권보장사업에 관한 회계를 공단의 다른 회계와 구분하여 각각 회계처리하여야 한다.
> ㉢ 공단은 회계연도마다 예산안을 편성하여 이사회의 의결을 거치고 이사장의 승인을 받은 다음에, 보건
>   복지부장관의 승인을 받아야 한다.
> ㉣ 공단은 지출할 현금이 부족한 경우에는 보건복지부장관의 승인을 받아야 차입할 수 있다.

① 없음
② 1개
③ 2개
④ 3개

66 자료의 제공에 대한 설명으로 옳지 않은 것은?

① 국민건강보험공단은 요양기관을 대상으로 건강보험사업의 수행을 위해 자료를 제공할 것을 요청할 수 있다.

② 건강보험심사평가원은 요양급여의 적정성 평가를 위해 공공기관에 대해 출입국관리와 주민등록 등의 자료를 제공할 것을 요청할 수 있다.

③ 건강보험심사평가원은 보험회사 및 보험료율 산출 기관에 보험료의 부과·징수에 대한 자료 제공을 요청하는 경우 자료 제공 요청 근거 등이 기재된 자료제공요청서를 발송하여야 한다.

④ 건강보험심사평가원은 관계 행정기관의 장에게 요양급여의 적용 정지를 위하여 필요한 자료를 제공할 것을 요청할 수 있다.

67 요양급여비용의 청구와 지급에 관한 내용으로 틀린 것은?

① 요양기관은 공단에 요양급여비용 지급을 청구하기 위해 심사평가원에 먼저 심사청구를 해야 한다.

② 공단은 요양급여비용을 요양기관에 지급하는 경우 해당 요양기관이 공단에 납부하여야 하는 보험료 또는 징수금을 체납한 때에는 요양급여비용에서 이를 공제하고 지급해야 한다.

③ 공단은 심사평가원이 요양급여의 적정성을 평가하여 통보하면, 이 결과를 보건복지부령으로 정한 기준에 따라 요양급여비용을 가산하거나 감액하여 요양기관에 지급한다.

④ 공단은 가입자가 이미 낸 본인일부부담금이 요양기관이 청구한 요양급여비용보다 많은 경우, 요양기관에 지급할 금액에서 더 많이 낸 금액을 공제하여 해당 가입자에게 지급해야 한다.

68

2025
기출

다음 중 건강보험료를 경감 또는 감액할 수 없는 경우는?

① 건강보험료를 신용카드 자동이체로 납부하는 갑

② 3개월 전 해고를 당해 실직한 을

③ 대통령령으로 정하는 벽지인 남해의 섬에 거주하고 있는 병

④ 지난달 65세 생일을 맞은 정

69 다음 중 국민건강보험 가입자의 피부양자에 해당하지 않는 사람은? (단, 소득 및 재산은 모두 보건복지부령으로 정하는 기준 이하에 해당한다고 가정한다.)

① 직장가입자인 갑의 만 15세 처제

② 직장가입자인 을의 만 1세 손자

③ 직장가입자인 병의 만 17세 동생

④ 직장가입자인 정의 만 82세 외할아버지

70 다음 중 국민건강보험공단의 정관과 설립등기에 포함되는 사항끼리 바르게 짝지어진 것을 고르면?

2025
기출

> ㉠ 예산 및 결산에 관한 사항
> ㉡ 주된 사무소 및 분사무소의 소재지
> ㉢ 보험료 및 보험급여에 관한 사항
> ㉣ 재정운영위원회에 관한 사항
> ㉤ 정관의 변경에 관한 사항
> ㉥ 이사장의 성명 및 주민등록번호

	정관	설립등기
①	㉠, ㉣, ㉥	㉡, ㉢, ㉤
②	㉠, ㉡, ㉤	㉢, ㉣, ㉥
③	㉠, ㉢, ㉣, ㉤	㉡, ㉥
④	㉠, ㉡, ㉣, ㉤	㉢, ㉥

71 다음 ㉠~㉣ 중 채권과 보험료의 우선 징수 순위로 가능한 것은?

> ㉠ 건강보험료　　　　　　　　　㉡ 전세권
> ㉢ 일반 채권　　　　　　　　　　㉣ 지방세

① ㉣ - ㉡ - ㉢ - ㉠　　　　　　② ㉣ - ㉡ - ㉠ - ㉢
③ ㉡ - ㉠ - ㉢ - ㉣　　　　　　④ ㉠ - ㉡ - ㉣ - ㉢

72 다음은 건강보험 자격의 변동에 관련된 설명이다. 이 중 옳지 않은 것을 모두 고르면?

> ㉠ 지역가입자가 근로자로 사용되어 직장가입자로 그 자격이 변동되었다면, 직장가입자의 사용자는 자격이 변동된 날부터 14일 이내에 보험자에게 신고해야 한다.
> ㉡ 지역가입자가 다른 세대로 전입하게 되어 자격이 변동된다면 지역가입자의 세대원은 자격이 변동될 날부터 14일 이내에 보험자에게 신고하여야 한다.
> ㉢ 지역가입자였다가 2025년 2월 1일 공무원으로 사용되었다면, 사용된 바로 그날 그 자격이 변동된다.
> ㉣ 지역가입자가 2026년 3월 31일에 다른 세대로 전입을 한다면, 2026년 4월 1일에 그 자격이 변동된다.
> ㉤ 2026년 2월 5일 자로 다니던 직장에서 퇴직 처리가 된 직장가입자는 2026년 2월 6일에 그 자격이 변동된다.

① ㉠, ㉢　　　　　　　　　　　　② ㉡, ㉣
③ ㉠, ㉡, ㉢　　　　　　　　　　④ ㉡, ㉢, ㉣

73 다음 중 건강보험공단이 관장하는 업무가 아닌 것은?

① 의료시설 운영
② 보험급여 비용 지급
③ 건강보험에 관한 조사연구 및 국제협력
④ 국민건강보험종합계획 수립

74 다음 건강보험공표심의위원회에 대한 설명 중 옳은 것은 모두 몇 개인가?

2025
기출

> ㉠ 관련 서류를 위조·변조해 실제 500만 원인 요양급여비용을 1,000만 원으로 부풀려 청구하여 행정처분을 받은 요양기관에 대해서 건강보험공표심의위원회의 심의를 거쳐 그 위반 행위 및 처분 내용 등을 공표할 수 있다.
> ㉡ 관련 서류를 위조·변조해 1,500만 원의 요양급여비용을 거짓으로 청구하여 행정처분을 받은 요양기관에 대해서는 건강보험공표심의위원회의 심의를 거쳐 그 위반 행위 및 처분 내용 등을 공표할 수 있다.
> ㉢ 보건복지부장관은 공표심의위원회의 심의를 거친 공표대상자에게 공표대상자인 사실을 알려 소명자료를 제출하거나 출석하여 의견을 진술할 기회를 줄 수 있다.
> ㉣ 건강보험공표심의위원회는 공표대상자를 재심의하고, 이후 보건복지부장관이 공표대상자를 선정한다.

① 1개
② 2개
③ 3개
④ 4개

75 보험급여의 제한에 대한 설명으로 옳지 않은 것은?

2025
기출

① 고의로 요양기관의 요양에 관한 지시에 따르지 않는 경우에 공단은 보험급여를 하지 않는다.
② 공단은 가입자의 월별 보험료 총체납횟수가 대통령령으로 정한 기간 이상일 때 보험급여를 하지 않을 수 있으며, 이때 이미 납부된 체납보험료도 총체납횟수에 포함된다.
③ 공단은 보험급여를 받을 수 있는 사람이 다른 법령에 따라 지방자치단체로부터 보험급여에 상당하는 비용을 지급받은 경우에는 그 한도에서 보험급여를 하지 않는다.
④ 업무 또는 공무로 생긴 질병·부상·재해로 다른 법령에 따른 보험급여를 받는 경우에 공단은 보험급여를 하지 않는다.

76 다음 ㉠~㉢의 사례가 적발되어 부과될 수 있는 최대 과태료 금액의 합은?

> ㉠ 요양기관의 사용자인 갑은 요양급여비용 청구 관련 서류를 2년간 보관한 뒤 폐기처분하였다.
> ㉡ 건강보험 가입자 을은 소득을 거짓으로 신고하였다.
> ㉢ 공단으로부터 보험급여를 받은 병은 해당 보험급여의 내용에 관한 공무원의 질문에 대해 거짓으로
> 답변하고 위조된 서류를 제출하였다.

① 700만 원
② 900만 원
③ 1,100만 원
④ 1,500만 원

77 다음 중 건강검진에 대한 설명으로 틀린 것은?

① 건강검진의 실시 목적은 질병의 조기 발견과 그에 따른 요양급여를 하기 위해서이다.
② 암검진은 「암관리법」에 따른 암의 종류별 검진주기와 연령 기준 등에 해당하는 사람이 받는다.
③ 모든 피부양자는 일반건강검진을 받는다.
④ 건강검진은 공단이 실시하며, 건강검진의 횟수·절차 및 그밖에 필요한 사항은 대통령령으로 정한다.

78 체납보험료의 분할납부에 관한 설명으로 옳은 것을 모두 고르면?

> ㉠ 공단은 보험료 체납자에게 분할납부를 신청할 수 있음을 알릴 때, 분할납부 신청 절차·방법 등에
> 대해서도 안내하여야 한다.
> ㉡ 국민건강보험공단은 보건복지부령에 따라 보험료를 2회 이상 체납한 자가 신청하는 경우 분할납부를 승
> 인할 수 있다.
> ㉢ 보험료의 분할납부 승인을 받은 자가 그 승인된 보험료를 납부하지 않은 횟수가 5회 미만인 경우에는
> 그 분할납부의 승인은 취소되지 않는다.
> ㉣ 보험료의 분할납부 승인과 취소에 관한 절차·방법·기준 등에 필요한 사항은 보건복지부령으로 정
> 한다.

① ㉠, ㉡
② ㉡, ㉢
③ ㉠, ㉣
④ ㉢, ㉣

79 다음 국민건강보험공단 임원에 대한 설명으로 틀린 것을 모두 고르면?

> ㉠ 감사는 임원추천위원회가 복수로 추천한 사람 중에서 보건복지부장관의 제청으로 대통령이 임명한다.
> ㉡ 이사장은 임원추천위원회가 복수로 추천한 사람 중에서 재정경제부장관의 제청으로 대통령이 임명한다.
> ㉢ 비상임이사는 10명이 넘지 않는다.
> ㉣ 노동조합과 소비자단체에서 추천하는 사람 각 1명이 비상임이사가 되는 것이 가능하다.
> ㉤ 이사장의 임기는 3년이며, 공무원을 제외한 이사의 임기는 2년이다.

① ㉠, ㉡
② ㉡, ㉣
③ ㉠, ㉡, ㉤
④ ㉡, ㉢, ㉣

80 「국민건강보험법」상 보건복지부장관의 보고와 검사와 관련된 내용으로 옳지 않은 것은?

① 보험급여를 받은 자에게 해당 보험급여의 내용에 관하여 서류 제출을 명하거나 소속 공무원이 질문하게 할 수 있다.
② 요양기관에 대하여 요양·약제의 지급 등 보험급여에 관한 보고 또는 서류 제출을 명할 수 있다.
③ 사용자에게 가입자의 이동·보수·소득이나 그 밖에 필요한 사항에 관한 보고 또는 서류 제출을 명할 수 있다.
④ 요양급여비용의 심사청구를 대행하는 단체에 대해 소속 공무원이 대행청구에 관한 자료 등을 조사·확인하게 할 수 있으며, 이때 소속 공무원은 그 권한을 표시하는 증표를 지니고 관계인에게 보여주어야 한다.

노인장기요양보험법

61 심사청구 및 재심사청구에 대한 상황과 이에 대한 대처가 잘못된 것은?

① 장기요양등급에 대해 공단에 심사청구를 했으나 그 결정에 불복하는 경우 행정소송을 제기할 수 있다.

② 장기요양보험료에 관한 공단의 처분이 있은 날부터 6개월이 넘을 때까지 특별한 사유 없이 심사청구를 하지 않았다면, 그 처분에 이의를 가졌더라도 이후 공단에 심사청구를 할 수 없다.

③ 장기요양인정에 관한 공단 처분에 대해 재심사청구를 제기해 재심사위원회의 재심사를 거쳤으나 그 결정도 인정할 수 없는 경우, 마지막으로 행정심판을 청구할 수 있다.

④ 심사청구에 대한 결정에 불복하여 결정통지를 받은 지 60일 만에 장기요양재심사위원회에 재심사를 청구하는 것이 가능하다.

62
2025
기출
장기요양급여의 관리 · 평가에 대한 설명으로 옳지 않은 것은?

① 공단은 장기요양기관이 제공하는 장기요양급여 내용을 지속적으로 관리 · 평가하여 장기요양급여의 수준이 향상되도록 노력하여야 한다.

② 공단은 장기요양기관이 제23조 제5항에 따른 장기요양급여의 제공 기준 · 절차 · 방법 등에 따라 적정하게 장기요양급여를 제공하였는지 평가한다.

③ 공단은 장기요양기관의 장기요양급여 제공에 대한 평가 결과를 공단의 홈페이지 등에 공표하여야 한다.

④ 장기요양급여 제공내용의 평가 방법 및 평가 결과의 공표 방법, 그 밖에 필요한 사항은 보건복지부령으로 정한다.

63
2025
기출
가족 등의 장기요양에 대한 보상과 관련된 설명으로 옳은 것을 모두 고르면?

> ㉠ 보상 대상인 수급자가 가족으로부터 제23조 제1항 제2호 가목에 따른 방문요양에 상당한 장기요양을 받은 경우 보상을 받을 수 있다.
> ㉡ 수급자가 받은 장기요양급여 금액 총액이 보건복지부장관이 정하여 고시하는 금액 이하에 해당해야 보상 대상이 된다.
> ㉢ 보상 방법은 본인부담금의 일부를 감면하거나 이에 갈음하는 조치이다.
> ㉣ 수급자가 본인부담금을 감면받는 경우, 이에 필요한 사항은 보건복지부령으로 정한다.

① ㉠, ㉡
③ ㉡, ㉣

② ㉡, ㉢
④ ㉢, ㉣

64

2025 기출

장기요양보험에 대한 설명으로 옳지 않은 것은?

① 장기요양보험사업의 보험자는 국민건강보험공단이다.

② 장기요양보험 가입자는 「국민건강보험법」 제5조 및 제109조에 따른 가입자이다.

③ 장기요양보험사업은 보건복지부장관이 관장한다.

④ 공단은 외국인근로자 등 보건복지부령으로 정하는 외국인이 신청하는 경우 장기요양보험가입자에서 제외할 수 있다.

65

다음은 장기요양기관에 대한 과징금 부과에 관한 사례이다. 빈칸 ㉠, ㉡에 들어갈 숫자의 합을 구하면?

- A장기요양기관은 부정한 방법으로 지정을 받은 사실이 발각되었다. 업무정지명령을 해야 하는 경우에 해당하나 이로 인해 A장기요양기관을 이용하는 수급자에게 큰 불편을 줄 우려가 있는 것이 인정되어 업무정지명령을 갈음하여 과징금이 부과되었고, 이 금액은 최대 (㉠)억 원이다.
- B장기요양기관은 거짓으로 재가 및 시설 급여비용을 청구한 일이 드러났다. 이때 업무정지명령 대신 거짓으로 청구한 금액의 (㉡)배 이하의 금액이 과징금으로 부과할 수 있다.

① 4

② 5

③ 7

④ 10

66

재심사청구에 대한 설명으로 옳지 않은 것은?

① 장기요양보험료에 관한 공단의 처분에 이의가 있어 공단에 심사청구를 했으나 결정에 불복하는 경우, 결정통지를 받은 날부터 90일 이내에 장기요양재심사위원회에 재심사를 청구하는 것이 가능하다.

② 재심사위원회의 위원은 위원장을 포함하여 20인 이내로 구성된다.

③ 재심사위원회의 위원 중에는 공무원인 위원이 전체 위원의 과반수가 되도록 하여야 한다.

④ 재심사위원회는 보건복지부장관 소속이고, 구성·운영 등은 대통령령으로 정한다.

67 가족요양비에 대한 설명으로 옳은 것을 모두 고르면?

> ㉠ 장기요양급여 중 특별현금급여에 해당된다.
> ㉡ 천재지변으로 인해 장기요양기관이 제공하는 장기요양급여를 이용하기가 어렵다고 대통령령으로 인정하는 자는 가족요양비 지급의 대상이 될 수 있다.
> ㉢ 수급자가 가족으로부터 방문요양에 상당하는 장기요양급여를 받은 경우에 지급할 수 있으며, 그 기준은 대통령령으로 정한다.
> ㉣ 지급절차는 대통령령으로 정한다.

① ㉠, ㉢
② ㉡, ㉢
③ ㉠, ㉣
④ ㉡, ㉣

68 장기요양급여의 제공에 대한 설명으로 옳지 않은 것을 모두 고르면?

> ㉠ 장기요양급여 수급자인 A씨의 장기요양인정서와 개인별장기요양이용계획서가 2026년 2월 2일에 도달하였다면, A씨는 2026년 2월 3일부터 장기요양급여를 받을 수 있다.
> ㉡ 수급자가 장기요양인정서 및 개인별장기요양이용계획서를 제시하지 못하는 경우 장기요양급여를 받을 수 없다.
> ㉢ 장기요양기관은 장기요양급여 제공 계획서를 작성하고 수급자의 동의를 받아 이를 공단에 통보해야 한다.
> ㉣ 장기요양급여 인정 범위와 절차, 장기요양급여 제공 계획서 작성 절차에 관한 구체적인 사항 등은 대통령령으로 정한다.

① ㉠, ㉡
② ㉡, ㉢
③ ㉠, ㉡, ㉢
④ ㉡, ㉢, ㉣

69 다음은 장기요양기관의 폐쇄회로 텔레비전 설치·관리하는 자가 영상정보 열람을 할 수 있게 하는 경우이다. 이에 대한 설명으로 틀린 것은?

① 범죄 수사를 위해 열람이 필요한 경우
② 수급자의 보호자가 수급자의 안전을 확인하기 위해 보건복지부령에 따라 열람을 요청하는 경우
③ 노인 관련 안전업무를 수행하는 기관으로서 「노인복지법」으로 정하는 자가 업무 수행을 위해 보건복지부령에 따라 열람을 요청하는 경우
④ 수급자가 자신의 재산상 이익을 위해 자신과 관련된 사항을 확인하기 위해 보건복지부령에 따라 열람을 요청하는 경우

70 특례요양비 및 요양병원간병비에 대한 설명으로 옳은 것은 모두 몇 개인가?

> ㉠ 특례요양비의 지급절차, 특례요양비를 지급할 수 있는 장기요양급여가 인정되는 기관이나 시설의 범위 등은 보건복지부령으로 정한다.
> ㉡ 국민건강보험공단은 장기요양급여 수급자가 장기요양기관이 아닌 노인요양시설에서 재가급여에 상당한 장기요양급여를 받은 경우 해당 급여비용의 일부를 수급자에게 특례요양비로 지급해야 한다.
> ㉢ 장기요양급여 수급자가 요양병원에 입원한 경우, 공단은 대통령령으로 정하는 기준에 따라 장기요양에 사용되는 비용 일부를 요양병원간병비로 받을 수 있다.
> ㉣ 공단이 장기요양급여 수급자에게 지급하는 요양병원간병비의 지급절차 등은 보건복지부령으로 정한다.

① 없음
② 1개
③ 2개
④ 3개

71 장기요양급여심사위원회에 대한 설명으로 옳은 것을 모두 고르면?

> ㉠ 장기요양급여비용 심사기준을 개발하고 심사조정에 관한 사항을 심의한다.
> ㉡ 위원회의 구성, 운영 등의 사항은 보건복지부령으로 정한다.
> ㉢ 위원장 1명을 포함해 10명 이하의 위원으로 구성한다.
> ㉣ 장기요양급여비용 및 산정방법의 세부사항 설정 및 보완에 관한 사항을 심의한다.

① ㉠, ㉡
② ㉢, ㉣
③ ㉠, ㉢, ㉣
④ ㉡, ㉢, ㉣

72 다음 빈칸 ㉠, ㉡에 들어갈 숫자들을 곱한 값은 얼마인가?

2025
기출

> 등급판정위원회는 신청인이 신청서를 제출한 날부터 (㉠)일 이내에 제15조에 따른 장기요양등급판정을 완료하여야 한다. 다만, 신청인에 대한 정밀조사가 필요한 경우 등 기간 이내에 등급판정을 완료할 수 없는 부득이한 사유가 있는 경우 (㉡)일 이내의 범위에서 이를 연장할 수 있다.

① 300
② 600
③ 900
④ 1,800

73

2025
기출

다음은 장기요양사업의 관리운영기관으로서 공단이 하는 업무를 나열한 것이다. 이 중 틀린 것은 모두 몇 개인가?

㉠ 장기요양보험료의 부과·징수
㉡ 장기요양보험가입자의 자격관리
㉢ 장기요양급여의 관리 및 평가
㉣ 장기요양인정서의 작성 및 개인별장기요양이용계획서의 제공
㉤ 장기요양보험료의 산정
㉥ 노인성질환예방사업
㉦ 장기요양사업에 관한 국제협력 및 홍보
㉧ 장기요양사업과 관련하여 장기요양위원회가 위탁한 업무

---

① 없음
② 1개
③ 2개
④ 3개

74 장기요양기관 지정 취소 및 과징금 부과 등의 처분에 관한 설명으로 틀린 것은?

① 장기요양기관 종사자와 그 장이 기관의 수급자의 질병을 알면서도 치료를 제대로 하지 않고 방치한 행위가 적발되어 3개월의 업무정지명령을 받았다.
② 장기요양기관의 장이 서류를 조작해 3천만 원의 재가·시설 급여비용을 거짓으로 청구한 사실이 발각돼 업무정지명령을 받았으나, 업무정지로 인한 수급자의 불편이 크다는 우려가 인정되어 업무정지 명령을 갈음해 과징금 5천만 원이 부과되었다.
③ 장기요양기관이 폐업 또는 휴업 신고를 하지 않고 2년 동안 장기요양급여를 제공하지 않은 것이 적발되어 장기요양기관 지정이 취소되었다.
④ 장기요양기관이 지정을 받을 때 서류를 조작해 제출한 사실이 발각되어 장기요양기관기관 지정이 취소되었다.

75 심사청구에 대한 설명으로 옳은 것을 모두 고르면?

㉠ 장기요양등급에 관한 공단의 처분에 이의가 있는 자는 공단에 심사청구를 할 수 있다.
㉡ 심사청구는 그 처분이 있음을 안 날부터 90일 이내에 전자문서를 포함한 문서로 하여야 한다.
㉢ 장기요양인정에 대해 공단으로부터 처분이 있은 날부터 180일이 경과하면 어떠한 사유가 있는 경우에도 심사청구를 제기하지 못한다.
㉣ 심사청구 사항을 심사하기 위한 장기요양심사위원회를 공단에 두며, 심사위원회는 50명 이상의 위원으로 구성된다.
㉤ 심사위원회의 구성·운영, 그 밖에 필요한 사항은 대통령령으로 정한다.

---

① ㉠, ㉣, ㉢
② ㉠, ㉡, ㉤
③ ㉡, ㉣, ㉤
④ ㉡, ㉢, ㉤

76 보건복지부장관이 해야 하는 장기요양사업 관련 내용에 해당하지 않는 것은?

① 노인등에 대한 장기요양급여를 원활하게 제공하기 위하여 장기요양기본계획을 수립·시행한다.
② 장기요양사업의 실태를 파악하기 위하여 3년마다 장기요양인정에 관한 사항, 장기요양기관에 관한 사항 등에 대한 조사를 실시한다.
③ 장기요양기본계획에 따라 세부시행계획을 수립·시행한다.
④ 장기요양사업의 실태를 조사하고, 이에 대한 결과를 공표한다.

77 전자문서 사용과 자료 제출에 대한 설명으로 옳은 것을 모두 고르면?

> ㉠ 공단 및 장기요양기관이 장기요양기관의 지정신청, 재가·시설 급여비용의 청구 및 지급 등의 업무를 처리할 때는 전산매체 또는 전자문서교환방식을 이용해야 한다.
> ㉡ 장기요양사업에 관련된 각종 서류의 기록, 관리 및 보관은 전자문서로 해야 하며, 이는 보건복지부령으로 정하는 바에 따른다.
> ㉢ 대통령령으로 정하는 정보통신서비스 시설이 열악한 지역에서는 전자문서·전산매체 또는 전자문서교환방식을 이용하지 않을 수 있다.
> ㉣ 공단은 장기요양급여 제공내용 확인 등 보건복지부령에서 장기요양사업 수행에 필요하다고 인정하는 사항에 대해 장기요양보험가입자에게 자료의 제출을 요구할 수 있다.
> ㉤ 공단은 장기요양사업 수행에 필요하다고 인정할 때 장기요양기관에 자료 제출을 요구할 수 있으며, 장기요양기관은 이에 성실히 응해야 한다.

① ㉠, ㉡, ㉢, ㉣　　　　② ㉡, ㉢, ㉣, ㉤
③ ㉠, ㉡, ㉤　　　　　　④ ㉡, ㉢, ㉣

78 다음 중 특정 지역에 장기요양기관을 지정할 때 검토할 사항에 해당하는 것을 모두 고르면?

> ㉠ 장기요양기관을 운영하려는 자의 장기요양급여 제공 이력
> ㉡ 해당 지역의 노인인구 수
> ㉢ 장기요양기관 종사자의 규모 및 이력
> ㉣ 장기요양기관의 운영 계획
> ㉤ 장기요양기관을 운영하려는 자 및 그 기관에 종사하려는 자가 「노인장기요양보험법」에 따라 받은 행정처분 내용

① ㉠, ㉡, ㉣, ㉤　　　　② ㉠, ㉢, ㉣, ㉤
③ ㉠, ㉢, ㉣　　　　　　④ ㉡, ㉣, ㉤

79 장기요양기관의 폐업 등의 신고에 대한 설명으로 옳은 것을 모두 고르면?

> ㉠ 특별자치시장·특별자치도지사·시장·군수·구청장은 장기요양기관이 운영하는 노인의료복지시설이 사업정지 또는 폐지 명령을 하는 경우 지체 없이 공단에 그 내용을 통보하여야 한다.
> ㉡ 휴업을 하려는 장기요양기관의 장은 휴업 예정일 30일 전까지 이를 신고해야 한다.
> ㉢ 폐업이나 휴업을 하려는 장기요양기관의 장은 공단에 이를 신고해야 한다.
> ㉣ 장기요양기관의 지정 갱신을 하지 않으려는 장기요양기관의 장은 해당 기관을 이용하는 수급자가 다른 기관을 선택하여 이용할 수 있도록 계획해야 한다.
> ㉤ 장기요양기관의 장은 폐업이나 휴업 신고를 할 때 대통령령으로 정하는 바에 따라 장기요양급여 제공 자료를 공단으로 이관하여야 한다.

① ㉠, ㉡, ㉣
② ㉠, ㉢, ㉤
③ ㉡, ㉢, ㉣
④ ㉡, ㉣, ㉤

80 장기요양기관의 인권교육 및 장기요양요원의 보호에 관한 설명으로 틀린 것을 모두 고르면?

> ㉠ 장기요양기관의 종사자가 인권교육기관으로부터 인권교육을 받을 때 그 비용은 모두 보건복지부장관이 예산으로 지원한다.
> ㉡ 장기요양기관 중 대통령령으로 정하는 기관을 운영하는 자는 해당 기관의 장기요양급여 수급자에게 인권교육을 실시해야 한다.
> ㉢ 수급자의 가족이 장기요양요원에게 폭언·폭행을 하여 이에 대한 고충 해소를 요청할 때에 장기요양기관의 장은 대통령령으로 정하는 바에 따라 적절한 조치를 하여야 한다.
> ㉣ 장기요양기관의 장은 보건복지부령으로 정하는 바에 따라 장기요양 수급자와 그 가족에게 장기요양요원의 업무범위, 직무상 권리와 의무 등 권익보호를 위한 사항을 안내할 수 있다.

① ㉠, ㉡
② ㉡, ㉢
③ ㉠, ㉣
④ ㉡, ㉣

국민건강보험공단

NCS＋법률

박문각

국민건강보험공단

NCS＋법률

봉투모의고사

/

정답 및 해설

제1회 모의고사

NCS 직업기초능력

01. ②	02. ④	03. ③	04. ①	05. ③
06. ④	07. ②	08. ③	09. ③	10. ②
11. ④	12. ③	13. ②	14. ③	15. ④
16. ④	17. ③	18. ④	19. ①	20. ②
21. ④	22. ②	23. ①	24. ③	25. ②
26. ③	27. ③	28. ①	29. ④	30. ③
31. ①	32. ③	33. ③	34. ④	35. ①
36. ②	37. ③	38. ④	39. ②	40. ③
41. ①	42. ③	43. ④	44. ①	45. ④
46. ①	47. ③	48. ④	49. ③	50. ①
51. ④	52. ③	53. ④	54. ①	55. ③
56. ①	57. ③	58. ②	59. ④	60. ③

직무시험(국민건강보험법)

61. ②	62. ④	63. ①	64. ①	65. ③
66. ④	67. ③	68. ①	69. ④	70. ③
71. ④	72. ②	73. ②	74. ③	75. ④
76. ①	77. ①	78. ①	79. ③	80. ①

직무시험(노인장기요양보험법)

61. ①	62. ④	63. ②	64. ④	65. ③
66. ③	67. ④	68. ①	69. ④	70. ②
71. ④	72. ④	73. ②	74. ④	75. ②
76. ②	77. ④	78. ③	79. ③	80. ①

NCS 직업기초능력

01 ▶ ②

② 연령대별 의료비 발생 현황을 보면 50~79세가 80.7%를 차지한다고 나와 있다. 이는 과거의 흡연 노출이 노년기 건강보험 재정에 장기적인 부담을 준다는 근거로 사용된다.
① 2014년부터 2024년까지 11년간 누적금액이 약 40조 7천억 원에 달한다고 명시되어 있다. 2024년부터 최근 5년간 누적액이 40조 원 이상은 아니다.
③ 흡연으로 인한 의료비에서 암 관련 의료비가 약 14조 원으로 전체의 35.2%를 차지해 가장 높고, 그중 폐암이 약 7조 9천억 원으로 가장 큰 비중을 차지한다고 하였다. 따라서 흡연으로 인한 의료비 중 폐암 관련 의료비는 $\frac{7조 9천억 원}{40조 7천억 원} \times 100 ≒ 19.4(\%)$이다. 따라서, 30% 이상을 차지하는 것은 아니다.

④ 폐암 관련 의료비가 2014년 약 4,357억 원에서 2024년 약 9,985억 원으로 2배 이상 급증한 원인은 '흡연인구 증가로 인한 환자 수 증가'가 아니라, '장기간의 치료와 고비용 항암치료가 반복되는 질환 특성이 반영된 결과'라고 명시되어 있다. 따라서 자료의 설명과 일치하지 않는 내용이다.

02 ▶ ④

ⓒ 여성의 경우 흡연 관련 의료비 중 약 48%가 간접흡연에 기인한다는 수치가 제시되었다.
ⓔ 암 관련 의료비(약 14조 원) 중 폐암이 약 7조 9천억 원을 차지한다는 구체적인 금액이 제시되었다.
ⓐ 보도자료에서 제시한 수치는 2024년 한 해 동안의 흡연 관련 의료비 추정치(약 4조 6천억 원)로, 이는 '흡연'이라는 특정 요인에 의한 비용이다. 반면, 〈보기〉에서 언급한 '건강보험 의료비 지출규모'는 대한민국 전체 질병과 사고를 모두 포함하는 총액을 의미하므로 본 자료만으로는 알 수 없다.
ⓑ 담배소송 항소심 선고를 앞두고 '과학적 근거자료로 활용될 것'이라는 기대감은 언급되었으나, 그 결과에 따른 '건강보험료 조정 계획'은 보도자료에 포함되어 있지 않다.

03 ▶ ③

ⓒ 측우기가 제작되기 전에 강우량을 재던 방식은 땅에 스며든 빗물의 양을 재는 것이었는데, 이는 땅의 상태에 따라 측정치가 달라져 정확한 강우량을 알 수 없었다. 정확성이 측우기에 비해 떨어졌다고 볼 수 있다.
ⓐ 1770~1907년 서울 지역의 강우 기록은 세계에서 가장 오래된 강우량 자료이다.
ⓑ 측우기가 3단 분리형 구조로 만들어진 것은 측우기 안 물의 양을 가늠하기가 쉽고 측정이 편리하기 때문이다.

04 ▶ ①

① 자료에 따르면 특수구급차 1대당 '운전자 2명'과 '응급구조사 2명'을 확보해야 한다. 이를 합산하면 '최소 4명의 인력'이 된다. 응급의료법 시행규칙 개정안의 첫 번째 항목을 보면, 기존에 '응급환자'에만 국한되었던 탑승 의무를 '비응급환자'를 포함한 모든 환자로 확대했다.
② 이송처치료 기준의 '공통' 항목을 보면 할증은 "기본 및 추가요금에 '각각' 20% 가산"한다고 명시되어 있다. 단순히 '총액의 20%'라고 표현하는 것은 계산 결과와 관계없이 법규상의 산정 원칙과 일치하지 않는다.

③ 이송처치료의 기준의 비고 (4)에 따르면 선박 이송 시 10분당 6,000원의 요금을 부과하는 것은 맞지만, 도선료와 숙박비 등은 실제 발생한 비용을 해당 요금에 포함하지 않고 '별도로' 청구할 수 있다.
④ 자료에 따르면 290cm 이상이어야 하는 곳은 '구급차 환자실 전체 길이'다. '운전석 칸막이부터 간이침대 사이'의 거리는 70cm 이상 확보하는 것이 기준이다.

05 ▸ ③

③ 자료에 따르면 출동 및 처치기록, 운행기록대장을 전산으로 작성해야 하며, 이를 구급차기록관리시스템(AiR)으로 실시간 전송하도록 의무화되었다.
① 이번 개정안은 운행 기록의 전산적 작성·관리 및 실시간 전송을 의무화하고 있다. 따라서 종이 기록지 보관을 유지하거나 지자체의 요청 시에만 사후에 전산화하여 제출한다는 설명은 강화된 관리·감독 취지에 맞지 않다.
② 자료에 명시된 '2027. 4. 2.'는 이번 시행규칙 개정안의 시행일이 아니라, 그 근거가 되는 상위법인 「응급의료법」 개정안의 시행일이다. 이번 하위법령(시행규칙 등)은 입법예고 기간(2026. 3. 18. 종료)을 거쳐 확정된 후 시행될 예정이므로, 모법 시행일을 하위법령의 준수 기한으로 단정한 답변은 적절하지 않다.
④ 자료에 따르면 의료기관 도착 후 환자 인계 시 응급의료종사자도 인수자 서명을 할 수 있도록 절차가 마련되었다. 실시간 데이터 전송은 관리·감독 강화를 위한 별도의 추가 의무이지, 기존의 대면 서명 절차를 대체하거나 간소화하기 위한 수단이 아니다.

06 ▸ ④

비정상적인 단백질이 세포 분열을 위한 신호 전달 과정을 왜곡하는 현상은 암세포에서 일어나는 현상이다. 이러한 현상으로 암세포가 만들어지는 것은 아니다.

07 ▸ ②

이마티닙은 돌연변이 유전자가 형성되어 변형된 형태의 효소인 Bcr-Abl 단백질에 달라붙어 작용을 방해하는 것이지 돌연변이 유전자를 정상 유전자로 복원하는 것은 아니다.

08 ▸ ③

제시된 글에서는 좌뇌와 우뇌가 각각 다르게 기능하고 있다는 점을 설명하고 있다. 좌뇌는 언어적, 우뇌는 공간적 기능으로 구분되는 것이 일반적이며, 시야상으로는 동일한 시각 정보를 접하더라도 좌뇌와 우뇌가 해당 정보를 각기 다르게 처리하는 등 기능상의 차이를 가지고 있다는 사실을 제시된 글을 통해 확인할 수 있다. 하지만 일반인의 경우 언어적 영역인 좌뇌가 공간적 영역인 우뇌보다 발달한 경향이 크고,

이 때문에 좌우 뇌 사이의 차이를 인지하기 어렵다는 사실이 기술되어 있으므로 ⓒ이 글의 내용과 부합하지 않음을 알 수 있다.

09 ▸ ③

제시된 글에서는 인간이 노화할수록 머리가 빨리 돌아가지 않는 주된 이유로 좌우 뇌의 소통 속도가 늦어지는 것을 꼽고 있는데, 이는 뇌의 좌측과 우측의 정보교환이 일어나는 뇌량 역시 노화와 함께 활동이 더뎌져 좌우 뇌의 원활한 소통이 어려워지기 때문이다.

10 ▸ ②

ⓒ 역량활용형 급여(76.1만 원)는 공익활동형(29만 원)의 약 2.62배이므로 '2.5배 이상'이며, 특화 사업인 유치원 시니어 돌봄사는 90만 원을 받는 것이 맞다.
ⓒ 보도자료 하단에서 60~69세가 주로 참여하는 일자리가 '역량활용형(19만 7천 개)'과 '취업·창업형(24만 6천 개)'임을 확인할 수 있다. 두 유형의 합계는 44만 3천 개이며, 이는 전체 노인 일자리 115만 2천 개의 약 38.5%($\frac{443,000}{1,152,000} \times 100$)에 해당하므로 '약 38% 수준'이라는 설명은 옳다.
ⓔ '사회서비스형 → 역량활용형' 명칭 변경을 확인할 수 있고, 안심귀가 및 통합돌봄 도우미는 본문에서 역량활용형의 신설 분야로 명시되었다.
ⓙ 2026년 공익 활동형 사업량(70만 9천 개)이 전체의 절반(57만 6천 개)을 넘는 것은 맞지만, 증가율은 약 2.46%($\frac{17}{692} \times 100$)이므로 '약 5% 증가'라는 설명은 틀렸다.

11 ▸ ④

④ 122만 명이 신청하여 경쟁률이 발생한 것은 맞으나, '선발되지 못한 인원 중 1차 베이비붐 세대를 유치원 시니어 돌봄사로 우선 전환 배치한다'는 내용은 어디에도 없다.
① 선발된 참여자는 거주지·경력 등을 반영하여 근무지가 결정되며, 2월까지 혹한기 운영안내에 따라 대설·한파 시 실내 대체활동을 진행한다는 지문의 내용과 일치한다.
② 공동체사업단 컨설팅 지원은 2025년 130개에서 2026년 156개로 늘어났으며, 이는 정확히 20% 증가한 수치다. 목적 또한 사업 안정화 및 매출 견인으로 명시되어 있다.
③ 취업·창업형(24.6만 개)은 연중 선발을 계속하며, 방문 신청(시니어클럽 등)과 온라인 신청(노인일자리 여기) 방법이 제시되어 있다.

12 ▸ ③

③ 추진체계상 시·군·구가 선정 주체인 것은 맞으나, 자료 어디에도 책임의료기관이 특정 시·군·구 '내부에만' 있어야 한다는 제한은 없다. 오히려 '중진료권(여러 시·군·구를 묶은 단위)' 개념을 사용하므로 행정 구역을 벗어난 협력이 가능하다.
① 보건복지부가 예산을 지원하고 세부적으로 인건비, 협력체제 운영비를 지원한다고 하였다. 하지만 야간과 휴일에 적정 진료가 이루어지기 위해서는 인력 및 운영 지원이 더 필요할 것이라는 추론이 가능하다.
② 시·도별 지원금은 12억 8,300만 원, 인건비 8억 8,000만 원, 시설·장비비 3억 원이라 하였으므로, (8.8억 + 3억) / 12.83억 = 91.97(%)로 90% 상회가 맞다.
④ 지자체 홍보 등 운영비는 6,000만 원, 의료기관 간의 협력체계 운영비는 4,300만 원이다.

13 ▸ ②

② 중진료권 내에 의료취약지가 포함된 경우 신청 자격이 인정될 수 있으나, 이는 어디까지나 신청 자격의 대전제인 '상급종합병원이 없는 중진료권'이라는 조건을 만족했을 때이다.
① 공모 신청은 시·도 단위로 받으며, 신청을 원하는 시·도는 사전에 참여할 중진료권을 정하고, 거점병원 − 협력의원 협력체계를 구성하여 신청해야 한다고 명시되어 있다.
③ 공모는 2월 10일부터 2월 26일 18시까지 진행된다고 명시되어 있으며, "3월 중 1차 서면평가와 2차 대면평가를 거쳐 선정지역을 확정"하고 "4월부터 시범사업을 본격 추진한다"고 하였다.
④ 거점의료기관은 종합병원급 이상으로서 소아 입원 및 응급 대응이 가능하고 응급·산부인과 등 진료과와 협진체계를 갖추는 등 요건을 충족해야 한다고 하였다.

14 ▸ ③

③ 자료에 따르면 확대 지역의 참여 대상자는 '국민건강보험공단에서 발송하는 개별 알림톡을 확인하여' 온라인 신청이 가능하다고 명시되어 있다. 즉, 공단 측의 사전 행정 절차(대상자 선별 및 알림 발송)가 선행되어야 하므로, 대상자가 특정 시점에 도달했다고 하여 임의로 사업 참여를 개시할 수 있는 구조가 아니다.
① 예방형 조건은 BMI 25 이상이면서 수축기 혈압 120mmHg 이상(또는 이완기 혈압 80mmHg 이상) 또는 공복혈당 100mg/dL 이상이다. A씨는 혈압/공복혈당 기준을 모두 충족하지 못하므로 참여가 불가능하다.
② 혈압을 개선하여 받는 포인트는 15,000점(1단계 이상 개선 시 고정)이고, 100일간 1만 보 실천(100점×100일)하고 출석(10점×100일)을 하여 받는 점수는 11,000점이다. 따라서 혈압을 개선하여 받는 포인트가 더 높다.

④ 관리형 포인트 적립 프로세스상 참여 신청 후 케어플랜 수립 단계가 선행되어야 하며, 자료 앞부분에서 이를 지속적인 질환 관리 서비스로 정의하고 있다. 또한, 걸음 수 포인트 적립도 케어플랜의 목표 걸음 수를 설정해야 할 수 있는 것이므로 케어플랜 수립을 해야 실천 포인트 적립을 할 수 있다.

15 ▸ ④

④ 자가측정 최댓값은 주 2회(연 104회) 수행 시 계산상 26,000점(250점×104회)이다. 그러나 연간 적립 한도에 의해 실제 최댓값은 20,000점으로, 점검 및 평가 2회 포인트인 10,000점(5,000점×2회)의 2배이다. 따라서 한도액을 고려하지 않은 2.6배라는 분석은 적절하지 않다.
① 교육·상담 이수 포인트 20,000점은 점검 및 평가 완료 포인트 10,000점의 정확히 2배이다.
② 제도 개선의 목적이 카드 발급 등 번거로운 절차 없이 시스템상에서 자동 차감이 가능하도록 개선하는 것이므로, 실물 카드 지참 없이 결제할 수 있다는 설명은 사실과 부합한다.
③ 자료에 따르면 포인트는 '참여의원'에서 진료비를 결제하는 경우에 자동 차감된다. 자료 내에 약국이나 약제비에 대한 차감 언급이 없으며, '진료비'로 한정하고 있으므로 약제비가 포함되지 않는다는 분석은 적절하다.

16 ▸ ④

걸음 수 포인트 계산 시 8,000보는 일당 80점으로, 1년(365일) 실천 시 29,200점(80점×365일)이다. 이는 예방형 실천 포인트 연간 한도인 35,000점 이내이므로 전액 적립된다. 출석 포인트 계산 시 일당 10점으로 1년 실천 시 3,650점(10점×365일)이다. 단, 자료 하단 주석(※)에 따르면 출석 포인트는 적립 한도액과 별도로 지급된다. 따라서 29,200점과 별도의 3,650점을 합산하여 총 32,850을 획득하게 된다. 따라서, 답은 ④이다.

17 ▸ ③

③ 경쟁 정책은 소비자 권익을 위해 중요한 역할을 수행해 왔지만, 일부 소비자에게는 불이익이 되는 경우도 있다고 하였다. 소비자가 기업에 대한 교섭력이 약하고 충동구매나 유해 상품에도 쉽게 노출되어 발생하는 문제가 있다고도 하였다. 따라서 경쟁 정책으로 소비자들의 교섭력을 높인다는 내용은 글의 내용과 부합하지 않는다.
① 경쟁 정책은 소비자의 권익을 위해 국가가 집행하는 정책이다. 궁극적인 목적은 소비자의 이익이 맞다.
② 경쟁 정책을 실시하여도 소비자 권익을 충분히 실현할 수 없는 문제들이 있고, 이러한 문제에서 소비자를 보호할 수 있도록 하기 위해 수립된 것이 소비자 정책이라고 하였다.
④ 소비자 정책은 소비자의 지위를 기업과 대등하게 하고 기업으로부터 입은 피해를 구제하여 소비자를 보호할 수 있는 별도의 정책이 요구됨에 따라 수립된 것이다.

18 ▸ ④

㉠ 앞에서는 경쟁 정책이 생산적 효율을 유발해 소비자 권익에 기여하는 반면 독점 기업이 소비자 이익으로 이어지지는 않는다고 말하고 있다. 경쟁 정책을 긍정하고 독점을 부정하는 내용이므로 독점에 대한 감시와 규제가 지속적으로 필요하다는 바로 뒷 문장과 자연스럽게 연결된다 '따라서'가 들어가는 것이 적절하다.

㉡의 앞 문장에서는 독점 상태에서의 배분적 비효율을, 뒷 문장에서는 경쟁이 활발한 상태에서의 배분적 효율에 대해 말하고 있다. 상반되는 내용들이 제시되어 있으므로 ㉡에는 '반면에'가 오는 것이 적절하다.

㉢ 바로 앞 문장에서 경쟁 정책이 소비자 이익을 증진하더라도, 일부 소비자에게는 불이익이 되는 경우에 대해 언급하였고, ㉢ 다음에는 이러한 경우가 구체적으로 제시되고 있으므로 '예를 들어'가 들어가는 것이 적절하다.

19 ▸ ①

㉠ 2019년 이후 2020년에는 감소하였으나 다시 회복세를 보여, 2023년에는 2019년 수준과 비슷한 4.0%까지 증가하였다. 지속적으로 증가한 것은 아니다.

㉣ 사례관리자 1인당 등록자 수의 감소는 사실이나, 정신질환 치료 수진자 수는 약 63만 명 증가하였으므로 이를 '수진자 수의 감소'와 결합하여 분석하는 것은 옳지 않다.

㉡ 전체 수진자 증가 폭은 약 63만 명(205만 → 268만)이고, 외래환자 증가 폭은 약 64만 명(198만 → 262만)이다. 입원환자가 약 2만 명 감소했기 때문에, 외래환자의 순증가분이 전체 수진자 증가 폭보다 더 크다.

㉢ 예산 증가율은 61.6%(5,389원 → 8,710원)이고, 기관 수 증가율은 15.1%(2,562개 → 2,949개)이다. 15.1의 4배는 60.4이므로, 61.6%는 기관 수 증가율의 4배보다 높다.

20 ▸ ②

② 재입원율이 감소(18.6% → 16.1%)한 것은 긍정적인 신호로 볼 수 있으나, 퇴원 후 1개월 이내 외래방문율 또한 감소(67.7% → 66.1%)했다. 퇴원 후 외래방문은 지속적인 치료의 핵심인데 이 수치가 떨어졌다는 것은 사후 관리 체계가 완벽히 안착되었다거나 환자들이 안정적으로 적응하고 있다고 단정하기 어렵게 만드는 지표다. 따라서 이를 '관리 체계 강화의 증거'로 해석하는 것은 적절하지 않다.

① 입원환자 감소(약 2만 명)와 외래환자 급증(약 64만 명)은 정신질환 치료가 병원 내부 폐쇄 병동 중심에서 일상적인 외래 진료 중심으로 옮겨가고 있음을 보여주는 핵심 지표다.

③ 상근인력은 15.2명 증가한 반면, 전문인력은 2.7명 증가에 그쳤다. 수치 차이가 5배 이상 나므로, 전문인력 외의 인력이 더 많이 확충되었다는 추론이 가능하다.

④ 사례관리자 1인당 담당 인원이 34.2명에서 23.3명으로 10.9명 감소했다. 관리해야 할 대상자가 줄어들어 서비스의 질적 향상으로 이어진다는 반응은 적절하다.

21 ▸ ④

㉡ 주사기가 주사기 및 주사침류 수출액에서 차지하는 비중은 2022~2024년 동안 18.0%로 변함이 없는데, 주사기 및 주사침류가 전체 수출액에서 차지하는 비중은 계속해서 감소하고 있다. 따라서 주사기가 전체 수출액에서 차지하는 비중은 2023년과 2024년 모두 전년 대비 감소했다고 볼 수 있다.

㉣ 2024년 의료처치용 기계기구는 전체 수출액의 3.0%를 차지하고, 세계수출시장에서의 점유율은 0.1%이다. '전체 수출액×3.0% = 세계수출시장 규모×0.1%'이므로 의료처치용 기계기구의 세계수출시장 규모는 전체 수출액의 30배라는 것을 알 수 있다.

㉠ 체외용 의료용품이 전체 수출액에서 차지하는 비중은 2022~2024년 동안 계속해서 감소하는데, 세계수출시장에서의 점유율은 1.0%로 변함이 없다. 따라서 체외용 의료용품의 세계수출시장 규모가 계속해서 감소한다고 볼 수 있다.

㉢ 면역 검사기기, 시력보정용 렌즈, 생체현상 측정기기, 체외용 의료용품, 의료처치용 기계기구, 인체조직 또는 기능 대치품은 세계수출시장에서의 점유율이 전년 대비 비슷하거나 감소하였다.

22 ▸ ②

전체 수출액은 매년 변동이 없다고 했으므로 2023년 주사기 수출액은 35억 달러×0.12×0.18 = 7,560(만 달러)이고, 2024년 의약품 주입기 수출액은 35억 달러×0.11×0.26 = 1억 10만 달러이다. 따라서 수출액의 합은 7,560만 달러 + 1억 10만 달러 = 1억 7,570만 달러이다.

23 ▸ ①

① 인천광역시에서 면적 400km² 이상인 센터의 비중은 $\frac{48}{76}\times100 ≒ 63.2(\%)$이고, 경기도에서 면적 100km² 미만인 센터의 비중은 $\frac{100}{180}\times100 ≒ 55.6(\%)$로 인천광역시의 비중이 더 크다.

② 인천광역시 치매안심센터 사회복지사 종사자 수는 76×2.26 = 171.76(명)이다. 이때 종사자 수 변동 없이 치매안심센터만 9개소 추가되면 1개소당 사회복지사 수는 $\frac{171.76}{85} ≒ 2.02(명)$으로 2명 이상이 된다.

③ 치매안심센터에 종사하는 간호사 수는 인천광역시가 76×6.19 = 470.44(명), 경기도가 180×9.17 = 1,650.6(명)으로 경기도가 인천광역시의 $\frac{1,650.6}{470.44} ≒ 3.5(배)$이다.

④ 경기도 치매안심센터에 종사하는 의사 수는 180×0.83 = 149.4(명), 간호사 수는 180×9.17 = 1,650.6(명), 사회복지사 수는 180×2.30 = 414(명), 기타는 180×4.05 = 729(명)으로 전체 종사자 수는 149.4 + 1,650.6 + 414 + 729 = 2,943(명)이다.

24 ▸ ③

2026년 인천광역시 치매안심센터 중 담당면적이 100km² 이상 200km² 미만인 센터를 12개소 늘릴 경우 전체 담당면적에서 차지하는 비중은 $\frac{20}{88} \times 100 ≒ 22.7(\%)$이고, 경기도 치매안심센터 중 담당면적이 100km² 이상 200km² 미만인 센터를 13개소 늘릴 경우 전체 담당면적에서 차지하는 비중은 $\frac{40}{193} \times 100 ≒ 20.7(\%)$이다.

25 ▸ ②

② 조정중재성립률은 2021년 $\frac{1,028}{1,636-12} \times 100 ≒ 63.3(\%)$,

2022년 $\frac{982}{1,624-15} \times 100 ≒ 61.0(\%)$,

2023년 $\frac{1,013}{1,546-9} \times 100 ≒ 65.9(\%)$,

2024년 $\frac{989}{1,364-6} \times 100 ≒ 72.8(\%)$,

2025년 $\frac{1,002}{1,461-9} \times 100 ≒ 69.0(\%)$이다.

따라서 조정중재성립률이 가장 높은 해는 2024년이다.
① 조정중재성립 건수가 가장 많은 연도는 848 + 180 + 0 = 1,028(건)인 2021년이다.
③ 매년 조정중재성립 건수가 가장 많은 피해유형은 '토양오염'이다.
④ '대기오염'의 건당 성립금액 전년 대비 증감방향은 '증 - 감 - 증 - 증'이고, '소음·진동'의 건당 성립금액 전년 대비 증감방향은 '증 - 감 - 감 - 증'으로 매년 같지 않다.

26 ▸ ③

③ 2024년 4개 주요 피해유형별 조정중재 전체 성립금액은 다음과 같다.
대기오염 : 14,070천 원×164 ≒ 2,307(백만 원)
수질오염 : 11,371천 원×143 ≒ 1,626(백만 원)
토양오염 : 8,259천 원×266 ≒ 2,196(백만 원)
소음·진동 : 5,701천 원×206 ≒ 1,174(백만 원)
토양오염의 전체 성립금액 부분이 잘못되어 옳지 않다.
① 2025년 조정 건수 구성비는 다음과 같다.

합의 : $\frac{905}{1,460} \times 100 ≒ 61.99(\%)$

결정 : $\frac{256}{1,460} \times 100 ≒ 17.53(\%)$

부조정 : $\frac{120}{1,460} \times 100 ≒ 8.22(\%)$

취하 : $\frac{170}{1,460} \times 100 ≒ 11.64(\%)$

각하 : $\frac{9}{1,460} \times 100 ≒ 0.62(\%)$

② 연도별 조정 건수 중 합의 건수의 비중은 다음과 같다.

2021년 : $\frac{848}{1,636} \times 100 ≒ 51.8(\%)$

2022년 : $\frac{825}{1,624} \times 100 ≒ 50.8(\%)$

2023년 : $\frac{860}{1,546} \times 100 ≒ 55.6(\%)$

2024년 : $\frac{872}{1,362} \times 100 ≒ 64.0(\%)$

2025년 : $\frac{905}{1,460} \times 100 ≒ 62.0(\%)$

④ 수질오염의 전년 대비 건당 성립금액의 증가율은 다음과 같다.

2022년 : $\frac{16,014-11,569}{11,569} \times 100 ≒ 38.4(\%)$

2023년 : $\frac{18,328-16,014}{16,014} \times 100 ≒ 14.4(\%)$

2024년 : $\frac{11,371-18,328}{18,328} \times 100 ≒ -38.0(\%)$

2025년 : $\frac{11,659-11,371}{11,371} \times 100 ≒ 2.5(\%)$

27 ▸ ③

③ 울산의 연평균 미세먼지 농도는 2022년 29㎍/m³, 2023년 35㎍/m³, 2024년 29㎍/m³이고, 대구의 연평균 미세먼지 농도는 2022년 30㎍/m³, 2023년 35㎍/m³, 2024년 27㎍/m³이다. 2024년을 제외하고 대구의 연평균 미세먼지 농도가 울산보다 높으므로 옳지 않은 설명이다.
① 2022년 대전의 평균 미세먼지 농도는 31㎍/m³로 2023년 런던의 평균 미세먼지 농도인 31㎍/m³와 같다.
② 2023년 대비 2024년 평균 미세먼지 농도가 가장 낮아진 도시는 36 - 27 = 9(㎍/m³)인 대전이다.
④ 2023년 베이징의 평균 미세먼지 농도는 72㎍/m³로 국내 주요 도시들보다 높다.

28 ▸ ①

2022년 서울의 미세먼지 농도는 33㎍/m³, 2024년은 31㎍/m³이므로 2㎍/m³ 차이가 난다.

29 ▸ ④

ⓛ 1월 대비 3월의 보건용 마스크의 오프라인 가격의 감소율은 $\frac{1,685-1,645}{1,685} \times 100 ≒ 2.4(\%)$이고, 온라인 가격의 감소율은 $\frac{2,170-1,306}{2,170} \times 100 ≒ 39.8(\%)$로 감소율의 차이는 39.8 - 2.4 = 37.4(%p)이다.
ⓒ 4월 대비 6월의 비말차단용 마스크 생산량 감소율은 $\frac{5,274-2,530}{5,274} \times 100 ≒ 52.0(\%)$이고, 수술용 마스크 생산

량 감소율은 $\dfrac{1,590-950}{1,590}\times100 ≒ 40.3(\%)$이다.

따라서 비말차단용 마스크 생산량 감소율이 수술용 마스크 생산량 감소율보다 52.0 − 40.3 = 11.7(%p) 높다.

ⓔ 5월 대비 6월의 마스크 생산량 감소율은 보건용 마스크가 $\dfrac{13,279-10,566}{13,279}\times100 ≒ 20.4(\%)$, 비말차단용 마스크가 $\dfrac{3,079-2,530}{3,079}\times100 ≒ 17.8(\%)$, 수술용 마스크가 $\dfrac{1,023-950}{1,023}\times100 ≒ 7.1(\%)$이다. 따라서 감소율이 가장 큰 품목은 보건용 마스크이다.

ⓖ 2월에 보건용 마스크 오프라인 가격은 전월 대비 증가하였다.

30 ▸ ③

1월부터 6월의 각 마스크 품목의 생산량 합을 구하면
1월 : 10,653 + 1,369 + 351 = 12,373(만 개)
2월 : 9,369 + 8,181 + 519 = 18,069(만 개)
3월 : 15,169 + 10,229 + 1,970 = 27,368(만 개)
4월 : 19,490 + 5,274 + 1,590 = 26,354(만 개)
5월 : 13,279 + 3,079 + 1,023 = 17,381(만 개)
6월 : 10,566 + 2,530 + 950 = 14,046(만 개)
따라서 1월부터 6월 마스크 생산량 합이 세 번째로 큰 달은 2월이다.
같은 기간 보건용과 비말차단용 마스크의 오프라인 가격 차이는
1월 : 1,685 − 1,085 = 600(원/개)
2월 : 1,758 − 725 = 1,033(원/개)
3월 : 1,645 − 712 = 933(원/개)
4월 : 1,561 − 714 = 847(원/개)
5월 : 1,476 − 696 = 780(원/개)
6월 : 1,454 − 686 = 768(원/개)
따라서 1월부터 6월의 보건용 마스크와 비말차단용 마스크의 오프라인 가격 차이가 가장 적게 나는 달은 1월이다.

31 ▸ ①

다음달의 급여비를 x원이라 하면,
$$\dfrac{114,230}{72,899}=\dfrac{x}{72,899+8,000}$$
$x = 114,230\times\dfrac{80,899}{72,899}≒126,765$(원)이다.
따라서 급여비 증가분은 126,765 − 114,230 ≒ 12,535(원)이다.

32 ▸ ③

③ $\dfrac{51,240}{83,079}\times100 ≒ 61.7(\%)$이다.

① $\dfrac{150,331}{83,079} ≒ 1.81$로 약 1.8배이다.

②, ④ 표를 통해 쉽게 확인할 수 있다.

33 ▸ ③

③ 2020년 대비 2021년 보훈대상자 의료지원 실적은 $\dfrac{250-270}{270}\times100 ≒ -7.4(\%)$로 7% 이상 감소하였다.

① 2021년부터 2026년까지 보훈대상자 의료지원 실적은 300억 원, 400억 원, 500억 원, 600억 원, 700억 원 증가하여 매년 증가폭이 다르다.

② 2022년에는 2,800억 원으로 3,000억 원을 넘어서지 못했다.

④ 2021년 피부과가 보훈대상자 의료지원 실적에서 차지하는 비율은 $\dfrac{70}{250}\times100 = 28(\%)$로 25% 이상이다.

34 ▸ ④

피부과 : 2021년의 보훈대상자 의료지원 실적에 대한 피부과의 실적 비율인 $\dfrac{70}{250}\times100 = 28(\%)$를 매년 유지

이비인후과 : 매년 실적 50억 원씩 감소
이비인후과와 피부과의 실적 변화 추이를 제시된 조건에 따라 정리하면 다음과 같다.

구분	2022년	2023년	2024년	2025년
피부과	280 × 0.28 = 78.4(십억 원)	320 × 0.28 = 89.6(십억 원)	370 × 0.28 = 103.6(십억 원)	430 × 0.28 = 120.4(십억 원)
이비인후과	120십억 원	115십억 원	110십억 원	105십억 원

따라서 피부과의 실적이 이비인후과의 실적보다 커지는 해는 2025년이다.

35 ▸ ①

여자 출생아수보다 남자 출생아수가 더 많은 연도는 2015년, 2018년, 2019년, 2021년이다. 이때 남녀 출생아수의 차이가 가장 큰 연도는 224,906 − 213,514 = 11,392(명)인 2015년이다.

36 ▸ ②

② 여자 출생아수와 남자 출생아수는 2023년에 가장 적다.
① 2016년 전체 인구수를 구하는 공식은 다음과 같다.

$$7.9 = \frac{406,243}{x} \times 1,000$$

$$x = \frac{406,243}{7.9} \times 1,000$$

$$\therefore x \fallingdotseq 51,423,165(명)$$

따라서 2016년 전체 인구수는 약 5,100만 명으로 5,000만 명 이상이다.

③ 2021년 여자 한 명이 태어날 때 남자는 $\frac{133,516}{127,046} \fallingdotseq 1.05$ (명) 태어난다.

④ 2022년 전체 인구수는

$x = \frac{249,186}{4.9} \times 1,000 \fallingdotseq 50,854,285$(명)이고, 2024년 전체

인구수는 $x = \frac{238,317}{4.7} \times 1,000 \fallingdotseq 50,705,744$(명)이다. 따라서 2022년 전체 인구수는 2024년 인구수보다 약 148,541명 더 많다.

37 ▸ ②

② $\frac{84.4-80.6}{80.6} \times 100 \fallingdotseq 4.7$(%) 증가하였다.

① 한국 여성의 평균 사망연령은 84.4 − 82.7 = 1.7(세) 증가하였고, 한국의 전체 평균 사망연령은 81.3 − 79.5 = 1.8(세) 증가하였다.

③ 10개 국가의 여성 평균 사망연령은 84.6세이고, 남성 평균 사망연령은 80.0세이다.

④ 이탈리아와 오스트레일리아의 남녀 평균 사망연령의 합은 164.6세로 같다.

38 ▸ ④

선택지에 있는 국가의 남녀 사망연령의 평균을 구하면 다음과 같다.

스페인	이스라엘	캐나다	아이슬란드
82.5	81.9	81.8	82.2

남녀 사망연령의 평균이 두 번째로 높은 국가는 아이슬란드이다.

39 ▸ ②

㉠ 2025년 보험급여비는 전년 대비 $\frac{815,260-746,066}{746,066} \times 100 \fallingdotseq 9.3$(%) 증가하였는데, 이 중 현금급여비는 전년 대비 $\frac{28,166-26,142}{26,142} \times 100 \fallingdotseq 7.7$(%) 증가하였다.

㉢ 임신·출산 진료비는 2024년 줄어든 것을 제외하면 계속 증가하는 추세이다. 또한 2025년 임신·출산 진료비는 5년 전인 2020년에 비해 $\frac{3,349-1,868}{1,868} \times 100 \fallingdotseq 79.3$(%) 증가하였다.

㉡ 2022년 요양급여비는 3년 전인 2022년과 비교해 $\frac{767,250-651,674}{651,674} \times 100 \fallingdotseq 17.7$(%) 증가하였다.

㉢ 현물급여비 중 건강검진비가 차지하는 비중은 2025년 $\frac{19,844}{787,094} \times 100 \fallingdotseq 2.5$(%), 2021년 $\frac{15,575}{601,411} \times 100 \fallingdotseq 2.6$(%) 로 1%p 이상 차이가 나지 않는다.

40 ▸ ③

(A) $\frac{767,250-701,654}{701,654} \times 100 \fallingdotseq 9.3$(%)

(B) $\frac{120,008}{767,250} \times 100 \fallingdotseq 15.6$(%)

(C) 5,095 − 3,319 = 1,776(억 원)

41 ▸ ①

방식 1을 적용하면 다음과 같다.

도서관	설립 연도	보유 도서 수	월 이용자 수	합계	보조금 (만 원)
A	20점	30점	40점	90점	500
B	15점	15점	50점	80점	300
C	10점	10점	40점	60점	100
D	10점	10점	40점	60점	50

따라서 보조금을 많이 지급받는 순서는 A − B − C − D로 정답은 ①이다.

42 ▸ ③

방식 2와 방식 3을 적용하면 다음과 같다.
ⅰ) 방식 2의 경우

도서관	설립 연도	보유 도서 수	월 이용자 수	최종등급	보조금 (만 원)
A	1등급	1등급	2등급	1등급	1,000
B	3등급	2등급	1등급	2등급	500
C	3등급	3등급	2등급	3등급	300
D	3등급	등급미달	2등급	등급미달	없음

ⅱ) 방식 3의 경우

도서관	보유 도서 수에 따른 보조금
A	300만 원
B	200만 원
C	100만 원
D	50만 원

③ A도서관은 방식 2를 적용할 때 보조금을 가장 많이 지원받으므로 옳은 설명이다.
① 두 도서관 모두 어떠한 방식이든 보조금을 받으므로 옳지 않은 내용이다.
② C도서관은 방식 2를 적용하면 300만 원을 지급받으므로 옳지 않은 내용이다.
④ ○○시는 방식 2(1,800만 원), 방식 1(950만 원), 방식 3(650만 원) 순으로 보조금을 많이 지출하므로 옳지 않은 설명이다.

43 ▸ ④

④ '사업개요'의 '4. 서비스 내용'을 보면, (한)의사는 월 1회 이상, 간호사는 월 2회 이상 방문의료서비스를 제공한다고 하였다. 의사 또는 한의사는 월 1회 이상이다.

44 ▸ ②

㉠ 재택의료기본료는 팀 업무(포괄평가, 케어플랜 등 사례관리), (한)의사 월 1회 방문진료와 간호사 월 2회 방문간호, 사회복지사의 주기적 상담과 지역사회 자원연계가 모두 충족될 경우 산정된다.
㉣ 협업형과 전담형 재택의료센터의 재택의료기본료와 방문진료료는 동일한 것이 맞다. 하지만 재택의료기본료는 장기요양 재정에서, 방문진료료는 건강보험 재정에서 지출된다.

45 ▸ ④

장기요양 1·2등급 (와상) 및 요양비(산소치료·인공호흡기) 급여 대상은 방문진료료의 15% 부담한다고 하였다. 장기요양 3등급이므로 이에 해당하지 않는다.

46 ▸ ①

① 담당의사의 사실 확인일로부터 90일 이내에 접수한 경우 등록일을 사실확인일로 소급한다. 경과 후에 접수한 경우에도 등록이 가능하며, 사실확인일이 방문, 우편, 팩스 접수에 따라 다르다.
② 차상위 본인부담경감 대상자에 해당하여, 기준금액과 실구입금액 중 낮은 금액의 100%에 해당하는 금액 지급받는다.
③ 공단에 급여대상자로 등록된 이후에 처방전을 받아 구입한 경우에만 요양비가 지원된다.
④ 청구 소멸시효는 구입일로부터 3년까지 가능하므로, 3년이 지난 후에는 청구할 수 없다.

47 ▸ ③

㉠ 19세 미만인 경우 센서연동형 인슐린자동주입기의 기준금액은 250만 원이므로, 구입금액이 더 저렴하다. 연속혈당 측정기는 기준금액인 21만 원이 더 저렴하다. 이 두 금액의 90%를 지원받으므로, 지원받는 금액은 (235만 원 + 21만 원) × 0.9 = 230만 4천 원이다.
㉡ 차상위 본인부담경감 대상자는 기준금액과 실구입금액 중 낮은 금액의 100%에 해당하는 금액을 지급받는다. 19세 이상이므로 기준금액인 250만 원의 100%인 250만 원을 지급받는다.
㉣ 인슐린자동주입기의 구입비용이 더 낮으므로 지원금액은 422만원 × 0.7 = 295만 4천 원이다.
연속혈당 측정기도 구입비용이 더 낮으므로 185,000 × 0.7 = 129,500(원)이다.
따라서 지원받는 금액은 2,954,000 + 129,500 = 3,083,500(원)이다.
㉢ 인슐린자동주입기는 60개월(5년) 주기로 1개를 지원한다고 하였다. 2020년 3월을 기준으로 2025년 3월까지가 5년이므로, 2026년 1월에 구매한 기기에 대해 지원금을 받을 수 있다.

48 ▸ ④

④ 야영은 피하고 싶다고 하였는데, 야영시설인 황토데크를 추천하였으므로 답변 내용으로 적절하지 않다.

49 ▸ ③

③ 숙박시설을 이용하므로 입장료는 면제다. 이때 숙박료는 100,000 × 2 = 200,000(원)이다. 비수기이고 장애인 할인이 20% 적용되어 200,000 × 0.8 = 160,000(원)
① 숙박료 155,000 + 입장료 면제 = 155,000(원)
② 숙박료 60,000 × 2 + 입장료 2,000 × 12 = 144,000(원)
④ 숙박료 75,000 + 입장료 2,000 × 3 + 1,000원 × 3 = 84,000(원)

50 ▸ ①

필요한 오디오 장비 수를 확인하면 다음과 같다.
예능 : 14 × 15 = 210(개)이나, 200개를 넘을 수 없으므로 200개이다.
드라마 : 11 × 4 = 44(개)
영화 : 10 × 24 = 240(개)이나, 200개를 넘을 수 없으므로 200개이다.
애니메이션 : 12 × 7 = 84(개)
교육 : 47 × 2 = 94(개)
필요한 스태프의 수를 확인하면 다음과 같다.
예능 : 14 × 10 = 140(명)
드라마 : 11 × 6 = 66(명)

영화 : $10 \times 9 = 90$(명)
애니메이션 : $12 \times 4 = 48$(명)
교육 : $47 \times 5 = 235$(명)
따라서 최종적으로 필요한 오디오 장비 수와 스태프 수의 합을 구하면
$200 + 44 + 200 + 84 + 94 + 140 + 66 + 90 + 48 + 235 = 1,010$이다.

51 ▶ ④

④ 제4항에서 "설립주체는 [별표 3]에 따라 적절한 방송 녹화 부지를 확보하여야 한다."라고 하였으나 1. 녹화 방송이 없는 경우, 2. 라디오 방송이 없는 경우에는 부지를 확보한 것으로 본다고 하였으므로 반드시 녹화 부지를 갖추어야 하는 것은 아니다.
① 드라마 장르와 예능 장르에 27명의 방송인이 종사하고 있다면 최대 스태프 수는 $17 \times 10 + 10 \times 6 = 230$(명)이고 최소 스태프 수는 $10 \times 10 + 17 \times 6 = 202$(명)이다. 따라서 둘의 차이는 28명이다.
② [별표 2]를 통해 필요 오디오 수를 확인하면 $10 \times 2 + 10 \times 15 + 10 \times 7 = 240$(개)임을 알 수 있다.
③ 영화 장르에 10명의 방송인이 종사한다면 오디오 장비는 $24 \times 10 = 240$(개)가 필요하다고 할 수 있다. 그러나 단서 조항에서 오디오 장비는 200개를 넘을 수 없다고 하였으므로 영화 장르에 10명의 방송인이 종사한다면 오디오 장비는 최대 200개가 필요하다.

52 ▶ ③

각 업체의 점수와 총합을 나타내면 다음과 같다.

업체	가격 점수(30%)	성능 점수(40%)	실적 건수 점수(30%)	총점
A	$80 \times 0.3 = 24$	$100 \times 0.4 = 40$	$80 \times 0.3 = 24$	88
B	$80 \times 0.3 = 24$	$80 \times 0.4 = 32$	$90 \times 0.3 = 27$	83
C	$90 \times 0.3 = 27$	$90 \times 0.4 = 36$	$90 \times 0.3 = 27$	90
D	$90 \times 0.3 = 27$	$80 \times 0.4 = 32$	$100 \times 0.3 = 30$	89

따라서, 총점이 가장 높은 C가 우선협상 대상자가 된다.

53 ▶ ④

바뀐 비율에 따른 점수와 총합은 다음과 같다.

업체	가격 점수(10%)	성능 점수(40%)	실적 건수 점수(50%)	총점
A	$80 \times 0.1 = 8$	$100 \times 0.4 = 40$	$80 \times 0.5 = 40$	88
B	$80 \times 0.1 = 8$	$80 \times 0.4 = 32$	$90 \times 0.5 = 45$	85
C	$90 \times 0.1 = 9$	$90 \times 0.4 = 36$	$90 \times 0.5 = 45$	90
D	$90 \times 0.1 = 9$	$80 \times 0.4 = 32$	$100 \times 0.5 = 50$	91

따라서, 총점이 가장 높은 D가 우선협상 대상자가 된다.

54 ▶ ①

첫 번째 조건에 따라 원단 C는 제외된다.
두 번째 조건에 따라 고어텍스 1m²당 단가가 13,500원 이하인 원단을 선택한다.
따라서 H사가 선택할 수 있는 원단은 A, B이다.

55 ▶ ③

조건에 따라 정리해 보면 다음과 같다.

협력 업체	소요일수	제작 종료 일자
갑	$800 \div 65 ≒ 12.3$일	9/17
을	$800 \div 75 ≒ 10.7$일	9/16
병	토요일 제작수량이 다른 날의 50%이므로 계산하면 1~4일 : 240개, 5일 : 30개, 7~11일 : 300개, 12일 : 30개, 4~16일 : 180개로 16일까지 총 780개 제작이 가능하므로 17일에 제작이 완료된다.	9/17
정	10일의 제작수량이 다른 날의 1.5배이므로, 계산하면 1~9일 : 414개, 10일 : 69개, 11~16일 : 276개로 16일까지 총 759개 제작이 가능하므로 17일에 제작이 완료된다.	9/17

따라서 가장 빠르게 작업을 마칠 수 있는 을 업체를 협력업체로 선택할 것이다.

56 ▶ ①

강서지부에서 출발하여 서초지부로의 이동시간을 확인하기 위하여서는 제시된 2개 표의 수치를 다음과 같이 곱하여야 한다.

	강서	마포	용산	성북	성동	서초
강서	−	6	6	28	−	−
마포	1	−	6	−	45	33
용산	18	16	−	2	−	18
성북	14	−	2	−	10	60
성동	−	21	12	8	−	8
서초	39	18	−	35	20	−

이제 강서에서 서초로 이동하는 경로를 확인하면 다음과 같다.
강서 − 마포 − 용산 − 성북 − 성동 − 서초 : $6 + 6 + 2 + 10 + 8 = 32$분
강서 − 마포 − 성동 − 용산 − 성북 − 서초 : $6 + 45 + 12 + 2 + 60 = 125$분
강서 − 마포 − 성동 − 성북 − 용산 − 서초 : $6 + 45 + 8 + 2 + 18 = 79$분
강서 − 용산 − 마포 − 성동 − 성북 − 서초 : $6 + 16 + 45 + 8 + 60 = 135$분
강서 − 용산 − 성북 − 성동 − 마포 − 서초 : $6 + 2 + 10 + 21 + 33 = 72$분

강서 － 성북 － 용산 － 마포 － 성동 － 서초 : 28 ＋ 2 ＋ 16
＋ 45 ＋ 8 ＝ 99분
강서 － 성북 － 성동 － 마포 － 용산 － 서초 : 28 ＋ 10 ＋
21 ＋ 6 ＋ 18 ＝ 83분
강서 － 성북 － 성동 － 용산 － 마포 － 서초 : 28 ＋ 10 ＋
12 ＋ 16 ＋ 33 ＝ 99분
따라서 두 번째로 시간이 적게 걸리는 경로의 시간은 72분
이다.

57 ▶ ③

앞서 구한 이동경로는 강서 － 용산 － 성북 － 성동 － 마포
－ 서초이다. 이 이동경로를 따라 이동하며 소요된 시간을
확인하면 다음과 같다.
6 ＋ 2 ＋ 10 ＋ 21 ＋ 33
강서 → 용산 : 6분
업무시간 : 3분
용산 → 성북 : 2분
업무시간 : 3분
성북 → 성동 : 10분
업무시간 : 3분
이때까지 소요되는 시간은 27분으로 11시 27분이다. 다음 이
동에는 21분이 소요되는데 11시 30분이 점심시간이므로 11시
30분까지 기다리고, 식사를 한 뒤, 다시 12시에 출발한다.
성동 → 마포 : 21분
업무시간 : 3분
마포 → 서초 : 33분
업무시간 : 3분
이에 따라 추가적으로 1시간이 소요된다. 따라서 최종적으
로 서초 지부에서 업무를 마친 시각은 13시 00분이다.

58 ▶ ②

각종 보조금을 나타내보면 다음과 같다.

(단위 : 백만 원)

구분	운영비	사업비	장려수당	간식비	총액
갑	420 × 0.6 ＝ 252	85	50 × 4 ＝ 200	6	543
을	330 × 0.8 ＝ 264	85	50 × 4 ＝ 200	7	556
병	420 × 0.6 ＝ 252	85	50 × 4 ＝ 200	13	550
정	330 × 1 ＝ 330	65	50 × 3 ＝ 150	10	555

을 시설의 보조금 총액이 556백만 원으로 가장 많다.

59 ▶ ④

팀장은 장소에 대해서는 언급하지 않았다.

60 ▶ ③

풍선 장식 생략 : － 3,000,000원
현수막 1개 추가 : ＋ 500,000원
꽃 장식 1개 생략 : － 2,000,000원
팀장이 지시한 대로 예약사항을 변경하면 줄어드는 금액은
450만 원이다.
따라서 책정된 예산 2,000만 원을 초과하지 않으므로 한정
식으로 변경하지 않고 기존 예약대로 뷔페 B코스를 먹을 수
있다. 행사 인원이 250명으로 줄었으므로 식사에서 줄어드
는 금액은 150만 원이다.
따라서 필요한 예산은 1,700만 원이다.

직무시험(국민건강보험법)

61 ▸ ②

㉠ 제5조 제2항 제3호에서 알 수 있다.(손자는 직계비속)

㉢ 제5조 제1항 제1호에 따라, 「의료급여법」에 따라 의료급여를 받는 사람은 건강보험의 가입자 또는 피부양자에서 제외된다.

㉣ 제5조 제2항 제3호에서 알 수 있다.(며느리는 직계비속의 배우자)

㉡ 제5조 제2항 제2호에 따라, 직장가입자의 배우자의 직계존속인 시아버지는 피부양자가 될 수 있다.

㉤ 제5조 제1항 제2호 나목에 따르면, 건강보험을 적용받고 있던 사람이 의료보호대상자로 되었으나 건강보험의 적용배제신청을 보험자에게 하지 아니하면 가입자가 된다. 즉, 병이 자동으로 건강보험 가입자에서 제외되는 것이 아니라, 이미 건강보험 적용을 받고 있어 따로 적용배제신청을 해야 가입자에서 제외된다.

> 제5조(적용 대상 등) ① 국내에 거주하는 국민은 건강보험의 가입자 또는 피부양자가 된다. 다만, 다음 각 호의 어느 하나에 해당하는 사람은 제외한다.
> 1. 「의료급여법」에 따라 의료급여를 받는 사람(이하 "수급권자"라 한다)
> 2. 「독립유공자예우에 관한 법률」 및 「국가유공자 등 예우 및 지원에 관한 법률」에 따라 의료보호를 받는 사람(이하 "유공자등 의료보호대상자"라 한다). 다만, 다음 각 목의 어느 하나에 해당하는 사람은 가입자 또는 피부양자가 된다.
>   가. 유공자등 의료보호대상자 중 건강보험의 적용을 보험자에게 신청한 사람
>   나. 건강보험을 적용받고 있던 사람이 유공자등 의료보호대상자로 되었으나 건강보험의 적용배제신청을 보험자에게 하지 아니한 사람
> ② 제1항의 피부양자는 다음 각 호의 어느 하나에 해당하는 사람 중 직장가입자에게 주로 생계를 의존하는 사람으로서 소득 및 재산이 보건복지부령으로 정하는 기준 이하에 해당하는 사람을 말한다.
> 1. 직장가입자의 배우자
> 2. 직장가입자의 직계존속(배우자의 직계존속을 포함한다)
> 3. 직장가입자의 직계비속(배우자의 직계비속을 포함한다)과 그 배우자
> 4. 직장가입자의 형제·자매

62 ▸ ④

㉢ 제78조 제2항, ㉣ 제78조의2 제1항에서 찾아볼 수 있는 내용이다.

㉠ 제78조 제1항에 따르면, 보험료의 해당 월 보험료 납부일은 그 다음 달 10일까지이다.

㉡ 제78조 제2항에 따르면, 납입 고지의 송달 지연 등 보건복지부령으로 정하는 사유가 있는 경우 납부의무자의 신청에 따라 납부기한부터 1개월의 범위에서 납부기한을 연장할 수 있다.

> 제78조(보험료의 납부기한) ① 제77조 제1항 및 제2항에 따라 보험료 납부의무가 있는 자는 가입자에 대한 그 달의 보험료를 그 다음 달 10일까지 납부하여야 한다. 다만, 직장가입자의 보수 외 소득월액보험료 및 지역가입자의 보험료는 보건복지부령으로 정하는 바에 따라 분기별로 납부할 수 있다.
> ② 공단은 제1항에도 불구하고 납입 고지의 송달 지연 등 보건복지부령으로 정하는 사유가 있는 경우 납부의무자의 신청에 따라 제1항에 따른 납부기한부터 1개월의 범위에서 납부기한을 연장할 수 있다. 이 경우 납부기한 연장을 신청하는 방법, 절차 등에 필요한 사항은 보건복지부령으로 정한다.
>
> 제78조의2(가산금) ① 사업장의 사용자가 대통령령으로 정하는 사유에 해당되어 직장가입자가 될 수 없는 자를 제8조 제2항 또는 제9조 제2항을 위반하여 거짓으로 보험자에게 직장가입자로 신고한 경우 공단은 제1호의 금액에서 제2호의 금액을 뺀 금액의 100분의 10에 상당하는 가산금을 그 사용자에게 부과하여 징수한다.
> 1. 사용자가 직장가입자로 신고한 사람이 직장가입자로 처리된 기간 동안 그 가입자가 제69조 제5항에 따라 부담하여야 하는 보험료의 총액
> 2. 제1호의 기간 동안 공단이 해당 가입자에 대하여 제69조 제4항에 따라 산정하여 부과한 보험료의 총액

63 ▸ ①

ⅰ) 갑은 보수월액보험료를 내게 된다.

연봉이 5,400만 원이므로 보수월액은 5,400만 원 ÷ 12 = 450만 원이다. 사업자와 50%씩 나누어 보험료를 부담하게 되므로, 갑이 낼 보수월액 보험료는 450만 원 × 0.0719 × 0.5 = 161,775원이다.

ⅱ) 을은 보수월액보험료와 보수 외 소득월액보험료를 모두 내게 된다.

- 보수월액보험료 : 연봉이 4,500만 원이므로 보수월액은 4,500만 원 ÷ 12 = 375만 원이다. 사업자와 50%씩 나누어 보험료를 부담하게 되므로, 갑이 낼 보수월액 보험료는 375만 원 × 0.0719 × 0.5 ≒ 134,812원이다.
- 보수 외 소득월액보험료 : 보수 외 소득이 연 2,600만 원이다. 제71조 제1항에 따르면, 대통령령으로 정하는 금액(연간 2,000만 원)을 초과하는 경우 보수 외 소득월액은 (연간 보수 외 소득 − 대통령령으로 정하는 금액) × 1/12이므로, (2,600만 원 − 2,000만 원) × 1/12 = 50만 원이다. 을이 낼 보수 외 소득월액보험료는 50만 원 × 0.0719 = 35,950원이다.

따라서, 을의 월 건강보험료 본인부담금은 134,812원 + 35,950원 = 170,762원이다.

최종적으로, 갑과 을이 낼 월 건강보험료 본인부담금의 합은 161,775원 + 170,762원 = 332,537원이다.

제69조(보험료) ④ 직장가입자의 월별 보험료액은 다음 각 호에 따라 산정한 금액으로 한다.
1. 보수월액보험료 : 제70조에 따라 산정한 보수월액에 제73조 제1항 또는 제2항에 따른 보험료율을 곱하여 얻은 금액
2. 보수 외 소득월액보험료 : 제71조 제1항에 따라 산정한 보수 외 소득월액에 제73조 제1항 또는 제2항에 따른 보험료율을 곱하여 얻은 금액

제70조(보수월액) ① 제69조 제4항 제1호에 따른 직장가입자의 보수월액은 직장가입자가 지급받는 보수를 기준으로 하여 산정한다.

제71조(소득월액) ① 직장가입자의 보수 외 소득월액은 제70조에 따른 보수월액의 산정에 포함된 보수를 제외한 직장가입자의 소득(이하 "보수 외 소득"이라 한다)이 대통령령으로 정하는 금액을 초과하는 경우 다음의 계산식에 따른 값을 보건복지부령으로 정하는 바에 따라 평가하여 산정한다.

(연간 보수 외 소득 − 대통령령으로 정하는 금액) × 1/12

※ 국민건강보험법 시행령 제41조 제4항
④ 법 제71조 제1항 계산식 외의 부분 및 같은 항의 계산식에서 "대통령령으로 정하는 금액"이란 각각 연간 2천만 원을 말한다.

③ 제2항에 따른 직장가입자에 해당하지 아니하는 국내체류 외국인등이 다음 각 호의 요건을 모두 갖춘 경우에는 제5조에도 불구하고 지역가입자가 된다.
1. 보건복지부령으로 정하는 기간 동안 국내에 거주하였거나 해당 기간 동안 국내에 지속적으로 거주할 것으로 예상할 수 있는 사유로서 보건복지부령으로 정하는 사유에 해당될 것
2. 다음 각 목의 어느 하나에 해당할 것
　가. 제2항 제1호 또는 제2호에 해당하는 사람
　나. 「출입국관리법」 제31조에 따라 외국인등록을 한 사람으로서 보건복지부령으로 정하는 체류자격이 있는 사람
④ 제2항 각 호의 어느 하나에 해당하는 국내체류 외국인등이 다음 각 호의 요건을 모두 갖춘 경우에는 제5조에도 불구하고 공단에 신청하면 피부양자가 될 수 있다.
1. 직장가입자와의 관계가 제5조 제2항 각 호의 어느 하나에 해당할 것
2. 제5조 제3항에 따른 피부양자 자격의 인정 기준에 해당할 것
3. 국내 거주기간 또는 거주사유가 제3항 제1호에 따른 기준에 해당할 것. 다만, 직장가입자의 배우자 및 19세 미만 자녀(배우자의 자녀를 포함한다)에 대해서는 그러하지 아니하다.

64 ▶ ①

㉠ 제109조 제4항에 따르면, 직장가입자와의 관계가 제5조 제2항 각 호(직장가입자의 배우자, 직계존속, 직계존속과 그 배우자, 형제·자매)에 해당할 경우 공단에 신청하면 피부양자가 될 수 있다. B씨의 남편 A씨는 기업 직원이라고 하였으므로 제109조 제2항에 따라 근로자에 해당돼 직장가입자이다. B씨는 직장가입자의 배우자이므로 피부양자가 될 수 있다.
㉡ 제109조 제3항에 해당하여 지역가입자가 된다.
㉢ C씨의 아버지는 직장가입자이므로 제109조 제4항을 살펴보면, 직장가입자인 아버지의 직계비속이므로 제4항 제1호를 만족하나, 제4항 제3호의 국내 거주기간 또는 거주사유가 제109조 제3항 제1호에 따른 기준에 미치지 못한다. 따라서, C씨는 피부양자가 될 수 없다.

제109조(외국인 등에 대한 특례) ② 국내에 체류하는 재외국민 또는 외국인(이하 "국내체류 외국인등"이라 한다)이 적용대상사업장의 근로자, 공무원 또는 교직원이고 제6조 제2항 각 호의 어느 하나에 해당하지 아니하면서 다음 각 호의 어느 하나에 해당하는 경우에는 제5조에도 불구하고 직장가입자가 된다.
1. 「주민등록법」 제6조 제1항 제3호에 따라 등록한 사람
2. 「재외동포의 출입국과 법적 지위에 관한 법률」 제6조에 따라 국내거소신고를 한 사람
3. 「출입국관리법」 제31조에 따라 외국인등록을 한 사람

65 ▶ ③

제115조 제1항에 따르면, 갑은 제102조 제1호를 위반한 것이 되므로 5년 이하의 징역 또는 5천만 원 이하의 벌금에 처하게 된다. 제115조 제2항 제2호에 따르면, 을은 3년 이하의 징역 또는 3천만 원 이하의 벌금에 처하게 된다.
따라서 갑과 을이 받을 수 있는 최대 벌금액의 합은 8천만 원이다.

제102조(정보의 유지 등) 공단, 심사평가원 및 대행청구단체에 종사하였던 사람 또는 종사하는 사람은 다음 각 호의 행위를 하여서는 아니 된다.
1. 가입자 및 피부양자의 개인정보(「개인정보 보호법」 제2조 제1호의 개인정보를 말한다. 이하 "개인정보"라 한다)를 누설하거나 직무상 목적 외의 용도로 이용 또는 정당한 사유 없이 제3자에게 제공하는 행위
2. 업무를 수행하면서 알게 된 정보(제1호의 개인정보는 제외한다)를 누설하거나 직무상 목적 외의 용도로 이용 또는 제3자에게 제공하는 행위

제115조(벌칙) ① 제102조 제1호를 위반하여 가입자 및 피부양자의 개인정보를 누설하거나 직무상 목적 외의 용도로 이용 또는 정당한 사유 없이 제3자에게 제공한 자는 5년 이하의 징역 또는 5천만 원 이하의 벌금에 처한다.
② 다음 각 호의 어느 하나에 해당하는 자는 3년 이하의 징역 또는 3천만 원 이하의 벌금에 처한다.
1. 대행청구단체의 종사자로서 거짓이나 그 밖의 부정한 방법으로 요양급여비용을 청구한 자
2. 제102조 제2호를 위반하여 업무를 수행하면서 알게 된 정보를 누설하거나 직무상 목적 외의 용도로 이용 또는 제3자에게 제공한 자

66 ▸ ④

④ 제69조 제3항에 따르면, 보험료를 징수할 때 가입자의 자격이 변동된 경우에는 변동된 날이 속하는 달의 보험료는 변동되기 전의 자격을 기준으로 징수한다. 다만 가입자의 자격이 매월 1일에 변동된 경우에는 변동된 자격을 기준으로 징수한다. 2월 1일에 자격이 변동됐으므로, 2월 보험료는 변동된 자격인 지역가입자 기준으로 납부해야 한다.
① 제69조 제2항에 따라, 보험료는 가입자의 자격을 취득한 날이 속하는 달의 다음 달부터 징수한다. 따라서, 직장가입자 자격을 얻은 7월의 다음 달인 8월부터 건강보험료를 징수한다.
② 제69조 제2항에 따라, 보험료는 가입자의 자격을 취득한 날이 속하는 달의 다음 달부터 징수한다. 따라서, 5월의 지역가입자 자격을 얻은 5월의 다음 달인 6월부터 건강보험료를 징수한다.
③ 제69조 제3항에 따라, 가입자의 자격이 매월 1일에 변동된 경우에 해당하므로, 4월부터 변동된 자격인 피부양자의 자격이 적용된다. 따라서, 직장가입자로서의 건강보험료를 3월분까지 납부한다.

> **제69조(보험료)** ① 공단은 건강보험사업에 드는 비용에 충당하기 위하여 제77조에 따른 보험료의 납부의무자로부터 보험료를 징수한다.
> ② 제1항에 따른 보험료는 가입자의 자격을 취득한 날이 속하는 달의 다음 달부터 가입자의 자격을 잃은 날의 전날이 속하는 달까지 징수한다. 다만, 가입자의 자격을 매월 1일에 취득한 경우 또는 제5조 제1항 제2호 가목에 따른 건강보험 적용 신청으로 가입자의 자격을 취득하는 경우에는 그 달부터 징수한다.
> ③ 제1항 및 제2항에 따라 보험료를 징수할 때 가입자의 자격이 변동된 경우에는 변동된 날이 속하는 달의 보험료는 변동되기 전의 자격을 기준으로 징수한다. 다만, 가입자의 자격이 매월 1일에 변동된 경우에는 변동된 자격을 기준으로 징수한다.

67 ▸ ③

㉠, ㉡, ㉣은 각각 제79조의2 제1항, 제2항, 제4항에서 찾을 수 있는 내용들이다.
㉢ 제79조의2 제3항에 따라, 보험료등납부대행기관은 보험료등의 납부자로부터 보험료등의 납부를 대행하는 대가로 수수료를 받을 수 있다.

> **제79조의2(신용카드등으로 하는 보험료등의 납부)** ① 공단이 납입 고지한 보험료등을 납부하는 자는 보험료등의 납부를 대행할 수 있도록 대통령령으로 정하는 기관 등(이하 이 조에서 "보험료등납부대행기관"이라 한다)을 통하여 신용카드, 직불카드 등(이하 이 조에서 "신용카드등"이라 한다)으로 납부할 수 있다.
> ② 제1항에 따라 신용카드등으로 보험료등을 납부하는 경우에는 보험료등납부대행기관의 승인일을 납부일로 본다.

③ 보험료등납부대행기관은 보험료등의 납부자로부터 보험료등의 납부를 대행하는 대가로 수수료를 받을 수 있다.
④ 보험료등납부대행기관의 지정 및 운영, 수수료 등에 필요한 사항은 대통령령으로 정한다.

68 ▸ ①

① 제56조의2 제1항에 따르면, 요양비등수급계좌로 이체할 수 없을 때에는 직접 현금으로 지급하는 등 대통령령으로 정하는 바에 따라 요양비등을 지급할 수 있다. 반드시 현금으로 지급해야 하는 것은 아니다.
② 제56조의2 제2항, ③ 제56조의2 제1항, ④ 제56조의2 제3항에서 확인할 수 있는 내용이다.

> **제56조의2(요양비등수급계좌)** ① 공단은 이 법에 따른 보험급여로 지급되는 현금(이하 "요양비등"이라 한다)을 받는 수급자의 신청이 있는 경우에는 요양비등을 수급자 명의의 지정된 계좌(이하 "요양비등수급계좌"라 한다)로 입금하여야 한다. 다만, 정보통신장애나 그 밖에 대통령령으로 정하는 불가피한 사유로 요양비등수급계좌로 이체할 수 없을 때에는 직접 현금으로 지급하는 등 대통령령으로 정하는 바에 따라 요양비등을 지급할 수 있다.
> ② 요양비등수급계좌가 개설된 금융기관은 요양비등수급계좌에 요양비등만이 입금되도록 하고, 이를 관리하여야 한다.
> ③ 제1항 및 제2항에 따른 요양비등수급계좌의 신청 방법·절차와 관리에 필요한 사항은 대통령령으로 정한다.

69 ▸ ④

㉡ 제108조의2 제1항에 따르면, 국가는 매년 예산 범위에서 해당 연도 보험료 예상 수입액의 100분의 14에 상당하는 금액을 국고에서 공단에 지원한다.
㉣ 제108조의2 제3항에 따르면, 공단은 국고에서 지원받은 금액을 가입자 및 피부양자에 대한 보험급여, 건강보험사업에 대한 운영비, 제75조 및 제110조 제4항에 따른 보험료 경감에 대한 지원의 사업에 사용한다. 제4항 제1호에 따르면 국민건강증진기금에서 지원받은 자금을 '건강검진 등 건강증진에 관한 사업'에 사용한다.
㉠ 제108조 제2항, ㉢ 제108조 제4항 제3호에서 확인할 수 있는 내용이다.

> **제108조의2(보험재정에 대한 정부지원)** ① 국가는 매년 예산의 범위에서 해당 연도 보험료 예상 수입액의 100분의 14에 상당하는 금액을 국고에서 공단에 지원한다.
> ② 공단은 「국민건강증진법」에서 정하는 바에 따라 같은 법에 따른 국민건강증진기금에서 자금을 지원받을 수 있다.
> ③ 공단은 제1항에 따라 지원된 재원을 다음 각 호의 사업에 사용한다.
>   1. 가입자 및 피부양자에 대한 보험급여
>   2. 건강보험사업에 대한 운영비
>   3. 제75조 및 제110조 제4항에 따른 보험료 경감에 대한 지원

④ 공단은 제2항에 따라 지원된 재원을 다음 각 호의 사업에
사용한다.
1. 건강검진 등 건강증진에 관한 사업
2. 가입자와 피부양자의 흡연으로 인한 질병에 대한 보험
급여
3. 가입자와 피부양자 중 65세 이상 노인에 대한 보험급여

70 ▸ ③

① 제96조의4 제1항에 따르면, 요양기관은 요양급여비용
청구 관련 서류를 요양급여가 끝난 날부터 5년간 보존해야
한다.
② 제96조의4 제1항에 따르면, 약국은 처방전을 요양급여
비용 청구기간으로부터 3년간 보존해야 한다.
④ 제96조의4 제4항에 따르면, 보조기에 대한 보험급여를
청구한 자는 보험급여를 '지급받은' 날부터 3년간 보험급여
청구 관련 서류를 보존해야 한다.

> **제96조의4(서류의 보존)** ① 요양기관은 요양급여가 끝난 날
> 부터 5년간 보건복지부령으로 정하는 바에 따라 제47조에
> 따른 요양급여비용의 청구에 관한 서류를 보존하여야 한
> 다. 다만, 약국 등 보건복지부령으로 정하는 요양기관은
> 처방전을 요양급여비용을 청구한 날부터 3년간 보존하여
> 야 한다.
> ② 사용자는 3년간 보건복지부령으로 정하는 바에 따라 자격
> 관리 및 보험료 산정 등 건강보험에 관한 서류를 보존하여
> 야 한다.
> ③ 제49조 제3항에 따라 요양비를 청구한 준요양기관은 요양
> 비를 지급받은 날부터 3년간 보건복지부령으로 정하는 바
> 에 따라 요양비 청구에 관한 서류를 보존하여야 한다.
> ④ 제51조 제2항에 따라 보조기기에 대한 보험급여를 청구한
> 자는 보험급여를 지급받은 날부터 3년간 보건복지부령으
> 로 정하는 바에 따라 보험급여 청구에 관한 서류를 보존하
> 여야 한다.

71 ▸ ④

④ 제81조의3 제1항 제1호에 따르면, 납부기한의 다음 날부
터 1년이 지난 보험료 및 연체금과 체납처분비 총액이 500
만 원 이상인 경우 자료를 제공할 수 있다.
①, ②는 제81조의3 제1항에서, ③은 제81조의3 제4항에서
확인할 수 있는 내용들이다.

> **제81조의3(체납 또는 결손처분 자료의 제공)** ① 공단은 보험
> 료 징수 및 제57조에 따른 징수금(같은 조 제2항 각 호의
> 어느 하나에 해당하여 같은 조 제1항 및 제2항에 따라 징
> 수하는 금액에 한정한다. 이하 이 조에서 "부당이득금"이
> 라 한다)의 징수 또는 공익목적을 위하여 필요한 경우에
> 「신용정보의 이용 및 보호에 관한 법률」 제25조 제2항
> 제1호의 종합신용정보집중기관에 다음 각 호의 어느 하나
> 에 해당하는 체납자 또는 결손처분자의 인적사항·체납액

또는 결손처분액에 관한 자료(이하 이 조에서 "체납등 자
료"라 한다)를 제공할 수 있다. 다만, 체납된 보험료나 부
당이득금과 관련하여 행정심판 또는 행정소송이 계류 중
인 경우, 제82조 제1항에 따라 분할납부를 승인받은 경우
중 대통령령으로 정하는 경우, 그 밖에 대통령령으로 정하
는 사유가 있을 때에는 그러하지 아니하다.
> 1. 이 법에 따른 납부기한의 다음 날부터 1년이 지난 보험
> 료 및 그에 따른 연체금과 체납처분비의 총액이 500만
> 원 이상인 자
> 2. 이 법에 따른 납부기한의 다음 날부터 1년이 지난 부당
> 이득금 및 그에 따른 연체금과 체납처분비의 총액이 1억
> 원 이상인 자
> 3. 제84조에 따라 결손처분한 금액의 총액이 500만 원 이
> 상인 자
> ④ 제1항에 따라 체납등 자료를 제공받은 자는 이를 업무 외
> 의 목적으로 누설하거나 이용하여서는 아니 된다.

72 ▸ ②

ⓒ 제8조 제1항 제4호에 따르면, 보험자에게 건강보험의 적
용을 신청한 유공자 등 의료보호대상자는 그 신청한 날에 직
장가입자 또는 지역가입자의 자격을 얻는다. 따라서, 건강보
험 적용을 신청한 4월 30일에 지역가입자 자격을 얻는다.
ⓒ 제9조 제1항 제3호에 따르면, 직장가입자인 근로자는 그
사용관계가 끝난 날의 다음 날에 그 자격이 변동된다. 따라
서, 퇴사한 2월 1일의 다음 날인 2월 2일에 지역가입자 자격
을 얻는다.
ⓔ 제9조 제1항 제1호에 따르면, 지역가입자가 적용대상사
업장의 사용자로 된 날에 그 자격이 변동된다. 따라서, 3월
31일에 직장가입자 자격을 얻는다.
ⓖ 제8조 제1항 제2호에 따르면, 직장가입자의 피부양자이
었던 사람은 그 자격을 잃은 날에 지역가입자 자격을 얻는
다. 따라서, 3월 31일에 지역가입자 자격을 얻는다.

> **제8조(자격의 취득 시기 등)** ① 가입자는 국내에 거주하게 된
> 날에 직장가입자 또는 지역가입자의 자격을 얻는다. 다만,
> 다음 각 호의 어느 하나에 해당하는 사람은 그 해당되는
> 날에 각각 자격을 얻는다.
> 1. 수급권자이었던 사람은 그 대상자에서 제외된 날
> 2. 직장가입자의 피부양자이었던 사람은 그 자격을 잃은 날
> 3. 유공자등 의료보호대상자이었던 사람은 그 대상자에서
> 제외된 날
> 4. 제5조 제1항 제2호 가목에 따라 보험자에게 건강보험
> 의 적용을 신청한 유공자등 의료보호대상자는 그 신청
> 한 날
> **제9조(자격의 변동 시기 등)** ① 가입자는 다음 각 호의 어느
> 하나에 해당하게 된 날에 그 자격이 변동된다.
> 1. 지역가입자가 적용대상사업장의 사용자로 되거나, 근
> 로자·공무원 또는 교직원(이하 "근로자등"이라 한다)
> 으로 사용된 날
> 2. 직장가입자가 다른 적용대상사업장의 사용자로 되거나
> 근로자등으로 사용된 날

　　3. 직장가입자인 근로자등이 그 사용관계가 끝난 날의 다음 날
　　4. 적용대상사업장에 제7조 제2호에 따른 사유가 발생한 날의 다음 날
　　5. 지역가입자가 다른 세대로 전입한 날

73 ▸ ②

ⓒ 제66조 제3항과 제4항에 따르면, 심사평가원 원장은 보건복지부령으로 정하는 사람 중에서 상근 심사위원과 비상근 심사위원을 임명・위촉한다. 따라서 보건복지부령에서 정하는 자격에 맞지 않는다고 해서 비상근 심사위원으로 임명할 수 있는 것은 아니다.

ⓐ 제66조 제3항~제5항에 따르면, 건강보험심사평가원 원장은 진료심사평가위원회의 심사위원을 임명・위촉하고 해임・해촉할 수 있다.

ⓑ 제66조 제2항에 따르면, 90명 이내의 상근 심사위원과 1천 명 이내의 비상근 심사위원으로 구성한다고 하였으므로 합하여 천 명이 넘는 것이 가능하다.

ⓓ 제66조 제5항 제4호에 따르면, 직무 여부와 관계없이 품위를 손상하는 행위를 한 경우 심사위원의 해임 또는 해촉이 가능하다.

따라서, 틀린 설명은 ⓒ 1개이다.

> **제66조(진료심사평가위원회)** ① 심사평가원의 업무를 효율적으로 수행하기 위하여 심사평가원에 진료심사평가위원회(이하 "심사위원회"라 한다)를 둔다.
> ② 심사위원회는 위원장을 포함하여 90명 이내의 상근 심사위원과 1천명 이내의 비상근 심사위원으로 구성하며, 진료과목별 분과위원회를 둘 수 있다.
> ③ 제2항에 따른 상근 심사위원은 심사평가원의 원장이 보건복지부령으로 정하는 사람 중에서 임명한다.
> ④ 제2항에 따른 비상근 심사위원은 심사평가원의 원장이 보건복지부령으로 정하는 사람 중에서 위촉한다.
> ⑤ 심사평가원의 원장은 심사위원이 다음 각 호의 어느 하나에 해당하면 그 심사위원을 해임 또는 해촉할 수 있다.
> 　1. 신체장애나 정신장애로 직무를 수행할 수 없다고 인정되는 경우
> 　2. 직무상 의무를 위반하거나 직무를 게을리한 경우
> 　3. 고의나 중대한 과실로 심사평가원에 손실이 생기게 한 경우
> 　4. 직무 여부와 관계없이 품위를 손상하는 행위를 한 경우

74 ▸ ③

ⓐ 제34조 제2항에 따르면, 위원은 보건복지부장관이 임명하거나 위촉한다.

ⓒ 제34조 제4항에 따르면, 위원회 운영 등에 필요한 사항은 대통령령으로 정한다.

ⓓ 제34조 제1항에 따르면, 위원회 위원은 직장가입자를 대표하는 10명, 지역가입자를 대표하는 10명, 공익을 대표하는 10명으로 구성된다.

ⓒ은 제34조 제3항에서 확인할 수 있다.

> **제33조(재정운영위원회)** ① 제45조 제1항에 따른 요양급여비용의 계약 및 제84조에 따른 결손처분 등 보험재정에 관련된 사항을 심의・의결하기 위하여 공단에 재정운영위원회를 둔다.
> **제34조(재정운영위원회의 구성 등)** ① 재정운영위원회는 다음 각 호의 위원으로 구성한다.
> 　1. 직장가입자를 대표하는 위원 10명
> 　2. 지역가입자를 대표하는 위원 10명
> 　3. 공익을 대표하는 위원 10명
> ② 제1항에 따른 위원은 다음 각 호의 사람을 보건복지부장관이 임명하거나 위촉한다.
> 　1. 제1항 제1호의 위원은 노동조합과 사용자단체에서 추천하는 각 5명
> 　2. 제1항 제2호의 위원은 대통령령으로 정하는 바에 따라 농어업인 단체・도시자영업자단체 및 시민단체에서 추천하는 사람
> 　3. 제1항 제3호의 위원은 대통령령으로 정하는 관계 공무원 및 건강보험에 관한 학식과 경험이 풍부한 사람
> ③ 재정운영위원회 위원(공무원인 위원은 제외한다)의 임기는 2년으로 한다. 다만, 위원의 사임 등으로 새로 위촉된 위원의 임기는 전임위원 임기의 남은 기간으로 한다.
> ④ 재정운영위원회의 운영 등에 필요한 사항은 대통령령으로 정한다.

75 ▸ ④

④ 제91조 제3항에 따르면, 휴직자등의 보수월액보험료를 징수할 권리의 소멸시효는 고지가 유예된 경우 휴직 등의 사유가 끝날 때까지 진행하지 아니한다.

> **제91조(시효)** ① 다음 각 호의 권리는 3년 동안 행사하지 아니하면 소멸시효가 완성된다.
> 　1. 보험료, 연체금 및 가산금을 징수할 권리
> 　2. 보험료, 연체금 및 가산금으로 과오납부한 금액을 환급받을 권리
> 　3. 보험급여를 받을 권리
> 　4. 보험급여 비용을 받을 권리
> 　5. 제47조 제3항 후단에 따라 과다납부된 본인일부부담금을 돌려받을 권리
> 　6. 제61조에 따른 근로복지공단의 권리
> ③ 휴직자등의 보수월액보험료를 징수할 권리의 소멸시효는 제79조 제5항에 따라 고지가 유예된 경우 휴직 등의 사유가 끝날 때까지 진행하지 아니한다.

76 ▸ ①

① 제42조 제1항에 따르면, 보건복지부장관은 공익이나 국가정책에 비추어 요양기관으로 적합하지 아니한 '대통령령'으로 정하는 의료기관 등은 요양기관에서 제외할 수 있다.

② 제42조 제3항에서 찾아볼 수 있는 내용이다.

③, ④ 제42조 제2항에서 찾아볼 수 있는 내용이다.

제42조(요양기관) ① 요양급여(간호와 이송은 제외한다)는 다음 각 호의 요양기관에서 실시한다. 이 경우 보건복지부장관은 공익이나 국가정책에 비추어 요양기관으로 적합하지 아니한 대통령령으로 정하는 의료기관 등은 요양기관에서 제외할 수 있다.
  1. 「의료법」에 따라 개설된 의료기관
  2. 「약사법」에 따라 등록된 약국
  3. 「약사법」 제91조에 따라 설립된 한국희귀·필수의약품센터
  4. 「지역보건법」에 따른 보건소·보건의료원 및 보건지소
  5. 「농어촌 등 보건의료를 위한 특별조치법」에 따라 설치된 보건진료소
② 보건복지부장관은 효율적인 요양급여를 위하여 필요하면 보건복지부령으로 정하는 바에 따라 시설·장비·인력 및 진료과목 등 보건복지부령으로 정하는 기준에 해당하는 요양기관을 전문요양기관으로 인정할 수 있다. 이 경우 해당 전문요양기관에 인정서를 발급하여야 한다.
③ 보건복지부장관은 제2항에 따라 인정받은 요양기관이 다음 각 호의 어느 하나에 해당하는 경우에는 그 인정을 취소한다.
  1. 제2항 전단에 따른 인정기준에 미달하게 된 경우
  2. 제2항 후단에 따라 발급받은 인정서를 반납한 경우

77 ▶ ②

② 제110조 제1항에 따르면, 사용관계가 끝난 사람 중 직장가입자로서의 자격을 유지한 기간이 보건복지부령으로 정하는 기간 동안 통산 1년 이상인 사람은 지역가입자가 된 이후 최초로 제79조에 따라 지역가입자 보험료를 고지받은 날부터 그 납부기한에서 2개월이 지나기 이전까지 공단에 직장가입자로서의 자격을 유지할 것을 신청할 수 있다. '3개월'이 아닌 '2개월'이다.
① 제110조 제4항, ③ 제110조 제3항, ④ 제110조 제7항에서 찾아볼 수 있는 내용이다.

제110조(실업자에 대한 특례) ① 사용관계가 끝난 사람 중 직장가입자로서의 자격을 유지한 기간이 보건복지부령으로 정하는 기간 동안 통산 1년 이상인 사람은 지역가입자가 된 이후 최초로 제79조에 따라 지역가입자 보험료를 고지받은 날부터 그 납부기한에서 2개월이 지나기 이전까지 공단에 직장가입자로서의 자격을 유지할 것을 신청할 수 있다.
② 제1항에 따라 공단에 신청한 가입자(이하 "임의계속가입자"라 한다)는 제9조에도 불구하고 대통령령으로 정하는 기간 동안 직장가입자의 자격을 유지한다. 다만, 제1항에 따른 신청 후 최초로 내야 할 직장가입자 보험료를 그 납부기한부터 2개월이 지난 날까지 내지 아니한 경우에는 그 자격을 유지할 수 없다.
③ 임의계속가입자의 보수월액은 보수월액보험료가 산정된 최근 12개월간의 보수월액을 평균한 금액으로 한다.
④ 임의계속가입자의 보험료는 보건복지부장관이 정하여 고시하는 바에 따라 그 일부를 경감할 수 있다.
⑦ 임의계속가입자의 신청 방법·절차 등에 필요한 사항은 보건복지부령으로 정한다.

78 ▶ ①

㉠ 제65조에 따르면 상임이사는 원장이, 비상임이사는 보건복지부장관이 임명하는데, 상임이사는 4명(제1항)이고, 비상임이사는 11명(제4항)이다.
㉢ 제65조 제5항에 따르면, 감사는 임원추천위원회가 복수로 추천한 사람 중에서 재정경제부장관의 제청으로 대통령이 임명한다.
㉣ 제65조 제4항에 따르면, 비상임이사에는 각 호에 제시된 사람과 함께 '대통령령으로 정하는 바에 따라 추천한 관계 공무원 1명을 보건복지부장관이 임명한다'고 하였다. 공무원 1명은 반드시 포함된다.
㉡ 제65조 제2항에 따르면, 원장은 임원추천위원회가 '복수'로 추천한 사람을 보건복지부장관이 제청하여 대통령이 임명한다.
㉤ 제65조 제7항에 따르면 원장의 임기는 3년, 감사의 임기는 2년이다.

제65조(임원) ① 심사평가원에 임원으로서 원장, 이사 15명 및 감사 1명을 둔다. 이 경우 원장, 이사 중 4명 및 감사는 상임으로 한다.
② 원장은 임원추천위원회가 복수로 추천한 사람 중에서 보건복지부장관의 제청으로 대통령이 임명한다.
③ 상임이사는 보건복지부령으로 정하는 추천 절차를 거쳐 원장이 임명한다.
④ 비상임이사는 다음 각 호의 사람 중에서 10명과 대통령령으로 정하는 바에 따라 추천한 관계 공무원 1명을 보건복지부장관이 임명한다.
  1. 공단이 추천하는 1명
  2. 의약관계단체가 추천하는 5명
  3. 노동조합·사용자단체·소비자단체 및 농어업인단체가 추천하는 각 1명
⑤ 감사는 임원추천위원회가 복수로 추천한 사람 중에서 재정경제부장관의 제청으로 대통령이 임명한다.
⑥ 제4항에 따른 비상임이사는 정관으로 정하는 바에 따라 실비변상을 받을 수 있다.
⑦ 원장의 임기는 3년, 이사(공무원인 이사는 제외한다)와 감사의 임기는 각각 2년으로 한다.

79 ▶ ③

제87조 제3항에 따르면, 이의신청은 처분이 있음을 안 날부터 90일 이내에 하여야 하고, 처분이 있은 날부터 180일이 지나면 제기하지 못한다고 하였다. 따라서 갑은 처분이 있음을 안 날인 5월 31일부터 90일이 되는 8월 29일까지 이의신청을 해야 한다. 또한, 처분이 있은 날인 3월 31일로부터 180일이 되는 9월 27일이 지나면 이의신청을 제기하지 못한다. (날짜 계산 시 초일불산입한다고 하였으므로 기준이 되는 날짜의 다음 날부터 1일로 계산한다.)

제87조(이의신청) ① 가입자 및 피부양자의 자격, 보험료등, 보험급여, 보험급여 비용에 관한 공단의 처분에 이의가 있는 자는 공단에 이의신청을 할 수 있다.

② 요양급여비용 및 요양급여의 적정성 평가 등에 관한 심사평가원의 처분에 이의가 있는 공단, 요양기관 또는 그 밖의 자는 심사평가원에 이의신청을 할 수 있다.

③ 제1항 및 제2항에 따른 이의신청(이하 "이의신청"이라 한다)은 처분이 있음을 안 날부터 90일 이내에 문서(전자문서를 포함한다)로 하여야 하며 처분이 있은 날부터 180일을 지나면 제기하지 못한다. 다만, 정당한 사유로 그 기간에 이의신청을 할 수 없었음을 소명한 경우에는 그러하지 아니하다.

④ 제3항 본문에도 불구하고 요양기관이 제48조에 따른 심사평가원의 확인에 대하여 이의신청을 하려면 같은 조 제2항에 따라 통보받은 날부터 30일 이내에 하여야 한다.

⑤ 제1항부터 제4항까지에서 규정한 사항 외에 이의신청의 방법·결정 및 그 결정의 통지 등에 필요한 사항은 대통령령으로 정한다.

80 ▸ ①

㉠ 제106조에 따르면, 1건당 2천 원 미만인 경우 징수 또는 반환하지 아니하나, 가입자나 피부양자에게 지급하여야 하는 금액은 제외한다고 하였다.

㉡ 보험료등에 관한 비용이 10원 미만일 때 계산하지 아니한다. 10원은 10원 미만이 아니므로 계산해야 한다.(「국고금 관리법」 제47조)

㉣ 「국고금 관리법」 제47조에 해당하는 내용이다.

㉢ 제106조에 따르면, 공단은 징수하여야 할 금액이나 반환하여야 할 금액이 1건당 2천 원 미만인 경우 징수 또는 반환하지 아니한다. '징수하지 않는다'로 고쳐야 맞는 내용이 된다.

제106조(소액 처리) 공단은 징수하여야 할 금액이나 반환하여야 할 금액이 1건당 2천 원 미만인 경우(제47조 제5항, 제57조 제5항 후단 및 제101조 제4항 후단에 따라 각각 상계 처리할 수 있는 본인일부부담금 환급금 및 가입자나 피부양자에게 지급하여야 하는 금액은 제외한다)에는 징수 또는 반환하지 아니한다.

제107조(끝수 처리) 보험료등과 보험급여에 관한 비용을 계산할 때 「국고금관리법」 제47조에 따른 끝수는 계산하지 아니한다.

「국고금 관리법」 제47조(국고금의 끝수 계산) ① 국고금의 수입 또는 지출에서 10원 미만의 끝수가 있을 때에는 그 끝수는 계산하지 아니하고, 전액이 10원 미만일 때에도 그 전액을 계산하지 아니한다. 다만, 대통령령으로 정하는 경우에는 그러하지 아니하다.

61 ▸ ①

㉠ 제8조 제3항에 따르면, 통합 징수한 장기요양보험료와 건강보험료를 각각의 독립회계로 관리하여야 한다.

㉢ 제9조 제2항에 따르면, 장기요양보험료율은 장기요양위원회의 심의를 거쳐 대통령령으로 정한다.

㉡ 제8조 제2항, ㉣ 제10조에서 찾아볼 수 있는 내용이다.

제8조(장기요양보험료의 징수) ① 공단은 장기요양사업에 사용되는 비용에 충당하기 위하여 장기요양보험료를 징수한다.

② 제1항에 따른 장기요양보험료는 「국민건강보험법」 제69조에 따른 보험료(이하 이 조에서 "건강보험료"라 한다)와 통합하여 징수한다. 이 경우 공단은 장기요양보험료와 건강보험료를 구분하여 고지하여야 한다.

③ 공단은 제2항에 따라 통합 징수한 장기요양보험료와 건강보험료를 각각의 독립회계로 관리하여야 한다.

제9조(장기요양보험료의 산정) ① 장기요양보험료는 「국민건강보험법」 제69조 제4항·제5항 및 제109조 제9항 단서에 따라 산정한 보험료액에서 같은 법 제74조 또는 제75조에 따라 경감 또는 면제되는 비용을 공제한 금액에 같은 법 제73조 제1항에 따른 건강보험료율 대비 장기요양보험료율의 비율을 곱하여 산정한 금액으로 한다.

② 제1항에 따른 장기요양보험료율은 제45조에 따른 장기요양위원회의 심의를 거쳐 대통령령으로 정한다.

제10조(장애인 등에 대한 장기요양보험료의 감면) 공단은 「장애인복지법」에 따른 장애인 또는 이와 유사한 자로서 대통령령으로 정하는 자가 장기요양보험가입자 또는 그 피부양자인 경우 제15조 제2항에 따른 수급자로 결정되지 못한 때 대통령령으로 정하는 바에 따라 장기요양보험료의 전부 또는 일부를 감면할 수 있다.

62 ▸ ④

④ 위원회는 최대 22인으로 구성될 수 있다. 이때 위원회 회의는 구성원 과반수의 출석으로 개의하므로, 22명의 과반수인 12명이 출석해야 개의할 수 있다.

① 제46조 제1항, ②제36조 제3항, ③ 제46조 제2항 제3호에서 찾아볼 수 있는 내용이다.

제46조(장기요양위원회의 구성) ① 장기요양위원회는 위원장 1인, 부위원장 1인을 포함한 16인 이상 22인 이하의 위원으로 구성한다.

② 위원장이 아닌 위원은 다음 각 호의 자 중에서 보건복지부장관이 임명 또는 위촉한 자로 하고, 각 호에 해당하는 자를 각각 동수로 구성하여야 한다.

1. 근로자단체, 사용자단체, 시민단체(「비영리민간단체 지원법」 제2조에 따른 비영리민간단체를 말한다), 노인단체, 농어업인단체 또는 자영자단체를 대표하는 자

2. 장기요양기관 또는 의료계를 대표하는 자

3. 대통령령으로 정하는 관계 중앙행정기관의 고위공무원단 소속 공무원, 장기요양에 관한 학계 또는 연구계를 대표하는 자, 공단 이사장이 추천하는 자

③ 위원장은 보건복지부차관이 되고, 부위원장은 위원 중에서 위원장이 지명한다.

제47조(장기요양위원회의 운영) ① 장기요양위원회 회의는 구성원 과반수의 출석으로 개의하고 출석위원 과반수의 찬성으로 의결한다.

63 ▸ ②

② 제27조의2 제1항에 따르면, '대통령령'으로 정하는 불가피한 사유로 특별현금급여수급계좌로 이체할 수 없을 때에는 현금 지급 등 대통령령으로 정하는 바에 따라 특별현금급여를 지급할 수 있다.

① 제27조의2 제1항, ③ 제66조 제2항, ④ 제66조 제1항에서 확인할 수 있는 내용이다.

제27조의2(특별현금급여수급계좌) ① 공단은 특별현금급여를 받는 수급자의 신청이 있는 경우에는 특별현금급여를 수급자 명의의 지정된 계좌(이하 "특별현금급여수급계좌"라 한다)로 입금하여야 한다. 다만, 정보통신장애나 그 밖에 대통령령으로 정하는 불가피한 사유로 특별현금급여수급계좌로 이체할 수 없을 때에는 현금 지급 등 대통령령으로 정하는 바에 따라 특별현금급여를 지급할 수 있다.

제66조(수급권의 보호) ① 장기요양급여를 받을 권리는 양도 또는 압류하거나 담보로 제공할 수 없다.
② 제27조의2 제1항에 따른 특별현금급여수급계좌의 예금에 관한 채권은 압류할 수 없다.

64 ▸ ④

ⓒ 제3조 제3항에 따르면, 장기요양급여는 노인등이 가족과 함께 생활하면서 가정에서 장기요양을 받는 '재가급여'를 우선적으로 제공하여야 한다.
ⓔ 제3조 제2항에 따르면, 장기요양급여는 노인등의 심신상태·생활환경과 노인등 및 그 가족의 욕구·선택을 종합적으로 고려하여 제공하여야 한다.
ⓖ 제3조 제4항, ⓒ 제3조 제1항에 해당하는 내용이다.

제3조(장기요양급여 제공의 기본원칙) ① 장기요양급여는 노인등이 자신의 의사와 능력에 따라 최대한 자립적으로 일상생활을 수행할 수 있도록 제공하여야 한다.
② 장기요양급여는 노인등의 심신상태·생활환경과 노인등 및 그 가족의 욕구·선택을 종합적으로 고려하여 필요한 범위 안에서 이를 적정하게 제공하여야 한다.
③ 장기요양급여는 노인등이 가족과 함께 생활하면서 가정에서 장기요양을 받는 재가급여를 우선적으로 제공하여야 한다.
④ 장기요양급여는 노인등의 심신상태나 건강 등이 악화되지 아니하도록 의료서비스와 연계하여 이를 제공하여야 한다.

65 ▸ ③

ⓖ 제32조의3에 따르면, 장기요양기관 지정의 유효기간은 지정을 받은 날부터 6년이다. 따라서 2023년 10월 1일에 지정을 받은 장기요양기관의 유효기간은 2029년 9월 30일까지이다.
ⓛ 제32조의4 제1항에 따르면, 지정의 유효기간이 끝난 후에도 계속하여 그 지정을 유지하려는 경우에는 지정 유효기간이 끝나기 90일 전까지 지정 갱신을 신청하여야 한다. 지정 유효기간이 12월 1일에 끝나므로 12월 1일의 90일 전인 9월 2일까지는 지정 갱신을 신청해야 한다.

제32조의3(장기요양기관 지정의 유효기간) 제31조에 따른 장기요양기관 지정의 유효기간은 지정을 받은 날부터 6년으로 한다.

제32조의4(장기요양기관 지정의 갱신) ① 장기요양기관의 장은 제32조의3에 따른 지정의 유효기간이 끝난 후에도 계속하여 그 지정을 유지하려는 경우에는 소재지를 관할구역으로 하는 특별자치시장·특별자치도지사·시장·군수·구청장에게 지정 유효기간이 끝나기 90일 전까지 지정 갱신을 신청하여야 한다.

66 ▸ ③

③ 장기요양요원의 처우 개선과 복지 증진은 국가 및 지방자치단체가 주체이다(제4조 제6항).
장기요양요원지원센터는 장기요양요원의 권리를 보호하는 업무를 한다. ①, ②, ④는 각각 제47조의2 제2항 제2호, 제3호, 제1호에 해당하는 내용으로, 장기요양요원지원센터의 업무에 해당한다.

제47조의2(장기요양요원지원센터의 설치 등) ② 장기요양요원지원센터는 다음 각 호의 업무를 수행한다.
1. 장기요양요원의 권리 침해에 관한 상담 및 지원
2. 장기요양요원의 역량강화를 위한 교육지원
3. 장기요양요원에 대한 건강검진 등 건강관리를 위한 사업
4. 그 밖에 장기요양요원의 업무 등에 필요하여 대통령령으로 정하는 사항
③ 장기요양요원지원센터의 설치·운영 등에 필요한 사항은 보건복지부령으로 정하는 바에 따라 해당 지방자치단체의 조례로 정한다.

67 ▸ ④

제37조의3 제1항에 따라 거짓으로 청구한 금액이 1천만 원 이상인 경우, 거짓으로 청구한 금액이 장기요양급여비용 총액의 100분의 10 이상인 경우, 위반사실, 처분내용, 장기요양기관의 명칭·주소, 장기요양기관의 장의 성명, 그 밖에 다른 장기요양기관과의 구별에 필요한 사항으로서 대통령령으로 정하는 사항을 공표하여야 한다.

제37조의3(위반사실 등의 공표) ① 보건복지부장관 또는 특별자치시장·특별자치도지사·시장·군수·구청장은 장기요양기관이 거짓으로 재가·시설 급여비용을 청구하였다는 이유로 제37조 또는 제37조의2에 따른 처분이 확정된 경우로서 다음 각 호의 어느 하나에 해당하는 경우에는 위반사실, 처분내용, 장기요양기관의 명칭·주소, 장기요양기관의 장의 성명, 그 밖에 다른 장기요양기관과의 구별에 필요한 사항으로서 대통령령으로 정하는 사항을 공표하여야 한다. 다만, 장기요양기관의 폐업 등으로 공표의 실효성이 없는 경우에는 그러하지 아니하다.

1. 거짓으로 청구한 금액이 1천만 원 이상인 경우
2. 거짓으로 청구한 금액이 장기요양급여비용 총액의 100분의 10 이상인 경우

68 ▶ ①

㉠ 제4조 제5항에 따르면, 국가 및 지방자치단체는 장기요양급여가 원활히 제공될 수 있도록 공단에 필요한 행정적 또는 재정적 지원을 할 수 있다. 반드시 '하여야 하는' 것은 아니다.

㉡ 제4조 제2항에 따르면, 국가는 노인성질환예방사업을 수행하는 지방자치단체 또는 「국민건강보험법」에 따른 국민건강보험공단에 대하여 이에 소요되는 비용을 지원할 수 있다. 반드시 '하여야 하는' 것은 아니다.

㉢ 제4조 제7항, ㉣ 제4조 제3항, ㉤ 제4조 제6항에서 찾아볼 수 있는 내용이다.

제4조(국가 및 지방자치단체의 책무 등) ① 국가 및 지방자치단체는 노인이 일상생활을 혼자서 수행할 수 있는 온전한 심신상태를 유지하는데 필요한 사업(이하 "노인성질환예방사업"이라 한다)을 실시하여야 한다.

② 국가는 노인성질환예방사업을 수행하는 지방자치단체 또는 「국민건강보험법」에 따른 국민건강보험공단(이하 "공단"이라 한다)에 대하여 이에 소요되는 비용을 지원할 수 있다.

③ 국가 및 지방자치단체는 노인인구 및 지역특성 등을 고려하여 장기요양급여가 원활하게 제공될 수 있도록 적정한 수의 장기요양기관을 확충하고 장기요양기관의 설립을 지원하여야 한다.

④ 국가 및 지방자치단체는 국·공립 장기요양기관을 확충하기 위하여 노력하여야 한다.

⑤ 국가 및 지방자치단체는 장기요양급여가 원활히 제공될 수 있도록 공단에 필요한 행정적 또는 재정적 지원을 할 수 있다.

⑥ 국가 및 지방자치단체는 장기요양요원의 처우를 개선하고 복지를 증진하며 지위를 향상시키기 위하여 적극적으로 노력하여야 한다.

⑦ 국가 및 지방자치단체는 지역의 특성에 맞는 장기요양사업의 표준을 개발·보급할 수 있다.

69 ▶ ④

㉡ 제22조 제2항 제2호에 따르면, 「치매관리법」제17조에 따른 치매안심센터의 장이 신청을 대리할 수 있다.

㉠ 제22조 제1항의 친족에 해당한다.

㉢ 제22조 제3항에 해당한다.

㉣ 제22조 제2항 제1호에 해당한다.

제22조(장기요양인정 신청 등에 대한 대리) ① 장기요양급여를 받고자 하는 자 또는 수급자가 신체적·정신적인 사유로 이 법에 따른 장기요양인정의 신청, 장기요양인정의 갱신신청 또는 장기요양등급의 변경신청 등을 직접 수행할 수 없을 때 본인의 가족이나 친족, 그 밖의 이해관계인은 이를 대리할 수 있다.

② 다음 각 호의 어느 하나에 해당하는 사람은 관할 지역 안에 거주하는 사람 중 장기요양급여를 받고자 하는 사람 또는 는 수급자가 제1항에 따른 장기요양인정신청 등을 직접 수행할 수 없을 때 본인 또는 가족의 동의를 받아 그 신청을 대리할 수 있다.

1. 「사회보장급여의 이용·제공 및 수급권자 발굴에 관한 법률」제43조에 따른 사회복지전담공무원
2. 「치매관리법」제17조에 따른 치매안심센터의 장(장기요양급여를 받고자 하는 사람 또는 수급자가 같은 법 제2조 제2호에 따른 치매환자인 경우로 한정한다)

③ 제1항 및 제2항에도 불구하고 장기요양급여를 받고자 하는 자 또는 수급자가 제1항에 따른 장기요양인정신청 등을 할 수 없는 경우 특별자치시장·특별자치도지사·시장·군수·구청장이 지정하는 자는 이를 대리할 수 있다.

70 ▶ ②

㉠ 제69조 제1항 제9호에 따르면 제62조의2를 위반하여 노인장기요양보험 또는 이와 유사한 용어를 사용한 자에게는 500만 원 이하의 과태료를 부과한다. 따라서 과태료의 최대금액은 500만 원이다.

㉡ 제67조 제3항 제1호에 따르면 제35조 제1항을 위반하여 정당한 사유 없이 장기요양급여의 제공을 거부한 자는 1년 이하의 징역 또는 1천만 원 이하의 벌금에 처한다. 따라서 벌금의 최대금액은 1천만 원이다.

㉢ 제69조 제1항 제7호에 따르면 제60조, 제61조 제1항 또는 제2항에 따른 보고 또는 자료제출 요구·명령에 따르지 않거나 거짓으로 보고 또는 자료제출을 한 자에게는 500만 원 이하의 과태료를 부과한다. 따라서 과태료의 최대금액은 500만 원이다.

따라서, 벌금 또는 과태료의 최대금액 총액은 2천만 원이다.

제67조(벌칙) ③ 다음 각 호의 어느 하나에 해당하는 자는 1년 이하의 징역 또는 1천만 원 이하의 벌금에 처한다.

1. 제35조 제1항을 위반하여 정당한 사유 없이 장기요양급여의 제공을 거부한 자

제69조(과태료) ① 정당한 사유 없이 다음 각 호의 어느 하나에 해당하는 자에게는 500만 원 이하의 과태료를 부과한다.
7. 제60조, 제61조 제1항 또는 제2항(같은 항 제1호에 해당하는 자는 제외한다)에 따른 보고 또는 자료제출 요구·명령에 따르지 아니하거나 거짓으로 보고 또는 자료제출을 한 자나 질문 또는 검사를 거부·방해 또는 기피하거나 거짓으로 답변한 자
9. 제62조의 2를 위반하여 노인장기요양보험 또는 이와 유사한 용어를 사용한 자

71 ▸ ③

③ 제6조의2 제1항 제4호에 따르면, 장기요양요원의 근로조건, 처우 및 규모에 관한 사항이 해당된다. 장기요양요원의 경력에 관한 사항은 포함되지 않는다.

제6조의2(실태조사) ① 보건복지부장관은 장기요양사업의 실태를 파악하기 위하여 3년마다 다음 각 호의 사항에 관한 조사를 정기적으로 실시하고 그 결과를 공표하여야 한다.
1. 장기요양인정에 관한 사항
2. 제52조에 따른 장기요양등급판정위원회(이하 "등급판정위원회"라 한다)의 판정에 따라 장기요양급여를 받을 사람(이하 "수급자"라 한다)의 규모, 그 급여의 수준 및 만족도에 관한 사항
3. 장기요양기관에 관한 사항
4. 장기요양요원의 근로조건, 처우 및 규모에 관한 사항
5. 그 밖에 장기요양사업에 관한 사항으로서 보건복지부령으로 정하는 사항
② 제1항에 따른 실태조사의 방법과 내용 등에 필요한 사항은 보건복지부령으로 정한다.

72 ▸ ③

ⓒ 제12조 제2호에 따르면, 「의료급여법」 제3조 제1항에 따른 수급권자인 노인은 장기요양인정을 신청할 수 있다.
ⓓ 제13조 제1항에 따르면, 장기요양인정 신청 시 제출하는 의사소견서는 등급판정위원회에 자료를 제출하기 전까지 제출할 수 있다.
㉠은 제12조, ⓒ, ⓔ은 제13조 제1항에 해당하는 내용이다.

제12조(장기요양인정의 신청자격) 장기요양인정을 신청할 수 있는 자는 노인등으로서 다음 각 호의 어느 하나에 해당하는 자격을 갖추어야 한다.
1. 장기요양보험가입자 또는 그 피부양자
2. 「의료급여법」 제3조 제1항에 따른 수급권자(이하 "의료급여수급권자"라 한다)

제13조(장기요양인정의 신청) ① 장기요양인정을 신청하는 자(이하 "신청인"이라 한다)는 공단에 보건복지부령으로 정하는 바에 따라 장기요양인정신청서(이하 "신청서"라 한다)에 의사 또는 한의사가 발급하는 소견서(이하 "의사소견서"라 한다)를 첨부하여 제출하여야 한다. 다만, 의사소견서는 공단이 제15조 제1항에 따라 등급판정위원회에 자료를 제출하기 전까지 제출할 수 있다.

② 제1항에도 불구하고 거동이 현저하게 불편하거나 도서·벽지 지역에 거주하여 의료기관을 방문하기 어려운 자 등 대통령령으로 정하는 자는 의사소견서를 제출하지 아니할 수 있다.

73 ▸ ③

제37조 제1항 제6호 마목에 따르면, 장기요양기관의 종사자 등이 폭언, 협박, 위협 등으로 수급자의 정신건강에 해를 끼치는 정서적 학대행위를 한 경우에, 특별자치시장·특별자치도지사·시장·군수·구청장은 그 지정을 취소하거나 6개월의 범위에서 업무정지를 명할 수 있다. 이에 해당하는 조치는 ③이다.

제37조(장기요양기관 지정의 취소 등) ① 특별자치시장·특별자치도지사·시장·군수·구청장은 장기요양기관이 다음 각 호의 어느 하나에 해당하는 경우 그 지정을 취소하거나 6개월의 범위에서 업무정지를 명할 수 있다. 다만, 제1호, 제2호의2, 제3호의5, 제7호, 또는 제8호에 해당하는 경우에는 지정을 취소하여야 한다.
6. 장기요양기관의 종사자 등이 다음 각 목의 어느 하나에 해당하는 행위를 한 경우. 다만, 장기요양기관의 장이 그 행위를 방지하기 위하여 해당 업무에 관하여 상당한 주의와 감독을 게을리하지 아니한 경우는 제외한다.
가. 수급자의 신체에 폭행을 가하거나 상해를 입히는 행위
나. 수급자에게 성적 수치심을 주는 성폭행, 성희롱 등의 행위
다. 자신의 보호·감독을 받는 수급자를 유기하거나 의식주를 포함한 기본적 보호 및 치료를 소홀히 하는 방임행위
라. 수급자를 위하여 증여 또는 급여된 금품을 그 목적 외의 용도에 사용하는 행위
마. 폭언, 협박, 위협 등으로 수급자의 정신건강에 해를 끼치는 정서적 학대행위

74 ▸ ④

④ 제6조 제2항에 따르면, '지방자치단체의 장'이 장기요양기본계획에 따라 세부시행계획을 수립·시행하여야 한다.

제6조(장기요양기본계획) ① 보건복지부장관은 노인등에 대한 장기요양급여를 원활하게 제공하기 위하여 5년 단위로 다음 각 호의 사항이 포함된 장기요양기본계획을 수립·시행하여야 한다.
1. 연도별 장기요양급여 대상인원 및 재원조달 계획
2. 연도별 장기요양기관 및 장기요양전문인력 관리 방안
3. 장기요양요원의 처우에 관한 사항
4. 그 밖에 노인등의 장기요양에 관한 사항으로서 대통령령으로 정하는 사항
② 지방자치단체의 장은 제1항에 따른 장기요양기본계획에 따라 세부시행계획을 수립·시행하여야 한다.

75 ▸ ②

①, ③, ④는 가족요양비, ②는 요양병원간병비로, 성격이 다른 것은 ②이다.

> **제24조(가족요양비)** ① 공단은 다음 각 호의 어느 하나에 해당하는 수급자가 가족 등으로부터 제23조 제1항 제1호 가목에 따른 방문요양에 상당한 장기요양급여를 받은 때 대통령령으로 정하는 기준에 따라 해당 수급자에게 가족요양비를 지급할 수 있다.
> 1. 도서·벽지 등 장기요양기관이 현저히 부족한 지역으로서 보건복지부장관이 정하여 고시하는 지역에 거주하는 자
> 2. 천재지변이나 그 밖에 이와 유사한 사유로 인하여 장기요양기관이 제공하는 장기요양급여를 이용하기가 어렵다고 보건복지부장관이 인정하는 자
> 3. 신체·정신 또는 성격 등 대통령령으로 정하는 사유로 인하여 가족 등으로부터 장기요양을 받아야 하는 자
>
> **제26조(요양병원간병비)** ① 공단은 수급자가 「의료법」 제3조 제2항 제3호 라목에 따른 요양병원에 입원한 때 대통령령으로 정하는 기준에 따라 장기요양에 사용되는 비용의 일부를 요양병원간병비로 지급할 수 있다.

76 ▸ ②

② 제33조의2 제3항에 따르면, 장기요양기관을 운영하는 자는 폐쇄회로 텔레비전에 기록된 영상정보를 60일 이상 보관하여야 한다.
① 제33조의2 제2항 제3호, ③ 제33조의2 제2항 제1호, ④ 제33조의2 제5항에서 찾아볼 수 있는 내용이다.

> **제33조의2(폐쇄회로 텔레비전의 설치 등)** ② 제1항에 따라 폐쇄회로 텔레비전을 설치·관리하는 자는 수급자 및 장기요양기관 종사자 등 정보주체의 권리가 침해되지 아니하도록 다음 각 호의 사항을 준수하여야 한다.
> 1. 노인학대 방지 등 수급자의 안전과 장기요양기관의 보안을 위하여 최소한의 영상정보만을 적법하고 정당하게 수집하고, 목적 외의 용도로 활용하지 아니하도록 할 것
> 2. 수급자 및 장기요양기관 종사자 등 정보주체의 권리가 침해받을 가능성과 그 위험 정도를 고려하여 영상정보를 안전하게 관리할 것
> 3. 수급자 및 장기요양기관 종사자 등 정보주체의 사생활 침해를 최소화하는 방법으로 영상정보를 처리할 것
> ③ 장기요양기관을 운영하는 자는 폐쇄회로 텔레비전에 기록된 영상정보를 60일 이상 보관하여야 한다.
> ④ 국가 또는 지방자치단체는 제1항에 따른 폐쇄회로 텔레비전 설치비의 전부 또는 일부를 지원할 수 있다.
> ⑤ 제1항에 따른 폐쇄회로 텔레비전의 설치·관리 기준 및 동의 또는 신고의 방법·절차·요건, 제3항에 따른 영상정보의 보관기준 및 보관기간 등에 필요한 사항은 보건복지부령으로 정한다.

77 ▸ ④

제34조 제1항에 따르면, 장기요양기관은 수급자가 장기요양급여를 쉽게 선택하도록 하고 장기요양기관이 제공하는 급여의 질을 보장하기 위하여 장기요양기관별 급여의 내용, 시설·인력 등 현황자료 등을 공단이 운영하는 인터넷 홈페이지에 게시하여야 한다.
이에 해당하지 않는 것은 ④ 장기요양기관별 수급자 만족도이다.

78 ▸ ③

제37조의4 제1항에 따르면, ③의 경우는 행정제재처분 효과가 승계되는 경우에 해당하지 않는다.
장기요양기관을 양도한 경우 양수인, 법인이 합병된 경우 합병으로 신설되거나 합병 후 존속하는 법인, 장기요양기관 폐업 후 같은 장소에서 장기요양기관을 운영하는 자 중 종전에 행정제재처분을 받은 자(법인인 경우 그 대표자를 포함)나 그 배우자 또는 직계혈족의 경우, 행정제재처분 효과가 처분을 한 날부터 3년간 승계된다.

> **제37조의4(행정제재처분 효과의 승계)** ① 제37조 제1항 각 호의 어느 하나에 해당하는 행위를 이유로 한 행정제재처분(이하 "행정제재처분"이라 한다)의 효과는 그 처분을 한 날부터 3년간 다음 각 호의 어느 하나에 해당하는 자에게 승계된다.
> 1. 장기요양기관을 양도한 경우 양수인
> 2. 법인이 합병된 경우 합병으로 신설되거나 합병 후 존속하는 법인
> 3. 장기요양기관 폐업 후 같은 장소에서 장기요양기관을 운영하는 자 중 종전에 행정제재처분을 받은 자(법인인 경우 그 대표자를 포함한다)나 그 배우자 또는 직계혈족

79 ▸ ③

ⓒ 제52조 제3항, ⓔ 제52조 제5항에서 찾아볼 수 있는 내용이다.
ⓐ 제52조 제4항에 따르면, 공단 이사장이 위촉한다.
ⓑ 제52조 제2항에 따르면, 인구수 등을 고려하여 하나의 특별자치시·특별자치도·시·군·구에 2 이상의 등급판정위원회를 설치하는 것이 가능하다고 하였다.
ⓓ 제52조 제4항에 따르면, 의사 또는 한의사가 1인 이상 각각 포함되어야 한다고 하였다. 2명 이상도 가능하다.
따라서, 옳은 것은 ⓒ과 ⓔ 2개이다.

> **제52조(등급판정위원회의 설치)** ① 장기요양인정 및 장기요양등급 판정 등을 심의하기 위하여 공단에 장기요양등급판정위원회를 둔다.
> ② 등급판정위원회는 특별자치시·특별자치도·시·군·구 단위로 설치한다. 다만, 인구 수 등을 고려하여 하나의 특별자치시·특별자치도·시·군·구에 2 이상의 등급판정위원회를 설치하거나 2 이상의 특별자치시·특별자치도·시·군·구를 통합하여 하나의 등급판정위원회를 설치할 수 있다.

③ 등급판정위원회는 위원장 1인을 포함하여 15인의 위원으로 구성한다.
④ 등급판정위원회 위원은 다음 각 호의 자 중에서 공단 이사장이 위촉한다. 이 경우 특별자치시장·특별자치도지사·시장·군수·구청장이 추천한 위원은 7인, 의사 또는 한의사가 1인 이상 각각 포함되어야 한다.
　　1. 「의료법」에 따른 의료인
　　2. 「사회복지사업법」에 따른 사회복지사
　　3. 특별자치시·특별자치도·시·군·구 소속 공무원
　　4. 그 밖에 법학 또는 장기요양에 관한 학식과 경험이 풍부한 자
⑤ 등급판정위원회 위원의 임기는 3년으로 하되, 한 차례만 연임할 수 있다. 다만, 공무원인 위원의 임기는 재임기간으로 한다.

80 ▸ ①

① 제35조 제3항에 따르면, 장기요양기관의 장은 장기요양급여를 제공한 수급자에게 장기요양급여비용에 대한 명세서를 교부하여야 한다. 명세서의 교부는 해야 하는 사항이므로, '할 수 있다'는 잘못된 설명이다.
② 제35조 제2항, ③ 제35조 제1항, ④ 제35조 제4항에서 찾아볼 수 있는 내용이다.

제35조(장기요양기관의 의무 등) ① 장기요양기관은 수급자로부터 장기요양급여신청을 받은 때 장기요양급여의 제공을 거부하여서는 아니 된다. 다만, 입소정원에 여유가 없는 경우 등 정당한 사유가 있는 경우는 그러하지 아니하다.
② 장기요양기관은 제23조 제5항에 따른 장기요양급여의 제공 기준·절차 및 방법 등에 따라 장기요양급여를 제공하여야 한다.
③ 장기요양기관의 장은 장기요양급여를 제공한 수급자에게 장기요양급여비용에 대한 명세서를 교부하여야 한다.
④ 장기요양기관의 장은 장기요양급여 제공에 관한 자료를 기록·관리하여야 하며, 장기요양기관의 장 및 그 종사자는 장기요양급여 제공에 관한 자료를 거짓으로 작성하여서는 아니 된다.

제2회 모의고사

01. ②	02. ②	03. ③	04. ①	05. ④
06. ①	07. ③	08. ④	09. ④	10. ②
11. ②	12. ②	13. ②	14. ③	15. ①
16. ④	17. ②	18. ④	19. ④	20. ④
21. ①	22. ④	23. ②	24. ④	25. ②
26. ①	27. ②	28. ④	29. ①	30. ②
31. ③	32. ④	33. ③	34. ④	35. ④
36. ③	37. ①	38. ②	39. ③	40. ④
41. ③	42. ②	43. ①	44. ③	45. ②
46. ③	47. ③	48. ①	49. ②	50. ②
51. ③	52. ②	53. ④	54. ②	55. ③
56. ②	57. ④	58. ②	59. ②	60. ③

직무시험(국민건강보험법)

61. ④	62. ④	63. ③	64. ③	65. ①
66. ③	67. ②	68. ③	69. ②	70. ①
71. ④	72. ④	73. ④	74. ③	75. ①
76. ①	77. ④	78. ①	79. ①	80. ②

직무시험(노인장기요양보험법)

61. ③	62. ③	63. ①	64. ①	65. ②
66. ④	67. ③	68. ③	69. ③	70. ②
71. ②	72. ④	73. ③	74. ④	75. ④
76. ④	77. ④	78. ②	79. ②	80. ②

01 ▸ ②

② 자료에 따르면 시스템은 행정안전부가 운영하는 기존 모바일 신분증 플랫폼에 기반한 것이지, 장애인 전용 플랫폼을 별도로 신규 구축한 것이 아니다. 또한 활용처 확대를 위한 금융권 협의 등의 주체는 보건복지부로 서술되어 있다.
① 자료 중반부에 나열된 시스템 구축 관련 협력 기관들을 모두 정확히 언급하고 있다.
③ 자료 하단의 유튜브 시연 영상(최국화 아나운서)에 관한 내용을 정책적 취지와 연결하여 올바르게 설명하고 있다.
④ 자료의 마지막 부분에 제시되어 있는 내용이다.

02 ▸ ②

② 발급 시 본인 명의의 스마트폰 지참이 원칙이나, 자료에는 가족 명의 스마트폰 사용 제한이나 대리인 동의 효력 상실에 관한 명시적인 규정이 없다. 자료에 언급되지 않은 임의의 제한 조건을 설정하여 설명했으므로 잘못된 것이나.
① 자료에 따르면 실물 장애인등록증 발급자가 추가로 신청(비용 무료)할 수 있으며, 14세 미만은 신청이 제한된다고 명시되어 있어 적절한 설명이다.
③ 자료에 명시된 두 가지 발급 경로를 정확히 설명하고 있다. 센터 방문을 통한 'QR코드 촬영 방식(당일 즉시 발급)'과, 별도의 'IC등록증 신청 및 스마트폰 접촉(태깅) 방식' 중 하나를 선택할 수 있다고 하였다.
④ 스마트폰을 통한 온·오프라인 신원확인 기능 및 금융거래 활용처 확대 계획(2026년 말 모든 금융기관 확대)은 자료의 핵심 내용과 일치한다.

03 ▸ ③

분노조절장애는 신경학적·생물학적 원인과 유전적 원인, 환경적 원인으로 다양하게 발병될 수 있다.

04 ▸ ①

① '추진 절차' 도표를 보면, '대상기관 선정 및 자율점검 내역통지' 단계의 주체는 심사평가원이다. 건강보험공단은 이후 단계인 '부당이득금 환수'를 담당한다. 따라서 통보 시점부터 건강보험공단이 관리한다는 것은 자료의 내용과 다르다.
② 자료의 마지막 부분을 보면, "자율점검 통보대상 기관이 아니더라도 ~ 자진신고가 가능하며, 이 경우 현지조사 및 행정처분을 면제한다"는 내용이 근거가 된다.
③ '대상 항목' 표를 보면, 7번 항목인 '틀니 진료단계별 중복청구'는 시행 시기가 '하반기'이며, 구분이 '재점검'으로 분류되어 있다.
④ 자료의 마지막 부분을 보면, "자율점검제도는 착오 등 부당청구 개연성이 높은 항목에 대해 ~ 자발적으로 시정하여 ~ 행정처분은 면제한다"고 명시되어 있다. 고의성이 의심되는 부당청구 개연성이라도 제도의 틀 안에서 자율적으로 시정하면 행정처분 면제 혜택을 주는 것이 이 제도의 핵심이다.

05 ▸ ④

㉠ 2026년 1월 통보 대상인 세 항목(일상생활동작검사, 조영제 주사제, 국소마취제)의 합계만 이미 420여 개소(120 + 130 + 170)이다. 여기에 표에 명시된 또 다른 상반기 항목인 '야간 조제료 등 야간가산'의 대상 기관까지 합산하면 전체 상반기 대상은 420여 개소 이상이 된다.
㉣ 자율점검을 통해 성실히 시정하더라도 "부당이득금은 환급(환수)한다"는 원칙이 명시되어 있다. 면제되는 것은 '현지조사 및 행정처분'에 한정된다.
㉡ 해당 항목이 '재점검'인 것은 표에서 확인 가능하나, '과거 결과 미흡'이라는 구체적 사유는 자료에서 언급되어 있지 않다.
㉢ 점검 항목은 심사평가원 내부 심의가 아닌, 의약계가 참여한 '자율점검운영협의체' 논의를 통해 선정되었다.

06 ▸ ①

㉠ 기존 23개 품목과 이번 3차 시범사업 3개 품목(에어백, 복약알림기, 활동감지시스템)을 합산하면 2026년 1월 29일 기준 총 26개 품목이 된다.
㉢ 실거주 주소가 시범사업 지역으로 등록되어 있어야 참여 가능하다.
㉡ 시범사업 종료 후 '예비급여 전문가 협의회'에서 급여 적정성 등을 평가하여 등재 여부를 결정하는 것이지 자동 등재되는 것은 아니다.
㉣ 자료에 따르면 복지용구는 연 한도액 160만 원 내에서 구입/대여하는 것이며, 시범사업 품목이 이 한도에서 제외된다는 근거는 없다.

07 ▸ ③

③ 자료의 주요 기능에 따르면, 사고 및 구조 신호 알림은 기기 자체의 디스플레이가 아니라 '연동된 모바일 앱'을 통해 이루어진다. 따라서 기기 자체 디스플레이를 통해 신호를 보낸다는 추론은 자료의 내용과 일치하지 않는다.
① 복약알림기의 주요 기능(모바일 앱 연동 및 보호자 확인)에 부합한다.
② 활동감지시스템의 주요 기능(침대 위 생체 정보 측정 및 모니터링)에 부합한다.
④ 1차 시범사업 품목의 정식 등재 사례와 시범사업의 목적(효과성 검증 후 정식 등재)을 고려할 때 적절한 추론이다.

08 ▸ ④

④ 이번 연구에는 권역외상센터 설립·운영 비용과 외상 사망 감소로 얻는 편익을 화폐가치로 환산해 비교한 내용도 있다고 하였다. 따라서, 둘 사이에 경제적 연관성이 없다는 내용이 포함되어 있다는 것은 잘못된 설명이다.

① 자료에 따르면 예방 가능한 외상 사망률은 2015년 30.5%에서 시작해 2023년 9.1%까지 꾸준히 감소해 왔으며, 2023년에 처음으로 한 자릿수 수치를 나타낸 것이 맞다.
② '조사개요'를 보면, 2015년부터 2년 주기로 실시되어 이번이 다섯 번째 조사임을 명시하고 있으며, 305개 병원의 1,294건 사례를 조사했다는 수치도 확인할 수 있다.
③ 권역외상센터가 8개소에서 17개소로 늘어났음을 알 수 있으며, 이러한 정책적 노력이 사망률 감소에 효과를 내고 있다고 서술되어 있다.

09 ▸ ④

④ 2021년 조사 결과 광주·전라·제주 권역은 21.3%를 기록하여 10%대에 진입하지 못했다. 또한 부산·대구·울산·경상 권역은 이미 2017년(16.0%)과 2019년(15.5%)에 10%대를 유지하고 있었으므로 '처음으로 진입했다'는 설명은 잘못되었다.
① 2023년 권역별 통계표를 보면 경기·인천의 사망률은 6.4%이며, 이는 서울(7.8%), 대전/충청/강원/세종(7.9%), 부산/대구/울산/경상(11.4%), 광주/전라/제주(14.3%) 중 가장 낮은 수치다.
② 대전·충청·강원·세종 권역은 2021년 16.0%에서 2023년 7.9%로 8.1%p 개선되었다. 이는 서울(4.2%p), 경기/인천(3.6%p), 광주/전라/제주(7.0%p), 부산/대구/울산/경상(2.1%p) 등 타 권역의 개선 폭보다 크다.
③ 전국 평균 개선 폭을 계산하면 2015년(30.5%) → 2017년(19.9%) 구간은 10.6%p가 감소했다. 반면 2021년(13.9%) → 2023년(9.1%) 구간은 4.8%p가 개선되었다. 따라서 2015년 → 2017년 구간의 개선 폭이 더 크다.

10 ▸ ②

㉡ 개선 폭(8.1%p)은 통계 수치의 차이일 뿐, 이것이 의료기관의 자료 제출 '적극성'을 입증하는 증거가 될 수는 없다.
㉣ 서울은 2015년(30.8%)에서 2017년(30.2%) 사이의 변화가 미미해 '지속적 감소'로 보기 어렵고, 제출률 또한 대구·전남(75.0%)이 서울(73.8%)보다 높으므로 틀린 설명이다.
㉠ 자료 마지막 부분 인터뷰 및 주석에 따르면, 자료 제출률이 낮을수록 수치의 과소 추계 가능성이 있다고 하였다. 따라서, 제출률이 낮은 광주의 실제 외상 사망률은 더 높을 수 있다.
㉢ 제출률이 낮으면 사망률이 실제보다 낮게 평가(낙관적으로 표시)되므로, 통계가 현장 상황을 충분히 반영하지 못할 수 있다는 분석은 적절하다.

11 ▸ ②

㉠ 뇌졸중 환자가 생존 시 신체적·정신적 장애를 입는 경우가 많아 삶의 질이 떨어진다는 내용은 글에 언급되어 있으나, 이러한 경우가 70%를 넘는다는 것은 언급되어 있지 않다. 허혈성 뇌졸중 환자가 전체 뇌졸중 환자의 70% 정도라고 하였다.
㉢ 고혈압이 뇌졸중 발생의 원인이 되는 것은 맞으나, 가장 큰 원인이라는 언급은 없다.

12 ▸ ②

소화장애 증상은 언급되어 있지 않다.

13 ▸ ②

② 첫 번째 문단을 보면, 2023년 7월 지구 표면 평균 기온이 이전 역대 최고 기록이었던 2019년 7월 기온보다 높다고 하였다. 따라서, 2019년 7월의 기온은 당시에는 관측 이래 최고치였음을 추론할 수 있다. 하지만, 1991년부터 2020년까지의 평균 기온보다 0.72도 높은 것은 2023년 7월 평균기온이다. 2023년 7월 평균 기온이 2019년 7월 평균 기온보다 0.33도 높다고 하였으므로, 2019년 7월 평균 기온은 1991~2020년 평균기온과 비교하였을 때, 0.72 − 0.33 = 0.39도 높음을 알 수 있다.
① 세 번째 문단에서 찾을 수 있는 내용이다.
③ 두 번째 문단을 보면, 폭염이 홍수나 태풍과 달리 피해가 가시화되기 어렵고 취약계층에 주로 발생한다고 기술하고 있다.
④ 마지막 문단을 보면, 세계기상기구는 향후 5년 내에 지구 평균 기온이 산업화 이전 시기보다 1.5도 이상 높아질 확률이 66%라고 예상하고 있다. 비슷한 수준으로 유지되는 것이 아닌 이보다 높은 수준이 될 것이라고 보고 있는 것이다.

14 ▸ ③

(가)의 앞 내용은 폭염이 건강상 위협이며, 식량난과 노동 능력에까지 영향을 미쳐 '소리 없는 살인자'로 불린다는 것으로, 폭염의 위험성에 대해 나타내고 있다. 이후 '문제는'이라는 말 뒤에 올 내용이므로 이러한 위험성이 해소되기 어렵다는 내용이 나오는 것이 적절하다. 이에 부합하는 것은 ③이다.
① 폭염이 전 지구적인 노력으로 해소될 수 있다는 것이 '문제는' 다음에 나오는 것은 자연스럽지 않다.
② 폭염의 위험성이 널리 알려져 있지 않다는 내용은 (가) 다음 문단의 뉴욕타임스 등 여러 매체가 폭염의 위험성에 대해 전하고 있다는 것에서 적절하지 않다는 것을 알 수 있다.
④ 폭염은 전 지구적인 문제이므로 폭염에 대한 체감이 국가별로 다르다는 내용은 부적절하다.

15 ▸ ①

① 자료 상단의 (근거) 및 (소득) 항목에 따르면, 소득 자료는 국세청으로부터 공단에 '통보되어' 적용되는 방식이다. 공단이 직접 국세청에 '요청하여 확정한다'는 서술은 자료에 명시된 행정기관 간의 데이터 전달 절차(통보)와 주체적 관점에서 어긋난다.
② 지자체는 6월 1일 소유 기준 재산 자료를 10월 중 공단에 통보하며, 공단은 이를 11월부터 다음 해 10월까지 1년간 보험료에 반영한다.
③ 2025년 11월 수치(92,148원)를 표에 제시된 과거 수치들과 비교하면, 2021년(105,141원)보다는 낮고 나머지 연도(2022년 88,906원, 2023년 91,012원, 2024년 87,299원)보다는 높다. 따라서 과거 4개년의 각 수치와 개별 비교 시 두 번째로 높은 수준이라는 설명은 옳다.
④ 보험료 인상 세대(303만)와 감소 세대(204만)의 합계는 507만 세대이다. 이는 전체 지역가입 세대인 923만 세대의 절반을 넘으므로, '과반'을 차지한다는 설명은 옳다.

16 ▸ ④

㉠ 2024년 귀속분인 이자소득과 사업소득이 보험료에 반영되므로 보험료가 인상될 수 있다. 또한 프리랜서의 사업소득 감소의 경우 증빙서류를 생략하여 보험료 조정·정산 신청이 가능하다.
㉣ 감소 세대의 월평균 감소액(48,550원)이 인상 세대의 월평균 인상액(46,171원)보다 수치상 더 크다는 설명은 자료의 통계와 일치한다.
㉡ 재산만 변동된 세대는 358만 세대, 소득만 변동된 세대는 145만 세대이다. 소득과 재산이 모두 변동된 세대는 자료를 통해 알 수 없다.
㉢ 휴업이나 폐업으로 소득 활동이 현재 없는 경우, 전세금·월세금이 변경된 경우 모두 조정 신청이 가능하다.

17 ▸ ②

② 자료에 따르면 '맞춤형 지표'와 '인권·안전 지표'를 별개로 언급할 뿐, 5. 결과공표의 '노인인권보호'와 '감염관리'가 고도화된 '인권·안전 지표'에 해당한다는 근거가 없으므로, 이를 단정적으로 연결한 설명은 부적절하다. 즉, '인권·안전 관련 지표'를 고도화한다는 내용과, '노인인권보호' 및 '감염관리' 부분에서 0점 취득 시 결과통보서에 그 세부 내용이 표기된다는 내용은 맞으나, 이 둘이 연관성이 있는지는 제시되어 있지 않아 알 수 없다.
① 재가급여 장기요양 기관 12,081개소 중 2024년 말까지 설치된 짝수 기관을 대상으로 2월부터 12월까지(11개월) 실시한다고 하였다.
③ 자료에서 평가부담 완화 및 객관성 확보를 위해 평가지표를 기존 224개에서 136개로 88개 줄였다. 또한 맞춤형 지표 마련 및 인권·안전 지표 고도화 내용도 본문과 일치한다.

www.pmg.co.kr

④ 4.의 '급여종별 등급 구분' 표에 따라, 85점 획득 시 방문요양 등이 포함된 그룹은 'B(우수)'(80점 이상) 등급을 받고, 복지용구 그룹은 '우수'(80점 이상) 등급을 받으므로 기관별 등급 명칭 체계가 상이함을 올바르게 설명하고 있다.

18 ▶ ④

㉠ '2. 주기 및 기간'에 따르면 평가 주기는 3년이며, 2024년(재가/홀수) → 2025년(시설) → 2026년(재가/짝수) 순으로 진행됨이 명시되어 있다.

㉡ '5. 결과공표'에 경로로서 '노인장기요양보험 누리집'과 'The건강보험(앱)'이 명시되어 있다.

㉢ '3. 대상 기관'의 표를 보면 방문요양은 7,136개소, 전체 합계는 12,081개소다. 이를 계산하면 약 59.1%($\frac{7,136}{12,081} \times 100$)다. 70%를 넘지 않는다.

㉣ '5. 결과공표'에 따르면 평가가 불가능한 기관에 대해 '평가거부'를 표기한다는 사실만 언급하고 있을 뿐, '해당 사유를 명시한다'는 구체적인 공표 방식에 대해서는 기술하고 있지 않다.

19 ▶ ④

첫 문단 마지막에 방납의 폐단이라는 문제점을 거론하였으므로 그 다음 단락에는 이에 대해 조선의 조정이 취한 조치가 나오는 것이 적절하다. 또한 (B)의 마지막 단락에서 대동법의 본질적인 요소를 거론하고 있으므로 (A)가 뒤이어 나오는 것이 적절하고, 그 이후 대동법의 효과와 한계인 (C), (D)가 차례로 나오는 것이 적절하다.

20 ▶ ④

기업 자원봉사 활동은 봉사활동 환경 파악 – 자원봉사센터 문의 – 활동 선택 – 준비 – 활동 – 평가 순으로 이루어진다.

21 ▶ ①

체질량지수는 $\frac{48}{1.68 \times 1.68}$ ≒ 17.0이고 18.5 미만이므로 저체중이다.

22 ▶ ④

④ 9~11세 아동 중 저체중은 1,034×0.064 ≒ 66(명)이고, 12~17세 아동 중 저체중은 2,300×0.053 ≒ 121(명)으로 12~17세에 저체중인 아동이 더 많다.

① 대도시에서 과체중 아동은 1,548×0.092 ≒ 142(명)이고, 비만 아동은 1,548×0.099 ≒ 153(명)이므로 차이는 약 11명이다.

② 중위소득 50% 미만의 비만 아동은 367×0.114 ≒ 41(명), 중위소득 50~100% 미만은 989×0.12 ≒ 118(명), 중위소득 100~150% 미만은 1,047×0.138 ≒ 144(명), 중위소득 150% 이상은 925×0.088 ≒ 81(명)으로 소득수준이 높아질수록 비만 아동이 증가하는 것은 아니다.

③ 정상체중인 남자 아동은 1,735×0.704 ≒ 1,221(명)이고, 여자 아동은 1,599×0.782 ≒ 1,250(명)으로 여자 아동이 더 많다.

23 ▶ ②

ⓐ 위장염 분석 대상자 수가 경기지역의 25% 미만인 지역은 분석 대상자 수가 12,798×0.25 = 3,199.5(명) 미만이어야 하고, 그 지역은 광주, 충북, 전북, 대구, 울산, 대전, 강원, 세종이므로 ㉢, ㉣이 각각 대전 또는 강원이다.

ⓑ 전북에서 위장염으로 진단을 받은 인원수는 2,485×0.253 = 628.705(명)이고, 이보다 많은 지역이 서울, 대구, 부산, 경기, 인천이고, 진단율은 전북지역과 큰 차이가 없으므로 분석 대상자 수가 전북지역보다 많은 ㉠, ㉡이 각각 부산 또는 인천이다.

ⓒ 진단율이 울산지역과 0.5%p 이하로 차이가 나면 23.1 + 0.5 = 23.6(%), 23.1 − 0.5 = 22.6(%)이므로 진단율이 22.6%~23.6%이어야 한다. 이에 해당하는 지역이 강원, 대구, 인천이므로 ㉡, ㉣이 각각 강원 또는 인천이다. 이에 따라 ㉡이 인천, ㉣이 강원이고, 나머지 ㉠이 부산, ㉢이 대전이다.

24 ▶ ④

㉡ 위장염 분석 대상자 수가 가장 많은 경기지역과 가장 적은 세종지역의 진단율의 차이는 26.8% − 25.7% = 1.1(%p)이므로 옳지 않은 설명이다.

㉢ 중학교에서 위장염으로 진단을 받은 인원수는 중1은 분석 대상자 수와 진단율이 모두 가장 낮으므로 계산하지 않고, 중2와 중3만 비교한다. 이때, 중3이 중2보다 분석 대상자 수와 진단율이 모두 높고, 위장염으로 진단을 받은 인원수 또한 중3이 중2보다 높으므로 옳지 않은 설명이다.

㉣ 충북과 전북지역의 위장염으로 진단을 받은 인원수의 차이는 (2,485×0.253) − (2,367×0.243) = 628 − 575 = 53(명)이므로 옳지 않은 설명이다.

㉠ 위장염으로 진단을 받은 인원수는 중학교가 30,229×0.23 ≒ 6,952(명), 고등학교가 29,811×0.261 ≒ 7,780(명)이고, 그 합은 6,952 + 7,780 = 14,732(명)이므로 옳은 설명이다.

25 ▸ ②

② 2025년 남성 뇌경색 환자 수는 300,157명으로, 4년 전인 2021년 267,735명에 비해 $\frac{300,157-267,735}{267,735}\times100 ≒$ 12.1(%) 증가하였다.

① 2025년 뇌경색 환자 수는 521,011명으로, 4년 전인 2021년 484,411명에 비해 $\frac{521,011-484,411}{484,411}\times100 ≒ 7.6$(%) 증가하였다.

③ 2021년과 2022년의 60대 남성 환자수의 50%를 구하면 각각 $75,529\times0.5 = 37,764.5$(명), $79,426\times0.5 = 39,713$(명)이다. 2021년과 2022년 60대 여성 환자수는 각각 41,286명, 42,433명이므로 각 연도 남성 환자수의 50% 이상임을 확인할 수 있다.

④ 2025년 전체 뇌경색 환자 중 40대 이하가 차지하는 비율은 $\frac{520+1,056+3,945+16,790}{521,011}\times100 ≒ 4.3$(%)이다.

26 ▸ ①

2022년 : $\frac{131,190-121,369}{121,369}\times100 ≒ 8.09$(%)

2023년 : $\frac{133,545-131,190}{131,190}\times100 ≒ 1.80$(%)

2024년 : $\frac{142,061-133,545}{133,545}\times100 ≒ 6.38$(%)

2025년 : $\frac{153,358-142,061}{142,061}\times100 ≒ 7.95$(%)

27 ▸ ③

③ 2025년 알코올 섭취율은 20대 남자(21.8% → 20.5%), 30대 남자(14.6% → 14.1%), 20대 여자(20.2% → 19.1%), 30대 여자(14.8% → 14.6%) 모두 2024년보다 감소하였다.

① 2022년 이후 20대 남자와 20대 여자의 알코올 섭취율 차이는 다음과 같다.

2022년 : $24.0 - 23.6 = 0.4$

2023년 : $21.8 - 21.0 = 0.8$

2024년 : $21.8 - 20.2 = 1.6$

2025년 : $20.5 - 19.1 = 1.4$

2025년은 2024년에 비해 차이가 감소하였으므로 매년 증가하지 않는다.

② 2025년 20대 여자 알코올 섭취자 수는 약 2,579명이다. 이때 2021년과 2025년의 20대 여자 알코올 섭취자 수가 같다면, 2021년 20대 여자 조사대상자 수는 $\frac{2,579}{24.8}\times100 ≒ 10,399$(명)으로 10,000명 이상이다.

④ 2025년 알코올 섭취자 수는 사원 직급의 20대 여자가 $4,378\times0.196 ≒ 858$(명), 사원 직급의 30대 남자가 $4,122\times0.148 ≒ 610$(명)이다. 따라서 사원 직급의 20대 여자가 사원 직급의 30대 남자의 $\frac{858}{610} ≒ 1.4$(배)이다.

28 ▸ ④

2025년 대리 직급 알코올 섭취자 수는 다음과 같다.
대리 직급의 20대 남자 : $4,585\times0.192 ≒ 880$(명)
대리 직급의 30대 남자 : $3,702\times0.136 ≒ 503$(명)
대리 직급의 20대 여자 : $4,617\times0.184 ≒ 849$(명)
대리 직급의 30대 여자 : $3,467\times0.138 ≒ 478$(명)

29 ▸ ①

① $\dfrac{\text{유소년인구 구성비}}{\text{유소년부양비}} = \dfrac{\dfrac{\text{유소년인구}}{\text{총인구}}}{\dfrac{\text{유소년인구}}{\text{생산연령인구}}}$

$= \dfrac{\text{생산연령인구}}{\text{총인구}} = $ 생산연령인구 구성비이다. 이를 이용해 생산연령인구 구성비를 구하면 다음과 같다.

A : $\dfrac{0.08}{0.18}\times100 ≒ 44$(%)

B : $\dfrac{0.1}{0.26}\times100 ≒ 38$(%)

C : $\dfrac{0.18}{0.32}\times100 ≒ 56$(%)

D : $\dfrac{0.2}{0.46}\times100 ≒ 43$(%)

E : $\dfrac{0.14}{0.54}\times100 ≒ 26$(%)

따라서 생산연령인구 구성비가 가장 낮은 도시는 E이다.

② A도시와 D도시의 유소년인구를 구하면 다음과 같다.
A도시의 유소년인구 : $6,512\times0.08 ≒ 520$(명)
D도시의 유소년인구 : $3,398\times0.2 ≒ 679$(명)
따라서 A도시와 D도시가 하나의 도시로 통합될 경우 유소년인구 구성비는 $\frac{520+679}{6,512+3,398}\times100 ≒ 12$(%)로 15% 이하가 된다.

③ C도시의 생산연령인구는 $2,448\times0.56 ≒ 1,370$(명)이고, D도시의 생산연령인구는 $3,398\times0.43 ≒ 1,461$(명)으로 D도시가 C도시보다 생산연령인구가 많다.

④ E도시를 제외하고 유소년인구 구성비가 높을수록 유소년부양비도 높다. E도시의 경우 유소년부양비는 높지만 유소년인구 구성비는 낮다.

30 ▸ ②

C도시의 총인구가 3,000명 증가했을 때 생산연령인구는 $5,448\times0.56 ≒ 3,050$(명)이고, A도시의 생산연령인구는 $6,512\times0.44 ≒ 2,865$(명)이다. 따라서 생산연령인구가 더 많은 지역은 C이고, 두 도시의 생산연령인구수 차이는 $3,050 - 2,865 = 185$(명)이다.

31 ▸ ③

③ 파주시 아동학대 발생건수는 140 + 280 + 90 + 120 = 630(건)이고, 전체 아동학대 발생건수는 2,240 + 2,930 + 1,000 + 350 = 6,520(건)으로 파주시는 전체의

$$\frac{630}{6,520} \times 100 ≒ 9.7(\%)이다.$$

① '타인'에 의해 아동학대가 발생한 시는 용인시, 여주시, 고양시, 남양주시, 파주시, 성남시, 수원시로 7개이다.
② '부모'에 의한 아동학대 발생건수가 300건 이상인 시는 고양시, 용인시, 안성시, 여주시, 남양주시이고, 이 지역의 '친인척'에 의한 아동학대 발생건수는 110건인 경우도 있으므로 잘못된 설명이다.
④ '대리양육자'에 의한 아동학대 발생건수 순위는 '용인시 − 성남시…' 순이고, '친인척'에 의한 아동학대 발생건수 순위는 '용인시 − 안성시…' 순이므로 동일하지 않다.

32 ▸ ④

경기도 10개 시의 아동학대 발생건수를 구하면 다음과 같다.
고양시 : 160 + 350 + 110 + 70 = 690(건)
용인시 : 640 + 360 + 160 + 40 = 1,200(건)
파주시 : 140 + 280 + 90 + 120 = 630(건)
수원시 : 140 + 240 + 80 + 20 = 480(건)
안성시 : 130 + 420 + 130 = 680(건)
양주시 : 110 + 190 + 90 = 390(건)
성남시 : 360 + 170 + 30 + 30 = 590(건)
여주시 : 240 + 320 + 110 + 30 = 700(건)
화성시 : 140 + 260 + 90 = 490(건)
남양주시 : 180 + 340 + 110 + 40 = 670(건)
전체 아동학대 발생건수에서 두 번째로 높은 비중을 차지하는 시는 $\frac{700}{6,520} \times 100 ≒ 10.7(\%)$인 여주시이고, 세 번째로 낮은 비중을 차지하는 시는 $\frac{490}{6,520} \times 100 ≒ 7.5(\%)$인 화성시이다. 따라서 둘의 차이는 10.7 − 7.5 = 3.2(%p)이다.

33 ▸ ③

(가) : $\frac{135}{1,162} \times 100 ≒ 11.6(\%)$

(나) : $\frac{102}{910} \times 100 ≒ 11.2(\%)$

따라서 (가)와 (나)의 합은 11.6 + 11.2 = 22.80이다.

34 ▸ ④

④ A병원에서는 그러하지만 전국에서 그런지는 알 수 없다.
① A병원에서 말기 암 판정을 받은 환자 중 생존기간이 2주 미만인 남성은 2.7%이고, 여성은 3.8%로 여성의 비율이 더 높다.
② A병원에서 말기 암 판정을 받은 환자 중 5개월 이상 생존한 환자는 남성이 153명이고, 여성이 113명으로 여성이 더 적다.
③ A병원에서 말기 암 판정을 받은 환자 중 생존기간 4개월 이상~5개월 미만인 경우는 남성이 23.4%이고, 여성이 24.1%로 여성의 비율이 더 높다.

35 ▸ ④

④ 암 환자 중의 생존 환자 수를 보면 다음과 같다.
0기 : 6,356 × 0.95 ≒ 6,038(명)
1기 : 124,956 × 0.75 = 93,717(명)
2기 : 379,209 × 0.3 ≒ 113,762(명)
3기 : 149,760 × 0.15 = 22,464(명)
4기 : 32,560 × 0.05 = 1,628(명)
6,038 + 93,717 + 113,763 + 22,464 + 1,628 = 237,609(명)
$$\frac{696,818}{3} ≒ 232,272(명)$$
따라서 암 환자 중에 3분의 1 이상은 생존한다.
① 1기에서 생존한 환자의 수는 93,717명으로 2기에서 생존한 113,762명보다 적다.
② 0~2기 판정을 받은 환자의 수는 6,356 + 124,956 + 379,209 = 510,521(명)이고, 말기 판정을 받은 환자의 수는 149,760 + 32,560 + 3,977 = 186,297(명)이다. 따라서 0~2기 판정을 받은 환자의 수는 말기 판정을 받은 환자의 수의 $\frac{510,521}{186,297} ≒ 2.7(배)$이다.
③ A병원의 말기 암 환자 중 5개월 이상 생존한 환자의 수는 153 + 113 = 266(명)이고, 3개월 이상~4개월 미만 생존한 환자의 수는 166 + 114 = 280(명)으로 3개월 이상~4개월 미만 생존한 환자의 수가 더 많다.

36 ▸ ③

세종특별자치시의 일본뇌염 예방백신 접종률은 93.6%이며, 결핵 예방백신 접종률은 98.2%이다. 이는 해당 예방백신 미접종률이 각각 6.4%, 1.8%라는 것을 의미한다.
즉, 해당 지역에서 접종하지 않은 사람의 수가 각각
20만 명 × 0.064 = 12,800(명),
20만 명 × 0.018 = 3,600(명)이라는 것이다.
따라서 일본뇌염 예방백신 접종률을 결핵 예방백신 접종률까지 끌어올리기 위해서는 최소 12,800 − 3,600 = 9,200(명) 분의 무료 백신접종을 실시하면 되므로 20,000원 × 9,200명 = 1억 8천 4백만 원이 필요하다.

37 ▸ ①

제주특별자치도의 일본뇌염 예방백신 미접종률은 8.6%로 대구광역시의 홍역 및 유행성이하선염, 풍진의 예방백신 미접종률인 2%의 3배 이상이다.

38 ▸ ③

③의 그래프는 경상남도 '여성'의 백신별 접종률을 나타내고 있다.

39 ▸ ③

③ 아동복지시설 퇴소사유가 취업인 세대 수가 가장 많은 해는 258세대인 2020년이고, 가장 적은 해는 3세대인 2024년이다. 따라서 $\frac{258}{3}=86$(배)이므로 옳은 설명이다.

① 2025년을 제외하고 아동복지시설 입소사유가 이혼과 학대인 세대 수의 차이가 가장 큰 해는 $202-46=156$(세대)인 2020년이므로 옳지 않은 설명이다.

② 아동복지시설의 연중 입소자 수와 연중 퇴소자 수의 차이가 $647-641=6$(명)으로 가장 작은 2024년에 아동복지시설 퇴소사유가 가정 복귀인 세대 수는 17세대이므로 옳지 않은 설명이다.

④ 아동복지시설 수 대비 연도말 입소자 수의 비율이 가장 높은 해는, 시설 수가 41개소로 가장 적고 연도말 입소자 수가 2,083명으로 가장 많은 2020년이므로 옳지 않은 설명이다.

40 ▸ ④

아동복지시설 변동 인원수 = 해당 연도의 연중 입소자 수 − 연중 퇴소자 수 + 연도 말 입소자 수임을 이용하여 구하면 다음과 같다.

2020년 : $722-793+2,083=2,012$(명)
2021년 : $689-680+2,078=2,087$(명)
2022년 : $615-740+1,829=1,704$(명)
2023년 : $568-691+1,803=1,680$(명)
2024년 : $647-641+1,835=1,841$(명)
2025년 : $581-715+1,673=1,539$(명)

따라서 변동 인원수가 가장 많은 연도는 2021년이고, 가장 적은 연도는 2025년이다.

41 ▸ ③

ⓒ 약국에서 직접 조제한 의약품의 본인부담금은 900원, 처방조제한 의약품의 본인부담금은 500원으로 본인부담금이 동일하지 않다.

ⓐ '지원대상' 항목을 보면, 장애인 의료비는 장애인에게만 지원되므로 당해 장애인과 세대를 같이하는 비장애인인 가족원은 지원대상이 아니라고 명시되어 있다.

42 ▸ ②

'콘텍트렌즈'는 '기타 보장구'에 해당되어 지원받을 수 있다.

43 ▸ ①

제1차~제3차 의료급여기관 어디든 입원하는 경우에 식대를 '제외한' 전액을 지원받을 수 있다.
정을 제외한 갑, 을, 병은 제시된 자료를 바르게 이해하였다.

44 ▸ ③

③ 부부가 각자 개별 상담 중 필요에 의한 부부상담을 시행한 경우는 둘 중 한 사람에 대해서만 서비스를 제공한 것으로 간주하므로 이때 두 상담의 단가는 동일하다. 그러나 이러한 경우가 아닌 집단 상담으로 함께 부부상담을 시행하는 경우에는 집단상담 단가를 적용한다고 하였다.

① 서비스 대상은 발달장애인 자녀의 부모 및 보호자이므로, 부모가 아닌 보호자인 사람도 대상이 된다.

② 다른 법령 또는 국가 예산에 따라 발달장애인 부모상담 지원 사업과 유사한 서비스를 받고 있는 경우 서비스 대상에서 제외되나, 본인부담으로 상담을 받고 있는 경우이므로 서비스 대상에 포함된다.

④ 소득기준, 욕구상태, 심리정서검사 결과 등을 확인하여 지속 지원 필요성이 높은 경우 12개월(1회) 연장이 가능하다. 대상자가 원하는 경우에 연장할 수 있는 것이 아니다.

45 ▸ ②

② 정부지원을 초과하는 금액은 본인부담금이며, 본인부담금은 매회 서비스이용 전에 제공기관에 사전 납부한다. 월말에 일괄납부하는 것이 아니다.

46 ▸ ③

이번 분기의 성과등급을 계산하면 다음과 같다.

팀	기본급 평균	이번 분기 평가점수	등급
영업팀	330만 원	$80\times0.2+85\times0.4+80\times0.1+95\times0.1+80\times0.2=83.5$	B
개발팀	295만 원	$85\times0.2+95\times0.4+75\times0.1+80\times0.1+65\times0.2=83.5$	B
회계팀	350만 원	$90\times0.2+90\times0.4+85\times0.1+90\times0.1+90\times0.2=89.5$	B
법무팀	310만 원	$95\times0.2+95\times0.4+95\times0.1+90\times0.1+75\times0.2=90.5$	A
인사팀	340만 원	$80\times0.2+75\times0.4+100\times0.1+100\times0.1+80\times0.2==82$	B

위 표에서 구한 등급을 기준으로 각 팀의 성과급여를 계산하면 다음과 같다.

영업팀 : 330만 원$\times1.25=412.5$만 원
개발팀 : 295만 원$\times1.25\times1.05=387.1875$만 원 ≒ 387.1만 원(지난 분기 D등급이므로 5% 추가지급)
회계팀 : 350만 원$\times1.25=437.5$만 원
법무팀 : 310만 원$\times1.5=465$만 원
인사팀 : 340만 원$\times1.25=425$만 원

③ 가장 많은 성과급을 지급받는 팀은 법무팀이다.

47 ▸ ③

우선 영업팀의 팀별 성과급여를 구하면 지난 분기(83.5, B등급)에 이어 이번 분기에도 B등급을 받게 된다(89점). 따라서 이번 분기 팀의 성과급은 330 × 1.25 = 412.5(만 원)이다. 개인별 성과급을 구하기 위해 개인별 등급을 구하면 다음과 같다.

이름 / 직급	기본급	평가점수	등급
C / 팀장	430만 원	90 × 0.2 + 100 × 0.4 + 90 × 0.2 + 100 × 0.2 = 96	A
B / 과장	350만 원	80 × 0.2 + 95 × 0.4 + 85 × 0.2 + 100 × 0.2 = 91	A
V / 대리	295만 원	95 × 0.2 + 85 × 0.4 + 85 × 0.2 + 100 × 0.2 = 90	A
M / 사원	245만 원	75 × 0.2 + 80 × 0.4 + 100 × 0.2 + 100 × 0.2 = 87	B

따라서 M사원을 제외한 나머지 인원은 본인의 기본 급여의 100%를 받으며, M사원만 기본급여의 80%를 지급받는다. 따라서 가장 적은 성과급을 받는 사람은 M사원이며, M사원의 개인 성과급은 245 × 0.8 = 196(만 원)이고, M사원의 기본급여와 성과급여의 총합은 245만 원(기본급) + 412.5만 원(팀별 성과급) + 196만 원(개인 성과급) = 853.5만 원이다.

48 ▸ ①

ⅰ) 출국편

A과장은 Session 1에 참석하기 위해 19일 12시 30분까지 런던 공항에 도착해야 하며, 출국편은 모두 이 조건을 만족한다. 항공편 0152는 0589와 걸리는 시간이 같으면서 돈이 더 비싸므로 제외하고 다른 항공편을 고려한다. 0589편과 0233편을 비교할 때, 0233편이 1시간이 더 소요되지만 약 3만 원 싸기 때문에 A과장은 0589편을 선택할 것이다. 0589편과 0420편을 비교할 때, 0420편이 3시간 덜 걸리기 때문에 0589편에 36만 원을 더해보면 1,268,000원으로 이는 0420편보다 싸다. 따라서 A과장은 0589편을 선택할 것이다.

ⅱ) 입국편

A과장은 Session 4에 참석해야 하므로 13시까지 비행기를 타지 못한다. 따라서 1212편은 탈 수 없다. 0581편과 1611편을 비교할 때, 0581편이 2시간 덜 소요되므로 1611편에 24만 원을 더해보면 1,048,400원이므로 이는 0581편보다 비싸다. 따라서 0581편을 선택할 것이다.

49 ▸ ②

ⅰ) 출국편의 경우

원래 이용하려고 했던 출국편은 0589편이었다. 그러나 18일에 열리는 연회에 참석하기 위해서는 공항에 오후 5시까지는 도착을 해야 한다. 이때 이용할 수 있는 항공편은 0152편밖에 없다.

ⅱ) 입국편의 경우

0581편을 타면 공항에 오후 2시 35분에 도착한다. 여기서 회사까지 50분을 택시를 타고 가면 오후 3시 25분에 도착하므로 오후 4시에 열리는 미팅에 참석할 수 있다. 따라서 A과장은 입국편은 원래 이용하기로 한 것을 그대로 타고 출국편만 0152편을 이용한다.

50 ▸ ②

4점 이하의 점수를 받은 적이 있는 C, E, G를 제외하고, 나머지 사람의 점수를 주어진 기준에 따라 계산한다.

구분	1차 시험	2차 시험	3차 시험	합계
A	8 × 0.2 = 1.6	7 × 0.3 = 2.1	6 × 0.5 = 3	6.7
B	8 × 0.2 = 1.6	6 × 0.3 = 1.8	7 × 0.5 = 3.5	6.9
C	—	—	—	해당 없음
D	9 × 0.2 = 1.8	6 × 0.3 = 1.8	6 × 0.5 = 3	6.6
E	—	—	—	해당 없음
F	6 × 0.2 = 1.2	8 × 0.3 = 2.4	6 × 0.5 = 3	6.6
G	—	—	—	해당 없음

점수가 가장 높은 B가 선정된다.

51 ▸ ③

부서	결원	희망자수	부서	결원	희망자수
경영관리팀	1	1	토목관리팀	1	0
전력관리팀	1	2	전산관리팀	2	2
성장사업팀	2	0	홍보영업팀	2	2

전력관리팀의 결원 수는 1명이나, 배치되기 원하는 신입사원은 A와 F 두 사람이다.
A의 점수는 6.7점, F의 점수는 6.6점으로 점수가 낮은 F는 희망하는 부서에 배치되지 못한다.

52 ▸ ②

공항에서 각 관광지를 모두 거쳐 호텔에 도착하는 경로는 총 5가지로 다음과 같다.

ⅰ) 공항 － A － B － D － C － 호텔
50 + 5 + 10 + 5 + 30 = 100(km)
ⅱ) 공항 － B － A － C － D － 호텔
30 + 5 + 35 + 5 + 45 = 120(km)
ⅲ) 공항 － B － D － C － A － 호텔
30 + 10 + 5 + 35 + 40 = 120(km)
ⅳ) 공항 － C － A － B － D － 호텔
70 + 35 + 5 + 10 + 45 = 165(km)
ⅴ) 공항 － C － D － B － A － 호텔
70 + 5 + 10 + 5 + 40 = 130(km)
따라서 최단 거리는 100km이다.

53 ▶ ④

공항에서 C를 먼저 들린 후 나머지 관광지를 모두 거쳐 호텔로 도착하는 경로는 2가지이며, 소요 시간은 다음과 같다.

ⅰ) 공항 － C － A － B － D － 호텔

• 택시 : 공항 － C, C － A

이때 거리는 70 + 35 = 105(km)이고, 속도는 100km/h이므로 택시 이용 시간은 총 1.05시간, 즉 1시간 3분이다.

• 도보 : A － B, B － D

이때 거리는 5 + 10 = 15(km)이고, 속도는 5km/h이므로 도보 시간은 총 3시간이다.

• 버스 : D － 호텔

거리는 45km이고 속도는 50km/h이므로 버스 이용 시간은 총 0.9시간, 즉 54분이다.

식사 시간이 30분이며 네 곳에서의 체류 시간은 총 4시간이므로 최종적으로 걸리는 시간은 9시간 27분이다.

ⅱ) 공항 － C － D － B － A － 호텔

• 택시 : 공항 － C, A － 호텔

이때 거리는 70 + 40 = 110(km)이고, 속도는 100km/h이므로 택시 이용 시간은 총 1.1시간, 즉 1시간 6분이다.

• 도보 : C － D, D － B, B － A

이때 거리는 5 + 10 + 5 = 20(km)이고, 속도는 5km/h이므로 도보 시간은 총 4시간이다.

• 버스 : ×

식사 시간이 30분이며 네 곳에서의 체류 시간은 총 4시간이므로 최종적으로 걸리는 시간은 9시간 36분이다.

ⅰ)의 경로가 9시간 27분으로 최단 시간이 걸리므로 호텔에 도착하는 시간은 오후 7시 27분이다.

54 ▶ ②

모든 스트랩이 색상 2가지 이상이다. 단가가 가장 낮은 스트랩은 C이지만 A, B의 단가와 3,000원 이상 차이나지 않는다. 그중 선호도가 높은 것은 A이지만 내구도가 '하'이므로 B가 가장 적절하다.

55 ▶ ③

협력 업체	공임비 (원/개)	제작량 (일/개)	제작 소요일수	제작 종료일	공임비 (원/1,500개)
가 업체	16,000	60	1,500 ÷ 60 = 25일	3월 29일	23,040,000
나 업체	14,000	55	1,500 ÷ 55 ≒ 27.3일	3월 31일	21,560,000
다 업체	12,000	65	1,500 ÷ 65 ≒ 23.1일	3월 30일	19,500,000
라 업체	14,000	70	1,500 ÷ 70 ≒ 21.4일	4월 1일	20,580,000

3월 30일까지 제작을 마칠 수 있는 업체는 가 업체와 다 업체이다. 둘 중 공임비가 저렴한 곳은 '다 업체'이다.

56 ▶ ②

각 평가항목의 가중치에 따라 위 기획안들을 평가하면 다음과 같다.

기획안	재정 안정성 (20)	기대 이익 (30)	시뮬레이 션 평가 (30)	기획 타당성 (20)	최종 점수 (100)
(가)	17	30	24.9	16.8	88.7
(나)	19.2	28.5	24.3	17	89
(다)	17.4	24	23.4	17.4	82.2
(라)	16.6	27	25.8	17.8	87.2

최종 점수가 가장 높은 (나) 기획안을 선정한다.

57 ▶ ④

카드 정보에서 혜택받을 수 있는 항목이 카페, 주유소, 렌터카, 항공료이므로 이들의 총합을 구하면 카페 44,500원, 주유소 63,000원, 렌터카 65,000원, 항공료 186,300원이다. 따라서 각 카드의 할인액을 구하면 다음과 같다.

구분	A카드	B카드	C카드
할인액	11,125 + 650 = 11,775(원)	6,300 + 4,450 = 10,750(원)	9,315 + 3,150 = 12,465(원)

따라서 가장 할인액이 큰 카드는 C, 가장 할인액이 작은 카드는 B이다.

58 ▶ ②

점심 식사비를 구하면 90,000원, 저녁 식사비는 97,000원이며, 호텔비는 225,000원이다. 그리고 전체 경비를 구하기 위해서는 위 문제에서 구했던 카페, 주유소, 렌터카, 항공료와 이 문제에서 구한 식사비 및 호텔비를 더해주고, 여기에서 빠진 아침 식사비 19,000원, 수목원 및 놀이공원 입장료 30,000원을 더해주면 총 819,800원이 나온다.

따라서 D~F 카드의 할인액을 구하면 다음과 같다.

구분	D	E	F
할인액	187,000 × 0.07 = 13,090(원)	819,800 × 0.015 = 12,297(원)	225,000원 × 0.05 = 11,250(원)

따라서 A~F 카드 중 할인액이 가장 큰 카드는 D카드이며, 할인액이 가장 작은 카드는 여전히 B카드이다.

59 ▶ ②

항목별 비용을 계산하면 아래와 같다.

현수막	15만 원
배너	5만 원×2개＝10만 원
식사(뷔페)	4만 원×100인＝400만 원
행사 진행자	40만 원
체험 프로그램	20만 원×3개＝60만 원
기념품	1만 원×90개＝90만 원
행사 일정표 인쇄	200원×100장＝2만 원
행사장 대관료	기본 200만 원＋추가요금 50만 원＝250만 원
합계	867만 원

60 ▶ ③

추가 기념품 : 5만 원×16명＝80만 원

50 ＋ 80 ＋ 30 ＝ 160만 원

직무시험(국민건강보험법)

61 ▶ ④

④ 제112조 제2항에 따르면, 공단은 그 업무의 일부를 위탁할 수 있으나 보험료와 징수위탁보험료등의 징수 업무는 그러하지 아니하다고 하였다. 따라서, 징수위탁보험료의 징수에 관한 업무는 위탁할 수 없다.

①과 ②는 제112조 제1항 제1호, ③은 제112조 제1항 2호에 제시되어 있다.

> **제112조(업무의 위탁)** ① 공단은 대통령령으로 정하는 바에 따라 다음 각 호의 업무를 체신관서, 금융기관 또는 그 밖의 자에게 위탁할 수 있다.
> 1. 보험료의 수납 또는 보험료납부의 확인에 관한 업무
> 2. 보험급여비용의 지급에 관한 업무
> 3. 징수위탁근거법의 위탁에 따라 징수하는 연금보험료, 고용보험료, 산업재해보상보험료, 부담금 및 분담금 등(이하 "징수위탁보험료등"이라 한다)의 수납 또는 그 납부의 확인에 관한 업무
> ② 공단은 그 업무의 일부를 국가기관, 지방자치단체 또는 다른 법령에 따른 사회보험 업무를 수행하는 법인이나 그 밖의 자에게 위탁할 수 있다. 다만, 보험료와 징수위탁보험료등의 징수 업무는 그러하지 아니하다.

62 ▶ ③

ⓛ 제20조 제2항에 따르면, 이사장은 「공공기관의 운영에 관한 법률」 제29조에 따른 임원추천위원회가 복수로 추천한 사람 중에서 보건복지부장관의 제청으로 '대통령'이 임명한다.

ⓜ 제45조 제1항에 따르면, 요양급여비용은 공단의 이사장과 '대통령령'으로 정하는 의약계를 대표하는 사람들의 계약으로 정한다.

ⓐ 제5조 제3항에 따르면, 피부양자 자격의 인정 기준, 취득·상실시기 및 그 밖에 필요한 사항은 보건복지부령으로 정한다.

ⓒ 제42조의2 제4항에 따르면, 제42조의2 제1항에 따른 선별급여의 실시 조건, 제2항에 따른 자료의 제출, 제3항에 따른 선별급여의 실시 제한 등에 필요한 사항은 보건복지부령으로 정한다.

ⓔ 제71조 제2항에 따르면, 지역가입자의 소득월액은 지역가입자의 연간 소득을 12로 나눈 값을 보건복지부령으로 정하는 바에 따라 평가하여 산정한다.

63 ▸ ③

㉠는 제76조 제1항, ㉢은 제76조 제4항, ㉰은 제76조 제3항에서 확인할 수 있는 내용이다.

㉡ 제76조 제1항에 따르면, 직장가입자가 교직원으로서 사립학교에 근무하는 교원이면 보험료액은 그 직장가입자가 100분의 50을, 사용자가 100분의 30을, 국가가 100분의 20을 각각 부담한다.

㉣ 제76조 제2항에 따르면, 직장가입자의 보수 외 소득월액보험료는 직장가입자가 부담한다.

> **제76조(보험료의 부담)** ① 직장가입자의 보수월액보험료는 직장가입자와 다음 각 호의 구분에 따른 자가 각각 보험료액의 100분의 50씩 부담한다. 다만, 직장가입자가 교직원으로서 사립학교에 근무하는 교원이면 보험료액은 그 직장가입자가 100분의 50을, 제3조 제2호 다목에 해당하는 사용자가 100분의 30을, 국가가 100분의 20을 각각 부담한다.
> 1. 직장가입자가 근로자인 경우에는 제3조 제2호 가목에 해당하는 사업주
> 2. 직장가입자가 공무원인 경우에는 그 공무원이 소속되어 있는 국가 또는 지방자치단체
> 3. 직장가입자가 교직원(사립학교에 근무하는 교원은 제외한다)인 경우에는 제3조 제2호 다목에 해당하는 사용자
> ② 직장가입자의 보수 외 소득월액보험료는 직장가입자가 부담한다.
> ③ 지역가입자의 보험료는 그 가입자가 속한 세대의 지역가입자 전원이 연대하여 부담한다.
> ④ 직장가입자가 교직원인 경우 제3조 제2호 다목에 해당하는 사용자가 부담액 전부를 부담할 수 없으면 그 부족액을 학교에 속하는 회계에서 부담하게 할 수 있다.

64 ▸ ③

㉠은 제41조의4 제1항, ㉢은 제41조의4 제2항에서 찾아볼 수 있는 내용이다.

㉡ 제41조의4 제1항에 따르면, 경제성이 낮아도 가입자와 피부양자의 건강회복에 잠재적 이득이 있는 등 대통령령으로 정하는 경우에는 예비적인 요양급여인 선별급여로 지정하여 실시할 수 있다.

㉣ 제41조의4 제2항에 따르면, 선별급여에 대하여는 '대통령령'으로 정하는 절차와 방법에 따라 주기적으로 요양급여의 적합성을 평가해 요양급여 여부를 다시 결정한다.

> **제41조의4(선별급여)** ① 요양급여를 결정함에 있어 경제성 또는 치료효과성 등이 불확실하여 그 검증을 위하여 추가적인 근거가 필요하거나, 경제성이 낮아도 가입자와 피부양자의 건강회복에 잠재적 이득이 있는 등 대통령령으로 정하는 경우에는 예비적인 요양급여인 선별급여로 지정하여 실시할 수 있다.
> ② 보건복지부장관은 대통령령으로 정하는 절차와 방법에 따라 제1항에 따른 선별급여(이하 "선별급여"라 한다)에 대하여 주기적으로 요양급여의 적합성을 평가하여 요양급여 여부를 다시 결정하고, 제41조 제3항에 따른 요양급여의 기준을 조정하여야 한다.

65 ▸ ①

㉠은 제23조 제1항 제1호, ㉡은 제24조 제2항 제3호, ㉢은 제24조 제2항 제4호에 해당된다.

㉣ 제24조 제2항 제1호에 따르면, '신체장애나 정신장애로 직무를 수행할 수 없다고 인정되는 경우' 임명권자는 임원을 해임할 수 있다. 하지만, '업무 중 신체장애를 입은 경우'는 이로 인해 직무 수행을 할 수 없다는 언급이 없으므로 퇴임 및 해임 사유로 보기 어렵다.

> **제23조(임원 결격사유)** 다음 각 호의 어느 하나에 해당하는 사람은 공단의 임원이 될 수 없다.
> 1. 대한민국 국민이 아닌 사람
> 2. 「공공기관의 운영에 관한 법률」 제34조 제1항 각 호의 어느 하나에 해당하는 사람
>
> **제24조(임원의 당연퇴임 및 해임)** ① 임원이 제23조 각 호의 어느 하나에 해당하게 되거나 임명 당시 그에 해당하는 사람으로 확인되면 그 임원은 당연퇴임한다.
> ② 임명권자는 임원이 다음 각 호의 어느 하나에 해당하면 그 임원을 해임할 수 있다.
> 1. 신체장애나 정신장애로 직무를 수행할 수 없다고 인정되는 경우
> 2. 직무상 의무를 위반한 경우
> 3. 고의나 중대한 과실로 공단에 손실이 생기게 한 경우
> 4. 직무 여부와 관계없이 품위를 손상하는 행위를 한 경우
> 5. 이 법에 따른 보건복지부장관의 명령을 위반한 경우

66 ▸ ③

공개할 수 있는 경우는 ㉡과 ㉢ 2개이다.

㉡ 제83조 제3항에 따르면, 공단은 통지일부터 6개월이 경과한 후 체납액의 납부이행 등을 감안하여 공개대상자를 선정한다고 하였다. 2025년 8월에 통지했으므로 2026년 4월 1일 기준 6개월이 경과하였고, 이후에도 보험료 납부이행을 하지 않았으므로, 을의 인적사항은 공개할 수 있다.

㉢ 제83조 제3항에 따르면, 공단은 인적사항 등의 공개대상자에게 이를 서면으로 통지해 소명의 기회를 부여해야 한다. 병에게는 공개대상자임이 서면으로 통지되었고, 소명의 기회도 부여되었으나 병이 이를 거절한 것이므로 병의 인적사항은 공개할 수 있다.

㉠ 제83조 제1항에 따르면, 체납자가 납부능력이 있음에도 불구하고 체납한 경우 그 인적사항 등을 공개할 수 있다고 하였다. 납부능력이 없음을 증명한다면 인적사항 등을 공개할 수 없다.

㉣ 제83조 제1항에 따르면, 체납된 보험료와 관련하여 행정소송이 계류 중인 경우에는 인적사항 등을 공개할 수 없다.

제83조(고액·상습체납자의 인적사항 공개) ① 공단은 이 법에 따른 납부기한의 다음 날부터 1년이 경과한 보험료, 연체금과 체납처분비(제84조에 따라 결손처분한 보험료, 연체금과 체납처분비로서 징수권 소멸시효가 완성되지 아니한 것을 포함한다)의 총액이 1천만 원 이상인 체납자가 납부능력이 있음에도 불구하고 체납한 경우 그 인적사항·체납액 등(이하 이 조에서 "인적사항등"이라 한다)을 공개할 수 있다. 다만, 체납된 보험료, 연체금과 체납처분비와 관련하여 제87조에 따른 이의신청, 제88조에 따른 심판청구가 제기되거나 행정소송이 계류 중인 경우 또는 그 밖에 체납된 금액의 일부 납부 등 대통령령으로 정하는 사유가 있는 경우에는 그러하지 아니하다.
③ 공단은 보험료정보공개심의위원회의 심의를 거친 인적사항 등의 공개대상자에게 공개대상자임을 서면으로 통지하여 소명의 기회를 부여하여야 하며, 통지일부터 6개월이 경과한 후 체납액의 납부이행 등을 감안하여 공개대상자를 선정한다.

67 ▸ ②

㉠ 제115조 제2항 제1호에 따라, 대행청구단체의 종사자로서 거짓이나 그 밖의 부정한 방법으로 요양급여비용을 청구한 자에 해당한다. 이 경우 3년 이하의 징역 또는 3천만 원 이하의 벌금에 처한다.
㉡ 제115조 제4항에 따라 거짓이나 부정한 방법으로 보험급여를 받게 한 자에 해당한다. 이 경우 2년 이하의 징역 또는 2천만 원 이하의 벌금에 처한다.
㉢ 제115조 제1항에 따라 가입자 및 피부양자의 개인정보를 정당한 사유 없이 제3자에게 제공한 자에 해당한다. 이 경우 5년 이하의 징역 또는 5천만 원 이하의 벌금에 처한다.
㉠, ㉡, ㉢은 최대 벌금 금액의 합이므로 3천만 원 + 2천만 원 + 5천만 원 = 1억 원이다.

제115조(벌칙) ① 제102조 제1호를 위반하여 가입자 및 피부양자의 개인정보를 누설하거나 직무상 목적 외의 용도로 이용 또는 정당한 사유 없이 제3자에게 제공한 자는 5년 이하의 징역 또는 5천만 원 이하의 벌금에 처한다.
② 다음 각 호의 어느 하나에 해당하는 자는 3년 이하의 징역 또는 3천만 원 이하의 벌금에 처한다.
  1. 대행청구단체의 종사자로서 거짓이나 그 밖의 부정한 방법으로 요양급여비용을 청구한 자
  2. 제102조 제2호를 위반하여 업무를 수행하면서 알게 된 정보를 누설하거나 직무상 목적 외의 용도로 이용 또는 제3자에게 제공한 자
③ 제96조의3 제3항을 위반하여 공동이용하는 전산정보자료를 같은 조 제1항에 따른 목적 외의 용도로 이용하거나 활용한 자는 3년 이하의 징역 또는 1천만 원 이하의 벌금에 처한다.
④ 거짓이나 그 밖의 부정한 방법으로 보험급여를 받거나 타인으로 하여금 보험급여를 받게 한 사람은 2년 이하의 징역 또는 2천만 원 이하의 벌금에 처한다.

68 ▸ ③

㉡ 제4조 제4항 제4호 가목에 따르면, 대통령령으로 정하는 중앙행정기관 소속 공무원 2명이 위원에 포함된다.
㉢ 제4조 제4항 제4호 나목에 따르면, 국민건강보험공단의 이사장 및 건강보험심사평가원의 원장이 추천하는 각 1명이 위원에 포함된다.
㉠ 제4조 제3항에 따르면, 부위원장은 위원들 중 위원장, 즉 보건복지부차관이 지명하는 사람이 된다.
㉣ 제4조 제5항에 따르면, 심의위원회 위원의 임기는 3년으로 하는데, 제4항 제4호 가목에 따른 위원은 제외한다고 하였다. 즉 대통령령으로 정하는 중앙행정기관 소속 공무원인 위원의 임기는 3년이 아니다.
㉤ 제4조 제6항에 따르면, 보건복지부장관은 심의위원회가 제1항 제5호의2에 따라 심의한 사항을 국회에 보고하여야 한다.

제4조(건강보험정책심의위원회) ② 심의위원회는 위원장 1명과 부위원장 1명을 포함하여 25명의 위원으로 구성한다.
③ 심의위원회의 위원장은 보건복지부차관이 되고, 부위원장은 제4항 제4호의 위원 중에서 위원장이 지명하는 사람이 된다.
④ 심의위원회의 위원은 다음 각 호에 해당하는 사람을 보건복지부장관이 임명 또는 위촉한다.
  1. 근로자단체 및 사용자단체가 추천하는 각 2명
  2. 시민단체(「비영리민간단체지원법」 제2조에 따른 비영리민간단체를 말한다. 이하 같다), 소비자단체, 농어업인단체 및 자영업자단체가 추천하는 각 1명
  3. 의료계를 대표하는 단체 및 약업계를 대표하는 단체가 추천하는 8명
  4. 다음 각 목에 해당하는 8명
    가. 대통령령으로 정하는 중앙행정기관 소속 공무원 2명
    나. 국민건강보험공단의 이사장 및 건강보험심사평가원의 원장이 추천하는 각 1명
    다. 건강보험에 관한 학식과 경험이 풍부한 4명
⑤ 심의위원회 위원(제4항 제4호 가목에 따른 위원은 제외한다)의 임기는 3년으로 한다. 다만, 위원의 사임 등으로 새로 위촉된 위원의 임기는 전임위원 임기의 남은 기간으로 한다.
⑥ 보건복지부장관은 심의위원회가 제1항 제5호의2에 따라 심의한 사항을 국회에 보고하여야 한다.

69 ▸ ②

② 제51조 제2항에 따르면, 장애인인 가입자 또는 피부양자에게 보조기기를 판매한 자는 '가입자나 피부양자의 위임이 있는 경우' 공단에 보험급여를 직접 청구할 수 있다. 판매자가 반드시 보험급여를 직접 청구해야 하는 것은 아니다.
①과 ④은 제51조 제1항, ③은 제51조 제3항에서 확인할 수 있는 내용이다.

제51조(장애인에 대한 특례) ① 공단은 「장애인복지법」에 따라 등록한 장애인인 가입자 및 피부양자에게는 「장애인·노인 등을 위한 보조기기 지원 및 활용촉진에 관한 법률」 제3조 제2호에 따른 보조기기(이하 이 조에서 "보조기기"라 한다)에 대하여 보험급여를 할 수 있다.
② 장애인인 가입자 또는 피부양자에게 보조기기를 판매한 자는 가입자나 피부양자의 위임이 있는 경우 공단에 보험급여를 직접 청구할 수 있다. 이 경우 공단은 지급이 청구된 내용의 적정성을 심사하여 보조기기를 판매한 자에게 보조기기에 대한 보험급여를 지급할 수 있다.
③ 제1항에 따른 보조기기에 대한 보험급여의 범위·방법·절차, 제2항에 따른 보조기기 판매업자의 보험급여 청구, 공단의 적정성 심사 및 그 밖에 필요한 사항은 보건복지부령으로 정한다.

70 ▶ ①

갑의 보수월액보험료와 보수 외 소득월액보험료를 구해 보자.
ⅰ) 보수월액보험료
연봉이 3,300만 원이므로 보수월액은 3,300 ÷ 12 = 275만 원이다. 사업자와 50%씩 나누어 보험료를 부담하게 되므로, 갑이 낼 보수월액 보험료는 275만 원 × 0.0719 × 0.5 ≒ 98,862원이다.
ⅱ) 보수 외 소득월액보험료
보수 외 소득이 연 1,200만 원이다. 이는 제71조 제1항의 대통령령으로 정하는 금액(연간 2,000만 원)을 초과하지 않으므로, 따로 보수 외 소득월액보험료는 내지 않는다.
따라서, 갑이 낼 월보험료는 98,862원이다.

제69조(보험료) ④ 직장가입자의 월별 보험료액은 다음 각 호에 따라 산정한 금액으로 한다.
　　1. 보수월액보험료 : 제70조에 따라 산정한 보수월액에 제73조 제1항 또는 제2항에 따른 보험료율을 곱하여 얻은 금액
　　2. 보수 외 소득월액보험료 : 제71조 제1항에 따라 산정한 보수 외 소득월액에 제73조 제1항 또는 제2항에 따른 보험료율을 곱하여 얻은 금액
제70조(보수월액) ① 제69조 제4항 제1호에 따른 직장가입자의 보수월액은 직장가입자가 지급받는 보수를 기준으로 하여 산정한다.
제71조(소득월액) ① 직장가입자의 보수 외 소득월액은 제70조에 따른 보수월액의 산정에 포함된 보수를 제외한 직장가입자의 소득(이하 "보수 외 소득"이라 한다)이 대통령령으로 정하는 금액을 초과하는 경우 다음의 계산식에 따른 값을 보건복지부령으로 정하는 바에 따라 평가하여 산정한다.

$$(\text{연간 보수 외 소득} - \text{대통령령으로 정하는 금액}) \times 1/12$$

※ 국민건강보험법 시행령 제41조 제4항
④ 법 제71조 제1항 계산식 외의 부분 및 같은 항의 계산식에서 "대통령령으로 정하는 금액"이란 각각 연간 2천만 원을 말한다.

71 ▶ ④

④ 제99조 제9항에 따르면, 제1항부터 제3항까지의 규정에 따른 과징금의 금액과 그 납부에 필요한 사항 및 제8항에 따른 과징금의 용도별 지원 규모, 사용 절차 등에 필요한 사항은 '대통령령'으로 정한다.
①과 ②는 제99조 제1항, ③은 제99조 제5항에서 확인할 수 있는 내용이다.

제99조(과징금) ① 보건복지부장관은 요양기관이 제98조 제1항 제1호 또는 제3호에 해당하여 업무정지 처분을 하여야 하는 경우로서 그 업무정지 처분이 해당 요양기관을 이용하는 사람에게 심한 불편을 주거나 보건복지부장관이 정하는 특별한 사유가 있다고 인정되면 업무정지 처분을 갈음하여 속임수나 그 밖의 부당한 방법으로 부담하게 한 금액의 5배 이하의 금액을 과징금으로 부과·징수할 수 있다. 이 경우 보건복지부장관은 12개월의 범위에서 분할납부를 하게 할 수 있다.
⑤ 보건복지부장관은 제1항에 따른 과징금을 납부하여야 할 자가 납부기한까지 이를 내지 아니하면 대통령령으로 정하는 절차에 따라 그 과징금 부과 처분을 취소하고 제98조 제1항에 따른 업무정지 처분을 하거나 국세 체납처분의 예에 따라 이를 징수한다. 다만, 요양기관의 폐업 등으로 제98조 제1항에 따른 업무정지 처분을 할 수 없으면 국세 체납처분의 예에 따라 징수한다.
⑨ 제1항부터 제3항까지의 규정에 따른 과징금의 금액과 그 납부에 필요한 사항 및 제8항에 따른 과징금의 용도별 지원 규모, 사용 절차 등에 필요한 사항은 대통령령으로 정한다.

72 ▶ ④

㉡ 제49조 제1항, ㉣ 제49조 제4항에서 찾을 수 있는 내용이다.
㉠ 제49조 제1항에 따르면, 보건복지부령으로 정하는 긴급하거나 그 밖의 부득이한 사유로 요양기관과 비슷한 기능을 하는 기관으로서 보건복지부령으로 정하는 기관을 준요양기관이라 하며, 여기에는 제98조 제1항에 따라 업무정지기간 중인 요양기관을 포함한다.
㉢ 제49조 제3항에 따르면, 준요양기관은 요양을 받은 가입자나 피부양자의 위임이 있는 경우 공단에 요양비의 지급을 직접 청구할 수 있다.

제49조(요양비) ① 공단은 가입자나 피부양자가 보건복지부령으로 정하는 긴급하거나 그 밖의 부득이한 사유로 요양기관과 비슷한 기능을 하는 기관으로서 보건복지부령으로 정하는 기관(제98조 제1항에 따라 업무정지기간 중인 요양기관을 포함한다. 이하 "준요양기관"이라 한다)에서 질병·부상·출산 등에 대하여 요양을 받거나 요양기관이 아닌 장소에서 출산한 경우에는 그 요양급여에 상당하는 금액을 보건복지부령으로 정하는 바에 따라 가입자나 피부양자에게 요양비로 지급한다.
② 준요양기관은 보건복지부장관이 정하는 요양비 명세서나 요양 명세를 적은 영수증을 요양을 받은 사람에게 내주어야 하며, 요양을 받은 사람은 그 명세서나 영수증을 공단에 제출하여야 한다.

③ 제1항 및 제2항에도 불구하고 준요양기관은 요양을 받은 가입자나 피부양자의 위임이 있는 경우 공단에 요양비의 지급을 직접 청구할 수 있다. 이 경우 공단은 지급이 청구된 내용의 적정성을 심사하여 준요양기관에 요양비를 지급할 수 있다.

④ 제3항에 따른 준요양기관의 요양비 지급 청구, 공단의 적정성 심사 등에 필요한 사항은 보건복지부령으로 정한다.

73 ▶ ④

① 제45조 제2항에 따르면, 계약은 공단과 각 요양기관 사이에 체결된 것으로 본다.

② 제45조 제3항에 따르면, 요양급여비용 계약이 직전 계약기간 만료일이 속하는 연도의 5월 31일까지 체결되지 않은 경우 보건복지부장관이 그 직전 계약기간 만료일이 속하는 연도의 6월 30일까지 심의위원회의 의결을 거쳐 요양급여비용을 정한다.

③ 제45조 제4항에 따르면, 요양급여비용이 정해지면 보건복지부장관은 그 요양급여비용의 명세를 지체 없이 고시하여야 한다.

제45조(요양급여비용의 산정 등) ① 요양급여비용은 공단의 이사장과 대통령령으로 정하는 의약계를 대표하는 사람들의 계약으로 정한다. 이 경우 계약기간은 1년으로 한다.

② 제1항에 따라 계약이 체결되면 그 계약은 공단과 각 요양기관 사이에 체결된 것으로 본다.

③ 제1항에 따른 계약은 그 직전 계약기간 만료일이 속하는 연도의 5월 31일까지 체결하여야 하며, 그 기한까지 계약이 체결되지 아니하는 경우 보건복지부장관이 그 직전 계약기간 만료일이 속하는 연도의 6월 30일까지 심의위원회의 의결을 거쳐 요양급여비용을 정한다. 이 경우 보건복지부장관이 정하는 요양급여비용은 제1항 및 제2항에 따라 계약으로 정한 요양급여비용으로 본다.

④ 제1항 또는 제3항에 따라 요양급여비용이 정해지면 보건복지부장관은 그 요양급여비용의 명세를 지체 없이 고시하여야 한다.

⑥ 심사평가원은 공단의 이사장이 제1항에 따른 계약을 체결하기 위하여 필요한 자료를 요청하면 그 요청에 성실히 따라야 한다.

74 ▶ ③

㉠ 제12조 제1항, ㉡ 제12조 제7항에서 확인할 수 있는 내용이다.

따라서, 옳은 것은 ㉠, ㉡ 2개이다.

㉢ 제12조 제8항에 따르면, 건강보험증의 신청 절차와 방법, 서식과 그 교부 및 사용 등에 필요한 사항은 보건복지부령으로 정한다.

㉣ 제12조 제3항에 따르면, 주민등록증(모바일 주민등록증을 포함한다), 운전면허증, 여권, 그 밖에 보건복지부령으로 정하는 본인 여부를 확인할 수 있는 신분증명서로 요양기관이 그 자격을 확인할 수 있으면 건강보험증을 제출하지 아니할 수 있다.

제12조(건강보험증) ① 국민건강보험공단은 가입자 또는 피부양자가 신청하는 경우 건강보험증을 발급하여야 한다.

② 가입자 또는 피부양자가 요양급여를 받을 때에는 제1항의 건강보험증을 제42조 제1항에 따른 요양기관(이하 "요양기관"이라 한다)에 제출하여야 한다. 다만, 천재지변이나 그 밖의 부득이한 사유가 있으면 그러하지 아니하다.

③ 가입자 또는 피부양자는 제2항 본문에도 불구하고 주민등록증(모바일 주민등록증을 포함한다), 운전면허증, 여권, 그 밖에 보건복지부령으로 정하는 본인 여부를 확인할 수 있는 신분증명서(이하 "신분증명서"라 한다)로 요양기관이 그 자격을 확인할 수 있으면 건강보험증을 제출하지 아니할 수 있다.

⑦ 누구든지 건강보험증이나 신분증명서를 양도 또는 대여를 받거나 그 밖에 이를 부정하게 사용하여 보험급여를 받아서는 아니 된다.

⑧ 제1항에 따른 건강보험증의 신청 절차와 방법, 서식과 그 교부 및 사용 등에 필요한 사항은 보건복지부령으로 정한다.

75 ▶ ①

㉠ 제94조 제1항 제2호, ㉡ 제94조 제2항, ㉢ 제95조 제1항에서 찾아볼 수 있는 내용이다.

㉣ 제95조 제2항에 따르면, 국세청장은 세무조사를 하면 그 조사 결과 중 보수·소득에 관한 사항을 공단에 송부하여야 한다. 결과 전체를 송부해야 하는 것은 아니다.

제94조(신고 등) ① 공단은 사용자, 직장가입자 및 세대주에게 다음 각 호의 사항을 신고하게 하거나 관계 서류(전자적 방법으로 기록된 것을 포함한다. 이하 같다)를 제출하게 할 수 있다.
1. 가입자의 거주지 변경
2. 가입자의 보수·소득
3. 그 밖에 건강보험사업을 위하여 필요한 사항

② 공단은 제1항에 따라 신고한 사항이나 제출받은 자료에 대하여 사실 여부를 확인할 필요가 있으면 소속 직원이 해당 사항에 관하여 조사하게 할 수 있다.

제95조(소득 축소·탈루 자료의 송부 등) ① 공단은 제94조 제1항에 따라 신고한 보수 또는 소득 등에 축소 또는 탈루(脫漏)가 있다고 인정하는 경우에는 보건복지부장관을 거쳐 소득의 축소 또는 탈루에 관한 사항을 문서로 국세청장에게 송부할 수 있다.

② 국세청장은 제1항에 따라 송부받은 사항에 대하여 「국세기본법」 등 관련 법률에 따른 세무조사를 하면 그 조사 결과 중 보수·소득에 관한 사항을 공단에 송부하여야 한다.

76 ▶ ①

① 제81조 제2항에 따르면, 독촉할 때에는 10일 이상 15일 이내의 납부기한을 정하여 독촉장을 발부하여야 한다.

②는 제81조 제5항, ③은 제81조 제4항, ④는 제81조 제3항에서 확인할 수 있는 내용이다.

제81조(보험료등의 독촉 및 체납처분) ① 공단은 제57조, 제77조, 제77조의2, 제78조의2, 제101조 및 제101조의2에 따라 보험료등을 내야 하는 자가 보험료등을 내지 아니하면 기한을 정하여 독촉할 수 있다. 이 경우 직장가입자의 사용자가 2명 이상인 경우 또는 지역가입자의 세대가 2명 이상으로 구성된 경우에는 그중 1명에게 한 독촉은 해당 사업장의 다른 사용자 또는 세대 구성원인 다른 지역가입자 모두에게 효력이 있는 것으로 본다.
② 제1항에 따라 독촉할 때에는 10일 이상 15일 이내의 납부기한을 정하여 독촉장을 발부하여야 한다.
③ 공단은 제1항에 따른 독촉을 받은 자가 그 납부기한까지 보험료등을 내지 아니하면 보건복지부장관의 승인을 받아 국세 체납처분의 예에 따라 이를 징수할 수 있다.
④ 공단은 제3항에 따라 체납처분을 하기 전에 보험료등의 체납 내역, 압류 가능한 재산의 종류, 압류 예정 사실 및 「국세징수법」 제41조 제18호에 따른 소액금융재산에 대한 압류금지 사실 등이 포함된 통보서를 발송하여야 한다. 다만, 법인 해산 등 긴급히 체납처분을 할 필요가 있는 경우로서 대통령령으로 정하는 경우에는 그러하지 아니하다.
⑤ 공단은 제3항에 따른 국세 체납처분의 예에 따라 압류하거나 제81조의2 제1항에 따라 압류한 재산의 공매에 대하여 전문지식이 필요하거나 그 밖에 특수한 사정으로 직접 공매하는 것이 적당하지 아니하다고 인정하는 경우에는 「한국자산관리공사 설립 등에 관한 법률」에 따라 설립된 한국자산관리공사(이하 "한국자산관리공사"라 한다)에 공매를 대행하게 할 수 있다. 이 경우 공매는 공단이 한 것으로 본다.

77 ▸ ④

④ 제63조 제1항 제8호에 따르면, 보험급여 비용의 심사와 보험급여의 적정성 평가와 관련하여 대통령령으로 정하는 업무이다. '보건복지부령'으로 정하는 업무가 아니다.
①, ②, ③은 각각 제63조 제1항 제1호, 제2호, 제7호에서 확인할 수 있는 심사평가원의 업무에 해당한다.

제63조(업무 등) ① 심사평가원은 다음 각 호의 업무를 관장한다.
 1. 요양급여비용의 심사
 2. 요양급여의 적정성 평가
 3. 심사기준 및 평가기준의 개발
 4. 제1호부터 제3호까지의 규정에 따른 업무와 관련된 조사연구 및 국제협력
 5. 다른 법률에 따라 지급되는 급여비용의 심사 또는 의료의 적정성 평가에 관하여 위탁받은 업무
 6. 그 밖에 이 법 또는 다른 법령에 따라 위탁받은 업무
 7. 건강보험과 관련하여 보건복지부장관이 필요하다고 인정한 업무
 8. 그 밖에 보험급여 비용의 심사와 보험급여의 적정성 평가와 관련하여 대통령령으로 정하는 업무
② 제1항 제8호에 따른 보험급여의 적정성 평가의 기준·절차·방법 등에 필요한 사항은 보건복지부장관이 정하여 고시한다.

78 ▸ ①

① 제36조에 따르면, 공단은 회계연도마다 예산안을 편성하여 이사회의 의결을 거친 후 보건복지부장관의 승인을 받아야 하며, 예산을 변경할 때도 또한 같다.
② 제37조에 따르면, 공단은 지출할 현금이 부족하여 1년 이상 장기로 차입하려면 보건복지부장관의 승인을 받아야 한다.
③ 제39조 제1항에 따르면, 공단은 회계연도의 다음해 2월 말일까지 보건복지부장관에게 보고하여야 한다.
④ 제38조 제2항에 따르면, 현금 지출에 준비금을 사용한 경우에는 해당 회계연도 중에 이를 보전하여야 한다.

제36조(예산) 공단은 회계연도마다 예산안을 편성하여 이사회의 의결을 거친 후 보건복지부장관의 승인을 받아야 한다. 예산을 변경할 때에도 또한 같다.

제37조(차입금) 공단은 지출할 현금이 부족한 경우에는 차입할 수 있다. 다만, 1년 이상 장기로 차입하려면 보건복지부장관의 승인을 받아야 한다.

제38조(준비금) ① 공단은 회계연도마다 결산상의 잉여금 중에서 그 연도의 보험급여에 든 비용의 100분의 5 이상에 상당하는 금액을 그 연도에 든 비용의 100분의 50에 이를 때까지 준비금으로 적립하여야 한다.
② 제1항에 따른 준비금은 부족한 보험급여 비용에 충당하거나 지출할 현금이 부족할 때 외에는 사용할 수 없으며, 현금 지출에 준비금을 사용한 경우에는 해당 회계연도 중에 이를 보전(補塡)하여야 한다.

제39조(결산) ① 공단은 회계연도마다 결산보고서와 사업보고서를 작성하여 다음해 2월 말일까지 보건복지부장관에게 보고하여야 한다.
② 공단은 제1항에 따라 결산보고서와 사업보고서를 보건복지부장관에게 보고하였을 때에는 보건복지부령으로 정하는 바에 따라 그 내용을 공고하여야 한다.

79 ▸ ①

㉠ 제10조 제1항 제1호에 따라 사망한 날의 다음 날인 4월 2일에 가입자 자격을 잃게 된다.
㉡ 제10조 제1항 제4호에 따라 직장가입자의 피부양자가 된 날인 4월 1일에 가입자 자격을 잃게 된다.
㉢ 제10조 제1항 제2호에 따라 국적을 잃은 날의 다음 날인 3월 31일에 가입자 자격을 잃게 된다.
㉣ 제10조 제1항 제5호에 따르면, 수급권자가 된 날인 3월 30일에 가입자 자격을 잃게 된다.

제10조(자격의 상실 시기 등) ① 가입자는 다음 각 호의 어느 하나에 해당하게 된 날에 그 자격을 잃는다.
 1. 사망한 날의 다음 날
 2. 국적을 잃은 날의 다음 날
 3. 국내에 거주하지 아니하게 된 날의 다음 날
 4. 직장가입자의 피부양자가 된 날
 5. 수급권자가 된 날
 6. 건강보험을 적용받고 있던 사람이 유공자등 의료보호 대상자가 되어 건강보험의 적용배제신청을 한 날

80 ▸ ②

ⓒ 제89조 제6항에 따르면, 분쟁조정위원회 및 사무국의 구성 및 운영 등에 필요한 사항은 대통령령으로 정한다.

ⓔ 제89조 제4항에 따르면, 분쟁조정위원회는 제3항에 따른 구성원 과반수의 출석과 출석위원 과반수의 찬성으로 의결한다. 이때, 제3항에 따른 구성원은 총 9명이므로, 9명의 과반수인 5명 이상의 출석과, 출석위원 과반수의 찬성(3명~5명)으로 의결할 수 있음을 알 수 있다.

ⓖ 제89조 제2항에 따르면, 분쟁조정위원회는 위원장을 포함하여 60명 이내의 위원으로 구성해야 하므로, 60명을 넘을 수 없다.

ⓛ 제89조 제2항에 따르면, 분쟁조정위원회는 공무원이 아닌 위원이 전체 위원의 과반수가 되어야 한다. 이는 곧 공무원인 위원이 전체의 절반을 넘지 않는 것이다.

따라서, 틀린 것은 ⓒ, ⓔ 2개이다.

> **제89조(건강보험분쟁조정위원회)** ① 제88조에 따른 심판청구를 심리·의결하기 위하여 보건복지부에 건강보험분쟁조정위원회(이하 "분쟁조정위원회"라 한다)를 둔다.
> ② 분쟁조정위원회는 위원장을 포함하여 60명 이내의 위원으로 구성하고, 위원장을 제외한 위원 중 1명은 당연직위원으로 한다. 이 경우 공무원이 아닌 위원이 전체 위원의 과반수가 되도록 하여야 한다.
> ③ 분쟁조정위원회의 회의는 위원장, 당연직위원 및 위원장이 매 회의마다 지정하는 7명의 위원을 포함하여 총 9명으로 구성하되, 공무원이 아닌 위원이 과반수가 되도록 하여야 한다.
> ④ 분쟁조정위원회는 제3항에 따른 구성원 과반수의 출석과 출석위원 과반수의 찬성으로 의결한다.
> ⑤ 분쟁조정위원회를 실무적으로 지원하기 위하여 분쟁조정위원회에 사무국을 둔다.
> ⑥ 제1항부터 제5항까지에서 규정한 사항 외에 분쟁조정위원회 및 사무국의 구성 및 운영 등에 필요한 사항은 대통령령으로 정한다.

61 ▸ ③

③ '제37조의2에 따른 과징금의 부과'는 청문해야 하는 경우에 해당하지 않는다.

①, ②, ④는 각각 제63조 제1호, 제3호, 제4호에 해당하는 경우로 청문을 하여야 한다.

> **제63조(청문)** 특별자치시장·특별자치도지사·시장·군수·구청장은 다음 각 호의 어느 하나에 해당하는 처분 또는 공표를 하려는 경우에는 청문을 하여야 한다.
> 1. 제37조 제1항에 따른 장기요양기관 지정취소 또는 업무정지명령
> 2. 삭제
> 3. 제37조의3에 따른 위반사실 등의 공표
> 4. 제37조의5 제1항에 따른 장기요양급여 제공의 제한 처분

62 ▸ ③

제46조 제1항 및 제4항에 따르면, 장기요양위원회는 위원장 1인, 부위원장 1인을 포함해 16인 이상 22인 이하의 위원으로 구성된다. 위원회 위원의 임기는 3년이며, 다만 공무원인 위원의 임기는 재임기간이다.

빈칸 ⓖ, ⓛ, ⓒ에 들어갈 숫자의 합은 1 + 22 + 3 = 26이다.

> **제46조(장기요양위원회의 구성)** ① 장기요양위원회는 위원장 1인, 부위원장 1인을 포함한 16인 이상 22인 이하의 위원으로 구성한다.
> ② 위원장이 아닌 위원은 다음 각 호의 자 중에서 보건복지부장관이 임명 또는 위촉한 자로 하고, 각 호에 해당하는 자를 각각 동수로 구성하여야 한다.
> 1. 근로자단체, 사용자단체, 시민단체(「비영리민간단체 지원법」 제2조에 따른 비영리민간단체를 말한다), 노인단체, 농어업인단체 또는 자영자단체를 대표하는 자
> 2. 장기요양기관 또는 의료계를 대표하는 자
> 3. 대통령령으로 정하는 관계 중앙행정기관의 고위공무원단 소속 공무원, 장기요양에 관한 학계 또는 연구계를 대표하는 자, 공단 이사장이 추천하는 자
> ③ 위원장은 보건복지부차관이 되고, 부위원장은 위원 중에서 위원장이 지명한다.
> ④ 장기요양위원회 위원의 임기는 3년으로 한다. 다만, 공무원인 위원의 임기는 재임기간으로 한다.

63 ▸ ①

ⓖ은 제61조 제1항, ⓛ은 제61조 제3항에 해당하는 내용이다.

ⓒ 제61조 제2항에 따르면, 보건복지부장관, 특별시장·광역시장·도지사 또는 특별자치시장·특별자치도지사·시장·군수·구청장은 장기요양기관에 대해 장기요양급여의 제공 명세 관련 자료의 제출을 명하거나 관련 서류를 소속 공무원으로 하여금 검사하게 할 수 있다.

㉣ 제61조 제5항에 따르면, 시장·군수·구청장이 소속 공무원으로 하여금 장기요양급여 관련 서류를 검사하게 할 때, 이 검사의 절차나 방법 등에 대해서는 「노인장기요양보험법」에서 정하는 사항을 제외하고는 「행정조사기본법」에서 정하는 바에 따른다.

제61조(보고 및 검사) ① 보건복지부장관, 특별시장·광역시장·도지사 또는 특별자치시장·특별자치도지사·시장·군수·구청장은 다음 각 호의 어느 하나에 해당하는 자에게 보수·소득이나 그 밖에 보건복지부령으로 정하는 사항의 보고 또는 자료의 제출을 명하거나 소속 공무원으로 하여금 관계인에게 질문을 하게 하거나 관계 서류를 검사하게 할 수 있다.
   1. 장기요양보험가입자
   2. 피부양자
   3. 의료급여수급권자
② 보건복지부장관, 특별시장·광역시장·도지사 또는 특별자치시장·특별자치도지사·시장·군수·구청장은 다음 각 호의 어느 하나에 해당하는 자에게 장기요양급여의 제공 명세, 재무·회계에 관한 사항 등 장기요양급여에 관련된 자료의 제출을 명하거나 소속 공무원으로 하여금 관계인에게 질문을 하게 하거나 관계 서류를 검사하게 할 수 있다.
   1. 장기요양기관 및 의료기관
   2. 장기요양급여를 받은 자
③ 보건복지부장관, 특별시장·광역시장·도지사 또는 특별자치시장·특별자치도지사·시장·군수·구청장은 제1항 및 제2항에 따른 보고 또는 자료제출 명령이나 질문 또는 검사 업무를 효율적으로 수행하기 위하여 필요한 경우에는 공단에 행정응원(行政應援)을 요청할 수 있다. 이 경우 공단은 특별한 사유가 없으면 이에 따라야 한다.
⑤ 제1항 및 제2항에 따른 질문 또는 검사의 절차·방법 등에 관하여는 이 법에서 정하는 사항을 제외하고는 「행정조사기본법」에서 정하는 바에 따른다.

64 ▶ ①

㉠ 제32조의2 제1호에 따르면, 피한정후견인은 장기요양기관으로 지정받을 수 없다. 한정후견인은 피한정후견인을 보호하는 법적 대리인으로, 이 항목과 관련이 없다.
㉣ 제32조의2 제2호에 따르면, 「정신건강증진 및 정신질환자 복지서비스 지원에 관한 법률」 제3조 제1호의 정신질환자는 장기요양기관으로 지정받을 수 없으나, 전문의가 장기요양기관 설립·운영 업무에 종사하는 것이 적합하다고 인정하는 사람은 그러하지 않다고 하였다.

제32조의2(결격사유) 다음 각 호의 어느 하나에 해당하는 자는 제31조에 따른 장기요양기관으로 지정받을 수 없다.
   1. 미성년자, 피성년후견인 또는 피한정후견인
   2. 「정신건강증진 및 정신질환자 복지서비스 지원에 관한 법률」 제3조 제1호의 정신질환자. 다만, 전문의가 장기요양기관 설립·운영 업무에 종사하는 것이 적합하다고 인정하는 사람은 그러하지 아니하다.

   3. 「마약류 관리에 관한 법률」 제2조 제1호의 마약류에 중독된 사람
   4. 파산선고를 받고 복권되지 아니한 사람
   5. 금고 이상의 실형을 선고받고 그 집행이 종료(집행이 종료된 것으로 보는 경우를 포함한다)되거나 집행이 면제된 날부터 5년이 경과되지 아니한 사람
   6. 금고 이상의 형의 집행유예를 선고받고 그 유예기간 중에 있는 사람
   7. 대표자가 제1호부터 제6호까지의 규정 중 어느 하나에 해당하는 법인

65 ▶ ②

㉠ 제67조 제1항 제1호에 따르면, 거짓이나 그 밖의 부정한 방법으로 장기요양급여비용을 청구한 자는 3년 이하의 징역 또는 3천만 원 이하의 벌금에 처한다.
㉡ 제67조 제2항 제4호에 따르면, 제35조 제6항을 위반하여 수급자를 소개, 알선 또는 유인하는 행위를 하거나 이를 조장한 자는 2년 이하의 징역 또는 2천만 원 이하의 벌금에 처한다.
㉢ 제67조 제2항 제5호에 따르면, 제62조를 위반하여 업무수행 중 알게 된 비밀을 누설한 자는 2년 이하의 징역 또는 2천만 원 이하의 벌금에 처한다.
따라서, 빈칸에 들어갈 숫자의 합은 3 + 2 + 2 = 7이다.

제67조(벌칙) ① 다음 각 호의 어느 하나에 해당하는 자는 3년 이하의 징역 또는 3천만 원 이하의 벌금에 처한다.
   1. 거짓이나 그 밖의 부정한 방법으로 장기요양급여비용을 청구한 자
   2. 제33조의3 제2항 제1호를 위반하여 폐쇄회로 텔레비전의 설치 목적과 다른 목적으로 폐쇄회로 텔레비전을 임의로 조작하거나 다른 곳을 비추는 행위를 한 자
   3. 제33조의3 제2항 제2호를 위반하여 녹음기능을 사용하거나 보건복지부령으로 정하는 저장장치 이외의 장치 또는 기기에 영상정보를 저장한 자
② 다음 각 호의 어느 하나에 해당하는 자는 2년 이하의 징역 또는 2천만 원 이하의 벌금에 처한다.
   1. 제31조를 위반하여 지정받지 아니하고 장기요양기관을 운영하거나 거짓이나 그 밖의 부정한 방법으로 지정받은 자
   2. 제33조의3 제3항에 따른 안전성 확보에 필요한 조치를 하지 아니하여 영상정보를 분실·도난·유출·변조 또는 훼손당한 자
   3. 제35조 제5항을 위반하여 본인부담금을 면제 또는 감경하는 행위를 한 자
   4. 제35조 제6항을 위반하여 수급자를 소개, 알선 또는 유인하는 행위를 하거나 이를 조장한 자
   5. 제62조를 위반하여 업무수행 중 알게 된 비밀을 누설한 자

66 ▸ ④

B기관은 제33조의2 제1항 제3호 "장기요양기관을 설치·운영하는 자가 수급자, 그 보호자 및 장기요양기관 종사자 전원의 동의를 받아 개인정보 보호법 및 관련 법령에 따른 네트워크 카메라를 설치한 경우"에 해당돼, 폐쇄회로 텔레비전을 설치·관리하지 않아도 된다.
D기관은 수급자에게 주·야간보호만을 제공하는 재가급여 제공 기관이다. 제33조의2 제1항 제1호에 따라, 재가급여만을 제공하는 경우 폐쇄회로 텔레비전을 설치·관리하지 않아도 된다. (주·야간보호 : 수급자를 하루 중 일정한 시간 동안 장기요양기관에 보호하여 신체활동 지원 및 심신기능의 유지·향상을 위한 교육·훈련 등을 제공하는 장기요양급여)
제33조의2 제1항 제2호에 따르면, "장기요양기관을 운영하는 자가 수급자 전원 또는 그 보호자 전원의 동의를 받아 특별자치시장·특별자치도지사·시장·군수·구청장에게 신고한 경우" 폐쇄회로 텔레비전을 설치·관리하지 않아도 된다. A기관에서는 동의는 받았으나, 신고기관이 잘못되었고, C기관에서는 동의는 받았으나 신고하지 않았으므로, 폐쇄회로 텔레비전 설치 의무 기관이 아니라 볼 수 없다.

> **제33조의2(폐쇄회로 텔레비전의 설치 등)** ① 장기요양기관을 운영하는 자는 노인학대 방지 등 수급자의 안전과 장기요양기관의 보안을 위하여 「개인정보 보호법」 및 관련 법령에 따른 폐쇄회로 텔레비전(이하 "폐쇄회로 텔레비전"이라 한다)을 설치·관리하여야 한다. 다만, 다음 각 호의 어느 하나에 해당하는 경우에는 그러하지 아니하다.
> 1. 제23조 제1항 제1호에 따른 재가급여만을 제공하는 경우
> 2. 장기요양기관을 운영하는 자가 수급자 전원 또는 그 보호자 전원의 동의를 받아 특별자치시장·특별자치도지사·시장·군수·구청장에게 신고한 경우
> 3. 장기요양기관을 설치·운영하는 자가 수급자, 그 보호자 및 장기요양기관 종사자 전원의 동의를 받아 「개인정보 보호법」 및 관련 법령에 따른 네트워크 카메라를 설치한 경우

67 ▸ ③

제18조에 따르면, 장기요양인정서를 작성할 경우 고려사항은 수급자의 장기요양등급 및 생활환경, 수급자와 그 가족의 욕구 및 선택, 시설급여를 제공하는 경우 장기요양기관이 운영하는 시설 현황이다.

> **제18조(장기요양인정서를 작성할 경우 고려사항)** 공단은 장기요양인정서를 작성할 경우 제17조 제1항 제2호에 따른 장기요양급여의 종류 및 내용을 정하는 때 다음 각 호의 사항을 고려하여 정하여야 한다.
> 1. 수급자의 장기요양등급 및 생활환경
> 2. 수급자와 그 가족의 욕구 및 선택
> 3. 시설급여를 제공하는 경우 장기요양기관이 운영하는 시설 현황

68 ▸ ③

③ 제17조 제3항에 따르면, 공단은 장기요양인정서를 송부하는 때 장기요양급여를 원활히 이용할 수 있도록 월 한도액 범위 안에서 개인별장기요양이용계획서를 작성하여 이를 함께 송부하여야 한다. 의무사항이다.
①, ②는 제17조 제1항에 해당하는 내용이고, ④는 제17조 제2항에 해당하는 내용이다.

> **제17조(장기요양인정서)** ① 공단은 등급판정위원회가 장기요양인정 및 등급판정의 심의를 완료한 경우 지체 없이 다음 각 호의 사항이 포함된 장기요양인정서를 작성하여 수급자에게 송부하여야 한다.
> 1. 장기요양등급
> 2. 장기요양급여의 종류 및 내용
> 3. 그 밖에 장기요양급여에 관한 사항으로서 보건복지부령으로 정하는 사항
> ② 공단은 등급판정위원회가 장기요양인정 및 등급판정의 심의를 완료한 경우 수급자로 판정받지 못한 신청인에게 그 내용 및 사유를 통보하여야 한다. 이 경우 특별자치시장·특별자치도지사·시장·군수·구청장(자치구의 구청장을 말한다. 이하 같다)은 공단에 대하여 이를 통보하도록 요청할 수 있고, 요청을 받은 공단은 이에 응하여야 한다.
> ③ 공단은 제1항에 따라 장기요양인정서를 송부하는 때 장기요양급여를 원활히 이용할 수 있도록 제28조에 따른 월 한도액 범위 안에서 개인별장기요양이용계획서를 작성하여 이를 함께 송부하여야 한다.

69 ▸ ③

ⓒ, ⓒ의 을과 병은 제15조 제4항에 따른 조사를 거절한 경우, ⓔ의 정 기관은 제60조에 따른 공단의 요구에 응하지 않은 경우에 해당되어 장기요양급여가 제한(제29조 제1항)될 수 있다.
ⓞ 제29조 제2항에 따르면, 공단은 장기요양급여를 받고 있거나 받을 수 있는 자가 장기요양기관이 거짓이나 그 밖의 부정한 방법으로 장기요양급여비용을 받는 데에 가담한 경우 장기요양급여를 중단하거나 1년의 범위에서 장기요양급여의 횟수 또는 제공 기간을 제한할 수 있다. 갑에 대해 장기요양급여의 횟수를 제한할 수는 있으나 이는 1년의 범위에서 가능하다. 따라서 2년간 장기요양급여의 횟수를 제한했다는 설명은 옳지 않다.

> **제15조(등급판정 등)** ④ 공단은 장기요양급여를 받고 있거나 받을 수 있는 자가 다음 각 호의 어느 하나에 해당하는 것으로 의심되는 경우에는 제14조 제1항 각 호의 사항을 조사하여 그 결과를 등급판정위원회에 제출하여야 한다.
> 1. 거짓이나 그 밖의 부정한 방법으로 장기요양인정을 받은 경우
> 2. 고의로 사고를 발생하도록 하거나 본인의 위법행위에 기인하여 장기요양인정을 받은 경우

제29조(장기요양급여의 제한) ① 공단은 장기요양급여를 받고 있는 자가 정당한 사유 없이 제15조 제4항에 따른 조사나 제60조 또는 제61조에 따른 요구에 응하지 아니하거나 답변을 거절한 경우 장기요양급여의 전부 또는 일부를 제공하지 아니하게 할 수 있다.
② 공단은 장기요양급여를 받고 있거나 받을 수 있는 자가 장기요양기관이 거짓이나 그 밖의 부정한 방법으로 장기요양급여비용을 받는 데에 가담한 경우 장기요양급여를 중단하거나 1년의 범위에서 장기요양급여의 횟수 또는 제공기간을 제한할 수 있다.
③ 제2항에 따른 장기요양급여의 중단 및 제한 기준과 그 밖에 필요한 사항은 보건복지부령으로 정한다.

제60조(자료의 제출 등) ① 공단은 장기요양급여 제공내용 확인, 장기요양급여의 관리·평가 및 장기요양보험료 산정 등 장기요양사업 수행에 필요하다고 인정할 때 다음 각 호의 어느 하나에 해당하는 자에게 자료의 제출을 요구할 수 있다.
1. 장기요양보험가입자 또는 그 피부양자 및 의료급여수급권자
2. 수급자, 장기요양기관 및 의료기관
② 제1항에 따라 자료의 제출을 요구받은 자는 성실히 이에 응하여야 한다.

70 ▶ ②

㉡ 제14조 제1항, ㉢ 제14조 제3항, ㉣ 제14조 제4항에서 찾을 수 있는 내용이다.
㉠ 제14조 제1항에 따르면, 공단은 신청서를 접수하면 보건복지부령으로 정하는 바에 따라 소속 직원으로 하여금 조사하게 하여야 한다.

제14조(장기요양인정 신청의 조사) ① 공단은 제13조 제1항에 따라 신청서를 접수한 때 보건복지부령으로 정하는 바에 따라 소속 직원으로 하여금 다음 각 호의 사항을 조사하게 하여야 한다. 다만, 지리적 사정 등으로 직접 조사하기 어려운 경우 또는 조사에 필요하다고 인정하는 경우 특별자치시·특별자치도·시·군·구(자치구를 말한다. 이하 같다)에 대하여 조사를 의뢰하거나 공동으로 조사할 것을 요청할 수 있다.
1. 신청인의 심신상태
2. 신청인에게 필요한 장기요양급여의 종류 및 내용
3. 그 밖에 장기요양에 관하여 필요한 사항으로서 보건복지부령으로 정하는 사항
② 공단은 제1항 각 호의 사항을 조사하는 경우 2명 이상의 소속 직원이 조사할 수 있도록 노력하여야 한다.
③ 제1항에 따라 조사를 하는 자는 조사일시, 장소 및 조사를 담당하는 자의 인적사항 등을 미리 신청인에게 통보하여야 한다.
④ 공단 또는 제1항 단서에 따른 조사를 의뢰받은 특별자치시·특별자치도·시·군·구는 조사를 완료한 때 조사결과서를 작성하여야 한다. 조사를 의뢰받은 특별자치시·특별자치도·시·군·구는 지체 없이 공단에 조사결과서를 송부하여야 한다.

71 ▶ ②

㉠ 제35조의4 제1항 제1호에 따르면, 장기요양기관의 장은 대통령령으로 정하는 바에 따라 적절한 조치를 해야 한다. 의무사항이다.
㉢ 제35조의5 제2항 및 제3항에 따르면, 공단은 장기요양기관이 전문인 배상책임보험에 가입하지 않은 경우 '보건복지부령'의 기준에 따라 해당 장기요양기관에 지급하는 장기요양급여비용 일부를 감액할 수 있다.

제35조의4(장기요양요원의 보호) ① 장기요양기관의 장은 장기요양요원이 다음 각 호의 어느 하나에 해당하는 경우로 인한 고충의 해소를 요청하는 경우 업무의 전환 등 대통령령으로 정하는 바에 따라 적절한 조치를 하여야 한다.
1. 수급자 및 그 가족이 장기요양요원에게 폭언·폭행·상해 또는 성희롱·성폭력 행위를 하는 경우
2. 수급자 및 그 가족이 장기요양요원에게 제28조의2 제1항 각 호에 따른 급여외행위의 제공을 요구하는 경우
② 장기요양기관의 장은 장기요양요원에게 다음 각 호의 행위를 하여서는 아니 된다.
1. 장기요양요원에게 제28조의2 제1항 각 호에 따른 급여외행위의 제공을 요구하는 행위
2. 수급자가 부담하여야 할 본인부담금의 전부 또는 일부를 부담하도록 요구하는 행위

제35조의5(보험 가입) ① 장기요양기관은 종사자가 장기요양급여를 제공하는 과정에서 발생할 수 있는 수급자의 상해 등 법률상 손해를 배상하는 보험(이하 "전문인 배상책임보험"이라 한다)에 가입할 수 있다.
② 공단은 장기요양기관이 전문인 배상책임보험에 가입하지 않은 경우 그 기간 동안 제38조에 따라 해당 장기요양기관에 지급하는 장기요양급여비용의 일부를 감액할 수 있다.
③ 제2항에 따른 장기요양급여비용의 감액 기준 등에 관하여 필요한 사항은 보건복지부령으로 정한다.

72 ▶ ①

㉠ 제19조 제1항에 따르면, 장기요양인정의 유효기간은 최소 1년 이상이다. 따라서 2025년 5월 1일 장기요양인정을 받았다면, 그 유효기간은 1년 이상이므로 1년이 지나지 않은 2026년 2월 19일에는 유효하다고 볼 수 있다.
㉡ 제20조 제2항에 따르면, 수급자는 장기요양인정의 갱신 신청을 유효기간이 만료되기 전 30일까지 완료해야 하므로, 갑은 1월 31일의 30일 전인 1월 1일까지는 갱신 신청을 완료해야 한다.
㉢ 제20조 제1항에 따르면, 장기요양급여를 계속하여 받고자 하는 경우 공단에 장기요양인정의 갱신을 신청해야 한다.
㉣ 제19조 제2항에 따르면, 장기요양인정의 유효기간 산정 방법은 보건복지부령으로 정한다.

제19조(장기요양인정의 유효기간) ① 제15조에 따른 장기요양인정의 유효기간은 최소 1년 이상으로서 대통령령으로 정한다.
② 제1항의 유효기간의 산정방법과 그 밖에 필요한 사항은 보건복지부령으로 정한다.

제20조(장기요양인정의 갱신) ① 수급자는 제19조에 따른 장기요양인정의 유효기간이 만료된 후 장기요양급여를 계속하여 받고자 하는 경우 공단에 장기요양인정의 갱신을 신청하여야 한다.
② 제1항에 따른 장기요양인정의 갱신 신청은 유효기간이 만료되기 전 30일까지 이를 완료하여야 한다.

73 ▶ ③

㉠ 제58조 제1항에 따르면, 국가는 매년 예산 범위 안에서 해당 연도 장기요양보험료 예상수입액의 100분의 20에 상당하는 금액을 공단에 지원한다.
㉣ 제58조 제4항에 따르면, 지방자치단체의 부담액 부과, 징수 및 재원관리, 그 밖에 필요한 사항은 대통령령으로 정한다.

제58조(국가의 부담) ① 국가는 매년 예산의 범위 안에서 해당 연도 장기요양보험료 예상수입액의 100분의 20에 상당하는 금액을 공단에 지원한다.
② 국가와 지방자치단체는 대통령령으로 정하는 바에 따라 의료급여수급권자의 장기요양급여비용, 의사소견서 발급비용, 방문간호지시서 발급비용 중 공단이 부담하여야 할 비용(제40조 제2항 및 제4항 제1호에 따라 면제 및 감경됨으로 인하여 공단이 부담하게 되는 비용을 포함한다) 및 관리운영비의 전액을 부담한다.
③ 제2항에 따라 지방자치단체가 부담하는 금액은 보건복지부령으로 정하는 바에 따라 특별시·광역시·특별자치시·도·특별자치도와 시·군·구가 분담한다.
④ 제2항 및 제3항에 따른 지방자치단체의 부담액 부과, 징수 및 재원관리, 그 밖에 필요한 사항은 대통령령으로 정한다.

74 ▶ ④

㉡은 제31조 제3항, ㉢은 제31조 제4항에 해당하는 내용으로 옳다.
㉠ 제31조 제1항에 따르면, 장기요양기관을 운영하려는 자는 소재지를 관할 구역으로 하는 특별자치시장·특별자치도지사·시장·군수·구청장으로부터 지정을 받아야 한다.
㉣ 제31조 제5항에 따르면, 재가급여를 제공하는 장기요양기관 중 의료기관이 아닌 자가 설치·운영하는 장기요양기관이 방문간호를 제공하는 경우에는 방문간호의 관리책임자로서 간호사를 둔다고 하였으므로, 잘못된 설명이다.

제31조(장기요양기관의 지정) ① 제23조 제1항 제1호에 따른 재가급여 또는 같은 항 제2호에 따른 시설급여를 제공하는 장기요양기관을 운영하려는 자는 보건복지부령으로 정하는 장기요양에 필요한 시설 및 인력을 갖추어 소재지를 관할 구역으로 하는 특별자치시장·특별자치도지사·시장·군수·구청장으로부터 지정을 받아야 한다.
② 제1항에 따라 장기요양기관으로 지정을 받을 수 있는 시설은 「노인복지법」 제31조에 따른 노인복지시설 중 대통령령으로 정하는 시설로 한다.
③ 특별자치시장·특별자치도지사·시장·군수·구청장이 제1항에 따른 지정을 하려는 경우에는 다음 각 호의 사항을 검토하여 장기요양기관을 지정하여야 한다. 이 경우 특별자치시장·특별자치도지사·시장·군수·구청장은 공단에 관련 자료의 제출을 요청하거나 그 의견을 들을 수 있다.
1. 장기요양기관을 운영하려는 자의 장기요양급여 제공 이력
2. 장기요양기관을 운영하려는 자 및 그 기관에 종사하려는 자가 이 법, 「사회복지사업법」 또는 「노인복지법」 등 장기요양기관의 운영과 관련된 법에 따라 받은 행정처분의 내용
3. 장기요양기관의 운영 계획
4. 해당 지역의 노인인구 수, 치매 등 노인성질환 환자 수 및 장기요양급여 수요 등 지역 특성
5. 그 밖에 특별자치시장·특별자치도지사·시장·군수·구청장이 장기요양기관으로 지정하는 데 필요하다고 인정하여 정하는 사항
④ 특별자치시장·특별자치도지사·시장·군수·구청장은 제1항에 따라 장기요양기관을 지정한 때 지체 없이 지정 명세를 공단에 통보하여야 한다.
⑤ 제23조 제1항 제1호에 따른 재가급여를 제공하는 장기요양기관 중 의료기관이 아닌 자가 설치·운영하는 장기요양기관이 방문간호를 제공하는 경우에는 방문간호의 관리책임자로서 간호사를 둔다.

75 ▶ ④

④ 제38조 제6항에 따르면, 장기요양기관은 지급받은 장기요양급여비용 중 보건복지부장관이 정하여 고시하는 비율에 따라 그 일부를 장기요양요원에 대한 인건비로 지출해야 한다.
①은 제38조 제2항, ②는 제38조 제5항, ③은 제38조 제4항에서 확인할 수 있다.

제38조(재가 및 시설 급여비용의 청구 및 지급 등) ① 장기요양기관은 수급자에게 제23조에 따른 재가급여 또는 시설급여를 제공한 경우 공단에 장기요양급여비용을 청구하여야 한다.
② 공단은 제1항에 따라 장기요양기관으로부터 재가 또는 시설 급여비용의 청구를 받은 경우 이를 심사하여 그 내용을 장기요양기관에 통보하여야 하며, 장기요양에 사용된 비용 중 공단부담금(재가 및 시설 급여비용 중 본인부담금을 공제한 금액을 말한다)을 해당 장기요양기관에 지급하여야 한다.

③ 공단은 제54조 제2항에 따른 장기요양기관의 장기요양급
여평가 결과에 따라 장기요양급여비용을 가산 또는 감액
조정하여 지급할 수 있다.

④ 공단은 제2항에도 불구하고 장기요양급여비용을 심사한
결과 수급자가 이미 낸 본인부담금이 제2항에 따라 통보
한 본인부담금보다 더 많으면 두 금액 간의 차액을 장기요
양기관에 지급할 금액에서 공제하여 수급자에게 지급하여
야 한다.

⑤ 공단은 제4항에 따라 수급자에게 지급하여야 하는 금액을
그 수급자가 납부하여야 하는 장기요양보험료등과 상계
(相計)할 수 있다.

⑥ 장기요양기관은 지급받은 장기요양급여비용 중 보건복지
부장관이 정하여 고시하는 비율에 따라 그 일부를 장기요
양요원에 대한 인건비로 지출하여야 한다.

76 ▶ ④

ⓛ 제40조 제4항 제1호에 따르면, 「의료급여법」 제3조 제1항
제2호부터 제9호까지의 규정에 따른 수급권자는 본인부담
금의 100분의 60의 범위에서 보건복지부장관이 정하는 바
에 따라 차등하여 감경할 수 있다.

ⓔ 제40조 제5항에 따르면, 본인부담금의 산정방법, 감경절
차 및 감경방법 등에 관하여 필요한 사항은 보건복지부령으
로 정한다.

ⓐ은 제40조 제3항 제1호, ⓒ은 제40조 제3항 제3호에서 확
인할 수 있는 내용이다.

제40조(본인부담금) ③ 다음 각 호의 장기요양급여에 대한 비
용은 수급자 본인이 전부 부담한다.
1. 이 법의 규정에 따른 급여의 범위 및 대상에 포함되지
아니하는 장기요양급여
2. 수급자가 제17조 제1항 제2호에 따른 장기요양인정서에
기재된 장기요양급여의 종류 및 내용과 다르게 선택하
여 장기요양급여를 받은 경우 그 차액
3. 제28조에 따른 장기요양급여의 월 한도액을 초과하는
장기요양급여

④ 다음 각 호의 어느 하나에 해당하는 자에 대해서는 본인부
담금의 100분의 60의 범위에서 보건복지부장관이 정하는
바에 따라 차등하여 감경할 수 있다.
1. 「의료급여법」 제3조 제1항 제2호부터 제9호까지의 규
정에 따른 수급권자
2. 소득·재산 등이 보건복지부장관이 정하여 고시하는 일
정 금액 이하인 자. 다만, 도서·벽지·농어촌 등의 지역
에 거주하는 자에 대하여 따로 금액을 정할 수 있다.
3. 천재지변 등 보건복지부령으로 정하는 사유로 인하여
생계가 곤란한 자

⑤ 제1항부터 제4항까지의 규정에 따른 본인부담금의 산정방
법, 감경절차 및 감경방법 등에 관하여 필요한 사항은 보
건복지부령으로 정한다.

77 ▶ ④

④ 제43조 제4항에 따르면, 공단은 장기요양기관이 수급자
로부터 부정한 방법을 사용해 장기요양급여비용을 받은 때
해당 장기요양기관으로부터 이를 징수하여 수급자에게 지
체 없이 지급하여야 한다. 해당 요양기관이 지급하도록 하
는 것이 아니다.

①은 제43조 제2항, ②는 제43조 제3항, ③은 제43조 제1항
제2호에서 확인할 수 있는 내용이다.

제43조(부당이득의 징수) ① 공단은 장기요양급여를 받은 자,
장기요양급여비용을 받은 자 또는 의사소견서·방문간호
지시서 발급비용(이하 "의사소견서등 발급비용"이라 한다)
을 받은 자가 다음 각 호의 어느 하나에 해당하는 경우 그
장기요양급여, 장기요양급여비용 또는 의사소견서등 발급
비용에 상당하는 금액을 징수한다. 이 경우 의사소견서등
발급비용에 관하여는 「국민건강보험법」 제57조 제2항을
준용하며, "보험급여 비용"은 "의사소견서등 발급비용"으
로, "요양기관"은 "의료기관"으로 본다.
1. 제15조 제5항에 따른 등급판정 결과 같은 조 제4항 각
호의 어느 하나에 해당하는 것으로 확인된 경우
2. 제28조의 월 한도액 범위를 초과하여 장기요양급여를
받은 경우
3. 제29조 또는 제30조에 따라 장기요양급여의 제한 등을
받을 자가 장기요양급여를 받은 경우
4. 제37조 제1항 제4호에 따른 거짓이나 그 밖의 부정한
방법으로 재가 및 시설 급여비용을 청구하여 이를 지급
받은 경우
4의2. 거짓이나 그 밖의 부정한 방법으로 의사소견서등 발
급비용을 청구하여 이를 지급받은 경우
5. 그 밖에 이 법상의 원인 없이 공단으로부터 장기요양급
여를 받거나 장기요양급여비용을 지급받은 경우

② 공단은 제1항의 경우 거짓 보고 또는 증명에 의하거나 거
짓 진단에 따라 장기요양급여가 제공된 때 거짓의 행위에
관여한 자에 대하여 장기요양급여를 받은 자와 연대하여
제1항에 따른 징수금을 납부하게 할 수 있다.

③ 공단은 제1항의 경우 거짓이나 그 밖의 부정한 방법으로
장기요양급여를 받은 자와 같은 세대에 속한 자(장기요양
급여를 받은 자를 부양하고 있거나 다른 법령에 따라 장기
요양급여를 받은 자를 부양할 의무가 있는 자를 말한다)에
대하여 거짓이나 그 밖의 부정한 방법으로 장기요양급여
를 받은 자와 연대하여 제1항에 따른 징수금을 납부하게
할 수 있다.

④ 공단은 제1항의 경우 장기요양기관이나 의료기관이 수급
자 또는 신청인으로부터 거짓이나 그 밖의 부정한 방법으
로 장기요양급여비용 또는 의사소견서등 발급비용을 받은
때 해당 장기요양기관 또는 의료기관으로부터 이를 징수
하여 수급자 또는 신청인에게 지체 없이 지급하여야 한다.
이 경우 공단은 수급자 또는 신청인에게 지급하여야 하는
금액을 그 수급자 또는 신청인이 납부하여야 하는 장기요
양보험료등과 상계할 수 있다.

78 ▸ ②

ⓛ 제67조 제4항에 따르면, 거짓으로 자료제출을 한 장기요양기관은 1천만 원 이하의 벌금에 처한다. 따라서 2천만 원의 벌금형을 받을 수는 없다.

ⓔ 제67조 제1항 제2호에 따르면, 폐쇄회로 텔레비전의 설치 목적과 다른 목적으로 폐쇄회로 텔레비전을 임의로 조작하거나 다른 곳을 비추는 행위를 한 자는 3년 이하의 징역 또는 3천 만 원 이하의 벌금에 처한다. 5년의 징역형에 처할 수는 없다.

ⓘ 제67조 제2항 제1호에 따르면, 제31조를 위반하여 지정받지 아니하고 장기요양기관을 운영하거나 거짓이나 그 밖의 부정한 방법으로 지정받은 자는 2년 이하의 징역 또는 2천만 원 이하의 벌금에 처한다.

ⓒ 제67조 제1항 제1호에 따르면, 거짓이나 그 밖의 부정한 방법으로 장기요양급여비용을 청구한 자는 3년 이하의 징역 또는 3천만 원 이하의 벌금에 처한다.

제67조(벌칙) ① 다음 각 호의 어느 하나에 해당하는 자는 3년 이하의 징역 또는 3천만 원 이하의 벌금에 처한다.
  1. 거짓이나 그 밖의 부정한 방법으로 장기요양급여비용을 청구한 자
  2. 제33조의3 제2항 제1호를 위반하여 폐쇄회로 텔레비전의 설치 목적과 다른 목적으로 폐쇄회로 텔레비전을 임의로 조작하거나 다른 곳을 비추는 행위를 한 자
  3. 제33조의3 제2항 제2호를 위반하여 녹음기능을 사용하거나 보건복지부령으로 정하는 저장장치 이외의 장치 또는 기기에 영상정보를 저장한 자
② 다음 각 호의 어느 하나에 해당하는 자는 2년 이하의 징역 또는 2천만 원 이하의 벌금에 처한다.
  1. 제31조를 위반하여 지정받지 아니하고 장기요양기관을 운영하거나 거짓이나 그 밖의 부정한 방법으로 지정받은 자
  2. 제33조의3 제3항에 따른 안전성 확보에 필요한 조치를 하지 아니하여 영상정보를 분실·도난·유출·변조 또는 는 훼손당한 자
  3. 제35조 제5항을 위반하여 본인부담금을 면제 또는 감경하는 행위를 한 자
  4. 제35조 제6항을 위반하여 수급자를 소개, 알선 또는 유인하는 행위를 하거나 이를 조장한 자
  5. 제62조를 위반하여 업무수행 중 알게 된 비밀을 누설한 자
④ 제61조 제2항에 따른 자료제출 명령에 따르지 아니하거나 거짓으로 자료제출을 한 장기요양기관 또는 의료기관이나 질문 또는 검사를 거부·방해 또는 기피하거나 거짓으로 답변한 장기요양기관 또는 의료기관은 1천만 원 이하의 벌금에 처한다.

79 ▸ ②

ⓛ 제15조 제2항에 따르면, 신청인이 '6개월 이상' 동안 혼자서 일상생활을 수행하기 어렵다고 인정하는 경우, 대통령령으로 정하는 등급판정기준에 따라 수급자로 판정한다.

ⓒ 제15조 제3항에 따르면, 등급판정위원회는 제2항에 따라 심의·판정을 하는 때 신청인과 그 가족, 의사소견서를 발급한 의사 등 관계인의 의견을 들을 수 있다. 반드시 들어야 하는 것은 아니다.

제15조(등급판정 등) ① 공단은 제14조에 따른 조사가 완료된 때 조사결과서, 신청서, 의사소견서, 그 밖에 심의에 필요한 자료를 등급판정위원회에 제출하여야 한다.
② 등급판정위원회는 신청인이 제12조의 신청자격요건을 충족하고 6개월 이상 동안 혼자서 일상생활을 수행하기 어렵다고 인정하는 경우 심신상태 및 장기요양이 필요한 정도 등 대통령령으로 정하는 등급판정기준에 따라 수급자로 판정한다.
③ 등급판정위원회는 제2항에 따라 심의·판정을 하는 때 신청인과 그 가족, 의사소견서를 발급한 의사 등 관계인의 의견을 들을 수 있다.
④ 공단은 장기요양급여를 받고 있거나 받을 수 있는 자가 다음 각 호의 어느 하나에 해당하는 것으로 의심되는 경우에는 제14조 제1항 각 호의 사항을 조사하여 그 결과를 등급판정위원회에 제출하여야 한다.
  1. 거짓이나 그 밖의 부정한 방법으로 장기요양인정을 받은 경우
  2. 고의로 사고를 발생하도록 하거나 본인의 위법행위에 기인하여 장기요양인정을 받은 경우
⑤ 등급판정위원회는 제4항에 따라 제출된 조사 결과를 토대로 제2항에 따라 다시 수급자 등급을 조정하고 수급자 여부를 판정할 수 있다.

80 ▸ ②

ⓒ 제37조 제2항에 따르면, 시장·군수·구청장은 관할 특별시장·광역시장 또는 도지사를 거쳐 보건복지부장관에게 통보하여야 한다.
㉠과 ⓒ은 제37조 제6항, ㉣은 제37조 제8항에서 확인할 수 있는 내용이다.
따라서, 설명이 잘못된 것은 ⓒ 1개이다.

> **제37조(장기요양기관 지정의 취소 등)** ② 특별자치시장·특별자치도지사·시장·군수·구청장은 제1항에 따라 지정을 취소하거나 업무정지명령을 한 경우에는 지체 없이 그 내용을 공단에 통보하고, 보건복지령으로 정하는 바에 따라 보건복지부장관에게 통보한다. 이 경우 시장·군수·구청장은 관할 특별시장·광역시장 또는 도지사를 거쳐 보건복지부장관에게 통보하여야 한다.
> ⑤ 특별자치시장·특별자치도지사·시장·군수·구청장은 제1항에 따라 장기요양기관이 지정취소 또는 업무정지되는 경우에는 해당 장기요양기관을 이용하는 수급자의 권익을 보호하기 위하여 적극적으로 노력하여야 한다.
> ⑥ 특별자치시장·특별자치도지사·시장·군수·구청장은 제5항에 따라 수급자의 권익을 보호하기 위하여 보건복지부령으로 정하는 바에 따라 다음 각 호의 조치를 하여야 한다.
>   1. 제1항에 따른 행정처분의 내용을 우편 또는 정보통신망 이용 등의 방법으로 수급자 또는 그 보호자에게 통보하는 조치
>   2. 해당 장기요양기관을 이용하는 수급자가 다른 장기요양기관을 선택하여 이용할 수 있도록 하는 조치
> ⑧ 다음 각 호의 어느 하나에 해당하는 자는 제31조에 따른 장기요양기관으로 지정받을 수 없다.
>   1. 제1항에 따라 지정취소를 받은 후 3년이 지나지 아니한 자(법인인 경우 그 대표자를 포함한다)
>   2. 제1항에 따라 업무정지명령을 받고 업무정지기간이 지나지 아니한 자(법인인 경우 그 대표자를 포함한다)

제3회 모의고사

01. ④	02. ②	03. ③	04. ①	05. ②
06. ②	07. ③	08. ③	09. ③	10. ②
11. ③	12. ②	13. ④	14. ④	15. ①
16. ③	17. ①	18. ②	19. ①	20. ④
21. ④	22. ③	23. ②	24. ④	25. ②
26. ②	27. ①	28. ③	29. ③	30. ②
31. ③	32. ④	33. ④	34. ④	35. ②
36. ②	37. ④	38. ②	39. ④	40. ②
41. ②	42. ④	43. ②	44. ①	45. ④
46. ①	47. ②	48. ③	49. ④	50. ①
51. ④	52. ④	53. ①	54. ③	55. ④
56. ③	57. ④	58. ④	59. ②	60. ④

직무시험(국민건강보험법)

61. ①	62. ③	63. ②	64. ①	65. ③
66. ④	67. ②	68. ②	69. ①	70. ③
71. ②	72. ②	73. ④	74. ③	75. ②
76. ③	77. ③	78. ②	79. ①	80. ①

직무시험(노인장기요양보험법)

61. ③	62. ③	63. ②	64. ④	65. ③
66. ③	67. ①	68. ①	69. ③	70. ④
71. ③	72. ③	73. ③	74. ②	75. ②
76. ③	77. ③	78. ①	79. ①	80. ①

NCS 직업기초능력

01 ▸ ④

④ 활동수당은 8시간 이내 활동 기준으로 지급된다. 즉, 1시간을 활동하든 3시간을 활동하든 8시간 이내라면 지급되는 총액은 동일하다. 따라서 '3시간 동안 활동할 경우'라는 조건은 수당 총액 변화에 영향을 주지 않으므로 계산 결과는 맞지만, 본문의 인원 구성(간호사 2명)을 정확히 파악하여 계산해야 한다.

DMAT 한 팀의 구성은 의사 1명, 간호사/응급구조사 2명, 행정 1명이다. 개정 전 총합은 200 + (150 × 2) + 100 = 600(천 원), 개정 후 총합은 400 + (300 × 2) + 200 = 1,200(천 원), 증가액은 1,200 − 600 = 600(천 원)이므로 60만 원이 증가한다.

① 본문에 "12년간 동결되었던 보상 수준을 현실화"한다는 내용이 있으며, 표를 보면 행정·운전 인력 역시 10만 원에서 20만 원으로 100% 인상되었음을 알 수 있다.

② 평균 현장활동 소요시간은 2023년(69분) 대비 2025년(213분)은 약 3배 증가했다. 또한 표의 상단 비고란에 "8시간 이내 활동 기준"이라 명시되어 있고, 하단 각주에는 최근 3년간 평균 소요시간이 "약 2시간"이라고 되어 있으므로 기준 시간이 소요시간보다 길다.

③ 자료 본문에 따르면 지자체인재개발원의 의사 보상 수준은 1시간당 25만 원이다. 개정 전 DMAT 의사 수당은 20만 원(8시간 이내 활동 기준)이었으므로, 유사 활동의 1시간 보상액보다도 적은 수준이었다.

02 ▸ ②

ⓒ 개정 후 의사 수당은 40만 원이며, 기준이 되는 평균 활동 시간은 약 2시간이다. 따라서 시간당 보상액을 추산하면 $\frac{40만원}{2시간}$ = 20만 원이 된다.

ⓔ 자료 마지막에서 지침 개정을 통해 인상된 수당을 "즉시 현장에 적용할 방침"이라고 명시하고 있다.

ⓜ 개정 전 DMAT 한 팀 수당 총액은 60만 원(의사 20 + 간호사 15×2 + 행정 10)이다. 지방자치인재개발원 의사 1시간 보상은 25만 원이므로, 이의 2배는 50만 원이다. 따라서 60만 원은 2배인 50만 원보다 크므로 옳은 설명이다.

ⓐ 표를 보면 개정 후 행정·운전 인력의 수당은 20만 원이다. 이는 개정 전 의사 수당(20만 원)과 동일한 수준이다.

ⓑ 2023~2024년은 119분 증가했으나, 2024~2025년은 25분 증가에 그쳐 매년 100분 이상 일정하게 증가했다는 설명은 사실과 다르다.

03 ▸ ③

성조숙증은 여아의 경우 만 8세 이전, 남아의 경우 만 9세 이전에 이차성징이 나타나는 경우라고 하였다. 남자아이에게서도 나타난다.

04 ▸ ①

성조숙증에 대한 원인과 진단의 내용이 나왔으므로 치료방법이나 치료에 대한 부작용 등이 다음에 오는 것이 내용의 흐름상 적절하다.

05 ▶ ②

② 자료에 따르면 2026년 단독가구 선정기준액은 2만 원 인상되었고, 부부가구는 3만 2천 원 인상되었다. 32,000 ÷ 20,000 = 1.6이므로 내용과 일치한다.
① 43만 9,700원은 기초급여와 부가급여(최대 9만 원)를 합산한 '월 최대 급여액'이다. 기초급여액 자체는 34만 9,700원이다.
③ 신청은 '주민등록상 주소지와 관계없이' 전국 읍·면·동 주민센터 어디서나 가능하다.
④ 3급 중복 장애인은 '현행' 지급 대상이며, 새정부 국정과제로 추진 중인 신규 지급 대상은 '3급 단일 장애인'이다.

06 ▶ ②

② 갑은 기초급여 349,700원 + 부가급여 50,000원 = 399,700(원)을 받는다.
① 갑은 18세 이상, 중증, 소득 140만원 이하이므로 수급 조건을 충족한다. 을은 18세 이상, 중증, 소득 224만원 이하이므로 수급 조건을 충족한다. 병은 18세 미만이므로 '장애인연금'이 아닌 '장애아동수당' 대상이다. 정은 경증장애인이므로 '장애인연금'이 아닌 '장애수당' 대상이다. 따라서 수급 가능 인원은 2명이다.
③ 을의 소득(223만 원)은 전년도 기준(220.8만 원)보다 높아 작년엔 탈락이었을 것이나, 2026년 기준액(224만 원) 안으로 들어와서 수급이 가능해진 것도 맞다. 하지만, 자료에 따르면 부부가구 선정기준액 인상분은 2만 원이 아니라 3만 2천 원(224만 − 220.8만 = 3.2만)이다. 따라서 인상폭이 2만 원이 아니라 3만 2천 원이므로 인상 금액 설명이 틀렸다.
④ 병(장애아동수당 최대 22만 원) − 정(장애수당 6만 원) = 16만 원 차이다.

07 ▶ ③

D : 소득인정액 139만 원은 2026년 단독가구 선정기준액인 140만 원 이하이므로 수급 대상에는 해당한다. 하지만 급여액 구성을 볼 때 부가급여는 "중증장애인의 소득계층에 따라 30,000~90,000원 지급"된다고 명시되어 있다. 따라서 갑의 소득 계층이 최저 구간인지 확인되지 않았으므로, 부가급여 9만 원을 포함한 최대 금액인 439,700원을 반드시 받게 된다는 단정은 틀린 설명이다.
A : 자료에 따르면 기초급여는 「장애인연금법」 제6조에 따라 전년도 소비자물가변동률을 반영한다. 2026년 급여에 2025년 물가변동률 2.1%가 반영되었다는 설명은 정확하다.
B : 자료의 '신청 안내' 부분을 보면, "주민등록상 주소지와 관계없이 전국 읍·면·동 주민센터에 방문하여 신청"할 수 있다고 명시되어 있다.
C : 자료의 '장애인연금 선정기준액' 하단의 주석(*)에 따르면, 선정기준액은 "중증장애인 소득·재산 수준 변동 등 반영하여 결정"한다고 되어 있다.

08 ▶ ③

③ 하성준 부연구위원의 발표 내용과 정확히 일치한다. 20대 여성과 성형외과에서의 수술 증가, 실손보험을 이용한 미용 성형과의 병행 유인 등을 명확히 언급하고 있다.
① 성인 환자의 경우 다른 정신과 공존질환 여부를 고려한 약제 사용이 중요하다고 강조되었다. '관계없는 보편적인 처방'은 본문 내용과 상충한다.
② 소화기관용 의약품 처방 중 호흡기계 및 근골격계 질환으로 인한 처방 비율이 소화기계 질환 비율보다 크게 높았다고 명시되어 있다.
④ 김재용 실장의 발언에 따르면, 건강보험 빅데이터는 사회경제적 수준과 장기요양 이용 정보 등을 모두 포괄하고 있는 데이터다.

09 ▶ ③

③ 자료의 발표에서는 실손보험이 본인부담금을 보장해주는 점을 이용해 치료(비중격 만곡증)와 미용(성형)을 병행함으로써 건강보험 재정이 불필요하게 추가 지출되는 상황을 지적하고 있다. 따라서 이를 재정이 '엄격히 관리되는 사례'로 보는 것은 지문과 정반대되는 추론이다.
① 노연숙 부장이 언급한 "소득수준과 거주 지역에 따른 사용 격차가 크다"는 분석 결과는, 의료 서비스의 이용이 개인의 경제적 능력이나 지리적 환경(사회경제적 여건)에 따라 달라질 수 있다는 점을 뒷받침한다.
② 고태화 부연구위원이 "호흡기 및 근골격계 질환으로 인한 처방 비율이 소화기계 질환보다 높았다"고 밝힌 점을 통해, 소화기약이 해당 질환 자체의 치료보다는 약 복용에 따른 속 쓰림 방지 등 '부수적 목적'으로 다량 처방되고 있음을 추론할 수 있다.
④ 김재용 실장이 건강보험 빅데이터를 "생애주기별 정보를 포괄하는 패널 데이터"라고 정의하며 사회경제적 수준과 의료이용 행태를 포함한다고 강조한 것은, 특정 시점이 아닌 장기적인 관점에서 데이터를 추적·분석할 수 있다는 가치를 의미한다.

10 ▶ ②

② 자료에 따르면 잡지 광고는 1회당 2쪽 이내로 허용되나, '여성 또는 청소년'을 대상으로 하는 잡지는 광고가 전면 금지된다. 하지만 모든 '패션지'가 여성이나 청소년을 대상으로 하는 것은 아니며(남성 패션지 등), 자료 내용만으로는 해당 패션지가 금지 대상 매체인지 확정할 수 없다. 따라서 잡지 광고의 예외적 허용 범위를 고려하지 않고 이를 무조건 처벌 대상으로 단정 지을 수 없다.
① 가향물질 표시 금지 위반 시 '500만 원 이하의 과태료'가 명시되어 있으므로 적절하다.
③ 합성니코틴도 담배 정의에 포함되어 금연구역 단속 대상이며, 과태료는 10만 원 이하가 맞으므로 적절하다.
④ 자료에서 언급한 '정부의 규제 사각지대 해소' 및 '합성니코틴 관리' 내용과 일치하므로 적절하다.

11 ▸ ③

㉠ 자판기 성인인증장치 미부착 : 자료에 따르면 담배 자동판매기에 성인인증장치를 부착하지 않을 경우 300만 원 이하의 과태료가 부과된다. 장소 요건인 '흡연실 내 설치'는 적법하므로 장소 위반 과태료 500만 원은 해당하지 않는다.
㉡ 가향물질 표시 금지 위반 : 담배에 가향물질 함유를 표시하는 문구·그림·사진을 제품 포장에 사용할 경우 500만 원 이하의 과태료가 부과된다.
㉢ 금연구역 내 흡연 : 금연구역 내에서 담배제품(액상형 전자담배 포함)을 사용할 경우 10만 원 이하의 과태료가 부과된다.
따라서 甲에게는 최대 810만 원(300만 원 + 500만 원 + 10만 원)의 과태료가 부과된다.

12 ▸ ②

② 국소마취제와 스테로이드를 통한 통증 통로 차단이라는 원리와 2023년 선별집중점검 대상 선정 내용이 자료와 일치한다.
① [표 1]에 따르면, 2.03배 증가한 수치는 신경차단술 진료비 총액이다. 총 진료비 중 신경차단술 진료비 비중이 아니다.
③ 진료비 증감률은 2022년(19.56%) 감소 후 2023년(20.12%)에 다시 상승하였으므로 '3년 연속으로 하락하였다는 내용은 일치하지 않는 내용이다.
④ 부작용 시 약물 투여 등의 조치는 자료에 있으나, '효과가 없을 시 국소마취제 투여량을 늘려야 한다'는 내용은 자료에 없는 임의의 정보이다.

13 ▸ ④

㉡ [표 2]를 보면 2024년 의원급 진료비는 29,465억 원(약 2.9조 원)이다. 전체 진료비 32,960억 원 중 의원급의 점유율은 89.4%로 기재되어 있으므로 85% 이상이라는 설명은 맞다. 또한 2020년 점유율(83.6%) 대비 2024년 점유율(89.4%)이 5.8%p 상승한 것이다.
㉢ 최근 5년간(2020~2024년) 증가가 가장 큰 신경차단술은 '뇌신경 및 뇌신경말초지차단술'로 2020년 11만 건에서 2024년 25만 건으로 2.34배 증가하였다. 2024년에 가장 많이 시행한 신경차단술은 '척수신경총, 신경근 및 신경절차단술'로 3,060만 건이 시행되었다.
㉠ 2021년 시행건수가 두 번째로 많은 시술은 '척수신경총, 신경근 및 신경절차단술'이나 2024년 시행건수가 두 번째로 많은 시술은 '척수신경말초지차단술'이다.
㉣ 2020년 1,843억 원, 2024년 2,500억 원으로 657억 원 늘어났다. 1,000억 원 이상은 아니다.

14 ▸ ④

④ 특정 계층을 위해 주로 생산한 것은 상감청자이다. 분청사기는 서민층에서 왕실까지 두루 사용했음을 알 수 있다.

① 3, 4문단에서 알 수 있는 내용이다.
② 1문단을 통해 알 수 있는 내용이다.
③ 1, 2문단에서 알 수 있는 내용이다.

15 ▸ ①

이 글은 분청사기가 고려 말 상감청자의 전통을 이어 나타난 도자 양식임을 이야기하면서, 분청사기가 저렴한 생활용기를 만드는 데서 시작해서 왕실에서 사용되는 예술적인 도자로 발전해가는 과정에 대해 설명하고 있으므로 ①이 가장 알맞은 제목이라고 볼 수 있다.

16 ▸ ③

㉡ 재평가율은 과거 가입기간 중의 소득을 연금 수급 개시 시점의 현재가치로 환산하는 지수다. 1988년 재평가율은 8.528로, 당시 100만 원 소득을 현재 가치로 환산하면 852만 8천 원이 된다는 예시와 일치한다.
㉢ 2026년 상한액은 659만 원(전년 637만 원 대비 22만 원 인상), 하한액은 41만 원(전년 40만 원 대비 1만 원 인상)으로 인상되었다. 이는 전체 가입자의 최근 3년간 평균소득 변동률 3.4%를 반영한 결과다.
㉠ 2026년 1월부터 적용되는 국민연금 및 기초연금의 급여액 인상은 소득 수준과 관계없이 모든 수급자에게 전년도 소비자물가상승률(2.1%)을 일괄 반영하여 지급된다. '평균소득 하위 가구'라는 조건이나 '3.4% 인상'은 자료에 명시된 급여 인상 원칙과 부합하지 않는다.
㉣ 적용 시점이 다르다. 국민연금 급여액 인상과 기초연금 기준액 인상은 1월부터 지급되는 연금부터 적용되나, 기준소득월액 상·하한액 조정은 7월부터 적용될 계획이다.

17 ▸ ①

① 자료에 따르면 전년 대비 당해 소득이 20% 이상 변경되는 경우 기준소득을 당해 연도 소득으로 변경 신청할 수 있으며, 이 특례 제도의 고시 존속 기한이 연장되어 운영될 계획이므로 옳은 설명이다.
② 2026년 7월부터 상한액이 조정되어, 기준소득월액 상한액이 659만 원으로 조정된다. 월 소득 700만 원인 가입자는 기존 상한액(637만 원) 대비 22만 원 인상된 기준소득월액을 적용받게 된다.
③ 노인 단독 가구와 노인 부부 가구의 전년 대비 증가율은 2.1%로 동일함을 알 수 있다.
④ 기준소득월액 상·하한액이 조정되어도 대부분의 가입자(전체 가입자의 86%)는 이에 대한 영향을 받지 않는다고 하였다. 하지만 기준소득월액 상·하한액 조정과 기준소득월액 결정 특례 제도 연장과는 인과관계가 없으므로 틀린 설명이다.

18 ▸ ②

제시된 글에서는 DNA가 범죄수사에서 용의자를 특정하는 데 매우 유용하게 활용되고 있으며, 범죄수사의 DNA 채취 방식과 범죄수사에서 활용되는 DNA 분석의 종류 등을 포괄적으로 설명하고 있다. 따라서 제시된 글의 중심 내용을 '범죄수사에서 적극적으로 활용되는 DNA 분석 기술'로 보는 것이 가장 적절하다.

19 ▸ ①

① PCR기법은 인위적으로 유전자를 증폭하는 기술로, 시료의 양이 적거나 부패되면 분석이 불가능해졌던 기존의 DNA 분석 방식의 문제점을 극복하여 DNA 분석 범위를 확대시켰다.
② 미토콘드리아 DNA 분석법에 대한 설명이다.
③ STR 분석에 대한 설명이다.
④ 시료의 양이 적더라도 분석이 가능하다.

20 ▸ ④

점이제는 체온과 가까운 상태일 때가 좋다고 하였다.

21 ▸ ④

㉠ A도시의 남성 평균 호흡기 질환 발병률은
$\dfrac{3.80+4.60+5.90+8.80}{4} ≒ 5.78(\%)$이고,
D도시의 남성 평균 호흡기 질환 발병률은
$\dfrac{4.00+4.80+6.20+7.60}{4} = 5.65(\%)$로 A도시가 더 높다.
㉢ E도시의 남성 호흡기 질환 발병률은 가습기살균제 노출시간이 4시간일 때가 2시간일 때의 $\dfrac{6.30}{3.20} ≒ 1.97(배)$이고, 여성 호흡기 질환 발병률은 가습기 살균제 노출시간이 4시간일 때가 2시간일 때의 $\dfrac{8.80}{4.60} ≒ 1.91(배)$로 2배 이상이 아니다.
㉣ C도시의 가습기살균제 노출시간이 1시간 증가할 때, 호흡기 질환 발병률의 증감폭은 여성이 1.40%p, 1.60%p, 2.00%p이고, 남성이 0.30%p, 0.70%p, 0.60%p로 여성이 더 크다.
㉡ C도시의 남성과 여성의 호흡기 질환 발병률 차이는 가습기살균제 노출시간이 1시간일 때가 1.50%p, 2시간일 때가 1.00%p로 $\dfrac{1.50}{1.00} ≒ 1.50(배)$이다.

22 ▸ ③

A, C 도시 여성의 호흡기 질환 발병률은 각각 6.90%, 6.70%이고, B, D, E 도시 남성의 호흡기 질환 발병률은 각각 5.60%, 8.90%, 7.60%이다. 이때 B, D, E 도시 남성의 호흡기 질환 발병률의 합은 $5.60+8.90+7.60 = 22.1$이고, A, C 도시 여성의 호흡기 질환 발병률의 합은 $6.90+6.70 = 13.6$으로 $\dfrac{22.1}{13.6} ≒ 1.6(배)$이다.

23 ▸ ②

2021년 입원 진료일수는 $18.61×8,473 ≒ 157,683$(천 일)이고, 외래 진료일수는 $26.20×57,270 = 1,500,474$(천 일)이다. 2024년 입원 요양급여비용은 $317,072×138,070,000 ≒ 437,781$(억 원)이고, 외래 요양급여비용은 $50,923×1,333,417,000 ≒ 679,016$(억 원)이다.

24 ▸ ④

④ 연도별 외래 진료일수의 전년 대비 증가율은 다음과 같다.
2022년 : $\dfrac{1,534,876-1,500,474}{1,500,474}×100 ≒ 2.3(\%)$
2023년 : $\dfrac{1,349,522-1,534,876}{1,534,876}×100 ≒ -12.1(\%)$
2024년 : $\dfrac{1,333,417-1,349,522}{1,349,522}×100 ≒ -1.2(\%)$
2025년 : $\dfrac{1,507,148-1,333,417}{1,333,417}×100 ≒ 13.0(\%)$
① 연도별 상급종합병원 진료일수의 전년 대비 증가율은 다음과 같다.
2022년 : $\dfrac{9,568-11,479}{11,479}×100 ≒ -16.6(\%)$
2023년 : $\dfrac{5,545-9,568}{9,568}×100 ≒ -42.0(\%)$
2024년 : $\dfrac{8,475-5,545}{5,545}×100 ≒ 52.8(\%)$
2025년 : $\dfrac{9,458-8,475}{8,475}×100 ≒ 11.6(\%)$
② 2023~2025년 전체 진료일 수 대비 의원, 약국의 비중은 다음과 같다.
2023년 : 의원 $-\dfrac{575,094}{1,489,708}×100 ≒ 38.6(\%)$,
약국 $-\dfrac{549,077}{1,489,708}×100 ≒ 36.9(\%)$
2024년 : 의원 $-\dfrac{565,848}{1,471,487}×100 ≒ 38.5(\%)$,
약국 $-\dfrac{514,295}{1,471,487}×100 ≒ 35.0(\%)$

2025년 : 의원 $-\dfrac{648,630}{1,643,929}\times 100 ≒ 39.5(\%)$,

약국 $-\dfrac{581,332}{1,643,929}\times 100 ≒ 35.4(\%)$

③ 2024년 요양급여비용 중 입원과 외래의 비중은 다음과 같다.

입원 : $\dfrac{437,781}{1,116,797}\times 100 ≒ 39.2(\%)$

외래 : $\dfrac{679,016}{1,116,797}\times 100 ≒ 60.8(\%)$

25 ▸ ②

전체 남성 결핵 환자는 71 + 89 + 89 + 123 + 147 + 220 + 255 + 225 + 70 = 1,289(명)이고, 70세 이상 환자는 225 + 70 = 295(명)이다. 따라서 전체 남성 결핵 환자 중 70세 이상 환자가 차지하는 비율은 $\dfrac{295}{1,289}\times 100 ≒ 22.9$ (%)이다.

26 ▸ ②

② 남성과 여성 환자 수의 차이가 가장 큰 연령대는 291 − 225 = 66(명) 차이가 나는 70~79세이다.
① 0~9세, 10~19세에서는 남성 환자의 수가 더 많다.
③ 남성 환자의 수는 60~69세 이후부터 줄어들고 있고, 여성 환자의 수는 70~79세 이후부터 줄어들고 있다.
④ 60~69세 남성 환자 수는 80세 이상 남성 환자 수의 $\dfrac{255}{70} ≒ 3.6(배)$로 4배 미만이다.

27 ▸ ①

A : 2025년 8월 '피부양자' 민원건수는 7월 대비 −2.7% 감소하였으므로 562 × 0.973 ≒ 547(건)이다.
B : 2025년 7월 '발급' 민원건수는 전체 민원건수의 6.5%이므로 14,870 × 0.065 ≒ 967(건)이다.
C : 2025년 7월 '납부' 민원건수는 8월보다 117건 적다고 했으므로 1,189 − 117 = 1,072(건)이다.
D : 2025년 7월 '임출산' 민원건수는 전체 민원건수의 $\dfrac{1,078}{14,870}\times 100 ≒ 7.2(\%)$를 차지한다. 따라서 8월 '임출산' 민원건수는 15,190 × 0.072 ≒ 1,094(건)이다.

28 ▸ ③

ⓒ 2025년 7월은 '직장가입자', '지역가입자', '만 65세 이상' 순으로 민원건수가 많았고, 2025년 8월은 '직장가입자', '지역가입자', '보험료' 순으로 민원건수가 많았으므로 옳지 않은 설명이다.

ⓒ 2025년 8월 민원건수 상위 3개 분야는 전체 민원건수의 $\dfrac{7,502}{15,190}\times 100 ≒ 49.4(\%)$로 50% 이하이다.
㉠ 2025년 전체 민원건수는 $\dfrac{156,914-137,864}{137,864}\times 100 ≒ 13.8(\%)$ 증가하였다.
㉣ 2025년 3분기 민원건수는 14,870 + 15,190 + 14,292 = 44,352(건)으로 전체 민원건수의 $\dfrac{44,352}{156,914}\times 100 ≒ 28.3$ (%)이다.

29 ▸ ③

③ 건강보험 외국인 지역가입자의 2021년 전년 대비 증가율은 $\dfrac{299,688-264,000}{264,000}\times 100 ≒ 13.5(\%)$이고, 2020년의 전년 대비 증가율은 $\dfrac{264,000-242,772}{242,772}\times 100 ≒ 8.7(\%)$이다. 따라서 2021년 증가율이 2020년 증가율보다 약 4.8%p 높다.
① 2025년 건강보험 직장가입자의 수가 제시되어 있지 않으므로, 외국인 직장가입자 비중을 알 수 없다.
② 건강보험 재외국민 가입자는 2025년 27,698명, 2024년 27,152명으로 2025년에 전년 대비 $\dfrac{27,698-27,152}{27,152}\times 100 ≒ 2.0(\%)$ 증가하였다.
④ 2023년 대비 2025년 기준 건강보험을 적용받는 80세 이상 인구는 $\dfrac{2,053-1,773}{1,773}\times 100 ≒ 15.8(\%)$ 늘어났으며, 70대 인구는 $\dfrac{3,609-3,445}{3,445}\times 100 ≒ 4.8(\%)$ 늘어났다.

30 ▸ ②

2025년에 전년 대비 적용인구가 감소한 연령대는 9세 이하, 20대, 30대, 40대이고, 증가한 연령대는 10대, 50대, 60대, 70대, 80세 이상이다.
9세 이하, 20대, 30대, 40대의 전년 대비 감소율을 나타내면 아래와 같다.

9세 이하 : $\dfrac{3,537-3,757}{3,757}\times 100 ≒ -5.86(\%)$

20대 : $\dfrac{6,626-6,822}{6,822}\times 100 ≒ -2.87(\%)$

30대 : $\dfrac{6,923-7,002}{7,002}\times 100 ≒ -1.13(\%)$

40대 : $\dfrac{8,177-8,238}{8,238}\times 100 ≒ -0.74(\%)$

감소율이 가장 큰 연령대는 9세 이하이다.
10대, 50대, 60대, 70대, 80세 이상의 전년 대비 증가율을 나타내면 아래와 같다.

10대 : $\dfrac{4,619-4,606}{4,606}\times 100 ≒ 0.28(\%)$

50대 : $\dfrac{8,619-8,608}{8,608} \times 100 ≒ 0.13(\%)$

60대 : $\dfrac{7,247-6,984}{6,984} \times 100 ≒ 3.77(\%)$

70대 : $\dfrac{3,609-3,490}{3,490} \times 100 ≒ 3.40(\%)$

80대 : $\dfrac{2,053-1,905}{1,905} \times 100 ≒ 7.77(\%)$

증가율이 두 번째로 큰 연령대는 60대이다.

31 ▸ ③

(A) 2023년 전년 대비 50~60대 건강보험 적용인구 증가율은 $\dfrac{(8,575+6,557)-(8,590+6,137)}{8,590+6,137} \times 100 ≒ 2.8(\%)$

(B) 2024년 전년 대비 재외국민 및 외국인 건강보험 적용인구 증가율은 $\dfrac{1,264,427-1,209,409}{1,209,409} \times 100 ≒ 4.5(\%)$

(C) 2020년 전년 대비 재외국민 건강보험 적용인구 증가율은 $\dfrac{23,259-20,680}{20,680} \times 100 ≒ 12.5(\%)$

32 ▸ ④

④ 2015년과 2025년 증감 추이를 보면 현역군인 감소, 군무원 증가, 사관생도 감소, 국가유공자 감소, 기타 증가로 현역군인과 군무원은 증감 추이가 같지 않다.

① 2015년과 2025년을 비교했을 때 사관생도 수는 경상도만 15명에서 16명으로 늘었다.

② 군병원 외래환자 중 국가유공자가 차지하고 있는 비중은 2015년이 $\dfrac{45}{238} \times 100 ≒ 18.9(\%)$이고,

2025년이 $\dfrac{43}{258} \times 100 ≒ 16.6(\%)$로 2015년이 더 크다.

③ 2015년과 2025년 모두 군병원 외래환자 현황을 봤을 때 충청도가 41명, 45명으로 가장 적다.

33 ▸ ④

2015년과 2025년 증감 추이를 보면 현역군인 감소, 군무원 증가, 사관생도 감소, 국가유공자 감소, 기타 증가로 다른 증감 추이를 보이는 것은 군무원과 사관생도이다.

34 ▸ ③

먼저 고정값인 인구수를 먼저 구하면 甲지역은 $\dfrac{200}{1} \times 1,000 = 200,000(명)$이고,

乙지역은 $\dfrac{600}{6} \times 1,000 = 100,000(명)$이다. 이를 참고하여 甲지역의 말라리아 발병 현황의 A~H와 乙지역의 말라리아 발병 현황의 ㉠~㉧을 구하면 다음과 같다.

A	$\dfrac{20}{10} \times 100 = 200(명)$	㉠	$\dfrac{5 \times 600}{100} = 30(명)$
B	$\dfrac{20}{2.5} \times 100 = 800(명)$	㉡	$\dfrac{2.5 \times 2,400}{100} = 60(명)$
C	$200 + 800 + 1,600 + 2,400 + 3,000 = 8,000(명)$	㉢	$30 + 50 + 60 + 20 + 40 = 200(명)$
D	$\dfrac{400}{8,000} \times 100 = 5(\%)$	㉣	$\dfrac{200}{5,800} \times 100 ≒ 3.4(\%)$
E	$\dfrac{800}{200,000} \times 1,000 = 4(‰)$	㉤	$\dfrac{800}{100,000} \times 1,000 = 8(‰)$
F	$\dfrac{1,600}{200,000} \times 1,000 = 8(‰)$	㉥	$\dfrac{2,400}{100,000} \times 1,000 = 24(‰)$
G	$\dfrac{2,400}{200,000} \times 1,000 = 12(‰)$	㉦	$\dfrac{1,400}{100,000} \times 1,000 = 14(‰)$
H	$\dfrac{8,000}{200,000} \times 1,000 = 40(‰)$	㉧	$\dfrac{5,800}{100,000} \times 1,000 = 58(‰)$

이때 甲지역의 A~H의 합은 200 + 800 + 8,000 + 5 + 4 + 8 + 12 + 40 = 9,069이고 乙지역의 ㉠~㉧의 합은 30 + 60 + 200 + 3.4 + 8 + 24 + 14 + 58 = 397.4이다. 따라서 A~H의 합과 ㉠~㉧의 합의 차이는 9,069 − 397.4 = 8,671.60이다.

35 ▸ ②

② 甲지역의 말라리아 발병률은 6월에 1‰, 7월에 4‰, 8월에 8‰, 9월에 12‰, 10월에 15‰로 매월 증가하고 있다.

① 甲지역의 인구수는 200,000명이고 乙지역의 인구수는 100,000명이므로 甲지역의 인구수가 더 많다.

③ 乙지역의 8월 발병 수는 7월 대비 $\dfrac{2,400-800}{800} \times 100 = 200(\%)$ 증가하였다.

④ 전월 대비 11월의 사망 수가 甲지역은 180 × 1.5 = 270(명), 乙지역은 40 × 1.8 = 72(명) 증가했다. 따라서 甲지역의 사망률은 $\dfrac{270}{3,000} \times 100 = 9(\%)$이고, 乙지역의 사망률은 $\dfrac{72}{600} \times 100 = 12(\%)$이므로 乙지역의 사망률이 더 크다.

36 ▸ ②

㉠ 2025년 아토피 피부염 여성 환자 비중은 9세 이하가 $\dfrac{129,256}{530,378} \times 100 ≒ 24.4(\%)$, 20대가 $\dfrac{89,218}{530,378} \times 100 ≒ 16.8(\%)$로 7.6%p 차이 난다.

㉢ 2022년 아토피 피부염 진료비는 2년 전에 비해 여성이 $\dfrac{68,293-44,215}{44,215} \times 100 ≒ 54.5(\%)$,

남성의 경우 $\dfrac{108,226-51,872}{51,872}\times100 ≒ 108.6(\%)$ 증가하였다. 증가율 차이는 108.6 − 54.5 = 54.1(%p)로 50%p 이상이다.

ⓔ 2025년 20~30대 남성 아토피 환자의 진료비는 40,312 + 20,462 = 60,774(백만 원)이고, 같은 연령대 여성 아토피 환자의 진료비는 19,854 + 12,865 = 32,719(백만 원)이다. 여성 환자의 진료비는 남성 환자 진료비의 $\dfrac{32,719}{60,774}\times100$ ≒ 53.8(%)로 60%에 미치지 못한다.

ⓒ 남성 아토피 환자 중 10대 이하는 $\dfrac{142,357+76,351}{440,738}\times100$ ≒ 49.6(%)로 절반 이상은 아니다.

37 ▸ ④

2025년 여성 환자와 남성 환자의 1인당 진료비를 구하면 다음과 같다.

여성 환자 : $\dfrac{68,293백만\ 원}{530,378명}$ ≒ 128,760원

남성 환자 : $\dfrac{108,226백만\ 원}{440,738명}$ ≒ 245,550원

여성 환자와 남성 환자의 진료비 차이는 245,550 − 128,760 = 116,790(원)이다.

38 ▸ ②

(A) 아토피 피부염 환자의 진료비는 2021년 82,329백만 원에서 2025년 176,520백만 원으로

$\dfrac{176,520-82,329}{82,329}\times100$ ≒ 114.4(%) 증가하였다.

(B) 2025년 전체 진료비 중 20대 환자의 진료비 비중은 $\dfrac{60,166}{176,520}\times100$ ≒ 34.1(%)이다.

39 ▸ ④

④ 2022년에 필수의약품 판매액은 전체 판매액의 $\dfrac{111,056}{440,288}\times100$ ≒ 25.2(%)를 차지한다.

① 조사 기간 중 전년 대비 판매액 합계의 증가율을 구하면

2023년은 $\dfrac{465,004-440,288}{440,288}\times100$ ≒ 5.6(%), 2024년은 $\dfrac{473,177-465,004}{465,004}\times100$ ≒ 1.8(%),

2025년은 $\dfrac{475,199-473,177}{473,177}\times100$ ≒ 0.4(%)이다.

따라서 전년 대비 판매액 합계의 증가율이 가장 큰 해는 2023년이다.

② 수면제, 항불안제의 판매액 합은 49,827 + 12,267 = 62,094(십억 원)이다. 따라서 바이오시밀러 판매액은 이의 $\dfrac{121,397}{62,094}$ ≒ 1.96(배)이다.

③ 기타를 제외한 생물의약품 중 조사 기간 동안 판매액이 지속적으로 증가한 상품군은 바이오시밀러, 바이오베터 2개이다.

40 ▸ ②

감염병 관리 의약품을 제외한 상품군별 판매액은
2022년에 440,288 − 45,864 = 394,424(십억 원),
2023년에 465,004 − 48,878 = 416,126(십억 원),
2024년에 473,177 − 49,590 = 423,587(십억 원),
2025년에 475,199 − 58,423 = 416,776(십억 원)이다.
따라서 감염병 관리 의약품을 제외한 상품군별 판매액이 가장 큰 해는 2024년이고, 이때의 판매액은 약 423조 원이다.

41 ▸ ②

② 특화 서비스 내용에 '돌봄필요 청년과 가족돌봄청년 대상 특화서비스'라고 제시되어 있다.
① 소득 수준에 따른 대상자 제한이나 서비스 차이는 없다. 다만 소득 수준에 따라 본인부담 비율이 다르다.
③ 거동이 불편한 이용자에게 이동 및 동행 보조, 병원 접수・수납 등을 지원하는 '병원 동행 서비스'는 특화서비스에 해당한다.
④ 매주 2번 3시간씩 가사 지원 서비스를 이용하면 월 24시간이고 가사 서비스만 이용하므로 B−2형(추가가사형)을 이용하면 된다. 여기에는 기본 서비스 월 24시간과 특화 서비스 2개 이용이 포함된다. 특화서비스는 이용하지 않고자 하는 경우 이용하지 않을 수 있다.

42 ▸ ④

ⓛ 돌봄 필요 청・중장년은 돌봄을 수행할 가족이 없어야 한다. 을은 부모의 돌봄을 받고 있으므로 이에 해당하지 않는다.
ⓔ 기준 중위소득이 120% 이하이므로 본인부담 비율은 기본서비스 10%, 특화서비스 20%이다. 따라서, 본인부담금은 110만 원×0.1 + 20만 원×0.1 = 13만 원이다.
ⓒ 가족돌봄청년의 세 가지 조건 중 '동거 가족을 직접 돌보거나 가족 부양을 위해 경제활동을 하는 자'를 만족하지 못하므로, 가족돌봄청년에 해당하지 않는다.
ⓒ 기초수급자의 경우 기본서비스 비용은 면제이며, 특화서비스의 본인부담 비율은 5%이다. 따라서, 특화서비스 비용 150,000원의 5%인 7,500원만 부담하면 된다.

43 ▶ ②

2004년 6월에 입사하여 2025년 12월까지 권 씨의 근속기간은 21년 6개월이다. 2025년 12월을 기준으로 정년퇴직일 2033년 6월까지 7년 6개월 남았으므로 권 씨의 정년 잔여 월수는 90개월이다. 20년 이상 근속하였고, 정년퇴직일이 퇴직예정일로부터 1년 이상 남아있기 때문에 권 씨는 명예퇴직을 신청할 수 있다.

권 씨는 4급(을)이므로 명예퇴직을 신청할 경우 지급액은 $3,200,000 \times 0.4 \times 90 = 115,200,000$(원)이다.

44 ▶ ①

2008년 11월에 입사하여 2025년 9월까지 한 씨의 근속기간은 16년 10개월이다. 2025년 9월을 기준으로 정년퇴직일 2027년 11월까지 2년 2개월 남았으므로 한 씨의 정년 잔여 월수는 26개월이다. 10년 이상 20년 미만 근속하였고, 정년퇴직일이 퇴직예정일로부터 1년 이상 남아있기 때문에 한 씨는 희망퇴직을 신청할 수 있다.

한 씨는 3급(갑)이므로 희망퇴직을 신청할 경우 지급액은 퇴직 당시 봉급액의 25개월분인 $4,200,000 \times 25 = 105,000,000$(원)이다.

45 ▶ ④

④ 지원금액을 모두 더하면 아동양육비 월 23만 원 × 12, 추가 아동양육비 월 10만 원 × 12, 아동교육지원비 연 10만 원, 생계비 월 10만 원 × 12이다. 계산하면 526만 원이다.

① 부모로부터 부양을 받지 못하는 18세 미만 손자녀를 조부 또는 조모가 양육하는 조손가족이 지원을 받을 수 있다고 하였다. 조부와 조모가 함께 양육하는 경우는 해당되지 않는다.

③ 자녀가 취학 시 22세 미만이어야 한다.

46 ▶ ①

갑 : 3인 가구이며 월소득 3,450,000원으로 지원 지급기준을 충족한다.

지원받을 수 있는 복지급여는 아동양육비 월 23만 원, 아동교육지원비(학용품비) 연 10만 원 × 2이다. 1년 단위로 계산하면 23만 원 × 12 + 10만 원 × 2 = 296만 원이다.

을 : 2인 가구이며 월소득 1,500,000원으로 지원 지급기준을 충족한다.

지원받을 수 있는 복지급여는 아동양육비 월 23만 원, 생계비(생활보조금) 월 10만 원이다. 1년 단위로 계산하면 (23만 원 + 10만 원) × 12 = 396만 원이다.

병 : 2인 가구이며 월소득 2,600,000원으로 지원 지급기준을 충족한다.

지원받을 수 있는 복지급여는 아동양육비 월 23만 원이다. 1년 단위로 계산하면 23만 원 × 12 = 276만 원이다.

① 갑, 을, 병이 각각 1년에 296만 원, 396만 원, 276만 원을 지원받으므로 1년에 300만 원 이상의 금액을 지원받는 사람은 을 1명이다.

② 병이 276만 원으로 가장 적은 금액을 지원받는다.

③ 병의 손녀는 고등학교 재학 중이 아니므로 아동교육지원비를 받지 못한다.

④ 296만 원 − 276만 원 = 20만 원 차이가 난다.

47 ▶ ②

현재 통증 수치인 750을 1~99 사이의 수로 줄여야 한다. 각 치료의 통증 경감 지수에 따르면 고주파 치료는 통증의 30%를 경감하고, 수기 마사지는 통증의 5%를 경감하며, 초음파 치료는 통증의 10%를 경감한다. 따라서 치료 이후 통증 수치는 원래 통증 수치에서 고주파 치료는 0.7을, 수기 마사지는 0.95를, 초음파 치료는 0.9를 치료 횟수에 따라 곱하는 것으로 구할 수 있다.

선택지의 방안 중에서 통증 수치가 99 이하로 내려가는 방안은 ② $(750 \times (0.7)^6$, 통증수치 : 88.2)과 ④ $(750 \times (0.9)^{20}$, 통증수치 : 91.1)이다. ②는 이를 위한 가격이 42,000원이며, ④의 경우 이를 위한 가격은 54,000원으로 ②의 방안이 다른 치료 방안에 비해 가장 저렴하다.

48 ▶ ③

선택지의 방안 중에서 을이 원하는 정도로 통증이 관리되는 방안은

② $(850 \times (0.95)^4 \times (0.7)^6$, 통증수치 : 81.4)와

③ $850 \times (0.95)^4 \times (0.7)^5 \times (0.9)^2$, 통증수치 : 94.2)밖에 없다.

②는 142,000원, ③은 141,000원이므로 비용을 최소로 할 수 있는 방안은 ③이다.

49 ▶ ④

④ '환승역 1'은 '나'호선에도 해당되므로 환승할 필요가 없다. 따라서 소요시간은 $3 \times 8 = 24$(분)이다.

① $3 \times 2 + 5$(환승) $+ 3 \times 8 = 35$(분)

② $3 \times 6 + 5$(환승) $+ 3 \times 2 = 29$(분)

③ '환승역 2'는 '가'호선에도 해당되므로 환승할 필요가 없다.

50 ▶ ①

① $5 \times 2 + 5$(환승) $+ 4 \times 8 = 47$분

② $5 \times 6 + 5$(환승) $+ 4 \times 2 = 43$분

③ '환승역 2'는 '가'호선에도 해당되므로 환승할 필요가 없다.

④ '환승역 1'은 '나'호선에도 해당되므로 환승할 필요가 없다. 따라서 소요시간은 $4 \times 8 = 32$분이다.

51 ▸ ④

시내버스 정차역별 목적지까지 소요되는 시간은 다음과 같다.

환승역 1 : 시내버스 10분, 지하철 4 × 8 = 32분 → 총 42분

A역 : 시내버스 10 + 11 = 21분, 지하철 5 × 2 + 5(환승) + 4 × 2 = 23분 → 총 44분

B역 : 시내버스 10 + 11 + 5 = 26분, 지하철 5 + 5(환승) + 4 × 2 = 18분 → 총 44분

환승역 2 : 시내버스 10 + 11 + 5 + 5 = 31분, 지하철 4 × 2 = 8분 → 총 39분

C역 : 시내버스 10 + 11 + 5 + 5 + 6 = 37분, 지하철 4분 → 41분

따라서 환승역 2에서 환승해야 목적지까지 가장 빠르게 도착할 수 있다.

52 ▸ ④

주어진 조건을 모두 고려하여 금리와 월 이자를 산출하면 다음과 같다.

매출액이 500억 원이고 신규채용 인원을 반영한 직원 수가 45명이기 때문에 기업별 우대금리 기준표에 따라 0.3%의 우대금리를 받을 수 있다.

또한, 전년 대비 정규직 신규채용이 10% 이상 증가(13명 → 15명)했기 때문에 고용창출 우수기업으로 0.3%의 우대금리를 추가로 받을 수 있다. 기업분류가 혁신형 중소기업이기 때문에 추가로 0.2% 우대를 받을 수 있고, 마지막으로 장애인 채용으로 인해 장애인기업 우대금리인 0.3%를 받을 수 있다.

그러므로 최종 우대금리는 0.3 + 0.3 + 0.2 + 0.3 = 1.1(%)이다.

대출종류별 금리에 의해 보증비율이 85% 이상 90% 미만 구간이기 때문에 R&D 보조자금 대출금리 3.5%에서 우대금리 1.1%를 뺀 2.4%가 최종금리가 된다.

최종금리에 따른 월 이자를 계산하면 아래와 같다.

(10,000,000,000원 × 0.024) / 12개월 = 20,000,000(원)

따라서 정답은 ④이다.

53 ▸ ①

누락된 데이터를 채워 넣으면 아래 표와 같다.

구분	대출 종류	대출 신청액	보증 비율	직원 수	매출액	기업 유형	우대 금리	최종 금리	연 이자
B 정공	기업운영 안정자금	100억 원	75%	5명	7억 원	여성기업	0.25%	3.75%	375 백만 원
C 정공	신규시설 설립자금	150억 원	81%	120명	600억 원	고용창출 우수기업	0.55%	3.65%	547.5 백만 원
D 가공	창업기업 지원자금	200억 원	85%	52명	1,020억 원	청년창업 스타트업	0.80%	2.50%	500 백만 원
E 지질	신성장기 반자금	250억 원	97%	10명 이상 50명 미만	340억 원	혁신형 중소기업	0.40%	2.00%	500 백만 원

㉠ B정공은 기업별 우대금리 기준표에 따라 우대받을 수 있는 금리가 없다. 따라서 기업유형별 우대금리에 의해서만 우대를 받을 수 있는데, 우대금리가 0.25%인 기업유형은 여성기업 밖에 없으므로 ㉠은 여성기업이다.

㉡ 대출종류와 보증비율로 판단했을 때, C정공의 기존금리는 4.2%이다. 표에서 이미 우대금리는 0.55%로 제시되어 있기 때문에 최종금리는 3.65%이다.

㉢ 연 이자와 최종금리로 계산해보면 대출 신청액을 알 수 있다. D가공 대출 신청액 × 0.025 = 500,000,000(원)

따라서 D가공 대출 신청액은 20,000,000,000원(200억 원)임을 알 수 있다.

㉣ E지질의 우대금리와 기업유형을 참고하면 쉽게 해결할 수 있다. 혁신형 중소기업이기 때문에 0.2%의 우대금리를 받을 수 있고, 나머지 0.2%의 우대금리는 기업별 우대금리 기준표에 따라 직원 수가 10명 이상 50명 미만임을 알 수 있다.

54 ▸ ①

① 매출액이 대출 신청액보다 낮으므로 대출을 받을 수 없다.

② 대출종류별 금리가 4.2%에서 3.9%로 낮아져, 최종금리에서 0.3%의 혜택을 받을 수 있다.

③ 지침 1, 2, 3을 적용했을 때 지침 1은 B정공에 해당하고, 지침 2는 C정밀만 해당하는 내용이고 지침 3은 E지질만 해당하는 내용이다. 따라서 최종금리를 정리하면 다음과 같다.

B정공 : 대출 받을 수 없음(지침 1 적용)

C정밀 : 3.9% − 0.25% − 0.3% = 3.35%

D가공 : 고용창출 우수기업, 신성장 기반자금도 아니므로 그대로 2.5%의 금리가 적용됨

E지질 : 2.4%

따라서 E지질의 금리가 가장 낮다.

④ 위 문제에서 계산한 최종금리에서 지침 3을 적용하여 신성장 기반자금으로 대출한 금리를 빼면 다음과 같다.

C정밀 : 3.65% − 2.8% = 0.85%p

D가공 : 2.5% − 2.6% = − 0.1%p

E지질 : 2% − 2.4% = − 0.4%p

따라서 C정밀의 변동금리 증감폭이 가장 크다.

55 ▸ ④

제시된 연도별 예산 배정에 맞추어 각 사업을 진행하면 다음과 같이 진행할 수 있다.

※ 어두운 색으로 나타낸 칸은 해당 연차에 진행되는 사업을 의미함

사업 (연간 소요예산)	1년차 3억 원	2년차 6억 원	3년차 8억 원	4년차 8억 원	5년차 10억 원
W팀(2억)	■	■	■	■	■
R팀(3억)		■	■	■	
T팀(4억)					■
C팀(2억)			■	■	
H팀(1억)	■	■	■		
연도별 소요예산	3억 원	6억 원	8억 원	8억 원	6억 원

위 표를 통해 보게 된다면 5년차가 되는 해에는 사업예산이 남게 되며, 전체 소요 예산의 합은 31억 원으로 33억 원을 넘지 않는다.

56 ▸ ③

③ 수영 중급Ⅱ는 6만 원, 필라테스는 5만 원, 요가는 6만 원이다. 이 중 가장 비싼 강의가 수영 중급Ⅱ 혹은 요가이므로 6만 원이 면제된다. 따라서 110,000원이다.
① 임산부요가는 무료이며, 국선도는 6만 원, 아쿠아로빅은 4만 5천 원이므로 총 105,000원이다.
② 타바타 운동은 4만 5천 원, 줌바댄스는 5만 5천 원이므로 총 100,000원이다.
④ 수영 고급Ⅰ은 4만 원, 테니스는 6만 원, 탁구 6만 원이다. 이 중 가장 비싼 강의는 테니스 혹은 탁구이므로 6만 원이 면제된다. 따라서 100,000원이다.

57 ▸ ④

④ 수강료 면제 대상이라도 자신이 신청한 강의 중 가장 비싼 한 강의의 수강료만 면제된다.

58 ▸ ④

수영장에서 월요일과 목요일에 진행되는 강의는 수영 초급(목, 10 : 00 ~ 11 : 50), 어린이 수영(목, 13 : 00 ~ 14 : 50), 수영 초급Ⅱ(월 · 수, 13 : 30 ~ 15 : 20)이다.
따라서 수영 중급Ⅱ는 이들 시간대와 모두 겹치지 않아야 하므로 가능한 시간대는 15 : 30 ~ 17 : 20이다.

59 ▸ ②

A지역 : $\left(\dfrac{150 \times 8}{8} + \dfrac{150 \times 5}{10} \right) \times 1,100 = 247,500$(원)

B지역 : $\left(\dfrac{280 \times 10}{5} + \dfrac{280 \times 10}{10} \right) \times 1,100 = 924,000$(원)

C지역 : $\left(\dfrac{530 \times 15}{3} + \dfrac{530 \times 16}{8} \right) \times 1,100 = 4,081,000$(원)

D지역 : $\left(\dfrac{720 \times 21}{3} + \dfrac{720 \times 15}{5} \right) \times 1,100 = 7,920,000$(원)

따라서 유류비는 총 13,172,500원이다.

60 ▸ ④

ⅰ) 대구

A지역 : $\left(\dfrac{120 \times 8}{8} + \dfrac{120 \times 5}{10} \right) \times 1,100 = 198,000$(원)

B지역 : $\left(\dfrac{200 \times 10}{5} + \dfrac{200 \times 10}{10} \right) \times 1,100 = 660,000$(원)

C지역 : $\left(\dfrac{350 \times 15}{3} + \dfrac{350 \times 16}{8} \right) \times 1,100 = 2,695,000$(원)

D지역 : $\left(\dfrac{550 \times 21}{3} + \dfrac{550 \times 15}{5} \right) \times 1,100 = 6,050,000$(원)

유류비 총 합계는 9,603,000(원)
대구 지역의 경우 13,172,500 − 9,603,000 = 3,569,500(원) 절약할 수 있다.

ⅱ) 대전

A지역 : $\left(\dfrac{140 \times 8}{8} + \dfrac{140 \times 5}{10} \right) \times 1,100 = 231,000$(원)

B지역 : $\left(\dfrac{210 \times 5}{5} + \dfrac{210 \times 10}{10} \right) \times 1,100 = 462,000$(원)

C지역 : $\left(\dfrac{360 \times 15}{3} + \dfrac{360 \times 16}{8} \right) \times 1,100 = 2,772,000$(원)

D지역 : $\left(\dfrac{480 \times 21}{3} + \dfrac{480 \times 10}{5} \right) \times 1,100 = 4,752,000$(원)

유류비 총 합계는 8,217,000(원)
대전 지역의 경우 13,172,500 − 8,217,000 = 4,955,500(원) 절약할 수 있다.

직무시험(국민건강보험법)

61 ▸ ①

㉠ 제79조 제4항, ㉢ 제79조 제5항에서 확인할 수 있는 내용이다.

㉡ 제79조 제1항에 따르면, 납입 고지 문서에는 징수하려는 보험료등의 종류, 납부해야 하는 금액, 납부기한 및 장소가 포함되어야 한다. 따라서, 납부 장소가 적혀 있지 않다는 설명은 잘못되었다.

㉣ 제78조 제2항에 따르면, 납입 고지의 송달 지연 등 보건복지부령으로 정하는 사유가 있는 경우 납부의무자의 신청에 따라 납부기한부터 '1개월'의 범위에서 납부기한을 연장할 수 있다.

> **제78조(보험료의 납부기한)** ① 제77조 제1항 및 제2항에 따라 보험료 납부의무가 있는 자는 가입자에 대한 그 달의 보험료를 그 다음 달 10일까지 납부하여야 한다. 다만, 직장가입자의 보수 외 소득월액보험료 및 지역가입자의 보험료는 보건복지부령으로 정하는 바에 따라 분기별로 납부할 수 있다.
> ② 공단은 제1항에도 불구하고 납입 고지의 송달 지연 등 보건복지부령으로 정하는 사유가 있는 경우 납부의무자의 신청에 따라 제1항에 따른 납부기한부터 1개월의 범위에서 납부기한을 연장할 수 있다. 이 경우 납부기한 연장을 신청하는 방법, 절차 등에 필요한 사항은 보건복지부령으로 정한다.
>
> **제79조(보험료등의 납입 고지)** ① 공단은 보험료등을 징수하려면 그 금액을 결정하여 납부의무자에게 다음 각 호의 사항을 적은 문서로 납입 고지를 하여야 한다.
> 1. 징수하려는 보험료등의 종류
> 2. 납부해야 하는 금액
> 3. 납부기한 및 장소
> ④ 직장가입자의 사용자가 2명 이상인 경우 또는 지역가입자의 세대가 2명 이상으로 구성된 경우 그중 1명에게 한 고지는 해당 사업장의 다른 사용자 또는 세대 구성원인 다른 지역가입자 모두에게 효력이 있는 것으로 본다.
> ⑤ 휴직자등의 보험료는 휴직 등의 사유가 끝날 때까지 보건복지부령으로 정하는 바에 따라 납입 고지를 유예할 수 있다.

62 ▸ ③

㉠ 제41조의2 제2항에 따르면, 요양급여비용의 상한금액이 감액된 약제가 감액된 날부터 5년의 범위에서 대통령령으로 정하는 기간 내에 다시 감액의 대상이 된 경우에는 요양급여비용 '상한금액의 100분의 40'을 넘지 아니하는 범위에서 요양급여비용 상한금액의 일부를 감액할 수 있다.

㉣ 제41조의2 제4항에 따르면, 요양급여비용 상한금액의 감액 및 요양급여 적용 정지의 기준, 절차, 그 밖에 필요한 사항은 대통령령으로 정한다.

㉡ 제41조의2 제1항, ㉢ 제41조의2 제1항~제3항에서 찾아볼 수 있는 내용이다.

> **제41조의2(약제에 대한 요양급여비용 상한금액의 감액 등)** ① 보건복지부장관은 「약사법」 제47조 제2항의 위반과 관련된 제41조 제1항 제2호의 약제에 대하여는 요양급여비용 상한금액(제41조 제3항에 따라 약제별 요양급여비용의 상한으로 정한 금액을 말한다. 이하 같다)의 100분의 20을 넘지 아니하는 범위에서 그 금액의 일부를 감액할 수 있다.
> ② 보건복지부장관은 제1항에 따라 요양급여비용의 상한금액이 감액된 약제가 감액된 날부터 5년의 범위에서 대통령령으로 정하는 기간 내에 다시 제1항에 따른 감액의 대상이 된 경우에는 요양급여비용 상한금액의 100분의 40을 넘지 아니하는 범위에서 요양급여비용 상한금액의 일부를 감액할 수 있다.
> ③ 보건복지부장관은 제2항에 따라 요양급여비용의 상한금액이 감액된 약제가 감액된 날부터 5년의 범위에서 대통령령으로 정하는 기간 내에 다시 「약사법」 제47조 제2항의 위반과 관련된 경우에는 해당 약제에 대하여 1년의 범위에서 기간을 정하여 요양급여의 적용을 정지할 수 있다.
> ④ 제1항부터 제3항까지의 규정에 따른 요양급여비용 상한금액의 감액 및 요양급여 적용 정지의 기준, 절차, 그 밖에 필요한 사항은 대통령령으로 정한다.

63 ▸ ②

㉢을 제외한 ㉠, ㉡, ㉣, ㉤은 각각 제3조의2 제2항 제4호, 제1호, 제5호, 제7호에 해당한다.

㉢ 단기 재정 전망 및 운영이 아닌 '중장기 재정 전망 및 운영'이 국민건강보험종합계획에 포함된다.

> **제3조의2(국민건강보험종합계획의 수립 등)** ② 종합계획에는 다음 각 호의 사항이 포함되어야 한다.
> 1. 건강보험정책의 기본목표 및 추진방향
> 2. 건강보험 보장성 강화의 추진계획 및 추진방법
> 3. 건강보험의 중장기 재정 전망 및 운영
> 4. 보험료 부과체계에 관한 사항
> 5. 요양급여비용에 관한 사항
> 6. 건강증진 사업에 관한 사항
> 7. 취약계층 지원에 관한 사항
> 8. 건강보험에 관한 통계 및 정보의 관리에 관한 사항
> 9. 그 밖에 건강보험의 개선을 위하여 필요한 사항으로 대통령령으로 정하는 사항

64 ▸ ①

제6조 제2항 제3호 및 제2호에 따라, ㉢과 ㉣은 사업장의 근로자 및 사용자와 공무원, 교직원 중 직장가입자에서 제외되는 경우에 해당한다.

㉤ 고용 기간이 '1개월 미만'인 일용근로자는 직장가입자에서 제외된다. 2개월이므로 직장가입자이다.

제6조(가입자의 종류) ① 가입자는 직장가입자와 지역가입자로 구분한다.

② 모든 사업장의 근로자 및 사용자와 공무원 및 교직원은 직장가입자가 된다. 다만, 다음 각 호의 어느 하나에 해당하는 사람은 제외한다.

1. 고용 기간이 1개월 미만인 일용근로자

2. 「병역법」에 따른 현역병(지원에 의하지 아니하고 임용된 하사를 포함한다), 전환복무된 사람 및 군간부후보생

3. 선거에 당선되어 취임하는 공무원으로서 매월 보수 또는 보수에 준하는 급료를 받지 아니하는 사람

4. 그 밖에 사업장의 특성, 고용 형태 및 사업의 종류 등을 고려하여 대통령령으로 정하는 사업장의 근로자 및 사용자와 공무원 및 교직원

65 ▶ ③

㉠ 제35조 제2항, ㉡ 제35조 제3항에서 찾을 수 있는 내용이다.

㉢ 제36조에 따르면, 이사회 의결 후 바로 보건복지부장관의 승인을 받으면 된다.

㉣ 제37조에 따르면, 1년 이상 장기로 차입할 경우에만 보건복지부장관의 승인이 필요하다.

따라서, 옳은 것은 모두 ㉠과 ㉡ 2개이다.

제35조(회계) ① 공단의 회계연도는 정부의 회계연도에 따른다.

② 공단은 직장가입자와 지역가입자의 재정을 통합하여 운영한다.

③ 공단은 건강보험사업 및 징수위탁근거법의 위탁에 따른 국민연금사업 · 고용보험사업 · 산업재해보상보험사업 · 임금채권보장사업에 관한 회계를 공단의 다른 회계와 구분하여 각각 회계처리하여야 한다.

제36조(예산) 공단은 회계연도마다 예산안을 편성하여 이사회의 의결을 거친 후 보건복지부장관의 승인을 받아야 한다. 예산을 변경할 때에도 또한 같다.

제37조(차입금) 공단은 지출할 현금이 부족한 경우에는 차입할 수 있다. 다만, 1년 이상 장기로 차입하려면 보건복지부장관의 승인을 받아야 한다.

66 ▶ ④

④ 제96조 제3항에 따르면, 이를 요청할 수 있는 주체는 보건복지부장관이다.

①, ② 제96조 제1항과 제2항에 따라 옳은 내용이다.

③ 제96조 제5항에 따라 옳은 내용이다.

제96조(자료의 제공) ① 공단은 국가, 지방자치단체, 요양기관, 「보험업법」에 따른 보험회사 및 보험료율 산출 기관, 「공공기관의 운영에 관한 법률」에 따른 공공기관, 그 밖의 공공단체 등에 대하여 다음 각 호의 업무를 수행하기 위하여 주민등록 · 가족관계등록 · 국세 · 지방세 · 토지 · 건물 · 출입국관리 등의 자료로서 대통령령으로 정하는 자료를 제공하도록 요청할 수 있다.

1. 가입자 및 피부양자의 자격 관리, 보험료의 부과 · 징수, 보험급여의 관리 등 건강보험사업의 수행

2. 제14조 제1항 제11호에 따른 업무의 수행

② 심사평가원은 국가, 지방자치단체, 요양기관, 「보험업법」에 따른 보험회사 및 보험료율 산출 기관, 「공공기관의 운영에 관한 법률」에 따른 공공기관, 그 밖의 공공단체 등에 대하여 요양급여비용을 심사하고 요양급여의 적정성을 평가하기 위하여 주민등록 · 출입국관리 · 진료기록 · 의약품 공급 등의 자료로서 대통령령으로 정하는 자료를 제공하도록 요청할 수 있다.

③ 보건복지부장관은 관계 행정기관의 장에게 제41조의2에 따른 약제에 대한 요양급여비용 상한금액의 감액 및 요양급여의 적용 정지를 위하여 필요한 자료를 제공하도록 요청할 수 있다.

④ 제1항부터 제3항까지의 규정에 따라 자료 제공을 요청받은 자는 성실히 이에 따라야 한다.

⑤ 공단 또는 심사평가원은 요양기관, 「보험업법」에 따른 보험회사 및 보험료율 산출 기관에 제1항 또는 제2항에 따른 자료의 제공을 요청하는 경우 자료 제공 요청 근거 및 사유, 자료 제공 대상자, 대상기간, 자료 제공 기한, 제출 자료 등이 기재된 자료제공요청서를 발송하여야 한다.

67 ▶ ②

② 제47조 제4항에 따르면, 공단은 요양급여비용을 요양기관에 지급하는 경우 해당 요양기관이 공단에 납부하여야 하는 보험료 또는 징수금을 체납한 때에는 요양급여비용에서 이를 공제하고 지급할 수 있다. 반드시 그렇게 지급해야 하는 것은 아니다.

① 제47조 제2항, ③ 제47조 제6항, ④ 제47조 제3항에서 확인할 수 있는 내용들이다.

제47조(요양급여비용의 청구와 지급 등) ① 요양기관은 공단에 요양급여비용의 지급을 청구할 수 있다. 이 경우 제2항에 따른 요양급여비용에 대한 심사청구는 공단에 대한 요양급여비용의 청구로 본다.

② 제1항에 따라 요양급여비용을 청구하려는 요양기관은 심사평가원에 요양급여비용의 심사청구를 하여야 하며, 심사청구를 받은 심사평가원은 이를 심사한 후 지체 없이 그 내용을 공단과 요양기관에 알려야 한다.

③ 제2항에 따라 심사 내용을 통보받은 공단은 지체 없이 그 내용에 따라 요양급여비용을 요양기관에 지급한다. 이 경우 이미 낸 본인일부부담금이 제2항에 따라 통보된 금액보다 더 많으면 요양기관에 지급할 금액에서 더 많이 낸 금액을 공제하여 해당 가입자에게 지급하여야 한다.

④ 공단은 제3항 전단에 따라 요양급여비용을 요양기관에 지급하는 경우 해당 요양기관이 제77조 제1항 제1호에 따라 공단에 납부하여야 하는 보험료 또는 그 밖에 이 법에 따른 징수금을 체납한 때에는 요양급여비용에서 이를 공제하고 지급할 수 있다.

⑤ 공단은 제3항 후단에 따라 가입자에게 지급하여야 하는 금액을 그 가입자가 내야 하는 보험료와 그 밖에 이 법에 따른 징수금(이하 "보험료등"이라 한다)과 상계(相計)할 수 있다.

⑥ 공단은 심사평가원이 제47조의4에 따라 요양급여의 적정성을 평가하여 공단에 통보하면 그 평가 결과에 따라 요양급여비용을 가산하거나 감액 조정하여 지급한다. 이 경우 평가 결과에 따라 요양급여비용을 가산하거나 감액하여 지급하는 기준은 보건복지부령으로 정한다.

68 ▸ ②

② 제75조 제1항 제5호에 따르면, 휴직자는 보험료 경감의 대상이 되나 실직자는 해당되지 않는다.
① 제75조 제2항 제2호, ③ 제75조 제1항 제1호, ④ 제75조 제1항 제2호에 해당하여 보험료를 경감하거나 감액할 수 있다.

제75조(보험료의 경감 등) ① 다음 각 호의 어느 하나에 해당하는 가입자 중 보건복지부령으로 정하는 가입자에 대하여는 그 가입자 또는 그 가입자가 속한 세대의 보험료의 일부를 경감할 수 있다.
1. 섬·벽지(僻地)·농어촌 등 대통령령으로 정하는 지역에 거주하는 사람
2. 65세 이상인 사람
3. 「장애인복지법」에 따라 등록한 장애인
4. 「국가유공자 등 예우 및 지원에 관한 법률」 제4조 제1항 제4호, 제6호, 제12호, 제15호 및 제17호에 따른 국가유공자
5. 휴직자
6. 그 밖에 생활이 어렵거나 천재지변 등의 사유로 보험료를 경감할 필요가 있다고 보건복지부장관이 정하여 고시하는 사람
② 제77조에 따른 보험료 납부의무자가 다음 각 호의 어느 하나에 해당하는 경우에는 대통령령으로 정하는 바에 따라 보험료를 감액하는 등 재산상의 이익을 제공할 수 있다.
1. 제81조의6 제1항에 따라 보험료의 납입 고지 또는 독촉을 전자문서로 받는 경우
2. 보험료를 계좌 또는 신용카드 자동이체의 방법으로 내는 경우

69 ▸ ①

① 직장가입자의 배우자의 형제·자매이므로 피부양자에 해당하지 않는다.
② 직장가입자의 직계비속, ③ 직장가입자의 형제·자매, ④ 직장가입자의 직계존속이므로 피부양자에 해당된다.

제5조(적용 대상 등) ② 제1항의 피부양자는 다음 각 호의 어느 하나에 해당하는 사람 중 직장가입자에게 주로 생계를 의존하는 사람으로서 소득 및 재산이 보건복지부령으로 정하는 기준 이하에 해당하는 사람을 말한다.
1. 직장가입자의 배우자
2. 직장가입자의 직계존속(배우자의 직계존속을 포함한다)
3. 직장가입자의 직계비속(배우자의 직계비속을 포함한다)과 그 배우자
4. 직장가입자의 형제·자매

70 ▸ ③

국민건강보험공단의 정관에 포함되는 내용은 예산 및 결산에 관한 사항, 보험료 및 보험급여에 관한 사항, 재정운영위원회에 관한 사항, 정관의 변경에 관한 사항이다(제17조 제1항). 설립등기에 포함되는 사항은 주된 사무소 및 분사무소의 소재지, 이사장의 성명 및 주민등록번호이다(제18조).

제17조(정관) ① 공단의 정관에는 다음 각 호의 사항을 적어야 한다.
1. 목적
2. 명칭
3. 사무소의 소재지
4. 임직원에 관한 사항
5. 이사회의 운영
6. 재정운영위원회에 관한 사항
7. 보험료 및 보험급여에 관한 사항
8. 예산 및 결산에 관한 사항
9. 자산 및 회계에 관한 사항
10. 업무와 그 집행
11. 정관의 변경에 관한 사항
12. 공고에 관한 사항

제18조(등기) 공단의 설립등기에는 다음 각 호의 사항을 포함하여야 한다.
1. 목적
2. 명칭
3. 주된 사무소 및 분사무소의 소재지
4. 이사장의 성명·주소 및 주민등록번호

71 ▸ ②

제85조에 따르면, 보험료 등은 국세와 지방세를 제외한 다른 채권에 우선하여 징수한다고 하였으므로, 지방세는 보험료보다 우선하여 징수하며, 일반 채권보다는 보험료를 우선하여 징수한다. 또한 질권, 전세권 등 담보권으로 담보된 채권은 건강보험료보다 우선 징수한다.
따라서 선택지 중 가능한 것은 ㉣ 지방세 − ㉡ 전세권 − ㉠ 건강보험료 − ㉢ 일반 채권이다.

제85조(보험료등의 징수 순위) 보험료등은 국세와 지방세를 제외한 다른 채권에 우선하여 징수한다. 다만, 보험료등의 납부기한 전에 전세권·질권·저당권 또는 「동산·채권 등의 담보에 관한 법률」에 따른 담보권의 설정을 등기 또는 등록한 사실이 증명되는 재산을 매각할 때에 그 매각대금 중에서 보험료등을 징수하는 경우 그 전세권·질권·저당권 또는 「동산·채권 등의 담보에 관한 법률」에 따른 담보권으로 담보된 채권에 대하여는 그러하지 아니하다.

72 ▸ ②

㉡ 제9조 제1항과 제2항에 따르면 지역가입자가 다른 세대로 전입하게 되어 자격이 변동된다면 지역가입자의 '세대주'는 자격이 변동될 날부터 14일 이내에 보험자에게 신고하여야 한다.

ⓔ 제9조 제1항 제5호에 따르면, 지역가입자가 다른 세대로 전입한 날에 자격이 변동된다. 따라서 전입한 날인 3월 31일에 그 자격이 변동된다.

ⓜ 제9조 제1항 제3호에 따르면, 직장가입자인 근로자등이 그 사용관계가 끝난 날의 다음 날에 자격이 변동된다. 따라서 사용관계가 끝난 2월 5일의 다음 날인 2월 6일에 그 자격이 변동되는 것이 맞다.

> **제9조(자격의 변동 시기 등)** ① 가입자는 다음 각 호의 어느 하나에 해당하게 된 날에 그 자격이 변동된다.
> 1. 지역가입자가 적용대상사업장의 사용자로 되거나, 근로자·공무원 또는 교직원(이하 "근로자등"이라 한다)으로 사용된 날
> 2. 직장가입자가 다른 적용대상사업장의 사용자로 되거나 근로자등으로 사용된 날
> 3. 직장가입자인 근로자등이 그 사용관계가 끝난 날의 다음 날
> 4. 적용대상사업장에 제7조 제2호에 따른 사유가 발생한 날의 다음 날
> 5. 지역가입자가 다른 세대로 전입한 날
> ② 제1항에 따라 자격이 변동된 경우 직장가입자의 사용자와 지역가입자의 세대주는 다음 각 호의 구분에 따라 그 명세를 보건복지부령으로 정하는 바에 따라 자격이 변동된 날부터 14일 이내에 보험자에게 신고하여야 한다.
> 1. 제1항 제1호 및 제2호에 따라 자격이 변동된 경우: 직장가입자의 사용자
> 2. 제1항 제3호부터 제5호까지의 규정에 따라 자격이 변동된 경우: 지역가입자의 세대주

73 ▸ ④

①~③은 모두 제14조 제1항에서 확인할 수 있다.

④ 국민건강보험종합계획 수립은 공단이 관장하는 업무가 아니다. 보건복지부장관이 건강보험정책심의위원회의 심의를 거쳐 국민건강보험종합계획을 수립한다(제3조의2 제1항).

> **제14조(업무 등)** ① 공단은 다음 각 호의 업무를 관장한다.
> 1. 가입자 및 피부양자의 자격 관리
> 2. 보험료와 그 밖에 이 법에 따른 징수금의 부과·징수
> 3. 보험급여의 관리
> 4. 가입자 및 피부양자의 질병의 조기발견·예방 및 건강관리를 위하여 요양급여 실시 현황과 건강검진 결과 등을 활용하여 실시하는 예방사업으로서 대통령령으로 정하는 사업
> 5. 보험급여 비용의 지급
> 6. 자산의 관리·운영 및 증식사업
> 7. 의료시설의 운영
> 8. 건강보험에 관한 교육훈련 및 홍보
> 9. 건강보험에 관한 조사연구 및 국제협력
> 10. 이 법에서 공단의 업무로 정하고 있는 사항
> 11. 「국민연금법」, 「고용보험 및 산업재해보상보험의 보험료징수 등에 관한 법률」, 「임금채권보장법」 및 「석면피해구제법」(이하 "징수위탁근거법"이라 한다)에 따라 위탁받은 업무

> 12. 그 밖에 이 법 또는 다른 법령에 따라 위탁받은 업무
> 13. 그 밖에 건강보험과 관련하여 보건복지부장관이 필요하다고 인정한 업무

74 ▸ ③

㉠ 제100조 제1항 제2호에 따르면, 요양급여비용 총액 중 거짓으로 청구한 금액의 비율이 100분의 20 이상이어야 위반 행위 등을 공표할 수 있다. 500만 원을 1,000만 원으로 부풀렸으므로 거짓으로 청구한 금액은 500만 원이고, 이는 1,000만 원의 100분의 20 이상이다. 공표 대상이다.

㉢ 제100조 제1항 제1호에 따라 거짓으로 청구한 금액이 1천 500만 원 이상이면 위반 행위 및 처분 내용을 공표할 수 있다.

㉣ 제100조 제4항에 따르면, 보건복지부장관은 공표심의위원회가 공표대상자를 재심의한 후 공표대상자를 선정한다.

㉡ 제100조 제3항에 따르면, 보건복지부장관은 공표심의위원회의 심의를 거친 공표대상자에게 공표대상자인 사실을 알려 소명자료를 제출하거나 출석하여 의견을 진술할 기회를 주어야 한다. 의무사항이므로 '줄 수 있다'는 것은 옳지 않다.

이에 따라, 옳은 것은 ㉠, ㉢, ㉣ 3개이다.

> **제100조(위반사실의 공표)** ① 보건복지부장관은 관련 서류의 위조·변조로 요양급여비용을 거짓으로 청구하여 제98조 또는 제99조에 따른 행정처분을 받은 요양기관이 다음 각 호의 어느 하나에 해당하면 그 위반 행위, 처분 내용, 해당 요양기관의 명칭·주소 및 대표자 성명, 그 밖에 다른 요양기관과의 구별에 필요한 사항으로서 대통령령으로 정하는 사항을 공표할 수 있다. 이 경우 공표 여부를 결정할 때에는 그 위반행위의 동기, 정도, 횟수 및 결과 등을 고려하여야 한다.
> 1. 거짓으로 청구한 금액이 1천 500만 원 이상인 경우
> 2. 요양급여비용 총액 중 거짓으로 청구한 금액의 비율이 100분의 20 이상인 경우
> ② 보건복지부장관은 제1항에 따른 공표 여부 등을 심의하기 위하여 건강보험공표심의위원회(이하 이 조에서 "공표심의위원회"라 한다)를 설치·운영한다.
> ③ 보건복지부장관은 공표심의위원회의 심의를 거친 공표대상자에게 공표대상자인 사실을 알려 소명자료를 제출하거나 출석하여 의견을 진술할 기회를 주어야 한다.
> ④ 보건복지부장관은 공표심의위원회가 제3항에 따라 제출된 소명자료 또는 진술된 의견을 고려하여 공표대상자를 재심의한 후 공표대상자를 선정한다.

75 ▸ ②

② 제53조 제3항에 따르면, 이미 납부된 체납보험료는 총체납횟수에서 제외한다.

① 제53조 제1항 제2호, ③ 제53조 제2항, ④ 제53조 제1항 제4호에서 찾을 수 있는 내용으로 모두 옳다.

제53조(급여의 제한) ① 공단은 보험급여를 받을 수 있는 사람이 다음 각 호의 어느 하나에 해당하면 보험급여를 하지 아니한다.
1. 고의 또는 중대한 과실로 인한 범죄행위에 그 원인이 있거나 고의로 사고를 일으킨 경우
2. 고의 또는 중대한 과실로 공단이나 요양기관의 요양에 관한 지시에 따르지 아니한 경우
3. 고의 또는 중대한 과실로 제55조에 따른 문서와 그 밖의 물건의 제출을 거부하거나 질문 또는 진단을 기피한 경우
4. 업무 또는 공무로 생긴 질병·부상·재해로 다른 법령에 따른 보험급여나 보상(報償) 또는 보상(補償)을 받게 되는 경우
② 공단은 보험급여를 받을 수 있는 사람이 다른 법령에 따라 국가나 지방자치단체로부터 보험급여에 상당하는 급여를 받거나 보험급여에 상당하는 비용을 지급받게 되는 경우에는 그 한도에서 보험급여를 하지 아니한다.
③ 공단은 가입자가 대통령령으로 정하는 기간 이상 다음 각 호의 보험료를 체납한 경우 그 체납한 보험료를 완납할 때까지 그 가입자 및 피부양자에 대하여 보험급여를 실시하지 아니할 수 있다. 다만, 월별 보험료의 총체납횟수(이미 납부된 체납보험료는 총체납횟수에서 제외하며, 보험료의 체납기간은 고려하지 아니한다)가 대통령령으로 정하는 횟수 미만이거나 가입자 및 피부양자의 소득·재산 등이 대통령령으로 정하는 기준 미만인 경우에는 그러하지 아니하다.
1. 제69조 제4항 제2호에 따른 보수 외 소득월액보험료
2. 제69조 제5항에 따른 세대단위의 보험료

76 ▶ ③

㉠ 제96조의4를 위반하여 서류를 보존하지 않은 자에 해당한다. 제119조 제4항 제4호에 따라 100만 원 이하의 과태료를 부과한다.
㉡ 제94조 제1항을 위반하여 제119조 제3항 제2호에 따라 500만 원 이하의 과태료를 부과한다.
㉢ 제97조 제3항을 위반하여 제119조 제3항 제3호에 따라 500만 원 이하의 과태료를 부과한다.
㉠, ㉡, ㉢에서 부과될 수 있는 최대 과태료 금액을 모두 더하면 100만 원 + 500만 원 + 500만 원 = 1,100만 원이다.

제119조(과태료) ③ 다음 각 호의 어느 하나에 해당하는 자에게는 500만 원 이하의 과태료를 부과한다.
1. 제7조를 위반하여 신고를 하지 아니하거나 거짓으로 신고한 사용자
2. 정당한 사유 없이 제94조 제1항을 위반하여 신고·서류제출을 하지 아니하거나 거짓으로 신고·서류제출을 한 자
3. 정당한 사유 없이 제97조 제1항, 제3항, 제4항, 제5항을 위반하여 보고·서류제출을 하지 아니하거나 거짓으로 보고·서류제출을 한 자
4. 제98조 제4항을 위반하여 행정처분을 받은 사실 또는 행정처분절차가 진행 중인 사실을 지체 없이 알리지 아니한 자
5. 정당한 사유 없이 제101조 제2항을 위반하여 서류를 제출하지 아니하거나 거짓으로 제출한 자

④ 다음 각 호의 어느 하나에 해당하는 자에게는 100만 원 이하의 과태료를 부과한다.
3. 제12조 제4항을 위반하여 정당한 사유 없이 건강보험증이나 신분증명서로 가입자 또는 피부양자의 본인 여부 및 그 자격을 확인하지 아니하고 요양급여를 실시한 자
4. 제96조의4를 위반하여 서류를 보존하지 아니한 자
5. 제103조에 따른 명령을 위반한 자
6. 제105조를 위반한 자

제94조(신고 등) ① 공단은 사용자, 직장가입자 및 세대주에게 다음 각 호의 사항을 신고하게 하거나 관계 서류(전자적 방법으로 기록된 것을 포함한다. 이하 같다)를 제출하게 할 수 있다.
1. 가입자의 거주지 변경
2. 가입자의 보수·소득
3. 그 밖에 건강보험사업을 위하여 필요한 사항

제96조의4(서류의 보존) ① 요양기관은 요양급여가 끝난 날부터 5년간 보건복지부령으로 정하는 바에 따라 제47조에 따른 요양급여비용의 청구에 관한 서류를 보존하여야 한다. 다만, 약국 등 보건복지부령으로 정하는 요양기관은 처방전을 요양급여비용을 청구한 날부터 3년간 보존하여야 한다.
② 사용자는 3년간 보건복지부령으로 정하는 바에 따라 자격관리 및 보험료 산정 등 건강보험에 관한 서류를 보존하여야 한다.

제97조(보고와 검사) ① 보건복지부장관은 사용자, 직장가입자 또는 세대주에게 가입자의 이동·보수·소득이나 그 밖에 필요한 사항에 관한 보고 또는 서류 제출을 명하거나, 소속 공무원이 관계인에게 질문하게 하거나 관계 서류를 검사하게 할 수 있다.
③ 보건복지부장관은 보험급여를 받은 자에게 해당 보험급여의 내용에 관하여 보고하게 하거나, 소속 공무원이 질문하게 할 수 있다.

77 ▶ ③

③ 제52조 제2항 제1호에 따르면, 20세 이상인 피부양자가 일반건강검진을 받는다.
①은 제52조 제1항, ②는 제52조 제2항 제2호, ④는 제52조 제4항에서 확인할 수 있다.

제52조(건강검진) ① 공단은 가입자와 피부양자에 대하여 질병의 조기 발견과 그에 따른 요양급여를 하기 위하여 건강검진을 실시한다.
② 제1항에 따른 건강검진의 종류 및 대상은 다음 각 호와 같다.
1. 일반건강검진: 직장가입자, 세대주인 지역가입자, 20세 이상인 지역가입자 및 20세 이상인 피부양자
2. 암검진: 「암관리법」 제11조 제2항에 따른 암의 종류별 검진주기와 연령 기준 등에 해당하는 사람
3. 영유아건강검진: 6세 미만의 가입자 및 피부양자
④ 제1항에 따른 건강검진의 횟수·절차와 그 밖에 필요한 사항은 대통령령으로 정한다

78 ▸ ③

ⓛ 제82조 제1항에 따르면, 공단은 보험료를 3회 이상 체납한 자가 신청하는 경우에 보건복지부령으로 정하는 바에 따라 분할납부를 승인할 수 있다.

ⓒ 제82조 제3항에 따르면, 공단은 분할납부 승인을 받은 자가 정당한 사유 없이 5회 이상 그 승인된 보험료를 납부하지 아니하면 그 분할납부의 승인을 취소한다. 단, 승인받은 분할납부 횟수가 5회 미만인 경우 해당납부 횟수 이상 납부하지 않은 경우 분할납부 승인이 취소된다. 따라서, 납부하지 않은 횟수가 5회 미만인 경우라도, 승인받은 분할납부 횟수가 5회 미만이면 분할납부의 승인이 취소될 수 있다.

> **제82조(체납보험료의 분할납부)** ① 공단은 보험료를 3회 이상 체납한 자가 신청하는 경우 보건복지부령으로 정하는 바에 따라 분할납부를 승인할 수 있다.
> ② 공단은 보험료를 3회 이상 체납한 자에 대하여 제81조 제3항에 따른 체납처분을 하기 전에 제1항에 따른 분할납부를 신청할 수 있음을 알리고, 보건복지부령으로 정하는 바에 따라 분할납부 신청의 절차·방법 등에 관한 사항을 안내하여야 한다.
> ③ 공단은 제1항에 따라 분할납부 승인을 받은 자가 정당한 사유 없이 5회(제1항에 따라 승인받은 분할납부 횟수가 5회 미만인 경우에는 해당 분할납부 횟수를 말한다) 이상 그 승인된 보험료를 납부하지 아니하면 그 분할납부의 승인을 취소한다.
> ④ 분할납부의 승인과 취소에 관한 절차·방법·기준 등에 필요한 사항은 보건복지부령으로 정한다.

79 ▸ ①

㉠ 제20조 제5항에 따르면, 감사는 임원추천위원회가 복수로 추천한 사람 중에서 '재정경제부장관'의 제청으로 대통령이 임명한다.

ⓛ 제20조 제2항에 따르면, 이사장은 임원추천위원회가 복수로 추천한 사람 중에서 '보건복지부장관'의 제청으로 대통령이 임명한다.

ⓒ 제20조 제1항을 보면, 이사는 14명을 두며 이 중 5명은 상임으로 한다고 하였다. 따라서 이사 14명 중 5명을 뺀 9명이 비상임이사임을 알 수 있다.

ⓔ 제20조 제4항 제1호에 따르면, 노동조합과 소비자단체에서 추천하는 사람 각 1명이 비상임이사로 임명되므로, 맞는 설명이다.

ⓜ은 제20조 제7항에서 확인할 수 있다.

제20조(임원) ① 공단은 임원으로서 이사장 1명, 이사 14명 및 감사 1명을 둔다. 이 경우 이사장, 이사 중 5명 및 감사는 상임으로 한다.
② 이사장은 「공공기관의 운영에 관한 법률」 제29조에 따른 임원추천위원회(이하 "임원추천위원회"라 한다)가 복수로 추천한 사람 중에서 보건복지부장관의 제청으로 대통령이 임명한다.
③ 상임이사는 보건복지부령으로 정하는 추천 절차를 거쳐 이사장이 임명한다.
④ 비상임이사는 다음 각 호의 사람을 보건복지부장관이 임명한다.
　1. 노동조합·사용자단체·시민단체·소비자단체·농어업인단체 및 노인단체가 추천하는 각 1명
　2. 대통령령으로 정하는 바에 따라 추천하는 관계 공무원 3명
⑤ 감사는 임원추천위원회가 복수로 추천한 사람 중에서 재정경제부장관의 제청으로 대통령이 임명한다.
⑦ 이사장의 임기는 3년, 이사(공무원인 이사는 제외한다)와 감사의 임기는 각각 2년으로 한다.

80 ▸ ①

① 제97조 제3항에 따르면, 보험급여를 받은 자에게 해당 보험급여의 내용에 관하여 소속 공무원이 질문하게 할 수 있다. 서류 제출을 명할 수 있다는 내용은 찾아볼 수 없다.
② 제97조 제2항, ③ 제97조 제1항, ④ 제97조 제6항에서 찾아볼 수 있는 내용이다.

> **제97조(보고와 검사)** ① 보건복지부장관은 사용자, 직장가입자 또는 세대주에게 가입자의 이동·보수·소득이나 그 밖에 필요한 사항에 관한 보고 또는 서류 제출을 명하거나, 소속 공무원이 관계인에게 질문하게 하거나 관계 서류를 검사하게 할 수 있다.
> ② 보건복지부장관은 요양기관(제49조에 따라 요양을 실시한 기관을 포함한다)에 대하여 요양·약제의 지급 등 보험급여에 관한 보고 또는 서류 제출을 명하거나, 소속 공무원이 관계인에게 질문하게 하거나 관계 서류를 검사하게 할 수 있다.
> ③ 보건복지부장관은 보험급여를 받은 자에게 해당 보험급여의 내용에 관하여 보고하게 하거나, 소속 공무원이 질문하게 할 수 있다.
> ④ 보건복지부장관은 제47조 제7항에 따라 요양급여비용의 심사청구를 대행하는 단체(이하 "대행청구단체"라 한다)에 필요한 자료의 제출을 명하거나, 소속 공무원이 대행청구에 관한 자료 등을 조사·확인하게 할 수 있다.
> ⑥ 제1항부터 제5항까지의 규정에 따라 질문·검사·조사 또는 확인을 하는 소속 공무원은 그 권한을 표시하는 증표를 지니고 관계인에게 보여주어야 한다.

직무시험(노인장기요양보험법)

61 ▸ ③

③ 제56조의2 제2항에 따르면, 재심사청구 사항에 대한 재심사위원회의 재심사를 거친 경우에는 「행정심판법」에 따른 행정심판을 청구할 수 없다.

① 제57조에 따라, 심사청구에 대한 결정에 불복하는 자는 「행정소송법」으로 정하는 바에 따라 행정소송을 제기할 수 있다.

② 제55조의 제2항에 따라, 정당한 사유가 없다면 처분이 있는 날부터 180일을 경과한 경우 공단에 심사청구를 할 수 없다.

④ 제56조에 따라, 심사청구에 대한 결정에 불복하는 사람은 그 결정통지를 받은 날부터 90일 이내에 장기요양재심사위원회에 재심사를 청구할 수 있다.

> **제55조(심사청구)** ① 장기요양인정·장기요양등급·장기요양급여·부당이득·장기요양급여비용 또는 장기요양보험료 등에 관한 공단의 처분에 이의가 있는 자는 공단에 심사청구를 할 수 있다.
>
> ② 제1항에 따른 심사청구는 그 처분이 있음을 안 날부터 90일 이내에 문서(「전자정부법」 제2조 제7호에 따른 전자문서를 포함한다)로 하여야 하며, 처분이 있는 날부터 180일을 경과하면 이를 제기하지 못한다. 다만, 정당한 사유로 그 기간에 심사청구를 할 수 없었음을 증명하면 그 기간이 지난 후에도 심사청구를 할 수 있다.
>
> ③ 제1항에 따른 심사청구 사항을 심사하기 위하여 공단에 장기요양심사위원회(이하 "심사위원회"라 한다)를 둔다.
>
> **제56조(재심사청구)** ① 제55조에 따른 심사청구에 대한 결정에 불복하는 사람은 그 결정통지를 받은 날부터 90일 이내에 장기요양재심사위원회(이하 "재심사위원회"라 한다)에 재심사를 청구할 수 있다.
>
> **제56조의2(행정심판과의 관계)** ① 재심사위원회의 재심사에 관한 절차에 관하여는 「행정심판법」을 준용한다.
>
> ② 제56조에 따른 재심사청구 사항에 대한 재심사위원회의 재심사를 거친 경우에는 「행정심판법」에 따른 행정심판을 청구할 수 없다.
>
> **제57조(행정소송)** 공단의 처분에 이의가 있는 자와 제55조에 따른 심사청구 또는 제56조에 따른 재심사청구에 대한 결정에 불복하는 자는 「행정소송법」으로 정하는 바에 따라 행정소송을 제기할 수 있다.

62 ▸ ③

③ 제54조 제2항에 따르면, 공단은 평가를 실시하고 그 결과를 공단의 홈페이지 등에 공표하는 등 필요한 조치를 할 수 있다. 반드시 홈페이지에 결과를 공표하여야 하는 것은 아니다.

①, ②, ④는 각각 제54조 제1항, 제2항, 제3항에서 찾을 수 있는 내용이다.

> **제54조(장기요양급여의 관리·평가)** ① 공단은 장기요양기관이 제공하는 장기요양급여 내용을 지속적으로 관리·평가하여 장기요양급여의 수준이 향상되도록 노력하여야 한다.
>
> ② 공단은 장기요양기관이 제23조 제5항에 따른 장기요양급여의 제공 기준·절차·방법 등에 따라 적정하게 장기요양급여를 제공하였는지 평가를 실시하고 그 결과를 공단의 홈페이지 등에 공표하는 등 필요한 조치를 할 수 있다.
>
> ③ 제2항에 따른 장기요양급여 제공내용의 평가 방법 및 평가 결과의 공표 방법, 그 밖에 필요한 사항은 보건복지부령으로 정한다.

63 ▸ ②

ⓛ, ⓒ는 제41조 제1항에서 찾을 수 있는 내용이다.

ⓐ 제41조 제1항에 따르면, 제23조 제1항 '제1호' 가목에 따른 방문요양에 상당한 장기요양을 받은 경우 보상을 받을 수 있다.

ⓔ 제41조 제2항에 따르면, 수급자가 본인부담금을 감면받는 경우, 이에 필요한 사항은 '보건복지부령'으로 정한다.

> **제41조(가족 등의 장기요양에 대한 보상)** ① 공단은 장기요양급여를 받은 금액의 총액이 보건복지부장관이 정하여 고시하는 금액 이하에 해당하는 수급자가 가족 등으로부터 제23조 제1항 제1호 가목에 따른 방문요양에 상당한 장기요양을 받은 경우 보건복지부령으로 정하는 바에 따라 본인부담금의 일부를 감면하거나 이에 갈음하는 조치를 할 수 있다.
>
> ② 제1항에 따른 본인부담금의 감면방법 등 필요한 사항은 보건복지부령으로 정한다.

64 ▸ ④

④ 제7조 제4항에 따르면, 외국인근로자의 고용 등에 관한 법률」에 따른 외국인근로자 등 '대통령령'으로 정하는 외국인이 신청하는 경우 보건복지부령으로 정하는 바에 따라 장기요양보험가입자에서 제외할 수 있다.

① 제7조 제2항, ② 제7조 제3항, ④ 제7조 제1항에서 찾아볼 수 있는 내용이다.

> **제7조(장기요양보험)** ① 장기요양보험사업은 보건복지부장관이 관장한다.
>
> ② 장기요양보험사업의 보험자는 공단으로 한다.
>
> ③ 장기요양보험의 가입자(이하 "장기요양보험가입자"라 한다)는 「국민건강보험법」 제5조 및 제109조에 따른 가입자로 한다.
>
> ④ 공단은 제3항에도 불구하고 「외국인근로자의 고용 등에 관한 법률」에 따른 외국인근로자 등 대통령령으로 정하는 외국인이 신청하는 경우 보건복지부령으로 정하는 바에 따라 장기요양보험가입자에서 제외할 수 있다.

65 ▸ ③

제37조의2 제1항에 따르면, 제37조 제1항 각 호의 어느 하나(같은 항 제4호는 제외)에 해당하는 행위를 이유로 업무정지명령을 하여야 하는 경우로서 그 업무정지가 해당 장기요양기관을 이용하는 수급자에게 심한 불편을 줄 우려가 있는 등 보건복지부장관이 정하는 특별한 사유가 있다고 인정되는 경우에는 업무정지명령을 갈음하여 2억 원 이하의 과징금을 부과할 수 있다. '부정한 방법으로 지정을 받은 사실'은 제37조의 제1항 제1호에 해당하므로, ㉠에 들어갈 숫자는 '2'이다.

제37조의2 제2항에 따르면, 제37조 제1항 제4호에 해당하는 행위를 이유로 업무정지명령을 하여야 하는 경우로서 그 업무정지가 해당 장기요양기관을 이용하는 수급자에게 심한 불편을 줄 우려가 있는 등 보건복지부장관이 정하는 특별한 사유가 있다고 인정되는 경우에는 업무정지명령을 갈음하여 거짓이나 그 밖의 부정한 방법으로 청구한 금액의 5배 이하의 금액을 과징금으로 부과할 수 있다. 따라서 ㉡에 들어갈 숫자는 '5'이다.

2 + 5 = 7이다.

> **제37조(장기요양기관 지정의 취소 등)** ① 특별자치시장·특별자치도지사·시장·군수·구청장은 장기요양기관이 다음 각 호의 어느 하나에 해당하는 경우 그 지정을 취소하거나 6개월의 범위에서 업무정지를 명할 수 있다. 다만, 제1호, 제2호의2, 제3호의5, 제7호, 또는 제8호에 해당하는 경우에는 지정을 취소하여야 한다.
> 1. 거짓이나 그 밖의 부정한 방법으로 지정을 받은 경우
> 4. 거짓이나 그 밖의 부정한 방법으로 재가 및 시설 급여 비용을 청구한 경우
>
> **제37조의2(과징금의 부과 등)** ① 특별자치시장·특별자치도지사·시장·군수·구청장은 제37조 제1항 각 호의 어느 하나(같은 항 제4호는 제외한다)에 해당하는 행위를 이유로 업무정지명령을 하여야 하는 경우로서 그 업무정지가 해당 장기요양기관을 이용하는 수급자에게 심한 불편을 줄 우려가 있는 등 보건복지부장관이 정하는 특별한 사유가 있다고 인정되는 경우에는 업무정지명령을 갈음하여 2억 원 이하의 과징금을 부과할 수 있다. 다만, 제37조 제1항 제6호를 위반한 행위로서 보건복지부령으로 정하는 경우에는 그러하지 아니하다.
> ② 특별자치시장·특별자치도지사·시장·군수·구청장은 제37조 제1항 제4호에 해당하는 행위를 이유로 업무정지명령을 하여야 하는 경우로서 그 업무정지가 해당 장기요양기관을 이용하는 수급자에게 심한 불편을 줄 우려가 있는 등 보건복지부장관이 정하는 특별한 사유가 있다고 인정되는 경우에는 업무정지명령을 갈음하여 거짓이나 그 밖의 부정한 방법으로 청구한 금액의 5배 이하의 금액을 과징금으로 부과할 수 있다.

66 ▸ ③

③ 제56조 제3항에 따르면, 재심사위원회의 위원 중에는 공무원이 아닌 위원이 전체 위원의 과반수가 되도록 하여야 한다.

① 제56조 제1항, ② 제56조 제2항, ④ 제56조 제2항·제4항에서 찾을 수 있는 내용이다.

> **제56조(재심사청구)** ① 제55조에 따른 심사청구에 대한 결정에 불복하는 사람은 그 결정통지를 받은 날부터 90일 이내에 장기요양재심사위원회(이하 "재심사위원회"라 한다)에 재심사를 청구할 수 있다.
> ② 재심사위원회는 보건복지부장관 소속으로 두고, 위원장 1인을 포함한 20인 이내의 위원으로 구성한다.
> ③ 재심사위원회의 위원은 관계 공무원, 법학, 그 밖에 장기요양사업 분야의 학식과 경험이 풍부한 자 중에서 보건복지부장관이 임명 또는 위촉한다. 이 경우 공무원이 아닌 위원이 전체 위원의 과반수가 되도록 하여야 한다.
> ④ 이 법에서 정한 것 외에 재심사위원회의 구성·운영, 그 밖에 필요한 사항은 대통령령으로 정한다.

67 ▸ ①

㉠ 제23조 제1항 제3호 가목, ㉢ 제24조 제1항에서 확인할 수 있는 내용이다.

㉡ 제24조 제1항 제2호에 따르면, 천재지변이나 그 밖에 이와 유사한 사유로 인하여 장기요양기관이 제공하는 장기요양급여를 이용하기가 어렵다고 '보건복지부장관'이 인정하는 자에게 가족요양비를 지급할 수 있다. 대통령령으로 인정하는 자가 아니다.

㉣ 제24조 제2항에 따르면, 지급절차는 보건복지부령으로 정한다.

> **제23조(장기요양급여의 종류)** ① 이 법에 따른 장기요양급여의 종류는 다음 각 호와 같다.
> 3. 특별현금급여
>   가. 가족요양비 : 제24조에 따라 지급하는 가족장기요양급여
>   나. 특례요양비 : 제25조에 따라 지급하는 특례장기요양급여
>   다. 요양병원간병비 : 제26조에 따라 지급하는 요양병원장기요양급여
>
> **제24조(가족요양비)** ① 공단은 다음 각 호의 어느 하나에 해당하는 수급자가 가족 등으로부터 제23조 제1항 제1호 가목에 따른 방문요양에 상당한 장기요양급여를 받은 때 대통령령으로 정하는 기준에 따라 해당 수급자에게 가족요양비를 지급할 수 있다.
> 1. 도서·벽지 등 장기요양기관이 현저히 부족한 지역으로서 보건복지부장관이 정하여 고시하는 지역에 거주하는 자
> 2. 천재지변이나 그 밖에 이와 유사한 사유로 인하여 장기요양기관이 제공하는 장기요양급여를 이용하기가 어렵다고 보건복지부장관이 인정하는 자
> 3. 신체·정신 또는 성격 등 대통령령으로 정하는 사유로 인하여 가족 등으로부터 장기요양을 받아야 하는 자
> ② 제1항에 따른 가족요양비의 지급절차와 그 밖에 필요한 사항은 보건복지부령으로 정한다.

www.pmg.co.kr

68 ▸ ①

㉠ 제27조 제1항에 따르면, 수급자는 장기요양인정서와 개인별장기요양이용계획서가 도달한 날부터 장기요양급여를 받을 수 있다. 따라서 A씨는 2026년 2월 2일부터 장기요양급여를 받을 수 있다.

㉡ 제27조 제3항에 따르면, 수급자가 장기요양급여를 받으려면 장기요양기관에 장기요양인정서와 개인별장기요양이용계획서를 제시하여야 한다. 다만, 장기요양인정서 및 개인별장기요양이용계획서를 제시하지 못하는 경우 장기요양기관은 공단에 전화나 인터넷 등을 통해 그 자격을 확인할 수 있다고 하였으므로, 이를 제시하지 못한다고 해서 장기요양급여를 받을 수 없는 것은 아니다.

㉢, ㉣는 각각 제27조 제4항, 제5항에 해당하는 내용이다.

> **제27조(장기요양급여의 제공)** ① 수급자는 제17조 제1항에 따른 장기요양인정서와 같은 조 제3항에 따른 개인별장기요양이용계획서가 도달한 날부터 장기요양급여를 받을 수 있다.
> ② 제1항에도 불구하고 수급자는 돌볼 가족이 없는 경우 등 대통령령으로 정하는 사유가 있는 경우 신청서를 제출한 날부터 장기요양인정서가 도달되는 날까지의 기간 중에도 장기요양급여를 받을 수 있다.
> ③ 수급자는 장기요양급여를 받으려면 장기요양기관에 장기요양인정서와 개인별장기요양이용계획서를 제시하여야 한다. 다만, 수급자가 장기요양인정서 및 개인별장기요양이용계획서를 제시하지 못하는 경우 장기요양기관은 공단에 전화나 인터넷 등을 통하여 그 자격 등을 확인할 수 있다.
> ④ 장기요양기관은 제3항에 따라 수급자가 제시한 장기요양인정서와 개인별장기요양이용계획서를 바탕으로 장기요양급여 제공 계획서를 작성하고 수급자의 동의를 받아 그 내용을 공단에 통보하여야 한다.
> ⑤ 제2항에 따른 장기요양급여 인정 범위와 절차, 제4항에 따른 장기요양급여 제공 계획서 작성 절차에 관한 구체적인 사항 등은 대통령령으로 정한다.

69 ▸ ③

③ 제33조의3 제1항 제5호에 따르면, 노인 관련 안전업무를 수행하는 기관으로서 '보건복지부령'으로 정하는 자가 업무의 수행을 위하여 열람시기·절차 및 방법 등 보건복지부령으로 정하는 바에 따라 요청하는 경우에 영상정보 열람이 가능하다.

①은 제33조의2 제1항 제4호, ②는 제33조의2 제1항 제2호, ④는 제33조의2 제1항 제1호에 해당하여 영상정보 열람이 가능하다.

> **제33조의2(폐쇄회로 텔레비전의 설치 등)** ③ 장기요양기관을 운영하는 자는 폐쇄회로 텔레비전에 기록된 영상정보를 60일 이상 보관하여야 한다.

> **제33조의3(영상정보의 열람금지 등)** ① 폐쇄회로 텔레비전을 설치·관리하는 자는 다음 각 호의 어느 하나에 해당하는 경우를 제외하고는 제33조의2 제3항의 영상정보를 열람하게 하여서는 아니 된다.
> 1. 수급자가 자신의 생명·신체·재산상의 이익을 위하여 본인과 관련된 사항을 확인할 목적으로 열람 시기·절차 및 방법 등 보건복지부령으로 정하는 바에 따라 요청하는 경우
> 2. 수급자의 보호자가 수급자의 안전을 확인할 목적으로 열람 시기·절차 및 방법 등 보건복지부령으로 정하는 바에 따라 요청하는 경우
> 3. 「개인정보 보호법」 제2조 제6호 가목에 따른 공공기관이 「노인복지법」 제39조의11 등 법령에서 정하는 노인의 안전업무 수행을 위하여 요청하는 경우
> 4. 범죄의 수사와 공소의 제기 및 유지, 법원의 재판업무 수행을 위하여 필요한 경우
> 5. 그 밖에 노인 관련 안전업무를 수행하는 기관으로서 보건복지부령으로 정하는 자가 업무의 수행을 위하여 열람시기·절차 및 방법 등 보건복지부령으로 정하는 바에 따라 요청하는 경우

70 ▸ ④

㉠ 제25조 제2항, ㉢ 제26조 제1항, ㉣ 제26조 제2항에서 찾아볼 수 있는 내용이다. 따라서, 옳은 것은 모두 3개이다.

㉡ 제25조 제1항에 따르면, 수급자가 장기요양기관이 아닌 노인요양시설 등의 기관 또는 시설에서 재가급여 또는 시설급여에 상당한 장기요양급여를 받은 경우 대통령령으로 정하는 기준에 따라 해당 장기요양급여비용의 일부를 해당 수급자에게 특례요양비로 지급할 수 있다. 반드시 지급해야 하는 것은 아니다.

> **제25조(특례요양비)** ① 공단은 수급자가 장기요양기관이 아닌 노인요양시설 등의 기관 또는 시설에서 재가급여 또는 시설급여에 상당한 장기요양급여를 받은 경우 대통령령으로 정하는 기준에 따라 해당 장기요양급여비용의 일부를 해당 수급자에게 특례요양비로 지급할 수 있다.
> ② 제1항에 따라 장기요양급여가 인정되는 기관 또는 시설의 범위, 특례요양비의 지급절차, 그 밖에 필요한 사항은 보건복지부령으로 정한다.

> **제26조(요양병원간병비)** ① 공단은 수급자가 「의료법」 제3조 제2항 제3호 라목에 따른 요양병원에 입원한 때 대통령령으로 정하는 기준에 따라 장기요양에 사용되는 비용의 일부를 요양병원간병비로 지급할 수 있다.
> ② 제1항에 따른 요양병원간병비의 지급절차와 그 밖에 필요한 사항은 보건복지부령으로 정한다.

71 ▸ ③

㉠, ㉢, ㉣은 각각 제53조의2 제1항 제3호, 제2항, 제1항 제2호에 해당하는 내용이다.

㉡ 제53조의2 제3항에 따르면, 위원회의 구성, 운영 등의 사항은 대통령령으로 정한다.

> **제53조의2(장기요양급여심사위원회의 설치)** ① 다음 각 호의 사항을 심의하기 위하여 공단에 장기요양급여심사위원회(이하 "급여심사위원회"라 한다)를 둔다.
> 1. 장기요양급여 제공 기준의 세부사항 설정 및 보완에 관한 사항
> 2. 장기요양급여비용 및 산정방법의 세부사항 설정 및 보완에 관한 사항
> 3. 장기요양급여비용 심사기준 개발 및 심사조정에 관한 사항
> 4. 그 밖에 공단 이사장이 필요하다고 인정한 사항
> ② 급여심사위원회는 위원장 1명을 포함하여 10명 이하의 위원으로 구성한다.
> ③ 이 법에서 정한 것 외에 급여심사위원회의 구성·운영, 그 밖에 필요한 사항은 대통령령으로 정한다.

72 ▸ ③

제16조 제1항에 따르면, 등급판정위원회는 신청인이 신청서를 제출한 날부터 (30)일 이내에 제15조에 따른 장기요양등급판정을 완료하여야 한다. 다만, 신청인에 대한 정밀조사가 필요한 경우 등 기간 이내에 등급판정을 완료할 수 없는 부득이한 사유가 있는 경우 (30)일 이내의 범위에서 이를 연장할 수 있다.

㉠, ㉡에 들어갈 숫자는 각각 30이므로, 30×30＝900이다.

> **제16조(장기요양등급판정기간)** ① 등급판정위원회는 신청인이 신청서를 제출한 날부터 30일 이내에 제15조에 따른 장기요양등급판정을 완료하여야 한다. 다만, 신청인에 대한 정밀조사가 필요한 경우 등 기간 이내에 등급판정을 완료할 수 없는 부득이한 사유가 있는 경우 30일 이내의 범위에서 이를 연장할 수 있다.

73 ▸ ③

㉣ 장기요양보험료는 장기요양위원회 심의를 거쳐 대통령령으로 정한다(제9조 제2항).

㉤ 제48조 제2항 제14호에 따르면, 장기요양사업과 관련하여 '보건복지부장관'이 위탁한 업무이다.

따라서, 틀린 것은 2개이다.

> **제48조(관리운영기관 등)** ① 장기요양사업의 관리운영기관은 공단으로 한다.
> ② 공단은 다음 각 호의 업무를 관장한다.
> 1. 장기요양보험가입자 및 그 피부양자와 의료급여수급권자의 자격관리
> 2. 장기요양보험료의 부과·징수
> 3. 신청인에 대한 조사
> 4. 등급판정위원회의 운영 및 장기요양등급 판정
> 5. 장기요양인정서의 작성 및 개인별장기요양이용계획서의 제공
> 6. 장기요양급여의 관리 및 평가
> 7. 수급자 및 그 가족에 대한 정보제공·안내·상담 등 장기요양급여 관련 이용지원에 관한 사항
> 8. 재가 및 시설 급여비용의 심사 및 지급과 특별현금급여의 지급
> 9. 장기요양급여 제공내용 확인
> 10. 장기요양사업에 관한 조사·연구, 국제협력 및 홍보
> 11. 노인성질환예방사업
> 12. 이 법에 따른 부당이득금의 부과·징수 등
> 13. 장기요양급여의 제공기준을 개발하고 장기요양급여비용의 적정성을 검토하기 위한 장기요양기관의 설치 및 운영
> 14. 그 밖에 장기요양사업과 관련하여 보건복지부장관이 위탁한 업무

74 ▸ ②

② 제37조 제1항 제4호에 해당하는 경우이다. 제37조의2 제1항에 따르면, 특별자치시장·특별자치도지사·시장·군수·구청장은 제37조 제1항 각 호의 어느 하나에 해당하는 행위를 이유로 업무정지명령을 해야 하는 경우 보건복지부장관이 정하는 특별한 사유가 있다고 인정될 때 업무정지명령을 갈음해 2억 원 이하의 과징금을 부과할 수 있다. 하지만, 제37조 제1항 제4호의 경우는 제외한다고 하였으므로, 과징금 부과로 업무정지명령을 갈음할 수 없다.

① 제37조 제1항 제6호 다목에 해당하는 경우로, 지정 취소나 업무정지가 모두 가능하다.

③ 제37조 제1항 제3호의5에 해당하는 경우로, 반드시 지정을 취소해야 한다.

④ 제37조 제1항 제1호에 해당하는 경우로, 반드시 지정을 취소해야 한다.

> **제37조(장기요양기관 지정의 취소 등)** ① 특별자치시장·특별자치도지사·시장·군수·구청장은 장기요양기관이 다음 각 호의 어느 하나에 해당하는 경우 그 지정을 취소하거나 6개월의 범위에서 업무정지를 명할 수 있다. 다만, 제1호, 제2호의2, 제3호의5, 제7호, 또는 제8호에 해당하는 경우에는 지정을 취소하여야 한다.
> 1. 거짓이나 그 밖의 부정한 방법으로 지정을 받은 경우
> 1의2. 제28조의2를 위반하여 급여외행위를 제공한 경우. 다만, 장기요양기관의 장이 그 위반행위를 방지하기 위하여 해당 업무에 관하여 상당한 주의와 감독을 게을리하지 아니한 경우는 제외한다.
> 2. 제31조 제1항에 따른 지정기준에 적합하지 아니한 경우
> 2의2. 제32조의2 각 호의 어느 하나에 해당하게 된 경우. 다만, 제32조의2 제7호에 해당하게 된 법인의 경우 3개월 이내에 그 대표자를 변경하는 때에는 그러하지 아니하다.

3. 제35조 제1항을 위반하여 장기요양급여를 거부한 경우

3의2. 제35조 제5항을 위반하여 본인부담금을 면제하거나 감경하는 행위를 한 경우

3의3. 제35조 제6항을 위반하여 수급자를 소개, 알선 또는 유인하는 행위 및 이를 조장하는 행위를 한 경우

3의4. 제35조의4 제2항 각 호의 어느 하나를 위반한 경우

3의5. 제36조 제1항에 따른 폐업 또는 휴업 신고를 하지 아니하고 1년 이상 장기요양급여를 제공하지 아니한 경우

3의6. 제36조의2에 따른 시정명령을 이행하지 아니하거나 회계부정 행위가 있는 경우

3의7. 정당한 사유 없이 제54조에 따른 평가를 거부·방해 또는 기피하는 경우

4. 거짓이나 그 밖의 부정한 방법으로 재가 및 시설 급여 비용을 청구한 경우

6. 장기요양기관의 종사자 등이 다음 각 목의 어느 하나에 해당하는 행위를 한 경우. 다만, 장기요양기관의 장이 그 행위를 방지하기 위하여 해당 업무에 관하여 상당한 주의와 감독을 게을리하지 아니한 경우는 제외한다.

　　가. 수급자의 신체에 폭행을 가하거나 상해를 입히는 행위

　　나. 수급자에게 성적 수치심을 주는 성폭행, 성희롱 등의 행위

　　다. 자신의 보호·감독을 받는 수급자를 유기하거나 의식주를 포함한 기본적 보호 및 치료를 소홀히 하는 방임행위

　　라. 수급자를 위하여 증여 또는 급여된 금품을 그 목적 외의 용도에 사용하는 행위

　　마. 폭언, 협박, 위협 등으로 수급자의 정신건강에 해를 끼치는 정서적 학대행위

제37조의2(과징금의 부과 등) ① 특별자치시장·특별자치도지사·시장·군수·구청장은 제37조 제1항 각 호의 어느 하나(같은 항 제4호는 제외한다)에 해당하는 행위를 이유로 업무정지명령을 하여야 하는 경우로서 그 업무정지가 해당 장기요양기관을 이용하는 수급자에게 심한 불편을 줄 우려가 있는 등 보건복지부장관이 정하는 특별한 사유가 있다고 인정되는 경우에는 업무정지명령을 갈음하여 2억 원 이하의 과징금을 부과할 수 있다. 다만, 제37조 제1항 제6호를 위반한 행위로서 보건복지부령으로 정하는 경우에는 그러하지 아니하다.

75 ▶ ②

㉠ 제55조 제1항, ㉡ 제55조 제2항, ㉤ 제55조 제5항에서 확인할 수 있다.

㉢ 제55조 제2항에 따르면, 처분이 있은 날부터 180일이 경과하면 심사청구를 제기하지 못한다. 다만, 정당한 사유로 그 기간에 심사청구를 할 수 없었음을 증명하면 그 기간이 지난 후에도 심사청구를 할 수 있으므로, 옳은 설명이 아니다.

㉣ 제55조 제4항에 따르면 심사위원회는 위원장 1명을 포함한 50명 이내의 위원으로 구성한다. '50명 이상'이 아니다.

제55조(심사청구) ① 장기요양인정·장기요양등급·장기요양급여·부당이득·장기요양급여비용 또는 장기요양보험료 등에 관한 공단의 처분에 이의가 있는 자는 공단에 심사청구를 할 수 있다.

② 제1항에 따른 심사청구는 그 처분이 있음을 안 날부터 90일 이내에 문서(「전자정부법」 제2조제7호에 따른 전자문서를 포함한다)로 하여야 하며, 처분이 있은 날부터 180일을 경과하면 이를 제기하지 못한다. 다만, 정당한 사유로 그 기간에 심사청구를 할 수 없었음을 증명하면 그 기간이 지난 후에도 심사청구를 할 수 있다.

③ 제1항에 따른 심사청구 사항을 심사하기 위하여 공단에 장기요양심사위원회(이하 "심사위원회"라 한다)를 둔다.

④ 심사위원회는 위원장 1명을 포함한 50명 이내의 위원으로 구성한다.

⑤ 이 법에서 정한 것 외에 심사위원회의 구성·운영, 그 밖에 필요한 사항은 대통령령으로 정한다.

76 ▶ ③

③ 제6조 제2항에 따르면, 장기요양기본계획에 따라 세부시행계획을 수립·시행하는 주체는 '지방자치단체의 장'이다. ①은 제6조 제1항, ②와 ④는 제6조의2 제1항에서 확인할 수 있다.

제6조(장기요양기본계획) ① 보건복지부장관은 노인등에 대한 장기요양급여를 원활하게 제공하기 위하여 5년 단위로 다음 각 호의 사항이 포함된 장기요양기본계획을 수립·시행하여야 한다.

1. 연도별 장기요양급여 대상인원 및 재원조달 계획

2. 연도별 장기요양기관 및 장기요양전문인력 관리 방안

3. 장기요양요원의 처우에 관한 사항

4. 그 밖에 노인등의 장기요양에 관한 사항으로서 대통령령으로 정하는 사항

② 지방자치단체의 장은 제1항에 따른 장기요양기본계획에 따라 세부시행계획을 수립·시행하여야 한다.

제6조의2(실태조사) ① 보건복지부장관은 장기요양사업의 실태를 파악하기 위하여 3년마다 다음 각 호의 사항에 관한 조사를 정기적으로 실시하고 그 결과를 공표하여야 한다.

1. 장기요양인정에 관한 사항

2. 제52조에 따른 장기요양등급판정위원회(이하 "등급판정위원회"라 한다)의 판정에 따라 장기요양급여를 받을 사람(이하 "수급자"라 한다)의 규모, 그 급여의 수준 및 만족도에 관한 사항

3. 장기요양기관에 관한 사항

4. 장기요양요원의 근로조건, 처우 및 규모에 관한 사항

5. 그 밖에 장기요양사업에 관한 사항으로서 보건복지부령으로 정하는 사항

77 ▶ ③

㉠ 제59조 제2항, ㉡ 제59조 제1항, ㉤ 제60조에서 확인할 수 있다.

㉢ 제59조 제3항에 따르면, 정보통신망 및 정보통신서비스 시설이 열악한 지역 등 보건복지부장관이 정하는 지역의 경우 전자문서·전산매체 또는 전자문서교환방식을 이용하지 아니할 수 있다.

㉣ 제60조 제1항에 따르면, 공단은 장기요양사업 수행에 필요하다고 인정할 때 자료의 제출을 요구할 수 있다. '보건복지부령에서 인정하는 사항'에 관하여는 제시되어 있지 않다.

> **제59조(전자문서의 사용)** ① 장기요양사업에 관련된 각종 서류의 기록, 관리 및 보관은 보건복지부령으로 정하는 바에 따라 전자문서로 한다.
> ② 공단 및 장기요양기관은 장기요양기관의 지정신청, 재가·시설 급여비용의 청구 및 지급, 장기요양기관의 재무·회계정보 처리 등에 대하여 전산매체 또는 전자문서교환방식을 이용하여야 한다.
> ③ 제1항 및 제2항에도 불구하고 정보통신망 및 정보통신서비스 시설이 열악한 지역 등 보건복지부장관이 정하는 지역의 경우 전자문서·전산매체 또는 전자문서교환방식을 이용하지 아니할 수 있다.

> **제60조(자료의 제출 등)** ① 공단은 장기요양급여 제공내용 확인, 장기요양급여의 관리·평가 및 장기요양보험료 산정 등 장기요양사업 수행에 필요하다고 인정할 때 다음 각 호의 어느 하나에 해당하는 자에게 자료의 제출을 요구할 수 있다.
> 1. 장기요양보험가입자 또는 그 피부양자 및 의료급여수급권자
> 2. 수급자, 장기요양기관 및 의료기관
> ② 제1항에 따라 자료의 제출을 요구받은 자는 성실히 이에 응하여야 한다.

78 ▶ ①

㉢을 제외한 ㉠, ㉡, ㉣, ㉤은 각각 제31조 제3항 제1호, 제4호, 제3호, 제2호에 해당하는 내용이다.

> **제31조(장기요양기관의 지정)** ③ 특별자치시장·특별자치도지사·시장·군수·구청장이 제1항에 따른 지정을 하려는 경우에는 다음 각 호의 사항을 검토하여 장기요양기관을 지정하여야 한다. 이 경우 특별자치시장·특별자치도지사·시장·군수·구청장은 공단에 관련 자료의 제출을 요청하거나 그 의견을 들을 수 있다.
> 1. 장기요양기관을 운영하려는 자의 장기요양급여 제공 이력
> 2. 장기요양기관을 운영하려는 자 및 그 기관에 종사하려는 자가 이 법, 「사회복지사업법」 또는 「노인복지법」 등 장기요양기관의 운영과 관련된 법에 따라 받은 행정처분의 내용
> 3. 장기요양기관의 운영 계획
> 4. 해당 지역의 노인인구 수, 치매 등 노인성질환 환자 수 및 장기요양급여 수요 등 지역 특성
> 5. 그 밖에 특별자치시장·특별자치도지사·시장·군수·구청장이 장기요양기관으로 지정하는 데 필요하다고 인정하여 정하는 사항

79 ▶ ①

㉠ 제36조 제5항, ㉡ 제36조 제1항, ㉣ 제36조 제3항 제1호에 해당하는 내용이다.

㉢ 제36조 제1항에 따르면, 폐업이나 휴업을 하려는 장기요양기관의 장은 특별자치시장·특별자치도지사·시장·군수·구청장에게 신고하여야 한다.

㉤ 제36조 제6항에 따르면, 장기요양기관의 장은 폐업·휴업 신고를 할 때 보건복지부령으로 정하는 바에 따라 장기요양급여 제공 자료를 공단으로 이관하여야 한다.

> **제36조(장기요양기관의 폐업 등의 신고 등)** ① 장기요양기관의 장은 폐업하거나 휴업하고자 하는 경우 폐업이나 휴업 예정일 전 30일까지 특별자치시장·특별자치도지사·시장·군수·구청장에게 신고하여야 한다. 신고를 받은 특별자치시장·특별자치도지사·시장·군수·구청장은 지체 없이 신고 명세를 공단에 통보하여야 한다.
> ③ 장기요양기관의 장은 장기요양기관을 폐업하거나 휴업하려는 경우 또는 장기요양기관의 지정 갱신을 하지 아니하려는 경우 보건복지부령으로 정하는 바에 따라 수급자의 권익을 보호하기 위하여 다음 각 호의 조치를 취하여야 한다.
> 1. 해당 장기요양기관을 이용하는 수급자가 다른 장기요양기관을 선택하여 이용할 수 있도록 계획을 수립하고 이행하는 조치
> 2. 해당 장기요양기관에서 수급자가 제40조 제1항 및 제3항에 따라 부담한 비용 중 정산하여야 할 비용이 있는 경우 이를 정산하는 조치
> 3. 그 밖에 수급자의 권익 보호를 위하여 필요하다고 인정되는 조치로서 보건복지부령으로 정하는 조치
> ⑤ 특별자치시장·특별자치도지사·시장·군수·구청장은 「노인복지법」 제43조에 따라 노인의료복지시설 등(장기요양기관이 운영하는 시설인 경우에 한한다)에 대하여 사업정지 또는 폐지 명령을 하는 경우 지체 없이 공단에 그 내용을 통보하여야 한다.
> ⑥ 장기요양기관의 장은 제1항에 따라 폐업·휴업 신고를 할 때 또는 장기요양기관의 지정 갱신을 하지 아니하여 유효기간이 만료될 때 보건복지부령으로 정하는 바에 따라 장기요양급여 제공 자료를 공단으로 이관하여야 한다. 다만, 휴업 신고를 하는 장기요양기관의 장이 휴업 예정일 전까지 공단의 허가를 받은 경우에는 장기요양급여 제공 자료를 직접 보관할 수 있다.

80 ▶ ①

㉠ 제35조의3 제3항에 따르면, 보건복지부장관이 인권교육 기관을 지정할 경우 인권교육 비용을 지원할 수 있고, 인권교육기관은 교육에 필요한 비용을 교육대상자, 즉 장기요양기관 종사자로부터 징수할 수 있다고 하였다. 따라서 교육비용을 모두 보건복지부장관이 지원하는 것은 아니다.

㉡ 제35조의3 제2항에 따르면, 장기요양기관 중 대통령령으로 정하는 기관을 운영하는 자는 해당 기관을 이용하고 있는 장기요양급여 수급자에게 인권교육을 실시할 수 있다. 반드시 인권교육을 실시해야 하는 것은 아니다.

ⓒ 제35조의4 제1항 제1호, ② 제35조의4 제3항에 해당하는
내용이다.

> **제35조의3(인권교육)** ② 장기요양기관 중 대통령령으로 정
> 하는 기관을 운영하는 자는 해당 기관을 이용하고 있는 장
> 기요양급여 수급자에게 인권교육을 실시할 수 있다.
> ③ 보건복지부장관은 제1항 및 제2항에 따른 인권교육을 효
> 율적으로 실시하기 위하여 인권교육기관을 지정할 수 있
> 다. 이 경우 예산의 범위에서 인권교육에 소요되는 비용을
> 지원할 수 있으며, 지정을 받은 인권교육기관은 보건복지
> 부장관의 승인을 받아 인권교육에 필요한 비용을 교육대
> 상자로부터 징수할 수 있다.
> **제35조의4(장기요양요원의 보호)** ① 장기요양기관의 장은 장
> 기요양요원이 다음 각 호의 어느 하나에 해당하는 경우로
> 인한 고충의 해소를 요청하는 경우 업무의 전환 등 대통령
> 령으로 정하는 바에 따라 적절한 조치를 하여야 한다.
> 1. 수급자 및 그 가족이 장기요양요원에게 폭언·폭행·
>   상해 또는 성희롱·성폭력 행위를 하는 경우
> 2. 수급자 및 그 가족이 장기요양요원에게 제28조의2 제1항
>   각 호에 따른 급여외행위의 제공을 요구하는 경우
> ③ 장기요양기관의 장은 보건복지부령으로 정하는 바에 따라
> 장기요양 수급자와 그 가족에게 장기요양요원의 업무범
> 위, 직무상 권리와 의무 등 권익보호를 위한 사항을 안내
> 할 수 있다.

국민건강보험공단

NCS＋법률

박문각

국민건강보험공단

완끌 핸드북

완벽한 끝.

- ✐ 법률 학습 전략은?
- ✐ 국민건강보험법 2025 기출 요약노트
- ✐ 국민건강보험법
- ✐ 노인장기요양보험법 2025 기출 요약노트
- ✐ 노인장기요양보험법

박문각

국민건강보험공단 채용,
법률 학습 전략은?

국민건강보험법[법률 제21065호]과 노인장기요양보험법[법률 제21257호] 및 각 법률의 기출 요약노트를 수록한 핸드북입니다. 기출 요약노트는 2025년도 시험에서 출제되었던 내용을 요약하여 수록한 것입니다. 전체 조문을 핸드북 하나로 살펴볼 수 있습니다.

◎ 완끝 핸드북 활용법
1. 모의고사 1~3회를 풀기 전 핸드북으로 시험에 출제되는 법률을 학습한 뒤 문제를 푸시기 바랍니다. 문제풀이 후에는 틀린 부분을 위주로 해당 법조문을 확인하면 효율적인 학습이 가능합니다.
2. 법조문 내용을 살짝 바꾼 선택지가 제시되고, 사례형 문제도 출제됩니다. 내용을 정확하게 알아야 풀 수 있는 문제가 많으므로, 핸드북을 여러 번 반복하여 학습하는 것을 추천합니다.
3. 시험에 출제되었거나 출제 가능성이 높은 부분에 색으로 표시하였습니다. 해당 부분은 특히 집중적으로 학습하시기 바랍니다.
4. 기출 요약노트 부분은 시험에 출제되었던 내용이므로 반드시 숙지하시기 바랍니다.
5. 시험 직전, 시험장에서 핸드북을 통해 법률 내용을 마지막으로 체크할 수 있습니다.

◎ 국민건강보험공단 법률 문제 풀이 TIP
1. 헷갈릴 수 있는 다음 내용은 반드시 구분하여 외워둡니다. 시험에서 아래의 내용들을 헷갈리게 하여 출제할 수 있습니다.

> 보건복지부령 / 대통령령
> ~할 수 있다. / ~해야 한다.
> ~한 날 ~한다. / ~다음 날 ~한다.

2. 예외의 경우가 있는 법조문의 경우, '모두 ~한다'는 단정적인 표현을 쓸 수 없음에 유의합니다.
3. 기간(30일, 1년 등)과 벌금(천만 원, 5천만 원) 등 수치가 나오는 부분은 꼼꼼하게 외워둡니다.
4. 옳은 것/틀린 것을 고르는 문제는 물론 옳은 것/틀린 것의 개수를 묻는 문제도 출제됩니다. 또한, 날짜 계산 문제도 출제되니, 헷갈리지 않도록 관련 내용을 미리 정리해 두어야 합니다.

국민건강보험법 2025 기출 요약노트

※ 실제 2025년도 시험에서 출제되었던 내용을 요약하여 수록하였습니다.

1. 건강보험정책심의위원회
   - 건강보험정책심의위원회는 보건복지부장관 소속이며, 위원장 1명과 부위원장 1명을 포함하여 25명의 위원으로 구성한다. 위원장은 보건복지부차관이 되고, 부위원장은 위원 중 위원장이 지명하는 사람이 된다.
   - 위원의 임기는 3년이며, 위원의 사임 등으로 새로 위촉된 위원의 임기는 전임위원 임기의 남은 기간으로 한다.
   - 건강보험정책심의위원회 운영 등에 필요한 사항은 대통령령으로 정한다.

2. 건강보험의 가입자 또는 피부양자
   - 국내에 거주하는 국민은 건강보험의 가입자 또는 피부양자가 된다. 피부양자는 직장가입자에게 주로 생계를 의존하는 사람으로서, 소득 및 재산이 보건복지부령으로 정하는 기준 이하에 해당해야 한다.
   - 피부양자가 될 수 있는 경우는 ▷직장가입자의 배우자 ▷직장가입자의 직계존속(배우자의 직계존속 포함) ▷직장가입자의 직계비속(배우자의 직계비속 포함)과 그 배우자 ▷직장가입자의 형제·자매이다.
   - 피부양자 자격의 인정 기준, 취득·상실시기 및 그 밖에 필요한 사항은 보건복지부령으로 정한다.

3. 가입자의 종류
   - 모든 사업장의 근로자 및 사용자와 공무원 및 교직원은 직장가입자가 된다.
   - 고용 기간이 1개월 미만인 일용근로자, 「병역법」에 따른 현역병(지원에 의하지 아니하고 임용된 하사 포함), 전환복무된 사람 및 군간부후보생, 선거에 당선되어 취임하는 공무원으로서 매월 보수 또는 보수에 준하는 급료를 받지 아니하는 사람, 그 밖에 사업장의 특성, 고용 형태 및 사업의 종류 등을 고려하여 대통령령으로 정하는 사업장의 근로자 및 사용자와 공무원 및 교직원은 직장가입자에서 제외한다.

4. 건강보험 자격의 취득 및 변동, 상실 시기
   - 다음의 어느 하나에 해당하는 사람은 그 해당되는 날에 각각 자격을 얻는다.

   > 1. 수급권자이었던 사람은 그 대상자에서 제외된 날
   > 2. 직장가입자의 피부양자이었던 사람은 그 자격을 잃은 날
   > 3. 유공자등 의료보호대상자이었던 사람은 그 대상자에서 제외된 날
   > 4. 제5조 제1항 제2호 가목에 따라 보험자에게 건강보험의 적용을 신청한 유공자등 의료보호대상자는 그 신청한 날

• 가입자는 다음의 어느 하나에 해당하게 된 날에 그 자격이 변동된다.

> 1. 지역가입자가 적용대상사업장의 사용자로 되거나, 근로자 · 공무원 또는 교직원으로 사용된 날
> 2. 직장가입자가 다른 적용대상사업장의 사용자로 되거나 근로자등으로 사용된 날
> 3. 직장가입자인 근로자등이 그 사용관계가 끝난 날의 다음 날
> 4. 적용대상사업장에 제7조 제2호에 따른 사유가 발생한 날의 다음 날
> 5. 지역가입자가 다른 세대로 전입한 날

• 가입자는 다음의 어느 하나에 해당하게 된 날에 그 자격을 잃는다.

> 1. 사망한 날의 다음 날
> 2. 국적을 잃은 날의 다음 날
> 3. 국내에 거주하지 아니하게 된 날의 다음 날
> 4. 직장가입자의 피부양자가 된 날
> 5. 수급권자가 된 날
> 6. 건강보험을 적용받고 있던 사람이 유공자등 의료보호대상자가 되어 건강보험의 적용배제신청을 한 날

5. 건강보험증

• 국민건강보험공단은 가입자 또는 피부양자가 신청하는 경우 건강보험증을 발급하여야 한다.
• 가입자 또는 피부양자는 주민등록증, 운전면허증, 여권, 그 밖에 보건복지부령으로 정하는 본인 여부를 확인할 수 있는 신분증명서로 요양기관이 그 자격을 확인할 수 있으면 건강보험증을 제출하지 아니할 수 있다.
• 건강보험증의 신청 절차와 방법, 서식과 그 교부 및 사용 등에 필요한 사항은 보건복지부령으로 정한다.

6. 공단의 정관 및 설립등기

• 공단의 정관에는 다음 사항을 적어야 한다.

1. 목적	2. 명칭
3. 사무소의 소재지	4. 임직원에 관한 사항
5. 이사회의 운영	6. 재정운영위원회에 관한 사항
7. 보험료 및 보험급여에 관한 사항	8. 예산 및 결산에 관한 사항
9. 자산 및 회계에 관한 사항	10. 업무와 그 집행
11. 정관의 변경에 관한 사항	12. 공고에 관한 사항

- 공단의 설립등기에는 다음의 사항을 포함하여야 한다.

> 1. 목적
> 2. 명칭
> 3. 주된 사무소 및 분사무소의 소재지
> 4. 이사장의 성명·주소 및 주민등록번호

7. 공단 임원의 당연퇴임 및 해임

임명권자는 임원이 다음의 어느 하나에 해당하면 그 임원을 해임할 수 있다.

> 1. 신체장애나 정신장애로 직무를 수행할 수 없다고 인정되는 경우
> 2. 직무상 의무를 위반한 경우
> 3. 고의나 중대한 과실로 공단에 손실이 생기게 한 경우
> 4. 직무 여부와 관계없이 품위를 손상하는 행위를 한 경우
> 5. 이 법에 따른 보건복지부장관의 명령을 위반한 경우

8. 약제에 대한 요양급여비용 상한금액의 감액

- 보건복지부장관은 「약사법」 제47조 제2항의 위반과 관련된 제41조 제1항 제2호의 약제에 대하여는 요양급여비용 상한금액의 100분의 20을 넘지 아니하는 범위에서 그 금액의 일부를 감액할 수 있다.
- 보건복지부장관은 요양급여비용의 상한금액이 감액된 약제가 감액된 날부터 5년의 범위에서 대통령령으로 정하는 기간 내에 다시 제1항에 따른 감액의 대상이 된 경우에는 요양급여비용 상한금액의 100분의 40을 넘지 아니하는 범위에서 요양급여비용 상한금액의 일부를 감액할 수 있다.
- 보건복지부장관은 제2항에 따라 요양급여비용의 상한금액이 감액된 약제가 감액된 날부터 5년의 범위에서 대통령령으로 정하는 기간 내에 다시 「약사법」 제47조 제2항의 위반과 관련된 경우에는 해당 약제에 대하여 1년의 범위에서 기간을 정하여 요양급여의 적용을 정지할 수 있다.
- 요양급여비용 상한금액의 감액 및 요양급여 적용 정지의 기준, 절차, 그 밖에 필요한 사항은 대통령령으로 정한다.

9. 선별급여

- 요양급여를 결정함에 있어 경제성 또는 치료효과성 등이 불확실하여 그 검증을 위하여 추가적인 근거가 필요하거나, 경제성이 낮아도 가입자와 피부양자의 건강회복에 잠재적 이득이 있는 등 대통령령으로 정하는 경우에는 예비적인 요양급여인 선별급여로 지정하여 실시할 수 있다.
- 보건복지부장관은 대통령령으로 정하는 절차와 방법에 따라 선별급여에 대하여 주기적으로 요양급여의 적합성을 평가하여 요양급여 여부를 다시 결정하고, 요양급여의 기준을 조정하여야 한다.

10. 급여의 제한
    - 공단은 보험급여를 받을 수 있는 사람이 다음 각 호의 어느 하나에 해당하면 보험급여를 하지 아니한다.

    > 1. 고의 또는 중대한 과실로 인한 범죄행위에 그 원인이 있거나 고의로 사고를 일으킨 경우
    > 2. 고의 또는 중대한 과실로 공단이나 요양기관의 요양에 관한 지시에 따르지 아니한 경우
    > 3. 고의 또는 중대한 과실로 제55조에 따른 문서와 그 밖의 물건의 제출을 거부하거나 질문 또는 진단을 기피한 경우
    > 4. 업무 또는 공무로 생긴 질병·부상·재해로 다른 법령에 따른 보험급여나 보상(報償) 또는 보상(補償)을 받게 되는 경우

    - 공단은 보험급여를 받을 수 있는 사람이 다른 법령에 따라 국가나 지방자치단체로부터 보험급여에 상당하는 급여를 받거나 보험급여에 상당하는 비용을 지급받게 되는 경우에는 그 한도에서 보험급여를 하지 아니한다.
    - 공단은가입자가 대통령령으로 정하는 기간 이상 보수 외 소득월액보험료, 세대단위의 보험료를 체납한 경우 공단은 가입자가 체납한 보험료를 완납할 때까지 그 가입자 및 피부양자에 대하여 보험급여를 실시하지 않을 수 있다. 다만, 월별 보험료의 총체납횟수가 대통령령으로 정하는 횟수 미만이거나 가입자 및 피부양자의 소득·재산 등이 대통령령으로 정하는 기준 미만인 경우에는 급여를 제한하지 않는다.

11. 요양비등수급계좌
    - 공단은 보험급여로 지급되는 요양비등을 받는 수급자의 신청이 있는 경우에는 요양비등을 수급자 명의의 지정된 계좌로 입금하여야 한다. 다만, 정보통신장애나 그 밖에 대통령령으로 정하는 불가피한 사유로 요양비등수급계좌로 이체할 수 없을 때에는 직접 현금으로 지급하는 등 대통령령으로 정하는 바에 따라 요양비등을 지급할 수 있다.
    - 요양비등수급계좌가 개설된 금융기관은 요양비등수급계좌에 요양비등만이 입금되도록 하고, 이를 관리하여야 한다.
    - 제1항 및 제2항에 따른 요양비등수급계좌의 신청 방법·절차와 관리에 필요한 사항은 대통령령으로 정한다.

12. 건강보험료
    - 공단은 건강보험사업에 드는 비용에 충당하기 위하여 보험료의 납부의무자로부터 보험료를 징수하며, 보험료는 가입자의 자격을 취득한 날이 속하는 달의 다음 달부터 가입자의 자격을 잃은 날의 전날이 속하는 달까지 징수한다. 다만, 가입자의 자격을 매월 1일에 취득한 경우 또는 제5조 제1항 제2호 가목에 따른 건강보험 적용 신청으로 가입자의 자격을 취득하는 경우에는 그 달부터 징수한다.

- 직장가입자의 월별 보험료액은 다음에 따라 산정한 금액으로 한다.

> 1. 보수월액보험료 : 제70조에 따라 산정한 보수월액에 제73조 제1항 또는 제2항에 따른 보험료율을 곱하여 얻은 금액이다. 보수월액은 직장가입자가 지급받는 보수를 기준으로 하여 산정한다.
> 2. 보수 외 소득월액보험료 : 제71조 제1항에 따라 산정한 보수 외 소득월액에 제73조 제1항 또는 제2항에 따른 보험료율을 곱하여 얻은 금액이다. 직장가입자의 보수 외 소득월액은 제70조에 따른 보수월액의 산정에 포함된 보수를 제외한 직장가입자의 소득이 대통령령으로 정하는 금액을 초과하는 경우 다음의 계산식에 따른 값을 보건복지부령으로 정하는 바에 따라 평가하여 산정한다.
>
> $$(\text{연간 보수 외 소득} - \text{대통령령으로 정하는 금액}) \times \frac{1}{12}$$

- 지역가입자의 월별 보험료액은 다음의 구분에 따라 산정한 금액을 합산한 금액으로 한다.(보험료액은 세대 단위로 산정)

> 1. 소득 : 제71조 제2항에 따라 산정한 지역가입자의 소득월액에 제73조 제3항에 따른 보험료율을 곱하여 얻은 금액이다. 지역가입자의 소득월액은 지역가입자의 연간 소득을 12개월로 나눈 값을 보건복지부령으로 정하는 바에 따라 평가하여 산정한다.
> 2. 재산 : 제72조에 따라 산정한 재산보험료부과점수에 제73조 제3항에 따른 재산보험료부과점수당 금액을 곱하여 얻은 금액이다. 재산보험료부과점수는 지역가입자의 재산을 기준으로 산정한다.

- 월별 보험료액은 가입자의 보험료 평균액의 일정비율에 해당하는 금액을 고려하여 대통령령으로 정하는 기준에 따라 상한 및 하한을 정한다. 또한, 보수월액의 산정 및 보수가 지급되지 아니하는 사용자의 보수월액의 산정 등에 필요한 사항과, 소득의 구체적인 범위, 소득월액을 산정하는 기준, 방법 등 소득월액의 산정에 필요한 사항, 재산보험료부과점수의 산정방법·산정기준 등에 필요한 사항은 대통령령으로 정한다.

13. 보험료의 경감
    - 다음의 어느 하나에 해당하는 가입자 중 보건복지부령으로 정하는 가입자에 대하여는 그 가입자 또는 그 가입자가 속한 세대의 보험료의 일부를 경감할 수 있다.

> 1. 섬·벽지(僻地)·농어촌 등 대통령령으로 정하는 지역에 거주하는 사람
> 2. 65세 이상인 사람
> 3. 「장애인복지법」에 따라 등록한 장애인
> 4. 「국가유공자 등 예우 및 지원에 관한 법률」 제4조 제1항 제4호, 제6호, 제12호, 제15호 및 제17호에 따른 국가유공자
> 5. 휴직자
> 6. 그 밖에 생활이 어렵거나 천재지변 등의 사유로 보험료를 경감할 필요가 있다고 보건복지부장관이 정하여 고시하는 사람

- 보험료 납부의무자가 ▷ 보험료의 납입 고지 또는 독촉을 전자문서로 받는 경우 ▷ 보험료를 계좌 또는 신용카드 자동이체의 방법으로 내는 경우에는 대통령령으로 정하는 바에 따라 보험료를 감액하는 등 재산상의 이익을 제공할 수 있다.

14. 보험료의 납부기한 및 납입고지

- 보험료 납부의무가 있는 자는 가입자에 대한 그 달의 보험료를 그 다음 달 10일까지 납부하여야 한다.
- 직장가입자의 보수 외 소득월액보험료 및 지역가입자의 보험료는 보건복지부령으로 정하는 바에 따라 분기별로 납부할 수 있다.
- 납입 고지의 송달 지연 등 보건복지부령으로 정하는 사유가 있는 경우, 납부의무자의 신청에 따라 납부기한부터 1개월의 범위에서 납부기한을 연장할 수 있다.
- 납부기한 연장을 신청하는 방법, 절차 등에 필요한 사항은 보건복지부령으로 정한다.
- 공단은 보험료등을 징수하려면 그 금액을 결정하여 납부의무자에게 ▷ 징수하려는 보험료등의 종류 ▷ 납부해야 하는 금액 ▷납부기한 및 장소를 적은 문서로 납입 고지를 해야 한다.
- 직장가입자의 사용자가 2명 이상인 경우 또는 지역가입자의 세대가 2명 이상으로 구성된 경우 그중 1명에게 한 고지는 해당 사업장의 다른 사용자 또는 세대 구성원인 다른 지역가입자 모두에게 효력이 있는 것으로 본다.
- 휴직자등의 보험료는 휴직 등의 사유가 끝날 때까지 보건복지부령으로 정하는 바에 따라 납입 고지를 유예할 수 있다.

15. 가입자의 신고 및 소득 축소 · 탈루 자료 송부

- 공단은 사용자, 직장가입자 및 세대주에게 다음 사항을 신고하게 하거나 관계 서류를 제출하게 할 수 있다.

> 1. 가입자의 거주지 변경
> 2. 가입자의 보수 · 소득
> 3. 그 밖에 건강보험사업을 위하여 필요한 사항

- 공단은 신고한 사항이나 제출받은 자료에 대하여 사실 여부를 확인할 필요가 있으면 소속 직원이 해당 사항에 관하여 조사하게 할 수 있으며, 이때 조사를 하는 소속 직원은 그 권한을 표시하는 증표를 지니고 관계인에게 보여주어야 한다.
- 공단은 신고한 보수 또는 소득 등에 축소 또는 탈루(脫漏)가 있다고 인정하는 경우에는 보건복지부장관을 거쳐 소득의 축소 또는 탈루에 관한 사항을 문서로 국세청장에게 송부할 수 있다. 국세청장은 송부받은 사항에 대하여 「국세기본법」 등 관련 법률에 따른 세무조사를 하면 그 조사 결과 중 보수 · 소득에 관한 사항을 공단에 송부하여야 한다. 이때, 송부 절차 등에 필요한 사항은 대통령령으로 정한다.

16. 위반사실의 공표

- 보건복지부장관은 관련 서류의 위조ㆍ변조로 요양급여비용을 거짓으로 청구하여 행정처분을 받은 요양기관이 다음의 어느 하나에 해당하면 그 위반 행위, 처분 내용, 해당 요양기관의 명칭ㆍ주소 및 대표자 성명, 그 밖에 다른 요양기관과의 구별에 필요한 사항으로서 대통령령으로 정하는 사항을 공표할 수 있다.

> 1. 거짓으로 청구한 금액이 1천 500만 원 이상인 경우
> 2. 요양급여비용 총액 중 거짓으로 청구한 금액의 비율이 100분의 20 이상인 경우

- 보건복지부장관은 공표 여부 등을 심의하기 위하여 건강보험공표심의위원회를 설치ㆍ운영한다. 보건복지부장관은 건강보험공표심의위원회의 심의를 거친 공표대상자에게 공표대상자인 사실을 알려 소명자료를 제출하거나 출석하여 의견을 진술할 기회를 주어야 하며, 이에 따라 제출된 소명자료 또는 진술된 의견을 고려하여 공표대상자를 재심의한 후 공표대상자를 선정한다.
- 공표의 절차ㆍ방법, 공표심의위원회의 구성ㆍ운영 등에 필요한 사항은 대통령령으로 정한다.

17. 보험재정에 대한 정부지원

- 국가는 매년 예산의 범위에서 해당 연도 보험료 예상 수입액의 100분의 14에 상당하는 금액을 국고에서 공단에 지원하며, 공단은 이 재원을 다음 사업에 사용한다.

> 1. 가입자 및 피부양자에 대한 보험급여
> 2. 건강보험사업에 대한 운영비
> 3. 제75조 및 제110조 제4항에 따른 보험료 경감에 대한 지원

- 공단은 「국민건강증진법」에서 정하는 바에 따라 같은 법에 따른 국민건강증진기금에서 자금을 지원받을 수 있으며, 공단은 이에 따라 지원된 재원을 다음 사업에 사용한다.

> 1. 건강검진 등 건강증진에 관한 사업
> 2. 가입자와 피부양자의 흡연으로 인한 질병에 대한 보험급여
> 3. 가입자와 피부양자 중 65세 이상 노인에 대한 보험급여

18. 외국인 등에 대한 특례

- 정부는 외국 정부가 사용자인 사업장의 근로자의 건강보험에 관하여는 외국 정부와 한 합의에 따라 이를 따로 정할 수 있다.
- 국내에 체류하는 재외국민 또는 국내체류 외국인이 적용대상사업장의 근로자, 공무원 또는 교직원이고 제6조 제2항 각 호의 어느 하나에 해당하지 아니하면서 다음의 어느 하나에 해당하는 경우에는 제5조에도 불구하고 직장가입자가 된다.

> 1. 「주민등록법」 제6조 제1항 제3호에 따라 등록한 사람
> 2. 「재외동포의 출입국과 법적 지위에 관한 법률」 제6조에 따라 국내거소신고를 한 사람
> 3. 「출입국관리법」 제31조에 따라 외국인등록을 한 사람

- 직장가입자에 해당하지 아니하는 국내체류 외국인등이 다음의 요건을 모두 갖춘 경우에는 제5조에도 불구하고 지역가입자가 된다.

> 1. 보건복지부령으로 정하는 기간 동안 국내에 거주하였거나 해당 기간 동안 국내에 지속적으로 거주할 것으로 예상할 수 있는 사유로서 보건복지부령으로 정하는 사유에 해당될 것
> 2. 제2항 제1호 또는 제2호에 해당하는 사람 또는 「출입국관리법」 제31조에 따라 외국인등록을 한 사람으로서 보건복지부령으로 정하는 체류자격이 있는 사람일 것

- 직장가입자의 조건에 해당하는 국내체류 외국인등이 다음의 요건을 모두 갖춘 경우에는 제5조에도 불구하고 공단에 신청하면 피부양자가 될 수 있다.

> 1. 직장가입자와의 관계가 제5조 제2항 각 호의 어느 하나에 해당할 것
> 2. 제5조 제3항에 따른 피부양자 자격의 인정 기준에 해당할 것
> 3. 국내 거주기간 또는 거주사유가 제3항 제1호에 따른 기준에 해당할 것. 다만, 직장가입자의 배우자 및 19세 미만 자녀(배우자의 자녀를 포함한다)에 대해서는 그러하지 아니하다.

- 다음에 해당되는 경우에는 가입자 및 피부양자가 될 수 없다.

> 1. 국내체류가 법률에 위반되는 경우로서 대통령령으로 정하는 사유가 있는 경우
> 2. 국내체류 외국인등이 외국의 법령, 외국의 보험 또는 사용자와의 계약 등에 따라 제41조에 따른 요양급여에 상당하는 의료보장을 받을 수 있어 사용자 또는 가입자가 보건복지부령으로 정하는 바에 따라 가입 제외를 신청한 경우

19. 실업자에 대한 특례
  - 사용관계가 끝난 사람 중 직장가입자로서의 자격을 유지한 기간이 보건복지부령으로 정하는 기간 동안 통산 1년 이상인 사람은 지역가입자가 된 이후 최초로 제79조에 따라 지역가입자 보험료를 고지받은 날부터 그 납부기한에서 2개월이 지나기 이전까지 공단에 직장가입자로서의 자격을 유지할 것을 신청할 수 있다. 단, 신청 후 최초로 내야 할 직장가입자 보험료를 그 납부기한부터 2개월이 지난 날까지 내지 아니한 경우에는 그 자격을 유지할 수 없다.
  - 임의계속가입자의 보수월액은 보수월액보험료가 산정된 최근 12개월간의 보수월액을 평균한 금액으로 하며, 임의계속가입자의 보험료는 보건복지부장관이 정하여 고시하는 바에 따라 그 일부를 경감할 수 있다.
  - 임의계속가입자의 신청 방법·절차 등에 필요한 사항은 보건복지부령으로 정한다.

20. 업무의 위탁
  - 공단은 대통령령으로 정하는 바에 따라 다음 각 호의 업무를 체신관서, 금융기관 또는 그 밖의 자에게 위탁할 수 있다.

> 1. 보험료의 수납 또는 보험료납부의 확인에 관한 업무
> 2. 보험급여비용의 지급에 관한 업무
> 3. 징수위탁근거법의 위탁에 따라 징수하는 연금보험료, 고용보험료, 산업재해보상 보험료, 부담금 및 분담금 등의 수납 또는 그 납부의 확인에 관한 업무

  - 공단은 그 업무의 일부를 국가기관, 지방자치단체 또는 다른 법령에 따른 사회보험 업무를 수행하는 법인이나 그 밖의 자에게 위탁할 수 있으나, 보험료와 징수위탁보험료등의 징수 업무는 위탁할 수 없다. 공단이 위탁할 수 있는 업무 및 위탁받을 수 있는 자의 범위는 보건복지부령으로 정한다.

21. 벌칙 및 과태료
(1) 벌칙
  - 5년 이하의 징역 또는 5천만 원 이하의 벌금 : 제102조 제1호를 위반하여 가입자 및 피부양자의 개인정보를 누설하거나 직무상 목적 외의 용도로 이용 또는 정당한 사유 없이 제3자에게 제공한 자
  - 3년 이하의 징역 또는 3천만 원 이하의 벌금

> 1. 대행청구단체의 종사자로서 거짓이나 그 밖의 부정한 방법으로 요양급여비용을 청구한 자
> 2. 제102조 제2호를 위반하여 업무를 수행하면서 알게 된 정보를 누설하거나 직무상 목적 외의 용도로 이용 또는 제3자에게 제공한 자

  - 3년 이하의 징역 또는 1천만 원 이하의 벌금 : 제96조의3 제3항을 위반하여 공동이용하는 전산정보자료를 같은 조 제1항에 따른 목적 외의 용도로 이용하거나 활용한 자
  - 2년 이하의 징역 또는 2천만 원 이하의 벌금 : 거짓이나 그 밖의 부정한 방법으로 보험급여를 받거나 타인으로 하여금 보험급여를 받게 한 사람
  - 1년 이하의 징역 또는 1천만 원 이하의 벌금

> 1. 제42조의2 제1항 및 제3항을 위반하여 선별급여를 제공한 요양기관의 개설자
> 2. 제47조 제7항을 위반하여 대행청구단체가 아닌 자로 하여금 대행하게 한 자
> 3. 제93조를 위반한 사용자
> 4. 제98조 제2항을 위반한 요양기관의 개설자

  - 1천만 원 이하의 벌금 : 제97조 제2항을 위반하여 보고 또는 서류 제출을 하지 아니한 자, 거짓으로 보고하거나 거짓 서류를 제출한 자, 검사나 질문을 거부 · 방해 또는 기피한 자
  - 500만 원 이하의 벌금 : 제42조 제5항을 위반한 자 또는 제49조 제2항을 위반하여 요양비 명세서나 요양 명세를 적은 영수증을 내주지 아니한 자

⑵ 과태료
- 500만 원 이하의 과태료

> 1. 제7조를 위반하여 신고를 하지 아니하거나 거짓으로 신고한 사용자
> 2. 정당한 사유 없이 제94조 제1항을 위반하여 신고·서류제출을 하지 아니하거나 거짓으로 신고·서류제출을 한 자
> 3. 정당한 사유 없이 제97조 제1항, 제3항, 제4항, 제5항을 위반하여 보고·서류제출을 하지 아니하거나 거짓으로 보고·서류제출을 한 자
> 4. 제98조 제4항을 위반하여 행정처분을 받은 사실 또는 행정처분절차가 진행 중인 사실을 지체 없이 알리지 아니한 자
> 5. 정당한 사유 없이 제101조 제2항을 위반하여 서류를 제출하지 아니하거나 거짓으로 제출한 자

- 100만 원 이하의 과태료

> 1. 제12조 제4항을 위반하여 정당한 사유 없이 건강보험증이나 신분증명서로 가입자 또는 피부양자의 본인 여부 및 그 자격을 확인하지 아니하고 요양급여를 실시한 자
> 2. 제96조의4를 위반하여 서류를 보존하지 아니한 자
> 3. 제103조에 따른 명령을 위반한 자
> 4. 제105조를 위반한 자

국민건강보험법

[법률 제21065호, 2025. 10. 1., 타법개정]

제1장 총칙

제1조【목적】이 법은 국민의 질병·부상에 대한 예방·진단·치료·재활과 출산·사망 및 건강증진에 대하여 보험급여를 실시함으로써 국민보건 향상과 사회보장 증진에 이바지함을 목적으로 한다.

제2조【관장】이 법에 따른 건강보험사업은 보건복지부장관이 맡아 주관한다.

제3조【정의】이 법에서 사용하는 용어의 뜻은 다음과 같다.

1. "근로자"란 직업의 종류와 관계없이 근로의 대가로 보수를 받아 생활하는 사람(법인의 이사와 그 밖의 임원을 포함한다)으로서 공무원 및 교직원을 제외한 사람을 말한다.
2. "사용자"란 다음 각 목의 어느 하나에 해당하는 자를 말한다.
   가. 근로자가 소속되어 있는 사업장의 사업주
   나. 공무원이 소속되어 있는 기관의 장으로서 대통령령으로 정하는 사람
   다. 교직원이 소속되어 있는 사립학교(「사립학교교직원 연금법」 제3조에 규정된 사립학교를 말한다. 이하 이 조에서 같다)를 설립·운영하는 자
3. "사업장"이란 사업소나 사무소를 말한다.
4. "공무원"이란 국가나 지방자치단체에서 상시 공무에 종사하는 사람을 말한다.
5. "교직원"이란 사립학교나 사립학교의 경영기관에서 근무하는 교원과 직원을 말한다.

제3조의2【국민건강보험종합계획의 수립 등】① 보건복지부장관은 이 법에 따른 건강보험(이하 "건강보험"이라 한다)의 건전한 운영을 위하여 제4조에 따른 건강보험정책심의위원회(이하 이 조에서 "건강보험정책심의위원회"라 한다)의 심의를 거쳐 5년마다 국민건강보험종합계획(이하 "종합계획"이라 한다)을 수립하여야 한다. 수립된 종합계획을 변경할 때도 또한 같다.

② 종합계획에는 다음 각 호의 사항이 포함되어야 한다.

1. 건강보험정책의 기본목표 및 추진방향
2. 건강보험 보장성 강화의 추진계획 및 추진방법
3. 건강보험의 중장기 재정 전망 및 운영
4. 보험료 부과체계에 관한 사항
5. 요양급여비용에 관한 사항
6. 건강증진 사업에 관한 사항
7. 취약계층 지원에 관한 사항
8. 건강보험에 관한 통계 및 정보의 관리에 관한 사항
9. 그 밖에 건강보험의 개선을 위하여 필요한 사항으로 대통령령으로 정하는 사항

③ 보건복지부장관은 종합계획에 따라 매년 연도별 시행계획(이하 "시행계획"이라 한다)을 건강보험정책심의위원회의 심의를 거쳐 수립·시행하여야 한다.

④ 보건복지부장관은 매년 시행계획에 따른 추진실적을 평가하여야 한다.

⑤ 보건복지부장관은 다음 각 호의 사유가 발생한 경우 관련 사항에 대한 보고서를 작성하여 지체 없이 국회 소관 상임위원회에 보고하여야 한다.

1. 제1항에 따른 종합계획의 수립 및 변경
2. 제3항에 따른 시행계획의 수립
3. 제4항에 따른 시행계획에 따른 추진실적의 평가

⑥ 보건복지부장관은 종합계획의 수립, 시행계획의 수립·시행 및 시행계획에 따른 추진실적의 평가를 위하여 필요하다고 인정하는 경우 관계 기관의 장에게 자료의 제출을 요구

할 수 있다. 이 경우 자료의 제출을 요구받은 자는 특별한 사유가 없으면 이에 따라야 한다.

⑦ 그 밖에 제1항에 따른 종합계획의 수립 및 변경, 제3항에 따른 시행계획의 수립·시행 및 제4항에 따른 시행계획에 따른 추진실적의 평가 등에 필요한 사항은 대통령령으로 정한다.

제4조【건강보험정책심의위원회】① 건강보험정책에 관한 다음 각 호의 사항을 심의·의결하기 위하여 보건복지부장관 소속으로 건강보험정책심의위원회(이하 "심의위원회"라 한다)를 둔다.

1. 제3조의2 제1항 및 제3항에 따른 종합계획 및 시행계획에 관한 사항(의결은 제외한다)

2. 제41조 제3항에 따른 요양급여의 기준

3. 제45조 제3항 및 제46조에 따른 요양급여 비용에 관한 사항

4. 제73조 제1항에 따른 직장가입자의 보험료율

5. 제73조 제3항에 따른 지역가입자의 보험료율과 재산보험료부과점수당 금액

5의2. 보험료 부과 관련 제도 개선에 관한 다음 각 목의 사항(의결은 제외한다)

　가. 건강보험 가입자(이하 "가입자"라 한다)의 소득 파악 실태에 관한 조사 및 연구에 관한 사항

　나. 가입자의 소득 파악 및 소득에 대한 보험료 부과 강화를 위한 개선 방안에 관한 사항

　다. 그 밖에 보험료 부과와 관련된 제도 개선 사항으로서 심의위원회 위원장이 회의에 부치는 사항

6. 그 밖에 건강보험에 관한 주요 사항으로서 대통령령으로 정하는 사항

② 심의위원회는 위원장 1명과 부위원장 1명을 포함하여 25명의 위원으로 구성한다.

③ 심의위원회의 위원장은 보건복지부차관이 되고, 부위원장은 제4항 제4호의 위원 중에서 위원장이 지명하는 사람이 된다.

④ 심의위원회의 위원은 다음 각 호에 해당하는 사람을 보건복지부장관이 임명 또는 위촉한다.

1. 근로자단체 및 사용자단체가 추천하는 각 2명

2. 시민단체(「비영리민간단체지원법」 제2조에 따른 비영리민간단체를 말한다. 이하 같다), 소비자단체, 농어업인단체 및 자영업자단체가 추천하는 각 1명

3. 의료계를 대표하는 단체 및 약업계를 대표하는 단체가 추천하는 8명

4. 다음 각 목에 해당하는 8명

　가. 대통령령으로 정하는 중앙행정기관 소속 공무원 2명

　나. 국민건강보험공단의 이사장 및 건강보험심사평가원의 원장이 추천하는 각 1명

　다. 건강보험에 관한 학식과 경험이 풍부한 4명

⑤ 심의위원회 위원(제4항 제4호 가목에 따른 위원은 제외한다)의 임기는 3년으로 한다. 다만, 위원의 사임 등으로 새로 위촉된 위원의 임기는 전임위원 임기의 남은 기간으로 한다.

⑥ 보건복지부장관은 심의위원회가 제1항 제5호의2에 따라 심의한 사항을 국회에 보고하여야 한다.

⑦ 심의위원회의 운영 등에 필요한 사항은 대통령령으로 정한다.

제2장 가입자

제5조【적용 대상 등】① 국내에 거주하는 국민은 건강보험의 가입자 또는 피부양자가 된다. 다만, 다음 각 호의 어느 하나에 해당하는 사람은 제외한다.

1. 「의료급여법」에 따라 의료급여를 받는 사람(이하 "수급권자"라 한다)

2. 「독립유공자예우에 관한 법률」 및 「국가유공자 등 예우 및 지원에 관한 법률」에 따라 의료보호를 받는 사람(이하 "유공자등 의료보호대상자"라 한다). 다만, 다음 각 목의 어느 하나에 해당하는 사람은 가입자 또는 피부양자가 된다.

　가. 유공자등 의료보호대상자 중 건강보험의 적용을 보험자에게 신청한 사람

　나. 건강보험을 적용받고 있던 사람이 유공자등 의료보호대상자로 되었으나 건강보험의 적용배제신청을 보험자에게 하지 아니한 사람

② 제1항의 피부양자는 다음 각 호의 어느 하나에 해당하는 사람 중 직장가입자에게 주로 생계를 의존하는 사람으로서 소득 및 재산이 보건복지부령으로 정하는 기준 이하에 해당하는 사람을 말한다.

1. 직장가입자의 배우자
2. 직장가입자의 직계존속(배우자의 직계존속을 포함한다)
3. 직장가입자의 직계비속(배우자의 직계비속을 포함한다)과 그 배우자
4. 직장가입자의 형제·자매

③ 제2항에 따른 피부양자 자격의 인정 기준, 취득·상실시기 및 그 밖에 필요한 사항은 보건복지부령으로 정한다.

제6조【가입자의 종류】① 가입자는 직장가입자와 지역가입자로 구분한다.

② 모든 사업장의 근로자 및 사용자와 공무원 및 교직원은 직장가입자가 된다. 다만, 다음 각 호의 어느 하나에 해당하는 사람은 제외한다.

1. 고용 기간이 1개월 미만인 일용근로자
2. 「병역법」에 따른 현역병(지원에 의하지 아니하고 임용된 하사를 포함한다), 전환복무된 사람 및 군간부후보생
3. 선거에 당선되어 취임하는 공무원으로서 매월 보수 또는 보수에 준하는 급료를 받지 아니하는 사람
4. 그 밖에 사업장의 특성, 고용 형태 및 사업의 종류 등을 고려하여 대통령령으로 정하는 사업장의 근로자 및 사용자와 공무원 및 교직원

③ 지역가입자는 직장가입자와 그 피부양자를 제외한 가입자를 말한다.

④ 삭제

제7조【사업장의 신고】사업장의 사용자는 다음 각 호의 어느 하나에 해당하게 되면 그 때부터 14일 이내에 보건복지부령으로 정하는 바에 따라 보험자에게 신고하여야 한다. 제1호에 해당되어 보험자에게 신고한 내용이 변경된 경우에도 또한 같다.

1. 제6조 제2항에 따라 직장가입자가 되는 근로자·공무원 및 교직원을 사용하는 사업장(이하 "적용대상사업장"이라 한다)이 된 경우
2. 휴업·폐업 등 보건복지부령으로 정하는 사유가 발생한 경우

제8조【자격의 취득 시기 등】① 가입자는 국내에 거주하게 된 날에 직장가입자 또는 지역가입자의 자격을 얻는다. 다만, 다음 각 호의 어느 하나에 해당하는 사람은 그 해당되는 날에 각각 자격을 얻는다.

1. 수급권자이었던 사람은 그 대상자에서 제외된 날
2. 직장가입자의 피부양자이었던 사람은 그 자격을 잃은 날
3. 유공자등 의료보호대상자이었던 사람은 그 대상자에서 제외된 날
4. 제5조 제1항 제2호 가목에 따라 보험자에게 건강보험의 적용을 신청한 유공자등 의료보호대상자는 그 신청한 날

② 제1항에 따라 자격을 얻은 경우 그 직장가입자의 사용자 및 지역가입자의 세대주는 그 명세를 보건복지부령으로 정하는 바에 따라 자격을 취득한 날부터 14일 이내에 보험자에게 신고하여야 한다.

제9조【자격의 변동 시기 등】① 가입자는 다음 각 호의 어느 하나에 해당하게 된 날에 그 자격이 변동된다.

1. 지역가입자가 적용대상사업장의 사용자로 되거나, 근로자·공무원 또는 교직원(이하 "근로자등"이라 한다)으로 사용된 날
2. 직장가입자가 다른 적용대상사업장의 사용자로 되거나 근로자등으로 사용된 날
3. 직장가입자인 근로자등이 그 사용관계가 끝난 날의 다음 날
4. 적용대상사업장에 제7조 제2호에 따른 사유가 발생한 날의 다음 날
5. 지역가입자가 다른 세대로 전입한 날

② 제1항에 따라 자격이 변동된 경우 직장가입자의 사용자와 지역가입자의 세대주는 다음 각 호의 구분에 따라 그 명세를 보건복지부령으로 정하는 바에 따라 자격이 변동된 날부터 14일 이내에 보험자에게 신고하여야 한다.

1. 제1항 제1호 및 제2호에 따라 자격이 변동된 경우: 직장가입자의 사용자
2. 제1항 제3호부터 제5호까지의 규정에 따라 자격이 변동된 경우: 지역가입자의 세대주

③ 법무부장관 및 국방부장관은 직장가입자나 지역가입자가 제54조 제3호 또는 제4호에 해당하면 보건복지부령으로 정하는 바에 따라 그 사유에 해당된 날부터 1개월 이내에 보험자에게 알려야 한다.

제9조의2【자격 취득·변동 사항의 고지】공단은 제96조 제1항에 따라 제공받은 자료를 통하여 가입자 자격의 취득 또는 변동 여부를 확인하는 경우에는 자격 취득 또는 변동 후 최초로 제79조에 따른 납부의무자에게 보험료 납입고지를 할 때 보건복지부령으로 정하는 바에 따라 자격 취득 또는 변동에 관한 사항을 알려야 한다.

제10조【자격의 상실 시기 등】① 가입자는 다음 각 호의 어느 하나에 해당하게 된 날에 그 자격을 잃는다.

  1. 사망한 날의 다음 날
  2. 국적을 잃은 날의 다음 날
  3. 국내에 거주하지 아니하게 된 날의 다음 날
  4. 직장가입자의 피부양자가 된 날
  5. 수급권자가 된 날
  6. 건강보험을 적용받고 있던 사람이 유공자 등 의료보호대상자가 되어 건강보험의 적용배제신청을 한 날

② 제1항에 따라 자격을 잃은 경우 직장가입자의 사용자와 지역가입자의 세대주는 그 명세를 보건복지부령으로 정하는 바에 따라 자격을 잃은 날부터 14일 이내에 보험자에게 신고하여야 한다.

제11조【자격취득 등의 확인】① 가입자 자격의 취득·변동 및 상실은 제8조부터 제10조까지의 규정에 따른 자격의 취득·변동 및 상실의 시기로 소급하여 효력을 발생한다. 이 경우 보험자는 그 사실을 확인할 수 있다.

② 가입자나 가입자이었던 사람 또는 피부양자나 피부양자이었던 사람은 제1항에 따른 확인을 청구할 수 있다.

제12조【건강보험증】① 국민건강보험공단은 가입자 또는 피부양자가 신청하는 경우 건강보험증을 발급하여야 한다.

② 가입자 또는 피부양자가 요양급여를 받을 때에는 제1항의 건강보험증을 제42조 제1항에 따른 요양기관(이하 "요양기관"이라 한다)에 제출하여야 한다. 다만, 천재지변이나 그 밖의 부득이한 사유가 있으면 그러하지 아니하다.

③ 가입자 또는 피부양자는 제2항 본문에도 불구하고 주민등록증(모바일 주민등록증을 포함한다), 운전면허증, 여권, 그 밖에 보건복지부령으로 정하는 본인 여부를 확인할 수 있는 신분증명서(이하 "신분증명서"라 한다)로 요양기관이 그 자격을 확인할 수 있으면 건강보험증을 제출하지 아니할 수 있다.

④ 요양기관은 가입자 또는 피부양자에게 요양급여를 실시하는 경우 보건복지부령으로 정하는 바에 따라 건강보험증이나 신분증명서로 본인 여부 및 그 자격을 확인하여야 한다. 다만, 요양기관이 가입자 또는 피부양자의 본인 여부 및 그 자격을 확인하기 곤란한 경우로서 보건복지부령으로 정하는 정당한 사유가 있을 때에는 그러하지 아니하다.

⑤ 가입자·피부양자는 제10조 제1항에 따라 자격을 잃은 후 자격을 증명하던 서류를 사용하여 보험급여를 받아서는 아니 된다.

⑥ 누구든지 건강보험증이나 신분증명서를 다른 사람에게 양도(讓渡)하거나 대여하여 보험급여를 받게 하여서는 아니 된다.

⑦ 누구든지 건강보험증이나 신분증명서를 양도 또는 대여를 받거나 그 밖에 이를 부정하게 사용하여 보험급여를 받아서는 아니 된다.

⑧ 제1항에 따른 건강보험증의 신청 절차와 방법, 서식과 그 교부 및 사용 등에 필요한 사항은 보건복지부령으로 정한다.

제3장 국민건강보험공단

제13조【보험자】건강보험의 보험자는 국민건강보험공단(이하 "공단"이라 한다)으로 한다.

제14조【업무 등】① 공단은 다음 각 호의 업무를 관장한다.

  1. 가입자 및 피부양자의 자격 관리
  2. 보험료와 그 밖에 이 법에 따른 징수금의 부과·징수
  3. 보험급여의 관리
  4. 가입자 및 피부양자의 질병의 조기발견·예방 및 건강관리를 위하여 요양급여 실시 현황과 건강검진 결과 등을 활용하여 실시

하는 예방사업으로서 대통령령으로 정하는
사업

5. 보험급여 비용의 지급

6. 자산의 관리·운영 및 증식사업

7. 의료시설의 운영

8. 건강보험에 관한 교육훈련 및 홍보

9. 건강보험에 관한 조사연구 및 국제협력

10. 이 법에서 공단의 업무로 정하고 있는 사항

11. 「국민연금법」, 「고용보험 및 산업재해보
상보험의 보험료징수 등에 관한 법률」, 「임
금채권보장법」 및 「석면피해구제법」(이하
"징수위탁근거법"이라 한다)에 따라 위탁
받은 업무

12. 그 밖에 이 법 또는 다른 법령에 따라 위
탁받은 업무

13. 그 밖에 건강보험과 관련하여 보건복지부
장관이 필요하다고 인정한 업무

② 제1항 제6호에 따른 자산의 관리·운영 및
증식사업은 안정성과 수익성을 고려하여 다음
각 호의 방법에 따라야 한다.

1. 체신관서 또는 「은행법」에 따른 은행에의
예입 또는 신탁

2. 국가·지방자치단체 또는 「은행법」에 따른
은행이 직접 발행하거나 채무이행을 보증
하는 유가증권의 매입

3. 특별법에 따라 설립된 법인이 발행하는 유
가증권의 매입

4. 「자본시장과 금융투자업에 관한 법률」에
따른 신탁업자가 발행하거나 같은 법에 따
른 집합투자업자가 발행하는 수익증권의
매입

5. 공단의 업무에 사용되는 부동산의 취득 및
일부 임대

6. 그 밖에 공단 자산의 증식을 위하여 대통령
령으로 정하는 사업

③ 공단은 특정인을 위하여 업무를 제공하거
나 공단 시설을 이용하게 할 경우 공단의 정관
으로 정하는 바에 따라 그 업무의 제공 또는
시설의 이용에 대한 수수료와 사용료를 징수
할 수 있다.

④ 공단은 「공공기관의 정보공개에 관한 법률」
에 따라 건강보험과 관련하여 보유·관리하고
있는 정보를 공개한다.

제15조【법인격 등】① 공단은 법인으로 한다.

② 공단은 주된 사무소의 소재지에서 설립등
기를 함으로써 성립한다.

제16조【사무소】① 공단의 주된 사무소의 소재
지는 정관으로 정한다.

② 공단은 필요하면 정관으로 정하는 바에 따
라 분사무소를 둘 수 있다.

제17조【정관】① 공단의 정관에는 다음 각 호의
사항을 적어야 한다.

1. 목적

2. 명칭

3. 사무소의 소재지

4. 임직원에 관한 사항

5. 이사회의 운영

6. 재정운영위원회에 관한 사항

7. 보험료 및 보험급여에 관한 사항

8. 예산 및 결산에 관한 사항

9. 자산 및 회계에 관한 사항

10. 업무와 그 집행

11. 정관의 변경에 관한 사항

12. 공고에 관한 사항

② 공단은 정관을 변경하려면 보건복지부장
관의 인가를 받아야 한다.

제18조【등기】공단의 설립등기에는 다음 각 호
의 사항을 포함하여야 한다.

1. 목적

2. 명칭

3. 주된 사무소 및 분사무소의 소재지

4. 이사장의 성명·주소 및 주민등록번호

제19조【해산】공단의 해산에 관하여는 법률로
정한다.

제20조【임원】① 공단은 임원으로서 이사장 1명,
이사 14명 및 감사 1명을 둔다. 이 경우 이사
장, 이사 중 5명 및 감사는 상임으로 한다.

② 이사장은 「공공기관의 운영에 관한 법률」
제29조에 따른 임원추천위원회(이하 "임원추
천위원회"라 한다)가 복수로 추천한 사람 중
에서 보건복지부장관의 제청으로 대통령이 임
명한다.

③ 상임이사는 보건복지부령으로 정하는 추
천 절차를 거쳐 이사장이 임명한다.

④ 비상임이사는 다음 각 호의 사람을 보건복
지부장관이 임명한다.

1. 노동조합·사용자단체·시민단체·소비자단체·농어업인단체 및 노인단체가 추천하는 각 1명
2. 대통령령으로 정하는 바에 따라 추천하는 관계 공무원 3명

⑤ 감사는 임원추천위원회가 복수로 추천한 사람 중에서 재정경제부장관의 제청으로 대통령이 임명한다.

⑥ 제4항에 따른 비상임이사는 정관으로 정하는 바에 따라 실비변상(實費辨償)을 받을 수 있다.

⑦ 이사장의 임기는 3년, 이사(공무원인 이사는 제외한다)와 감사의 임기는 각각 2년으로 한다.

제21조【징수이사】 ① 상임이사 중 제14조 제1항 제2호 및 제11호의 업무를 담당하는 이사(이하 "징수이사"라 한다)는 경영, 경제 및 사회보험에 관한 학식과 경험이 풍부한 사람으로서 보건복지부령으로 정하는 자격을 갖춘 사람 중에서 선임한다.

② 징수이사 후보를 추천하기 위하여 공단에 이사를 위원으로 하는 징수이사추천위원회(이하 "추천위원회"라 한다)를 둔다. 이 경우 추천위원회의 위원장은 이사장이 지명하는 이사로 한다.

③ 추천위원회는 주요 일간신문에 징수이사 후보의 모집 공고를 하여야 하며, 이와 별도로 적임자로 판단되는 징수이사 후보를 조사하거나 전문단체에 조사를 의뢰할 수 있다.

④ 추천위원회는 제3항에 따라 모집한 사람을 보건복지부령으로 정하는 징수이사 후보 심사 기준에 따라 심사하여야 하며, 징수이사 후보로 추천될 사람과 계약 조건에 관하여 협의하여야 한다.

⑤ 이사장은 제4항에 따른 심사와 협의 결과에 따라 징수이사 후보와 계약을 체결하여야 하며, 이 경우 제20조 제3항에 따른 상임이사의 임명으로 본다.

⑥ 제4항에 따른 계약 조건에 관한 협의, 제5항에 따른 계약 체결 등에 필요한 사항은 보건복지부령으로 정한다.

제22조【임원의 직무】 ① 이사장은 공단을 대표하고 업무를 총괄하며, 임기 중 공단의 경영성과에 대하여 책임을 진다.

② 상임이사는 이사장의 명을 받아 공단의 업무를 집행한다.

③ 이사장이 부득이한 사유로 그 직무를 수행할 수 없을 때에는 정관으로 정하는 바에 따라 상임이사 중 1명이 그 직무를 대행하고, 상임이사가 없거나 그 직무를 대행할 수 없을 때에는 정관으로 정하는 임원이 그 직무를 대행한다.

④ 감사는 공단의 업무, 회계 및 재산 상황을 감사한다.

제23조【임원 결격사유】 다음 각 호의 어느 하나에 해당하는 사람은 공단의 임원이 될 수 없다.
1. 대한민국 국민이 아닌 사람
2. 「공공기관의 운영에 관한 법률」 제34조 제1항 각 호의 어느 하나에 해당하는 사람

제24조【임원의 당연퇴임 및 해임】 ① 임원이 제23조 각 호의 어느 하나에 해당하게 되거나 임명 당시 그에 해당하는 사람으로 확인되면 그 임원은 당연퇴임한다.

② 임명권자는 임원이 다음 각 호의 어느 하나에 해당하면 그 임원을 해임할 수 있다.
1. 신체장애나 정신장애로 직무를 수행할 수 없다고 인정되는 경우
2. 직무상 의무를 위반한 경우
3. 고의나 중대한 과실로 공단에 손실이 생기게 한 경우
4. 직무 여부와 관계없이 품위를 손상하는 행위를 한 경우
5. 이 법에 따른 보건복지부장관의 명령을 위반한 경우

제25조【임원의 겸직 금지 등】 ① 공단의 상임임원과 직원은 그 직무 외에 영리를 목적으로 하는 사업에 종사하지 못한다.

② 공단의 상임임원이 임명권자 또는 제청권자의 허가를 받거나 공단의 직원이 이사장의 허가를 받은 경우에는 비영리 목적의 업무를 겸할 수 있다.

제26조【이사회】 ① 공단의 주요 사항(「공공기관의 운영에 관한 법률」 제17조 제1항 각 호의 사항을 말한다)을 심의·의결하기 위하여 공단에 이사회를 둔다.

② 이사회는 이사장과 이사로 구성한다.

③ 감사는 이사회에 출석하여 발언할 수 있다.

④ 이사회의 의결 사항 및 운영 등에 필요한 사항은 대통령령으로 정한다.

제27조【직원의 임면】이사장은 정관으로 정하는 바에 따라 직원을 임면(任免)한다.

제28조【벌칙 적용 시 공무원 의제】공단의 임직원은 「형법」 제129조부터 제132조까지의 규정을 적용할 때 공무원으로 본다.

제29조【규정 등】공단의 조직·인사·보수 및 회계에 관한 규정은 이사회의 의결을 거쳐 보건복지부장관의 승인을 받아 정한다.

제30조【대리인의 선임】이사장은 공단 업무에 관한 모든 재판상의 행위 또는 재판 외의 행위를 대행하게 하기 위하여 공단의 이사 또는 직원 중에서 대리인을 선임할 수 있다.

제31조【대표권의 제한】① 이사장은 공단의 이익과 자기의 이익이 상반되는 사항에 대하여는 공단을 대표하지 못한다. 이 경우 감사가 공단을 대표한다.

② 공단과 이사장 사이의 소송은 제1항을 준용한다.

제32조【이사장 권한의 위임】이 법에 규정된 이사장의 권한 중 급여의 제한, 보험료의 납입고지 등 대통령령으로 정하는 사항은 정관으로 정하는 바에 따라 분사무소의 장에게 위임할 수 있다.

제33조【재정운영위원회】① 제45조 제1항에 따른 요양급여비용의 계약 및 제84조에 따른 결손처분 등 보험재정에 관련된 사항을 심의·의결하기 위하여 공단에 재정운영위원회를 둔다.

② 재정운영위원회의 위원장은 제34조 제1항 제3호에 따른 위원 중에서 호선(互選)한다.

제34조【재정운영위원회의 구성 등】① 재정운영위원회는 다음 각 호의 위원으로 구성한다.

1. 직장가입자를 대표하는 위원 10명

2. 지역가입자를 대표하는 위원 10명

3. 공익을 대표하는 위원 10명

② 제1항에 따른 위원은 다음 각 호의 사람을 보건복지부장관이 임명하거나 위촉한다.

1. 제1항 제1호의 위원은 노동조합과 사용자단체에서 추천하는 각 5명

2. 제1항 제2호의 위원은 대통령령으로 정하는 바에 따라 농어업인 단체·도시자영업자단체 및 시민단체에서 추천하는 사람

3. 제1항 제3호의 위원은 대통령령으로 정하는 관계 공무원 및 건강보험에 관한 학식과 경험이 풍부한 사람

③ 재정운영위원회 위원(공무원인 위원은 제외한다)의 임기는 2년으로 한다. 다만, 위원의 사임 등으로 새로 위촉된 위원의 임기는 전임위원 임기의 남은 기간으로 한다.

④ 재정운영위원회의 운영 등에 필요한 사항은 대통령령으로 정한다.

제35조【회계】① 공단의 회계연도는 정부의 회계연도에 따른다.

② 공단은 직장가입자와 지역가입자의 재정을 통합하여 운영한다.

③ 공단은 건강보험사업 및 징수위탁근거법의 위탁에 따른 국민연금사업·고용보험사업·산업재해보상보험사업·임금채권보장사업에 관한 회계를 공단의 다른 회계와 구분하여 각각 회계처리하여야 한다.

제36조【예산】공단은 회계연도마다 예산안을 편성하여 이사회의 의결을 거친 후 보건복지부장관의 승인을 받아야 한다. 예산을 변경할 때에도 또한 같다.

제37조【차입금】공단은 지출할 현금이 부족한 경우에는 차입할 수 있다. 다만, 1년 이상 장기로 차입하려면 보건복지부장관의 승인을 받아야 한다.

제38조【준비금】① 공단은 회계연도마다 결산상의 잉여금 중에서 그 연도의 보험급여에 든 비용의 100분의 5 이상에 상당하는 금액을 그 연도에 든 비용의 100분의 50에 이를 때까지 준비금으로 적립하여야 한다.

② 제1항에 따른 준비금은 부족한 보험급여 비용에 충당하거나 지출할 현금이 부족할 때 외에는 사용할 수 없으며, 현금 지출에 준비금을 사용한 경우에는 해당 회계연도 중에 이를 보전(補塡)하여야 한다.

③ 제1항에 따른 준비금의 관리 및 운영 방법 등에 필요한 사항은 보건복지부장관이 정한다.

제39조【결산】① 공단은 회계연도마다 결산보고서와 사업보고서를 작성하여 다음해 2월 말

일까지 보건복지부장관에게 보고하여야 한다.
② 공단은 제1항에 따라 결산보고서와 사업보고서를 보건복지부장관에게 보고하였을 때에는 보건복지부령으로 정하는 바에 따라 그 내용을 공고하여야 한다.
제39조의2【재난적의료비 지원사업에 대한 출연】 공단은 「재난적의료비 지원에 관한 법률」에 따른 재난적의료비 지원사업에 사용되는 비용에 충당하기 위하여 매년 예산의 범위에서 출연할 수 있다. 이 경우 출연 금액의 상한 등에 필요한 사항은 대통령령으로 정한다.
제40조【「민법」의 준용】 공단에 관하여 이 법과 「공공기관의 운영에 관한 법률」에서 정한 사항 외에는 「민법」 중 재단법인에 관한 규정을 준용한다.

제4장 보험급여

제41조【요양급여】 ① 가입자와 피부양자의 질병, 부상, 출산 등에 대하여 다음 각 호의 요양급여를 실시한다.
1. 진찰 · 검사
2. 약제(藥劑) · 치료재료의 지급
3. 처치 · 수술 및 그 밖의 치료
4. 예방 · 재활
5. 입원
6. 간호
7. 이송(移送)
② 제1항에 따른 요양급여(이하 "요양급여"라 한다)의 범위(이하 "요양급여대상"이라 한다)는 다음 각 호와 같다.
1. 제1항 각 호의 요양급여(제1항 제2호의 약제는 제외한다) : 제4항에 따라 보건복지부장관이 비급여대상으로 정한 것을 제외한 일체의 것
2. 제1항 제2호의 약제 : 제41조의3에 따라 요양급여대상으로 보건복지부장관이 결정하여 고시한 것
③ 요양급여의 방법 · 절차 · 범위 · 상한 등의 기준은 보건복지부령으로 정한다.
④ 보건복지부장관은 제3항에 따라 요양급여의 기준을 정할 때 업무나 일상생활에 지장이 없는 질환에 대한 치료 등 보건복지부령으로

정하는 사항은 요양급여대상에서 제외되는 사항(이하 "비급여대상"이라 한다)으로 정할 수 있다.
제41조의2【약제에 대한 요양급여비용 상한금액의 감액 등】 ① 보건복지부장관은 「약사법」 제47조 제2항의 위반과 관련된 제41조 제1항 제2호의 약제에 대하여는 요양급여비용 상한금액(제41조 제3항에 따라 약제별 요양급여비용의 상한으로 정한 금액을 말한다. 이하 같다)의 100분의 20을 넘지 아니하는 범위에서 그 금액의 일부를 감액할 수 있다.
② 보건복지부장관은 제1항에 따라 요양급여비용의 상한금액이 감액된 약제가 감액된 날부터 5년의 범위에서 대통령령으로 정하는 기간 내에 다시 제1항에 따른 감액의 대상이 된 경우에는 요양급여비용 상한금액의 100분의 40을 넘지 아니하는 범위에서 요양급여비용 상한금액의 일부를 감액할 수 있다.
③ 보건복지부장관은 제2항에 따라 요양급여비용의 상한금액이 감액된 약제가 감액된 날부터 5년의 범위에서 대통령령으로 정하는 기간 내에 다시 「약사법」 제47조 제2항의 위반과 관련된 경우에는 해당 약제에 대하여 1년의 범위에서 기간을 정하여 요양급여의 적용을 정지할 수 있다.
④ 제1항부터 제3항까지의 규정에 따른 요양급여비용 상한금액의 감액 및 요양급여 적용 정지의 기준, 절차, 그 밖에 필요한 사항은 대통령령으로 정한다.
제41조의3【행위 · 치료재료 및 약제에 대한 요양급여대상 여부의 결정 및 조정】 ① 제42조에 따른 요양기관, 치료재료의 제조업자 · 수입업자 등 보건복지부령으로 정하는 자는 요양급여대상 또는 비급여대상으로 결정되지 아니한 제41조 제1항 제1호 · 제3호 · 제4호의 요양급여에 관한 행위 및 제41조 제1항 제2호의 치료재료(이하 "행위 · 치료재료"라 한다)에 대하여 요양급여대상 여부의 결정을 보건복지부장관에게 신청하여야 한다.
② 「약사법」에 따른 약제의 제조업자 · 수입업자 등 보건복지부령으로 정하는 자(이하 "약제의 제조업자등"이라 한다)는 요양급여대상에 포함되지 아니한 제41조 제1항 제2호의

약제(이하 이 조에서 “약제”라 한다)에 대하여 보건복지부장관에게 요양급여대상 여부의 결정을 신청할 수 있다.

③ 제1항 및 제2항에 따른 신청을 받은 보건복지부장관은 정당한 사유가 없으면 보건복지부령으로 정하는 기간 이내에 요양급여대상 또는 비급여대상의 여부를 결정하여 신청인에게 통보하여야 한다.

④ 보건복지부장관은 제1항 및 제2항에 따른 신청이 없는 경우에도 환자의 진료상 반드시 필요하다고 보건복지부령으로 정하는 경우에는 직권으로 행위·치료재료 및 약제의 요양급여대상의 여부를 결정할 수 있다.

⑤ 보건복지부장관은 제41조 제2항 제2호에 따라 요양급여대상으로 결정하여 고시한 약제에 대하여 보건복지부령으로 정하는 바에 따라 요양급여대상 여부, 범위, 요양급여비용 상한금액 등을 직권으로 조정할 수 있다.

⑥ 제1항 및 제2항에 따른 요양급여대상 여부의 결정 신청의 시기, 절차, 방법 및 업무의 위탁 등에 필요한 사항, 제3항과 제4항에 따른 요양급여대상 여부의 결정 절차 및 방법, 제5항에 따른 직권 조정 사유·절차 및 방법 등에 관한 사항은 보건복지부령으로 정한다.

제41조의4【선별급여】 ① 요양급여를 결정함에 있어 경제성 또는 치료효과성 등이 불확실하여 그 검증을 위하여 추가적인 근거가 필요하거나, 경제성이 낮아도 가입자와 피부양자의 건강회복에 잠재적 이득이 있는 등 대통령령으로 정하는 경우에는 예비적인 요양급여인 선별급여로 지정하여 실시할 수 있다.

② 보건복지부장관은 대통령령으로 정하는 절차와 방법에 따라 제1항에 따른 선별급여(이하 “선별급여”라 한다)에 대하여 주기적으로 요양급여의 적합성을 평가하여 요양급여 여부를 다시 결정하고, 제41조 제3항에 따른 요양급여의 기준을 조정하여야 한다.

제41조의5【방문요양급여】 가입자 또는 피부양자가 질병이나 부상으로 거동이 불편한 경우 등 보건복지부령으로 정하는 사유에 해당하는 경우에는 가입자 또는 피부양자를 직접 방문하여 제41조에 따른 요양급여를 실시할 수 있다.

제42조【요양기관】 ① 요양급여(간호와 이송은 제외한다)는 다음 각 호의 요양기관에서 실시한다. 이 경우 보건복지부장관은 공익이나 국가정책에 비추어 요양기관으로 적합하지 아니한 대통령령으로 정하는 의료기관 등은 요양기관에서 제외할 수 있다.

1. 「의료법」에 따라 개설된 의료기관
2. 「약사법」에 따라 등록된 약국
3. 「약사법」 제91조에 따라 설립된 한국희귀·필수의약품센터
4. 「지역보건법」에 따른 보건소·보건의료원 및 보건지소
5. 「농어촌 등 보건의료를 위한 특별조치법」에 따라 설치된 보건진료소

② 보건복지부장관은 효율적인 요양급여를 위하여 필요하면 보건복지부령으로 정하는 바에 따라 시설·장비·인력 및 진료과목 등 보건복지부령으로 정하는 기준에 해당하는 요양기관을 전문요양기관으로 인정할 수 있다. 이 경우 해당 전문요양기관에 인정서를 발급하여야 한다.

③ 보건복지부장관은 제2항에 따라 인정받은 요양기관이 다음 각 호의 어느 하나에 해당하는 경우에는 그 인정을 취소한다.

1. 제2항 전단에 따른 인정기준에 미달하게 된 경우
2. 제2항 후단에 따라 발급받은 인정서를 반납한 경우

④ 제2항에 따라 전문요양기관으로 인정된 요양기관 또는 「의료법」 제3조의4에 따른 상급종합병원에 대하여는 제41조 제3항에 따른 요양급여의 절차 및 제45조에 따른 요양급여비용을 다른 요양기관과 달리 할 수 있다.

⑤ 제1항·제2항 및 제4항에 따른 요양기관은 정당한 이유 없이 요양급여를 거부하지 못한다.

제42조의2【요양기관의 선별급여 실시에 대한 관리】 ① 제42조 제1항에도 불구하고, 선별급여 중 자료의 축적 또는 의료 이용의 관리가 필요한 경우에는 보건복지부장관이 해당 선별급여의 실시 조건을 사전에 정하여 이를 충족하는 요양기관만이 해당 선별급여를 실시할 수 있다.

② 제1항에 따라 선별급여를 실시하는 요양기관은 제41조의4 제2항에 따른 해당 선별급여

의 평가를 위하여 필요한 자료를 제출하여야 한다.

③ 보건복지부장관은 요양기관이 제1항에 따른 선별급여의 실시 조건을 충족하지 못하거나 제2항에 따른 자료를 제출하지 아니할 경우에는 해당 선별급여의 실시를 제한할 수 있다.

④ 제1항에 따른 선별급여의 실시 조건, 제2항에 따른 자료의 제출, 제3항에 따른 선별급여의 실시 제한 등에 필요한 사항은 보건복지부령으로 정한다.

제43조【요양기관 현황에 대한 신고】① 요양기관은 제47조에 따라 요양급여비용을 최초로 청구하는 때에 요양기관의 시설·장비 및 인력 등에 대한 현황을 제62조에 따른 건강보험심사평가원(이하 "심사평가원"이라 한다)에 신고하여야 한다.

② 요양기관은 제1항에 따라 신고한 내용(제45조에 따른 요양급여비용의 증감에 관련된 사항만 해당한다)이 변경된 경우에는 그 변경된 날부터 15일 이내에 보건복지부령으로 정하는 바에 따라 심사평가원에 신고하여야 한다.

③ 제1항 및 제2항에 따른 신고의 범위, 대상, 방법 및 절차 등에 필요한 사항은 보건복지부령으로 정한다.

제44조【비용의 일부부담】① 요양급여를 받는 자는 대통령령으로 정하는 바에 따라 비용의 일부(이하 "본인일부부담금"이라 한다)를 본인이 부담한다. 이 경우 선별급여에 대해서는 다른 요양급여에 비하여 본인일부부담금을 상향 조정할 수 있다.

② 본인이 연간 부담하는 다음 각 호의 금액의 합계액이 대통령령으로 정하는 금액(이하 이 조에서 "본인부담상한액"이라 한다)을 초과한 경우에는 공단이 그 초과 금액을 부담하여야 한다. 이 경우 공단은 당사자에게 그 초과 금액을 통보하고, 이를 지급하여야 한다.

1. 본인일부부담금의 총액

2. 제49조 제1항에 따른 요양이나 출산의 비용으로 부담한 금액(요양이나 출산의 비용으로 부담한 금액이 보건복지부장관이 정하여 고시한 금액보다 큰 경우에는 그 고시한 금액으로 한다)에서 같은 항에 따라 요양비로 지급받은 금액을 제외한 금액

③ 제2항에 따른 **본인부담상한액은 가입자의 소득수준 등에 따라 정한다.**

④ 제2항 각 호에 따른 금액 및 합계액의 산정 방법, 본인부담상한액을 넘는 금액의 지급 방법 및 제3항에 따른 가입자의 소득수준 등에 따른 본인부담상한액 설정 등에 필요한 사항은 대통령령으로 정한다.

제45조【요양급여비용의 산정 등】① **요양급여비용은 공단의 이사장과 대통령령으로 정하는 의약계를 대표하는 사람들의 계약으로 정한다. 이 경우 계약기간은 1년으로 한다.**

② 제1항에 따라 계약이 체결되면 그 **계약은 공단과 각 요양기관 사이에 체결된 것으로 본다.**

③ 제1항에 따른 계약은 그 직전 계약기간 만료일이 속하는 연도의 5월 31일까지 체결하여야 하며, 그 기한까지 계약이 체결되지 아니하는 경우 보건복지부장관이 그 직전 계약기간 만료일이 속하는 연도의 6월 30일까지 심의위원회의 의결을 거쳐 요양급여비용을 정한다. 이 경우 보건복지부장관이 정하는 요양급여비용은 제1항 및 제2항에 따라 계약으로 정한 요양급여비용으로 본다.

④ 제1항 또는 제3항에 따라 요양급여비용이 정해지면 보건복지부장관은 그 요양급여비용의 명세를 지체 없이 고시하여야 한다.

⑤ 공단의 이사장은 제33조에 따른 재정운영위원회의 심의·의결을 거쳐 제1항에 따른 계약을 체결하여야 한다.

⑥ 심사평가원은 공단의 이사장이 제1항에 따른 계약을 체결하기 위하여 필요한 자료를 요청하면 그 요청에 성실히 따라야 한다.

⑦ 제1항에 따른 계약의 내용과 그 밖에 필요한 사항은 대통령령으로 정한다.

제46조【약제·치료재료에 대한 요양급여비용의 산정】제41조 제1항 제2호의 약제·치료재료(이하 "약제·치료재료"라 한다)에 대한 요양급여비용은 제45조에도 불구하고 요양기관의 약제·치료재료 구입금액 등을 고려하여 대통령령으로 정하는 바에 따라 달리 산정할 수 있다.

제47조【요양급여비용의 청구와 지급 등】① 요양기관은 공단에 요양급여비용의 지급을 청구할 수 있다. 이 경우 제2항에 따른 요양급여비용에 대한 심사청구는 공단에 대한 요양급여비용의

청구로 본다.

② 제1항에 따라 요양급여비용을 청구하려는 요양기관은 심사평가원에 요양급여비용의 심사청구를 하여야 하며, 심사청구를 받은 심사평가원은 이를 심사한 후 지체 없이 그 내용을 공단과 요양기관에 알려야 한다.

③ 제2항에 따라 심사 내용을 통보받은 공단은 지체 없이 그 내용에 따라 요양급여비용을 요양기관에 지급한다. 이 경우 이미 낸 본인일부부담금이 제2항에 따라 통보된 금액보다 더 많으면 요양기관에 지급할 금액에서 더 많이 낸 금액을 공제하여 해당 가입자에게 지급하여야 한다.

④ 공단은 제3항 전단에 따라 요양급여비용을 요양기관에 지급하는 경우 해당 요양기관이 제77조 제1항 제1호에 따라 공단에 납부하여야 하는 보험료 또는 그 밖에 이 법에 따른 징수금을 체납한 때에는 요양급여비용에서 이를 공제하고 지급할 수 있다.

⑤ 공단은 제3항 후단에 따라 가입자에게 지급하여야 하는 금액을 그 가입자가 내야 하는 보험료와 그 밖에 이 법에 따른 징수금(이하 "보험료등"이라 한다)과 상계(相計)할 수 있다.

⑥ 공단은 심사평가원이 제47조의4에 따라 요양급여의 적정성을 평가하여 공단에 통보하면 그 평가 결과에 따라 요양급여비용을 가산하거나 감액 조정하여 지급한다. 이 경우 평가 결과에 따라 요양급여비용을 가산하거나 감액하여 지급하는 기준은 보건복지부령으로 정한다.

⑦ 요양기관은 제2항에 따른 심사청구를 다음 각 호의 단체가 대행하게 할 수 있다.

1. 「의료법」 제28조 제1항에 따른 의사회·치과의사회·한의사회·조산사회 또는 같은 조 제6항에 따라 신고한 각각의 지부 및 분회

2. 「의료법」 제52조에 따른 의료기관 단체

3. 「약사법」 제11조에 따른 약사회 또는 같은 법 제14조에 따라 신고한 지부 및 분회

⑧ 제1항부터 제7항까지의 규정에 따른 요양급여비용의 청구·심사·지급 등의 방법과 절차에 필요한 사항은 보건복지부령으로 정한다.

제47조의2【요양급여비용의 지급 보류】① 제47조 제3항에도 불구하고 공단은 요양급여비용의 지급을 청구한 요양기관이 「의료법」 제4조 제2항, 제33조 제2항·제8항 또는 「약사법」 제20조 제1항, 제21조 제1항을 위반하였거나, 「의료법」 제33조 제10항 또는 「약사법」 제6조 제3항·제4항을 위반하여 개설·운영되었다는 사실을 수사기관의 수사 결과로 확인한 경우에는 해당 요양기관이 청구한 요양급여비용의 지급을 보류할 수 있다. 이 경우 요양급여비용 지급 보류 처분의 효력은 해당 요양기관이 그 처분 이후 청구하는 요양급여비용에 대해서도 미친다.

② 공단은 제1항에 따라 요양급여비용의 지급을 보류하기 전에 해당 요양기관에 의견 제출의 기회를 주어야 한다.

③ 공단은 요양기관이 「의료법」 제4조 제2항, 제33조 제2항·제8항 또는 「약사법」 제20조 제1항, 제21조 제1항을 위반한 혐의나 「의료법」 제33조 제10항 또는 「약사법」 제6조 제3항·제4항을 위반하여 개설·운영된 혐의에 대하여 법원에서 무죄 판결이 선고된 경우 그 선고 이후 실시한 요양급여에 한정하여 해당 요양기관이 청구하는 요양급여비용을 지급할 수 있다.

④ 법원의 무죄 판결이 확정되는 등 대통령령으로 정하는 사유로 제1항에 따른 요양기관이 「의료법」 제4조 제2항, 제33조 제2항·제8항 또는 「약사법」 제20조 제1항, 제21조 제1항을 위반한 혐의나 「의료법」 제33조 제10항 또는 「약사법」 제6조 제3항·제4항을 위반하여 개설·운영된 혐의가 입증되지 아니한 경우에는 공단은 지급보류 처분을 취소하고, 지급 보류된 요양급여비용에 지급 보류된 기간 동안의 이자를 가산하여 해당 요양기관에 지급하여야 한다. 이 경우 이자는 「민법」 제379조에 따른 법정이율을 적용하여 계산한다.

⑤ 제1항 및 제2항에 따른 지급 보류 절차 및 의견 제출의 절차 등에 필요한 사항, 제3항에 따른 지급 보류된 요양급여비용 및 이자의 지급 절차 등에 필요한 사항은 대통령령으로 정한다.

제47조의3【요양급여비용의 차등 지급】지역별 의료자원의 불균형 및 의료서비스 격차의 해소 등을 위하여 지역별로 요양급여비용을 달리 정하여 지급할 수 있다.

제47조의4【요양급여의 적정성 평가】① 심사평가원은 요양급여에 대한 의료의 질을 향상시키기 위하여 요양급여의 적정성 평가(이하 이 조에서 "평가"라 한다)를 실시할 수 있다.
② 심사평가원은 요양기관의 인력·시설·장비, 환자안전 등 요양급여와 관련된 사항을 포함하여 평가할 수 있다.
③ 심사평가원은 평가 결과를 평가대상 요양기관에 통보하여야 하며, 평가 결과에 따라 요양급여비용을 가산 또는 감산할 경우에는 그 결정사항이 포함된 평가 결과를 가감대상 요양기관 및 공단에 통보하여야 한다.
④ 제1항부터 제3항까지에 따른 평가의 기준·범위·절차·방법 등에 필요한 사항은 보건복지부령으로 정한다.
제48조【요양급여 대상 여부의 확인 등】① 가입자나 피부양자는 본인일부부담금 외에 자신이 부담한 비용이 제41조 제4항에 따라 요양급여 대상에서 제외되는 비용인지 여부에 대하여 심사평가원에 확인을 요청할 수 있다.
② 제1항에 따른 확인 요청을 받은 심사평가원은 그 결과를 요청한 사람에게 알려야 한다. 이 경우 확인을 요청한 비용이 요양급여 대상에 해당되는 비용으로 확인되면 그 내용을 공단 및 관련 요양기관에 알려야 한다.
③ 제2항 후단에 따라 통보받은 요양기관은 받아야 할 금액보다 더 많이 징수한 금액(이하 "과다본인부담금"이라 한다)을 지체 없이 확인을 요청한 사람에게 지급하여야 한다. 다만, 공단은 해당 요양기관이 과다본인부담금을 지급하지 아니하면 해당 요양기관에 지급할 요양급여비용에서 과다본인부담금을 공제하여 확인을 요청한 사람에게 지급할 수 있다.
④ 제1항부터 제3항까지에 따른 확인 요청의 범위, 방법, 절차, 처리기간 등 필요한 사항은 보건복지부령으로 정한다.
제49조【요양비】① 공단은 가입자나 피부양자가 보건복지부령으로 정하는 긴급하거나 그 밖의 부득이한 사유로 요양기관과 비슷한 기능을 하는 기관으로서 보건복지부령으로 정하는 기관(제98조 제1항에 따라 업무정지기간 중인 요양기관을 포함한다. 이하 "준요양기관"이라 한다)에서 질병·부상·출산 등에 대

하여 요양을 받거나 요양기관이 아닌 장소에서 출산한 경우에는 그 요양급여에 상당하는 금액을 보건복지부령으로 정하는 바에 따라 가입자나 피부양자에게 요양비로 지급한다.
② 준요양기관은 보건복지부장관이 정하는 요양비 명세서나 요양 명세를 적은 영수증을 요양을 받은 사람에게 내주어야 하며, 요양을 받은 사람은 그 명세서나 영수증을 공단에 제출하여야 한다.
③ 제1항 및 제2항에도 불구하고 준요양기관은 요양을 받은 가입자나 피부양자의 위임이 있는 경우 공단에 요양비의 지급을 직접 청구할 수 있다. 이 경우 공단은 지급이 청구된 내용의 적정성을 심사하여 준요양기관에 요양비를 지급할 수 있다.
④ 제3항에 따른 준요양기관의 요양비 지급 청구, 공단의 적정성 심사 등에 필요한 사항은 보건복지부령으로 정한다.
제50조【부가급여】공단은 이 법에서 정한 요양급여 외에 대통령령으로 정하는 바에 따라 임신·출산 진료비, 장제비, 상병수당, 그 밖의 급여를 실시할 수 있다.
제51조【장애인에 대한 특례】① 공단은 「장애인복지법」에 따라 등록한 장애인인 가입자 및 피부양자에게는 「장애인·노인 등을 위한 보조기기 지원 및 활용촉진에 관한 법률」 제3조 제2호에 따른 보조기기(이하 이 조에서 "보조기기"라 한다)에 대하여 보험급여를 할 수 있다.
② 장애인인 가입자 또는 피부양자에게 보조기기를 판매한 자는 가입자나 피부양자의 위임이 있는 경우 공단에 보험급여를 직접 청구할 수 있다. 이 경우 공단은 지급이 청구된 내용의 적정성을 심사하여 보조기기를 판매한 자에게 보조기기에 대한 보험급여를 지급할 수 있다.
③ 제1항에 따른 보조기기에 대한 보험급여의 범위·방법·절차, 제2항에 따른 보조기기 판매업자의 보험급여 청구, 공단의 적정성 심사 및 그 밖에 필요한 사항은 보건복지부령으로 정한다.
제52조【건강검진】① 공단은 가입자와 피부양자에 대하여 질병의 조기 발견과 그에 따른 요양급여를 하기 위하여 건강검진을 실시한다.

② 제1항에 따른 건강검진의 종류 및 대상은 다음 각 호와 같다.

1. 일반건강검진 : 직장가입자, 세대주인 지역가입자, 20세 이상인 지역가입자 및 20세 이상인 피부양자

2. 암검진 : 「암관리법」 제11조 제2항에 따른 암의 종류별 검진주기와 연령 기준 등에 해당하는 사람

3. 영유아건강검진 : 6세 미만의 가입자 및 피부양자

③ 제1항에 따른 건강검진의 검진항목은 성별, 연령 등의 특성 및 생애 주기에 맞게 설계되어야 한다.

④ 제1항에 따른 건강검진의 횟수ㆍ절차와 그 밖에 필요한 사항은 대통령령으로 정한다.

제53조【급여의 제한】① 공단은 보험급여를 받을 수 있는 사람이 다음 각 호의 어느 하나에 해당하면 보험급여를 하지 아니한다.

1. 고의 또는 중대한 과실로 인한 범죄행위에 그 원인이 있거나 고의로 사고를 일으킨 경우

2. 고의 또는 중대한 과실로 공단이나 요양기관의 요양에 관한 지시에 따르지 아니한 경우

3. 고의 또는 중대한 과실로 제55조에 따른 문서와 그 밖의 물건의 제출을 거부하거나 질문 또는 진단을 기피한 경우

4. 업무 또는 공무로 생긴 질병ㆍ부상ㆍ재해로 다른 법령에 따른 보험급여나 보상(報償) 또는 보상(補償)을 받게 되는 경우

② 공단은 보험급여를 받을 수 있는 사람이 다른 법령에 따라 국가나 지방자치단체로부터 보험급여에 상당하는 급여를 받거나 보험급여에 상당하는 비용을 지급받게 되는 경우에는 그 한도에서 보험급여를 하지 아니한다.

③ 공단은 가입자가 대통령령으로 정하는 기간 이상 다음 각 호의 보험료를 체납한 경우 그 체납한 보험료를 완납할 때까지 그 가입자 및 피부양자에 대하여 보험급여를 실시하지 아니할 수 있다. 다만, 월별 보험료의 총체납횟수(이미 납부된 체납보험료는 총체납횟수에서 제외하며, 보험료의 체납기간은 고려하지 아니한다)가 대통령령으로 정하는 횟수 미만이거나 가입자 및 피부양자의 소득ㆍ재산 등이 대통령령으로 정하는 기준 미만인 경우에

는 그러하지 아니하다.

1. 제69조 제4항 제2호에 따른 보수 외 소득월액보험료

2. 제69조 제5항에 따른 세대단위의 보험료

④ 공단은 제77조 제1항 제1호에 따라 납부의무를 부담하는 사용자가 제69조 제4항 제1호에 따른 보수월액보험료를 체납한 경우에는 그 체납에 대하여 직장가입자 본인에게 귀책사유가 있는 경우에 한하여 제3항의 규정을 적용한다. 이 경우 해당 직장가입자의 피부양자에게도 제3항의 규정을 적용한다.

⑤ 제3항 및 제4항에도 불구하고 제82조에 따라 공단으로부터 분할납부 승인을 받고 그 승인된 보험료를 1회 이상 낸 경우에는 보험급여를 할 수 있다. 다만, 제82조에 따른 분할납부 승인을 받은 사람이 정당한 사유 없이 5회(같은 조 제1항에 따라 승인받은 분할납부 횟수가 5회 미만인 경우에는 해당 분할납부 횟수를 말한다. 이하 이 조에서 같다) 이상 그 승인된 보험료를 내지 아니한 경우에는 그러하지 아니하다.

⑥ 제3항 및 제4항에 따라 보험급여를 하지 아니하는 기간(이하 이 항에서 "급여제한기간"이라 한다)에 받은 보험급여는 다음 각 호의 어느 하나에 해당하는 경우에만 보험급여로 인정한다.

1. 공단이 급여제한기간에 보험급여를 받은 사실이 있음을 가입자에게 통지한 날부터 2개월이 지난 날이 속한 달의 납부기한 이내에 체납된 보험료를 완납한 경우

2. 공단이 급여제한기간에 보험급여를 받은 사실이 있음을 가입자에게 통지한 날부터 2개월이 지난 날이 속한 달의 납부기한 이내에 제82조에 따라 분할납부 승인을 받은 체납보험료를 1회 이상 낸 경우. 다만, 제82조에 따른 분할납부 승인을 받은 사람이 정당한 사유 없이 5회 이상 그 승인된 보험료를 내지 아니한 경우에는 그러하지 아니하다.

제54조【급여의 정지】보험급여를 받을 수 있는 사람이 다음 각 호의 어느 하나에 해당하면 그 기간에는 보험급여를 하지 아니한다. 다만, 제3호 및 제4호의 경우에는 제60조에 따른 요양급여를 실시한다.

1. 삭제
2. 국외에 체류하는 경우
3. 제6조 제2항 제2호에 해당하게 된 경우
4. 교도소, 그 밖에 이에 준하는 시설에 수용되어 있는 경우

제55조【급여의 확인】공단은 보험급여를 할 때 필요하다고 인정되면 보험급여를 받는 사람에게 문서와 그 밖의 물건을 제출하도록 요구하거나 관계인을 시켜 질문 또는 진단하게 할 수 있다.

제56조【요양비 등의 지급】공단은 이 법에 따라 지급의무가 있는 요양비 또는 부가급여의 청구를 받으면 지체 없이 이를 지급하여야 한다.

제56조의2【요양비등수급계좌】① 공단은 이 법에 따른 보험급여로 지급되는 현금(이하 "요양비등"이라 한다)을 받는 수급자의 신청이 있는 경우에는 요양비등을 수급자 명의의 지정된 계좌(이하 "요양비등수급계좌"라 한다)로 입금하여야 한다. 다만, 정보통신장애나 그 밖에 대통령령으로 정하는 불가피한 사유로 요양비등수급계좌로 이체할 수 없을 때에는 직접 현금으로 지급하는 등 대통령령으로 정하는 바에 따라 요양비등을 지급할 수 있다.
② 요양비등수급계좌가 개설된 금융기관은 요양비등수급계좌에 요양비등만이 입금되도록 하고, 이를 관리하여야 한다.
③ 제1항 및 제2항에 따른 요양비등수급계좌의 신청 방법·절차와 관리에 필요한 사항은 대통령령으로 정한다.

제57조【부당이득의 징수】① 공단은 속임수나 그 밖의 부당한 방법으로 보험급여를 받은 사람·준요양기관 및 보조기기 판매업자나 보험급여 비용을 받은 요양기관에 대하여 그 보험급여나 보험급여 비용에 상당하는 금액을 징수한다.
② 공단은 제1항에 따라 속임수나 그 밖의 부당한 방법으로 보험급여 비용을 받은 요양기관이 다음 각 호의 어느 하나에 해당하는 경우에는 해당 요양기관을 개설한 자에게 그 요양기관과 연대하여 같은 항에 따른 징수금을 납부하게 할 수 있다.
1. 「의료법」 제33조 제2항을 위반하여 의료기관을 개설할 수 없는 자가 의료인의 면허나 의료법인 등의 명의를 대여받아 개설·운영하는 의료기관
2. 「약사법」 제20조 제1항을 위반하여 약국을 개설할 수 없는 자가 약사 등의 면허를 대여받아 개설·운영하는 약국
3. 「의료법」 제4조 제2항 또는 제33조 제8항·제10항을 위반하여 개설·운영하는 의료기관
4. 「약사법」 제21조 제1항을 위반하여 개설·운영하는 약국
5. 「약사법」 제6조 제3항·제4항을 위반하여 면허를 대여받아 개설·운영하는 약국
③ 사용자나 가입자의 거짓 보고나 거짓 증명(제12조 제6항을 위반하여 건강보험증이나 신분증명서를 양도·대여하여 다른 사람이 보험급여를 받게 하는 것을 포함한다), 요양기관의 거짓 진단이나 거짓 확인(제12조 제4항을 위반하여 건강보험증이나 신분증명서로 가입자 또는 피부양자의 본인 여부 및 그 자격을 확인하지 아니한 것을 포함한다) 또는 준요양기관이나 보조기기를 판매한 자의 속임수 및 그 밖의 부당한 방법으로 보험급여가 실시된 경우 공단은 이들에게 보험급여를 받은 사람과 연대하여 제1항에 따른 징수금을 내게 할 수 있다.
④ 공단은 속임수나 그 밖의 부당한 방법으로 보험급여를 받은 사람과 같은 세대에 속한 가입자(속임수나 그 밖의 부당한 방법으로 보험급여를 받은 사람이 피부양자인 경우에는 그 직장가입자를 말한다)에게 속임수나 그 밖의 부당한 방법으로 보험급여를 받은 사람과 연대하여 제1항에 따른 징수금을 내게 할 수 있다.
⑤ 요양기관이 가입자나 피부양자로부터 속임수나 그 밖의 부당한 방법으로 요양급여비용을 받은 경우 공단은 해당 요양기관으로부터 이를 징수하여 가입자나 피부양자에게 지체 없이 지급하여야 한다. 이 경우 공단은 가입자나 피부양자에게 지급하여야 하는 금액을 그 가입자 및 피부양자가 내야 하는 보험료등과 상계할 수 있다.

제57조의2【부당이득 징수금 체납자의 인적사항등 공개】① 공단은 제57조 제2항 각 호의 어느 하나에 해당하여 같은 조 제1항 및 제2항에 따라 징수금을 납부할 의무가 있는 요양기관

또는 요양기관을 개설한 자가 제79조 제1항에 따라 납입 고지 문서에 기재된 납부기한의 다음 날부터 1년이 경과한 징수금을 1억원 이상 체납한 경우 징수금 발생의 원인이 되는 위반행위, 체납자의 인적사항 및 체납액 등 대통령령으로 정하는 사항(이하 이 조에서 "인적사항등"이라 한다)을 공개할 수 있다. 다만, 체납된 징수금과 관련하여 제87조에 따른 이의신청, 제88조에 따른 심판청구가 제기되거나 행정소송이 계류 중인 경우 또는 그 밖에 체납된 금액의 일부 납부 등 대통령령으로 정하는 사유가 있는 경우에는 그러하지 아니하다.

② 제1항에 따른 인적사항등의 공개 여부를 심의하기 위하여 공단에 부당이득징수금체납정보공개심의위원회를 둔다.

③ 공단은 부당이득징수금체납정보공개심의위원회의 심의를 거친 인적사항등의 공개대상자에게 공개대상자임을 서면으로 통지하여 소명의 기회를 부여하여야 하며, 통지일부터 6개월이 경과한 후 체납자의 납부이행 등을 고려하여 공개대상자를 선정한다.

④ 제1항에 따른 인적사항등의 공개는 관보에 게재하거나 공단 인터넷 홈페이지에 게시하는 방법으로 한다.

⑤ 제1항부터 제4항까지에서 규정한 사항 외에 인적사항등의 공개 절차 및 부당이득징수금체납정보공개심의위원회의 구성·운영 등에 필요한 사항은 대통령령으로 정한다.

제58조【구상권】① 공단은 제3자의 행위로 보험급여사유가 생겨 가입자 또는 피부양자에게 보험급여를 한 경우에는 그 급여에 들어간 비용 한도에서 그 제3자에게 손해배상을 청구할 권리를 얻는다.

② 제1항에 따라 보험급여를 받은 사람이 제3자로부터 이미 손해배상을 받은 경우에는 공단은 그 배상액 한도에서 보험급여를 하지 아니한다.

제59조【수급권 보호】① 보험급여를 받을 권리는 양도하거나 압류할 수 없다.

② 제56조의2 제1항에 따라 요양비등수급계좌에 입금된 요양비등은 압류할 수 없다.

제60조【현역병 등에 대한 요양급여비용 등의 지급】① 공단은 제54조 제3호 및 제4호에 해당하는 사람이 요양기관에서 대통령령으로 정하는 치료 등(이하 이 조에서 "요양급여"라 한다)을 받은 경우 그에 따라 공단이 부담하는 비용(이하 이 조에서 "요양급여비용"이라 한다)과 제49조에 따른 요양비를 법무부장관·국방부장관·경찰청장·소방청장 또는 해양경찰청장으로부터 예탁 받아 지급할 수 있다. 이 경우 법무부장관·국방부장관·경찰청장·소방청장 또는 해양경찰청장은 예산상 불가피한 경우 외에는 연간(年間) 들어갈 것으로 예상되는 요양급여비용과 요양비를 대통령령으로 정하는 바에 따라 미리 공단에 예탁하여야 한다.

② 요양급여, 요양급여비용 및 요양비 등에 관한 사항은 제41조, 제41조의4, 제42조, 제42조의2, 제44조부터 제47조까지, 제47조의2, 제48조, 제49조, 제55조, 제56조, 제56조의2 및 제59조 제2항을 준용한다.

제61조【요양급여비용의 정산】공단은 「산업재해보상보험법」 제10조에 따른 근로복지공단이 이 법에 따라 요양급여를 받을 수 있는 사람에게 「산업재해보상보험법」 제40조에 따른 요양급여를 지급한 후 그 지급결정이 취소되어 해당 요양급여의 비용을 청구하는 경우에는 그 요양급여가 이 법에 따라 실시할 수 있는 요양급여에 상당한 것으로 인정되면 그 요양급여에 해당하는 금액을 지급할 수 있다.

제5장 건강보험심사평가원

제62조【설립】요양급여비용을 심사하고 요양급여의 적정성을 평가하기 위하여 건강보험심사평가원을 설립한다.

제63조【업무 등】① 심사평가원은 다음 각 호의 업무를 관장한다.

1. 요양급여비용의 심사
2. 요양급여의 적정성 평가
3. 심사기준 및 평가기준의 개발
4. 제1호부터 제3호까지의 규정에 따른 업무와 관련된 조사연구 및 국제협력
5. 다른 법률에 따라 지급되는 급여비용의 심사 또는 의료의 적정성 평가에 관하여 위탁받은 업무

6. 그 밖에 이 법 또는 다른 법령에 따라 위탁받은 업무

7. 건강보험과 관련하여 보건복지부장관이 필요하다고 인정한 업무

8. 그 밖에 보험급여 비용의 심사와 보험급여의 적정성 평가와 관련하여 대통령령으로 정하는 업무

② 제1항 제8호에 따른 보험급여의 적정성 평가의 기준·절차·방법 등에 필요한 사항은 보건복지부장관이 정하여 고시한다.

제64조【법인격 등】① 심사평가원은 법인으로 한다.

② 심사평가원은 주된 사무소의 소재지에서 설립등기를 함으로써 성립한다.

제65조【임원】① 심사평가원에 임원으로서 원장, 이사 15명 및 감사 1명을 둔다. 이 경우 원장, 이사 중 4명 및 감사는 상임으로 한다.

② 원장은 임원추천위원회가 복수로 추천한 사람 중에서 보건복지부장관의 제청으로 대통령이 임명한다.

③ 상임이사는 보건복지부령으로 정하는 추천 절차를 거쳐 원장이 임명한다.

④ 비상임이사는 다음 각 호의 사람 중에서 10명과 대통령령으로 정하는 바에 따라 추천한 관계 공무원 1명을 보건복지부장관이 임명한다.

1. 공단이 추천하는 1명

2. 의약관계단체가 추천하는 5명

3. 노동조합·사용자단체·소비자단체 및 농어업인단체가 추천하는 각 1명

⑤ 감사는 임원추천위원회가 복수로 추천한 사람 중에서 재정경제부장관의 제청으로 대통령이 임명한다.

⑥ 제4항에 따른 비상임이사는 정관으로 정하는 바에 따라 실비변상을 받을 수 있다.

⑦ 원장의 임기는 3년, 이사(공무원인 이사는 제외한다)와 감사의 임기는 각각 2년으로 한다.

제66조【진료심사평가위원회】① 심사평가원의 업무를 효율적으로 수행하기 위하여 심사평가원에 진료심사평가위원회(이하 "심사위원회"라 한다)를 둔다.

② 심사위원회는 위원장을 포함하여 90명 이내의 상근 심사위원과 1천 명 이내의 비상근 심사위원으로 구성하며, 진료과목별 분과위원회를 둘 수 있다.

③ 제2항에 따른 상근 심사위원은 심사평가원의 원장이 보건복지부령으로 정하는 사람 중에서 임명한다.

④ 제2항에 따른 비상근 심사위원은 심사평가원의 원장이 보건복지부령으로 정하는 사람 중에서 위촉한다.

⑤ 심사평가원의 원장은 심사위원이 다음 각 호의 어느 하나에 해당하면 그 심사위원을 해임 또는 해촉할 수 있다.

1. 신체장애나 정신장애로 직무를 수행할 수 없다고 인정되는 경우

2. 직무상 의무를 위반하거나 직무를 게을리한 경우

3. 고의나 중대한 과실로 심사평가원에 손실이 생기게 한 경우

4. 직무 여부와 관계없이 품위를 손상하는 행위를 한 경우

⑥ 제1항부터 제5항까지에서 규정한 사항 외에 심사위원회 위원의 자격·임기 및 심사위원회의 구성·운영 등에 필요한 사항은 보건복지부령으로 정한다.

제66조의2【진료심사평가위원회 위원의 겸직】① 「고등교육법」 제14조 제2항에 따른 교원 중 교수·부교수 및 조교수는 「국가공무원법」 제64조 및 「사립학교법」 제55조 제1항에도 불구하고 소속대학 총장의 허가를 받아 진료심사평가위원회 위원의 직무를 겸할 수 있다.

② 제1항에 따라 대학의 교원이 진료심사평가위원회 위원을 겸하는 경우 필요한 사항은 대통령령으로 정한다.

제67조【자금의 조달 등】① 심사평가원은 제63조 제1항에 따른 업무(같은 항 제5호에 따른 업무는 제외한다)를 하기 위하여 공단으로부터 부담금을 징수할 수 있다.

② 심사평가원은 제63조 제1항 제5호에 따라 급여비용의 심사 또는 의료의 적정성 평가에 관한 업무를 위탁받은 경우에는 위탁자로부터 수수료를 받을 수 있다.

③ 제1항과 제2항에 따른 부담금 및 수수료의 금액·징수 방법 등에 필요한 사항은 보건복지부령으로 정한다.

제68조【준용 규정】심사평가원에 관하여 제14조 제3항·제4항, 제16조, 제17조(같은 조 제1항 제6호 및 제7호는 제외한다), 제18조, 제19조, 제22조부터 제32조까지, 제35조 제1항, 제36조, 제37조, 제39조 및 제40조를 준용한다. 이 경우 "공단"은 "심사평가원"으로, "이사장"은 "원장"으로 본다.

제6장 보험료

제69조【보험료】① 공단은 건강보험사업에 드는 비용에 충당하기 위하여 제77조에 따른 보험료의 납부의무자로부터 보험료를 징수한다.
② 제1항에 따른 보험료는 가입자의 자격을 취득한 날이 속하는 달의 다음 달부터 가입자의 자격을 잃은 날의 전날이 속하는 달까지 징수한다. 다만, 가입자의 자격을 매월 1일에 취득한 경우 또는 제5조 제1항 제2호 가목에 따른 건강보험 적용 신청으로 가입자의 자격을 취득하는 경우에는 그 달부터 징수한다.
③ 제1항 및 제2항에 따라 보험료를 징수할 때 가입자의 자격이 변동된 경우에는 변동된 날이 속하는 달의 보험료는 변동되기 전의 자격을 기준으로 징수한다. 다만, 가입자의 자격이 매월 1일에 변동된 경우에는 변동된 자격을 기준으로 징수한다.
④ 직장가입자의 월별 보험료액은 다음 각 호에 따라 산정한 금액으로 한다.
1. 보수월액보험료 : 제70조에 따라 산정한 보수월액에 제73조 제1항 또는 제2항에 따른 보험료율을 곱하여 얻은 금액
2. 보수 외 소득월액보험료 : 제71조 제1항에 따라 산정한 보수 외 소득월액에 제73조 제1항 또는 제2항에 따른 보험료율을 곱하여 얻은 금액
⑤ 지역가입자의 월별 보험료액은 다음 각 호의 구분에 따라 산정한 금액을 합산한 금액으로 한다. 이 경우 보험료액은 세대 단위로 산정한다.
1. 소득 : 제71조 제2항에 따라 산정한 지역가입자의 소득월액에 제73조 제3항에 따른 보험료율을 곱하여 얻은 금액

2. 재산 : 제72조에 따라 산정한 재산보험료부과점수에 제73조 제3항에 따른 재산보험료부과점수당 금액을 곱하여 얻은 금액
⑥ 제4항 및 제5항에 따른 월별 보험료액은 가입자의 보험료 평균액의 일정비율에 해당하는 금액을 고려하여 대통령령으로 정하는 기준에 따라 상한 및 하한을 정한다.

제70조【보수월액】① 제69조 제4항 제1호에 따른 직장가입자의 보수월액은 직장가입자가 지급받는 보수를 기준으로 하여 산정한다.
② 휴직이나 그 밖의 사유로 보수의 전부 또는 일부가 지급되지 아니하는 가입자(이하 "휴직자등"이라 한다)의 보수월액보험료는 해당 사유가 생기기 전 달의 보수월액을 기준으로 산정한다.
③ 제1항에 따른 보수는 근로자등이 근로를 제공하고 사용자·국가 또는 지방자치단체로부터 지급받는 금품(실비변상적인 성격을 갖는 금품은 제외한다)으로서 대통령령으로 정하는 것을 말한다. 이 경우 보수 관련 자료가 없거나 불명확한 경우 등 대통령령으로 정하는 사유에 해당하면 보건복지부장관이 정하여 고시하는 금액을 보수로 본다.
④ 제1항에 따른 보수월액의 산정 및 보수가 지급되지 아니하는 사용자의 보수월액의 산정 등에 필요한 사항은 대통령령으로 정한다.

제71조【소득월액】① 직장가입자의 보수 외 소득월액은 제70조에 따른 보수월액의 산정에 포함된 보수를 제외한 직장가입자의 소득(이하 "보수 외 소득"이라 한다)이 대통령령으로 정하는 금액을 초과하는 경우 다음의 계산식에 따른 값을 보건복지부령으로 정하는 바에 따라 평가하여 산정한다.

$$(\text{연간 보수 외 소득} - \text{대통령령으로 정하는 금액}) \times \frac{1}{12}$$

② 지역가입자의 소득월액은 지역가입자의 연간 소득을 12개월로 나눈 값을 보건복지부령으로 정하는 바에 따라 평가하여 산정한다.
③ 제1항 및 제2항에 따른 소득의 구체적인 범위, 소득월액을 산정하는 기준, 방법 등 소득월액의 산정에 필요한 사항은 대통령령으로 정한다.

제72조【재산보험료부과점수】① 제69조 제5항 제2호에 따른 재산보험료부과점수는 지역가입자의 재산을 기준으로 산정한다. 다만, 대통령령으로 정하는 지역가입자가 실제 거주를 목적으로 대통령령으로 정하는 기준 이하의 주택을 구입 또는 임차하기 위하여 다음 각 호의 어느 하나에 해당하는 대출을 받고 그 사실을 공단에 통보하는 경우에는 해당 대출금액을 대통령령으로 정하는 바에 따라 평가하여 재산보험료부과점수 산정 시 제외한다.

1. 「금융실명거래 및 비밀보장에 관한 법률」 제2조 제1호에 따른 금융회사등(이하 "금융회사등"이라 한다)으로부터 받은 대출
2. 「주택도시기금법」에 따른 주택도시기금을 재원으로 하는 대출 등 보건복지부장관이 정하여 고시하는 대출

② 제1항에 따라 재산보험료부과점수의 산정방법과 산정기준을 정할 때 법령에 따라 재산권의 행사가 제한되는 재산에 대하여는 다른 재산과 달리 정할 수 있다.

③ 지역가입자는 제1항 단서에 따라 공단에 통보할 때 「신용정보의 이용 및 보호에 관한 법률」 제2조 제1호에 따른 신용정보, 「금융실명거래 및 비밀보장에 관한 법률」 제2조 제2호에 따른 금융자산, 같은 조 제3호에 따른 금융거래의 내용에 대한 자료·정보 중 대출금액 등 대통령령으로 정하는 자료·정보(이하 "금융정보등"이라 한다)를 공단에 제출하여야 하며, 제1항 단서에 따른 재산보험료부과점수 산정을 위하여 필요한 금융정보등을 공단에 제공하는 것에 대하여 동의한다는 서면을 함께 제출하여야 한다.

④ 제1항 및 제2항에 따른 재산보험료부과점수의 산정방법·산정기준 등에 필요한 사항은 대통령령으로 정한다.

제72조의2 삭제

제72조의3【보험료 부과제도에 대한 적정성 평가】① 보건복지부장관은 제5조에 따른 피부양자 인정기준(이하 이 조에서 "인정기준"이라 한다)과 제69조부터 제72조까지의 규정에 따른 보험료, 보수월액, 소득월액 및 재산보험료부과점수의 산정 기준 및 방법 등(이하 이 조에서 "산정기준"이라 한다)에 대하여 적정성을 평가하고, 이 법 시행일로부터 4년이 경과한 때 이를 조정하여야 한다.

② 보건복지부장관은 제1항에 따른 적정성 평가를 하는 경우에는 다음 각 호를 종합적으로 고려하여야 한다.

1. 제4조 제1항 제5호의2 나목에 따라 심의위원회가 심의한 가입자의 소득 파악 현황 및 개선방안
2. 공단의 소득 관련 자료 보유 현황
3. 「소득세법」 제4조에 따른 종합소득(종합과세되는 종합소득과 분리과세되는 종합소득을 포함한다) 과세 현황
4. 직장가입자에게 부과되는 보험료와 지역가입자에게 부과되는 보험료 간 형평성
5. 제1항에 따른 인정기준 및 산정기준의 조정으로 인한 보험료 변동
6. 그 밖에 적정성 평가 대상이 될 수 있는 사항으로서 보건복지부장관이 정하는 사항

③ 제1항에 따른 적정성 평가의 절차, 방법 및 그 밖에 적정성 평가를 위하여 필요한 사항은 대통령령으로 정한다.

제73조【보험료율 등】① 직장가입자의 보험료율은 1천분의 80의 범위에서 심의위원회의 의결을 거쳐 대통령령으로 정한다.

② 국외에서 업무에 종사하고 있는 직장가입자에 대한 보험료율은 제1항에 따라 정해진 보험료율의 100분의 50으로 한다.

③ 지역가입자의 보험료율과 재산보험료부과점수당 금액은 심의위원회의 의결을 거쳐 대통령령으로 정한다.

제74조【보험료의 면제】① 공단은 직장가입자가 제54조 제2호부터 제4호까지의 어느 하나에 해당하는 경우(같은 조 제2호에 해당하는 경우에는 1개월 이상의 기간으로서 대통령령으로 정하는 기간 이상 국외에 체류하는 경우에 한정한다. 이하 이 조에서 같다) 그 가입자의 보험료를 면제한다. 다만, 제54조 제2호에 해당하는 직장가입자의 경우에는 국내에 거주하는 피부양자가 없을 때에만 보험료를 면제한다.

② 지역가입자가 제54조 제2호부터 제4호까지의 어느 하나에 해당하면 그 가입자가 속한 세대의 보험료를 산정할 때 그 가입자의 제71조 제2항에 따른 소득월액 및 제72조에 따른

재산보험료부과점수를 제외한다.

③ 제1항에 따른 보험료의 면제나 제2항에 따라 보험료의 산정에서 제외되는 소득월액 및 재산보험료부과점수에 대하여는 제54조 제2호부터 제4호까지의 어느 하나에 해당하는 급여정지 사유가 생긴 날이 속하는 달의 다음 달부터 사유가 없어진 날이 속하는 달까지 적용한다. 다만, 다음 각 호의 어느 하나에 해당하는 경우에는 그 달의 보험료를 면제하지 아니하거나 보험료의 산정에서 소득월액 및 재산보험료부과점수를 제외하지 아니한다.

1. 급여정지 사유가 매월 1일에 없어진 경우
2. 제54조 제2호에 해당하는 가입자 또는 그 피부양자가 국내에 입국하여 입국일이 속하는 달에 보험급여를 받고 그 달에 출국하는 경우

제75조【보험료의 경감 등】① 다음 각 호의 어느 하나에 해당하는 가입자 중 보건복지부령으로 정하는 가입자에 대하여는 그 가입자 또는 그 가입자가 속한 세대의 보험료의 일부를 경감할 수 있다.

1. 섬·벽지(僻地)·농어촌 등 대통령령으로 정하는 지역에 거주하는 사람
2. 65세 이상인 사람
3. 「장애인복지법」에 따라 등록한 장애인
4. 「국가유공자 등 예우 및 지원에 관한 법률」 제4조 제1항 제4호, 제6호, 제12호, 제15호 및 제17호에 따른 국가유공자
5. 휴직자
6. 그 밖에 생활이 어렵거나 천재지변 등의 사유로 보험료를 경감할 필요가 있다고 보건복지부장관이 정하여 고시하는 사람

② 제77조에 따른 보험료 납부의무자가 다음 각 호의 어느 하나에 해당하는 경우에는 대통령령으로 정하는 바에 따라 보험료를 감액하는 등 재산상의 이익을 제공할 수 있다.

1. 제81조의6 제1항에 따라 보험료의 납입 고지 또는 독촉을 전자문서로 받는 경우
2. 보험료를 계좌 또는 신용카드 자동이체의 방법으로 내는 경우

③ 제1항에 따른 보험료 경감의 방법·절차 등에 필요한 사항은 보건복지부장관이 정하여 고시한다.

제76조【보험료의 부담】① 직장가입자의 보수월액보험료는 직장가입자와 다음 각 호의 구분에 따른 자가 각각 보험료액의 100분의 50씩 부담한다. 다만, 직장가입자가 교직원으로서 사립학교에 근무하는 교원이면 보험료액은 그 직장가입자가 100분의 50을, 제3조 제2호 다목에 해당하는 사용자가 100분의 30을, 국가가 100분의 20을 각각 부담한다.

1. 직장가입자가 근로자인 경우에는 제3조 제2호 가목에 해당하는 사업주
2. 직장가입자가 공무원인 경우에는 그 공무원이 소속되어 있는 국가 또는 지방자치단체
3. 직장가입자가 교직원(사립학교에 근무하는 교원은 제외한다)인 경우에는 제3조 제2호 다목에 해당하는 사용자

② 직장가입자의 보수 외 소득월액보험료는 직장가입자가 부담한다.

③ 지역가입자의 보험료는 그 가입자가 속한 세대의 지역가입자 전원이 연대하여 부담한다.

④ 직장가입자가 교직원인 경우 제3조 제2호 다목에 해당하는 사용자가 부담액 전부를 부담할 수 없으면 그 부족액을 학교에 속하는 회계에서 부담하게 할 수 있다.

제77조【보험료 납부의무】① 직장가입자의 보험료는 다음 각 호의 구분에 따라 그 각 호에서 정한 자가 납부한다.

1. 보수월액보험료 : 사용자. 이 경우 사업장의 사용자가 2명 이상인 때에는 그 사업장의 사용자는 해당 직장가입자의 보험료를 연대하여 납부한다.
2. 보수 외 소득월액보험료 : 직장가입자

② 지역가입자의 보험료는 그 가입자가 속한 세대의 지역가입자 전원이 연대하여 납부한다. 다만, 소득 및 재산이 없는 미성년자와 소득 및 재산 등을 고려하여 대통령령으로 정하는 기준에 해당하는 미성년자는 납부의무를 부담하지 아니한다.

③ 사용자는 보수월액보험료 중 직장가입자가 부담하여야 하는 그 달의 보험료액을 그 보수에서 공제하여 납부하여야 한다. 이 경우 직장가입자에게 공제액을 알려야 한다.

제77조의2【제2차 납부의무】① 법인의 재산으로 그 법인이 납부하여야 하는 보험료, 연체금 및

체납처분비를 충당하여도 부족한 경우에는 해당 법인에게 보험료의 납부의무가 부과된 날 현재의 무한책임사원 또는 과점주주(「국세기본법」 제39조 각 호의 어느 하나에 해당하는 자를 말한다)가 그 부족한 금액에 대하여 제2차 납부의무를 진다. 다만, 과점주주의 경우에는 그 부족한 금액을 그 법인의 발행주식 총수(의결권이 없는 주식은 제외한다) 또는 출자총액으로 나눈 금액에 해당 과점주주가 실질적으로 권리를 행사하는 주식 수(의결권이 없는 주식은 제외한다) 또는 출자액을 곱하여 산출한 금액을 한도로 한다.

② 사업이 양도·양수된 경우에 양도일 이전에 양도인에게 납부의무가 부과된 보험료, 연체금 및 체납처분비를 양도인의 재산으로 충당하여도 부족한 경우에는 사업의 양수인이 그 부족한 금액에 대하여 양수한 재산의 가액을 한도로 제2차 납부의무를 진다. 이 경우 양수인의 범위 및 양수한 재산의 가액은 대통령령으로 정한다.

제78조【보험료의 납부기한】① 제77조 제1항 및 제2항에 따라 보험료 납부의무가 있는 자는 가입자에 대한 그 달의 보험료를 그 다음 달 10일까지 납부하여야 한다. 다만, 직장가입자의 보수 외 소득월액보험료 및 지역가입자의 보험료는 보건복지부령으로 정하는 바에 따라 분기별로 납부할 수 있다.

② 공단은 제1항에도 불구하고 납입 고지의 송달 지연 등 보건복지부령으로 정하는 사유가 있는 경우 납부의무자의 신청에 따라 제1항에 따른 납부기한부터 1개월의 범위에서 납부기한을 연장할 수 있다. 이 경우 납부기한 연장을 신청하는 방법, 절차 등에 필요한 사항은 보건복지부령으로 정한다.

제78조의2【가산금】① 사업장의 사용자가 대통령령으로 정하는 사유에 해당되어 직장가입자가 될 수 없는 자를 제8조 제2항 또는 제9조 제2항을 위반하여 거짓으로 보험자에게 직장가입자로 신고한 경우 공단은 제1호의 금액에서 제2호의 금액을 뺀 금액의 100분의 10에 상당하는 가산금을 그 사용자에게 부과하여 징수한다.

1. 사용자가 직장가입자로 신고한 사람이 직장가입자로 처리된 기간 동안 그 가입자가 제69조 제5항에 따라 부담하여야 하는 보험료의 총액

2. 제1호의 기간 동안 공단이 해당 가입자에 대하여 제69조 제4항에 따라 산정하여 부과한 보험료의 총액

② 제1항에도 불구하고, 공단은 가산금이 소액이거나 그 밖에 가산금을 징수하는 것이 적절하지 아니하다고 인정되는 등 대통령령으로 정하는 경우에는 징수하지 아니할 수 있다.

제79조【보험료등의 납입 고지】① 공단은 보험료등을 징수하려면 그 금액을 결정하여 납부의무자에게 다음 각 호의 사항을 적은 문서로 납입 고지를 하여야 한다.

1. 징수하려는 보험료등의 종류

2. 납부해야 하는 금액

3. 납부기한 및 장소

② 삭제

③ 삭제

④ 직장가입자의 사용자가 2명 이상인 경우 또는 지역가입자의 세대가 2명 이상으로 구성된 경우 그중 1명에게 한 고지는 해당 사업장의 다른 사용자 또는 세대 구성원인 다른 지역가입자 모두에게 효력이 있는 것으로 본다.

⑤ 휴직자등의 보험료는 휴직 등의 사유가 끝날 때까지 보건복지부령으로 정하는 바에 따라 납입 고지를 유예할 수 있다.

⑥ 공단은 제77조의2에 따른 제2차 납부의무자에게 납입의 고지를 한 경우에는 해당 법인인 사용자 및 사업 양도인에게 그 사실을 통지하여야 한다.

제79조의2【신용카드등으로 하는 보험료등의 납부】① 공단이 납입 고지한 보험료등을 납부하는 자는 보험료등의 납부를 대행할 수 있도록 대통령령으로 정하는 기관 등(이하 이 조에서 "보험료등납부대행기관"이라 한다)을 통하여 신용카드, 직불카드 등(이하 이 조에서 "신용카드등"이라 한다)으로 납부할 수 있다.

② 제1항에 따라 신용카드등으로 보험료등을 납부하는 경우에는 보험료등납부대행기관의 승인일을 납부일로 본다.

③ 보험료등납부대행기관은 보험료등의 납부자로부터 보험료등의 납부를 대행하는 대가로

수수료를 받을 수 있다.

④ 보험료등납부대행기관의 지정 및 운영, 수수료 등에 필요한 사항은 대통령령으로 정한다.

제80조【연체금】① 공단은 보험료등의 납부의무자가 납부기한까지 보험료등을 내지 아니하면 그 납부기한이 지난 날부터 매 1일이 경과할 때마다 다음 각 호에 해당하는 연체금을 징수한다.

1. 제69조에 따른 보험료 또는 제53조 제3항에 따른 보험급여 제한 기간 중 받은 보험급여에 대한 징수금을 체납한 경우 : 해당 체납금액의 1천500분의 1에 해당하는 금액. 이 경우 연체금은 해당 체납금액의 1천분의 20을 넘지 못한다.

2. 제1호 외에 이 법에 따른 징수금을 체납한 경우 : 해당 체납금액의 1천분의 1에 해당하는 금액. 이 경우 연체금은 해당 체납금액의 1천분의 30을 넘지 못한다.

② 공단은 보험료등의 납부의무자가 체납된 보험료등을 내지 아니하면 납부기한 후 30일이 지난 날부터 매 1일이 경과할 때마다 다음 각 호에 해당하는 연체금을 제1항에 따른 연체금에 더하여 징수한다.

1. 제69조에 따른 보험료 또는 제53조 제3항에 따른 보험급여 제한 기간 중 받은 보험급여에 대한 징수금을 체납한 경우 : 해당 체납금액의 6천분의 1에 해당하는 금액. 이 경우 연체금(제1항 제1호의 연체금을 포함한 금액을 말한다)은 해당 체납금액의 1천분의 50을 넘지 못한다.

2. 제1호 외에 이 법에 따른 징수금을 체납한 경우 : 해당 체납금액의 3천분의 1에 해당하는 금액. 이 경우 연체금(제1항 제2호의 연체금을 포함한 금액을 말한다)은 해당 체납금액의 1천분의 90을 넘지 못한다.

③ 공단은 제1항 및 제2항에도 불구하고 천재지변이나 그 밖에 보건복지부령으로 정하는 부득이한 사유가 있으면 제1항 및 제2항에 따른 연체금을 징수하지 아니할 수 있다.

제81조【보험료등의 독촉 및 체납처분】① 공단은 제57조, 제77조, 제77조의2, 제78조의2, 제101조 및 제101조의2에 따라 보험료등을 내야 하는 자가 보험료등을 내지 아니하면 기한을 정하여 독촉할 수 있다. 이 경우 직장가입자의 사용자가 2명 이상인 경우 또는 지역가입자의 세대가 2명 이상으로 구성된 경우에는 그중 1명에게 한 독촉은 해당 사업장의 다른 사용자 또는 세대 구성원인 다른 지역가입자 모두에게 효력이 있는 것으로 본다.

② 제1항에 따라 독촉할 때에는 10일 이상 15일 이내의 납부기한을 정하여 독촉장을 발부하여야 한다.

③ 공단은 제1항에 따른 독촉을 받은 자가 그 납부기한까지 보험료등을 내지 아니하면 보건복지부장관의 승인을 받아 국세 체납처분의 예에 따라 이를 징수할 수 있다.

④ 공단은 제3항에 따라 체납처분을 하기 전에 보험료등의 체납 내역, 압류 가능한 재산의 종류, 압류 예정 사실 및 「국세징수법」 제41조 제18호에 따른 소액금융재산에 대한 압류금지 사실 등이 포함된 통보서를 발송하여야 한다. 다만, 법인 해산 등 긴급히 체납처분을 할 필요가 있는 경우로서 대통령령으로 정하는 경우에는 그러하지 아니하다.

⑤ 공단은 제3항에 따른 국세 체납처분의 예에 따라 압류하거나 제81조의2 제1항에 따라 압류한 재산의 공매에 대하여 전문지식이 필요하거나 그 밖에 특수한 사정으로 직접 공매하는 것이 적당하지 아니하다고 인정하는 경우에는 「한국자산관리공사 설립 등에 관한 법률」에 따라 설립된 한국자산관리공사(이하 "한국자산관리공사"라 한다)에 공매를 대행하게 할 수 있다. 이 경우 공매는 공단이 한 것으로 본다.

⑥ 공단은 제5항에 따라 한국자산관리공사가 공매를 대행하면 보건복지부령으로 정하는 바에 따라 수수료를 지급할 수 있다.

제81조의2【부당이득 징수금의 압류】① 제81조에도 불구하고 공단은 보험급여 비용을 받은 요양기관이 다음 각 호의 요건을 모두 갖춘 경우에는 제57조 제1항에 따른 징수금의 한도에서 해당 요양기관 또는 그 요양기관을 개설한 자(같은 조 제2항에 따라 해당 요양기관과 연대하여 징수금을 납부하여야 하는 자를 말한다. 이하 이 조에서 같다)의 재산을 보건복지부장관의 승인을 받아 압류할 수 있다.

1. 「의료법」 제33조 제2항 또는 「약사법」 제20조 제1항을 위반하였다는 사실로 기소된 경우
2. 요양기관 또는 요양기관을 개설한 자에게 강제집행, 국세 강제징수 등 대통령령으로 정하는 사유가 있어 그 재산을 압류할 필요가 있는 경우

② 공단은 제1항에 따라 재산을 압류하였을 때에는 해당 요양기관 또는 그 요양기관을 개설한 자에게 문서로 그 압류 사실을 통지하여야 한다.

③ 공단은 다음 각 호의 어느 하나에 해당할 때에는 제1항에 따른 압류를 즉시 해제하여야 한다.

1. 제2항에 따른 통지를 받은 자가 제57조 제1항에 따른 징수금에 상당하는 다른 재산을 담보로 제공하고 압류 해제를 요구하는 경우
2. 법원의 무죄 판결이 확정되는 등 대통령령으로 정하는 사유로 해당 요양기관이 「의료법」 제33조 제2항 또는 「약사법」 제20조 제1항을 위반한 혐의가 입증되지 아니한 경우

④ 제1항에 따른 압류 및 제3항에 따른 압류 해제에 관하여 이 법에서 규정한 것 외에는 「국세징수법」을 준용한다.

제81조의3 【체납 또는 결손처분 자료의 제공】 ① 공단은 보험료 징수 및 제57조에 따른 징수금(같은 조 제2항 각 호의 어느 하나에 해당하여 같은 조 제1항 및 제2항에 따라 징수하는 금액에 한정한다. 이하 이 조에서 "부당이득금"이라 한다)의 징수 또는 공익목적을 위하여 필요한 경우에 「신용정보의 이용 및 보호에 관한 법률」 제25조 제2항 제1호의 종합신용정보집중기관에 다음 각 호의 어느 하나에 해당하는 체납자 또는 결손처분자의 인적사항·체납액 또는 결손처분액에 관한 자료(이하 이 조에서 "체납등 자료"라 한다)를 제공할 수 있다. 다만, 체납된 보험료나 부당이득금과 관련하여 행정심판 또는 행정소송이 계류 중인 경우, 제82조 제1항에 따라 분할납부를 승인받은 경우 중 대통령령으로 정하는 경우, 그 밖에 대통령령으로 정하는 사유가 있을 때에는 그러하지 아니하다.

1. 이 법에 따른 납부기한의 다음 날부터 1년이 지난 보험료 및 그에 따른 연체금과 체납처분비의 총액이 500만 원 이상인 자
2. 이 법에 따른 납부기한의 다음 날부터 1년이 지난 부당이득금 및 그에 따른 연체금과 체납처분비의 총액이 1억 원 이상인 자
3. 제84조에 따라 결손처분한 금액의 총액이 500만 원 이상인 자

② 공단은 제1항에 따라 종합신용정보집중기관에 체납등 자료를 제공하기 전에 해당 체납자 또는 결손처분자에게 그 사실을 서면으로 통지하여야 한다. 이 경우 통지를 받은 체납자가 체납액을 납부하거나 체납액 납부계획서를 제출하는 경우 공단은 종합신용정보집중기관에 체납등 자료를 제공하지 아니하거나 체납등 자료의 제공을 유예할 수 있다.

③ 체납등 자료의 제공절차에 필요한 사항은 대통령령으로 정한다.

④ 제1항에 따라 체납등 자료를 제공받은 자는 이를 업무 외의 목적으로 누설하거나 이용하여서는 아니 된다.

제81조의4 【보험료의 납부증명】 ① 제77조에 따른 보험료의 납부의무자(이하 이 조에서 "납부의무자"라 한다)는 국가, 지방자치단체 또는 「공공기관의 운영에 관한 법률」 제4조에 따른 공공기관(이하 이 조에서 "공공기관"이라 한다)으로부터 공사·제조·구매·용역 등 대통령령으로 정하는 계약의 대가를 지급받는 경우에는 보험료와 그에 따른 연체금 및 체납처분비의 납부사실을 증명하여야 한다. 다만, 납부의무자가 계약대금의 전부 또는 일부를 체납한 보험료로 납부하려는 경우 등 대통령령으로 정하는 경우에는 그러하지 아니하다.

② 납부의무자가 제1항에 따라 납부사실을 증명하여야 할 경우 제1항의 계약을 담당하는 주무관서 또는 공공기관은 납부의무자의 동의를 받아 공단에 조회하여 보험료와 그에 따른 연체금 및 체납처분비의 납부여부를 확인하는 것으로 제1항에 따른 납부증명을 갈음할 수 있다.

제81조의5 【서류의 송달】 제79조 및 제81조에 관한 서류의 송달에 관한 사항과 전자문서에 의한 납입 고지 등에 관하여 제81조의6에서 정

하지 아니한 사항에 관하여는 「국세기본법」 제8조(같은 조 제2항 단서는 제외한다)부터 제12조까지의 규정을 준용한다. 다만, 우편송달에 의하는 경우 그 방법은 대통령령으로 정하는 바에 따른다.

제81조의6【전자문서에 의한 납입 고지 등】① 납부의무자가 제79조 제1항에 따른 납입 고지 또는 제81조 제1항에 따른 독촉을 전자문서교환방식 등에 의한 전자문서로 해줄 것을 신청하는 경우에는 공단은 전자문서로 고지 또는 독촉할 수 있다. 이 경우 전자문서 고지 및 독촉에 대한 신청 방법·절차 등에 필요한 사항은 보건복지부령으로 정한다.

② 공단이 제1항에 따라 전자문서로 고지 또는 독촉하는 경우에는 전자문서가 보건복지부령으로 정하는 정보통신망에 저장되거나 납부의무자가 지정한 전자우편주소에 입력된 때에 납입 고지 또는 독촉이 그 납부의무자에게 도달된 것으로 본다.

제82조【체납보험료의 분할납부】① 공단은 보험료를 3회 이상 체납한 자가 신청하는 경우 보건복지부령으로 정하는 바에 따라 분할납부를 승인할 수 있다.

② 공단은 보험료를 3회 이상 체납한 자에 대하여 제81조 제3항에 따른 체납처분을 하기 전에 제1항에 따른 분할납부를 신청할 수 있음을 알리고, 보건복지부령으로 정하는 바에 따라 분할납부 신청의 절차·방법 등에 관한 사항을 안내하여야 한다.

③ 공단은 제1항에 따라 분할납부 승인을 받은 자가 정당한 사유 없이 5회(제1항에 따라 승인받은 분할납부 횟수가 5회 미만인 경우에는 해당 분할납부 횟수를 말한다) 이상 그 승인된 보험료를 납부하지 아니하면 그 분할납부의 승인을 취소한다.

④ 분할납부의 승인과 취소에 관한 절차·방법·기준 등에 필요한 사항은 보건복지부령으로 정한다.

제83조【고액·상습체납자의 인적사항 공개】① 공단은 이 법에 따른 납부기한의 다음 날부터 1년이 경과한 보험료, 연체금과 체납처분비(제84조에 따라 결손처분한 보험료, 연체금과 체납처분비로서 징수권 소멸시효가 완성되지

아니한 것을 포함한다)의 총액이 1천만 원 이상인 체납자가 납부능력이 있음에도 불구하고 체납한 경우 그 인적사항·체납액 등(이하 이 조에서 "인적사항등"이라 한다)을 공개할 수 있다. 다만, 체납된 보험료, 연체금과 체납처분비와 관련하여 제87조에 따른 이의신청, 제88조에 따른 심판청구가 제기되거나 행정소송이 계류 중인 경우 또는 그 밖에 체납된 금액의 일부 납부 등 대통령령으로 정하는 사유가 있는 경우에는 그러하지 아니하다.

② 제1항에 따른 체납자의 인적사항등에 대한 공개 여부를 심의하기 위하여 공단에 보험료정보공개심의위원회를 둔다.

③ 공단은 보험료정보공개심의위원회의 심의를 거친 인적사항등의 공개대상자에게 공개대상자임을 서면으로 통지하여 소명의 기회를 부여하여야 하며, 통지일부터 6개월이 경과한 후 체납액의 납부이행 등을 감안하여 공개대상자를 선정한다.

④ 제1항에 따른 체납자 인적사항등의 공개는 관보에 게재하거나 공단 인터넷 홈페이지에 게시하는 방법에 따른다.

⑤ 제1항부터 제4항까지의 규정에 따른 체납자 인적사항등의 공개와 관련한 납부능력의 기준, 공개절차 및 위원회의 구성·운영 등에 필요한 사항은 대통령령으로 정한다.

제84조【결손처분】① 공단은 다음 각 호의 어느 하나에 해당하는 사유가 있으면 재정운영위원회의 의결을 받아 보험료등을 결손처분할 수 있다.

1. 체납처분이 끝나고 체납액에 충당될 배분금액이 그 체납액에 미치지 못하는 경우
2. 해당 권리에 대한 소멸시효가 완성된 경우
3. 그 밖에 징수할 가능성이 없다고 인정되는 경우로서 대통령령으로 정하는 경우

② 공단은 제1항 제3호에 따라 결손처분을 한 후 압류할 수 있는 다른 재산이 있는 것을 발견한 때에는 지체 없이 그 처분을 취소하고 체납처분을 하여야 한다.

제85조【보험료등의 징수 순위】보험료등은 국세와 지방세를 제외한 다른 채권에 우선하여 징수한다. 다만, 보험료등의 납부기한 전에 전세권·질권·저당권 또는 「동산·채권 등의 담

보에 관한 법률」에 따른 담보권의 설정을 등기 또는 등록한 사실이 증명되는 재산을 매각할 때에 그 매각대금 중에서 보험료등을 징수하는 경우 그 전세권·질권·저당권 또는 「동산·채권 등의 담보에 관한 법률」에 따른 담보권으로 담보된 채권에 대하여는 그러하지 아니하다.

제86조【보험료등의 충당과 환급】① 공단은 납부의무자가 보험료등·연체금 또는 체납처분비로 낸 금액 중 과오납부(過誤納付)한 금액이 있으면 대통령령으로 정하는 바에 따라 그 과오납금을 보험료등·연체금 또는 체납처분비에 우선 충당하여야 한다.

② 공단은 제1항에 따라 충당하고 남은 금액이 있는 경우 대통령령으로 정하는 바에 따라 납부의무자에게 환급하여야 한다.

③ 제1항 및 제2항의 경우 과오납금에 대통령령으로 정하는 이자를 가산하여야 한다.

제7장 이의신청 및 심판청구 등

제87조【이의신청】① 가입자 및 피부양자의 자격, 보험료등, 보험급여, 보험급여 비용에 관한 공단의 처분에 이의가 있는 자는 공단에 이의신청을 할 수 있다.

② 요양급여비용 및 요양급여의 적정성 평가 등에 관한 심사평가원의 처분에 이의가 있는 공단, 요양기관 또는 그 밖의 자는 심사평가원에 이의신청을 할 수 있다.

③ 제1항 및 제2항에 따른 이의신청(이하 "이의신청"이라 한다)은 처분이 있음을 안 날부터 90일 이내에 문서(전자문서를 포함한다)로 하여야 하며 처분이 있은 날부터 180일을 지나면 제기하지 못한다. 다만, 정당한 사유로 그 기간에 이의신청을 할 수 없었음을 소명한 경우에는 그러하지 아니하다.

④ 제3항 본문에도 불구하고 요양기관이 제48조에 따른 심사평가원의 확인에 대하여 이의신청을 하려면 같은 조 제2항에 따라 통보받은 날부터 30일 이내에 하여야 한다.

⑤ 제1항부터 제4항까지에서 규정한 사항 외에 이의신청의 방법·결정 및 그 결정의 통지 등에 필요한 사항은 대통령령으로 정한다.

제88조【심판청구】① 이의신청에 대한 결정에 불복하는 자는 제89조에 따른 건강보험분쟁조정위원회에 심판청구를 할 수 있다. 이 경우 심판청구의 제기기간 및 제기방법에 관하여는 제87조 제3항을 준용한다.

② 제1항에 따라 심판청구를 하려는 자는 대통령령으로 정하는 심판청구서를 제87조 제1항 또는 제2항에 따른 처분을 한 공단 또는 심사평가원에 제출하거나 제89조에 따른 건강보험분쟁조정위원회에 제출하여야 한다.

③ 제1항 및 제2항에서 규정한 사항 외에 심판청구의 절차·방법·결정 및 그 결정의 통지 등에 필요한 사항은 대통령령으로 정한다.

제89조【건강보험분쟁조정위원회】① 제88조에 따른 심판청구를 심리·의결하기 위하여 보건복지부에 건강보험분쟁조정위원회(이하 "분쟁조정위원회"라 한다)를 둔다.

② 분쟁조정위원회는 위원장을 포함하여 60명 이내의 위원으로 구성하고, 위원장을 제외한 위원 중 1명은 당연직위원으로 한다. 이 경우 공무원이 아닌 위원이 전체 위원의 과반수가 되도록 하여야 한다.

③ 분쟁조정위원회의 회의는 위원장, 당연직위원 및 위원장이 매 회의마다 지정하는 7명의 위원을 포함하여 총 9명으로 구성하되, 공무원이 아닌 위원이 과반수가 되도록 하여야 한다.

④ 분쟁조정위원회는 제3항에 따른 구성원 과반수의 출석과 출석위원 과반수의 찬성으로 의결한다.

⑤ 분쟁조정위원회를 실무적으로 지원하기 위하여 분쟁조정위원회에 사무국을 둔다.

⑥ 제1항부터 제5항까지에서 규정한 사항 외에 분쟁조정위원회 및 사무국의 구성 및 운영 등에 필요한 사항은 대통령령으로 정한다.

⑦ 분쟁조정위원회의 위원 중 공무원이 아닌 사람은 「형법」 제129조부터 제132조까지의 규정을 적용할 때 공무원으로 본다.

제90조【행정소송】 공단 또는 심사평가원의 처분에 이의가 있는 자와 제87조에 따른 이의신청 또는 제88조에 따른 심판청구에 대한 결정에 불복하는 자는 「행정소송법」에서 정하는 바에 따라 행정소송을 제기할 수 있다.

제8장 보칙

제91조【시효】① 다음 각 호의 권리는 3년 동안 행사하지 아니하면 소멸시효가 완성된다.

1. 보험료, 연체금 및 가산금을 징수할 권리
2. 보험료, 연체금 및 가산금으로 과오납부한 금액을 환급받을 권리
3. 보험급여를 받을 권리
4. 보험급여 비용을 받을 권리
5. 제47조 제3항 후단에 따라 과다납부된 본인일부부담금을 돌려받을 권리
6. 제61조에 따른 근로복지공단의 권리

② 제1항에 따른 시효는 다음 각 호의 어느 하나의 사유로 중단된다.

1. 보험료의 고지 또는 독촉
2. 보험급여 또는 보험급여 비용의 청구

③ 휴직자등의 보수월액보험료를 징수할 권리의 소멸시효는 제79조 제5항에 따라 고지가 유예된 경우 휴직 등의 사유가 끝날 때까지 진행하지 아니한다.

④ 제1항에 따른 소멸시효기간, 제2항에 따른 시효 중단 및 제3항에 따른 시효 정지에 관하여 이 법에서 정한 사항 외에는 「민법」에 따른다.

제92조【기간 계산】이 법이나 이 법에 따른 명령에 규정된 기간의 계산에 관하여 이 법에서 정한 사항 외에는 「민법」의 기간에 관한 규정을 준용한다.

제93조【근로자의 권익 보호】제6조 제2항 각 호의 어느 하나에 해당하지 아니하는 모든 사업장의 근로자를 고용하는 사용자는 그가 고용한 근로자가 이 법에 따른 직장가입자가 되는 것을 방해하거나 자신이 부담하는 부담금이 증가되는 것을 피할 목적으로 정당한 사유 없이 근로자의 승급 또는 임금 인상을 하지 아니하거나 해고나 그 밖의 불리한 조치를 할 수 없다.

제94조【신고 등】① 공단은 사용자, 직장가입자 및 세대주에게 다음 각 호의 사항을 신고하게 하거나 관계 서류(전자적 방법으로 기록된 것을 포함한다. 이하 같다)를 제출하게 할 수 있다.

1. 가입자의 거주지 변경
2. 가입자의 보수·소득
3. 그 밖에 건강보험사업을 위하여 필요한 사항

② 공단은 제1항에 따라 신고한 사항이나 제출받은 자료에 대하여 사실 여부를 확인할 필요가 있으면 소속 직원이 해당 사항에 관하여 조사하게 할 수 있다.

③ 제2항에 따라 조사를 하는 소속 직원은 그 권한을 표시하는 증표를 지니고 관계인에게 보여주어야 한다.

제95조【소득 축소·탈루 자료의 송부 등】① 공단은 제94조 제1항에 따라 신고한 보수 또는 소득 등에 축소 또는 탈루(脫漏)가 있다고 인정하는 경우에는 보건복지부장관을 거쳐 소득의 축소 또는 탈루에 관한 사항을 문서로 국세청장에게 송부할 수 있다.

② 국세청장은 제1항에 따라 송부받은 사항에 대하여 「국세기본법」 등 관련 법률에 따른 세무조사를 하면 그 조사 결과 중 보수·소득에 관한 사항을 공단에 송부하여야 한다.

③ 제1항 및 제2항에 따른 송부 절차 등에 필요한 사항은 대통령령으로 정한다.

제96조【자료의 제공】① 공단은 국가, 지방자치단체, 요양기관, 「보험업법」에 따른 보험회사 및 보험료율 산출 기관, 「공공기관의 운영에 관한 법률」에 따른 공공기관, 그 밖의 공공단체 등에 대하여 다음 각 호의 업무를 수행하기 위하여 주민등록·가족관계등록·국세·지방세·토지·건물·출입국관리 등의 자료로서 대통령령으로 정하는 자료를 제공하도록 요청할 수 있다.

1. 가입자 및 피부양자의 자격 관리, 보험료의 부과·징수, 보험급여의 관리 등 건강보험사업의 수행
2. 제14조 제1항 제11호에 따른 업무의 수행

② 심사평가원은 국가, 지방자치단체, 요양기관, 「보험업법」에 따른 보험회사 및 보험료율 산출 기관, 「공공기관의 운영에 관한 법률」에 따른 공공기관, 그 밖의 공공단체 등에 대하여 요양급여비용을 심사하고 요양급여의 적정성을 평가하기 위하여 주민등록·출입국관리·진료기록·의약품공급 등의 자료로서 대통령령으로 정하는 자료를 제공하도록 요청할 수 있다.

③ 보건복지부장관은 관계 행정기관의 장에게 제41조의2에 따른 약제에 대한 요양급여비

용 상한금액의 감액 및 요양급여의 적용 정지를 위하여 필요한 자료를 제공하도록 요청할 수 있다.

④ 제1항부터 제3항까지의 규정에 따라 자료 제공을 요청받은 자는 성실히 이에 따라야 한다.

⑤ **공단 또는 심사평가원은** 요양기관, 「보험업법」에 따른 보험회사 및 보험료율 산출 기관에 제1항 또는 제2항에 따른 **자료의 제공을 요청하는 경우 자료 제공 요청 근거 및 사유, 자료 제공 대상자, 대상기간, 자료 제공 기한, 제출 자료 등이 기재된 자료제공요청서를 발송하여야 한다.**

⑥ 제1항 및 제2항에 따른 국가, 지방자치단체, 요양기관, 「보험업법」에 따른 보험료율 산출 기관 그 밖의 공공기관 및 공공단체가 공단 또는 심사평가원에 제공하는 자료에 대하여는 사용료와 수수료 등을 면제한다.

제96조의2 【금융정보등의 제공 등】 ① 공단은 제72조 제1항 단서에 따른 지역가입자의 재산보험료부과점수 산정을 위하여 필요한 경우 「신용정보의 이용 및 보호에 관한 법률」 제32조 및 「금융실명거래 및 비밀보장에 관한 법률」 제4조 제1항에도 불구하고 지역가입자가 제72조 제3항에 따라 제출한 동의 서면을 전자적 형태로 바꾼 문서에 의하여 「신용정보의 이용 및 보호에 관한 법률」 제2조 제6호에 따른 신용정보집중기관 또는 금융회사등(이하 이 조에서 "금융기관등"이라 한다)의 장에게 금융정보등을 제공하도록 요청할 수 있다.

② 제1항에 따라 금융정보등의 제공을 요청받은 금융기관등의 장은 「신용정보의 이용 및 보호에 관한 법률」 제32조 및 「금융실명거래 및 비밀보장에 관한 법률」 제4조에도 불구하고 명의인의 금융정보등을 제공하여야 한다.

③ 제2항에 따라 금융정보등을 제공한 금융기관등의 장은 금융정보등의 제공 사실을 명의인에게 통보하여야 한다. 다만, 명의인이 동의한 경우에는 「신용정보의 이용 및 보호에 관한 법률」 제32조 제7항, 제35조 제2항 및 「금융실명거래 및 비밀보장에 관한 법률」 제4조의2 제1항에도 불구하고 통보하지 아니할 수 있다.

④ 제1항부터 제3항까지에서 규정한 사항 외에 금융정보등의 제공 요청 및 제공 절차 등에 필요한 사항은 대통령령으로 정한다.

제96조의3 【가족관계등록 전산정보의 공동이용】
① 공단은 제96조 제1항 각 호의 업무를 수행하기 위하여 「전자정부법」에 따라 「가족관계의 등록 등에 관한 법률」 제9조에 따른 전산정보자료를 공동이용(「개인정보 보호법」 제2조 제2호에 따른 처리를 포함한다)할 수 있다.

② 법원행정처장은 제1항에 따라 공단이 전산정보자료의 공동이용을 요청하는 경우 그 공동이용을 위하여 필요한 조치를 취하여야 한다.

③ 누구든지 제1항에 따라 공동이용하는 전산정보자료를 그 목적 외의 용도로 이용하거나 활용하여서는 아니 된다.

제96조의4 【서류의 보존】 ① **요양기관은 요양급여가 끝난 날부터 5년간 보건복지부령으로 정하는 바에 따라 제47조에 따른 요양급여비용의 청구에 관한 서류를 보존하여야 한다. 다만, 약국 등 보건복지부령으로 정하는 요양기관은 처방전을 요양급여비용을 청구한 날부터 3년간 보존하여야 한다.**

② **사용자는 3년간 보건복지부령으로 정하는 바에 따라 자격 관리 및 보험료 산정 등 건강보험에 관한 서류를 보존하여야 한다.**

③ 제49조 제3항에 따라 **요양비를 청구한 준요양기관은 요양비를 지급받은 날부터 3년간 보건복지부령으로 정하는 바에 따라 요양비 청구에 관한 서류를 보존하여야 한다.**

④ 제51조 제2항에 따라 **보조기기에 대한 보험급여를 청구한 자는 보험급여를 지급받은 날부터 3년간 보건복지부령으로 정하는 바에 따라 보험급여 청구에 관한 서류를 보존하여야 한다.**

제97조 【보고와 검사】 ① 보건복지부장관은 사용자, 직장가입자 또는 세대주에게 가입자의 이동·보수·소득이나 그 밖에 필요한 사항에 관한 보고 또는 서류 제출을 명하거나, 소속 공무원이 관계인에게 질문하게 하거나 관계 서류를 검사하게 할 수 있다.

② 보건복지부장관은 요양기관(제49조에 따라 요양을 실시한 기관을 포함한다)에 대하여 요양·약제의 지급 등 보험급여에 관한 보고

또는 서류 제출을 명하거나, 소속 공무원이 관계인에게 질문하게 하거나 관계 서류를 검사하게 할 수 있다.

③ 보건복지부장관은 보험급여를 받은 자에게 해당 보험급여의 내용에 관하여 보고하게 하거나, 소속 공무원이 질문하게 할 수 있다.

④ 보건복지부장관은 제47조 제7항에 따라 요양급여비용의 심사청구를 대행하는 단체(이하 "대행청구단체"라 한다)에 필요한 자료의 제출을 명하거나, 소속 공무원이 대행청구에 관한 자료 등을 조사·확인하게 할 수 있다.

⑤ 보건복지부장관은 제41조의2에 따른 약제에 대한 요양급여비용 상한금액의 감액 및 요양급여의 적용 정지를 위하여 필요한 경우에는 「약사법」 제47조 제2항에 따른 의약품공급자에 대하여 금전, 물품, 편익, 노무, 향응, 그 밖의 경제적 이익등 제공으로 인한 의약품 판매질서 위반 행위에 관한 보고 또는 서류 제출을 명하거나, 소속 공무원이 관계인에게 질문하게 하거나 관계 서류를 검사하게 할 수 있다.

⑥ 제1항부터 제5항까지의 규정에 따라 질문·검사·조사 또는 확인을 하는 소속 공무원은 그 권한을 표시하는 증표를 지니고 관계인에게 보여주어야 한다.

⑦ 보건복지부장관은 제1항부터 제5항까지에 따른 질문·검사·조사 또는 확인 업무를 효율적으로 수행하기 위하여 대통령령으로 정하는 바에 따라 공단 또는 심사평가원으로 하여금 그 업무를 지원하게 할 수 있다.

⑧ 제1항부터 제6항까지에 따른 질문·검사·조사 또는 확인의 내용·절차·방법 등에 관하여 이 법에서 정하는 사항을 제외하고는 「행정조사기본법」에서 정하는 바에 따른다.

제98조 【업무정지】 ① 보건복지부장관은 요양기관이 다음 각 호의 어느 하나에 해당하면 그 요양기관에 대하여 1년의 범위에서 기간을 정하여 업무정지를 명할 수 있다. 이 경우 보건복지부장관은 그 사실을 공단 및 심사평가원에 알려야 한다.

1. 속임수나 그 밖의 부당한 방법으로 보험자·가입자 및 피부양자에게 요양급여비용을 부담하게 한 경우

2. 제97조 제2항에 따른 명령에 위반하거나 거짓 보고를 하거나 거짓 서류를 제출하거나, 소속 공무원의 검사 또는 질문을 거부·방해 또는 기피한 경우

3. 정당한 사유 없이 요양기관이 제41조의3 제1항에 따른 결정을 신청하지 아니하고 속임수나 그 밖의 부당한 방법으로 행위·치료재료를 가입자 또는 피부양자에게 실시 또는 사용하고 비용을 부담시킨 경우

② 제1항에 따라 업무정지 처분을 받은 자는 해당 업무정지기간 중에는 요양급여를 하지 못한다.

③ 제1항에 따른 업무정지 처분의 효과는 그 처분이 확정된 요양기관을 양수한 자 또는 합병 후 존속하는 법인이나 합병으로 설립되는 법인에 승계되고, 업무정지 처분의 절차가 진행 중인 때에는 양수인 또는 합병 후 존속하는 법인이나 합병으로 설립되는 법인에 대하여 그 절차를 계속 진행할 수 있다. 다만, 양수인 또는 합병 후 존속하는 법인이나 합병으로 설립되는 법인이 그 처분 또는 위반사실을 알지 못하였음을 증명하는 경우에는 그러하지 아니하다.

④ 제1항에 따른 업무정지 처분을 받았거나 업무정지 처분의 절차가 진행 중인 자는 행정처분을 받은 사실 또는 행정처분절차가 진행 중인 사실을 보건복지부령으로 정하는 바에 따라 양수인 또는 합병 후 존속하는 법인이나 합병으로 설립되는 법인에 지체 없이 알려야 한다.

⑤ 제1항에 따른 업무정지를 부과하는 위반행위의 종류, 위반 정도 등에 따른 행정처분기준이나 그 밖에 필요한 사항은 대통령령으로 정한다.

제99조 【과징금】 ① 보건복지부장관은 요양기관이 제98조 제1항 제1호 또는 제3호에 해당하여 업무정지 처분을 하여야 하는 경우로서 그 업무정지 처분이 해당 요양기관을 이용하는 사람에게 심한 불편을 주거나 보건복지부장관이 정하는 특별한 사유가 있다고 인정되면 업무정지 처분을 갈음하여 속임수나 그 밖의 부당한 방법으로 부담하게 한 금액의 5배 이하의 금액을 과징금으로 부과·징수할 수 있다.

이 경우 보건복지부장관은 12개월의 범위에서 분할납부를 하게 할 수 있다.

② 보건복지부장관은 제41조의2 제3항에 따라 약제를 요양급여에서 적용 정지하는 경우 다음 각 호의 어느 하나에 해당하는 때에는 요양급여의 적용 정지에 갈음하여 대통령령으로 정하는 바에 따라 다음 각 호의 구분에 따른 범위에서 과징금을 부과·징수할 수 있다. 이 경우 보건복지부장관은 12개월의 범위에서 분할납부를 하게 할 수 있다.

1. 환자 진료에 불편을 초래하는 등 공공복리에 지장을 줄 것으로 예상되는 때: 해당 약제에 대한 요양급여비용 총액의 100분의 200을 넘지 아니하는 범위

2. 국민 건강에 심각한 위험을 초래할 것이 예상되는 등 특별한 사유가 있다고 인정되는 때: 해당 약제에 대한 요양급여비용 총액의 100분의 60을 넘지 아니하는 범위

③ 보건복지부장관은 제2항 전단에 따라 과징금 부과 대상이 된 약제가 과징금이 부과된 날부터 5년의 범위에서 대통령령으로 정하는 기간 내에 다시 제2항 전단에 따른 과징금 부과 대상이 되는 경우에는 대통령령으로 정하는 바에 따라 다음 각 호의 구분에 따른 범위에서 과징금을 부과·징수할 수 있다.

1. 제2항 제1호에서 정하는 사유로 과징금 부과대상이 되는 경우: 해당 약제에 대한 요양급여비용 총액의 100분의 350을 넘지 아니하는 범위

2. 제2항 제2호에서 정하는 사유로 과징금 부과대상이 되는 경우: 해당 약제에 대한 요양급여비용 총액의 100분의 100을 넘지 아니하는 범위

④ 제2항 및 제3항에 따라 대통령령으로 해당 약제에 대한 요양급여비용 총액을 정할 때에는 그 약제의 과거 요양급여 실적 등을 고려하여 1년간의 요양급여 총액을 넘지 않는 범위에서 정하여야 한다.

⑤ 보건복지부장관은 제1항에 따른 과징금을 납부하여야 할 자가 납부기한까지 이를 내지 아니하면 대통령령으로 정하는 절차에 따라 그 과징금 부과 처분을 취소하고 제98조 제1항에 따른 업무정지 처분을 하거나 국세 체납 처분의 예에 따라 이를 징수한다. 다만, 요양기관의 폐업 등으로 제98조 제1항에 따른 업무정지 처분을 할 수 없으면 국세 체납처분의 예에 따라 징수한다.

⑥ 보건복지부장관은 제2항 또는 제3항에 따른 과징금을 납부하여야 할 자가 납부기한까지 이를 내지 아니하면 국세 체납처분의 예에 따라 징수한다.

⑦ 보건복지부장관은 과징금을 징수하기 위하여 필요하면 다음 각 호의 사항을 적은 문서로 관할 세무관서의 장 또는 지방자치단체의 장에게 과세정보의 제공을 요청할 수 있다.

1. 납세자의 인적사항

2. 사용 목적

3. 과징금 부과 사유 및 부과 기준

⑧ 제1항부터 제3항까지의 규정에 따라 징수한 과징금은 다음 각 호 외의 용도로는 사용할 수 없다. 이 경우 제2항 제1호 및 제3항 제1호에 따라 징수한 과징금은 제3호의 용도로 사용하여야 한다.

1. 제47조 제3항에 따라 공단이 요양급여비용으로 지급하는 자금

2. 「응급의료에 관한 법률」에 따른 응급의료기금의 지원

3. 「재난적의료비 지원에 관한 법률」에 따른 재난적의료비 지원사업에 대한 지원

⑨ 제1항부터 제3항까지의 규정에 따른 과징금의 금액과 그 납부에 필요한 사항 및 제8항에 따른 과징금의 용도별 지원 규모, 사용 절차 등에 필요한 사항은 대통령령으로 정한다.

제100조【위반사실의 공표】① 보건복지부장관은 관련 서류의 위조·변조로 요양급여비용을 거짓으로 청구하여 제98조 또는 제99조에 따른 행정처분을 받은 요양기관이 다음 각 호의 어느 하나에 해당하면 그 위반 행위, 처분 내용, 해당 요양기관의 명칭·주소 및 대표자 성명, 그 밖에 다른 요양기관과의 구별에 필요한 사항으로서 대통령령으로 정하는 사항을 공표할 수 있다. 이 경우 공표 여부를 결정할 때에는 그 위반행위의 동기, 정도, 횟수 및 결과 등을 고려하여야 한다.

1. 거짓으로 청구한 금액이 1천 500만 원 이상인 경우

2. 요양급여비용 총액 중 거짓으로 청구한 금액의 비율이 100분의 20 이상인 경우

② 보건복지부장관은 제1항에 따른 공표 여부 등을 심의하기 위하여 건강보험공표심의위원회(이하 이 조에서 "공표심의위원회"라 한다)를 설치·운영한다.

③ 보건복지부장관은 공표심의위원회의 심의를 거친 공표대상자에게 공표대상자인 사실을 알려 소명자료를 제출하거나 출석하여 의견을 진술할 기회를 주어야 한다.

④ 보건복지부장관은 공표심의위원회가 제3항에 따라 제출된 소명자료 또는 진술된 의견을 고려하여 공표대상자를 재심의한 후 공표대상자를 선정한다.

⑤ 제1항부터 제4항까지에서 규정한 사항 외에 공표의 절차·방법, 공표심의위원회의 구성·운영 등에 필요한 사항은 대통령령으로 정한다.

제101조【제조업자 등의 금지행위 등】 ① 「약사법」에 따른 의약품의 제조업자·위탁제조판매업자·수입자·판매업자 및 「의료기기법」에 따른 의료기기 제조업자·수입업자·수리업자·판매업자·임대업자(이하 "제조업자등"이라 한다)는 약제·치료재료와 관련하여 제41조의3에 따라 요양급여대상 여부를 결정하거나 제46조에 따라 요양급여비용을 산정할 때에 다음 각 호의 행위를 하여 보험자·가입자 및 피부양자에게 손실을 주어서는 아니 된다.

1. 제98조 제1항 제1호에 해당하는 요양기관의 행위에 개입

2. 보건복지부, 공단 또는 심사평가원에 거짓 자료의 제출

3. 그 밖에 속임수나 보건복지부령으로 정하는 부당한 방법으로 요양급여대상 여부의 결정과 요양급여비용의 산정에 영향을 미치는 행위

② 보건복지부장관은 제조업자등이 제1항에 위반한 사실이 있는지 여부를 확인하기 위하여 그 제조업자등에게 관련 서류의 제출을 명하거나, 소속 공무원이 관계인에게 질문을 하게 하거나 관계 서류를 검사하게 하는 등 필요한 조사를 할 수 있다. 이 경우 소속 공무원은 그 권한을 표시하는 증표를 지니고 이를 관계

인에게 보여주어야 한다.

③ 공단은 제1항을 위반하여 보험자·가입자 및 피부양자에게 손실을 주는 행위를 한 제조업자등에 대하여 손실에 상당하는 금액(이하 이 조에서 "손실 상당액"이라 한다)을 징수한다.

④ 공단은 제3항에 따라 징수한 손실 상당액 중 가입자 및 피부양자의 손실에 해당되는 금액을 그 가입자나 피부양자에게 지급하여야 한다. 이 경우 공단은 가입자나 피부양자에게 지급하여야 하는 금액을 그 가입자 및 피부양자가 내야하는 보험료등과 상계할 수 있다.

⑤ 제3항에 따른 손실 상당액의 산정, 부과·징수절차 및 납부방법 등에 관하여 필요한 사항은 대통령령으로 정한다.

제101조의2【약제에 대한 쟁송 시 손실상당액의 징수 및 지급】 ① 공단은 제41조의2에 따른 요양급여비용 상한금액의 감액 및 요양급여의 적용 정지 또는 제41조의3에 따른 조정(이하 이 조에서 "조정등"이라 한다)에 대하여 약제의 제조업자등이 청구 또는 제기한 「행정심판법」에 따른 행정심판 또는 「행정소송법」에 따른 행정소송에 대하여 행정심판위원회 또는 법원의 결정이나 재결, 판결이 다음 각 호의 요건을 모두 충족하는 경우에는 조정등이 집행정지된 기간 동안 공단에 발생한 손실에 상당하는 금액을 약제의 제조업자등에게서 징수할 수 있다.

1. 행정심판위원회 또는 법원이 집행정지 결정을 한 경우

2. 행정심판이나 행정소송에 대한 각하 또는 기각(일부 기각을 포함한다) 재결 또는 판결이 확정되거나 청구취하 또는 소취하로 심판 또는 소송이 종결된 경우

② 공단은 제1항의 심판 또는 소송에 대한 결정이나 재결, 판결이 다음 각 호의 요건을 모두 충족하는 경우에는 조정등으로 인하여 약제의 제조업자등에게 발생한 손실에 상당하는 금액을 지급하여야 한다.

1. 행정심판위원회 또는 법원의 집행정지 결정이 없거나 집행정지 결정이 취소된 경우

2. 행정심판이나 행정소송에 대한 인용(일부 인용을 포함한다) 재결 또는 판결이 확정된 경우

③ 제1항에 따른 손실에 상당하는 금액은 집행정지 기간 동안 공단이 지급한 요양급여비용과 집행정지가 결정되지 않았다면 공단이 지급하여야 할 요양급여비용의 차액으로 산정한다. 다만, 요양급여대상에서 제외되거나 요양급여의 적용을 정지하는 내용의 조정등의 경우에는 요양급여비용 차액의 100분의 40을 초과할 수 없다.

④ 제2항에 따른 손실에 상당하는 금액은 해당 조정등이 없었다면 공단이 지급하여야 할 요양급여비용과 조정등에 따라 공단이 지급한 요양급여비용의 차액으로 산정한다. 다만, 요양급여대상에서 제외되거나 요양급여의 적용을 정지하는 내용의 조정등의 경우에는 요양급여비용 차액의 100분의 40을 초과할 수 없다.

⑤ 공단은 제1항 또는 제2항에 따라 손실에 상당하는 금액을 징수 또는 지급하는 경우 대통령령으로 정하는 이자를 가산하여야 한다.

⑥ 그 밖에 제1항에 따른 징수절차, 제2항에 따른 지급절차, 제3항 및 제4항에 따른 손실에 상당하는 금액의 산정기준 및 기간, 제5항에 따른 가산금 등 징수 및 지급에 필요한 세부사항은 보건복지부령으로 정한다.

제102조【정보의 유지 등】 공단, 심사평가원 및 대행청구단체에 종사하였던 사람 또는 종사하는 사람은 다음 각 호의 행위를 하여서는 아니 된다.

1. 가입자 및 피부양자의 개인정보(「개인정보 보호법」 제2조 제1호의 개인정보를 말한다. 이하 "개인정보"라 한다)를 누설하거나 직무상 목적 외의 용도로 이용 또는 정당한 사유 없이 제3자에게 제공하는 행위
2. 업무를 수행하면서 알게 된 정보(제1호의 개인정보는 제외한다)를 누설하거나 직무상 목적 외의 용도로 이용 또는 제3자에게 제공하는 행위

제103조【공단 등에 대한 감독 등】 ① 보건복지부장관은 공단과 심사평가원의 경영목표를 달성하기 위하여 다음 각 호의 사업이나 업무에 대하여 보고를 명하거나 그 사업이나 업무 또는 재산상황을 검사하는 등 감독을 할 수 있다.

1. 제14조 제1항 제1호부터 제13호까지의 규정에 따른 공단의 업무 및 제63조 제1항 제1호부터 제8호까지의 규정에 따른 심사평가원의 업무
2. 「공공기관의 운영에 관한 법률」 제50조에 따른 경영지침의 이행과 관련된 사업
3. 이 법 또는 다른 법령에서 공단과 심사평가원이 위탁받은 업무
4. 그 밖에 관계 법령에서 정하는 사항과 관련된 사업

② 보건복지부장관은 제1항에 따른 감독상 필요한 경우에는 정관이나 규정의 변경 또는 그 밖에 필요한 처분을 명할 수 있다.

제104조【포상금 등의 지급】 ① 공단은 다음 각 호의 어느 하나에 해당하는 자 또는 재산을 신고한 사람에 대하여 포상금을 지급할 수 있다. 다만, 공무원이 그 직무와 관련하여 제4호에 따른 은닉재산을 신고한 경우에는 그러하지 아니한다.

1. 속임수나 그 밖의 부당한 방법으로 보험급여를 받은 사람
2. 속임수나 그 밖의 부당한 방법으로 다른 사람이 보험급여를 받도록 한 자
3. 속임수나 그 밖의 부당한 방법으로 보험급여 비용을 받은 요양기관 또는 보험급여를 받은 준요양기관 및 보조기기 판매업자
4. 제57조에 따라 징수금을 납부하여야 하는 자의 은닉재산

② 공단은 건강보험 재정을 효율적으로 운영하는 데에 이바지한 요양기관에 대하여 장려금을 지급할 수 있다.

③ 제1항 제4호의 "은닉재산"이란 징수금을 납부하여야 하는 자가 은닉한 현금, 예금, 주식, 그 밖에 재산적 가치가 있는 유형·무형의 재산을 말한다. 다만, 다음 각 호의 어느 하나에 해당하는 재산은 제외한다.

1. 「민법」 제406조 등 관계 법령에 따라 사해행위(詐害行爲) 취소소송의 대상이 되어 있는 재산
2. 공단이 은닉사실을 알고 조사 또는 강제징수 절차에 착수한 재산
3. 그 밖에 은닉재산 신고를 받을 필요가 없다고 인정되어 대통령령으로 정하는 재산

④ 제1항 및 제2항에 따른 포상금 및 장려금의 지급 기준과 범위, 절차 및 방법 등에 필요

한 사항은 대통령령으로 정한다.

제105조【유사명칭의 사용금지】① 공단이나 심사평가원이 아닌 자는 국민건강보험공단, 건강보험심사평가원 또는 이와 유사한 명칭을 사용하지 못한다.

② 이 법으로 정하는 건강보험사업을 수행하는 자가 아닌 자는 보험계약 또는 보험계약의 명칭에 국민건강보험이라는 용어를 사용하지 못한다.

제106조【소액 처리】공단은 징수하여야 할 금액이나 반환하여야 할 금액이 1건당 2천 원 미만인 경우(제47조 제5항, 제57조 제5항 후단 및 제101조 제4항 후단에 따라 각각 상계 처리할 수 있는 본인일부부담금 환급금 및 가입자나 피부양자에게 지급하여야 하는 금액은 제외한다)에는 징수 또는 반환하지 아니한다.

제107조【끝수 처리】보험료등과 보험급여에 관한 비용을 계산할 때 「국고금관리법」 제47조에 따른 끝수는 계산하지 아니한다.

제108조 삭제

제108조의2【보험재정에 대한 정부지원】① 국가는 매년 예산의 범위에서 해당 연도 보험료 예상 수입액의 100분의 14에 상당하는 금액을 국고에서 공단에 지원한다.

② 공단은 「국민건강증진법」에서 정하는 바에 따라 같은 법에 따른 국민건강증진기금에서 자금을 지원받을 수 있다.

③ 공단은 제1항에 따라 지원된 재원을 다음 각 호의 사업에 사용한다.

1. 가입자 및 피부양자에 대한 보험급여
2. 건강보험사업에 대한 운영비
3. 제75조 및 제110조 제4항에 따른 보험료 경감에 대한 지원

④ 공단은 제2항에 따라 지원된 재원을 다음 각 호의 사업에 사용한다.

1. 건강검진 등 건강증진에 관한 사업
2. 가입자와 피부양자의 흡연으로 인한 질병에 대한 보험급여
3. 가입자와 피부양자 중 65세 이상 노인에 대한 보험급여

[법률 제19445호(2023. 6. 13.) 제108조의2의 개정규정은 같은 법 부칙 제2조의 규정에 의하여 2027년 12월 31일까지 유효함]

제109조【외국인 등에 대한 특례】① 정부는 외국 정부가 사용인인 사업장의 근로자의 건강보험에 관하여는 외국 정부와 한 합의에 따라 이를 따로 정할 수 있다.

② 국내에 체류하는 재외국민 또는 외국인(이하 "국내체류 외국인등"이라 한다)이 적용대상사업장의 근로자, 공무원 또는 교직원이고 제6조 제2항 각 호의 어느 하나에 해당하지 아니하면서 다음 각 호의 어느 하나에 해당하는 경우에는 제5조에도 불구하고 직장가입자가 된다.

1. 「주민등록법」 제6조 제1항 제3호에 따라 등록한 사람
2. 「재외동포의 출입국과 법적 지위에 관한 법률」 제6조에 따라 국내거소신고를 한 사람
3. 「출입국관리법」 제31조에 따라 외국인등록을 한 사람

③ 제2항에 따른 직장가입자에 해당하지 아니하는 국내체류 외국인등이 다음 각 호의 요건을 모두 갖춘 경우에는 제5조에도 불구하고 지역가입자가 된다.

1. 보건복지부령으로 정하는 기간 동안 국내에 거주하였거나 해당 기간 동안 국내에 지속적으로 거주할 것으로 예상할 수 있는 사유로서 보건복지부령으로 정하는 사유에 해당될 것
2. 다음 각 목의 어느 하나에 해당할 것
   가. 제2항 제1호 또는 제2호에 해당하는 사람
   나. 「출입국관리법」 제31조에 따라 외국인등록을 한 사람으로서 보건복지부령으로 정하는 체류자격이 있는 사람

④ 제2항 각 호의 어느 하나에 해당하는 국내체류 외국인등이 다음 각 호의 요건을 모두 갖춘 경우에는 제5조에도 불구하고 공단에 신청하면 피부양자가 될 수 있다.

1. 직장가입자와의 관계가 제5조 제2항 각 호의 어느 하나에 해당할 것
2. 제5조 제3항에 따른 피부양자 자격의 인정 기준에 해당할 것
3. 국내 거주기간 또는 거주사유가 제3항 제1호에 따른 기준에 해당할 것. 다만, 직장가입자의 배우자 및 19세 미만 자녀(배우자의

자녀를 포함한다)에 대해서는 그러하지 아니하다.

⑤ 제2항부터 제4항까지의 규정에도 불구하고 다음 각 호에 해당되는 경우에는 가입자 및 피부양자가 될 수 없다.

1. 국내체류가 법률에 위반되는 경우로서 대통령령으로 정하는 사유가 있는 경우

2. 국내체류 외국인등이 외국의 법령, 외국의 보험 또는 사용자와의 계약 등에 따라 제41조에 따른 요양급여에 상당하는 의료보장을 받을 수 있어 사용자 또는 가입자가 보건복지부령으로 정하는 바에 따라 가입 제외를 신청한 경우

⑥ 제2항부터 제5항까지의 규정에서 정한 사항 외에 국내체류 외국인등의 가입자 또는 피부양자 자격의 취득 및 상실에 관한 시기·절차 등에 필요한 사항은 제5조부터 제11조까지의 규정을 준용한다. 다만, 국내체류 외국인등의 특성을 고려하여 특별히 규정해야 할 사항은 대통령령으로 다르게 정할 수 있다.

⑦ 가입자인 국내체류 외국인등이 매월 2일 이후 지역가입자의 자격을 취득하고 그 자격을 취득한 날이 속하는 달에 보건복지부장관이 고시하는 사유로 해당 자격을 상실한 경우에는 제69조 제2항 본문에도 불구하고 그 자격을 취득한 날이 속하는 달의 보험료를 부과하여 징수한다.

⑧ 국내체류 외국인등(제9항 단서의 적용을 받는 사람에 한정한다)에 해당하는 지역가입자의 보험료는 제78조 제1항 본문에도 불구하고 그 직전 월 25일까지 납부하여야 한다. 다만, 다음 각 호에 해당되는 경우에는 공단이 정하는 바에 따라 납부하여야 한다.

1. 자격을 취득한 날이 속하는 달의 보험료를 징수하는 경우

2. 매월 26일 이후부터 말일까지의 기간에 자격을 취득한 경우

⑨ 제7항과 제8항에서 정한 사항 외에 가입자인 국내체류 외국인등의 보험료 부과·징수에 관한 사항은 제69조부터 제86조까지의 규정을 준용한다. 다만, 대통령령으로 정하는 국내체류 외국인등의 보험료 부과·징수에 관한 사항은 그 특성을 고려하여 보건복지부장관이

다르게 정하여 고시할 수 있다.

⑩ 공단은 지역가입자인 국내체류 외국인등(제9항 단서의 적용을 받는 사람에 한정한다)이 보험료를 대통령령으로 정하는 기간 이상 체납한 경우에는 제53조 제3항에도 불구하고 체납일부터 체납한 보험료를 완납할 때까지 보험급여를 하지 아니한다. 이 경우 제53조 제3항 각 호 외의 부분 단서 및 같은 조 제5항·제6항은 적용하지 아니한다.

⑪ 제10항에도 불구하고 체류자격 및 체류기간 등 국내체류 외국인등의 특성을 고려하여 특별히 규정하여야 할 사항은 대통령령으로 다르게 정할 수 있다.

[2024. 10. 22. 법률 제20505호에 의하여 2023. 9. 26. 헌법재판소에서 헌법불합치 결정된 이 조 제10항을 개정함]

제110조【실업자에 대한 특례】① 사용관계가 끝난 사람 중 직장가입자로서의 자격을 유지한 기간이 보건복지부령으로 정하는 기간 동안 통산 1년 이상인 사람은 지역가입자가 된 이후 최초로 제79조에 따라 지역가입자 보험료를 고지받은 날부터 그 납부기한에서 2개월이 지나기 이전까지 공단에 직장가입자로서의 자격을 유지할 것을 신청할 수 있다.

② 제1항에 따라 공단에 신청한 가입자(이하 "임의계속가입자"라 한다)는 제9조에도 불구하고 대통령령으로 정하는 기간 동안 직장가입자의 자격을 유지한다. 다만, 제1항에 따른 신청 후 최초로 내야 할 직장가입자 보험료를 그 납부기한부터 2개월이 지난 날까지 내지 아니한 경우에는 그 자격을 유지할 수 없다.

③ 임의계속가입자의 보수월액은 보수월액보험료가 산정된 최근 12개월간의 보수월액을 평균한 금액으로 한다.

④ 임의계속가입자의 보험료는 보건복지부장관이 정하여 고시하는 바에 따라 그 일부를 경감할 수 있다.

⑤ 임의계속가입자의 보수월액보험료는 제76조 제1항 및 제77조 제1항 제1호에도 불구하고 그 임의계속가입자가 전액을 부담하고 납부한다.

⑥ 임의계속가입자가 보험료를 납부기한까지 내지 아니하는 경우 그 급여제한에 관하여는 제53조 제3항·제5항 및 제6항을 준용한다.

이 경우 "제69조 제5항에 따른 세대단위의 보험료"는 "제110조 제5항에 따른 보험료"로 본다.
⑦ 임의계속가입자의 신청 방법·절차 등에 필요한 사항은 보건복지부령으로 정한다.

제111조【권한의 위임】이 법에 따른 보건복지부장관의 권한은 대통령령으로 정하는 바에 따라 그 일부를 특별시장·광역시장·특별자치시장·도지사 또는 특별자치도지사에게 위임할 수 있다.

제112조【업무의 위탁】① 공단은 대통령령으로 정하는 바에 따라 다음 각 호의 업무를 체신관서, 금융기관 또는 그 밖의 자에게 위탁할 수 있다.
  1. 보험료의 수납 또는 보험료납부의 확인에 관한 업무
  2. 보험급여비용의 지급에 관한 업무
  3. 징수위탁근거법의 위탁에 따라 징수하는 연금보험료, 고용보험료, 산업재해보상보험료, 부담금 및 분담금 등(이하 "징수위탁보험료등"이라 한다)의 수납 또는 그 납부의 확인에 관한 업무
② 공단은 그 업무의 일부를 국가기관, 지방자치단체 또는 다른 법령에 따른 사회보험 업무를 수행하는 법인이나 그 밖의 자에게 위탁할 수 있다. 다만, 보험료와 징수위탁보험료등의 징수 업무는 그러하지 아니하다.
③ 제2항에 따라 공단이 위탁할 수 있는 업무 및 위탁받을 수 있는 자의 범위는 보건복지부령으로 정한다.

제113조【징수위탁보험료등의 배분 및 납입 등】① 공단은 자신이 징수한 보험료와 그에 따른 징수금 또는 징수위탁보험료등의 금액이 징수하여야 할 총액에 부족한 경우에는 대통령령으로 정하는 기준, 방법에 따라 이를 배분하여 납부 처리하여야 한다. 다만, 납부의무자가 다른 의사를 표시한 때에는 그에 따른다.
② 공단은 징수위탁보험료등을 징수한 때에는 이를 지체 없이 해당 보험별 기금에 납입하여야 한다.

제114조【출연금의 용도 등】① 공단은 「국민연금법」, 「산업재해보상보험법」, 「고용보험법」 및 「임금채권보장법」에 따라 국민연금기금, 산업재해보상보험및예방기금, 고용보험기금 및 임금채권보장기금으로부터 각각 지급받은 출연금을 제14조 제1항 제11호에 따른 업무에 소요되는 비용에 사용하여야 한다.
② 제1항에 따라 지급받은 출연금의 관리 및 운용 등에 필요한 사항은 대통령령으로 정한다.

제114조의2【벌칙 적용에서 공무원 의제】제4조 제1항에 따른 심의위원회 및 제100조 제2항에 따른 건강보험공표심의위원회 위원 중 공무원이 아닌 사람은 「형법」 제127조 및 제129조부터 제132조까지의 규정을 적용할 때에는 공무원으로 본다.

제9장 벌칙

제115조【벌칙】① 제102조 제1호를 위반하여 가입자 및 피부양자의 개인정보를 누설하거나 직무상 목적 외의 용도로 이용 또는 정당한 사유 없이 제3자에게 제공한 자는 5년 이하의 징역 또는 5천만 원 이하의 벌금에 처한다.
② 다음 각 호의 어느 하나에 해당하는 자는 3년 이하의 징역 또는 3천만 원 이하의 벌금에 처한다.
  1. 대행청구단체의 종사자로서 거짓이나 그 밖의 부정한 방법으로 요양급여비용을 청구한 자
  2. 제102조 제2호를 위반하여 업무를 수행하면서 알게 된 정보를 누설하거나 직무상 목적 외의 용도로 이용 또는 제3자에게 제공한 자
③ 제96조의3 제3항을 위반하여 공동이용하는 전산정보자료를 같은 조 제1항에 따른 목적 외의 용도로 이용하거나 활용한 자는 3년 이하의 징역 또는 1천만 원 이하의 벌금에 처한다.
④ 거짓이나 그 밖의 부정한 방법으로 보험급여를 받거나 타인으로 하여금 보험급여를 받게 한 사람은 2년 이하의 징역 또는 2천만 원 이하의 벌금에 처한다.
⑤ 다음 각 호의 어느 하나에 해당하는 자는 1년 이하의 징역 또는 1천만 원 이하의 벌금에 처한다.
  1. 제42조의2 제1항 및 제3항을 위반하여 선별급여를 제공한 요양기관의 개설자

2. 제47조 제7항을 위반하여 대행청구단체가 아닌 자로 하여금 대행하게 한 자
3. 제93조를 위반한 사용자
4. 제98조 제2항을 위반한 요양기관의 개설자
5. 삭제

제116조【벌칙】 제97조 제2항을 위반하여 보고 또는 서류 제출을 하지 아니한 자, 거짓으로 보고하거나 거짓 서류를 제출한 자, 검사나 질문을 거부·방해 또는 기피한 자는 1천만 원 이하의 벌금에 처한다.

제117조【벌칙】 제42조 제5항을 위반한 자 또는 제49조 제2항을 위반하여 요양비 명세서나 요양 명세를 적은 영수증을 내주지 아니한 자는 500만 원 이하의 벌금에 처한다.

제118조【양벌 규정】 ① 법인의 대표자나 법인 또는 개인의 대리인, 사용인, 그 밖의 종사자가 그 법인 또는 개인의 업무에 관하여 제115조부터 제117조까지의 규정 중 어느 하나에 해당하는 위반행위를 하면 그 행위자를 벌하는 외에 그 법인 또는 개인에게도 해당 조문의 벌금형을 과(科)한다. 다만, 법인 또는 개인이 그 위반행위를 방지하기 위하여 해당 업무에 관하여 상당한 주의와 감독을 게을리하지 아니한 경우에는 그러하지 아니하다.

제119조【과태료】 ① 삭제

② 삭제

③ 다음 각 호의 어느 하나에 해당하는 자에게는 500만 원 이하의 과태료를 부과한다.

1. 제7조를 위반하여 신고를 하지 아니하거나 거짓으로 신고한 사용자
2. 정당한 사유 없이 제94조 제1항을 위반하여 신고·서류제출을 하지 아니하거나 거짓으로 신고·서류제출을 한 자
3. 정당한 사유 없이 제97조 제1항, 제3항, 제4항, 제5항을 위반하여 보고·서류제출을 하지 아니하거나 거짓으로 보고·서류제출을 한 자
4. 제98조 제4항을 위반하여 행정처분을 받은 사실 또는 행정처분절차가 진행 중인 사실을 지체 없이 알리지 아니한 자
5. 정당한 사유 없이 제101조 제2항을 위반하여 서류를 제출하지 아니하거나 거짓으로 제출한 자

④ 다음 각 호의 어느 하나에 해당하는 자에게는 100만 원 이하의 과태료를 부과한다.

1. 삭제
2. 삭제
3. 제12조 제4항을 위반하여 정당한 사유 없이 건강보험증이나 신분증명서로 가입자 또는 피부양자의 본인 여부 및 그 자격을 확인하지 아니하고 요양급여를 실시한 자
4. 제96조의4를 위반하여 서류를 보존하지 아니한 자
5. 제103조에 따른 명령을 위반한 자
6. 제105조를 위반한 자

⑤ 제3항 및 제4항에 따른 과태료는 대통령령으로 정하는 바에 따라 보건복지부장관이 부과·징수한다.

노인장기요양보험법 2025 기출 요약노트

※ 실제 2025년도 시험에서 출제되었던 내용을 요약하여 수록하였습니다.

1. 장기요양급여 제공의 기본원칙
   - 장기요양급여는 노인등이 자신의 의사와 능력에 따라 최대한 자립적으로 일상생활을 수행할 수 있도록 제공하여야 한다.
   - 장기요양급여는 노인등의 심신상태 · 생활환경과 노인등 및 그 가족의 욕구 · 선택을 종합적으로 고려하여 필요한 범위 안에서 이를 적정하게 제공하여야 한다.
   - 장기요양급여는 노인등이 가족과 함께 생활하면서 가정에서 장기요양을 받는 재가급여를 우선적으로 제공하여야 한다.
   - 장기요양급여는 노인등의 심신상태나 건강 등이 악화되지 아니하도록 의료서비스와 연계하여 이를 제공하여야 한다.

2. 장기요양보험
   - 장기요양보험사업은 보건복지부장관이 관장한다.
   - 장기요양보험사업의 보험자는 공단이며, 장기요양보험의 가입자는 「국민건강보험법」 제5조 및 제109조에 따른 가입자이다.
   - 공단은 「외국인근로자의 고용 등에 관한 법률」에 따른 외국인근로자 등 대통령령으로 정하는 외국인이 신청하는 경우 보건복지부령으로 정하는 바에 따라 장기요양보험가입자에서 제외할 수 있다.

3. 장기요양인정 신청의 조사
   - 공단은 제13조 제1항에 따라 신청서를 접수한 때 보건복지부령으로 정하는 바에 따라 소속 직원으로 하여금 다음의 사항을 조사하게 하여야 한다. 다만, 지리적 사정 등으로 직접 조사하기 어려운 경우 또는 조사에 필요하다고 인정하는 경우 특별자치시 · 특별자치도 · 시 · 군 · 구에 대하여 조사를 의뢰하거나 공동으로 조사할 것을 요청할 수 있다.

   > 1. 신청인의 심신상태
   > 2. 신청인에게 필요한 장기요양급여의 종류 및 내용
   > 3. 그 밖에 장기요양에 관하여 필요한 사항으로서 보건복지부령으로 정하는 사항

   - 공단은 조사 시 2명 이상의 소속 직원이 조사할 수 있도록 노력하여야 하며, 조사를 하는 자는 조사일시, 장소 및 조사를 담당하는 자의 인적사항 등을 미리 신청인에게 통보하여야 한다.
   - 공단 또는 단서에 따른 조사를 의뢰받은 특별자치시 · 특별자치도 · 시 · 군 · 구는 조사를 완료한 때 조사결과서를 작성하여야 한다. 조사를 의뢰받은 특별자치시 · 특별자치도 · 시 · 군 · 구는 지체 없이 공단에 조사결과서를 송부하여야 한다.

4. 장기요양등급판정기간
   - 등급판정위원회는 신청인이 신청서를 제출한 날부터 30일 이내에 장기요양등급판정을 완료하여야 한다. 다만, 신청인에 대한 정밀조사가 필요한 경우 등 기간 이내에 등급판정을 완료할 수 없는 부득이한 사유가 있는 경우 30일 이내의 범위에서 이를 연장할 수 있다.
   - 공단은 등급판정위원회가 장기요양인정심의 및 등급판정기간을 연장하고자 하는 경우 신청인 및 대리인에게 그 내용·사유 및 기간을 통보하여야 한다.

5. 장기요양인정서
   - 공단은 등급판정위원회가 장기요양인정 및 등급판정의 심의를 완료한 경우 지체 없이 다음의 사항이 포함된 장기요양인정서를 작성하여 수급자에게 송부하여야 한다.

   > 1. 장기요양등급
   > 2. 장기요양급여의 종류 및 내용
   > 3. 그 밖에 장기요양급여에 관한 사항으로서 보건복지부령으로 정하는 사항

   - 공단은 등급판정위원회가 장기요양인정 및 등급판정의 심의를 완료한 경우 수급자로 판정받지 못한 신청인에게 그 내용 및 사유를 통보하여야 한다. 이 경우 특별자치시장·특별자치도지사·시장·군수·구청장은 공단에 대하여 이를 통보하도록 요청할 수 있고, 요청을 받은 공단은 이에 응하여야 한다.
   - 공단은 장기요양인정서를 송부하는 때 장기요양급여를 원활히 이용할 수 있도록 제28조에 따른 월 한도액 범위 안에서 개인별장기요양이용계획서를 작성하여 이를 함께 송부하여야 한다.
   - 장기요양인정서 및 개인별장기요양이용계획서의 작성방법에 관하여 필요한 사항은 보건복지부령으로 정한다.

6. 장기요양급여의 종류
   - 재가급여

   > 1. 방문요양　　　2. 방문목욕　　　3. 방문간호
   > 4. 주·야간보호　5. 단기보호　　　6. 기타재가급여

   - 시설급여 : 장기요양기관에 장기간 입소한 수급자에게 신체활동 지원 및 심신기능의 유지·향상을 위한 교육·훈련 등을 제공하는 장기요양급여
   - 특별현금급여

   > 1. 가족요양비 : ▷ 도서·벽지 등 장기요양기관이 현저히 부족한 지역으로서 보건복지부장관이 정하여 고시하는 지역에 거주하는 자 ▷ 천재지변이나 그 밖에 이와 유사한 사유로 인하여 장기요양기관이 제공하는 장기요양급여를 이용하기가 어렵다고 보건복지부장관이 인정하는 자 ▷ 신체·정신 또는 성격 등 대통령령으로 정하는 사유로 인하여 가족 등으로부터 장기요양을 받아야 하는 자에 해당하는 수급자가 가족 등으로부터 방문요양에 상당한 장기요양급여를 받은 때 지급할 수 있다.

> 2. 특례요양비 : 수급자가 장기요양기관이 아닌 노인요양시설 등의 기관 또는 시설에서 재가급여 또는 시설급여에 상당한 장기요양급여를 받은 경우 지급할 수 있다.
> 3. 요양병원간병비 : 수급자가 「의료법」 제3조 제2항 제3호 라목에 따른 요양병원에 입원한 때 지급할 수 있다.

7. 특별현금급여수급계좌

- 공단은 특별현금급여를 받는 수급자의 신청이 있는 경우에는 특별현금급여를 수급자 명의의 지정된 계좌로 입금하여야 한다. 다만, 정보통신장애나 그 밖에 대통령령으로 정하는 불가피한 사유로 특별현금급여수급계좌로 이체할 수 없을 때에는 현금지급 등 대통령령으로 정하는 바에 따라 특별현금급여를 지급할 수 있다.
- 특별현금급여수급계좌가 개설된 금융기관은 특별현금급여만이 특별현금급여수급계좌에 입금되도록 관리하여야 한다.
- 특별현금급여수급계좌의 신청방법 · 절차와 관리에 필요한 사항은 대통령령으로 정한다.

8. 장기요양기관 지정의 결격사유

다음의 어느 하나에 해당하는 자는 제31조에 따른 장기요양기관으로 지정받을 수 없다.

> 1. 미성년자, 피성년후견인 또는 피한정후견인
> 2. 「정신건강증진 및 정신질환자 복지서비스 지원에 관한 법률」 제3조 제1호의 정신질환자. 다만, 전문의가 장기요양기관 설립 · 운영 업무에 종사하는 것이 적합하다고 인정하는 사람은 그러하지 아니하다.
> 3. 「마약류 관리에 관한 법률」 제2조 제1호의 마약류에 중독된 사람
> 4. 파산선고를 받고 복권되지 아니한 사람
> 5. 금고 이상의 실형을 선고받고 그 집행이 종료되거나 집행이 면제된 날부터 5년이 경과되지 아니한 사람
> 6. 금고 이상의 형의 집행유예를 선고받고 그 유예기간 중에 있는 사람
> 7. 대표자가 위 1.~6.까지 중 어느 하나에 해당하는 법인

9. 장기요양기관 지정의 취소

- 특별자치시장 · 특별자치도지사 · 시장 · 군수 · 구청장은 장기요양기관이 다음의 어느 하나에 해당하는 경우 그 지정을 취소하거나 6개월의 범위에서 업무정지를 명할 수 있다.

> 1의2. 제28조의2를 위반하여 급여외행위를 제공한 경우. 다만, 장기요양기관의 장이 그 위반행위를 방지하기 위하여 해당 업무에 관하여 상당한 주의와 감독을 게을리하지 아니한 경우는 제외한다.
> 2. 제31조 제1항에 따른 지정기준에 적합하지 아니한 경우
> 3. 제35조 제1항을 위반하여 장기요양급여를 거부한 경우
> 3의2. 제35조 제5항을 위반하여 본인부담금을 면제하거나 감경하는 행위를 한 경우

3의3. 제35조 제6항을 위반하여 수급자를 소개, 알선 또는 유인하는 행위 및 이를 조장하는 행위를 한 경우

3의4. 제35조의4 제2항 각 호의 어느 하나를 위반한 경우

3의6. 제36조의2에 따른 시정명령을 이행하지 아니하거나 회계부정 행위가 있는 경우

3의7. 정당한 사유 없이 제54조에 따른 평가를 거부·방해 또는 기피하는 경우

4. 거짓이나 그 밖의 부정한 방법으로 재가 및 시설 급여비용을 청구한 경우

5. 제61조 제2항에 따른 자료제출 명령에 따르지 아니하거나 거짓으로 자료제출을 한 경우나 질문 또는 검사를 거부·방해 또는 기피하거나 거짓으로 답변한 경우

6. 장기요양기관의 종사자 등이 다음 각 목의 어느 하나에 해당하는 행위를 한 경우. 다만, 장기요양기관의 장이 그 행위를 방지하기 위하여 해당 업무에 관하여 상당한 주의와 감독을 게을리하지 아니한 경우는 제외한다.

가. 수급자의 신체에 폭행을 가하거나 상해를 입히는 행위

나. 수급자에게 성적 수치심을 주는 성폭행, 성희롱 등의 행위

다. 자신의 보호·감독을 받는 수급자를 유기하거나 의식주를 포함한 기본적 보호 및 치료를 소홀히 하는 방임행위

라. 수급자를 위하여 증여 또는 급여된 금품을 그 목적 외의 용도에 사용하는 행위

마. 폭언, 협박, 위협 등으로 수급자의 정신건강에 해를 끼치는 정서적 학대행위

단, 다음에 해당하는 경우에는 지정을 취소하여야 한다.

1. 거짓이나 그 밖의 부정한 방법으로 지정을 받은 경우

2의2. 제32조의2 각 호의 어느 하나에 해당하게 된 경우. 다만, 제32조의2 제7호에 해당하게 된 법인의 경우 3개월 이내에 그 대표자를 변경하는 때에는 그러하지 아니하다.

3의5. 제36조 제1항에 따른 폐업 또는 휴업 신고를 하지 아니하고 1년 이상 장기요양급여를 제공하지 아니한 경우

7. 업무정지기간 중에 장기요양급여를 제공한 경우

8. 「부가가치세법」 제8조에 따른 사업자등록 또는 「소득세법」 제168조에 따른 사업자등록이나 고유번호가 말소된 경우

• 특별자치시장·특별자치도지사·시장·군수·구청장은 지정을 취소하거나 업무정지명령을 한 경우에는 지체 없이 그 내용을 공단에 통보하고, 보건복지부령으로 정하는 바에 따라 보건복지부장관에게 통보한다. 이 경우 시장·군수·구청장은 관할 특별시장·광역시장 또는 도지사를 거쳐 보건복지부장관에게 통보하여야 한다.

• 특별자치시장·특별자치도지사·시장·군수·구청장은 장기요양기관이 지정취소 또는 업무정지되는 경우에는 해당 장기요양기관을 이용하는 수급자의 권익을 보호하기 위하여 적극적으로 노력하여야 한다. 이를 위해 보건복지부령으로 정하는 바에 따라 다음의 조치를 하여야 한다.

1. 제1항에 따른 행정처분의 내용을 우편 또는 정보통신망 이용 등의 방법으로 수급자 또는 그 보호자에게 통보하는 조치

2. 해당 장기요양기관을 이용하는 수급자가 다른 장기요양기관을 선택하여 이용할 수 있도록 하는 조치

10. 위반사실 등의 공표
- 보건복지부장관 또는 특별자치시장·특별자치도지사·시장·군수·구청장은 장기 요양기관이 거짓으로 재가·시설 급여비용을 청구하였다는 이유로 제37조 또는 제 37조의2에 따른 처분이 확정된 경우로서 다음의 어느 하나에 해당하는 경우에는 위 반사실, 처분내용, 장기요양기관의 명칭·주소, 장기요양기관의 장의 성명, 그 밖에 다른 장기요양기관과의 구별에 필요한 사항으로서 대통령령으로 정하는 사항을 공 표하여야 한다. 다만, 장기요양기관의 폐업 등으로 공표의 실효성이 없는 경우에는 공표하지 않는다.

> 1. 거짓으로 청구한 금액이 1천만 원 이상인 경우
> 2. 거짓으로 청구한 금액이 장기요양급여비용 총액의 100분의 10 이상인 경우

- 장기요양기관이 ▷ 제61조 제2항에 따른 자료제출 명령에 따르지 아니하거나 ▷ 거 짓으로 자료제출을 한 경우나 ▷ 질문 또는 검사를 거부·방해 또는 기피하거나 ▷ 거짓으로 답변하였다는 이유로 제37조 또는 제37조의2에 따른 처분이 확정된 경우 위반사실, 처분내용, 장기요양기관의 명칭·주소, 장기요양기관의 장의 성명, 그 밖 에 다른 장기요양기관과의 구별에 필요한 사항으로서 대통령령으로 정하는 사항을 공표하여야 한다. 다만, 장기요양기관의 폐업 등으로 공표의 실효성이 없는 경우 또 는 장기요양기관이 위반사실 등의 공표 전에 제61조 제2항에 따른 자료를 제출하거 나 질문 또는 검사에 응하는 경우에는 공표하지 않는다.
- 공표 여부 등을 심의하기 위하여 공표심의위원회를 설치·운영할 수 있다. 공표 여 부의 결정 방법, 공표 방법·절차 및 공표심의위원회의 구성·운영 등에 필요한 사 항은 대통령령으로 정한다.

11. 장기요양위원회의 구성 및 운영
- 장기요양위원회는 위원장 1인, 부위원장 1인을 포함한 16인 이상 22인 이하의 위원 으로 구성한다. 위원장은 보건복지부차관이 되고, 부위원장은 위원 중에서 위원장 이 지명한다.
- 위원장이 아닌 위원은 다음의 자 중에서 보건복지부장관이 임명 또는 위촉한 자로 하고, 해당하는 자를 각각 동수로 구성하여야 한다.

> 1. 근로자단체, 사용자단체, 시민단체, 노인단체, 농어업인단체 또는 자영자단체를 대표하는 자
> 2. 장기요양기관 또는 의료계를 대표하는 자
> 3. 대통령령으로 정하는 관계 중앙행정기관의 고위공무원단 소속 공무원, 장기요양 에 관한 학계 또는 연구계를 대표하는 자, 공단 이사장이 추천하는 자

- 장기요양위원회 위원의 임기는 3년으로 한다. 다만, 공무원인 위원의 임기는 재임 기간으로 한다.
- 장기요양위원회 회의는 구성원 과반수의 출석으로 개의하고 출석위원 과반수의 찬 성으로 의결하며, 효율적 운영을 위하여 분야별로 실무위원회를 둘 수 있다.
- 장기요양위원회의 구성·운영, 그 밖에 필요한 사항은 대통령령으로 정한다.

12. 장기요양사업의 관리운영기관
    장기요양사업의 관리운영기관은 공단이며, 공단은 다음의 업무를 관장한다.

> 1. 장기요양보험가입자 및 그 피부양자와 의료급여수급권자의 자격관리
> 2. 장기요양보험료의 부과·징수
> 3. 신청인에 대한 조사
> 4. 등급판정위원회의 운영 및 장기요양등급 판정
> 5. 장기요양인정서의 작성 및 개인별장기요양이용계획서의 제공
> 6. 장기요양급여의 관리 및 평가
> 7. 수급자 및 그 가족에 대한 정보제공·안내·상담 등 장기요양급여 관련 이용지원에
>   관한 사항
> 8. 재가 및 시설 급여비용의 심사 및 지급과 특별현금급여의 지급
> 9. 장기요양급여 제공내용 확인
> 10. 장기요양사업에 관한 조사·연구, 국제협력 및 홍보
> 11. 노인성질환예방사업
> 12. 이 법에 따른 부당이득금의 부과·징수 등
> 13. 장기요양급여의 제공기준을 개발하고 장기요양급여비용의 적정성을 검토하기 위
>   한 장기요양기관의 설치 및 운영
> 14. 그 밖에 장기요양사업과 관련하여 보건복지부장관이 위탁한 업무

13. 장기요양급여의 관리·평가
    - 공단은 장기요양기관이 제공하는 장기요양급여 내용을 지속적으로 관리·평가하여 장기요양급여의 수준이 향상되도록 노력하여야 한다.
    - 공단은 장기요양기관이 제23조 제5항에 따른 장기요양급여의 제공 기준·절차·방법 등에 따라 적정하게 장기요양급여를 제공하였는지 평가를 실시하고 그 결과를 공단의 홈페이지 등에 공표하는 등 필요한 조치를 할 수 있다.
    - 장기요양급여 제공내용의 평가 방법 및 평가 결과의 공표 방법, 그 밖에 필요한 사항은 보건복지부령으로 정한다.

14. 청문
    특별자치시장·특별자치도지사·시장·군수·구청장은 다음 각 호의 어느 하나에 해당하는 처분 또는 공표를 하려는 경우에는 청문을 하여야 한다.

> 1. 제37조 제1항에 따른 장기요양기관 지정취소 또는 업무정지명령
> 2. 제37조의3에 따른 위반사실 등의 공표
> 3. 제37조의5 제1항에 따른 장기요양급여 제공의 제한 처분

노인장기요양보험법

[법률 제21257호, 2025. 12. 30., 일부개정]

제1장 총칙

제1조【목적】이 법은 고령이나 노인성 질병 등의 사유로 일상생활을 혼자서 수행하기 어려운 노인등에게 제공하는 신체활동 또는 가사활동 지원 등의 장기요양급여에 관한 사항을 규정하여 노후의 건강증진 및 생활안정을 도모하고 그 가족의 부담을 덜어줌으로써 국민의 삶의 질을 향상하도록 함을 목적으로 한다.

제2조【정의】이 법에서 사용하는 용어의 정의는 다음과 같다.

1. "노인등"이란 65세 이상의 노인 또는 65세 미만의 자로서 치매·뇌혈관성질환 등 대통령령으로 정하는 노인성 질병을 가진 자를 말한다.

2. "장기요양급여"란 제15조 제2항에 따라 6개월 이상 동안 혼자서 일상생활을 수행하기 어렵다고 인정되는 자에게 신체활동·가사활동의 지원 또는 간병 등의 서비스나 이에 갈음하여 지급하는 현금 등을 말한다.

3. "장기요양사업"이란 장기요양보험료, 국가 및 지방자치단체의 부담금 등을 재원으로 하여 노인등에게 장기요양급여를 제공하는 사업을 말한다.

4. "장기요양기관"이란 제31조에 따른 지정을 받은 기관으로서 장기요양급여를 제공하는 기관을 말한다.

5. "장기요양요원"이란 장기요양기관에 소속되어 노인등의 신체활동 또는 가사활동 지원 등의 업무를 수행하는 자를 말한다.

제3조【장기요양급여 제공의 기본원칙】① 장기요양급여는 노인등이 자신의 의사와 능력에 따라 최대한 자립적으로 일상생활을 수행할 수 있도록 제공하여야 한다.

② 장기요양급여는 노인등의 심신상태·생활환경과 노인등 및 그 가족의 욕구·선택을 종합적으로 고려하여 필요한 범위 안에서 이를 적정하게 제공하여야 한다.

③ 장기요양급여는 노인등이 가족과 함께 생활하면서 가정에서 장기요양을 받는 재가급여를 우선적으로 제공하여야 한다.

④ 장기요양급여는 노인등의 심신상태나 건강 등이 악화되지 아니하도록 의료서비스와 연계하여 이를 제공하여야 한다.

제4조【국가 및 지방자치단체의 책무 등】① 국가 및 지방자치단체는 노인이 일상생활을 혼자서 수행할 수 있는 온전한 심신상태를 유지하는 데 필요한 사업(이하 "노인성질환예방사업"이라 한다)을 실시하여야 한다.

② 국가는 노인성질환예방사업을 수행하는 지방자치단체 또는 「국민건강보험법」에 따른 국민건강보험공단(이하 "공단"이라 한다)에 대하여 이에 소요되는 비용을 지원할 수 있다.

③ 국가 및 지방자치단체는 노인인구 및 지역 특성 등을 고려하여 장기요양급여가 원활하게 제공될 수 있도록 적정한 수의 장기요양기관을 확충하고 장기요양기관의 설립을 지원하여야 한다.

④ 국가 및 지방자치단체는 국·공립 장기요양기관을 확충하기 위하여 노력하여야 한다.

⑤ 국가 및 지방자치단체는 장기요양급여가 원활히 제공될 수 있도록 공단에 필요한 행정적 또는 재정적 지원을 할 수 있다.

⑥ 국가 및 지방자치단체는 장기요양요원의 처우를 개선하고 복지를 증진하며 지위를 향상시키기 위하여 적극적으로 노력하여야 한다.

⑦ 국가 및 지방자치단체는 지역의 특성에 맞는 장기요양사업의 표준을 개발·보급할 수 있다.

제5조【장기요양급여에 관한 국가정책방향】국가
는 제6조의 장기요양기본계획을 수립·시행
함에 있어서 노인뿐만 아니라 장애인 등 일상
생활을 혼자서 수행하기 어려운 모든 국민이
장기요양급여, 신체활동지원서비스 등을 제공
받을 수 있도록 노력하고 나아가 이들의 생활
안정과 자립을 지원할 수 있는 시책을 강구하
여야 한다.

제6조【장기요양기본계획】① 보건복지부장관은
노인등에 대한 장기요양급여를 원활하게 제공
하기 위하여 5년 단위로 다음 각 호의 사항이
포함된 장기요양기본계획을 수립·시행하여
야 한다.

1. 연도별 장기요양급여 대상인원 및 재원조
   달 계획
2. 연도별 장기요양기관 및 장기요양전문인력
   관리 방안
3. 장기요양요원의 처우에 관한 사항
4. 그 밖에 노인등의 장기요양에 관한 사항으
   로서 대통령령으로 정하는 사항

② 지방자치단체의 장은 제1항에 따른 장기요
양기본계획에 따라 세부시행계획을 수립·시
행하여야 한다.

제6조의2【실태조사】① 보건복지부장관은 장기
요양사업의 실태를 파악하기 위하여 3년마다
다음 각 호의 사항에 관한 조사를 정기적으로
실시하고 그 결과를 공표하여야 한다.

1. 장기요양인정에 관한 사항
2. 제52조에 따른 장기요양등급판정위원회(이
   하 "등급판정위원회"라 한다)의 판정에 따
   라 장기요양급여를 받을 사람(이하 "수급
   자"라 한다)의 규모, 그 급여의 수준 및 만
   족도에 관한 사항
3. 장기요양기관에 관한 사항
4. 장기요양요원의 근로조건, 처우 및 규모에
   관한 사항
5. 그 밖에 장기요양사업에 관한 사항으로서
   보건복지부령으로 정하는 사항

② 제1항에 따른 실태조사의 방법과 내용 등
에 필요한 사항은 보건복지부령으로 정한다.

제2장 장기요양보험

제7조【장기요양보험】① 장기요양보험사업은 보
건복지부장관이 관장한다.

② 장기요양보험사업의 보험자는 공단으로
한다.

③ 장기요양보험의 가입자(이하 "장기요양보
험가입자"라 한다)는 「국민건강보험법」 제5조
및 제109조에 따른 가입자로 한다.

④ 공단은 제3항에도 불구하고 「외국인근로
자의 고용 등에 관한 법률」에 따른 외국인근
로자 등 대통령령으로 정하는 외국인이 신청
하는 경우 보건복지부령으로 정하는 바에 따
라 장기요양보험가입자에서 제외할 수 있다.

제8조【장기요양보험료의 징수】① 공단은 장기
요양사업에 사용되는 비용에 충당하기 위하여
장기요양보험료를 징수한다.

② 제1항에 따른 장기요양보험료는 「국민건
강보험법」 제69조에 따른 보험료(이하 이 조
에서 "건강보험료"라 한다)와 통합하여 징수
한다. 이 경우 공단은 장기요양보험료와 건강
보험료를 구분하여 고지하여야 한다.

③ 공단은 제2항에 따라 통합 징수한 장기요
양보험료와 건강보험료를 각각의 독립회계로
관리하여야 한다.

제9조【장기요양보험료의 산정】① 장기요양보험
료는 「국민건강보험법」 제69조 제4항·제5항
및 제109조 제9항 단서에 따라 산정한 보험료
액에서 같은 법 제74조 또는 제75조에 따라 경
감 또는 면제되는 비용을 공제한 금액에 같은
법 제73조 제1항에 따른 건강보험료율 대비
장기요양보험료율의 비율을 곱하여 산정한 금
액으로 한다.

② 제1항에 따른 장기요양보험료율은 제45조
에 따른 장기요양위원회의 심의를 거쳐 대통
령령으로 정한다.

③ 제1항에도 불구하고 장기요양보험의 특성
을 고려하여 「국민건강보험법」 제74조 또는
제75조에 따라 경감 또는 면제되는 비용을 달
리 적용할 필요가 있는 경우에는 대통령령으
로 정하는 바에 따라 경감 또는 면제되는 비용
의 공제 수준을 달리 정할 수 있다.

제10조【장애인 등에 대한 장기요양보험료의 감면】 공단은 「장애인복지법」에 따른 장애인 또는 이와 유사한 자로서 대통령령으로 정하는 자가 장기요양보험가입자 또는 그 피부양자인 경우 제15조 제2항에 따른 수급자로 결정되지 못한 때 대통령령으로 정하는 바에 따라 장기요양보험료의 전부 또는 일부를 감면할 수 있다.

제11조【장기요양보험가입 자격 등에 관한 준용】「국민건강보험법」 제5조, 제6조, 제8조부터 제11조까지, 제69조 제1항부터 제3항까지, 제76조부터 제86조까지, 제109조 제1항부터 제9항까지 및 제110조는 장기요양보험가입자·피부양자의 자격취득·상실, 장기요양보험료 및 그 밖의 이 법에 따른 징수금(이하 "장기요양보험료등"이라 한다)의 납부·징수 및 결손처분 등에 관하여 이를 준용한다. 이 경우 "보험료"는 "장기요양보험료"로, "보험료등"은 "장기요양보험료등"으로, "건강보험"은 "장기요양보험"으로, "가입자"는 "장기요양보험가입자"로 본다.

제3장 장기요양인정

제12조【장기요양인정의 신청자격】장기요양인정을 신청할 수 있는 자는 노인등으로서 다음 각 호의 어느 하나에 해당하는 자격을 갖추어야 한다.
1. 장기요양보험가입자 또는 그 피부양자
2. 「의료급여법」 제3조 제1항에 따른 수급권자(이하 "의료급여수급권자"라 한다)

제13조【장기요양인정의 신청】① 장기요양인정을 신청하는 자(이하 "신청인"이라 한다)는 공단에 보건복지부령으로 정하는 바에 따라 장기요양인정신청서(이하 "신청서"라 한다)에 의사 또는 한의사가 발급하는 소견서(이하 "의사소견서"라 한다)를 첨부하여 제출하여야 한다. 다만, 의사소견서는 공단이 제15조 제1항에 따라 등급판정위원회에 자료를 제출하기 전까지 제출할 수 있다.

② 제1항에도 불구하고 거동이 현저하게 불편하거나 도서·벽지 지역에 거주하여 의료기관을 방문하기 어려운 자 등 대통령령으로 정하는 자는 의사소견서를 제출하지 아니할 수 있다.

③ 의사소견서의 발급비용·비용부담방법·발급자의 범위, 그 밖에 필요한 사항은 보건복지부령으로 정한다.

제14조【장기요양인정 신청의 조사】① 공단은 제13조 제1항에 따라 신청서를 접수한 때 보건복지부령으로 정하는 바에 따라 소속 직원으로 하여금 다음 각 호의 사항을 조사하게 하여야 한다. 다만, 지리적 사정 등으로 직접 조사하기 어려운 경우 또는 조사에 필요하다고 인정하는 경우 특별자치시·특별자치도·시·군·구(자치구를 말한다. 이하 같다)에 대하여 조사를 의뢰하거나 공동으로 조사할 것을 요청할 수 있다.
1. 신청인의 심신상태
2. 신청인에게 필요한 장기요양급여의 종류 및 내용
3. 그 밖에 장기요양에 관하여 필요한 사항으로서 보건복지부령으로 정하는 사항

② 공단은 제1항 각 호의 사항을 조사하는 경우 2명 이상의 소속 직원이 조사할 수 있도록 노력하여야 한다.

③ 제1항에 따라 조사를 하는 자는 조사일시, 장소 및 조사를 담당하는 자의 인적사항 등을 미리 신청인에게 통보하여야 한다.

④ 공단 또는 제1항 단서에 따른 조사를 의뢰받은 특별자치시·특별자치도·시·군·구는 조사를 완료한 때 조사결과서를 작성하여야 한다. 조사를 의뢰받은 특별자치시·특별자치도·시·군·구는 지체 없이 공단에 조사결과서를 송부하여야 한다.

제15조【등급판정 등】① 공단은 제14조에 따른 조사가 완료된 때 조사결과서, 신청서, 의사소견서, 그 밖에 심의에 필요한 자료를 등급판정위원회에 제출하여야 한다.

② 등급판정위원회는 신청인이 제12조의 신청자격요건을 충족하고 6개월 이상 동안 혼자서 일상생활을 수행하기 어렵다고 인정하는 경우 심신상태 및 장기요양이 필요한 정도 등 대통령령으로 정하는 등급판정기준에 따라 수급자로 판정한다.

③ 등급판정위원회는 제2항에 따라 심의·판정을 하는 때 신청인과 그 가족, 의사소견서를 발급한 의사 등 관계인의 의견을 들을 수 있다.

④ 공단은 장기요양급여를 받고 있거나 받을 수 있는 자가 다음 각 호의 어느 하나에 해당하는 것으로 의심되는 경우에는 제14조 제1항 각 호의 사항을 조사하여 그 결과를 등급판정위원회에 제출하여야 한다.

1. 거짓이나 그 밖의 부정한 방법으로 장기요양인정을 받은 경우
2. 고의로 사고를 발생하도록 하거나 본인의 위법행위에 기인하여 장기요양인정을 받은 경우

⑤ 등급판정위원회는 제4항에 따라 제출된 조사 결과를 토대로 제2항에 따라 다시 수급자 등급을 조정하고 수급자 여부를 판정할 수 있다.

제16조【장기요양등급판정기간】① 등급판정위원회는 신청인이 신청서를 제출한 날부터 30일 이내에 제15조에 따른 장기요양등급판정을 완료하여야 한다. 다만, 신청인에 대한 정밀조사가 필요한 경우 등 기간 이내에 등급판정을 완료할 수 없는 부득이한 사유가 있는 경우 30일 이내의 범위에서 이를 연장할 수 있다.

② 공단은 등급판정위원회가 제1항 단서에 따라 장기요양인정심의 및 등급판정기간을 연장하고자 하는 경우 신청인 및 대리인에게 그 내용·사유 및 기간을 통보하여야 한다.

제17조【장기요양인정서】① 공단은 등급판정위원회가 장기요양인정 및 등급판정의 심의를 완료한 경우 지체 없이 다음 각 호의 사항이 포함된 장기요양인정서를 작성하여 수급자에게 송부하여야 한다.

1. 장기요양등급
2. 장기요양급여의 종류 및 내용
3. 그 밖에 장기요양급여에 관한 사항으로서 보건복지부령으로 정하는 사항

② 공단은 등급판정위원회가 장기요양인정 및 등급판정의 심의를 완료한 경우 수급자로 판정받지 못한 신청인에게 그 내용 및 사유를 통보하여야 한다. 이 경우 특별자치시장·특별자치도지사·시장·군수·구청장(자치구의 구청장을 말한다. 이하 같다)은 공단에 대하여 이를 통보하도록 요청할 수 있고, 요청을 받은 공단은 이에 응하여야 한다.

③ 공단은 제1항에 따라 장기요양인정서를 송부하는 때 장기요양급여를 원활히 이용할 수 있도록 제28조에 따른 월 한도액 범위 안에서 개인별장기요양이용계획서를 작성하여 이를 함께 송부하여야 한다.

④ 제1항 및 제3항에 따른 장기요양인정서 및 개인별장기요양이용계획서의 작성방법에 관하여 필요한 사항은 보건복지부령으로 정한다.

제18조【장기요양인정서를 작성할 경우 고려사항】 공단은 장기요양인정서를 작성할 경우 제17조 제1항 제2호에 따른 장기요양급여의 종류 및 내용을 정하는 때 다음 각 호의 사항을 고려하여 정하여야 한다.

1. 수급자의 장기요양등급 및 생활환경
2. 수급자와 그 가족의 욕구 및 선택
3. 시설급여를 제공하는 경우 장기요양기관이 운영하는 시설 현황

제19조【장기요양인정의 유효기간】① 제15조에 따른 장기요양인정의 유효기간은 최소 1년이상으로서 대통령령으로 정한다.

② 제1항의 유효기간의 산정방법과 그 밖에 필요한 사항은 보건복지부령으로 정한다.

제20조【장기요양인정의 갱신】① 수급자는 제19조에 따른 장기요양인정의 유효기간이 만료된 후 장기요양급여를 계속하여 받고자 하는 경우 공단에 장기요양인정의 갱신을 신청하여야 한다.

② 제1항에 따른 장기요양인정의 갱신 신청은 유효기간이 만료되기 전 30일까지 이를 완료하여야 한다.

③ 제12조부터 제19조까지의 규정은 장기요양인정의 갱신절차에 관하여 준용한다.

제21조【장기요양등급 등의 변경】① 장기요양급여를 받고 있는 수급자는 장기요양등급, 장기요양급여의 종류 또는 내용을 변경하여 장기요양급여를 받고자 하는 경우 공단에 변경신청을 하여야 한다.

② 제12조부터 제19조까지의 규정은 장기요양등급의 변경절차에 관하여 준용한다.

제22조【장기요양인정 신청 등에 대한 대리】① 장기요양급여를 받고자 하는 자 또는 수급자가 신체적·정신적인 사유로 이 법에 따른 장기요양인정의 신청, 장기요양인정의 갱신신청 또는 장기요양등급의 변경신청 등을 직접 수행할 수 없을 때 본인의 가족이나 친족, 그 밖

의 이해관계인은 이를 대리할 수 있다.

② 다음 각 호의 어느 하나에 해당하는 사람은 관할 지역 안에 거주하는 사람 중 장기요양급여를 받고자 하는 사람 또는 수급자가 제1항에 따른 장기요양인정신청 등을 직접 수행할 수 없을 때 본인 또는 가족의 동의를 받아 그 신청을 대리할 수 있다.

1. 「사회보장급여의 이용·제공 및 수급권자 발굴에 관한 법률」 제43조에 따른 사회복지전담공무원

2. 「치매관리법」 제17조에 따른 치매안심센터의 장(장기요양급여를 받고자 하는 사람 또는 수급자가 같은 법 제2조 제2호에 따른 치매환자인 경우로 한정한다)

③ 제1항 및 제2항에도 불구하고 장기요양급여를 받고자 하는 자 또는 수급자가 제1항에 따른 장기요양인정신청 등을 할 수 없는 경우 특별자치시장·특별자치도지사·시장·군수·구청장이 지정하는 자는 이를 대리할 수 있다.

④ 제1항부터 제3항까지의 규정에 따른 장기요양인정신청 등의 방법 및 절차 등에 관하여 필요한 사항은 보건복지부령으로 정한다.

제4장 장기요양급여의 종류

제23조【장기요양급여의 종류】① 이 법에 따른 장기요양급여의 종류는 다음 각 호와 같다.

1. 재가급여
   가. 방문요양 : 장기요양요원이 수급자의 가정 등을 방문하여 신체활동 및 가사활동 등을 지원하는 장기요양급여
   나. 방문목욕 : 장기요양요원이 목욕설비를 갖춘 장비를 이용하여 수급자의 가정 등을 방문하여 목욕을 제공하는 장기요양급여
   다. 방문간호 : 장기요양요원인 간호사 등이 의사, 한의사 또는 치과의사의 지시서(이하 "방문간호지시서"라 한다)에 따라 수급자의 가정 등을 방문하여 간호, 진료의 보조, 요양에 관한 상담 또는 구강위생 등을 제공하는 장기요양급여
   라. 주·야간보호 : 수급자를 하루 중 일정한 시간 동안 장기요양기관에 보호하여 신체활동 지원 및 심신기능의 유지·향상을 위한 교육·훈련 등을 제공하는 장기요양급여
   마. 단기보호 : 수급자를 보건복지부령으로 정하는 범위 안에서 일정 기간 동안 장기요양기관에 보호하여 신체활동 지원 및 심신기능의 유지·향상을 위한 교육·훈련 등을 제공하는 장기요양급여
   바. 기타재가급여 : 수급자의 일상생활·신체활동 지원 및 인지기능의 유지·향상에 필요한 용구(소프트웨어를 포함한다)를 제공하거나 가정을 방문하여 재활에 관한 지원 등을 제공하는 장기요양급여로서 대통령령으로 정하는 것

2. 시설급여 : 장기요양기관에 장기간 입소한 수급자에게 신체활동 지원 및 심신기능의 유지·향상을 위한 교육·훈련 등을 제공하는 장기요양급여

3. 특별현금급여
   가. 가족요양비 : 제24조에 따라 지급하는 가족장기요양급여
   나. 특례요양비 : 제25조에 따라 지급하는 특례장기요양급여
   다. 요양병원간병비 : 제26조에 따라 지급하는 요양병원장기요양급여

② 제1항 제1호 및 제2호에 따라 장기요양급여를 제공할 수 있는 장기요양기관의 종류 및 기준과 장기요양급여 종류별 장기요양요원의 범위·업무·보수교육 등에 관하여 필요한 사항은 대통령령으로 정한다.

③ 장기요양기관은 제1항 제1호 가목에서 마목까지의 재가급여 전부 또는 일부를 통합하여 제공하는 서비스(이하 이 조에서 "통합재가서비스"라 한다)를 제공할 수 있다.

④ 제3항에 따라 통합재가서비스를 제공하는 장기요양기관은 보건복지부령으로 정하는 인력, 시설, 운영 등의 기준을 준수하여야 한다.

⑤ 장기요양급여의 제공 기준·절차·방법·범위, 그 밖에 필요한 사항은 보건복지부령으로 정한다.

제24조【가족요양비】① 공단은 다음 각 호의 어느 하나에 해당하는 수급자가 가족 등으로부터 제23조 제1항 제1호가목에 따른 방문요양에 상당한 장기요양급여를 받은 때 대통령령으로 정하는 기준에 따라 해당 수급자에게 가족요양비를 지급할 수 있다.

1. 도서·벽지 등 장기요양기관이 현저히 부족한 지역으로서 보건복지부장관이 정하여 고시하는 지역에 거주하는 자
2. 천재지변이나 그 밖에 이와 유사한 사유로 인하여 장기요양기관이 제공하는 장기요양급여를 이용하기가 어렵다고 보건복지부장관이 인정하는 자
3. 신체·정신 또는 성격 등 대통령령으로 정하는 사유로 인하여 가족 등으로부터 장기요양을 받아야 하는 자

② 제1항에 따른 가족요양비의 지급절차와 그 밖에 필요한 사항은 보건복지부령으로 정한다.

제25조【특례요양비】① 공단은 수급자가 장기요양기관이 아닌 노인요양시설 등의 기관 또는 시설에서 재가급여 또는 시설급여에 상당한 장기요양급여를 받은 경우 대통령령으로 정하는 기준에 따라 해당 장기요양급여비용의 일부를 해당 수급자에게 특례요양비로 지급할 수 있다.

② 제1항에 따라 장기요양급여가 인정되는 기관 또는 시설의 범위, 특례요양비의 지급절차, 그 밖에 필요한 사항은 보건복지부령으로 정한다.

제26조【요양병원간병비】① 공단은 수급자가 「의료법」 제3조 제2항 제3호 라목에 따른 요양병원에 입원한 때 대통령령으로 정하는 기준에 따라 장기요양에 사용되는 비용의 일부를 요양병원간병비로 지급할 수 있다.

② 제1항에 따른 요양병원간병비의 지급절차와 그 밖에 필요한 사항은 보건복지부령으로 정한다.

제5장 장기요양급여의 제공

제27조【장기요양급여의 제공】① 수급자는 제17조 제1항에 따른 장기요양인정서와 같은 조 제3항에 따른 개인별장기요양이용계획서가 도달한 날부터 장기요양급여를 받을 수 있다.

② 제1항에도 불구하고 수급자는 돌볼 가족이 없는 경우 등 대통령령으로 정하는 사유가 있는 경우 신청서를 제출한 날부터 장기요양인정서가 도달되는 날까지의 기간 중에도 장기요양급여를 받을 수 있다.

③ 수급자는 장기요양급여를 받으려면 장기요양기관에 장기요양인정서와 개인별장기요양이용계획서를 제시하여야 한다. 다만, 수급자가 장기요양인정서 및 개인별장기요양이용계획서를 제시하지 못하는 경우 장기요양기관은 공단에 전화나 인터넷 등을 통하여 그 자격 등을 확인할 수 있다.

④ 장기요양기관은 제3항에 따라 수급자가 제시한 장기요양인정서와 개인별장기요양이용계획서를 바탕으로 장기요양급여 제공 계획서를 작성하고 수급자의 동의를 받아 그 내용을 공단에 통보하여야 한다.

⑤ 제2항에 따른 장기요양급여 인정 범위와 절차, 제4항에 따른 장기요양급여 제공 계획서 작성 절차에 관한 구체적인 사항 등은 대통령령으로 정한다.

제27조의2【특별현금급여수급계좌】① 공단은 특별현금급여를 받는 수급자의 신청이 있는 경우에는 특별현금급여를 수급자 명의의 지정된 계좌(이하 "특별현금급여수급계좌"라 한다)로 입금하여야 한다. 다만, 정보통신장애나 그 밖에 대통령령으로 정하는 불가피한 사유로 특별현금급여수급계좌로 이체할 수 없을 때에는 현금 지급 등 대통령령으로 정하는 바에 따라 특별현금급여를 지급할 수 있다.

② 특별현금급여수급계좌가 개설된 금융기관은 특별현금급여만이 특별현금급여수급계좌에 입금되도록 관리하여야 한다.

③ 제1항에 따른 신청방법·절차와 제2항에 따른 특별현금급여수급계좌의 관리에 필요한 사항은 대통령령으로 정한다.

제28조【장기요양급여의 월 한도액】① 장기요양급여는 월 한도액 범위 안에서 제공한다. 이 경우 월 한도액은 장기요양등급 및 장기요양급여의 종류 등을 고려하여 산정한다.

② 제1항에 따른 월 한도액의 산정기준 및 방법, 그 밖에 필요한 사항은 보건복지부령으로 정한다.

제28조의2【급여외행위의 제공 금지】① 수급자 또는 장기요양기관은 장기요양급여를 제공받거나 제공할 경우 다음 각 호의 행위(이하 "급여외행위"라 한다)를 요구하거나 제공하여서는 아니 된다.

1. 수급자의 가족만을 위한 행위
2. 수급자 또는 그 가족의 생업을 지원하는 행위
3. 그 밖에 수급자의 일상생활에 지장이 없는 행위

② 그 밖에 급여외행위의 범위 등에 관한 구체적인 사항은 보건복지부령으로 정한다.

제29조【장기요양급여의 제한】① 공단은 장기요양급여를 받고 있는 자가 정당한 사유 없이 제15조 제4항에 따른 조사나 제60조 또는 제61조에 따른 요구에 응하지 아니하거나 답변을 거절한 경우 장기요양급여의 전부 또는 일부를 제공하지 아니하게 할 수 있다.

② 공단은 장기요양급여를 받고 있거나 받을 수 있는 자가 장기요양기관이 거짓이나 그 밖의 부정한 방법으로 장기요양급여비용을 받는 데에 가담한 경우 장기요양급여를 중단하거나 1년의 범위에서 장기요양급여의 횟수 또는 제공 기간을 제한할 수 있다.

③ 제2항에 따른 장기요양급여의 중단 및 제한 기준과 그 밖에 필요한 사항은 보건복지부령으로 정한다.

제30조【장기요양급여의 제한 등에 관한 준용】「국민건강보험법」제53조 제1항 제4호, 같은 조 제2항부터 제6항까지, 제54조 및 제109조 제10항은 이 법에 따른 보험료 체납자 등에 대한 장기요양급여의 제한 및 장기요양급여의 정지에 관하여 준용한다. 이 경우 "가입자"는 "장기요양보험가입자"로, "보험급여"는 "장기요양급여"로 본다.

제6장 장기요양기관

제31조【장기요양기관의 지정】① 제23조 제1항 제1호에 따른 재가급여 또는 같은 항 제2호에 따른 시설급여를 제공하는 장기요양기관을 운영하려는 자는 보건복지부령으로 정하는 장기요양에 필요한 시설 및 인력을 갖추어 소재지를 관할 구역으로 하는 특별자치시장·특별자치도지사·시장·군수·구청장으로부터 지정을 받아야 한다.

② 제1항에 따라 장기요양기관으로 지정을 받을 수 있는 시설은 「노인복지법」 제31조에 따른 노인복지시설 중 대통령령으로 정하는 시설로 한다.

③ 특별자치시장·특별자치도지사·시장·군수·구청장이 제1항에 따른 지정을 하려는 경우에는 다음 각 호의 사항을 검토하여 장기요양기관을 지정하여야 한다. 이 경우 특별자치시장·특별자치도지사·시장·군수·구청장은 공단에 관련 자료의 제출을 요청하거나 그 의견을 들을 수 있다.

1. 장기요양기관을 운영하려는 자의 장기요양급여 제공 이력
2. 장기요양기관을 운영하려는 자 및 그 기관에 종사하려는 자가 이 법, 「사회복지사업법」 또는 「노인복지법」 등 장기요양기관의 운영과 관련된 법에 따라 받은 행정처분의 내용
3. 장기요양기관의 운영 계획
4. 해당 지역의 노인인구 수, 치매 등 노인성 질환 환자 수 및 장기요양급여 수요 등 지역 특성
5. 그 밖에 특별자치시장·특별자치도지사·시장·군수·구청장이 장기요양기관으로 지정하는 데 필요하다고 인정하여 정하는 사항

④ 특별자치시장·특별자치도지사·시장·군수·구청장은 제1항에 따라 장기요양기관을 지정한 때 지체 없이 지정 명세를 공단에 통보하여야 한다.

⑤ 제23조 제1항 제1호에 따른 재가급여를 제공하는 장기요양기관 중 의료기관이 아닌 자가 설치·운영하는 장기요양기관이 방문간호

를 제공하는 경우에는 방문간호의 관리책임자로서 간호사를 둔다.
⑥ 장기요양기관의 지정절차와 그 밖에 필요한 사항은 보건복지부령으로 정한다.

제32조 삭제

제32조의2【결격사유】다음 각 호의 어느 하나에 해당하는 자는 제31조에 따른 장기요양기관으로 지정받을 수 없다.

1. 미성년자, 피성년후견인 또는 피한정후견인
2. 「정신건강증진 및 정신질환자 복지서비스 지원에 관한 법률」 제3조 제1호의 정신질환자. 다만, 전문의가 장기요양기관 설립·운영 업무에 종사하는 것이 적합하다고 인정하는 사람은 그러하지 아니하다.
3. 「마약류 관리에 관한 법률」 제2조 제1호의 마약류에 중독된 사람
4. 파산선고를 받고 복권되지 아니한 사람
5. 금고 이상의 실형을 선고받고 그 집행이 종료(집행이 종료된 것으로 보는 경우를 포함한다)되거나 집행이 면제된 날부터 5년이 경과되지 아니한 사람
6. 금고 이상의 형의 집행유예를 선고받고 그 유예기간 중에 있는 사람
7. 대표자가 제1호부터 제6호까지의 규정 중 어느 하나에 해당하는 법인

제32조의3【장기요양기관 지정의 유효기간】제31조에 따른 장기요양기관 지정의 유효기간은 지정을 받은 날부터 6년으로 한다.

제32조의4【장기요양기관 지정의 갱신】① 장기요양기관의 장은 제32조의3에 따른 지정의 유효기간이 끝난 후에도 계속하여 그 지정을 유지하려는 경우에는 소재지를 관할구역으로 하는 특별자치시장·특별자치도지사·시장·군수·구청장에게 지정 유효기간이 끝나기 90일 전까지 지정 갱신을 신청하여야 한다.
② 제1항에 따른 신청을 받은 특별자치시장·특별자치도지사·시장·군수·구청장은 갱신 심사에 필요하다고 판단되는 경우에는 장기요양기관에 추가자료의 제출을 요구하거나 소속 공무원으로 하여금 현장심사를 하게 할 수 있다.
③ 제1항에 따른 지정 갱신이 지정 유효기간 내에 완료되지 못한 경우에는 심사 결정이 이루어질 때까지 지정이 유효한 것으로 본다.

④ 특별자치시장·특별자치도지사·시장·군수·구청장은 갱신 심사를 완료한 경우 그 결과를 지체 없이 해당 장기요양기관의 장에게 통보하여야 한다.
⑤ 특별자치시장·특별자치도지사·시장·군수·구청장이 지정의 갱신을 거부하는 경우 그 내용의 통보 및 수급자의 권익을 보호하기 위한 조치에 관하여는 제37조 제2항 및 제5항을 준용한다.
⑥ 그 밖에 지역별 장기요양급여의 수요 등 지정 갱신의 기준, 절차 및 방법 등에 필요한 사항은 보건복지부령으로 정한다.

제33조【장기요양기관의 시설·인력에 관한 변경】① 장기요양기관의 장은 시설 및 인력 등 보건복지부령으로 정하는 중요한 사항을 변경하려는 경우에는 보건복지부령으로 정하는 바에 따라 특별자치시장·특별자치도지사·시장·군수·구청장의 변경지정을 받아야 한다.
② 제1항에 따른 사항 외의 사항을 변경하려는 경우에는 보건복지부령으로 정하는 바에 따라 특별자치시장·특별자치도지사·시장·군수·구청장에게 변경신고를 하여야 한다.
③ 제1항 및 제2항에 따라 변경지정을 하거나 변경신고를 받은 특별자치시장·특별자치도지사·시장·군수·구청장은 지체 없이 해당 변경 사항을 공단에 통보하여야 한다.

제33조의2【폐쇄회로 텔레비전의 설치 등】① 장기요양기관을 운영하는 자는 노인학대 방지 등 수급자의 안전과 장기요양기관의 보안을 위하여 「개인정보 보호법」 및 관련 법령에 따른 폐쇄회로 텔레비전(이하 "폐쇄회로 텔레비전"이라 한다)을 설치·관리하여야 한다. 다만, 다음 각 호의 어느 하나에 해당하는 경우에는 그러하지 아니하다.

1. 제23조 제1항 제1호에 따른 재가급여만을 제공하는 경우
2. 장기요양기관을 운영하는 자가 수급자 전원 또는 그 보호자 전원의 동의를 받아 특별자치시장·특별자치도지사·시장·군수·구청장에게 신고한 경우
3. 장기요양기관을 설치·운영하는 자가 수급자, 그 보호자 및 장기요양기관 종사자 전원의 동의를 받아 「개인정보 보호법」 및 관

련 법령에 따른 네트워크 카메라를 설치한 경우

② 제1항에 따라 폐쇄회로 텔레비전을 설치·관리하는 자는 수급자 및 장기요양기관 종사자 등 정보주체의 권리가 침해되지 아니하도록 다음 각 호의 사항을 준수하여야 한다.

1. 노인학대 방지 등 수급자의 안전과 장기요양기관의 보안을 위하여 최소한의 영상정보만을 적법하고 정당하게 수집하고, 목적 외의 용도로 활용하지 아니하도록 할 것

2. 수급자 및 장기요양기관 종사자 등 정보주체의 권리가 침해받을 가능성과 그 위험 정도를 고려하여 영상정보를 안전하게 관리할 것

3. 수급자 및 장기요양기관 종사자 등 정보주체의 사생활 침해를 최소화하는 방법으로 영상정보를 처리할 것

③ 장기요양기관을 운영하는 자는 폐쇄회로 텔레비전에 기록된 영상정보를 60일 이상 보관하여야 한다.

④ 국가 또는 지방자치단체는 제1항에 따른 폐쇄회로 텔레비전 설치비의 전부 또는 일부를 지원할 수 있다.

⑤ 제1항에 따른 폐쇄회로 텔레비전의 설치·관리 기준 및 동의 또는 신고의 방법·절차·요건, 제3항에 따른 영상정보의 보관기준 및 보관기간 등에 필요한 사항은 보건복지부령으로 정한다.

제33조의3【영상정보의 열람금지 등】① 폐쇄회로 텔레비전을 설치·관리하는 자는 다음 각 호의 어느 하나에 해당하는 경우를 제외하고는 제33조의2 제3항의 영상정보를 열람하게 하여서는 아니 된다.

1. 수급자가 자신의 생명·신체·재산상의 이익을 위하여 본인과 관련된 사항을 확인할 목적으로 열람 시기·절차 및 방법 등 보건복지부령으로 정하는 바에 따라 요청하는 경우

2. 수급자의 보호자가 수급자의 안전을 확인할 목적으로 열람 시기·절차 및 방법 등 보건복지부령으로 정하는 바에 따라 요청하는 경우

3. 「개인정보 보호법」 제2조 제6호 가목에 따른 공공기관이 「노인복지법」 제39조의11

등 법령에서 정하는 노인의 안전업무 수행을 위하여 요청하는 경우

4. 범죄의 수사와 공소의 제기 및 유지, 법원의 재판업무 수행을 위하여 필요한 경우

5. 그 밖에 노인 관련 안전업무를 수행하는 기관으로서 보건복지부령으로 정하는 자가 업무의 수행을 위하여 열람시기·절차 및 방법 등 보건복지부령으로 정하는 바에 따라 요청하는 경우

② 장기요양기관을 운영하는 자는 다음 각 호의 어느 하나에 해당하는 행위를 하여서는 아니 된다.

1. 제33조의2 제1항의 설치 목적과 다른 목적으로 폐쇄회로 텔레비전을 임의로 조작하거나 다른 곳을 비추는 행위

2. 녹음기능을 사용하거나 보건복지부령으로 정하는 저장장치 이외의 장치 또는 기기에 영상정보를 저장하는 행위

③ 장기요양기관을 운영하는 자는 제33조의2 제3항의 영상정보가 분실·도난·유출·변조 또는 훼손되지 아니하도록 내부 관리계획의 수립, 접속기록 보관 등 대통령령으로 정하는 바에 따라 안전성 확보에 필요한 기술적·관리적·물리적 조치를 하여야 한다.

④ 국가 및 지방자치단체는 장기요양기관에 설치한 폐쇄회로 텔레비전의 설치·관리와 그 영상정보의 열람으로 수급자 및 장기요양기관 종사자 등 정보주체의 권리가 침해되지 아니하도록 설치·관리 및 열람 실태를 보건복지부령으로 정하는 바에 따라 매년 1회 이상 조사·점검하여야 한다.

⑤ 폐쇄회로 텔레비전의 설치·관리와 그 영상정보의 열람에 관하여 이 법에서 규정된 것을 제외하고는 「개인정보 보호법」(제25조는 제외한다)을 적용한다.

제34조【장기요양기관 정보의 안내 등】① 장기요양기관은 수급자가 장기요양급여를 쉽게 선택하도록 하고 장기요양기관이 제공하는 급여의 질을 보장하기 위하여 장기요양기관별 급여의 내용, 시설·인력 등 현황자료 등을 공단이 운영하는 인터넷 홈페이지에 게시하여야 한다.

② 제1항에 따른 게시 내용, 방법, 절차, 그 밖에 필요한 사항은 보건복지부령으로 정한다.

제35조【장기요양기관의 의무 등】① 장기요양기관은 수급자로부터 장기요양급여신청을 받은 때 장기요양급여의 제공을 거부하여서는 아니 된다. 다만, 입소정원에 여유가 없는 경우 등 정당한 사유가 있는 경우는 그러하지 아니하다.
② 장기요양기관은 제23조 제5항에 따른 장기요양급여의 제공 기준·절차 및 방법 등에 따라 장기요양급여를 제공하여야 한다.
③ 장기요양기관의 장은 장기요양급여를 제공한 수급자에게 장기요양급여비용에 대한 명세서를 교부하여야 한다.
④ 장기요양기관의 장은 장기요양급여 제공에 관한 자료를 기록·관리하여야 하며, 장기요양기관의 장 및 그 종사자는 장기요양급여 제공에 관한 자료를 거짓으로 작성하여서는 아니 된다.
⑤ 장기요양기관은 제40조 제2항에 따라 면제받거나 같은 조 제4항에 따라 감경받는 금액 외에 영리를 목적으로 수급자가 부담하는 재가 및 시설 급여비용(이하 "본인부담금"이라 한다)을 면제하거나 감경하는 행위를 하여서는 아니 된다.
⑥ 누구든지 영리를 목적으로 금전, 물품, 노무, 향응, 그 밖의 이익을 제공하거나 제공할 것을 약속하는 방법으로 수급자를 장기요양기관에 소개, 알선 또는 유인하는 행위 및 이를 조장하는 행위를 하여서는 아니 된다.
⑦ 제3항에 따른 장기요양급여비용의 명세서, 제4항에 따라 기록·관리하여야 할 장기요양급여 제공 자료의 내용 및 보존기한, 그 밖에 필요한 사항은 보건복지부령으로 정한다.

제35조의2【장기요양기관 재무·회계기준】① 장기요양기관의 장은 보건복지부령으로 정하는 재무·회계에 관한 기준(이하 "장기요양기관 재무·회계기준"이라 한다)에 따라 장기요양기관을 투명하게 운영하여야 한다. 다만, 장기요양기관 중「사회복지사업법」제34조에 따라 설치한 사회복지시설은 같은 조 제4항에 따른 재무·회계에 관한 기준에 따른다.
② 보건복지부장관은 장기요양기관 재무·회계기준을 정할 때에는 장기요양기관의 특성 및 그 시행시기 등을 고려하여야 한다.

제35조의3【인권교육】① 장기요양기관 중 대통령령으로 정하는 기관을 운영하는 자와 그 종사자는 인권에 관한 교육(이하 이 조에서 "인권교육"이라 한다)을 받아야 한다.
② 장기요양기관 중 대통령령으로 정하는 기관을 운영하는 자는 해당 기관을 이용하고 있는 장기요양급여 수급자에게 인권교육을 실시할 수 있다.
③ 보건복지부장관은 제1항 및 제2항에 따른 인권교육을 효율적으로 실시하기 위하여 인권교육기관을 지정할 수 있다. 이 경우 예산의 범위에서 인권교육에 소요되는 비용을 지원할 수 있으며, 지정을 받은 인권교육기관은 보건복지부장관의 승인을 받아 인권교육에 필요한 비용을 교육대상자로부터 징수할 수 있다.
④ 보건복지부장관은 제3항에 따라 지정을 받은 인권교육기관이 다음 각 호의 어느 하나에 해당하면 그 지정을 취소하거나 6개월 이내의 기간을 정하여 업무의 정지를 명할 수 있다. 다만, 제1호에 해당하면 그 지정을 취소하여야 한다.
1. 거짓이나 그 밖의 부정한 방법으로 지정을 받은 경우
2. 제5항에 따라 보건복지부령으로 정하는 지정요건을 갖추지 못하게 된 경우
3. 인권교육의 수행능력이 현저히 부족하다고 인정되는 경우
⑤ 제1항 및 제2항에 따른 인권교육의 대상·내용·방법, 제3항에 따른 인권교육기관의 지정 및 제4항에 따른 인권교육기관의 지정취소·업무정지 처분의 기준 등에 필요한 사항은 보건복지부령으로 정한다.

제35조의4【장기요양요원의 보호】① 장기요양기관의 장은 장기요양요원이 다음 각 호의 어느 하나에 해당하는 경우로 인한 고충의 해소를 요청하는 경우 업무의 전환 등 대통령령으로 정하는 바에 따라 적절한 조치를 하여야 한다.
1. 수급자 및 그 가족이 장기요양요원에게 폭언·폭행·상해 또는 성희롱·성폭력 행위를 하는 경우
2. 수급자 및 그 가족이 장기요양요원에게 제28조의2 제1항 각 호에 따른 급여외행위의 제공을 요구하는 경우

② 장기요양기관의 장은 장기요양요원에게 다음 각 호의 행위를 하여서는 아니 된다.

1. 장기요양요원에게 제28조의2 제1항 각 호에 따른 급여외행위의 제공을 요구하는 행위

2. 수급자가 부담하여야 할 본인부담금의 전부 또는 일부를 부담하도록 요구하는 행위

③ 장기요양기관의 장은 보건복지부령으로 정하는 바에 따라 장기요양 수급자와 그 가족에게 장기요양요원의 업무범위, 직무상 권리와 의무 등 권익보호를 위한 사항을 안내할 수 있다.

④ 장기요양요원은 장기요양기관의 장이 제1항에 따른 적절한 조치를 하지 아니한 경우에는 장기요양기관을 지정한 특별자치시장·특별자치도지사·시장·군수·구청장에게 그 시정을 신청할 수 있다.

⑤ 제4항에 따른 신청을 받은 특별자치시장·특별자치도지사·시장·군수·구청장은 제1항에 따른 장기요양요원의 고충에 대한 사실확인을 위한 조사를 실시한 후 필요하다고 인정되는 경우에는 장기요양기관의 장에게 적절한 조치를 하도록 통보하여야 한다. 이 경우 적절한 조치를 하도록 통보받은 장기요양기관의 장은 특별한 사유가 없으면 이에 따라야 한다.

⑥ 제4항 및 제5항에 따른 시정신청의 절차, 사실확인 조사 및 통보 등에 필요한 사항은 대통령령으로 정한다.

제35조의5 【보험 가입】 ① 장기요양기관은 종사자가 장기요양급여를 제공하는 과정에서 발생할 수 있는 수급자의 상해 등 법률상 손해를 배상하는 보험(이하 "전문인 배상책임보험"이라 한다)에 가입할 수 있다.

② 공단은 장기요양기관이 전문인 배상책임보험에 가입하지 않은 경우 그 기간 동안 제38조에 따라 해당 장기요양기관에 지급하는 장기요양급여비용의 일부를 감액할 수 있다.

③ 제2항에 따른 장기요양급여비용의 감액 기준 등에 관하여 필요한 사항은 보건복지부령으로 정한다.

제36조 【장기요양기관의 폐업 등의 신고 등】 ① 장기요양기관의 장은 폐업하거나 휴업하고자 하는 경우 폐업이나 휴업 예정일 전 30일까지 특별자치시장·특별자치도지사·시장·군수·구청장에게 신고하여야 한다. 신고를 받은 특별자치시장·특별자치도지사·시장·군수·구청장은 지체 없이 신고 명세를 공단에 통보하여야 한다.

② 특별자치시장·특별자치도지사·시장·군수·구청장은 장기요양기관의 장이 유효기간이 끝나기 30일 전까지 제32조의4에 따른 지정 갱신 신청을 하지 아니하는 경우 그 사실을 공단에 통보하여야 한다.

③ 장기요양기관의 장은 장기요양기관을 폐업하거나 휴업하려는 경우 또는 장기요양기관의 지정 갱신을 하지 아니하려는 경우 보건복지부령으로 정하는 바에 따라 수급자의 권익을 보호하기 위하여 다음 각 호의 조치를 취하여야 한다.

1. 해당 장기요양기관을 이용하는 수급자가 다른 장기요양기관을 선택하여 이용할 수 있도록 계획을 수립하고 이행하는 조치

2. 해당 장기요양기관에서 수급자가 제40조 제1항 및 제3항에 따라 부담한 비용 중 정산하여야 할 비용이 있는 경우 이를 정산하는 조치

3. 그 밖에 수급자의 권익 보호를 위하여 필요하다고 인정되는 조치로서 보건복지부령으로 정하는 조치

④ 특별자치시장·특별자치도지사·시장·군수·구청장은 제1항에 따라 폐업·휴업 신고를 접수한 경우 또는 장기요양기관의 장이 유효기간이 끝나기 30일 전까지 제32조의4에 따른 지정 갱신 신청을 하지 아니한 경우 장기요양기관의 장이 제3항 각 호에 따른 수급자의 권익을 보호하기 위한 조치를 취하였는지의 여부를 확인하고, 인근지역에 대체 장기요양기관이 없는 경우 등 장기요양급여에 중대한 차질이 우려되는 때에는 장기요양기관의 폐업·휴업 철회 또는 지정 갱신 신청을 권고하거나 그 밖의 다른 조치를 강구하여야 한다.

⑤ 특별자치시장·특별자치도지사·시장·군수·구청장은 「노인복지법」 제43조에 따라 노인의료복지시설 등(장기요양기관이 운영하는 시설인 경우에 한한다)에 대하여 사업정지 또는 폐지 명령을 하는 경우 지체 없이 공단에 그 내용을 통보하여야 한다.

⑥ 장기요양기관의 장은 제1항에 따라 폐업·휴업 신고를 할 때 또는 장기요양기관의 지정 갱신을 하지 아니하여 유효기간이 만료될 때 보건복지부령으로 정하는 바에 따라 장기요양급여 제공 자료를 공단으로 이관하여야 한다. 다만, 휴업 신고를 하는 장기요양기관의 장이 휴업 예정일 전까지 공단의 허가를 받은 경우에는 장기요양급여 제공 자료를 직접 보관할 수 있다.

제36조의2【시정명령】특별자치시장·특별자치도지사·시장·군수·구청장은 다음 각 호의 어느 하나에 해당하는 장기요양기관에 대하여 6개월 이내의 범위에서 일정한 기간을 정하여 시정을 명할 수 있다.
 1. 제33조의2에 따른 폐쇄회로 텔레비전의 설치·관리 및 영상정보의 보관기준을 위반한 경우
 2. 제35조의2에 따른 장기요양기관 재무·회계기준을 위반한 경우

제37조【장기요양기관 지정의 취소 등】① 특별자치시장·특별자치도지사·시장·군수·구청장은 장기요양기관이 다음 각 호의 어느 하나에 해당하는 경우 그 지정을 취소하거나 6개월의 범위에서 업무정지를 명할 수 있다. 다만, 제1호, 제2호의2, 제3호의5, 제7호, 또는 제8호에 해당하는 경우에는 지정을 취소하여야 한다.
 1. 거짓이나 그 밖의 부정한 방법으로 지정을 받은 경우
 1의2. 제28조의2를 위반하여 급여외행위를 제공한 경우. 다만, 장기요양기관의 장이 그 위반행위를 방지하기 위하여 해당 업무에 관하여 상당한 주의와 감독을 게을리하지 아니한 경우는 제외한다.
 2. 제31조 제1항에 따른 지정기준에 적합하지 아니한 경우
 2의2. 제32조의2 각 호의 어느 하나에 해당하게 된 경우. 다만, 제32조의2 제7호에 해당하게 된 법인의 경우 3개월 이내에 그 대표자를 변경하는 때에는 그러하지 아니하다.
 3. 제35조 제1항을 위반하여 장기요양급여를 거부한 경우
 3의2. 제35조 제5항을 위반하여 본인부담금을 면제하거나 감경하는 행위를 한 경우
 3의3. 제35조 제6항을 위반하여 수급자를 소개, 알선 또는 유인하는 행위 및 이를 조장하는 행위를 한 경우
 3의4. 제35조의4 제2항 각 호의 어느 하나를 위반한 경우
 3의5. 제36조 제1항에 따른 폐업 또는 휴업 신고를 하지 아니하고 1년 이상 장기요양급여를 제공하지 아니한 경우
 3의6. 제36조의2에 따른 시정명령을 이행하지 아니하거나 회계부정 행위가 있는 경우
 3의7. 정당한 사유 없이 제54조에 따른 평가를 거부·방해 또는 기피하는 경우
 4. 거짓이나 그 밖의 부정한 방법으로 재가 및 시설 급여비용을 청구한 경우
 5. 제61조 제2항에 따른 자료제출 명령에 따르지 아니하거나 거짓으로 자료제출을 한 경우나 질문 또는 검사를 거부·방해 또는 기피하거나 거짓으로 답변한 경우
 6. 장기요양기관의 종사자 등이 다음 각 목의 어느 하나에 해당하는 행위를 한 경우. 다만, 장기요양기관의 장이 그 행위를 방지하기 위하여 해당 업무에 관하여 상당한 주의와 감독을 게을리하지 아니한 경우는 제외한다.
   가. 수급자의 신체에 폭행을 가하거나 상해를 입히는 행위
   나. 수급자에게 성적 수치심을 주는 성폭행, 성희롱 등의 행위
   다. 자신의 보호·감독을 받는 수급자를 유기하거나 의식주를 포함한 기본적 보호 및 치료를 소홀히 하는 방임행위
   라. 수급자를 위하여 증여 또는 급여된 금품을 그 목적 외의 용도에 사용하는 행위
   마. 폭언, 협박, 위협 등으로 수급자의 정신건강에 해를 끼치는 정서적 학대행위
 7. 업무정지기간 중에 장기요양급여를 제공한 경우
 8. 「부가가치세법」 제8조에 따른 사업자등록 또는 「소득세법」 제168조에 따른 사업자등록이나 고유번호가 말소된 경우

② 특별자치시장·특별자치도지사·시장·군수·구청장은 제1항에 따라 지정을 취소하거나 업무정지명령을 한 경우에는 지체 없이 그 내용을 공단에 통보하고, 보건복지부령으로 정하는 바에 따라 보건복지부장관에게 통보한다. 이 경우 시장·군수·구청장은 관할 특별시장·광역시장 또는 도지사를 거쳐 보건복지부장관에게 통보하여야 한다.

③ 삭제

④ 삭제

⑤ 특별자치시장·특별자치도지사·시장·군수·구청장은 제1항에 따라 장기요양기관이 지정취소 또는 업무정지되는 경우에는 해당 장기요양기관을 이용하는 수급자의 권익을 보호하기 위하여 적극적으로 노력하여야 한다.

⑥ 특별자치시장·특별자치도지사·시장·군수·구청장은 제5항에 따라 수급자의 권익을 보호하기 위하여 보건복지부령으로 정하는 바에 따라 다음 각 호의 조치를 하여야 한다.

1. 제1항에 따른 행정처분의 내용을 우편 또는 정보통신망 이용 등의 방법으로 수급자 또는 그 보호자에게 통보하는 조치

2. 해당 장기요양기관을 이용하는 수급자가 다른 장기요양기관을 선택하여 이용할 수 있도록 하는 조치

⑦ 제1항에 따라 지정취소 또는 업무정지되는 장기요양기관의 장은 해당 기관에서 수급자가 제40조 제1항 및 제3항에 따라 부담한 비용 중 정산하여야 할 비용이 있는 경우 이를 정산하여야 한다.

⑧ 다음 각 호의 어느 하나에 해당하는 자는 제31조에 따른 장기요양기관으로 지정받을 수 없다.

1. 제1항에 따라 지정취소를 받은 후 3년이 지나지 아니한 자(법인인 경우 그 대표자를 포함한다)

2. 제1항에 따라 업무정지명령을 받고 업무정지기간이 지나지 아니한 자(법인인 경우 그 대표자를 포함한다)

⑨ 제1항에 따른 행정처분의 기준은 보건복지부령으로 정한다.

제37조의2【과징금의 부과 등】① 특별자치시장·특별자치도지사·시장·군수·구청장은 제37조 제1항 각 호의 어느 하나(같은 항 제4호는 제외한다)에 해당하는 행위를 이유로 업무정지명령을 하여야 하는 경우로서 그 업무정지가 해당 장기요양기관을 이용하는 수급자에게 심한 불편을 줄 우려가 있는 등 보건복지부장관이 정하는 특별한 사유가 있다고 인정되는 경우에는 업무정지명령을 갈음하여 2억 원 이하의 과징금을 부과할 수 있다. 다만, 제37조 제1항 제6호를 위반한 행위로서 보건복지부령으로 정하는 경우에는 그러하지 아니하다.

② 특별자치시장·특별자치도지사·시장·군수·구청장은 제37조 제1항 제4호에 해당하는 행위를 이유로 업무정지명령을 하여야 하는 경우로서 그 업무정지가 해당 장기요양기관을 이용하는 수급자에게 심한 불편을 줄 우려가 있는 등 보건복지부장관이 정하는 특별한 사유가 있다고 인정되는 경우에는 업무정지명령을 갈음하여 거짓이나 그 밖의 부정한 방법으로 청구한 금액의 5배 이하의 금액을 과징금으로 부과할 수 있다.

③ 제1항 및 제2항에 따른 과징금을 부과하는 위반행위의 종류 및 위반의 정도 등에 따른 과징금의 금액과 과징금의 부과절차 등에 필요한 사항은 대통령령으로 정한다.

④ 특별자치시장·특별자치도지사·시장·군수·구청장은 제1항 및 제2항에 따라 과징금을 내야 할 자가 납부기한까지 내지 아니한 경우에는 지방세 체납처분의 예에 따라 징수한다.

⑤ 특별자치시장·특별자치도지사·시장·군수·구청장은 제1항 및 제2항에 따른 과징금의 부과와 징수에 관한 사항을 보건복지부령으로 정하는 바에 따라 기록·관리하여야 한다.

제37조의3【위반사실 등의 공표】① 보건복지부장관 또는 특별자치시장·특별자치도지사·시장·군수·구청장은 장기요양기관이 거짓으로 재가·시설 급여비용을 청구하였다는 이유로 제37조 또는 제37조의2에 따른 처분이 확정된 경우로서 다음 각 호의 어느 하나에 해당하는 경우에는 위반사실, 처분내용, 장기요

양기관의 명칭·주소, 장기요양기관의 장의 성명, 그 밖에 다른 장기요양기관과의 구별에 필요한 사항으로서 대통령령으로 정하는 사항을 공표하여야 한다. 다만, 장기요양기관의 폐업 등으로 공표의 실효성이 없는 경우에는 그러하지 아니하다.
1. 거짓으로 청구한 금액이 1천만 원 이상인 경우
2. 거짓으로 청구한 금액이 장기요양급여비용 총액의 100분의 10 이상인 경우
② 보건복지부장관 또는 특별자치시장·특별자치도지사·시장·군수·구청장은 장기요양기관이 제61조 제2항에 따른 자료제출 명령에 따르지 아니하거나 거짓으로 자료제출을 한 경우나 질문 또는 검사를 거부·방해 또는 기피하거나 거짓으로 답변하였다는 이유로 제37조 또는 제37조의2에 따른 처분이 확정된 경우 위반사실, 처분내용, 장기요양기관의 명칭·주소, 장기요양기관의 장의 성명, 그 밖에 다른 장기요양기관과의 구별에 필요한 사항으로서 대통령령으로 정하는 사항을 공표하여야 한다. 다만, 장기요양기관의 폐업 등으로 공표의 실효성이 없는 경우 또는 장기요양기관이 위반사실 등의 공표 전에 제61조 제2항에 따른 자료를 제출하거나 질문 또는 검사에 응하는 경우에는 그러하지 아니하다.
③ 보건복지부장관 또는 특별자치시장·특별자치도지사·시장·군수·구청장은 제1항 및 제2항에 따른 공표 여부 등을 심의하기 위하여 공표심의위원회를 설치·운영할 수 있다.
④ 제1항 및 제2항에 따른 공표 여부의 결정 방법, 공표 방법·절차 및 제3항에 따른 공표심의위원회의 구성·운영 등에 필요한 사항은 대통령령으로 정한다.
제37조의4【행정제재처분 효과의 승계】① 제37조 제1항 각 호의 어느 하나에 해당하는 행위를 이유로 한 행정제재처분(이하 "행정제재처분"이라 한다)의 효과는 그 처분을 한 날부터 3년간 다음 각 호의 어느 하나에 해당하는 자에게 승계된다.
1. 장기요양기관을 양도한 경우 양수인
2. 법인이 합병된 경우 합병으로 신설되거나 합병 후 존속하는 법인
3. 장기요양기관 폐업 후 같은 장소에서 장기요양기관을 운영하는 자 중 종전에 행정제재처분을 받은 자(법인인 경우 그 대표자를 포함한다)나 그 배우자 또는 직계혈족
② 행정제재처분의 절차가 진행 중일 때에는 다음 각 호의 어느 하나에 해당하는 자에 대하여 그 절차를 계속 이어서 할 수 있다.
1. 장기요양기관을 양도한 경우 양수인
2. 법인이 합병된 경우 합병으로 신설되거나 합병 후 존속하는 법인
3. 장기요양기관 폐업 후 3년 이내에 같은 장소에서 장기요양기관을 운영하는 자 중 종전에 위반행위를 한 자(법인인 경우 그 대표자를 포함한다)나 그 배우자 또는 직계혈족
③ 제1항 및 제2항에도 불구하고 제1항 각 호의 어느 하나 또는 제2항 각 호의 어느 하나에 해당하는 자(이하 "양수인등"이라 한다)가 양수, 합병 또는 운영 시에 행정제재처분 또는 위반사실을 알지 못하였음을 증명하는 경우에는 그러하지 아니하다.
④ 행정제재처분을 받았거나 그 절차가 진행 중인 자는 보건복지부령으로 정하는 바에 따라 지체 없이 그 사실을 양수인등에게 알려야 한다.
제37조의5【장기요양급여 제공의 제한】① 특별자치시장·특별자치도지사·시장·군수·구청장은 장기요양기관의 종사자가 거짓이나 그 밖의 부정한 방법으로 재가급여비용 또는 시설급여비용을 청구하는 행위에 가담한 경우 해당 종사자가 장기요양급여를 제공하는 것을 1년의 범위에서 제한하는 처분을 할 수 있다.
② 특별자치시장·특별자치도지사·시장·군수·구청장은 제1항에 따른 처분을 한 경우 지체 없이 그 내용을 공단에 통보하여야 한다.
③ 제1항 및 제2항에 따른 장기요양급여 제공 제한 처분의 기준·방법, 통보의 방법·절차, 그 밖에 필요한 사항은 보건복지부령으로 정한다.

제7장 재가 및 시설 급여비용 등

제38조【재가 및 시설 급여비용의 청구 및 지급 등】① 장기요양기관은 수급자에게 제23조에 따른 재가급여 또는 시설급여를 제공한 경우 공단에 장기요양급여비용을 청구하여야 한다.
② 공단은 제1항에 따라 장기요양기관으로부터 재가 또는 시설 급여비용의 청구를 받은 경우 이를 심사하여 그 내용을 장기요양기관에 통보하여야 하며, 장기요양에 사용된 비용 중 공단부담금(재가 및 시설 급여비용 중 본인부담금을 공제한 금액을 말한다)을 해당 장기요양기관에 지급하여야 한다.
③ 공단은 제54조 제2항에 따른 장기요양기관의 장기요양급여평가 결과에 따라 장기요양급여비용을 가산 또는 감액조정하여 지급할 수 있다.
④ 공단은 제2항에도 불구하고 장기요양급여비용을 심사한 결과 수급자가 이미 낸 본인부담금이 제2항에 따라 통보한 본인부담금보다 더 많으면 두 금액 간의 차액을 장기요양기관에 지급할 금액에서 공제하여 수급자에게 지급하여야 한다.
⑤ 공단은 제4항에 따라 수급자에게 지급하여야 하는 금액을 그 수급자가 납부하여야 하는 장기요양보험료등과 상계(相計)할 수 있다.
⑥ 장기요양기관은 지급받은 장기요양급여비용 중 보건복지부장관이 정하여 고시하는 비율에 따라 그 일부를 장기요양요원에 대한 인건비로 지출하여야 한다.
⑦ 공단은 장기요양기관이 정당한 사유 없이 제61조 제2항에 따른 자료제출 명령에 따르지 아니하거나 질문 또는 검사를 거부·방해 또는 기피하는 경우 이에 응할 때까지 해당 장기요양기관에 지급하여야 할 장기요양급여비용의 지급을 보류할 수 있다. 이 경우 공단은 장기요양급여비용의 지급을 보류하기 전에 해당 장기요양기관에 의견 제출의 기회를 주어야 한다.
⑧ 제1항부터 제3항까지 및 제7항의 규정에 따른 재가 및 시설 급여비용의 심사기준, 장기요양급여비용의 가감지급의 기준, 청구절차, 지급방법 및 지급 보류의 절차·방법 등에 관한 사항은 보건복지부령으로 정한다.

제39조【장기요양급여비용 등의 산정】① 보건복지부장관은 매년 급여종류 및 장기요양등급 등에 따라 제45조에 따른 장기요양위원회의 심의를 거쳐 다음 연도의 재가 및 시설 급여비용과 특별현금급여의 지급금액을 정하여 고시하여야 한다.
② 보건복지부장관은 제1항에 따라 재가 및 시설 급여비용을 정할 때 대통령령으로 정하는 바에 따라 국가 및 지방자치단체로부터 장기요양기관의 설립비용을 지원받았는지 여부 등을 고려할 수 있다.
③ 제1항에 따른 재가 및 시설 급여비용과 특별현금급여의 지급금액의 구체적인 산정방법 및 항목 등에 관하여 필요한 사항은 보건복지부령으로 정한다.

제40조【본인부담금】① 제23조에 따른 장기요양급여(특별현금급여는 제외한다. 이하 이 조에서 같다)를 받는 자는 대통령령으로 정하는 바에 따라 비용의 일부를 본인이 부담한다. 이 경우 장기요양급여를 받는 수급자의 장기요양등급, 이용하는 장기요양급여의 종류 및 수준 등에 따라 본인부담의 수준을 달리 정할 수 있다.
② 제1항에도 불구하고 수급자 중 「의료급여법」 제3조 제1항 제1호에 따른 수급자는 본인부담금을 부담하지 아니한다.
③ 다음 각 호의 장기요양급여에 대한 비용은 수급자 본인이 전부 부담한다.
1. 이 법의 규정에 따른 급여의 범위 및 대상에 포함되지 아니하는 장기요양급여
2. 수급자가 제17조 제1항 제2호에 따른 장기요양인정서에 기재된 장기요양급여의 종류 및 내용과 다르게 선택하여 장기요양급여를 받은 경우 그 차액
3. 제28조에 따른 장기요양급여의 월 한도액을 초과하는 장기요양급여
④ 다음 각 호의 어느 하나에 해당하는 자에 대해서는 본인부담금의 100분의 60의 범위에서 보건복지부장관이 정하는 바에 따라 차등하여 감경할 수 있다.
1. 「의료급여법」 제3조 제1항 제2호부터 제9호까지의 규정에 따른 수급권자
2. 소득·재산 등이 보건복지부장관이 정하여 고시하는 일정 금액 이하인 자. 다만, 도서·

벽지·농어촌 등의 지역에 거주하는 자에 대하여 따로 금액을 정할 수 있다.

3. 천재지변 등 보건복지부령으로 정하는 사유로 인하여 생계가 곤란한 자

⑤ 제1항부터 제4항까지의 규정에 따른 본인부담금의 산정방법, 감경절차 및 감경방법 등에 관하여 필요한 사항은 보건복지부령으로 정한다.

제41조【가족 등의 장기요양에 대한 보상】① 공단은 장기요양급여를 받은 금액의 총액이 보건복지부장관이 정하여 고시하는 금액 이하에 해당하는 수급자가 가족 등으로부터 제23조 제1항 제1호 가목에 따른 방문요양에 상당한 장기요양을 받은 경우 보건복지부령으로 정하는 바에 따라 본인부담금의 일부를 감면하거나 이에 갈음하는 조치를 할 수 있다.

② 제1항에 따른 본인부담금의 감면방법 등 필요한 사항은 보건복지부령으로 정한다.

제42조【방문간호지시서 발급비용의 산정 등】제23조 제1항 제1호 다목에 따라 방문간호지시서를 발급하는데 사용되는 비용, 비용부담방법 및 비용 청구·지급절차 등에 관하여 필요한 사항은 보건복지부령으로 정한다.

제43조【부당이득의 징수】① 공단은 장기요양급여를 받은 자, 장기요양급여비용을 받은 자 또는 의사소견서·방문간호지시서 발급비용(이하 "의사소견서등 발급비용"이라 한다)을 받은 자가 다음 각 호의 어느 하나에 해당하는 경우 그 장기요양급여, 장기요양급여비용 또는 의사소견서등 발급비용에 상당하는 금액을 징수한다. 이 경우 의사소견서등 발급비용에 관하여는 「국민건강보험법」 제57조 제2항을 준용하며, "보험급여 비용"은 "의사소견서등 발급비용"으로, "요양기관"은 "의료기관"으로 본다.

1. 제15조 제5항에 따른 등급판정 결과 같은 조 제4항 각 호의 어느 하나에 해당하는 것으로 확인된 경우

2. 제28조의 월 한도액 범위를 초과하여 장기요양급여를 받은 경우

3. 제29조 또는 제30조에 따라 장기요양급여의 제한 등을 받을 자가 장기요양급여를 받은 경우

4. 제37조 제1항 제4호에 따른 거짓이나 그 밖의 부정한 방법으로 재가 및 시설 급여비용을 청구하여 이를 지급받은 경우

4의2. 거짓이나 그 밖의 부정한 방법으로 의사소견서등 발급비용을 청구하여 이를 지급받은 경우

5. 그 밖에 이 법상의 원인 없이 공단으로부터 장기요양급여를 받거나 장기요양급여비용을 지급받은 경우

② 공단은 제1항의 경우 거짓 보고 또는 증명에 의하거나 거짓 진단에 따라 장기요양급여가 제공된 때 거짓의 행위에 관여한 자에 대하여 장기요양급여를 받은 자와 연대하여 제1항에 따른 징수금을 납부하게 할 수 있다.

③ 공단은 제1항의 경우 거짓이나 그 밖의 부정한 방법으로 장기요양급여를 받은 자와 같은 세대에 속한 자(장기요양급여를 받은 자를 부양하고 있거나 다른 법령에 따라 장기요양급여를 받은 자를 부양할 의무가 있는 자를 말한다)에 대하여 거짓이나 그 밖의 부정한 방법으로 장기요양급여를 받은 자와 연대하여 제1항에 따른 징수금을 납부하게 할 수 있다.

④ 공단은 제1항의 경우 장기요양기관이나 의료기관이 수급자 또는 신청인으로부터 거짓이나 그 밖의 부정한 방법으로 장기요양급여비용 또는 의사소견서등 발급비용을 받은 때 해당 장기요양기관 또는 의료기관으로부터 이를 징수하여 수급자 또는 신청인에게 지체 없이 지급하여야 한다. 이 경우 공단은 수급자 또는 신청인에게 지급하여야 하는 금액을 그 수급자 또는 신청인이 납부하여야 하는 장기요양보험료등과 상계할 수 있다.

제43조의2【부당이득 징수금에 대한 제2차 납부의무】법인인 장기요양기관이 법인의 재산으로 그 법인이 납부하여야 하는 제43조에 따른 징수금과 그 연체금 및 체납처분비를 충당하여도 부족한 경우에는 해당 법인에 그 징수금의 납부의무가 부과된 날 현재의 무한책임사원 또는 과점주주(「국세기본법」 제39조 제1호 또는 제2호에 해당하는 자를 말한다. 이하 이 조에서 같다)가 그 부족한 금액에 대하여 제2차 납부의무를 진다. 다만, 과점주주의 경우에는 그 부족한 금액을 그 법인의 발행주식 총수

(의결권이 없는 주식은 제외한다) 또는 출자총액으로 나눈 금액에 해당 과점주주가 실질적으로 권리를 행사하는 주식 수(의결권이 없는 주식은 제외한다) 또는 출자액을 곱하여 산출한 금액을 한도로 한다.
[본조신설 2025. 12. 30.]
[시행일 : 2026. 3. 31.] 제43조의2

제44조 【구상권】 ① 공단은 제3자의 행위로 인한 장기요양급여의 제공사유가 발생하여 수급자에게 장기요양급여를 행한 때 그 급여에 사용된 비용의 한도 안에서 그 제3자에 대한 손해배상의 권리를 얻는다.
② 공단은 제1항의 경우 장기요양급여를 받은 자가 제3자로부터 이미 손해배상을 받은 때 그 손해배상액의 한도 안에서 장기요양급여를 행하지 아니한다.

제8장 장기요양위원회

제45조 【장기요양위원회의 설치 및 기능】 다음 각 호의 사항을 심의하기 위하여 보건복지부장관 소속으로 장기요양위원회를 둔다.
1. 제9조 제2항에 따른 장기요양보험료율
2. 제24조부터 제26조까지의 규정에 따른 가족요양비, 특례요양비 및 요양병원간병비의 지급기준
3. 제39조에 따른 재가 및 시설 급여비용
4. 그 밖에 대통령령으로 정하는 주요 사항

제46조 【장기요양위원회의 구성】 ① 장기요양위원회는 위원장 1인, 부위원장 1인을 포함한 16인 이상 22인 이하의 위원으로 구성한다.
② 위원장이 아닌 위원은 다음 각 호의 자 중에서 보건복지부장관이 임명 또는 위촉한 자로 하고, 각 호에 해당하는 자를 각각 동수로 구성하여야 한다.
1. 근로자단체, 사용자단체, 시민단체(「비영리민간단체 지원법」 제2조에 따른 비영리민간단체를 말한다), 노인단체, 농어업인단체 또는 자영자단체를 대표하는 자
2. 장기요양기관 또는 의료계를 대표하는 자
3. 대통령령으로 정하는 관계 중앙행정기관의 고위공무원단 소속 공무원, 장기요양에 관한 학계 또는 연구계를 대표하는 자, 공단

이사장이 추천하는 자
③ 위원장은 보건복지부차관이 되고, 부위원장은 위원 중에서 위원장이 지명한다.
④ 장기요양위원회 위원의 임기는 3년으로 한다. 다만, 공무원인 위원의 임기는 재임기간으로 한다.

제47조 【장기요양위원회의 운영】 ① 장기요양위원회 회의는 구성원 과반수의 출석으로 개의하고 출석위원 과반수의 찬성으로 의결한다.
② 장기요양위원회의 효율적 운영을 위하여 분야별로 실무위원회를 둘 수 있다.
③ 이 법에서 정한 것 외에 장기요양위원회의 구성·운영, 그 밖에 필요한 사항은 대통령령으로 정한다.

제8장의2 장기요양요원지원센터

제47조의2 【장기요양요원지원센터의 설치 등】 ① 국가와 지방자치단체는 장기요양요원의 권리를 보호하기 위하여 장기요양요원지원센터를 설치·운영할 수 있다.
② 장기요양요원지원센터는 다음 각 호의 업무를 수행한다.
1. 장기요양요원의 권리 침해에 관한 상담 및 지원
2. 장기요양요원의 역량강화를 위한 교육지원
3. 장기요양요원에 대한 건강검진 등 건강관리를 위한 사업
4. 그 밖에 장기요양요원의 업무 등에 필요하여 대통령령으로 정하는 사항
③ 장기요양요원지원센터의 설치·운영 등에 필요한 사항은 보건복지부령으로 정하는 바에 따라 해당 지방자치단체의 조례로 정한다.

제9장 관리운영기관

제48조 【관리운영기관 등】 ① 장기요양사업의 관리운영기관은 공단으로 한다.
② 공단은 다음 각 호의 업무를 관장한다.
1. 장기요양보험가입자 및 그 피부양자와 의료급여수급권자의 자격관리
2. 장기요양보험료의 부과·징수
3. 신청인에 대한 조사
4. 등급판정위원회의 운영 및 장기요양등급 판정

5. 장기요양인정서의 작성 및 개인별장기요양
   이용계획서의 제공
6. 장기요양급여의 관리 및 평가
7. 수급자 및 그 가족에 대한 정보제공·안
   내·상담 등 장기요양급여 관련 이용지원
   에 관한 사항
8. 재가 및 시설 급여비용의 심사 및 지급과
   특별현금급여의 지급
9. 장기요양급여 제공내용 확인
10. 장기요양사업에 관한 조사·연구, 국제협
    력 및 홍보
11. 노인성질환예방사업
12. 이 법에 따른 부당이득금의 부과·징수 등
13. 장기요양급여의 제공기준을 개발하고 장
    기요양급여비용의 적정성을 검토하기 위
    한 장기요양기관의 설치 및 운영
14. 그 밖에 장기요양사업과 관련하여 보건복
    지부장관이 위탁한 업무

③ 공단은 제2항 제13호의 장기요양기관을 설
치할 때 노인인구 및 지역특성 등을 고려한 지
역 간 불균형 해소를 고려하여야 하고, 설치
목적에 필요한 최소한의 범위에서 이를 설
치·운영하여야 한다.

④ 「국민건강보험법」 제17조에 따른 공단의
정관은 장기요양사업과 관련하여 다음 각 호
의 사항을 포함·기재한다.

1. 장기요양보험료
2. 장기요양급여
3. 장기요양사업에 관한 예산 및 결산
4. 그 밖에 대통령령으로 정하는 사항

제49조【공단의 장기요양사업 조직 등】공단은 「
국민건강보험법」 제29조에 따라 공단의 조직 등
에 관한 규정을 정할 때 장기요양사업을 수행하
기 위하여 두는 조직 등을 건강보험사업을 수행
하는 조직 등과 구분하여 따로 두어야 한다. 다
만, 제48조 제2항 제1호 및 제2호의 자격관리와
보험료 부과·징수업무는 그러하지 아니하다.

제50조【장기요양사업의 회계】① 공단은 장기요
양사업에 대하여 독립회계를 설치·운영하여
야 한다.

② 공단은 장기요양사업 중 장기요양보험료를
재원으로 하는 사업과 국가·지방자치단체의
부담금을 재원으로 하는 사업의 재정을 구분

하여 운영하여야 한다. 다만, 관리운영에 필요
한 재정은 구분하여 운영하지 아니할 수 있다.

제51조【권한의 위임 등에 관한 준용】「국민건강보
험법」 제32조 및 제38조는 이 법에 따른 이사장
의 권한의 위임 및 준비금에 관하여 준용한다.
이 경우 "보험급여"는 "장기요양급여"로 본다.

제52조【등급판정위원회의 설치】① 장기요양인
정 및 장기요양등급 판정 등을 심의하기 위하
여 공단에 장기요양등급판정위원회를 둔다.

② 등급판정위원회는 특별자치시·특별자치
도·시·군·구 단위로 설치한다. 다만, 인구
수 등을 고려하여 하나의 특별자치시·특별자
치도·시·군·구에 2 이상의 등급판정위원
회를 설치하거나 2 이상의 특별자치시·특별
자치도·시·군·구를 통합하여 하나의 등급
판정위원회를 설치할 수 있다.

③ 등급판정위원회는 위원장 1인을 포함하여
15인의 위원으로 구성한다.

④ 등급판정위원회 위원은 다음 각 호의 자
중에서 공단 이사장이 위촉한다. 이 경우 특별
자치시장·특별자치도지사·시장·군수·구
청장이 추천한 위원은 7인, 의사 또는 한의사
가 1인 이상 각각 포함되어야 한다.

1. 「의료법」에 따른 의료인
2. 「사회복지사업법」에 따른 사회복지사
3. 특별자치시·특별자치도·시·군·구 소
   속 공무원
4. 그 밖에 법학 또는 장기요양에 관한 학식과
   경험이 풍부한 자

⑤ 등급판정위원회 위원의 임기는 3년으로 하
되, 한 차례만 연임할 수 있다. 다만, 공무원인
위원의 임기는 재임기간으로 한다.

제53조【등급판정위원회의 운영】① 등급판정위
원회 위원장은 위원 중에서 특별자치시장·특
별자치도지사·시장·군수·구청장이 위촉한
다. 이 경우 제52조 제2항 단서에 따라 2 이상의
특별자치시·특별자치도·시·군·구를 통합
하여 하나의 등급판정위원회를 설치하는 때
해당 특별자치시장·특별자치도지사·시장·
군수·구청장이 공동으로 위촉한다.

② 등급판정위원회 회의는 구성원 과반수의
출석으로 개의하고 출석위원 과반수의 찬성으
로 의결한다.

③ 이 법에 정한 것 외에 등급판정위원회의 구성·운영, 그 밖에 필요한 사항은 대통령령으로 정한다.

제53조의2【장기요양급여심사위원회의 설치】① 다음 각 호의 사항을 심의하기 위하여 공단에 장기요양급여심사위원회(이하 "급여심사위원회"라 한다)를 둔다.

1. 장기요양급여 제공 기준의 세부사항 설정 및 보완에 관한 사항
2. 장기요양급여비용 및 산정방법의 세부사항 설정 및 보완에 관한 사항
3. 장기요양급여비용 심사기준 개발 및 심사 조정에 관한 사항
4. 그 밖에 공단 이사장이 필요하다고 인정한 사항

② 급여심사위원회는 위원장 1명을 포함하여 10명 이하의 위원으로 구성한다.

③ 이 법에서 정한 것 외에 급여심사위원회의 구성·운영, 그 밖에 필요한 사항은 대통령령으로 정한다.

제54조【장기요양급여의 관리·평가】① 공단은 장기요양기관이 제공하는 장기요양급여 내용을 지속적으로 관리·평가하여 장기요양급여의 수준이 향상되도록 노력하여야 한다.

② 공단은 장기요양기관이 제23조 제5항에 따른 장기요양급여의 제공 기준·절차·방법 등에 따라 적정하게 장기요양급여를 제공하였는지 평가를 실시하고 그 결과를 공단의 홈페이지 등에 공표하는 등 필요한 조치를 할 수 있다.

③ 제2항에 따른 장기요양급여 제공내용의 평가 방법 및 평가 결과의 공표 방법, 그 밖에 필요한 사항은 보건복지부령으로 정한다.

제10장 심사청구 및 재심사청구

제55조【심사청구】① 장기요양인정·장기요양등급·장기요양급여·부당이득·장기요양급여비용 또는 장기요양보험료 등에 관한 공단의 처분에 이의가 있는 자는 공단에 심사청구를 할 수 있다.

② 제1항에 따른 심사청구는 그 처분이 있음을 안 날부터 90일 이내에 문서(「전자정부법」 제2조 제7호에 따른 전자문서를 포함한다)로 하여야 하며, 처분이 있은 날부터 180일을 경과하면 이를 제기하지 못한다. 다만, 정당한 사유로 그 기간에 심사청구를 할 수 없었음을 증명하면 그 기간이 지난 후에도 심사청구를 할 수 있다.

③ 제1항에 따른 심사청구 사항을 심사하기 위하여 공단에 장기요양심사위원회(이하 "심사위원회"라 한다)를 둔다.

④ 심사위원회는 위원장 1명을 포함한 50명 이내의 위원으로 구성한다.

⑤ 이 법에서 정한 것 외에 심사위원회의 구성·운영, 그 밖에 필요한 사항은 대통령령으로 정한다.

제56조【재심사청구】① 제55조에 따른 심사청구에 대한 결정에 불복하는 사람은 그 결정통지를 받은 날부터 90일 이내에 장기요양재심사위원회(이하 "재심사위원회"라 한다)에 재심사를 청구할 수 있다.

② 재심사위원회는 보건복지부장관 소속으로 두고, 위원장 1인을 포함한 20인 이내의 위원으로 구성한다.

③ 재심사위원회의 위원은 관계 공무원, 법학, 그 밖에 장기요양사업 분야의 학식과 경험이 풍부한 자 중에서 보건복지부장관이 임명 또는 위촉한다. 이 경우 공무원이 아닌 위원이 전체 위원의 과반수가 되도록 하여야 한다.

④ 이 법에서 정한 것 외에 재심사위원회의 구성·운영, 그 밖에 필요한 사항은 대통령령으로 정한다.

제56조의2【행정심판과의 관계】① 재심사위원회의 재심사에 관한 절차에 관하여는 「행정심판법」을 준용한다.

② 제56조에 따른 재심사청구 사항에 대한 재심사위원회의 재심사를 거친 경우에는 「행정심판법」에 따른 행정심판을 청구할 수 없다.

제57조【행정소송】공단의 처분에 이의가 있는 자와 제55조에 따른 심사청구 또는 제56조에 따른 재심사청구에 대한 결정에 불복하는 자는 「행정소송법」으로 정하는 바에 따라 행정소송을 제기할 수 있다.

제11장 보칙

제58조【국가의 부담】① 국가는 매년 예산의 범위 안에서 해당 연도 장기요양보험료 예상수입액의 100분의 20에 상당하는 금액을 공단에 지원한다.

② 국가와 지방자치단체는 대통령령으로 정하는 바에 따라 의료급여수급권자의 장기요양급여비용, 의사소견서 발급비용, 방문간호지시서 발급비용 중 공단이 부담하여야 할 비용(제40조 제2항 및 제4항 제1호에 따라 면제 및 감경됨으로 인하여 공단이 부담하게 되는 비용을 포함한다) 및 관리운영비의 전액을 부담한다.

③ 제2항에 따라 지방자치단체가 부담하는 금액은 보건복지부령으로 정하는 바에 따라 특별시·광역시·특별자치시·도·특별자치도와 시·군·구가 분담한다.

④ 제2항 및 제3항에 따른 지방자치단체의 부담액 부과, 징수 및 재원관리, 그 밖에 필요한 사항은 대통령령으로 정한다.

제59조【전자문서의 사용】① 장기요양사업에 관련된 각종 서류의 기록, 관리 및 보관은 보건복지부령으로 정하는 바에 따라 전자문서로 한다.

② 공단 및 장기요양기관은 장기요양기관의 지정신청, 재가·시설 급여비용의 청구 및 지급, 장기요양기관의 재무·회계정보 처리 등에 대하여 전산매체 또는 전자문서교환방식을 이용하여야 한다.

③ 제1항 및 제2항에도 불구하고 정보통신망 및 정보통신서비스 시설이 열악한 지역 등 보건복지부장관이 정하는 지역의 경우 전자문서·전산매체 또는 전자문서교환방식을 이용하지 아니할 수 있다.

제60조【자료의 제출 등】① 공단은 장기요양급여 제공내용 확인, 장기요양급여의 관리·평가 및 장기요양보험료 산정 등 장기요양사업 수행에 필요하다고 인정할 때 다음 각 호의 어느 하나에 해당하는 자에게 자료의 제출을 요구할 수 있다.

1. 장기요양보험가입자 또는 그 피부양자 및 의료급여수급권자

2. 수급자, 장기요양기관 및 의료기관

② 제1항에 따라 자료의 제출을 요구받은 자는 성실히 이에 응하여야 한다.

제61조【보고 및 검사】① 보건복지부장관, 특별시장·광역시장·도지사 또는 특별자치시장·특별자치도지사·시장·군수·구청장은 다음 각 호의 어느 하나에 해당하는 자에게 보수·소득이나 그 밖에 보건복지부령으로 정하는 사항의 보고 또는 자료의 제출을 명하거나 소속 공무원으로 하여금 관계인에게 질문을 하게 하거나 관계 서류를 검사하게 할 수 있다.

1. 장기요양보험가입자

2. 피부양자

3. 의료급여수급권자

② 보건복지부장관, 특별시장·광역시장·도지사 또는 특별자치시장·특별자치도지사·시장·군수·구청장은 다음 각 호의 어느 하나에 해당하는 자에게 장기요양급여의 제공 명세, 재무·회계에 관한 사항 등 장기요양급여에 관련된 자료의 제출을 명하거나 소속 공무원으로 하여금 관계인에게 질문을 하게 하거나 관계 서류를 검사하게 할 수 있다.

1. 장기요양기관 및 의료기관

2. 장기요양급여를 받은 자

③ 보건복지부장관, 특별시장·광역시장·도지사 또는 특별자치시장·특별자치도지사·시장·군수·구청장은 제1항 및 제2항에 따른 보고 또는 자료제출 명령이나 질문 또는 검사 업무를 효율적으로 수행하기 위하여 필요한 경우에는 공단에 행정응원(行政應援)을 요청할 수 있다. 이 경우 공단은 특별한 사유가 없으면 이에 따라야 한다.

④ 제1항 및 제2항의 경우에 소속 공무원은 그 권한을 표시하는 증표 및 조사기간, 조사범위, 조사담당자, 관계 법령 등 보건복지부령으로 정하는 사항이 기재된 서류를 지니고 이를 관계인에게 내보여야 한다.

⑤ 제1항 및 제2항에 따른 질문 또는 검사의 절차·방법 등에 관하여는 이 법에서 정하는 사항을 제외하고는 「행정조사기본법」에서 정하는 바에 따른다.

⑥ 제3항에 따른 행정응원의 절차·방법 등에 관하여 필요한 사항은 대통령령으로 정한다.

제62조【비밀누설금지】다음 각 호에 해당하는 자는 업무수행 중 알게 된 비밀을 누설하여서는 아니 된다.
  1. 특별자치시·특별자치도·시·군·구, 공단, 등급판정위원회, 장기요양위원회, 제37조의3 제3항에 따른 공표심의위원회, 심사위원회, 재심사위원회 및 장기요양기관에 종사하고 있거나 종사한 자
  2. 제24조부터 제26조까지의 규정에 따른 가족요양비·특례요양비 및 요양병원간병비와 관련된 급여를 제공한 자

제62조의2【유사명칭의 사용금지】이 법에 따른 장기요양보험 사업을 수행하는 자가 아닌 자는 보험계약 또는 보험계약의 명칭에 노인장기요양보험 또는 이와 유사한 용어를 사용하지 못한다.

제63조【청문】특별자치시장·특별자치도지사·시장·군수·구청장은 다음 각 호의 어느 하나에 해당하는 처분 또는 공표를 하려는 경우에는 청문을 하여야 한다.
  1. 제37조 제1항에 따른 장기요양기관 지정취소 또는 업무정지명령
  2. 삭제
  3. 제37조의3에 따른 위반사실 등의 공표
  4. 제37조의5 제1항에 따른 장기요양급여 제공의 제한 처분

제64조【시효 등에 관한 준용】「국민건강보험법」제91조, 제92조, 제96조, 제103조, 제104조, 제107조, 제111조 및 제112조는 시효, 기간의 계산, 자료의 제공, 공단 등에 대한 감독, 권한의 위임 및 위탁, 업무의 위탁, 단수처리 등에 관하여 준용한다. 이 경우 "보험료"를 "장기요양보험료"로, "보험급여"를 "장기요양급여"로, "요양기관"을 "장기요양기관"으로, "건강보험사업"을 "장기요양사업"으로 본다.

제65조【다른 법률에 따른 소득 등의 의제금지】이 법에 따른 장기요양급여로 지급된 현금 등은 「국민기초생활 보장법」제2조 제9호의 소득 또는 재산으로 보지 아니한다.

제66조【수급권의 보호】① 장기요양급여를 받을 권리는 양도 또는 압류하거나 담보로 제공할 수 없다.

② 제27조의2제1항에 따른 특별현금급여수급계좌의 예금에 관한 채권은 압류할 수 없다.

제66조의2【벌칙 적용에서 공무원 의제】등급판정위원회, 장기요양위원회, 제37조의3 제3항에 따른 공표심의위원회, 심사위원회 및 재심사위원회 위원 중 공무원이 아닌 사람은 「형법」제129조부터 제132조까지의 규정을 적용할 때에는 공무원으로 본다.

제66조의3【소액 처리】공단은 징수 또는 반환하여야 할 금액이 1건당 1,000원 미만인 경우(제38조 제5항 및 제43조 제4항 후단에 따라 각각 상계할 수 있는 지급금 및 장기요양보험료등은 제외한다)에는 징수 또는 반환하지 아니한다. 다만, 「국민건강보험법」제106조에 따른 소액 처리 대상에서 제외되는 건강보험료와 통합하여 징수 또는 반환되는 장기요양보험료의 경우에는 그러하지 아니하다.

제12장 벌칙

제67조【벌칙】① 다음 각 호의 어느 하나에 해당하는 자는 3년 이하의 징역 또는 3천만 원 이하의 벌금에 처한다.
  1. 거짓이나 그 밖의 부정한 방법으로 장기요양급여비용을 청구한 자
  2. 제33조의3 제2항 제1호를 위반하여 폐쇄회로 텔레비전의 설치 목적과 다른 목적으로 폐쇄회로 텔레비전을 임의로 조작하거나 다른 곳을 비추는 행위를 한 자
  3. 제33조의3 제2항 제2호를 위반하여 녹음기능을 사용하거나 보건복지부령으로 정하는 저장장치 이외의 장치 또는 기기에 영상정보를 저장한 자

② 다음 각 호의 어느 하나에 해당하는 자는 2년 이하의 징역 또는 2천만 원 이하의 벌금에 처한다.
  1. 제31조를 위반하여 지정받지 아니하고 장기요양기관을 운영하거나 거짓이나 그 밖의 부정한 방법으로 지정받은 자
  2. 제33조의3 제3항에 따른 안전성 확보에 필요한 조치를 하지 아니하여 영상정보를 분실·도난·유출·변조 또는 훼손당한 자
  3. 제35조 제5항을 위반하여 본인부담금을 면제 또는 감경하는 행위를 한 자

4. 제35조 제6항을 위반하여 수급자를 소개, 알선 또는 유인하는 행위를 하거나 이를 조장한 자

5. 제62조를 위반하여 업무수행 중 알게 된 비밀을 누설한 자

③ **다음 각 호의 어느 하나에 해당하는 자는 1년 이하의 징역 또는 1천만 원 이하의 벌금에 처한다.**

1. 제35조 제1항을 위반하여 정당한 사유 없이 장기요양급여의 제공을 거부한 자

2. 거짓이나 그 밖의 부정한 방법으로 장기요양급여를 받거나 다른 사람으로 하여금 장기요양급여를 받게 한 자

3. 정당한 사유 없이 제36조 제3항 각 호에 따른 권익보호조치를 하지 아니한 사람

4. 제37조 제7항을 위반하여 수급자가 부담한 비용을 정산하지 아니한 자

④ **제61조 제2항에 따른 자료제출 명령에 따르지 아니하거나 거짓으로 자료제출을 한 장기요양기관 또는 의료기관이나 질문 또는 검사를 거부·방해 또는 기피하거나 거짓으로 답변한 장기요양기관 또는 의료기관은 1천만 원 이하의 벌금에 처한다.**

제68조【양벌규정】법인의 대표자, 법인이나 개인의 대리인·사용인 및 그 밖의 종사자가 그 법인 또는 개인의 업무에 관하여 제67조에 해당하는 위반행위를 한 때에는 그 행위자를 벌하는 외에 그 법인 또는 개인에 대하여도 해당 조의 벌금형을 과한다. 다만, 법인 또는 개인이 그 위반행위를 방지하기 위하여 해당 업무에 관하여 상당한 주의와 감독을 게을리하지 아니한 경우에는 그러하지 아니하다.

제69조【과태료】① **정당한 사유 없이 다음 각 호의 어느 하나에 해당하는 자에게는 500만 원 이하의 과태료를 부과한다.**

1. 삭제

2. 제33조를 위반하여 변경지정을 받지 아니하거나 변경신고를 하지 아니한 자 또는 거짓이나 그 밖의 부정한 방법으로 변경지정을 받거나 변경신고를 한 자

2의2. 제34조를 위반하여 장기요양기관에 관한 정보를 게시하지 아니하거나 거짓으로 게시한 자

2의3. 제35조 제3항을 위반하여 수급자에게 장기요양급여비용에 대한 명세서를 교부하지 아니하거나 거짓으로 교부한 자

3. 제35조 제4항을 위반하여 장기요양급여 제공 자료를 기록·관리하지 아니하거나 거짓으로 작성한 사람

3의2. 제35조의4 제2항 각 호의 어느 하나를 위반한 자

3의3. 제35조의4 제5항에 따른 적절한 조치를 하지 아니한 자

4. 제36조 제1항 또는 제6항을 위반하여 폐업·휴업 신고 또는 자료이관을 하지 아니하거나 거짓이나 그 밖의 부정한 방법으로 신고한 자

4의2. 제37조의4 제4항을 위반하여 행정제재처분을 받았거나 그 절차가 진행 중인 사실을 양수인등에게 지체 없이 알리지 아니한 자

5. 삭제

6. 거짓이나 그 밖의 부정한 방법으로 수급자에게 장기요양급여비용을 부담하게 한 자

7. 제60조, 제61조 제1항 또는 제2항(같은 항 제1호에 해당하는 자는 제외한다)에 따른 보고 또는 자료제출 요구·명령에 따르지 아니하거나 거짓으로 보고 또는 자료제출을 한 자나 질문 또는 검사를 거부·방해 또는 기피하거나 거짓으로 답변한 자

8. 거짓이나 그 밖의 부정한 방법으로 장기요양급여비용 청구에 가담한 사람

9. 제62조의2를 위반하여 노인장기요양보험 또는 이와 유사한 용어를 사용한 자

② **다음 각 호의 어느 하나에 해당하는 자에게는 300만 원 이하의 과태료를 부과한다.**

1. 제33조의2에 따른 폐쇄회로 텔레비전을 설치하지 아니하거나 설치·관리의무를 위반한 자

2. 제33조의3 제1항 각 호에 따른 열람 요청에 응하지 아니한 자

③ 제1항 및 제2항에 따른 과태료는 대통령령으로 정하는 바에 따라 관할 특별자치시장·특별자치도지사·시장·군수·구청장이 부과·징수한다.

제70조 삭제

국민건강보험공단

봉투모의고사